Verbraucherschutz im Internet nach französischem und deutschem Recht

Europäische Hochschulschriften

Publications Universitaires Européennes
European University Studies

Reihe II
Rechtswissenschaft

Série II Series II
Droit
Law

Bd./Vol. 4180

PETER LANG
Frankfurt am Main · Berlin · Bern · Bruxelles · New York · Oxford · Wien

Lutz Aye

Verbraucherschutz im Internet nach französischem und deutschem Recht

Eine Studie im Lichte der europäischen Rechtsangleichung

PETER LANG
Europäischer Verlag der Wissenschaften

Bibliografische Information Der Deutschen Bibliothek
Die Deutsche Bibliothek verzeichnet diese Publikation in der Deutschen Nationalbibliografie; detaillierte bibliografische Daten sind im Internet über <http://dnb.ddb.de> abrufbar.

Zugl.: München, Univ., Diss., 2004

D 19
ISSN 0531-7312
ISBN 3-631-53770-0

www.peterlang.de

Meinen Eltern

Vorwort

Die Bedeutung des Themas, der Verbraucherschutz im Internet, hat in den Jahren der Entstehung dieser Arbeit nicht abgenommen. Das sich vergrößernde Volumen der Online-Geschäfte sorgt für seine stete Aktualität. Gleichwohl hat sich der Schwerpunkt der Diskussion verschoben. Es geht heute weniger um die Anpassung des Rechts an die neuen Gegebenheiten – die einschlägigen Richtlinien sind in Frankreich und Deutschland und den meisten anderen Mitgliedstaaten umgesetzt und bilden einen akzeptablen Rechtsrahmen für das Handeln im Internet. Stattdessen rücken Akspekte der Rechtsdurchsetzung, zum Beispiel zur Eindämmung der Flut unerwünschter E-Mail-Werbung, in den Vordergrund.

Die Arbeit ist in einem Cotutelle-Verfahren der Universitäten München und Panthéon-Assas (Paris 2) entstanden. Sie hat den Juristischen Fakultäten beider Universitäten im Sommersemester 2003 mit einem hier nicht abgedruckten französischen Teil als Dissertation vorgelegen. Die Verteidigung fand im Juli 2004 vor einer deutsch-französischen Prüfungskommission in München statt.

Ich möchte mich herzlich bei meinem Doktorvater, Herrn Prof. Dr. Josef Drexl, LL.M. bedanken. Er regte die Beschäftigung mit dem überaus interessanten und aktuellen Thema an und hat das Vorhaben durch viele weiterführende Gespräche unterstützt und begleitet.

Nicht zuletzt hat Herr Prof. Dr. Drexl die Entstehung der Arbeit dadurch unterstützt, dass er mir während meiner Zeit als Assistent am Institut für Internationales Recht – Europäisches und Internationales Wirtschaftsrecht einen großzügigen Freiraum für meine eigene wissenschaftliche Tätigkeit eingeräumt hat. Ihm verdanke ich auch den Zugang zum Max-Planck-Institut für Geistiges Eigentum, Wettbewerbs- und Steuerrecht in München mit seinen außergewöhnlichen Arbeits- und Forschungsmöglichkeiten, für den ich mich auch bei den anderen Direktoren des Instituts bedanke.

Mein besonderer Dank gilt M. le Professeur Laurent Leveneur, der meine Arbeit in Frankreich betreut und mir in zahlreichen Gesprächen wichtige Hinweise zur französischen Rechtslage und -entwicklung gegeben hat. Bedanken möchte ich mich auch bei M. le Professeur Louis Vogel, LL.M. der mir während meiner Forschungsaufenthalte in Paris freundlicherweise einen Arbeitsplatz im Institut de Droit comparé der Université Paris 2 zur Verfügung gestellt hat.

Für zahlreiche Diskussionen und Anregungen zum Thema bedanke ich mich herzlich bei Herrn Mark-Oliver Mackenrodt, LL.M. und bei Herrn Dr. Ulrich

Brandt, der, zusammen mit meinem Bruder, Herrn Dipl. Kfm. Claus Aye, auch die mühevolle und deshalb sehr dankenswerte Arbeit des Korrekturlesens übernommen hat. Mein Dank gilt auch Frau Chantal Demuijlder für die wertvolle sprachliche Durchsicht des französischen Teils der Dissertation.

Ganz besonders herzlich danke ich jedoch meinen Eltern für Ihre Unterstützung meines Studiums und Promotionsvorhabens, in materieller wie in ideeller Hinsicht. Ohne sie hätte ich den von mir gewählten Ausbildungsweg so nicht gehen können. Deshalb ist ihnen diese Arbeit gewidmet.

Das Manuskript berücksichtigt Literatur und Rechtsprechung durchgehend bis Ende Juni 2004. Die Gesetzgebung, insbesondere unter Berücksichtigung des neuen UWG vom 3. Juli 2004 und des französischen Datenschutzgesetzes vom 6. August 2004, ist auf dem Stand vom 15. Januar 2005. An diesem Tag waren auch alle angegebenen Internetfundstellen zuletzt abrufbar.

Lutz Aye
London, im Januar 2005

Inhaltsübersicht

Inhaltsverzeichnis

Abkürzungsverzeichnis

I. Abkürzungen von Zeitschriftentiteln

ABl.	Amtsblatt der Europäischen Gemeinschaften
AcP	Archiv für die civilistische Praxis
BayGVBl.	Bayerisches Gesetz- und Verordnungsblatt
BB	Betriebsberater
BGBl.	Bundesgesetzblatt
BGHZ	Entscheidungen des Bundesgerichtshofs in Zivilsachen
BKR	Bank- und Kapitalmarktrecht
BRDA	Bulletin rapide de droit des affaires
Bull. Banque de France	Bulletin de la Banque de France
Bull. civ.	Bulletin des arrêts de la Cour de cassation – chambres civiles
BVerfGE	Entscheidungen des Bundesverfassungsgerichts
Cah. dr. eur.	Cahiers de droit européen
CCC	Contrats – Concurrence – Consommation
CJFE	Cahiers juridiques et fiscaux de l'exportation
C.M.L. Rev.	Common Market Law Review
Com. Com. électr.	Communication – Commerce électronique
CR	Computer und Recht
CRi	Computer und Recht international
D. affaires	Recueil Dalloz, cahier droit des affaires (bis Ende 2000)
D.	Recueil Dalloz
DB	Der Betrieb
Defrénois	Répertoire du notariat Defrénois
DIT	Revue de droit de l'informatique et des télécoms
DNotZ	Deutsche Notar-Zeitschrift
DSWR	Datenverarbeitung, Steuer, Wirtschaft, Recht
DuD	Datenschutz und Datensicherheit
DZWiR	Deutsche Zeitschrift für Wirtschaftsrecht; ab 1999 Deutsche Zeitschrift für Wirtschafts- und Insolvenzrecht
E.L.Rev.	European Law Review
ERPL	European Review of Private Law
EuR	Europarecht
EuZW	Europäische Zeitschrift für Wirtschaftsrecht
EWS	Europäisches Wirtschafts- und Steuerrecht
Expertises	Expertises des systèmes d'information
Gaz. Pal.	Gazette du Palais
GPR	Zeitschrift für Gemeinschaftsprivatrecht

GRUR Int.	Gewerblicher Rechtsschutz und Urheberrecht, Internationaler Teil
GRUR	Gewerblicher Rechtsschutz und Urheberrecht
GVBl. NRW	Gesetz- und Verordnungsblatt für das Land Nordrhein-Westfalen
IDR	International Journal of Dispute Resolution (Beilage zu BB und EWS)
Int.C.L.Q.	International and Comparative Law Quarterly
Int.T.L.R.	International Trade Law & Regulation
IPRax	IPRax – Praxis des internationalen Privat- und Verfahrensrechts
J.D.I. (Clunet)	Journal du droit international (fondée par Edouard Clunet)
J.O.	Journal officiel de la République française (lois et décrets)
JCP E	Juris-Classeur périodique – La Semaine Juridique, édition entreprises et affaires (ab 1998)
JCP éd. E	La Semaine Juridique, Cahiers de droit de l'entreprise (bis Ende 1997)
JCP	Juris-Classeur périodique – La Semaine Juridique, Edition générale
JuS	Juristische Schulung
JZ	Juristenzeitung
K&R	Kommunikation & Recht
Légicom	Légicom – Revue trimestrielle du droit de la communication
MDR	Monatsschrift für deutsches Recht
MMR	Multimedia und Recht
NJW	Neue Juristische Wochenschrift
P.I.B.D.	Propriété industrielle bulletin documentaire
Petites affiches	Les Petites affiches
R.D.A.I.	Revue du droit des affaires internationales
RabelsZ	Rabels Zeitschrift für ausländisches und internationales Privatrecht
RDV	Recht der Datenverarbeitung
REDC	Revue européenne de droit de la consommation
Rev. conc. cons.	Revue de la concurrence et de la consommation
Rev. crit. dr. int. privé	Revue critique de droit international privé
Rev. fr. adm. publ.	Revue française d'administration publique
RIDE	Revue internationale de droit économique
RIW	Recht der internationalen Wirtschaft
RRJ (droit prospectif)	Revue de la recherche juridique – Droit prospectif
RTD civ.	Revue trimestrielle de droit civil
RTD com.	Revue trimestrielle de droit commercial et de droit économique
RTD eur.	Revue trimestrielle de droit européen

Slg.	Sammlung der Rechtsprechung des Gerichtshofs und des Gerichts erster Instanz (EuGH)
VuR	Verbraucher und Recht
WM	Wertpapier-Mitteilungen
WRP	Wettbewerb in Recht und Praxis
WuW	Wirtschaft und Wettbewerb
ZEuP	Zeitschrift für europäisches Privatrecht
ZEuS	Zeitschrift für europarechtliche Studien
ZGS	Zeitschrift für das gesamte Schuldrecht
ZHR	Zeitschrift für das gesamte Handelsrecht und Wirtschaftsrecht
ZIP	Zeitschrift für Wirtschaftsrecht
ZUM	Zeitschrift für Urheber- und Medienrecht
ZVglRWiss	Zeitschrift für vergleichende Rechtswissenschaft
ZZP	Zeitschrift für Zivilprozess

II. Andere Abkürzungen

a.A.	anderer Ansicht
a.E.	am Ende
a.F.	alte Fassung
A.F.D.I.T.	Association Française de Droit de l'Informatique et de la Télécommunication
aaO.	am angegebenen Ort
abgedr.	abgedruckt
Abs.	Absatz
aff.	affaire(s) (frz., Rechtssache[n])
AG	Amtsgericht
AGB	Allgemeine Geschäftsbedingungen
AGBG	Gesetz zur Regelung des Rechts der Allgemeinen Geschäftsbedingungen
al.	alinéa (frz., Absatz)
Art.	article (frz., Artikel), Artikel
BDSG	Bundesdatenschutzgesetz
BEUC	Bureau Européen des Unions de Consommateurs
BGB	Bürgerliches Gesetzbuch
BGH	Bundesgerichtshof
BT-Drs.	Bundestags-Drucksache
BTX	Bildschirmtext
bull.	bulletin (frz., Bulletin)
C. civ.	Code civil
C. com.	Code de commerce

C. cons.	Code de la consommation
C. pén.	Code pénal
C. proc. civ.	Nouveau code de procédure civile
C. proc. pén.	Code de procédure pénale
CCA	Commission des clauses abusives
CCIP	Chambre de commerce et d'industrie de Paris
chron.	chronique (Abschnittsbezeichnung bei Recueil Dalloz)
CISG	United Nations Convention on Contracts for the International Sale of Goods
CJCE	Cour de justice de la communauté européenne
CMF	Code monétaire et financier
CNIL	Commission nationale de l'informatique et des libertés
CNUDCI	Commission des Nations Unies pour le droit commercial international
CPCE	Code des postes et des communications électroniques
CPT	Code des postes et télécommunications
ders.	derselbe
dies.	dieselben
DMMV	Deutscher Multimedia Verband
doctr.	doctrine (Abschnittsbezeichnung bei Gazette du Palais).
EC	Eurocheque
EC-RL	Richtlinie über den elektronischen Geschäftsverkehr (E-Commerce-Richtlinie)
ECU	European Currency Unit
éd.	Editeur, (frz., Herausgeber), édition (frz., Ausgabe)
éds.	Editeurs, (frz., Herausgeber)
EG	Europäische Gemeinschaft, Vertrag zur Gründung der Europäischen Gemeinschaft (nach der Änderung durch den Vertrag von Amsterdam 1997)
EGBGB	Einführungsgesetz zum Bürgerlichen Gesetzbuch
EGG	Elektronischer-Geschäftsverkehr-Gesetz
EL	Ergänzungslieferung
ELV	Elektronisches Lastschriftverfahren
endg.	endgültig
et s.	et suivant(e)s (frz., und folgende)
EU	Europäische Union, Vertrag über die Europäische Union (nach der Änderung durch den Vertrag von Amsterdam 1997)
EuGH	Gerichtshof der Europäischen Gemeinschaften
EuGVÜ	Europäisches Gerichtsstands- und Vollstreckungsübereinkommen

EuGVVO	Verordnung über die gerichtliche Zuständigkeit und die Anerkennung und Vollstreckung von Entscheidungen in Zivil- und Handelssachen
EVÜ	Römisches EWG-Übereinkommen über das auf vertragliche Schuldverhältnisse anzuwendende Recht
EWG	Europäische Wirtschaftsgemeinschaft
f.	folgende
FA-RL	Fernabsatzrichtlinie
fasc.	fascicule
ff.	folgende (mehrere Seiten)
Fn.	Fußnote
FS	Festschrift
gem.	gemäß
HGB	Handelsgesetzbuch
Hrsg.	Herausgeber
HWiG	Haustürwiderrufsgesetz
i.V.m.	in Verbindung mit
InfoV	Verordnung über Informationspflichten nach bürgerlichem Recht
IP	Internet Protocol
IuKDG	Informations- und Kommunikationsdienstegesetz
KG	Kammergericht Berlin
KOM	Kommissionsdokument
L	partie législative
LadSchlG	Ladenschlußgesetz
LG	Landgericht
lit.	littera (lat., Buchstabe).
LMBG	Lebensmittel- und Bedarfsgegenständegesetz
m. Anm.	mit Anmerkung
m. Fn.	mit Fußnote
MDStV	Mediendienste-Staatsvertrag
MK-BGB	Münchener Kommentar zum Bürgerlichen Gesetzbuch
MPI	Max-Planck-Institut
n.F.	neue Fassung
n°	numéro (frz., Nummer)
obs.	observation (frz., Urteilsanmerkung)
OECD	Organisation for Economic Cooperation and Development
OLG	Oberlandesgericht
OWiG	Ordnungswidrigkeitsgesetz
p.	page (frz., engl., Seite)
PAngV	Preisangabenverordnung
PIN	Persönliche Identifikationsnummer

POZ	Point of Sale ohne Zahlungsgarantie
préc.	précité
proj. LSI	Projet de loi sur la société de l'information du 14.6.2001
proj. LEN	Projet de loi pour la confiance dans l'économie numérique adopté par l'Assemblée nationale le 26.2.2003.
R	partie réglementaire
RL	Richtlinie
Rn.	Randnummer
Rs.	Rechtssache
sem.	semestre
SigG	Signaturgesetz
StGB	Strafgesetzbuch
TDDSG	Teledienste-Datenschutzgesetz
TDG	Teledienstegesetz
TDSV	Telekommunikations-Datenschutzverordnung
TKG	Telekommunikationsgesetz
TzWrG	Teilzeitwohnrechtegesetz
Übers. d. Verf.	Übersetzung des Verfassers
UKlaG	Unterlassungsklagengesetz
UWG	Gesetz gegen den unlauteren Wettbewerb
VerbrKrG	Verbraucherkreditgesetz
vgl.	vergleiche
ZPO	Zivilprozessordnung

§ 1 Einleitung

Mit der Erweiterung der Zugangs- und Verwendungsmöglichkeiten des Internet hat sich auch die Zahl seiner Nutzer in den letzten Jahren stark vergrößert. Unternehmen nutzen das Internet, um sich zu präsentieren. Gleichzeitig entdecken sie die Benutzer des Internet als neuen Kundenkreis und die neuen technischen Möglichkeiten als wirtschaftlichere Methode, um Kunden anzusprechen. Außerdem sind neue Dienstleistungen und Produkte im Zusammenhang mit dem Internet entstanden.

Die Technologie des Internet bringt nicht nur Vorteile, sondern auch Gefahren für seine Nutzer mit sich. Einhergehend mit der Entwicklung des Internet muss über die Risiken, die den privaten Nutzer erwarten, und darüber nachgedacht werden, wie ihnen mit Hilfe des Rechts begegnet werden kann. Ein wirksamer Verbraucherschutz ist eine wichtige Voraussetzung für die Akzeptanz des Internet durch die Verbraucher[1].

In der vorliegenden Arbeit wird der Schutz des Verbrauchers im Internet untersucht. Dabei werden nur die tatsächlichen Vorgänge betrachtet, die damit zusammenhängen, dass gerade das Internet als Kommunikationsmittel zwischen Verbraucher und Unternehmer verwendet wird. Verbraucherschutz, der an das Produkt oder einen anderen Gegenstand des Verbrauchergeschäftes anknüpft, wird dementsprechend nicht untersucht. In diesen Bereich fallen die Regelungen, die sich mit der Produktsicherheit befassen und die Regeln des gesundheitlichen Verbraucherschutzes. Die Untersuchung beschränkt sich nicht auf den Vertragsabschluß selbst, sondern umfasst alle Stadien der vertraglichen Beziehung von der Werbung bis zur Erfüllung der Vertragspflichten.

Verbraucherschutz ist nur dann effektiv, wenn die Möglichkeiten zur Rechtsdurchsetzung bereitstehen und der Nutzung dieser Möglichkeiten durch den Verbraucher keine tatsächlichen oder rechtlichen Hindernisse entgegenstehen. Gegenstand der Untersuchung ist auch das Datenschutzrecht, weil gerade im

---

[1] Siehe Fünfter Zwischenbericht der Enquete-Kommission Zukunft der Medien in Wirtschaft und Gesellschaft – Deutschlands Weg in die Informationsgesellschaft zum Thema Verbraucherschutz in der Informationsgesellschaft, BT-Drs. 13/11003 vom 22.6.1998, S. 7; *OECD*, Leitlinien für den Verbraucherschutz im Zusammenhang mit dem elektronischen Geschäftsverkehr, 2000, S. 7, http://www1.oecd.org/publications/e-book/9300025e.pdf; Kommission der Europäischen Gemeinschaften, Mitteilung der Kommission Europäische Initiative für den elektronischen Geschäftsverkehr vom 14. April 1997, KOM (97) 157 endg., S. 21; *Poullet*, Cahiers Lamy droit de l'informatique et des réseaux, novembre 2001, 1 (3).

Internet die Gewährleistung der informationellen Selbstbestimmung problematisch ist. Die erleichterte Möglichkeit der Datensammlung kann Begehrlichkeiten beim Unternehmer wecken, Informationen über den Verbraucher zu sammeln, die in der Geschäftsbeziehung ein für den Verbraucher nachteiliges Informationsgefälle entstehen lassen.

Das Internet ermöglicht, anders als herkömmliche Fernkommunikationsmittel, eine multimediale Darstellung von Informationen. Die Entfernung der miteinander kommunizierenden Personen ist für die Kommunikationskosten praktisch ohne Bedeutung. Das macht das Internet gerade für grenzüberschreitende Geschäfte interessant. Die Berührung mehrerer Rechtsräume führt zu Fragen nach dem anwendbaren Recht und den zuständigen Gerichten, die für die rechtliche Beurteilung und für den tatsächlichen Verbraucherschutz von entscheidender Bedeutung sind. Gerade hier besteht gemeinschaftsweiter Handlungsbedarf. Das wird deutlich am Ergebnis einer Untersuchung, die 2001 im Auftrag der Europäischen Kommission in allen Mitgliedstaaten gemacht wurde: Die Verbraucher sehen sich im Falle eines Konflikts mit dem Unternehmer in ihrem eigenen Land besser geschützt als in einem anderen Mitgliedstaat der Europäischen Union. So halten sich im Konfliktfall in Frankreich 58 % der Befragten für gut oder sehr gut im eigenen Land geschützt, wohingegen nur 28 % dies für ein anderes Land in der Europäischen Union angaben[2]. In Deutschland fällt der Unterschied noch deutlicher aus: Im eigenen Land halten sich 59 % für gut oder sehr gut geschützt, in einem anderen EU-Land nur 16 %[3]. Obwohl es auch Länder gibt, in denen das Ergebnis genau umgekehrt ausfällt – in Italien, Griechenland und Portugal[4] – wird deutlich, dass hier ein bedeutender Hinderungsgrund für den grenzüberschreitenden Einkauf innerhalb der EU besteht. Dieses Ergebnis ist nicht nur für den Verbraucherschutz selbst unbefriedigend, sondern auch für das hinter den europäischen Aktivitäten im Verbraucherschutz stehende Ziel der Förderung des Binnenmarktes.

Das Internet ist das weltweit größte Computernetzwerk. Es ist dezentral organisiert und besteht aus einer Vielzahl von Rechnern, die durch Datenleitungen miteinander verbunden sind. Verschiedene Dienste ermöglichen die Nutzung dieses Netzwerks zur Datenübermittlung und Kommunikation[5]. Die wichtigsten

---

[2] *SOFRES*, L'information des consommateurs, Note de synthèse, 2002, p. 8, http://europa.eu.int/comm/public_opinion/flash/fl117_france.pdf.

[3] *EMNID*, Ergebnisse der TNS-EMNID Umfrage zum Thema Verbraucherschutz, 2002, S. 8, 10, http://europa.eu.int/comm/dgs/health_consumer/events/event42/germany_de.pdf.

[4] *EOS Gallup Europe*, Flash Eurobarometer 117 „Consumers Survey", 2002, p. 37, http://europa.eu.int/comm/public_opinion/flash/fl117_en.pdf.

[5] Anschaulich und verständlich zur Funktionsweise des Internet *Cichon*, Internetverträge, 2000, S. 7 ff.

sind die elektronische Post (E-Mail) und die interaktiven Internetseiten im World-Wide-Web. Mit Hilfe der elektronischen Post können Texte und angehängte Dateien gezielt an andere Teilnehmer des Dienstes übermittelt werden. Die Nachrichten gelangen in ein elektronisches Postfach des Empfängers, der „Mailbox", und können von dort aus vom Empfänger abgerufen und zur Kenntnis genommen werden. Beim World-Wide-Web handelt es sich um eine Benutzeroberfläche für Endanwender, die die Darstellung von multimedialen „Internetseiten" ermöglicht, die auf Servern gespeichert sind[6]. Alle Internetseiten sind in einem einheitlichen Format erstellt und abrufbar[7].

Im Zusammenhang mit privatrechtlich relevantem Handeln ist das Internet in verschiedenen Rollen denkbar. Man kann zwischen Geschäften, die über das Internet angebahnt, vereinbart oder abgewickelt werden und Geschäften, bei denen das Internet Gegenstand des Vertrages ist, unterscheiden. In die zweite Gruppe gehören Verträge mit Providern über den Zugang zum Internet[8], die Einrichtung von E-Mail-Diensten, die Bereitstellung von Speicherplatz für Internetseiten und über komplexere Dienste, wie – und hier besteht eine Verbindung zu der ersten Gruppe – etwa die Einrichtung und Durchführung einer elektronischen Verkaufsplattform. Bei den Geschäften der ersten Gruppe spielt das Internet als besonderes Mittel der Kommunikation eine Rolle. Dabei ist es aber nicht auf den vertragsrechtlichen Kernbereich der Übermittlung von Willenserklärungen beschränkt. Schon im Vorfeld eines Vertrages stellt das Internet für die Werbung multimediale und auf den gewünschten Adressatenkreis zugeschnittene Möglichkeiten zur Verfügung. Schließlich ist auch die Erfüllung von Verträgen, etwa über Software-Downloads oder Datenbanknutzungen, unmittelbar im Internet möglich.

Die wirtschaftliche Bedeutung des elektronischen Geschäftsverkehrs ist im Vergleich zu anderen Absatzformen gering. Eine Studie der Kommission hat ergeben, dass im November 2001 europaweit nur 35 % der Internetnutzer schon einmal online eingekauft haben, nur 4 % der Nutzer regelmäßig. Auffallend ist der geringe Anstieg gegenüber dem Vorjahr, in dem 31 % der Nutzer angaben, schon im Internet eingekauft zu haben. Die Zahlen variieren nach Ländern: In Deutschland ist der Wert mit fast 45 % überdurchschnittlich, während in Frankreich weniger als 20 % am elektronischen Geschäftsverkehr teilgenommen ha-

---

6 *Stahlknecht/Hasenkamp*, Wirtschaftsinformatik, 1997, S. 144 f., auch zur Entstehungsgeschichte des Internet.

7 Sie sind in der Programmiersprache HTML (*Hypertext Markup Language*) verfasst.

8 Siehe z.B. *Grégoire*, CCC, décembre 1998, 4 (4 et s.).

ben[9]. In den Gesamtkontext des Geschäftsverkehrs werden diese Zahlen durch Angaben über die Anzahl von Personen, die das Internet überhaupt nutzen, gestellt. Fast 50 % der europäischen Bevölkerung über 15 Jahre nutzte im November 2001 das Internet, entweder von zu Hause oder von anderen Zugangsstellen aus. Einen eigenen Internetanschluss haben gemeinschaftsweit nur 38 % der Haushalte[10]. Die unterschiedliche Zahl der Teilnehmer am elektronischen Geschäftsverkehr kann einerseits auf die Vorbedingungen in den einzelnen Mitgliedstaaten zurückgeführt werden – so ist in Deutschland der traditionelle Versandhandel weit verbreitet[11], was für eine erhöhte Bereitschaft, im Internet einzukaufen, ausschlaggebend sein könnte. Andererseits bestehen grundsätzliche Mängel: Im Fernabsatz müssen zusätzlich zu den Kosten für die Ware Versandkosten erbracht werden. Ein weiteres Problem ist das mangelnde Vertrauen in Mechanismen zur Vermeidung und Kompensation bei Störungen des Internet-Einkaufs[12]. Betrachtet man das Geschäftsvolumen, wird die derzeitige wirtschaftliche Bedeutung des Internetabsatzes noch geringer. Der Anteil des elektronischen Geschäftsverkehrs an den Handelsumsätzen beträgt gegenwärtig weniger als 5 %. Überproportional ist der Anteil beim Handel mit immateriellen Gütern[13]. Um so mehr verwundert der hohe Stellenwert, der auf nationaler und vor allem auf europäischer Ebene dem „E-Commerce" beigemessen wird. Aus Sicht der Europäischen Union ist der elektronische Geschäftsverkehr im grenzenlosen Internet ein ideales Instrument, dem erstrebten Binnenmarkt ohne Grenzen zwischen den Mitgliedstaaten näher zu kommen.

Die anfängliche Euphorie über die grenzenlosen Möglichkeiten des Internet ist längst einer realistischen Sichtweise gewichen, die sich auch auf die rechtliche Beurteilung der Vorgänge erstreckt. Das Internet ist eben technisch nichts anderes als ein Kommunikationsmittel. Bei einer grenzüberschreitenden Telefonverbindung kommt auch nicht der Gedanke auf, die Gesprächspartner würden sich

---

[9] Kommission der Europäischen Gemeinschaften, Mitteilung der Kommission – eEurope Benchmarking-Bericht vom 5.2.2002, KOM (2002) 62 endg., Abschnitt 3.3; die Zahlen sind vom November 2001.

[10] Kommission der Europäischen Gemeinschaften, Mitteilung der Kommission – eEurope Benchmarking-Bericht vom 5.2.2002, KOM (2002) 62 endg., Abschnitt 2.2; die Zahlen sind vom November 2001.

[11] Vgl. *Pützhoven*, Verbraucherschutz im Fernabsatz, 2001, S. 14.

[12] Kommission der Europäischen Gemeinschaften, Mitteilung der Kommission – eEurope Benchmarking-Bericht vom 5.2.2002, KOM (2002) 62 endg., Abschnitt 3.3. Zum Aufbau von Internetangeboten und dem Vorhandensein einzelner verbraucherschützender Elemente wie z.B. Korrekturmöglichkeiten bei der Eingabe oder einzelne Informationen siehe die detaillierte vergleichende Untersuchung von *Consumers International*, Should I buy?, 2001, S. 36 f.

[13] Wirtschafts- und Sozialausschuß, Stellungnahme über die „Auswirkungen des elektronischen Handels auf den Binnenmarkt (BBS)", ABl. Nr. C 123/1 vom 25.4.2001, Nr. 2.3.

in einem rechtsfreien Raum bewegen. Die Vorgänge, die über das Internet vorgenommen werden, unterliegen also genauso wie Handlungen außerhalb des Internet dem Recht. Erhöht hat sich – und das in einem ganz bedeutenden Maße – die Komplexität der Kommunikationsverbindungen, die die Bestimmung des anwendbaren Rechts erschwert. Möglicherweise entwickeln sich im Internet eigene Regeln, die grenzüberschreitend akzeptiert werden und auf die Bedürfnisse der Internetnutzer zugeschnitten sind. So kann zwar neues Recht geschaffen werden, aber keine neue Rechtsordnung. Denn letztendlich handeln immer natürliche Personen, die der Rechtsordnung eines Staates angehören. Parallel zu dieser „Entmystifizierung" im internationalen Kontext kann auch innerhalb der eigenen Rechtsordnung beobachtet werden, dass viele Regeln auch im Internet anwendbar sind und oftmals nur eine begriffliche Anpassung notwendig ist[14].

Die Arbeit gliedert sich in fünf Teile. Im ersten Teil wird untersucht, warum und an welchen Stellen eine Notwendigkeit zum Verbraucherschutz besteht. Hierbei wird in einem ersten Schritt der allgemeine rechtliche und rechtspolitische Hintergrund diskutiert, um danach Problemsituationen in den verschiedenen Etappen des Internetgeschäfts auszumachen. Der zweite Teil stellt die europäischen, französischen und deutschen Richtlinien und Gesetze vor, die für den Verbraucherschutz im Internet von besonderer Bedeutung sind. Im dritten Teil werden diese rechtlichen Instrumente auf die im ersten Teil ermittelten Problemsituationen angewendet und anhand der verbraucherrechtlichen und verbraucherpolitischen Zielsetzungen bewertet. Hierbei geht es um den Schutz des individuellen Verbrauchers innerhalb der französischen bzw. der deutschen Rechtsordnung. Die besonderen Probleme, die sich bei grenzüberschreitenden Geschäften ergeben, wenn also Anbieter und Kunde in verschiedenen Staaten ansässig sind, werden im vierten Teil behandelt. Neben der Sichtweise des individuellen Verbraucherschutzes ergibt sich hier als neue Dimension die Auswirkung des Verbraucherschutzes auf den europäischen Binnenmarkt. Für drei Bereiche, in denen besonderer Handlungsbedarf gesehen wird, sollen schließlich in einem fünften Teil Lösungsansätze vorgestellt werden.

---

[14] Vgl. *Cichon*, Internetverträge, 2000, S. 3, die sich dagegen ausspricht, jede neue Rechtsbeziehung als „*sui generis*" einzustufen.

Teil 1: Schutzbedürftigkeit des Verbrauchers im Internet

Ausgangspunkt von verbraucherschützenden Regelungen, die zum Teil einen abgegrenzten Personenkreis rechtlich bevorzugt behandeln, ist die tatsächliche Notwendigkeit zum Schutz der Verbraucher. Dabei wird in einem ersten Schritt allgemein nach Sinn und Zweck verbraucherschützender Regelungen gefragt, um danach die Situationen zu beschreiben, bei denen der Verbraucher bei seiner Teilnahme am elektronischen Geschäftsverkehr schutzbedürftig ist.

§ 2 Schutzbedürftigkeit der Verbraucher allgemein

Sowohl die französische und die deutsche Rechtsordnung als auch die der Europäischen Gemeinschaft kennen Regelungen, deren persönlicher Anwendungsbereich ausdrücklich auf den Verbraucher beschränkt ist. Diese Bevorzugung einer bestimmten Personengruppe bedarf in einer Rechtsordnung, deren Grundprinzip die Gleichbehandlung aller Rechtssubjekte ist, einer Rechtfertigung. Das ist umso schwieriger, weil sich Definition und Verständnis des Begriffes „Verbraucher" erst aus dem Recht selbst ergeben und abhängig vom jeweiligen Regelungszweck definiert sind. Deshalb muss zuerst nach dem Grund des Verbraucherschutzes und dann nach dem geschützten Personenkreis gefragt werden.

I. Ziele des Verbraucherschutzes als Bewertungsmaßstab

Verbraucher werden durch die Rechtordnung in besonderer Weise geschützt. Dieser Befund erklärt sich nicht alleine aus der Feststellung, dass die Verbraucher hinreichend politisches Gewicht erreicht haben, um ihre Interessen durchzusetzen[1]. Die Umsetzung zivilrechtlicher Grundsätze wie der Privatautonomie ist nur ein Teil der Motivation für die Schaffung verbraucherschützender Regelungen. Ein umfassendes Verständnis des Verbraucherschutzes ergibt sich erst aus den rechtspolitischen Hintergründen und Zielsetzungen. Das privatrechtsimmanente Ziel der Aufrechterhaltung der Privatautonomie und von außen auf die Rechtsordnung einwirkende rechtspolitische Ziele bilden den Maßstab für Legitimation und Leistungsfähigkeit einzelner verbraucherschützender Bestimmungen.

---

[1] *Calais-Auloy/Steinmetz*, Droit de la consommation, 2000, n° 20.

1. Verbraucherrechtliches Ziel

a) Aufrechterhaltung der wirtschaftlichen Selbstbestimmung

Erklärungsansätze für den Schutz von Verbrauchern lassen sich in zwei Gruppen unterteilen. Während für die Vertreter des personenbezogenen Verbraucherschutzes der Verbraucher deswegen schützenswert ist, weil er Verbraucher ist, besteht für die Vertreter eines situationsbezogenen Verbraucherschutzes in bestimmten Situationen die Notwendigkeit zum Schutz einer Vertragspartei, wobei solche Situationen typischerweise bei Verbrauchern gegeben sind.

Der personenbezogene Ansatz geht davon aus, dass sich der Verbraucher in einer generellen wirtschaftlichen Unterlegenheitssituation befindet. Dieser Ansatz hat sich in Frankreich in den 1960er und 1970er Jahren als Folge der steigenden Anzahl von neuen Produkten, Unternehmenskonzentrationen und verstärkter Werbetätigkeit, die die Entscheidungen des Verbrauchers zu beeinflussen sucht[2], herausgebildet[3], durch die eine Überforderung des Verbrauchers befürchtet wurde[4]. Auch die neuere französische Literatur zum Verbraucherrecht stützt sich, wenn das Problem der Rechtfertigung des Verbraucherschutzes überhaupt angesprochen wird, auf diesen Ansatz[5], wobei sich der plakative Gegensatz des schwachen Verbrauchers und des großen Unternehmens verringert zu haben scheint[6]. Das mag daran liegen, dass durch die Schaffung von Verbraucherorganisationen, denen in Frankreich immer ein größerer Stellenwert für den Verbraucherschutz eingeräumt wurde[7] als in Deutschland, die Interessen der Verbraucher mit mehr Gewicht vertreten werden konnten und die Verbraucherschutzgesetzgebung die rechtlichen Rahmenbedingungen verbessert hat. Von der generellen Unterlegenheit des Verbrauchers als „schwächerer Partei" wurde

---

[2] Siehe *Packard*, Die geheimen Verführer, 1967, S. 1 f. (Deutsche Erstausgabe 1958).

[3] In Frankreich *Bihl*, Gaz. Pal. 1974, 2e sem., doctr. 754 (754 et s.); *Cas*, Défense du consommateur, 1980, p. 9 et s., « *Le consommateur victime* »; *Calais-Auloy*, Propositions, 1985, p. 11; *Cas/Ferrier*, Droit de la consommation, 1986, p. 256; *Ferrier*, Protection, 1996, p. 1 et s.; ebenso der Rat der Europäischen Gemeinschaft, Erstes Programm der Europäischen Wirtschaftsgemeinschaft für eine Politik zum Schutz und zur Unterrichtung der Verbraucher vom 14.4.1975, ABl. Nr. C 92/2 vom 25.4.1975, Rn. 6; siehe *Calais-Auloy/Steinmetz*, Droit de la consommation, 2000, n° 1.

[4] Vgl. *Baumann*, Droit de la consommation, 1977, p. 3; *Gärtner*, JZ 1992, 73 (73).

[5] *Ghestin*, Contrat, 1993, n° 77; *Ferrier*, Protection, 1996, p. 2; *Calais-Auloy/Steinmetz*, Droit de la consommation, 2000, n° 1; *Detraz*, CCC, mai 2004, 7 (8).

[6] Vgl. etwa *Leveneur*, in: *Lequette* (éd.), Code civil, 2004, p. 929 (942). Damit geht ein Abschwächen der Verbraucherbewegung seit Ende der 1980er Jahre einher, *Calais-Auloy/Steinmetz*, Droit de la consommation, 2000, n° 1.

[7] Siehe etwa *Baumann*, Droit de la consommation, 1977, p. 153 et s.; *Cas/Ferrier*, Droit de la consommation, 1986, p. 109 et s.; *Ferrier*, Protection, 1996, p. 63 et s.

auch in der deutschen Literatur ausgegangen[8]. Sie geht einher mit einer Abkehr von einem durch die Privatautonomie geprägten und auf dem Marktsystem aufbauenden Privatrecht hin zu regulierenden Eingriffen in die Rechtsbeziehungen zwischen Verbrauchern und Unternehmern[9].

Der personenbezogene Ansatz hat mehrere Schwächen: Wenn von einer generellen Unterlegenheit des Verbrauchers ausgegangen wird, dann geht mit der Rechtfertigung für Verbraucherschutzrecht die Gefahr einer Entmündigung des Verbrauchers einher, weil man ihm abspricht, wirtschaftliche Entscheidungen selbständig treffen zu können[10]. Das hat wiederum zur Folge, dass der Verbraucher verlernt, sich zu informieren und zu entscheiden[11]. Noch grundlegender setzt der zweite Kritikpunkt an, nämlich an der Grundannahme der wirtschaftlichen Unterlegenheit der Verbraucher[12]. Die wirtschaftliche Unterlegenheit wird aus einer schwächeren Position am Markt hergeleitet, die deswegen nicht generell angenommen werden kann, weil die Verhandlungsstärke und damit die Fähigkeit einer Partei, die eigenen Interessen im Vertrag durchzusetzen, sich nach den Grundsätzen von Angebot und Nachfrage bestimmt. Diese Situation ist von dem Produkt oder der Leistung, die Gegenstand des Geschäfts ist, und von der aktuellen Marktsituation abhängig. In vielen Fällen kann der Markt selbst für eine Neutralisierung von Ungleichgewichtslagen sorgen[13]. Dem Verbraucher verbleibt schließlich, von wenigen Ausnahmefällen abgesehen, die Möglichkeit, auf Substitutionsgüter auszuweichen oder auf den Konsum zu verzichten[14]. Für den elektronischen Geschäftsverkehr wird das Postulat der marktschwächeren Position zusätzlich dadurch in Frage gestellt, dass sich im Internet der Markt-

---

[8] So (schon die Titel bei) *von Hippel*, Der Schutz des Schwächeren, 1982, S. 29 ff.; *Kroeger*, Der Schutz der „marktschwächeren" Partei, 1984, S. 1 f.; aus jüngerer Zeit *von Koppenfels*, WM 2001, 1360 (1367); wohl tendenziell auch *Kind*, Grenzen des Verbraucherschutzes, 1998, S. 46, 544 f., die das Verbraucherbild eines liberalen Verbraucherschutzansatzes kritisiert; dagegen – und im hier vertetenen Sinne – *Reich*, ZEuP 2 (1994), 381 (389); kritisch auch *Keßler*, VuR 1999, 415 (416).

[9] *Joerges*, Verbraucherschutz, 1981, S. 19, insb. 32 f.; *Reich*, Markt und Recht, 1977, S. 181, 184 f.; *Simitis*, Verbraucherschutz, 1976, S. 133, 141; mit Einschränkungen auch *Kemper*, Verbraucherschutzinstrumente, 1994, S. 30 ff., insb. S. 35 f.; kritisch zum Regulierungsansatz *Gröner/Köhler*, Verbraucherschutzrecht, 1987, S. 32 ff.

[10] Vgl. *Baumann*, Droit de la consommation, 1977, p. 3.

[11] *Calais-Auloy/Steinmetz*, Droit de la consommation, 2000, n° 22.

[12] Gegen eine generelle Annahme der Unterlegenheit auch *Fontaine*, in: *Centre de droit des obligations de l'Université de Paris I* (éd.), Protection, 1996, p. 615 (620).

[13] *Hönn*, Vertragsparität, 1982, S. 260; *Gröner/Köhler*, Verbraucherschutzrecht, 1987, S. 17 f.; *Kleindiek*, in: *Hommelhoff/Jayme/Mangold* (Hrsg.), Europäischer Binnenmarkt, 1995, S. 297 (302); *Alexander*, Unlauterer Wettbewerb, 2002, S. 42.

[14] *Medicus*, in: FS *Kitagawa*, 1992, S. 471 (485); *Kleindiek*, in: *Hommelhoff/Jayme/Mangold* (Hrsg.), Europäischer Binnenmarkt, 1995, S. 297 (302).

platz praktisch auf die ganze Welt vergrößert hat und der Verbraucher somit einen globalen Leistungsvergleich anstellen kann.
Eine generelle wirtschaftliche Überlegenheit des Unternehmers aufgrund einer besseren Marktposition kann also nicht angenommen werden[15]. Unternehmer werden oft deswegen besser stehen, weil sie den Fehlschlag eines einzelnen Geschäftes wirtschaftlich auffangen können, indem sie es schon im Vorfeld in ihrer Kalkulation berücksichtigen. Die sich dadurch vergrößernde Zahl von Handlungsalternativen steht dem Verbraucher in der Regel nicht zur Verfügung. Dieser Gesichtspunkt ist insbesondere bei der kostspieligen Rechtsdurchsetzung von Bedeutung[16]. Die größere Routine beim Abschluss von Geschäften[17] und die damit verbundene Kenntnis der rechtlichen Risiken und der Marktsituation kann dem Unternehmer zudem einen Vorteil bei der Durchsetzung seiner Interessen am Markt verschaffen; freilich nur dann, wenn die Angebots- und Nachfragesituation diesen Vorteil nicht zunichte macht.

Die personenbezogenen Verbraucherschutztheorien gehen also für eine Rechtfertigung privatrechtlichen Verbraucherschutzes zu weit. Regeln, die eine Vertragspartei gegenüber der anderen bevorzugen, stellen einen Eingriff in die formale Privatautonomie dar, der zunächst systemimmanent, also mit Hilfe einer privatrechtlichen Argumentation, erklärt werden sollte. Die Argumentation kann dazu nicht vom Verbraucher ausgehen, dessen Unterlegenheit nicht privatrechtlich, sondern mit sozioökonomischen Überlegungen begründet wird. Wenn das Privatrecht auch den Verbraucherbegriff als ein den Anwendungsbereich bestimmter Regeln eingrenzendes Kriterium verwendet, so kann diese Einschränkung nur am Ende der Argumentationskette stehen. Auch in der Diskussion in Deutschland in den 1980er Jahren ist die Bedeutung des Privatrechts und des Wettbewerbs für den Verbraucherschutz erkannt worden[18].

Nach der von *Drexl* entwickelten Theorie der wirtschaftlichen Selbstbestimmung des Verbrauchers besteht die grundlegende Zielsetzung des Verbraucherschutzes darin, dem Einzelnen auf der Grundlage der Entscheidungszuständigkeit für eigene wirtschaftliche Belange den Rahmen für tatsächlich selbstbe-

---

[15] Vgl. *Grundmann*, AcP 202 (2002), 41 (64 f.); *Drexl*, JZ 1998, 1046 (1050); *ders.*, in: *Schlechtriem* (Hrsg.), Wandlungen des Schuldrechts, 2002, S. 97 (131).
[16] *Grundmann*, AcP 202 (2002), 41 (66).
[17] *Beater*, Verbraucherschutz, 2000, S. 73; *Leveneur*, in: *Lequette* (éd.), Code civil, 2004, p. 929 (942); kritisch *Calliess*, AcP 203 (2003), 575 (581).
[18] Vgl. *H. P. Westermann*, ZRP 1983, 249 (250); ausdrücklich gegen ein „gemeinschaftsweites Sonderprivatrecht für Verbraucher, das in Abkehr vom Gedanken der Privatautonomie und der Eigenverantwortlichkeit formal-abstrakt gleicher Marktbürger ausgeformt wird“, *Kleindiek*, in: *Hommelhoff/Jayme/Mangold* (Hrsg.), Europäischer Binnenmarkt, 1995, S. 297 (303).

stimmte Entscheidungen zu schaffen und aufrecht zu erhalten[19]. Das Modell basiert auf den beiden Annahmen, dass zum einen der Markt die ökonomisch sinnvollste Wirtschaftsform ist und dass zum anderen die für ein Funktionieren des Marktes notwendigen freien Entscheidungen der einzelnen Marktteilnehmer nicht unbedingt durch den Markt selbst gewährleistet sind, sondern durch gezielte staatliche Regelungseingriffe aufrechterhalten werden müssen[20]. Daraus ergibt sich eine Unterscheidung der Schutzinstrumente in solche des konstitutiven und des kompensatorischen Verbraucherschutzes[21]. Das Wettbewerbsrecht soll die Rahmenbedingungen für freien Wettbewerb der Marktteilnehmer schaffen und ist so konstitutiv für den Markt, der die Plattform und damit Grundvoraussetzung dafür ist, das Personen überhaupt als Markteilnehmer handeln können[22]. Auch auf einem Markt, auf dem der freie Wettbewerb gewährleistet ist, kann die Selbstbestimmung einzelner Marktteilnehmer beeinträchtigt sein. Für diese Situationen müssen ausgleichende – kompensatorische – Schutzinstrumente geschaffen werden[23]. *Reich* sieht Verbraucherschutzrecht zwar als „umfassendes Marktverhaltensrecht", ordnet die aktive Teilnahme am Markt aber den Unternehmern zu, die gegenüber den „passiven" Verbrauchern[24] bestimmte Schutzstandards zu erfüllen haben. Das wird der Rolle des Verbrauchers nicht gerecht, der als Nachfrager genauso aktiv am Marktgeschehen teilnimmt wie der anbietende Unternehmer. Wie *Drexl* verfolgt *Reich* das Ziel, die „Sicherung der Wahl- und Entscheidungsfreiheit der Verbraucher" zu gewährleisten[25]. Dabei muss beachtet werden, dass ein übermäßiger Verbraucherschutz durch die Weitergabe von wirtschaftlichen Nachteilen und erhöhten Risiken in Form von höheren Preisen durch die Unternehmer auf die Verbraucher zurückschlagen kann[26].

---

[19] Ähnlich für das europäische Verbraucherrecht *Reich*, ZEuP 2 (1994), 381 (381).

[20] *Drexl*, Wirtschaftliche Selbstbestimmung, 1998, S. 206 f.

[21] Siehe *Drexl*, Wirtschaftliche Selbstbestimmung, 1998, S. 398 ff.

[22] Andersherum sind Privatautonomie und Vertragsfreiheit die Voraussetzungen dafür, dass ein Marktgeschehen möglich ist, *Kleindiek*, in: *Hommelhoff/Jayme/Mangold* (Hrsg.), Europäischer Binnenmarkt, 1995, S. 297 (301); *Drexl*, Wirtschaftliche Selbstbestimmung, 1998, S. 123.

[23] *Drexl*, Wirtschaftliche Selbstbestimmung, 1998, S. 288 f.; *ders.*, JZ 1998, 1046 (1050); vgl. *Kleindiek*, in: *Hommelhoff/Jayme/Mangold* (Hrsg.), Europäischer Binnenmarkt, 1995, S. 297 (302, 304 f.); kompetitive Marktordung und kompensatorischer Verbraucherschutz werden dagegen von *Keßler*, VuR 1999, 415 (416), grundsätzlich als sich widersprechend angesehen.

[24] *Reich*, Europäisches Verbraucherrecht, 1996, S. 27 und im Vorwort, S. 6.

[25] *Reich*, Europäisches Verbraucherrecht, 1996, S. 27.

[26] *Calais-Auloy/Steinmetz*, Droit de la consommation, 2000, n° 22; *H.-B. Schäfer*, in: *Grundmann* (Hrsg.), Systembildung und Systemlücken, 2000, S. 559 (563); *van den Bergh*, in: *Ott/H.-B. Schäfer* (Hrsg.), Verhaltenssteuerung, 1997, S. 77 (80 f.); *Becker*, in: FS MPI für Privatrecht, 2001, S. 85 (94).

b) Formale und materielle Privatautonomie

Die freie Bestimmung über eigene wirtschaftliche Belange ist der Inhalt der Privatautonomie. Das deutsche wie das französische Zivilrecht gewährt eine formale Privatautonomie, indem Willenserklärungen grundsätzlich nicht inhaltlich oder formal beschränkt sind. In bestimmten Fällen, in denen die Entscheidungsfreiheit des Einzelnen beeinträchtigt ist, kann eine Abweichung von der formalen Privatautonomie notwendig werden[27]. In der Modellvorstellung – an der sich das positive Recht messen lassen muss – führen diese Interventionen entgegen der Ansicht einiger Autoren[28] nicht zu einer Einschränkung der Privatautonomie. Sie wird zwar formell aufgegeben, in der in Frage stehenden Situation aber materiell gewährleistet[29]. Aus der Zielsetzung der Aufrechterhaltung der wirtschaftlichen Selbstbestimmung selbst ergibt sich eine Beschränkung der Eingriffe in die formale Privatautonomie[30] auf die Fälle, in denen die freie Entscheidung tatsächlich in Frage steht, und auf Schutzinstrumente, die nicht über das Ziel der Entscheidungsfreiheit hinausschießen. Denn ein zu weitgehender Eingriff gewährleistet zwar die Entscheidungsfreiheit des zunächst Benachteiligten, schränkt darüber hinaus aber die freie Entscheidung des anderen am Geschäft beteiligten Marktteilnehmers ein[31]. Darüber hinaus ist durch eine nicht notwendige Einschränkung der formalen Privatautonomie zum Schutz des Verbrauchers

---

[27] *Cabrillac*, Obligations, 2000, n° 20.

[28] Wie *Rouhette*, in: Etudes *Rodière*, 1981, p. 247 (256, 258).

[29] *Drexl*, Wirtschaftliche Selbstbestimmung, 1998, S. 208; *ders.*, in: *Schlechtriem* (Hrsg.), Wandlungen des Schuldrechts, 2002, S. 97 (117); *Kleindiek*, in: *Hommelhoff/Jayme/Mangold* (Hrsg.), Europäischer Binnenmarkt, 1995, S. 297 (304); siehe auch *Canaris*, AcP 200 (2000), 273 (300); *Groeschke/Kiethe*, WRP 2001, 230 (232), „materielles Verständnis der Vertragsfreiheit im Sinne der grundrechtlich gewährleisteten Privatautonomie"; *Grynbaum*, JCP E 2001, 1617 (1618): « On ne saurait sacrifier la nécessaire protection de certains contractants à un principe flou tel que l'autonomie de la volonté »; *Pizzio*, RTD civ. 1976, 66 (90); siehe schon *Borysewicz*, in: Etudes *Kayser*, tome 1, 1979, p. 91 (126) ; *Ferrier*, D. 1980, chron. 177 (188) « *renforcement du principe de l'autonomie de la volonté* ».

[30] Die formale Privatautonomie meint *Bihl*, Gaz. Pal. 1974, 2ᵉ sem., doctr. 754 (755), wohl, wenn er die Willensfreiheit als unvereinbar mit der wirtschaftlichen und gesellschaftlichen Wirklichkeit des 20. Jahrhunderts ansieht.

[31] *Kleindiek*, in: *Hommelhoff/Jayme/Mangold* (Hrsg.), Europäischer Binnenmarkt, 1995, S. 297 (302); *Paulus/Zenker*, JuS 2001, 1 (2); vgl. *Drexl*, in: *Grundmann/Stuyck* (eds.), Green Paper, 2002, p. 103 (125); *Calais-Auloy*, Propositions, 1985, p. 11 (Gewährleistung der Funktionsfähigkeit des marktwirtschaftlichen Systems durch Verbraucherschutz); nur in diesem Bereich ist die Kritik von *Dreher*, JZ 1997, 167 (177) nachvollziehbar, der Privatrecht und Verbraucherrecht im Widerspruch sieht.

grundsätzlich auch seine eigene Entscheidungsfreiheit eingeschränkt und der Schutz des Verbrauchers schlägt in seine Bevormundung um[32].

Eine Beschränkung der Eingriffe auf das notwendige Maß ergibt sich wirtschaftspolitisch aus dem Grundsatz der Subsidiarität: der Verbraucher darf rechtlich nur bevorzugt werden, wenn er nicht selbst in der Lage ist, seine Interessen selbstbestimmt zu verfolgen[33]. Wie alle staatlichen Eingriffe in individuelle Freiheiten müssen verbraucherschützende Interventionen zudem den Verhältnismäßigkeitsgrundsatz wahren[34]. Die Privatautonomie ist in Deutschland grundrechtlich gewährleistet[35]. In Frankreich wurde ihr Verfassungsrang auf drei Entscheidungen des Conseil constitutionnel gestützt[36], der in einer neueren Entscheidung die Vertragsfreiheit (*liberté contractuelle*) allerdings nicht als eine Norm mit Verfassungsrang angesehen hat[37]. Als Ziel des Verbraucherschutzes lässt sich nicht rechtfertigen, „die Interessen der Verbraucher in allen Bereichen angemessen zu berücksichtigen und die Bedürfnisse der Verbraucher optimal zu befriedigen“[38]. Wenn die Interessen verschiedener Gruppen ausgeglichen werden müssen, kann es für keine Gruppe *a priori* den Anspruch auf eine optimale Bedürfnisbefriedigung geben.

Die Aufrechterhaltung der wirtschaftlichen Selbstbestimmung des Verbrauchers ist auf das französische Privatrecht übertragbar. Auch *Raymond* ist der Ansicht, dass Verbrauchervertragsrecht nicht dem Grundsatz der Willensfreiheit zuwiderläuft, sondern dem Verbraucher die autonome Ausübung seines Willens gerade ermöglicht[39]. Die Willensfreiheit ist auch im französischen Privatrecht die

---

[32] *Kleindiek*, in: *Hommelhoff/Jayme/Mangold* (Hrsg.), Europäischer Binnenmarkt, 1995, S. 297 (302), mit dem Hinweis darauf, dass davon alle Bürger betroffen wären; *Drexl*, Wirtschaftliche Selbstbestimmung, 1998, S. 210; zum Wettbewerbsrecht *Haedicke*, CR 2001, 788 (792).

[33] *Drexl*, Wirtschaftliche Selbstbestimmung, 1998, S. 209.

[34] *Drexl*, Wirtschaftliche Selbstbestimmung, 1998, S. 214; *Kleindiek*, in: *Hommelhoff/Jayme/Mangold* (Hrsg.), Europäischer Binnenmarkt, 1995, S. 297 (302).

[35] *H. Dreier*, in: *ders.* (Hrsg.), Grundgesetz, Band 1, 1996, Art. 2 I, Rn. 47; *Hillgruber*, AcP 191 (1991), 69 (75 f.).

[36] Décision n° 59-1 FNR du 27.11.1959, J.O. n° 11 du 14.1.1960, 441; décision n° 61-3 FNR du 8.9.1961, J.O. n° 212 du 9.9.1961, 8427; décision n° 61-4 FNR du 18.10.1961, J.O. n° 246 du 19.10.1961, 9538; ausführlich hierzu *Rouhette*, in: Etudes *Rodière*, 1981, p. 247 (249 et s.); *Broussolle*, note sous Conseil constitutionnel, décision n° 94-348 DC du 3.8.1994, JCP 1995, II 22404, p. 121 (121).

[37] Conseil constitutionnel, décision n° 94-348 DC du 3.8.1994, JCP 1995, II 22404, note *Broussolle*; RTD civ. 1999, 79, note *Mestre*.

[38] So jedoch *von Hippel*, Verbraucherschutz, 1986, S. 21; *Gärtner*, JZ 1992, 73 (77), sieht die „Optimierung des Konsums“ als Ziel der Verbraucherbewegung an.

[39] *Raymond*, in: Grands Problèmes, 1995, p. 35 (49 et s.).

Grundvoraussetzung für das Zustandekommen von Verträgen[40]. Es besteht also die Notwendigkeit, Situationen aufzugreifen, in denen nicht beide Vertragsparteien in der Lage sind, ihre Willenserklärungen selbstbestimmt abzugeben. Die durch korrigierende Regelungen hervorgerufenen Eingriffe in die formelle Vertragsfreiheit sind in diesen Fällen gerechtfertigt, weil materielle Willensfreiheit gewährleistet ist. Das wird in der französischen Literatur anschaulich für Formvorschriften diskutiert[41].

c) Informationsmodell

Auf der Grundlage dieser Überlegungen und der Erkenntnis, dass in der überwiegenden Zahl ein Informationsdefizit die Grundlage fehlende wirtschaftliche Selbstbestimmung ist, ist das vorrangige Schutzinstrument die Information der Verbraucher, um ihre Entscheidungsfähigkeit wiederherzustellen[42]. Weil Informationen, die der einen Seite fehlen, oft der anderen Seite zur Verfügung stehen, kann durch Informationspflichten ein ausgleichender Informationsfluss erreicht werden. Die Informationsasymmetrie ist allerdings nicht der entscheidende Anknüpfungspunkt[43]. Für die Beurteilung der Entscheidungsfähigkeit einer Person kommt es darauf an, ob ihr die notwendigen Informationen zur Verfügung stehen und nicht darauf, ob die andere Seite gut oder schlecht informiert ist.

Gesetzliche Bestimmungen über vorvertraglichen Informationspflichten lassen den Vertragsschluss selbst unberührt und beeinträchtigen so nicht das Prinzip der formalen Vertragsfreiheit. Das gilt auch angesichts der durch die Informationspflichten begründeten vorvertraglichen und vertraglichen Sekundäransprüche. Parallel zum geringen Eingriff in die formale Vertragsfreiheit wird ein größtmögliches Maß an materieller Vertragsfreiheit hergestellt[44]. Ein anderer Schutzansatz, bei dem regulierende Eingriffe ins Privatrecht im Vordergrund stehen, indem bestimmte Vertragsabschlüsse für unwirksam erklärt werden, bedeutet gleichermaßen einen stärkeren Eingriff in die formale als auch einen geringeren Nutzen für die materielle Privatautonomie. Der Verbraucher wird zwar vor nachteiligen Vertragsabschlüssen geschützt, seine Selbstbestimmung jedoch

---

[40] *J. Flour/Aubert/Savaux*, Obligations/1, 2000, n° 99 et s.

[41] Siehe hierzu *J. Flour/Aubert/Savaux*, Obligations/1, 2000, n° 300 et s.

[42] *Drexl*, in: *Schlechtriem* (Hrsg.), Wandlungen des Schuldrechts, 2002, S. 97 (123 f.).

[43] So auch *Grundmann*, AcP 202 (2002), 40 (66 f.), der aber dennoch das Schlagwort Informationsasymmetrie verwendet.

[44] Vgl. *Canaris*, AcP 200 (2000), 273 (303); *Breidenbach*, Informationspflichten, 1989, S. 12; *Grundmann*, C.M.L. Rev. 39 (2002), 269 (292); kritisch zur Wirksamkeit von Informationen noch *von Hippel*, Verbraucherschutz, 1986, S. 158 f., der gerade bei „sozial schwachen“ Verbrauchern die Beachtung der Informationen angezweifelt hat, und *Simitis*, Verbraucherschutz, 1976, S. 107 ff.

nicht wiederhergestellt. Der Verbraucher schützt sich nicht selbst, sondern wird vom Staat geschützt. Hinzu kommen gesetzestechnische Schwierigkeiten durch die Ausfüllung von bei Schrankenbestimmungen oft verwendeten Generalklauseln[45]. Informationspflichten dagegen wollen und können dem Adressaten nur eine Entscheidungsgrundlage geben und ihm nicht die Verantwortung für eine vernünftige oder günstige Entscheidung abnehmen[46]. *Breidenbach* warnt indes davor, Informationspflichten als ausschließliches Verbraucherschutzinstrument zu verwenden[47].

Das Gemeinschaftsrecht gründet sich ebenfalls auf eine Information der Verbraucher als grundlegendes Schutzinstrument. Das kommt im europäischen Verbraucherbild zum Ausdruck[48]. Die Gründe liegen hier allerdings nicht vorrangig in der Ausbalancierung von materieller und formaler Privatautonomie, sondern in der Berücksichtigung des Verhältnismäßigkeitsgrundsatzes bei Eingriffen in die Grundfreiheiten[49]. Bei der Entwicklung von Informationspflichten ist zu beachten, dass Informationsdefizite kein verbraucherspezifisches Problem sind. Die informationelle Unterlegenheit kann sich daraus ergeben, dass eine Seite die Informationen häufiger verwendet als der andere Vertragspartner, weil sie eine bestimmte Art der Transaktion häufiger vornimmt. Sie kann in einem leichteren Zugang einer Seite zu bestimmten Informationen, etwa über die angebotene Leistung, bestehen. Schließlich kann eine informationelle Überlegenheit das Resultat einer besseren Ausbildung in dem Bereich der konkreten Transaktion sein[50]. Für alle drei Bereiche ist eine Beschränkung auf Unternehmer-Verbraucher-Beziehungen nicht zwingend[51]. Umgekehrt kann innerhalb von Unternehmer-Verbraucher-Beziehungen nicht grundsätzlich von einem Informationsdefizit des Verbrauchers ausgegangen werden, das eine allgemeine Informationspflicht unabhängig von einer Situationsanknüpfung rechtfertigen würde[52].

d) Ergebnis

Das primäre Kriterium für die Abweichung von der formalen Privatautonomie ist die sonst zu befürchtende Abweichung von der wirtschaftlichen Selbstbe-

---

45 *Canaris*, AcP 200 (2000), 273 (303).

46 *Breidenbach*, Informationspflichten, 1989, S. 12; *Rehm*, Aufklärungspflichten, 2003, S. 120, weist darauf hin, dass es eine „perfekte Informiertheit der Vertragsparteien“ nicht geben kann.

47 *Breidenbach*, Informationspflichten, 1989, S. 27 f.

48 Genauer hierzu unten § 7 III 1 a.

49 Vgl. *Reich*, Europäisches Verbraucherrecht, 1996, Rn. 143a.

50 Differenzierung bei *Grundmann*, AcP 202 (2002), 40 (61 f.).

51 *Grundmann*, AcP 202 (2002), 40 (63).

52 So aber *Engelhardt*, Europäisches Verbrauchervertragsrecht, 2001, S. 366 ff.

stimmung, also die Aufrechterhaltung der materiellen Privatautonomie. Dem entspricht auf wirtschaftlicher Ebene der Gedanke, dass Marktwirtschaft nur funktioniert, wenn jeder Teilnehmer die gleichen Möglichkeiten hat, seine Interessen einzubringen und sich frei nach der Abwägung von Vor- und Nachteilen zu entscheiden. Deswegen sind in einzelnen Situationen Korrekturen notwendig, obwohl die Rahmenbedingungen für einen solchen Markt gegeben sind. Das gilt für alle Privatrechtssubjekte[53]. Nach der situationsbezogenen Einschränkung des Anwendungsfeldes, wird in einem zweiten Schritt aus gesetzestechnischen Gründen eine Typisierung auf den Verbraucher vorgenommen[54].

Der Ausgangspunkt der Funktionsfähigkeit des Marktes als Voraussetzung für selbstbestimmte Entscheidungen ist auch bei den Theorien des personenbezogenen Verbraucherschutzes gegeben[55]. Der Unterschied besteht darin, dass der situationsbezogene Ansatz das Verbraucherrecht gezielter in das freie Marktgeschehen eingreifen lässt, wo tatsächlich eine Ungleichgewichtssituation gegeben ist. Man kann der personenbezogenen Sichtweise vielleicht eine gewisse Unschärfe bei der Analyse der wirtschaftlichen Situation unterstellen, als Folge von ersten Auseinandersetzungen mit den gesetzgeberischen Aktivitäten zum Verbraucherschutz[56]. Zum Teil wird allerdings eine andere Grunderwartung an den Markt gestellt, nämlich, dem Verbraucher die optimale Durchsetzung seiner Interessen zu ermöglichen[57]. In einer Marktwirtschaft treffen verschiedene, zum Teil gleichlaufende und zum Teil gegenläufige, Interessen zusammen, die beim Abschluss eines Geschäftes ausgeglichen werden. Die einseitige Ergebnisoptimierung widerspricht dem Prinzip des Marktes. Der Einzelne kann nicht die optimale Realisierung seiner Interessen verlangen, sondern nur die gleichberechtigte Chance, seine Interessen durchzusetzen.

---

[53] *Drexl*, in: *Schlechtriem* (Hrsg.), Wandlungen des Schuldrechts, 2002, S. 97 (129).

[54] *Drexl*, in: *Schlechtriem* (Hrsg.), Wandlungen des Schuldrechts, 2002, S. 97 (129); *T. Duve*, Jura 2002, 793 (794 f.); *Calliess*, AcP 203 (2003), 575 (578 f.); vgl. *Medicus*, JuS 1996, 761 (767), zu den Gefahren der Typisierung; *Paulus/Zenker*, JuS 2001, 1 (2); eine Beschränkung des Anwendungsbereichs auf Verbraucher ist „nicht ohne Risiko für die innere Folgerichtigkeit für die ... Vertragsrechte", *Kleindiek*, in: *Hommelhoff/Jayme/Mangold* (Hrsg.), Europäischer Binnenmarkt, 1995, S. 297 (306); zum gleichen Ansatz auf europäischer Ebene *Reich*, ZEuP 2 (1994), 381 (389).

[55] So bei *Cas/Ferrier*, Droit de la consommation, 1986, p. 256, die zur Marktkorrektur aber nicht auf den Markt selbst vertrauen, sondern strafrechtliche Sanktionen für notwendig halten.

[56] Eine umfassende Theorie des Verbraucherrechts konnte zu dem Zeitpunkt noch nicht aufgestellt werden, sondern nur eine Bestandsaufnahme, so *Baumann*, Droit de la consommation, 1977, p. 2: « *Pour une théorie, il est certes trop tôt.* »

[57] Vgl. *Cas/Ferrier*, Droit de la consommation, 1986, p. 255.

Der personenbezogene Ansatz zur Rechtfertigung verbraucherschützender Eingriffe in die Vertragsfreiheit und den freien Markt geht von der falschen Grundannahme der generellen wirtschaftlichen Unterlegenheit von Verbrauchern aus und zieht damit den Bereich für Eingriffe zu weit. Der situationsbezogene Ansatz arbeitet zwar auch mit der Typisierung des Verbrauchers, geht aber von einzelnen Situationen aus, in denen Korrekturbedarf zur Widerherstellung der wirtschaftlichen Selbstbestimmung besteht. Häufig wird auch hier die Ursache eine Ungleichgewichtslage zwischen den Vertragspartnern sein. Das ist jedoch nur ein sekundäres Kriterium nach der Prüfung des Vorhandenseins von Entscheidungsfreiheit und kann, weil vollständige Übereinstimmung nicht gegeben ist, nicht der Anknüpfungspunkt für Verbraucherschutz sein[58].

Die den einzelnen verbraucherrechtlichen Instrumenten zugrunde liegenden Schutzzwecke müssen von diesem grundsätzlichen Schutzzweck abgeleitet werden können. Neue Situationen, in denen Schutzbedürftigkeit für den Verbraucher im Internet besteht, müssen ebenfalls in Anwendung dieses Prüfungskriteriums ermittelt werden.

2. Verbraucherpolitische Ziele

Zwei rechtspolitische Ziele rücken im Zusammenhang mit dem elektronischen Geschäftsverkehr in den Vordergrund. Zum einen muss eine effektive Umsetzung des Verbraucherschutzes erreicht werden, zum anderen ist es das Ziel, das Vertrauen des Verbrauchers zu stärken.

a) Effektive Umsetzung des Verbraucherschutzes

Der Verbraucher wird über seine Teilnahme am Markt als Privatperson definiert. Seine Teilnahme am Wirtschaftsverkehr muss also tatsächlich gefördert werden, um den Verbraucherschutz nicht *ad absurdum* zu führen. Das materielle Verbraucherrecht schafft die Voraussetzungen dafür, dass der Verbraucher rechtlich in einer Position ist, in der er seine Interessen gleichberechtigt mit den anderen Marktteilnehmern durchsetzen kann. Damit aus dem rechtlichen Schutz ein tatsächlicher Schutz wird, muss das materielle Recht durchsetzbar sein[59]. Die gemeinschaftsrechtliche Verbraucherpolitik beinhaltet den Aspekt des Zugangs der Verbraucher zu Streitbeilegungsmechanismen und auch die neueren verbraucherschützenden Richtlinien klammern diesen Punkt nicht aus[60]. Die

---

[58] *Drexl*, Wirtschaftliche Selbstbestimmung, 1998, S. 208.
[59] *Crespo Parra*, REDC 1996, 273 (274).
[60] Richtlinie 97/7/EG vom 20.5.1997 über den Verbraucherschutz von Vertragsabschlüssen im Fernabsatz, Erwägungsgrund 21, Art. 11 und 17; Richtlinie 2000/31/EG vom 8.6.2000

Rechtsdurchsetzung kann wiederum durch die Beseitigung von rechtlichen und tatsächlichen Hindernissen gefördert werden. Ein bedeutendes rechtliches Hindernis im angestrebten grenzüberschreitenden Markt ist die Frage nach der internationalen gerichtlichen Zuständigkeit. Tatsächlich können die Kosten für Gerichtsverfahren so hoch sein, dass Verbraucher auf die Durchsetzung ihrer Rechte verzichten. Wenn das ein grundsätzliches Verhaltensmuster der Verbraucher wird, können die materiellen Verbraucherschutzregeln die gewünschte Wirkung nicht entfalten.

b) Stärkung des Verbrauchervertrauens

Der zweite verbraucherpolitische Aspekt, der der Stärkung des Verbrauchervertrauens, hängt mit dem der tatsächlichen Verwirklichung des Verbraucherschutzes wechselseitig zusammen. Einerseits handelt es sich bei der Rechtsdurchsetzungsmöglichkeit um einen Aspekt, der das Verbrauchervertrauen bestimmt. Andererseits verhindert fehlendes Verbrauchervertrauen die Teilnahme der Verbraucher am Markt und damit die Verwirklichung des Verbraucherschutzes. Neben diesem allgemeingültigen Aspekt ist die Stärkung des Vertrauens der Verbraucher aus einem zweiten Grund gerade für die Europäische Gemeinschaft von Bedeutung. Der Gedankengang beginnt auch hier damit, dass Verbraucher nur am Markt teilnehmen, wenn sie hinreichendes Vertrauen haben. Die Marktteilnahme ist aus gemeinschaftsrechtlicher Sicht notwendig zur Verwirklichung des europäischen Binnenmarktes[61], die Verwirklichung des Binnenmarktes wiederum zur Förderung der europäischen Integration. Integration ist eine tatsächliche Kategorie, so dass auch der Binnenmarkt tatsächlich bestehen muss. Um die Verbraucher zur tatsächlichen Teilnahme am Markt zu bewegen, muss auf ein hinreichendes Vertrauen hingearbeitet werden. Nur durch eine verstärkte grenzüberschreitende Nachfrage wird der Wettbewerb im Binnenmarkt erhöht, was

---

über den elektronischen Geschäftsverkehr, Art. 17; Richtlinie 2002/65/EG vom 23. September 2002 über den Fernabsatz von Finanzdienstleistungen an Verbraucher und zur Änderung der Richtlinie 90/619/EWG des Rates und der Richtlinien 97/7/EG und 98/27/EG, ABl. L 271/16 vom 9.10.2002, Erwägungsgründe 27, 28 und Art. 13, 14.

[61] Siehe Richtlinie 97/7/EG vom 20.5.1997 über den Verbraucherschutz von Vertragsabschlüssen im Fernabsatz, Erwägungsgrund 1; Richtlinie 2000/31/EG vom 8.6.2000 über den elektronischen Geschäftsverkehr, Erwägungsgründe 1 und 7; Richtlinie 2002/65/EG vom 23. September 2002 über den Fernabsatz von Finanzdienstleistungen an Verbraucher und zur Änderung der Richtlinie 90/619/EWG des Rates und der Richtlinien 97/7/EG und 98/27/EG, ABl. L 271/16 vom 9.10.2002, Erwägungsgründe 1 und 4; *Lopez*, Rev. conc. cons., novembre-décembre 1994, 57 (60); *Staudenmayer*, in: *Schulte-Nölke/Schulze* (Hrsg.), Europäische Rechtsangleichung, 1999, S. 63 (71); *Drexl*, RIDE 2002, 405 (410).

dem Verbraucher durch bessere Angebote zugute kommt[62]. Das Internet ist mit seinem grenzüberschreitenden Charakter ein ideales Mittel, um den Binnenmarkt zu fördern[63], weil Anbieter und Kunden ohne große Transaktionskosten miteinander in Kontakt treten und Verträge abschließen können. Der grenzüberschreitende Preisvergleich ist durch die Einführung des Euro noch erleichtert worden[64]. Deswegen konzentriert sich die gemeinschaftsrechtliche Verbraucherschutzpolitik gerade auch auf die Förderung des Vertrauens in den elektronischen Geschäftsverkehr und in den Fernabsatz[65]. Das ist deswegen besonders notwendig, weil die Nutzer dem Internet skeptisch gegenüberstehen[66], dessen Funktionsweise nicht vollständig durchschaut werden kann und bei dem Unsicherheit über die rechtlichen Folgen eigenen Handelns besteht[67].

3. Ergebnis

Im Verbraucherschutz werden drei Ziele verfolgt. Das rechtliche Ziel der Erhaltung der Entscheidungsfreiheit und die rechtspolitischen Ziele der tatsächlichen Verwirklichung des Verbraucherschutzes und der Stärkung des Verbrauchervertrauens befinden sich zunächst auf zwei verschiedenen gedanklichen Ebenen. Die rechtliche Argumentation ist im Privatrecht systemimmanent, während der verbraucherpolitische Ansatz nicht auf das Recht als Lösungsmöglichkeit beschränkt ist. Das Recht kann hier aber jedenfalls die Infrastruktur für Rechts-

---

[62] Dabei handelt es sich um einen Funktionskreis, der erst durch verbraucherpolitische Maßnahmen in Gang gesetzt werden muss; Kommission der Europäischen Gemeinschaften, Grünbuch zum Verbraucherschutz in der Europäischen Union vom 2.10.2001, KOM (2001), 531 endg., S. 3, 9; zu den Vorteilen für Verbraucher auch Richtlinie 97/7/EG vom 20.5.1997 über den Verbraucherschutz von Vertragsabschlüssen im Fernabsatz, Erwägungsgrund 4. Die „Schaffung eines echten Binnenmarktes für den Verbraucher" ist einer der Punkte des Diskussionspapiers der Kommission „Ideen für eine verbraucherpolitische Strategie", 2001, S. 3, http://europa.eu.int/comm/consumers/policy/intro/intro02_de.pdf.

[63] Siehe Richtlinie 2000/31/EG vom 8.6.2000 über den elektronischen Geschäftsverkehr, Erwägungsgründe 1 a.E., 2.

[64] Kommission der Europäischen Gemeinschaften, Grünbuch zum Verbraucherschutz in der Europäischen Union vom 2.10.2001, KOM (2001), 531 endg., S. 4.

[65] Wobei der Fernabsatz von Finanzdienstleistungen, die überwiegend online erbracht werden können, als besonders geeignet angesehen wird; Richtlinie 2002/65/EG vom 23. September 2002 über den Fernabsatz von Finanzdienstleistungen an Verbraucher und zur Änderung der Richtlinie 90/619/EWG des Rates und der Richtlinien 97/7/EG und 98/27/EG, ABl. L 271/16 vom 9.10.2002, Erwägungsgrund 5; vgl. *Mankowski*, WM 2001, 793 (796); *ders.*, CR 2001, 767 (768)

[66] Wirtschafts- und Sozialausschuß, Stellungnahme über die „Auswirkungen des elektronischen Handels auf den Binnenmarkt (BBS)", ABl. Nr. C 123/1 vom 25.4.2001, Nr. 4.2.

[67] *Milanova*, Cahiers Lamy droit de l'informatique et des réseaux, décembre 2001, 26 (26).

durchsetzung oder Vertrauensbildung schaffen[68]. Beide Ebenen berühren sich, weil eine rechtspolitische Nachfrage nach privatrechtlichen Regelungen rechtlich auf die Systemkonformität überprüft werden muss. Der Ansatz der wirtschaftlichen Selbstbestimmung beschränkt sich zudem gerade nicht auf die rein rechtliche Argumentation, sondern erklärt deren Notwendigkeit vor dem Hintergrund eines funktionierenden Marktes als Voraussetzung für die Verwirklichung der Interessen aller Wirtschaftsteilnehmer. Dabei handelt es sich um ein Kernelement der verbraucherpolitischen Ansätze. Sie gehen über den verbraucherrechtlichen Ansatz insoweit hinaus, als dass sie sich nicht auf die Bereitstellung von rechtlichen Rahmenbedingungen für einen funktionierenden Markt beschränken, sondern auch andere Faktoren mit einbeziehen, um einen tatsächlichen Rahmen zu schaffen, so dass auch die außerrechtliche Kategorie des Verbrauchervertrauens mit berücksichtigt werden kann.

II. Der Verbraucherbegriff

Nicht alle Regeln, die verbraucherschützend sind und die zur Verwirklichung verbraucherpolitischer Ziele eingesetzt werden können, verwenden ausdrücklich den Verbraucherbegriff. Im Privatrecht ist das nur für das Verbraucherschutzrecht im engeren Sinne und bestimmte lauterkeitsrechtliche Normen der Fall. Der geschützte Personenkreis ergibt sich bei diesen Regeln aus dem verbraucherrechtlichen Schutzzweck, der Aufrechterhaltung der wirtschaftlichen Selbstbestimmung.

Die Gewährleistung der wirtschaftlichen Entscheidungsfreiheit kommt nicht aus sich heraus nur Verbrauchern zugute. Gesetzliche Regelungen sind auf Verallgemeinerungen angewiesen, um allgemeingültig zu sein. Eine Beschränkung des Anwendungsbereichs einer die Selbstbestimmung (wieder-)herstellenden Bestimmung auf die notwendigen Fälle kann oft neben der Beschreibung des sachlichen Anwendungsbereiches nur durch Eingrenzung des persönlichen Anwendungsbereichs erfolgen. Der Verbraucher bezeichnet die Gruppe der Personen, die in den persönlichen Anwendungsbereich der jeweiligen Vorschrift fallen sollen, dies ist das Ergebnis einer gesetzgeberischen Typisierung[69]. Ausgehend von einem situationsbezogenen Verbraucherschutzansatz und vor dem Hintergrund, dass die Verbrauchereigenschaft einer Person abhängig vom Charakter des Ge-

---

[68] Für Vertrauensbildung *Fuhrmann*, Vertrauen, 2001, S. 85.

[69] *Drexl*, Wirtschaftliche Selbstbestimmung, 1998, S. 397; *Faber*, ZEuP 6 (1998), 854 (859); *Tonner*, JZ 1996, 533 (535), der allerdings von einer strukturellen und nicht von einer situativen Unterlegenheit der Verbraucher als Voraussetzung für eine Typisierung ausgeht. Kritisch zum typisierenden Ansatz und der Abkehr von einer Einzelfallbewertung *Lieb*, DNotZ 1989, 274 (277); *Hommelhoff*, AcP 192 (1992), 71 (94).

schäfts, also einzelfallabhängig, definiert ist, ist die Beschränkung des Anwendungsbereichs auf den Verbraucher keine des persönlichen, sondern des sachlichen Anwendungsbereichs[70]. Dennoch scheint es eine vorhergehende Grundannahme dafür zu geben, dass der Verbraucher besonders schützenswert ist[71].

Weil sich der Verbraucherbegriff für die einzelne Bestimmung aus gesetzestechnischen Vorgaben ergibt, kann er in verschiedenen Regelungsbereichen unterschiedlich ausgestaltet sein[72]. Die Vielzahl von Regelungen, die auf den Verbraucher Bezug nimmt, lässt sich nach den verwendeten Verbraucherbegriffen in drei Gruppen einteilen. Es gibt einen vertragsrechtlichen Verbraucherbegriff, einen wettbewerbsrechtlichen Verbraucherbegriff und einen Verbraucherbegriff für die Regelungen des gesundheitlichen Verbraucherschutzes. Nur die ersten beiden Begriffe sollen für Frankreich und Deutschland einerseits und die Europäische Union andererseits betrachtet werden.

Ein lauterkeitsrechtlicher Verbraucherbegriff findet sich in Deutschland seit der Reform des Gesetzes gegen den unlauteren Wettbewerb[73] in § 1 UWG: Der Schutzzweck des Gesetzes umfasst „Verbraucherinnen" und „Verbraucher". Für die Definition des Begriffs verweist § 2 Abs. 2 UWG allerdings ins BGB. In §§ 6a und 6b UWG a.F. und in § 19 des Ladenschlussgesetzes (LadSchlG) wird vom „letzten Verbraucher" gesprochen. Die Preisangabenverordnung (PAngV) verwendet die Bezeichnung „Letztverbraucher".

In den Bestimmungen des gesundheitlichen Verbraucherschutzes schließlich wird auch auf den Verbraucher Bezug genommen. Eine allgemeine Definition findet sich in § 6 Abs. 1 des deutschen Lebensmittel- und Bedarfsgegenständegesetzes (LMBG)[74]. Der Schutz knüpft hier nicht an eine unterlegene Position in einer Vertragsbeziehung an, sondern an den eigenen Haushalt, in dem vor Gesundheitsgefahren geschützt werden soll[75]. Diese Gruppe soll nicht näher untersucht werden. An ihr wird aber deutlich, dass es keine allgemeingültige Definition des Verbrauchers gibt, sondern dass der Begriff immer im Zusammenhang mit dem und als Ergebnis des Regelungszwecks gesehen werden muss.

---

[70] Vgl. *Drexl*, in: *Schlechtriem* (Hrsg.), Wandlungen des Schuldrechts, 2002, S. 97 (112 f.).
[71] Vgl. *Tonner*, JZ 1996, 533 (535).
[72] Vgl. *Dreher*, JZ 1997, 167 (170); *Drexl*, Wirtschaftliche Selbstbestimmung, 1998, S. 397; *Pützhoven*, Verbraucherschutz im Fernabsatz, 2001, S. 135; ebenso *Medicus*, in: FS *Kitagawa*, 1992, S. 471 (484), der den wesentlichen Anwendungsbereich für das Schlagwort „Verbraucherschutz" in der Politik sieht.
[73] Gesetz gegen den unlauteren Wettbewerb (UWG) vom 3. Juli 2004, BGBl. 2004, I 1414.
[74] Siehe *Zipfel/Rathke* (Hrsg.), Lebensmittelrecht, C 100 (LMBG), § 6, 1995, Rn. 9 f.
[75] Vgl. *Dreher*, JZ 1997, 167 (169).

1. Vertragsrechtlicher Verbraucherbegriff

a) EU

Die gemeinschaftsrechtlichen verbraucherschützenden Richtlinien, die dem vertragsrechtlichen Verbraucherschutz zugeordnet werden können, verwenden eine gemeinsame Definition, die sich allgemein formuliert in Art. 2 Nr. 2 der Fernabsatzrichtlinie findet: Verbraucher ist „jede natürliche Person, die beim Abschluss von Verträgen im Sinne dieser Richtlinie zu Zwecken handelt, die nicht ihrer gewerblichen oder beruflichen Tätigkeit zugerechnet werden können". Die charakterisierenden Elemente natürliche Person und nicht gewerbliche oder berufliche Zweckbestimmung finden sich auch in den entsprechenden Definitionen der anderen Richtlinien[76]. Weil die Definitionen nicht allgemein formuliert, sondern auf den Regelungsbereich der jeweiligen Richtlinie zugeschnitten sind, weichen die Formulierungen im Einzelnen voneinander ab. Die Richtlinie über den elektronischen Geschäftsverkehr, die in Art. 10 und 11 verbraucherschützende Bestimmungen enthält, übernimmt die Definition leicht abgewandelt, indem sie in Art. 2 lit. e von Zwecken spricht, „die nicht zu ihrer gewerblichen, geschäftlichen oder beruflichen Tätigkeit gehören". Das zusätzlich eingefügte Attribut der geschäftlichen Tätigkeit bedeutet wohl keine Veränderung des Anwendungsbereichs der Bestimmungen. Der „Erwerber" in Art. 2 der Timesharing-Richtlinie kann ebenfalls nur eine natürliche Person sein. Die Beschränkung auf die private Zwecksetzung ist hier anders formuliert. Die Person muss für einen Zweck handeln, „der als außerhalb ihrer Berufsausübung liegend betrachtet werden kann". Trotz der unterschiedlichen Formulierung entspricht auch dieser Anwendungsbereich dem der anderen Richtlinien.
Inhaltlich abweichend ist dagegen die Bestimmung in Art. 2 Nr. 4 der Richtlinie 90/314/EWG über Pauschalreisen. Als Verbraucher wird die Person bezeichnet, „welche die Pauschalreise bucht oder zu buchen sich verpflichtet ...". Der Zweck der Reise ist nicht von Bedeutung. Der Bezug zur nicht gewerblichen oder beruflichen Nutzung wird hier nur tatsächlich hergestellt, weil Pauschalreisen in der Regel für private Zwecke gebucht werden. Eine Beschränkung des Anwendungsbereichs auf natürliche Personen besteht ebenfalls nicht.

Der dem Verbraucher gegenüberstehende Unternehmer ist ebenfalls zwar mit unterschiedlichen, aber inhaltlich einheitlichen Formulierungen definiert. Es

---

[76] Art. 2 Satz 1 Haustürrichtlinie; Art. 1 Abs. 2 lit. a Verbraucherkreditrichtlinie; Art. 2 lit. b Klauselrichtlinie; Art. 2 lit. a Verbrauchsgüterkaufrichtlinie; Art. 2 lit. d der Richtlinie 2002/65/EG vom 23. September 2002 über den Fernabsatz von Finanzdienstleistungen an Verbraucher und zur Änderung der Richtlinie 90/619/EWG des Rates und der Richtlinien 97/7/EG und 98/27/EG, ABl. L 271/16 vom 9.10.2002

handelt sich um eine natürliche oder juristische Person, die im Rahmen ihrer gewerblichen oder beruflichen Tätigkeit handelt[77] bzw. im Rahmen ihrer Berufsausübung[78]. Wie im deutschen und französischen Recht bildet der Unternehmer über die spiegelbildliche Zwecksetzung die Gegendefinition zum Verbraucher. Die Asymmetrie, die sich daraus ergibt, dass Verbraucher nur natürliche Personen sein können, ist hier wie in den nationalen Rechtsordnungen vorhanden. Abweichend ist wiederum die Definition des Vertragspartners in der Richtlinie über Pauschalreisen. So ist der „Veranstalter" eine Person, die „nicht nur gelegentlich" Pauschalreisen organisiert (Art. 2 Nr. 2). Genauso wenig, wie beim Verbraucher eine private Zwecksetzung verlangt wird, ist beim Anbieter ein gewerbliches oder berufliches Handeln Voraussetzung.

Eine weitere Verbraucherdefinition findet sich im europäischen Internationalen Vertragsrecht. Art. 5 EVÜ[79] ist gemäß Abs. 1 anwendbar auf Verträge über die Lieferung von Sachen oder die Erbringung von Dienstleistungen an eine Person zu einem Zweck, der nicht der beruflichen oder gewerblichen Tätigkeit dieser Person zugerechnet werden kann, sowie für die dazugehörigen Finanzierungsgeschäfte. Diese Person wird als Verbraucher bezeichnet[80]. Bei gemischter Zwecksetzung wird auf den Schwerpunkt abgestellt[81]. Die Eigenschaft als Verbraucher für dieses Geschäft ist allerdings nur dann von Bedeutung, wenn der Vertragspartner diese kannte oder kennen musste[82]. Art. 5 EVÜ verlangt nicht, dass der Anbieter im Rahmen seiner gewerblichen oder beruflichen Tätigkeit handelt. In Übereinstimmung mit der Zielsetzung des Schutzes der schwächeren Partei und anderer Übereinkommen, wie dem EuGVÜ, und mit Verweis auf die Meinung der Mehrzahl der Delegationen, soll Art. 5 EVÜ „in der Regel nur zur Anwendung gelangen ..., wenn eine Person, die bewegliche Sachen liefert oder Dienst-

---

[77] So die Definitionen des „Gewerbetreibenden" in Art. 2 Satz 2 der Hausürrichtlinie und Art. 2 lit. c der Klauselrichtlinie, des „Kreditgebers" in Art. 1 Abs. 2 lit. b der Verbraucherkreditrichtlinie, des „Lieferers" in Art. 2 Nr. 3 der Fernabsatzrichtlinie, des „Verkäufers" in Art. 2 lit c der Verbrauchsgüterkaufrichtlinie und des „Anbieters" in Art. 2 lit. c der Richtlinie 2002/65/EG vom 23. September 2002 über den Fernabsatz von Finanzdienstleistungen an Verbraucher und zur Änderung der Richtlinie 90/619/EWG des Rates und der Richtlinien 97/7/EG und 98/27/EG, ABl. L 271/16 vom 9.10.2002.

[78] Definition des „Verkäufers" in Art. 2 der Richtlinie 94/47/EG.

[79] Römische EWG-Übereinkommen über das auf vertragliche Schuldverhältnisse anzuwendende Recht (EVÜ), ABl. Nr. L 266/1 vom 9.10.1980.

[80] Zur Auslegung und Ausfüllung der Definition durch den EuGH *Morse*, Int.C.L.Q.41 (1992), 1 (3).

[81] *Giuliano/P. Lagarde*, Bericht, 1980, BT-Drs. 10/503 vom 20.10.1983, S. 33 (55).

[82] *Junker*, RIW 1999, 809 (815); *Martiny*, in: MK-BGB, Band 10, 1998, Art. 29 EGBGB, Rn. 6; Palandt/*Heldrich*, BGB, 2003, Art. 29 EGBGB, Rn. 3; *P. Lagarde*, Rev. crit. dr. int. privé 1991, 287 (315), es kommt darauf an, ob die Verwendung als privat angesehen werden könnte.

leistungen erbringt oder einen Kredit gewährt, im Rahmen ihrer beruflichen oder gewerblichen Tätigkeit handelt“[83]. Zum Schutz des Verbrauchers kann der Grundsatz der Erkennbarkeit, der für die Anwendbarkeit des Art. 2 lit. a CISG eine Rolle spielt[84], spiegelbildlich angewendet werden, so dass in Fällen, in denen der Anbieter für den Verbraucher unerkennbar nicht im Rahmen seiner gewerblichen oder beruflichen Tätigkeit handelt[85], Art. 5 EVÜ anwendbar ist.

b) Frankreich und Deutschland

Im französischen Recht gibt es keine Legaldefinition der Begriffe Verbraucher (*consommateur*) und Unternehmer (*professionnel*)[86], obwohl in zahlreichen Artikeln des Code de la consommation auf sie Bezug genommen wird. Lehre und Rechtsprechung haben die Begriffe im Wesentlichen abgegrenzt. In Deutschland sind die Begriffe für das Privatrecht einheitlich in §§ 13 und 14 BGB definiert.

aa) Der Verbraucher

Der Verbraucher wird in der französischen Lehre als eine (jedenfalls) natürliche Person verstanden, die ein Gut oder eine Dienstleistung für einen nichtprofessionellen Gebrauch sich verschafft oder zu diesem Zweck verwendet[87].

In Deutschland definiert § 13 BGB den Verbraucher für das Privatrecht als natürliche Person, die für ihre nicht gewerbliche[88] oder selbständige berufliche Tätigkeit Geschäfte abschließt. Auf diese Definition wird im ganzen BGB Bezug genommen. Eine etwas anders formulierte Definition in Art. 29 EGBGB kann ebenfalls diesem vertragsrechtlichen Verbraucherbegriff zugeordnet werden. Der Verbraucherbegriff wird weiter gefasst als im Gemeinschaftsrecht. Nach Art. 2 Nr. 2 der Fernabsatzrichtlinie schließt jede berufliche Tätigkeit als Handlungszweck die Verbrauchereigenschaft aus. Beim Kauf von Arbeitskleidung beispielsweise soll nach deutschem Recht ein Arbeitnehmer als Verbraucher tä-

---

[83] *Giuliano/P. Lagarde*, Bericht, 1980, BT-Drs. 10/503 vom 20.10.1983, S. 33 (55); jedoch vertritt diese Ansicht nicht *P. Lagarde*, Rev. crit. dr. int. privé 1991, 287 (315).
[84] Siehe unten § 12 I 1.
[85] *Morse*, Int.C.L.Q. 41 (1992), 1 (4).
[86] Vgl. *Cathelineau*, CCC, décembre 1999, 4 (4); *Paisant*, JCP éd. E 1993, I 267, p. 377 (377).
[87] Vgl. *Calais-Auloy/Steinmetz*, Droit de la consommation, 2000, n° 7; *Ferrier*, Protection, 1996, p. 14, die beide juristische Personen mit einbeziehen; *Huet*, Petites affiches, 8.11.2001, 4 (7), bezieht den Schutzzweck in seine Definition mit ein: « *Le consommateur est une personne qui contracte avec un professionnel pour les besoins de sa vie privée et mérite une protection spécifique en raison de la situation d'inégalité dans laquelle elle se trouve.* »
[88] Ausführlich *Engelhardt*, Europäisches Verbrauchervertragsrecht, 2001, S. 67 ff.

tig werden[89]. Trotz der unterschiedlichen Formulierung ist nach dem Sinn und Zweck auch der gemeinschaftsrechtliche Verbraucherbegriff dahingehend zu verstehen[90]. Bei der Bestimmung des Zweckes kommt es nicht auf die innere Willensrichtung des Handelnden an, sondern auf eine Auslegung des Rechtsgeschäfts unter Einbeziehung der Begleitumstände[91]. Wenn dem Unternehmer die berufliche oder gewerbliche Tätigkeit des Kunden bekannt ist, greift für das in Frage stehende Geschäft (in unmittelbarer oder entsprechender Anwendung) die Vermutung des § 344 Abs. 1 HGB dergestalt, dass eine kommerzielle Zwecksetzung hinter dem Geschäft steht[92]. Das ist indes nicht der Fall, wenn ein Geschäft des täglichen Lebens in Frage steht, das typischerweise mit Verbrauchern abgeschlossen wird[93].

Sowohl in Frankreich als auch in Deutschland ist umstritten, ob auch juristische Personen Verbraucher sein können und wie die Fälle zu beurteilen sind, in denen sowohl mit privater als auch mit beruflicher oder gewerblicher Zwecksetzung gehandelt wird. In der Regel handelt es sich bei Verbrauchern um natürliche Personen, es sind jedoch auch juristische Personen denkbar, die nicht unter den Unternehmerbegriff fallen und bei denen sich die Frage stellt, ob sie der Gruppe der Verbraucher zugerechnet werden sollen[94]. Dafür, dass es im französischen Recht auch Verbraucher gibt, die keine natürlichen Personen sind, kann Art. L 422-1 C. cons. sprechen: « *Lorsque plusieurs consommateurs, personnes physiques, ...* ». Denn die Klarstellung, dass nur natürliche Personen gemeint sind, wäre nicht notwendig, wenn *consommateurs* ohnehin nur natürliche Perso-

---

89 *Heinrichs*, NJW 1996, 2190 (2191); *Horn*, in: *Wolf/Horn/Lindacher* (Hrsg.), AGB-Gesetz, 1999, § 24a, Rn. 19; Palandt/*Heinrichs*, BGB, 2003, § 13, Rn. 3; kritisch wegen geringerer Schutzbedürftigkeit des Arbeitnehmers *Ende/Klein*, Internet, 2001, S. 125; *Dilger*, Verbraucherschutz im Internet, 2002, S. 63 f., legt die Richtlinie im Sinne der deutschen Definition aus.

90 *Pfeiffer*, in: *Grabitz/Hilf* (Hrsg.), Recht der Europäischen Union, Band 3, A 5, 1999, Art. 2, Rn. 13, grenzt so ab: ein Geschäft gehört nur dann zur gewerblichen oder beruflichen Tätigkeit, wenn es zum Erwerb eines Gegenstandes oder zur Inanspruchnahme einer Dienstleistung für das Betriebsvermögen führt.

91 Palandt/*Heinrichs*, BGB, 2003, § 13, Rn. 4.

92 So *Ulmer*, in: *Ulmer/Brandner/Hensen*, AGB-Gesetz, 2001, § 24a, Rn. 24, 27.

93 *Ulmer*, in: *Ulmer/Brandner/Hensen*, AGB-Gesetz, 2001, § 24a, Rn. 27; *Wendehorst*, in: MK-BGB, Band 4, 2001, § 1 FernAbsG, Rn. 13, empfiehlt dem Unternehmer, der mit Gütern handelt, bei denen beide Zweckbestimmungen vorkommen, ein Kästchen zum Ankreuzen auf dem Bestellschein.

94 Dafür Cour d'appel de Paris, 15e chambre B, 5.7.1991, JCP E 1991, panorama d'actualité n° 988 (politische Partei als Verbraucher); *Calais-Auloy*, Nouveau droit de la consommation, 1984, p. 12; *Calais-Auloy/Steinmetz*, Droit de la consommation, 2000, n° 8; eingehend *Pizzio*, Code de la consommation, 1996, p. 71 et s.; *Ferrier*, Protection, 1996, p. 14; *Amar*, CCC, avril 2003, 7 (7 et s.).

nen sein könnten. Die französischen Bestimmungen über Haustürgeschäfte (*démarchage*) schützen dagegen nur natürliche Personen, wie sich aus Art. L 121-21 C. cons. ergibt. Der EuGH hat in einer Entscheidung vom November 2001[95] für die Klauselrichtlinie entschieden, dass nur natürliche Personen Verbraucher im Sinne der Richtlinie sein können. Aufgrund der Mindestschutzeigenschaft der Richtlinie steht das Urteil einer weiteren nationalen Auslegung unter Einbeziehung juristischer Personen jedoch nicht entgegen. Die französische Regierung hat in ihrer Stellungnahme ebenfalls die Ansicht des Gerichts vertreten, jedoch auch, dass eine Einbeziehung juristischer Personen im nationalen Recht möglich sei[96], was Raum für eine weitere Auslegung im französischen Recht lässt[97].

Die durch das Fernabsatzgesetz[98] in das deutsche BGB als § 13 eingefügte Definition des Verbrauchers beschränkt den Kreis ausdrücklich auf natürliche Personen: „Verbraucher ist jede natürliche Person, die ein Rechtsgeschäft zu einem Zweck abschließt, der weder ihrer gewerblichen noch ihrer selbständigen beruflichen Tätigkeit zugerechnet werden kann."[99] Gesellschaften des bürgerlichen Rechts können Verbraucher sein, wenn sie mit der privaten Zweckrichtung handeln[100]. Idealvereinen wird die Verbrauchereigenschaft dagegen mit dem Argument abgesprochen, dass hier der korporative Charakter überwiegen würde[101]. Auch durch die neuere Rechtsprechung des BGH, die BGB-Außengesellschaften Rechtsfähigkeit zuerkennt, wird dieser dogmatische Unterschied nicht beseitigt, denn auch diese Gesellschaften des bürgerlichen Rechts sind ausdrücklich keine juristischen Personen[102]. Die Schutzbedürftigkeit der im Verein zusam-

---

[95] EuGH, Urteil vom 22.11.2001, verb. Rs. C-541/99 und C-542/99, „Cape/Idealservice" und „Idealservice/OMAI", Slg. 2001, I 9049 (= JCP 2002, II 10047, note *Paisant*).

[96] EuGH, Urteil vom 22.11.2001, verb. Rs. C-541/99 und C-542/99, Slg. 2001, I 9049, Rn. 13 f., „Cape/Idelaservice" und „Idealservice/OMAI"; *Bernardeau*, REDC 2001, 341 (360).

[97] *Bernardeau*, REDC 2001, 341 (361); für *Paisant*, note sous CJCE, 22.11.2001, aff. jointes C-541/99 et C-542/99, JCP 2002, II 10047, p. 556 (557 et s.), ist der Streit im französischen Recht weiterhin offen.

[98] Verkündet als Art. 1 des Gesetzes über Fernabsatzverträge und andere Fragen des Verbraucherrechts sowie zur Umstellung von Vorschriften auf Euro vom 27. Juni 2000, BGBl. I S. 897.

[99] Zustimmend zur Einfügung einer allgemeinen Definition Palandt/*Heinrichs*, BGB, 2003, § 13, Rn. 1; Zur Definition der Begriffe „gewerblich" und „beruflich" *Faber*, ZEuP 6 (1998), 854 (868 ff.).

[100] Palandt/*Heinrichs*, BGB, 2003, § 13, Rn. 2; *Ulmer* in: *Ulmer/Brandner/Hensen*, AGB-Gesetz, 2001, § 24a, Rn. 22; eingehend *Engelhardt*, Europäisches Verbrauchervertragsrecht, 2001, S. 58 ff.; *Martis*, MDR 1998, 1189 (1190), zum Verbraucherkreditgesetz.

[101] *Ulmer* in: *Ulmer/Brandner/Hensen*, AGB-Gesetz, 2001, § 24a, Rn. 22; das ist die überwiegende Ansicht, siehe *Wendehorst*, in: MK-BGB, Band 2, 2001, § 1 FernAbsG, Rn. 12.

[102] BGH, Urteil vom 29.1.2001, NJW 2001, 1056 (1058).

mengeschlossenen Privatpersonen ist nicht anders zu beurteilen[103] als bei einer Gesellschaft des bürgerlichen Rechts[104]. Deswegen wird eine Analogie zugunsten juristischer Personen erwogen, die gemeinschaftsrechtlich zwar zulässig wäre[105], mit dem entgegenstehenden deutschen Gesetzeswortlaut aber nicht vereinbar ist[106]. Eine Gesetzesänderung zur Einbeziehung privat handelnder juristischer Personen in den Verbraucherbegriff des § 13 BGB wäre vom Schutzzweckgedanken des Ver-braucherschutzes her zu begrüßen.

Die Lücke zwischen den komplementären Definitionen des Verbrauchers und des Unternehmers beim Ausschluss juristischer Personen aus dem Verbraucherbegriff wird im deutschen § 310 Abs. 3 Nr. 1 BGB deutlich, nach dem allgemeine Geschäftsbedingungen als vom Unternehmer gestellt gelten, wenn sie nicht vom Verbraucher in den Vertrag eingeführt werden. Allgemeine Geschäftsbedingungen von juristischen Personen, die nicht unter den Unternehmerbegriff fallen, werden im AGBG dennoch als solche behandelt. Die Nichtzugehörigkeit dieses Personenkreises zu Unternehmern oder Verbrauchern wird durch die Vermutungsregel zu einer Einordnung als Unternehmer. Eine Einschränkung auf natürliche Personen findet sich im europäischen Kollisionsrecht in Art. 5 EVÜ nicht. Hier und auch in Art. 15 EuGVVO sind juristische Personen in den Schutzbereich mit einzubeziehen[107].

Im französischen[108] wie im deutschen[109] Recht wird bei Geschäften, denen eine gemischte Zwecksetzung zugrunde liegt, interessengerecht nach dem überwiegenden Verwendungszweck entschieden. Dies gilt auch für die Auslegung des

---

[103] *Kemper*, Verbraucherschutzinstrumente, 1994, S. 28; *Faber*, ZEuP 6 (1998), 854 (863); in diese Richtung geht auch *Remien*, ZEuP 2 (1994), 34 (42); *Engelhardt*, Europäisches Verbrauchervertragsrecht, 2001, S. 63 f.

[104] Ein zu einem nichtgewerblichen Zweck geschlossener Kreditvertrag einer GbR unterfällt dem Verbraucherkreditrecht, BGH, Urteil vom 23.10.2001, NJW 2002, 368; dagegen *Fehrenbacher/Herr*, BB 2002, 1006 (insb. 1010).

[105] *Engelhardt*, Europäisches Verbrauchervertragsrecht, 2001, S. 64; für die Fernabsatzrichtlinie, *H. Roth*, JZ 2000, 1013 (1014).

[106] *Engelhardt*, Europäisches Verbrauchervertragsrecht, 2001, S. 65; einschränkend *Elßner/Schirmbacher*, VuR 2003, 247 (253).

[107] Das ist umstritten, dafür *Normand/Balate*, Cahiers de droit européen 1990, 272 (294); *Reich*, Europäisches Verbraucherrecht, 1996, Rn. 258 (anders dagegen noch in der Vorauflage *ders.*, Europäisches Verbraucherschutzrecht, 1993, Rn. 155); *Faber*, ZEuP 6 (1998), 854 (862); dagegen *Reinhart*, in: FS *Trinkner*, 1995, S. 657 (664).

[108] *Calais-Auloy/Steinmetz*, Droit de la consommation, 2000, n° 11.

[109] Palandt/*Heinrichs*, BGB, 2003, § 13, Rn. 4; *Wendehorst*, in: MK-BGB, Band 2, 2001, § 1 FernAbsG, Rn. 15; *Härting*, FernAbsG, 2000, § 1, Einl., Rn. 55; *Horn*, in: *Wolf/Horn/Lindacher* (Hrsg.), AGB-Gesetz, 1999, § 24a, Rn. 23; *Pfeiffer*, NJW 1999, 169 (173); *Faber*, ZEuP 6 (1998), 854 (886).

Verbraucherbegriffs im EVÜ[110]. In der deutschen Lehre wird das zum Teil abgelehnt und bei Mischfällen entweder immer die Verbrauchereigenschaft angenommen[111] oder abgelehnt[112]. *Wendehorst* verknüpft die Frage mit der Frage nach den anzuwendenden Beweisregeln[113].

Schließlich ist noch auf eine Fallgruppe hinzuweisen, die, geht man von dem Begriff des Verbrauchers aus, nicht nahe liegend ist: auch eine Privatperson, die an einen Unternehmer verkauft, ist als Verbraucher schützenswert und von der Definition umfasst[114]. Denn die gesetzliche Definition verlangt nicht, dass ein Verbraucher etwas „verbraucht"[115]. Im Bereich der missbräuchlichen Klauseln wird diese Fallgruppe auch im französischen Gesetzeswortlaut deutlich: Art. L 132-1 C. cons. spricht von *„non professionnel"*.

bb) Der Unternehmer als Gegenbegriff

Der Unternehmerbegriff ist wie der des Verbrauchers rollenbezogen und knüpft an die gewerbliche oder berufliche Zwecksetzung an. Der im französischen Recht zentrale Ausdruck *„activité professionelle"* deckt den Bereich ab, der in europäischen Regelungen als *„activité professionelle ou commerciale"*[116] bezeichnet ist. Eine Mindestgröße des Unternehmens ist nicht Bestandteil der Unternehmerdefinition. Auch wenn die Gefahr des Missbrauchs von wirtschaftlicher Macht mit der Größe eines Unternehmens wächst, würde eine Unterscheidung zu Unsicherheiten über die Anwendung von Verbraucherschutzbestimmungen und zu Ungleichbehandlungen im Wettbewerb führen. Die Klassifizierung gilt auch unabhängig davon, ob das Ziel eines Unternehmens die Gewin-

---

[110] *Giuliano/P. Lagarde*, Bericht, 1980, BT-Drs. 10/503 vom 20.10.1983, S. 33 (55).

[111] *Bodewig*, DZWiR 1997, 447 (449) zur Fernabsatzrichtlinie; *von Westphalen*, BB 1996, 2101 (2101), zum AGBG; *Horn*, in: *Wolf/Horn/Lindacher* (Hrsg.), AGB-Gesetz, 1999, § 24a, Rn. 23, weist erwidernd darauf hin, das dann auch der Unternehmer mit Verweis auf einen privaten Zweckanteil seine Unternehmereigenschaft ausschließen und dem Verbraucher den Schutz des § 24a AGBG nehmen könnte.

[112] *Ulmer*, in: *Ulmer/Brandner/Hensen*, AGB-Gesetz, 2001, § 24a, Rn. 26; *ders.*, in: MK-BGB, Band 2, 2001, § 361a, Rn. 17.

[113] *Wendehorst*, in: MK-BGB, Band 2, 2001, § 1 FernAbsG, Rn. 15.

[114] *Calais-Auloy/Steinmetz*, Droit de la consommation, 2000, n° 15; ablehnend *Raynard*, RTD civ. 1997, 1015 (1016), im Zusammenhang mit der Fernabsatzrichtlinie.

[115] Interessant zur Etymologie in Frankreich: consommer kommt von lat: *consummare* = sich verschaffen und *consomptible* kommt vom Wort *consumer*, von lat: *consumere* = zerstören, verbrauchen; vgl. *Calais-Auloy/Steinmetz*, Droit de la consommation, 2000, n° 9, Fn. 3.

[116] So in Art. 2 RL 85/577/EWG, Art. 1 Nr. 2 lit. a RL 87/102/EWG; anders in den neueren Richtlinien Art. 2 lit. b, c RL 93/13/EWG, Art. 2 RL 94/47/EG und Art. 1 Nr. 2, 3 RL 97/7/EG (*„activité professionelle"*); in der Verbrauchsgüterkaufrichtlinie wiederum *„activité professionelle ou commerciale"*, Art. 1 Nr. 2 lit. a RL 1999/44/EG.

nerzielung ist[117]. Wirtschaftsunternehmen des öffentlichen Rechts (*services publiques*) fallen unter den Unternehmerbegriff[118].

Im deutschen Recht ist der Unternehmer als Gegendefinition zum Verbraucher in § 14 BGB definiert. Um eine genaue Gegendefinition handelt es sich freilich nicht, weil nicht gewerblich oder für ihre selbständige berufliche Tätigkeit handelnde Personen, die keine natürlichen Personen sind, weder dem einen noch dem anderen Begriff zugeordnet werden können; es gilt vielmehr nur insofern, als dass eine Person nicht beiden Gruppen gleichzeitig angehören kann[119]. Ein Unternehmer muss kein Unternehmen haben, auch Freiberufler oder Landwirte können Unternehmer im Sinne der Vorschrift sein[120]. Auf eine Gewinnerzielungsabsicht soll es nach überwiegender Ansicht nicht ankommen[121]. Für eine Einbeziehung von Einrichtungen des öffentlichen Rechts[122] spricht Art. 2 lit. c der Richtlinie über missbräuchliche Klauseln in Verbraucherverträgen[123], der ausdrücklich gewerbliche oder berufliche Tätigkeiten mit einbezieht, die in den öffentlich-rechtlichen Bereich fallen[124]. § 310 Abs. 1 BGB stellt zudem juristische Personen des öffentlichen Rechts Unternehmern gleich. Das geht über die Frage der Einbeziehung von Einrichtungen des öffentlichen Rechts in die persönliche Voraussetzung des Verbraucherbegriffs hinaus; die sachliche Voraussetzung der nicht privaten Zwecksetzung wird impliziert.

In Frankreich ist die Frage umstritten, ob Unternehmer, die außerhalb ihres Geschäftsbereichs handeln, nicht ebenso schutzwürdig sind wie Verbraucher und rechtlich als solche behandelt werden sollten. Das erscheint nahe liegend, wenn ein durch unterschiedliche Kenntnisstände bedingtes Ungleichgewicht zwischen den Vertragsparteien als Grund für den besonderen Schutz des Verbrauchers angesehen wird. In den Bereichen, die nicht im Bereich der eigenen Geschäftstä-

---

117 *Calais-Auloy/Steinmetz*, Droit de la consommation, 2000, n° 4.

118 Ausführlich hierzu *Calais-Auloy/Steinmetz*, Droit de la consommation, 2000, n° 5.

119 Vgl. *Pfeiffer*, in: *Grabitz/Hilf* (Hrsg.), Recht der Europäischen Union, Band 3, A 5, 1999, Art. 2, Rn. 15.

120 Vgl. Palandt/*Heinrichs*, BGB, 2003, § 14, Rn. 2.

121 Palandt/*Heinrichs*, BGB, 2003, § 14, Rn. 2; *Brandner*, in: *Ulmer/Brandner/Hensen*, AGB-Gesetz, 2001, § 24, Rn. 10; a.A. *Horn*, in: *Wolf/Horn/Lindacher* (Hrsg.), AGB-Gesetz, 1999, § 24, Rn. 6a und § 24a, Rn. 18, für den die Gewinnerzielungsabsicht Teil der Definition des Gewerbetreibenden ist.

122 Bejahend Palandt/*Heinrichs*, BGB, 2003, § 14, Rn. 2; etwas anderes gilt nur, wenn die Leistungsbeziehung ausschließlich öffentlich-rechtlich ausgestaltet ist.

123 Richtlinie 93/13/EWG vom 5.4.1993 über mißbräuchliche Klauseln in Verbraucherverträgen, ABl. Nr. L 95/29 vom 21.4.1993.

124 Siehe *Horn*, in: *Wolf/Horn/Lindacher* (Hrsg.), AGB-Gesetz, 1999, § 24a, Rn. 18.

tigkeit liegen, ist ein Unternehmer genauso „Laie“ wie ein privat handelnder Verbraucher.

Deswegen wird von Teilen der französischen Literatur eine Ausweitung des Verbraucherschutzes auf diese Bereiche befürwortet[125]. Die Rechtsprechung des französischen Kassationsgerichtshofes war zu dieser Frage lange geteilter Meinung[126]. Seit 1995 benutzt er eine Kompromissformel und unterwirft diejenigen Fälle dem Verbraucherschutzrecht, in denen ein Vertrag geschlossen wird, der keinen direkten Bezug zur beruflichen Tätigkeit des Vertragschließenden hat[127]. In der Praxis wird dieser direkte Bezug in der Überzahl der Fälle angenommen[128]. Ein Grund für die weite Auslegung der französischen Gerichte ist, dass der Anwendungsbereich der Regeln über missbräuchliche Klauseln, zu denen die Rechsprechung ergangen ist, in Art. L 132-1 C. cons. begrifflich weiter gefasst ist, als in Art. 2 der Klauselrichtlinie: in den Schutzbereich fallen nicht nur *consommateurs*, sondern auch *non professionnels*[129]. Durch diese Formulierung sollte der Gesetzeswortlaut bewusst für eine weite Auslegung des Schutzbereichs geöffnet werden[130]. Diese weite Auslegung mag zwar noch im Rahmen

---

[125] Eingehend hierzu *Pizzio*, Code de la consommation, 1996, p. 62 et s., *Raymond*, CCC, août-septembre 1993, 1 (2); für ein enges Verständnis des Verbraucherbegriffs *Calais-Auloy/Steinmetz*, Droit de la consommation, 2000, n° 13; *Leveneur*, CCC, avril 1996, 1(2), zum Recht der *clauses abusives*.

[126] Für eine Ausweitung Cour de cassation, 1re chambre civile, 15.4.1982, D. 1984, jurispr. 439, note *Pizzio*; 1re chambre civile, 28.4.1987, D. 1988, jurispr. 1, note *Delebecque*; 1re chambre civile, 25.5.1992, D. 1993, jurispr. 87, note *Nicolau*; zu dieser Entscheidung und für einen Mittelweg *Paisant*, JCP éd. E 1993, I 267, p. 377 (383); dagegen Cour de cassation, 1re chambre civile, 15.4.1986, RTD civ. 1987, 84 (86), obs. *Mestre*, hierzu *Remien*, ZEuP 2 (1994), 34 (41); Cour de cassation, chambre commerciale, 10.5.1989, Bull. civ. 1989, IV n° 148, hierzu obs. *Bouloc*, RTD com. 43 (1990), 89; 1re chambre civile, 21.2.1995, CCC 1995, 5, note *Leveneur*.

[127] Cour de cassation, 1re chambre civile, 24.1.1995, CCC 1995, 5, note *Leveneur* (= D. 1995, jurispr. 327, note *Paisant*); 1re chambre civile, 3.1.1996 et 30.1.1996, JCP 1996, II 22654, note *Leveneur* (= D. 1996, jurispr. 228, note *Paisant*); 1re chambre civile, 17.7.1996, JCP 1996, II 22747, note *Paisant*; 1re chambre civile, 5.3.2002, JCP 2002, II 10123, note *Paisant*; siehe *Paisant*, JCP 2003, I 121, p. 549 (550 et s.).

[128] *Leveneur*, CCC, avril 1996, 1 (2); *Calais-Auloy/Steinmetz*, Droit de la consommation, 2000, n° 13 (p. 11, Fn. 1, 2); abgelehnt wurde der *rapport direct* etwa in Cour de cassation, 1re chambre civile, 8.7.2003, JCP 2004, II 10107, note *Duvert/Sauphanor-Brouillaud*, im Fall eines Geistlichen, der für seine Gemeinde ein Kopiergerät erworben hat.

[129] So erklärt es *Pfeiffer*, in: *Grabitz/Hilf* (Hrsg.), Recht der Europäischen Union, Band 3, A 5, 1999, Art. 2, Rn. 10; die engere Fassung der Richtlinie ist für *Leveneur*, CCC, mars 1994, 1 (2), dagegen Argument für ein restriktives Vebraucherverständnis auch im französischen Recht; *Calais-Auloy/Steinmetz*, Droit de la consommation, 2000, n° 178 (p. 189, Fn. 1), sehen inhaltlich keinen Unterschied zum persönlichen Anwendungsbereich der Richtlinie.

[130] *Brenner*, Verbraucherschützende EG-Richtlinien, 2000, S. 285.

der verbraucherschützenden Richtlinien liegen[131], der Linie des EuGH zur Auslegung der gemeinschaftsrechtlichen Verbraucherdefinition entspricht es allerdings nicht. Er verwendet einen weiten Gewerbe- und Beruftätigkeitsbegriff, der auch Geschäfte mit Ausnahmecharakter erfasst[132]. Unternehmer ist im Gemeinschaftsrecht auch, wer innerhalb seines Geschäfts, aber außerhalb seiner fachlichen Kompetenz handelt[133]. Branchenfremde Nebengeschäfte sollen dagegen aus dem Anwendungsbereich der Klauselrichtlinie herausfallen[134]. Auch in der deutschen Literatur gibt es Ausweitungstendenzen, etwa die Einbeziehung von Kleinunternehmern in den Schutzbereich der Verbrauchergesetze[135].

Gegen eine Ausweitung des Verbraucherbegriffes auf die Fälle des außerhalb seiner Branche handelnden Unternehmers werden mehrere Gesichtspunkte vorgebracht[136]. Der erste widerspricht der Annahme, es gäbe eine vergleichbare Ungleichgewichtslage. Ein Unternehmer wird, wenn er für sein Geschäft tätig wird, regelmäßig umsichtiger handeln als eine privat handelnde Person[137]. An die Geschäftstätigkeit knüpft auch das Argument an, dass eine gewerbliche oder beruflich handelnde Person anders als eine privat handelnde in der Lage ist, Risiken in die Kalkulation einzubeziehen[138]. Das zweite Argument knüpft an die Folgen einer Ausweitung des Verbraucherschutzbereiches an. Weil eine Bestimmung im Einzelfall erfolgen müsste, wäre Rechtsunsicherheit die Folge.

Leveneur begründet ein enges Verständnis des Verbraucherbegriffes darüber hinaus damit, dass ein besonderes Schutzniveau für Verbraucher nur dann seine Wirkung entfalten kann, wenn nicht alle Marktteilnehmer Verbraucher sind[139]. Das kann hingegen kein Argument für eine Begrenzung des Verbraucherbegriffs sein: Wenn ein Schutzbedürfnis bestehen würde, dann müsste nach der Maxime der wirtschaftlichen Selbstbestimmung auch ein größerer Personenkreis einbe-

---

[131] Das bezweifelt indes *Passa*, D. 2002, 555 (557), für die Fernabsatzrichtlinie.
[132] EuGH, Urteil vom 14.3.1991, Rs. C-361/89, Slg. 1991, I-1189, Rn. 15, „Di Pinto".
[133] *Pfeiffer*, in: *Grabitz/Hilf* (Hrsg.), Recht der Europäischen Union, Band 3, A 5, 1999, Art. 2, Rn. 21.
[134] *Pfeiffer*, in: *Grabitz/Hilf* (Hrsg.), Recht der Europäischen Union, Band 3, A 5, 1999, Art. 2, Rn. 10.
[135] Siehe *Preis*, ZHR 158 (1994), 567 (595 f.).
[136] *Cathelineau*, CCC, décembre 1999, 4 (4); die enge Definition wurde auch in Art. L 3 des Entwurfs der Kommission von 1990 verwendet, *Calais-Auloy*, Propositions pour un Code de la consommation, 1990, p. 39; diese Definition entspricht dem Verbraucherbegriff des europäischen Rechts, vgl. *Witz/Wolter*, ZEuP 3 (1995), 35 (36), Fn. 6.
[137] Kritisch hierzu für Bereiche außerhalb der eigenen Geschäftstätigkeit, *Medicus*, in: FS *Kitagawa*, 1992, S. 471 (484 f.).
[138] *Medicus*, in: FS *Kitagawa*, 1992, S. 471 (485).
[139] *Leveneur*, CCC, mars 1994, 1 (2).

zogen werden. Eine Ausweitung würde konsequent weitergedacht auch eine individuelle Betrachtung der privat handelnden Personen zur Folge haben. Eine Person, die zum privaten Zweck in einem Bereich einen Vertrag schließt, in dem sie beruflich tätig ist, ist genauso kenntnisreich als wenn sie das Geschäft für unternehmerische Zwecke abschließen würde. Die theoretisch gerechtere Aufteilung der am Geschäft beteiligten Personen in kompetente und kenntnislose anstatt in geschäftlich oder privat handelnde Personen scheitert an der Abgrenzbarkeit in der Praxis[140].

c) Ergebnis

Die vertragsrechtlichen Verbraucherbegriffe im Gemeinschaftsrecht und in den mitgliedstaatlichen Rechtsordnungen Deutschlands und Frankreichs stimmen in dem Grundsatz überein, als Abgrenzungskriterium die privaten Zweckbestimmung eines Geschäfts zu verwenden. Der Verbraucherbegriff ist nach der deutschen Definition in § 13 BGB weiter als der europäische, weil es zur Abgrenzung neben der geschäftlichen Tätigkeit nicht auf eine berufliche, sondern eine selbständige berufliche Tätigkeit ankommt. In Frankreich wird dagegen nur auf eine „*activité professionnelle*“ Bezug genommen. Bei gemischter Zwecksetzung ist es in beiden Ländern herrschende Ansicht, nach dem überwiegenden Handlungszweck zu entscheiden.

Die Frage, ob juristische Personen Verbraucher sein können, ist in beiden Ländern umstritten. Die bejahende Ansicht, der vor dem Hintergrund des Schutzzwecks der Vorzug zu geben ist, hat sich in Frankreich stärker durchgesetzt als in Deutschland. Ein Ausschluss juristischer Personen ist mit dem Schutzzweck verbraucherrechtlicher Regelungen nur schwer vereinbar. Insbesondere die deutsche Situation der Bejahung der Verbrauchereigenschaft für Gesellschaften des bürgerlichen Rechts und die Verneinung für Idealvereine wird der tatsächlichen Schutzsituation der betroffenen natürlichen Personen nicht gerecht. Der EuGH hat sich in seiner „Idealservice“-Entscheidung für eine Beschränkung des Begriffs auf natürliche Personen ausgesprochen[141], was aber aufgrund des Mindestschutzcharakters der Richtlinien ein den Schutzbereich der Regelungen erweiterndes Verständnis nicht ausschließt und so Raum bleibt für weiter gehende Ansichten vor allem in der französischen Literatur.

Die in Frankreich vertretene Ansicht, Unternehmer, die zwar für ihr Geschäft, aber außerhalb ihres Fachbereiches handeln, ist insbesondere wegen dem damit einhergehenden Verlust der Rechtssicherheit abzulehnen.

---

[140] So auch *Calais-Auloy/Steinmetz*, Droit de la consommation, 2000, n° 13 a.E.

[141] Siehe oben § 2 Fn 95.

2. Wettbewerbsrechtlicher Verbraucherbegriff

Die Richtlinien über irreführende Werbung[142] und über vergleichende Werbung[143] erwähnen zwar den Verbraucherschutz ausdrücklich als Schutzzweck, geben aber keine Definition des Verbrauchers. Die Anwendbarkeit ist unabhängig von bestimmten persönlichen oder situationsbezogenen Eigenschaften des Adressaten der Werbung.

Das französische Recht des unlauteren Wettbewerbs ist in seinem Anwendungsbereich zum Teil auf Unternehmer-Verbraucher-Beziehungen beschränkt. Art. L 121-8 C. cons., der die vergleichende Werbung regelt, schützt den Verbraucher vor Irreführung durch vergleichende Werbung. Der Verbraucherbegriff ist der gleiche wie im Verbrauchervertragsrecht. Das Verbot irreführender Werbung steht zwar auch im Code de la consommation. Art. L 121-1 C. cons. ist aber nicht auf die Irreführung von Verbrauchern beschränkt[144]. Gegenteiliges ergibt sich aufgrund der Regelungstechnik des Code de la consommation auch nicht aus dem Standort im Verbrauchergesetzbuch[145].

Das deutsche UWG vom 3. Juli 2004[146] bezieht sich in zahlreichen Bestimmungen auf den Verbraucher. Für die Definition wird in § 2 Abs. 2 UWG auf § 13 BGB verwiesen. Die Preisangabenverordnung spricht in § 1 Abs. 1 vom „Letztverbraucher“, ebenso §§ 6a und 6b UWG a.F. Umstritten ist hier, ob auch Gewerbetreibende, die für ihren gewerblichen Bedarf branchenfremde Waren einkaufen, als „letzte Verbraucher“ anzusehen sind[147]. Schon die Diskussion einer Einbeziehung dieser Personengruppe in den Anwendungsbereich der §§ 6a und 6b UWG a.F. zeigt den neben dem Verbraucherschutz stehenden wettbewerbsrechtlichen Regelungszweck, den Handel auf der letzten Absatzstufe besonderen Regeln zu unterwerfen[148]. Privatrechtlich ist ein besonderer Schutz gewerblicher Endverbraucher freilich nicht zu erklären. Letztverbraucher sind deshalb nur Endverbraucher, die Waren erwerben, ohne sie weiter umzusetzen oder gewerb-

---

142 Richtlinie 84/450/EWG vom 10.9.1984 zur Angleichung der Rechts- und Verwaltungsvorschriften der Mitgliedstaaten über irreführende Werbung, ABl. Nr. L 250/17 vom 19.9.1984.

143 Richtlinie 97/55/EG vom 6.10.1997 zur Änderung der Richtlinie 84/450/EWG über irreführende Werbung zwecks Einbeziehung der vergleichenden Werbung, ABl. Nr. L 290/18 vom 23.10.1997.

144 *Pizzio*, Code de la consommation, 1996, Art. 121-1, n° 2.

145 Grundlage des Code de la consommation ist eine bloße Zusammenstellung älterer Vorschriften; siehe unten § 5 III 2; vgl. *B. Fischer*, Irreführende Werbung, 1998, S. 15 f.

146 Gesetz gegen den unlauteren Wettbewerb (UWG) vom 3. Juli 2004, BGBl. 2004, I 1414.

147 *Piper*, in: *Köhler/Piper*, UWG, 2002, § 6a, Rn. 14; *Baumbach/Hefermehl*, Wettbewerbsrecht, 2001, § 6a, Rn. 12.

148 Vgl. *Drexl*, Wirtschaftliche Selbstbestimmung, 1998, S. 413.

lich verwenden zu wollen[149]. Grundsätzlich schützt das deutsche Lauterkeitsrecht alle Abnehmer. Die Zielpluralität umfasst den Schutz sowohl die Mitwettbewerber als auch der Verbraucher und der Allgemeinheit, was sich nun ausdrücklich aus § 1 UWG ergibt.

3. Zwischenergebnis

Der Verbraucherbegriff, der nach einer nicht genau definierten Ausgangsposition den Anwendungsbereich des Verbraucherrechts festlegt, kann nicht einheitlich bestimmt werden, sondern ergibt sich als Mittel zur Typisierung aus dem Regelungszweck der Vorschriften, in denen er verwendet wird. Die Unterschiede zwischen dem vertragsrechtlichen und dem wettbewerbsrechtlichen Bereich sind indes nicht groß. Zentrales Element ist – sofern im Wettbewerbsrecht der Verbraucherbegriff verwendet wird – immer das Handeln einer Person für ihren privaten Gebrauch und nicht zu einem gewerblichen und beruflichen Zweck. Am Rande dieser zentralen Eigenschaft ist es umstritten, ob auch juristische Personen Verbraucher sein können und wie Personen zu behandeln sind, die zwar gewerblich handeln, aber nicht in ihrem eignen Geschäftsbereich. Während sich für die erste Frage gewichtige Argumente finden lassen, die auch in der deutschen Diskussion stärkere Beachtung finden sollten, scheitert eine Aufweichung des Verbraucherbegriffs mit dem zweiten Aspekt an der damit entstehenden Rechtsunsicherheit.

III. Ergebnis

Im Vertragsrecht ergibt sich in bestimmten Fällen die Notwendigkeit, das Gleichgewicht der Vertragsparteien so herzustellen, dass beide selbstbestimmt über den Vertragsabschluss entscheiden können. Das geschieht dadurch, dass in einzelnen Situationen, wie der Überrumpelung bei Haustürgeschäften, der Komplexität bei Kreditverträgen oder der ungenügenden Information bei Fernabsatzverträgen, der das Ungleichgewicht verursachende Faktor entweder im Vorfeld – etwa durch Informationspflichten – verhindert oder seine Folgen im Nachhinein durch die Einräumung von Widerrufs- oder Rückgaberechten beseitigt werden. Allen Regelungen ist das Tatbestandsmerkmal des Verbrauchers gemeinsam. Der Grund dafür ist, dass die oben erwähnten Situationen nicht in allen Fällen zu Störungen der Vertragsparität und damit der Vertragsfreiheit führen. Das ist dann nicht der Fall, wenn beide Vertragsparteien sowohl wirtschaft-

---

[149] *Piper*, in: *Köhler/Piper*, UWG, § 6a, Rn. 13; dabei kann die private Verwendung auch durch einen Gewerbetreibenden erfolgen, *Drexl*, Wirtschaftliche Selbstbestimmung, 1998, S. 413; enger *Reich*, JZ 1997, 609 (609), der eine Beschränkung auf den privaten Letztverbraucher befürwortet.

lich dazu in der Lage sind, die Folgen eines fehlgeschlagenen Geschäfts zu tragen, als auch genügend Erfahrung besitzen, um die Entscheidung über den Vertragsschluss auf der Grundlage bereits vorhandener rechtlicher Kenntnisse und vertragsbezogener Informationen treffen zu können. Diese beiden Eigenschaften sind typischerweise bei Personen nicht gegeben, die eine bestimmte Art von Geschäften nur gelegentlich vornehmen, um damit private Bedürfnisse zu befriedigen. Diese Personengruppe der mit privater Zwecksetzung handelnder Personen wird als Verbraucher bezeichnet, um das rechtliche Korrektiv der Vertragsfreiheit nur in den Fällen eingreifen zu lassen, in denen typischerweise die Gefahr einer Ungleichgewichtslage besteht.

Der Verbraucherbegriff ist das Ergebnis der Formulierung eines Gesetzestatbestandes. Die Verbraucher gibt es aufgrund der Rollenbezogenheit der Definition nicht als eigenständige und individuell abgrenzbare Personengruppe. Ob eine Person von einer verbraucherschützenden Vorschrift profitiert, hängt von der Motivation ihres Handelns im Einzelfall ab. Der gesetzliche Tatbestand ist auch situativ zu konkretisieren. Spezifische Schutzbedürftigkeiten ergeben sich bei verschiedenen Aspekten des Internet-Vertriebs.

§ 3 Schutzbedürftigkeit im Internet

Situationen, in denen der Verbraucher im Internet schutzbedürftig ist, lassen sich von zwei Ausgangspunkten her ermitteln. Auf der Grundlage der Kriterien für die Notwendigkeit des Verbraucherschutzes können Situationen im elektronischen Geschäftsverkehr erkannt werden, in denen die materielle Privatautonomie nicht gewährleistet und die wirtschaftliche Selbstbestimmung des Verbrauchers beeinträchtigt ist. Daneben ist das subjektive Empfinden der Verbraucher ein wichtiges Indiz für Situationen, in denen ihre Rechtsstellung beeinträchtigt ist oder sein kann. Dieser zweite Gesichtspunkt darf nicht außer Acht gelassen werden, weil eine rechtliche Stärkung des Verbrauchers im Markt nur dann ihren Zweck erfüllt, wenn die Verbraucher diese Position auch erkennen und ausüben. Das ist nicht nur zur Erreichung des Ziels der Stärkung des Europäischen Binnenmarktes notwendig, sondern auch zur Erreichung des Normzwecks, nämlich Lebenssachverhalte tatsächlich zu regeln.

Der Ablauf der Geschäftsbeziehung zwischen Verbraucher und Unternehmer lässt sich – unabhängig davon, ob er im Internet stattfindet oder nicht – in drei Phasen einteilen: die Werbung als vorvertraglichen Bereich, den Abschluss des Vertrages und die Erfüllung der Vertragspflichten[1]. Neben verbraucherschutzrelevanten Situationen, die in einer dieser drei Phasen auftreten, gibt es solche, die alle Stadien gleichermaßen betreffen.

I. Werbung

Ein geschäftlicher Kontakt zwischen Verbraucher und Unternehmer entsteht in der Regel dadurch, dass der Unternehmer seine Leistungen und Waren öffentlich[2] anpreist und der Verbraucher daraufhin mit dem Unternehmer in Kontakt tritt. Die Notwendigkeit zum Schutz des Verbrauchers kann entweder deswegen bestehen, weil der Inhalt der Werbebotschaft zu einer Irreführung führen kann, so dass aufgrund einer fehlerhaften Entscheidungsgrundlage keine selbstbestimmte Entscheidung getroffen werden kann. Daneben gibt es Probleme, die sich aus der Verwendung des Internet als Werbemittel ergeben.

Werbung kann inhaltlich so gestaltet sein, dass beim Adressaten durch unwahre Angaben falsche Vorstellungen über Eigenschaften der angepriesenen Leistung oder den Anbieter hervorgerufen werden, die dann zur Grundlage einer wirt-

---

[1] *Drexl*, in: *Lehmann* (Hrsg.), Electronic commerce 1999, S. 75 (79); *ders.*, in: *ders./Kreuzer/Scheuing/Sieber* (Hrsg.), Informationszeitalter, 2000, S. 75 (80).

[2] Werbung kann auch individuelle Absatzförderung sein, *Baumbach/Hefermehl*, Wettbewerbsrecht, 2001, vor §§ 3-8 UWG, Rn. 1.

schaftlichen Entscheidung des potentiellen Kunden werden. Irreführende Werbung ist in zweierlei Hinsicht rechtlich von Bedeutung[3]. Auf den Vertrag mit dem einzelnen Verbraucher bezogen, kann die selbstbestimmte Abgabe seiner Willenserklärung in Frage gestellt werden. Auf den ganzen Markt bezogen, kann die Verwendung irreführender Werbung wettbewerbswidrig sein, weil der Werbende sich mit unlauteren Mitteln einen Vorteil gegenüber seinen Konkurrenten verschafft. Eine besondere Form der Irreführung besteht in dem unzulässigen Vergleich der eigenen Leistung mit Konkurrenzangeboten. Die Schutzbedürftigkeit des Verbrauchers bei Werbung ergibt sich daraus, dass der Verbraucher nicht (nur) objektiv informiert werden, sondern vor allem zu einer wirtschaftlichen Entscheidung bewegt werden soll[4]. Um dem Verbraucher dennoch eine selbstbestimmte Entscheidung zu ermöglichen, muss in gewissem Maße der Wahrheitsgehalt der Botschaft sichergestellt werden. Das geschieht über Regelungen, die irreführende Werbung verbieten oder im Bereich der vergleichenden Werbung bestimmte Einschränkungen für deren Zulässigkeit festlegen. Neben inhaltlicher Fehlerhaftigkeit kann auch die Verwendung einer fremden Sprache dazu führen, dass beim Verbraucher ein falsches Vorstellungsbild entsteht. Diese Situation tritt im Internet besonders häufig auf, weil der Zugang zu fremdsprachigen Angeboten ebenso wie zu denen der eigenen Sprache möglich ist.

Bei der Verwendung des Internet als Träger der Werbebotschaft besteht zum einen die Gefahr, dass Werbeinhalte nicht als solche erkannt werden. Zum anderen können sich aus den technischen Möglichkeiten des Internet Irreführungstatbestände ergeben, die nicht unmittelbar mit dem Inhalt der Werbung in Zusammenhang stehen. Werbebotschaften werden als Bannerwerbung auf Internetseiten, in eigenen Anzeigefenstern[5], aber auch als Querverweise (*Hyperlinks*) auf andere Seiten vermittelt. Insbesondere auf Internetseiten kann es für den Betrachter schwierig sein, Werbebotschaften zu erkennen und sie von redaktionellen Inhalten abzugrenzen[6]. Dies ist deswegen problematisch, weil redaktionellen Inhalten eine höhere Objektivität beigemessen wird als Werbung, bei der die einseitige Herausstellung der positiven Eigenschaften der beworbenen Leistung im Vordergrund steht. Das ist – außerhalb des Bereichs der Irreführung – nicht nachteilig für den Verbraucher, wenn ihm bewusst ist, dass es sich um Werbung handelt und er die Informationen entsprechend bewerten kann. Die Verschleierung der Werbung kann im Internet auch das Ziel haben, den Verbraucher auf die eigene Internetseite zu locken. So können beispielsweise Banner, die mit einem *Hyperlink* verknüpft sind, als Informations- oder Warnfenster des Betriebs-

---

[3] Vgl. *Baumbach/Hefermehl*, Wettbewerbsrecht, 2001, § 3 UWG, Rn. 3.
[4] *Wilhelm/Kostic*, Revue Lamy droit des affaires, décembre 1998, 3 (4).
[5] *Conseil d'Etat*, Internet, 1998, p. 58.
[6] *Conseil d'Etat*, Internet, 1998, p. 58; vgl. *Ernst*, VuR 1997, 259 (262 f.).

systems gestaltet werden, um die Sorge des Nutzers der ordnungsgemäßen Funktion seines Rechners auszunutzen.

Eine besondere Methode zur gezielten Ansprache von potentiellen Kunden ist die Ausnutzung von Informationen über seine Interessen zur Platzierung von Werbung. Das ist bei Suchmaschinen häufig der Fall. Der Nutzer zeigt durch die Eingabe von Suchworten punktuell sein Interesse für einen bestimmten Bereich. Abhängig vom eingegebenen Suchwort wird die inhaltlich dazu passende Werbung angezeigt[7]. Dabei gibt es zwei Spielarten. Der Anbieter kann mit dem Suchmaschinenbetreiber vereinbaren, dass abhängig vom eingegebenen Suchwort ein Werbebanner auf der Ergebnisseite angezeigt wird oder er gestaltet die eigene Internetseite so, dass sie von der Suchmaschine bei der Eingabe bestimmter Suchwörter möglichst weit oben in der Liste der Suchergebnisse angezeigt wird (so genanntes *Keyword-Advertising*). Das ist technisch möglich durch die Eingabe von Stichwörtern in den Quelltext der Internetseite, die von den Nutzern nicht gesehen, aber von der Suchmaschine ausgewertet werden können (so genannte *Meta-Tags*). *Keyword-Advertising* und die Verwendung von *Meta-Tags* sind nicht aus sich heraus nachteilig für den Verbraucher. Das ist nur dann der Fall, wenn sie eine der genannten Situationen hervorrufen, den Verbraucher also durch inhaltliche Verknüpfungen oder durch die fehlende Erkennbarkeit von Werbung irreführen.

E-Mail-Werbung ist zusätzlich zur allgemeinen Gefahr der Irreführung dann bedenklich, wenn die Adressaten mit einer Vielzahl von Nachrichten regelrecht überschwemmt werden. Das verursacht Kosten, die durch Zeiteinsatz für das Lesen oder das Löschen entstehen. Für das Abrufen der Nachrichten entstehen zudem besondere Verbindungskosten, jedenfalls in den Fällen, in denen keine ständige Verbindung ins Internet besteht. Die Zusendung unangeforderter Werbung ist keine Erscheinung, die mit dem Internet aufgetreten ist. Auch auf dem herkömmlichen Postweg wird Werbematerial als Wurfsendung[8] oder mit Adressen aus kommerziellen Verzeichnissen adressiert versendet. Mit Telefonanrufen zu Werbezwecken oder der Zusendung von Telefaxnachrichten haben sich die Unternehmen an neue Telekommunikationstechniken angepasst. Die Möglichkeit, mit im Vergleich zu herkömmlichen Telekommunikationsmitteln sehr niedrigem Kosten- und Zeitaufwand eine große Anzahl potentieller Kunden zu erreichen, macht die unaufgeforderte Zusendung von Werbung zu einem Phänomen,

---

[7] Siehe *Conseil d'Etat*, Internet, 1998, p. 58; zur Funktionsweise von Suchmaschinen *Koch*, K&R 2002, 120 (120 f.).

[8] Diesen Vergleich macht auch *Andrieu*, Légicom n° 21/22, 2000, 155 (160).

das in diesem Umfang im Internet neu ist[9]. Während für das Jahr 2001 der Anteil von unerbetenen Werbenachrichten noch auf 7 % geschätzt wurde, wurden für das Jahr 2003 schon 51 % aller versendeten E-Mails als sogenannte Spam-Nachrichten eingestuft[10].

II. Vertragsschluss

Die meisten Probleme, an die der privatrechtliche Verbraucherschutz anknüpft, betreffen das sich anbahnende oder schon bestehende Vertragsverhältnis zwischen Verbraucher und Unternehmer. Der Verbraucher kann ungenügende Informationen über die für die Vertragsentscheidung notwendigen Tatsachen haben und ihm können Informationen darüber fehlen, wie der Vertrag im Internet zustande kommt.

1. Informationsdefizite

Wie bei allen fernabsatzrechtlichen Fragen kann sich der Verbraucher nicht unmittelbar ein Bild von seinem Vertragspartner und den von ihm angebotenen Leistungen machen. Er ist auf die Informationen angewiesen, die ihm vom Unternehmer übermittelt werden. Das betrifft auch den Unternehmer, der die Identität des Verbrauchers nicht kennt. Die Kenntnis der Identität des Vertragspartners ist von Bedeutung für die Einschätzung der Leistungsfähigkeit und -willigkeit des Vertragspartners und dafür, ob der Erklärende überhaupt zur Abgabe einer Willenserklärung berechtigt ist. Das kann etwa bei Minderjährigen problematisch sein[11]. Für die Vertragspartner ist nicht ohne weiteres erkennbar, wer sich hinter dem virtuellen Gegenüber verbirgt[12]. Dieses Problem stellt sich auch bei anderen Fernkommunikationsmitteln wie Brief, Telefon oder Telefax. Hier ist jedoch entweder eine persönliche Kennzeichnung gegeben (Sprache bzw. Handschrift) oder die Möglichkeit, den Weg der Information zum Absender zurückzuverfolgen. Im Internet tritt der Nutzer nur in einer elektronisch erfassbaren Form auf. Die dezentrale Struktur des Netzwerks macht zudem eine Rückverfolgung sehr schwierig.

---

9 *Drexl*, in: *ders./Kreuzer/Scheuing/Sieber* (Hrsg.), Informationszeitalter, 2000, S. 75 (80 ff.); *Ernst*, VuR 1997, 259 (262 f.).

10 Kommission der Europäischen Gemeinschaften, Mitteilung der Kommission über unerbetene Werbenachrichten (Spam) vom 22.1.2004, KOM 2004 (28) endg., S. 6.

11 Minderjährige sind im französischen Recht grundsätzlich nach Art. 1124 C. civ. nicht geschäftsfähig, können aber Geschäfte des täglichen Lebens selbst vornehmen, wenn diese keine besonderen Risiken bergen, *Hübner/Constantinesco*, Einführung, 1994, S. 145.

12 *Waldenberger*, BB 1996, 2365 (2365); *Lavorel*, Expertises 2000, 379 (379); *Passa*, D. 2002, 555 (555).

Der Verbraucher kann sich über Beschreibungen und Bilder über das Produkt oder die Leistung, die er erwerben möchte, informieren. Das Internet mit seinen multimedialen Eigenschaften – Darstellung bewegter Bilder und Ton – ist dazu besser geeignet als gedruckte Versandkataloge und Teleshopping, bei denen zwar Multimedialität, aber nicht die Möglichkeit der individuellen Abfrage von Informationen gegeben ist. Ein Gesamteindruck wie bei einer persönlichen Begutachtung, die bei einer Sache auch das Anfassen mit umfasst, kann jedoch nicht vermittelt werden. Dabei kommt es nicht nur auf die Feststellung der Mängelfreiheit an, sondern auch darauf, ob das Produkt den Bedürfnissen und Vorstellungen des Kunden entspricht. Die Faktoren für diese auch gefühlsbeeinflusste Entscheidung können nicht generell bestimmt und im Internet übermittelt werden. Der Verbraucher schließt so einen Vertrag ab, ohne vollständige Kenntnis über den Vertragsgegenstand zu haben.

Die beim Unternehmer und beim Verbraucher bestehenden Informationsdefizite führen in der Summe zu einem Informationsnachteil, der im Hinblick auf den Vertragsgegenstand zu Lasten des Verbrauchers geht. Die fehlenden Informationen über Eigenschaften der Vertragspartner wie Zahlungs- oder Lieferfähigkeit und -willigkeit müssen durch ein höheres Maß an gegenseitigem Vertrauen ausgeglichen werden, als dies bei Geschäften in den Geschäftsräumen des Unternehmers der Fall ist. Andererseits hat die Geschäftsanbahnung im Internet für den Verbraucher auch Vorteile gegenüber einem persönlichen Kontakt zum Unternehmer, bei dem sich der Verbraucher aus vertragsfremden, psychologischen Beweggründen wie Höflichkeit oder dem Gefühl, sich entscheiden zu müssen, zum Vertragsabschluss bewegt sieht. Für Haustürgeschäfte, bei denen zusätzlich das Moment der Überrumpelung hinzutritt[13] und der Verbraucher keine Gelegenheit hat, Vor- und Nachteile eines Vertragsschlusses hinreichend abzuwägen, ist dem durch den Gesetzgeber Rechnung getragen worden. Im Internet ist eine freie Willensbildung hingegen nicht beeinträchtigt. Das Internet ermöglicht durch den weltweiten, unmittelbaren und schnellen Zugang zu Informationen auf der ganzen Welt, die es dem Verbraucher ermöglichen, ohne wesentliche Transaktionskosten Informationen über Alternativangebote einzuholen[14]. Das bedeutet einen beachtlichen Informationszuwachs, vor allem hinsichtlich der Information über Preise und darüber, welche substituierbaren Leistungen der Markt überhaupt bereithält.

---

[13] Siehe *Ferrier*, Distribution, 2000, n° 337; *Calais-Auloy/Steinmetz*, Droit de la consommation, 2000, n° 110.

[14] *Drexl*, in: *ders./Kreuzer/Scheuing/Sieber* (Hrsg.), Informationszeitalter, 2000, S. 75 (77).

2. Unsicherheiten darüber, wie der Vertrag zustande kommt

Der Abschluss des Vertrages an sich ist im Internet ungewohnt und kann zu rechtlich unklaren Situationen führen, welche die Vertragspartner davon abhalten können, einen Vertrag über das Internet abzuschließen. Diese Unsicherheit ist typischerweise auf Seiten der Verbraucher vorhanden; bei Unternehmern kann davon ausgegangen werden, dass sie sich im Rahmen der Vorbereitung ihres Internetangebotes über die rechtlichen Rahmenbedingungen informiert haben.

Ein Vertrag kommt im Internet unter den gleichen Voraussetzungen wie ein auf einem anderen Weg geschlossener Vertrag zustande. Nach französischem und deutschem Zivilrecht geschieht das durch den Austausch von zwei übereinstimmenden Willenserklärungen. Die Abgabe und Wirksamkeit dieser Willenserklärungen kann im Internet problematisch sein. Die Übermittlung der Willenserklärungen ist entweder per E-Mail oder online auf einer Internetseite möglich. Während der Austausch von Willenserklärungen aufgrund der Ähnlichkeit des Austausches von Schriftstücken per Brief oder Telefax bekannten Vertragsschlussverfahren sehr ähnlich ist, wird die Willenserklärung auf einer Internetseite durch das Anklicken eines Schaltfeldes mit der Maus abgegeben. Dieser Vorgang, der zur Steuerung einer Vielzahl von Vorgängen des eigenen Rechners und bei Benutzung von Internetseiten dient, wird von den Nutzern nicht notwendig mit einer rechtlichen Konsequenz verknüpft. Deswegen kann bei der Abgabe eines als Willenserklärung gedachten Mausklicks das Bewusstsein zur Abgabe einer Erklärung fehlen[15]. Die rechtliche Relevanz wird vom Nutzer im Moment seines Handelns möglicherweise gar nicht erkannt. Unklar ist auch die rechtliche Bedeutung des Befüllens eines elektronischen Einkaufswagens oder einer automatischen Annahmeerklärung, die vom Server des Unternehmers abgegeben wird. Problematisch kann in allen Fällen des elektronischen Vertragsschlusses die Feststellung des Zeitpunkts sein[16], an dem sich die Vertragspartner rechtlich binden.

Wie beim herkömmlichen Vertragsabschluss besteht für den Verbraucher die Gefahr, Vertragsbedingungen ausgesetzt zu sein, die der Unternehmer aufgrund seines überlegenen Einflusses auf die Vertragsgestaltungen zu seinem eigenen Vorteil – und damit oft zum Nachteil des Verbrauchers – in den Vertrag einge-

---

[15] Es kann zu unüberlegten Mauklicks kommen, *Arnold*, CR 1997, 526 (526). Außerdem besteht die Gefahr, in die Reihe von Mausklicks beim „Durchklicken" durch die Seiten eines Anbieters ein Feld einzufügen, das eine verbindliche Willenserklärung auslösen soll, aber – vom Unternehmer möglicherweise so beabsichtigt – nicht als solche vom Verbraucher erkannt wird, *ders.*, aaO., 526 (530).

[16] *Ernst*, VuR 1997, 259 (260).

fügt hat. Deswegen sind Einbeziehung und Inhalt solcher allgemeiner Geschäftsbedingungen durch europäisches und nationales Recht geregelt. Im Internet, bei dem eine Vielzahl von Informationen parallel übermittelt werden kann und durch Querverweise verschiedene Informationsebenen miteinander verknüpft werden können, sieht sich der Verbraucher neuen Formen der Mitteilung von allgemeinen Geschäftsbedingungen ausgesetzt, die ihm die tatsächliche Kenntnis im Zeitpunkt des Vertragsschlusses erschweren können. Ein weiterer Aspekt ist wie bei der Werbung das Problem des fehlenden Verständnisses, weil eine dem Verbraucher unbekannte Sprache verwendet wird[17]. Als besonders nachteilige Eigenschaft des Internet wird in diesem Zusammenhang die Unbeständigkeit der angezeigten Informationen und Vertragsbedingungen genannt und die damit für den Unternehmer verbundene Möglichkeit der nachträglichen Veränderung[18]. Das sich dann für den Verbraucher ergebende Beweisproblem kann jedoch auch beim Vertragsschluss in einem Ladengeschäft auftreten, in dem die allgemeinen Geschäftsbedingungen ausgehängt sind[19].

Problematisch ist insbesondere die Erfüllung des Schriftformerfordernisses im Internet[20]. In verbraucherschützenden Regelungen, etwa für das Verbraucherdarlehen[21], wird ein schriftlicher Vertragsabschluss verlangt. Neben der damit verbundenen Warnfunktion ist die Beweisbarkeit von Willenserklärungen und übermittelten Informationen wichtig für die Durchsetzbarkeit von Ansprüchen. In Frankreich ist ab einem Vertragswert von 800 € ein schriftlicher Beweis vorgeschrieben. Die Richtlinie über den elektronischen Geschäftsverkehr verpflichtet in Art. 9 Abs. 1 die Mitgliedstaaten, den Abschluss elektronischer Verträge genauso wie herkömmlich geschlossener Verträge zu ermöglichen. Diesem Ziel können sowohl beweisrechtliche als auch wirksamkeitsrelevante Formvorschriften, die im Internet nicht erfüllbar sind, hinderlich sein.

III. Erfüllung des Vertrages und Rechtsdurchsetzung

Im Zusammenhang mit der Erfüllung des Vertrages können für den Verbraucher verschiedene rechtliche Probleme auftreten. Dabei kann zwischen der Erbrin-

---

[17] Hierzu *Waldenberger*, BB 1996, 2365 (2369); *Taupitz/Kritter*, JuS 1999, 839 (844).
[18] *Ernst*, VuR 1997, 259 (261); *Waldenberger*, BB 1996, 2365 (2368).
[19] So auch *Ernst*, VuR 1997, 259 (261).
[20] Im Zusammenhang mit dem alten deutschen Verbraucherkreditgesetz *Borges*, ZIP 1999, 565 (566).
[21] Problematisch waren insbesondere die Schriftform und die Anwendung des sog. Versandhandelsprivilegs: zur Diskussion in Deutschland über die Anwendbarkeit des alten § 4 VerbrKrG *Ernst*, VuR 1997, 259 (260 f.); *Kaiser/Voigt*, K&R 1999, 445 (449); *Waldenberger*, BB 1996, 2365 (2369 f.).

gung der Leistungspflicht durch den Verbraucher und der Erfüllung der Zahlungspflicht durch den Verbraucher unterschieden werden.

Von der rechtlichen Qualifikation des Vertrages hängen die Rechte des Verbrauchers bei Nichterfüllung und Schlechterfüllung ab. Hierzu ist auf das Recht der bekannten Vertragstypen – entweder alleine oder als typengemischte Verträge – zurückzugreifen, um die Anwendbarkeit der entsprechenden gesetzlichen Regelungen zu bestimmen.

Der Verbraucher hat andererseits auch die Möglichkeit, seiner Zahlungspflicht im Internet und außerhalb des Internet nachzukommen. Eine Online-Zahlung kann – je nach der Ausgestaltung im Einzelfall – wünschenswert für den Unternehmer sein, weil er bei Vorleistung, insbesondere bei online zu erbringenden Leistungen, sonst das Zahlungsrisiko trägt. Problematisch bei Zahlungen, die über das Internet abgewickelt werden, ist die Vertraulichkeit und Integrität der Daten, die übertragen werden, um Missbrauch durch Dritte zu verhindern und sicherzustellen, dass die Zahlung nur in der gewünschten Höhe veranlasst wird[22]. Bei Vorauszahlung durch den Verbraucher stellt sich das Folgeproblem der Absicherung, dass der Unternehmer später tatsächlich leistet.

Wenn der Unternehmer nicht ordnungsgemäß erfüllt – Entsprechendes gilt für den umgekehrten Fall, der hier aber nicht untersucht werden soll –, muss der Verbraucher seine Rechte gerichtlich geltend machen oder auf andere Weise durchsetzen. Hier ergibt sich mit der internettypischen Internationalität der Geschäftsbeziehungen das Problem der internationalen gerichtlichen Zuständigkeit und im Falle eines gewonnenen Rechtsstreits der Durchsetzung einer Entscheidung. Auch wenn diese rechtlichen Hürden überwunden sind, kann effektiver Rechtsschutz scheitern, wenn die Verbraucher den gerichtlichen Streitbeilegungsmechanismus tatsächlich nicht in Anspruch nehmen, weil dieser zu kompliziert erscheint oder sich wirtschaftlich nicht lohnt. Während das erste Problem wieder auf einem Informationsdefizit beruht, lässt sich das zweite Problem, nämlich der Unwirtschaftlichkeit gerichtlicher Rechtsverfolgung bei oft geringwertigen Verbrauchertransaktionen, nur durch alternative Streitbeilegungsmechanismen lösen.

IV. Datenschutz

Der Schutz personenbezogener Daten ist ein Gesichtspunkt, der in allen Stadien des Vertriebs von Bedeutung ist. Für Unternehmen stellt das Internet ein besonderes Marketinginstrument dar, mit dem direkt bestimmte Kundenkreise und

---

[22] *Salaün*, DIT 1999, n° 2, 19 (20).

Kunden angesprochen werden und gezielter mit Informationen versorgt werden können. Dies geht einher mit der Sammlung einer Vielzahl von Informationen über einzelne Personen, auch um Benutzerprofile zu erstellen, bei denen die Gefahr der missbräuchlichen Verwendung oder Verbreitung besteht[23]. Datenschutz im Internet gewinnt deshalb für den Verbraucher an Bedeutung[24]. Fehlendes Vertrauen der Verbraucher in den Datenschutz und die Gewährleistung der Datensicherheit durch die Unternehmen ist ein Grund für ihre Zurückhaltung im elektronischen Geschäftsverkehr[25]. Vertrauensverlust rechtfertigt zwar nicht unmittelbar Verbraucherschutz, denn der Verbraucher schützt sich ja selbst, indem er Transaktionen, die ihm zweifelhaft erscheinen, nicht vornimmt. Misstrauen hält ihn aber davon ab, am Markt teilzunehmen. Die Stärkung des Vertrauens wird damit zu einer Voraussetzung für die Förderung des elektronischen Geschäftsverkehrs[26].

Die missbräuchliche Verwendung personenbezogener Daten kann zu Nachteilen für die betroffene Person führen. Im Geschäftsverkehr besteht die Gefahr, Informationen über das eigene Konsumentenverhalten preiszugeben. Daten können mit dem Benutzungsverhalten der Internetbenutzer in Verbindung gebracht und ausgewertet werden[27] und die Nutzer auf Grundlage der so gewonnenen Informationen gezielt mit Werbebotschaften oder Vertragsangeboten versorgt werden[28]. Der Handel mit persönlichen Daten, etwa in Form von Kundendaten, entwickelt sich zu einem eigenen Geschäftszweig[29].

Die Erscheinungsformen von Datenschutzverletzungen können in zwei Gruppen unterteilt werden, die der bewussten Mitteilung personenbezogener Daten und die der unbewussten Preisgabe durch den Internetnutzer. Im ersten Fall werden dem Betreiber einer Internetseite oder dem Vertragspartner gegenüber bestimmte Angaben gemacht. Hierbei muss sichergestellt werden, dass die Daten nur in der vom Berechtigten gewollten Form verwendet werden. Das kann sich bei

---

[23] *Saillard*, Transposition de la directive sur la protection des données personnelles, Rapport de la CCIP, 25.5.2000, p. 10, http://www.etudes.ccip.fr/archrap/pdf00/sai0005.pdf.
[24] *Sandl*, CR 2000, 319 (320).
[25] Vgl. *Gundermann*, K&R 2000, 225 (225); *Bäumler*, CR 2001, 795 (796); *Enzmann/Rossnagel*, CR 2002, 141 (141); Fuhrmann, Vertrauen, 2001, S. 133 f.: Datenschutz als Instrument rechtlicher Vertrauensförderung.
[26] Vgl. *Enzmann/Rossnagel*, CR 2002, 141 (141); *Milanova*, Cahiers Lamy droit de l'informatique et des réseaux, décembre 2001, 26 (28).
[27] *Ernst*, VuR 1997, 259 (263 f.).
[28] *Conseil d'Etat*, Internet, 1998, p. 27.
[29] *Conseil d'Etat*, Internet, 1998, p. 27; zu den einzelnen Formen der Sammlung personenbezogener Daten, *Conseil d'Etat*, préc., p. 32 et s.; *Frayssinet*, Droit et patrimoine, mai 2001, 76 (78 et s.).

Unkenntnis über die Identität der Person, der gegenüber die Daten preisgegeben werden, schwierig erweisen[30] und stellt ebenso ein Problem dar wie die Kenntnis des Berechtigten über die Notwendigkeit der Preisgabe bestimmter Daten im Einzelfall. Eine ungleich größere Gefahr stellt die unbewusste Preisgabe von Daten dar. Der Berechtigte hat hierbei keine Kenntnis davon, dass andere Personen Zugang zu auf ihn bezogene persönliche Daten bekommen. Das kann dadurch geschehen, dass eine Person, der Daten mitgeteilt wurden, diese ohne die Zustimmung des Berechtigten an Dritte weitergibt. Oder dadurch, dass sich Dritte selbständig Zugang verschaffen. Elektronische Kommunikationsmittel wie Internet oder E-Mail bieten technisch neue Möglichkeiten, unbemerkt vom Betroffenen dessen Daten auszuspähen. Neben diesen, in gewissem Umfang selbst kontrollierbaren Mitteilungen personenbezogener Daten etwa über die E-Mail-Adresse[31] oder Cookies[32] – auch Cookies können nur Informationen speichern, die seinem Urheber vorher vom Benutzer mitgeteilt wurden[33] – gibt es verschiedene technische Möglichkeiten der Datensammlung, die dem Benutzer verborgen bleiben[34]. Serverbetreiber listen in Protokolldateien (*fichiers d'audit*) die Verbindungen des Benutzers[35] auf. Mit der Speicherung der Daten besteht die Gefahr ihrer missbräuchlichen Verwendung. Der Betreiber eines DNS-Servers, der die Namen der gewählten Internetseite in IP-Adressen übersetzt, kann sich anhand der eingehenden Übersetzungsanfragen einen Überblick verschaffen[36]. Die IP-Adresse, die sich bei einer ständigen Verbindung zum Zugangsprovider nicht ändert, kann zur Identifizierung einzelner Benutzer verwendet werden.

V. Anwendbares Recht bei grenzüberschreitenden Geschäften

Das Internet bietet die Möglichkeit, mit gleich großem Aufwand mit Personen im Inland und im Ausland in Kontakt zu treten. Ein grundlegendes Problem liegt darin, dass für die Vertragspartner nicht ohne weiteres ersichtlich ist, welches

---

[30] *Andrieu*, Légicom n° 21/22, 2000, 155 (155).

[31] Siehe *Andrieu*, Légicom n° 21/22, 2000, 155 (162).

[32] Siehe *Boyer*, Cahiers français n° 295, mars-avril 2000, 74 (76); *Andrieu*, Légicom n° 21/22, 2000, 155 (163); *Dinant*, in: *Montero* (éd.), Droit des technologies de l'information, 1999, p. 271 (278-280).

[33] Worauf *CNIL*, Vos traces sur Internet, 1998, p. 20, abrufbar unter http://www.etudiants.ch/upload/documents/Admin/etufile_437_vos_traces_sur_internet.pdf, hinweist, allerdings mit der Warnung, dass an sich unbedeutende und unzusammenhängende Informationen bei der späteren Preisgabe eines identifizierenden Datums zu einem Gesamtbild zusammengesetzt werden können.

[34] Die Unterscheidung zwischen der kontrollierbaren und nicht kontrollierbaren Hinterlassung von Spuren im Internet macht *Boyer*, Cahiers français n° 295, mars-avril 2000, 74 (77).

[35] *Andrieu*, Légicom n° 21/22, 2000, 155 (164).

[36] *Dinant*, in: *Montero* (éd.), Droit des technologies de l'information, 1999, p. 271 (274).

Recht auf den von ihnen geschlossenen Vertrag Anwendung findet[37]. Möglicherweise gehen beide von der – für sie nahe liegenden – Annahme aus, dass das Recht des Heimatstaates gelten würde[38]. Die Entscheidungsgrundlage der Vertragsparteien ist unvollständig, wenn der Rechtsrahmen, in dem die Vertragsbeziehung besteht, nicht bekannt ist.

VI. Ergebnis

In den verschiedenen Stadien der Geschäftsbeziehung zwischen Verbrauchern und Unternehmern im Internet können unterschiedliche Hindernisse für einen effektiven Verbraucherschutz auftreten. Dabei können verschiedene Kategorisierungen der Problemsituationen vorgenommen werden. Unterschieden werden kann zwischen Situationen, die Verbraucher betreffen und solchen, denen allen Teilnehmer am elektronischen Geschäftsverkehr ausgesetzt sind[39]. Eine andere Gegenüberstellung ist die von Situationen, denen Verbraucher (nicht notwendig ausschließlich) speziell im Internet ausgesetzt sind mit solchen, denen sie auch bei anderen Vertriebsformen begegnen. Diese Unterscheidungen spielen eine Rolle für die Auswahl von Lösungsmöglichkeiten durch den Rückgriff auf vorhandene Regelungen oder die Schaffung neuer Bestimmungen. Für die Bewertung der in Deutschland und Frankreich gewählten Wege ist eine Differenzierung danach entscheidend, unter welchem der oben dargestellten Aspekte des Verbraucherschutzes – wirtschaftliche Selbstbestimmung, Effektivität des Verbraucherschutzes und Verbrauchervertrauen – die Situationen einzuordnen sind, um danach die Leistungsfähigkeit der Verbraucherschutzinstrumente beurteilen zu können.

---

[37] *Kaiser/Voigt*, K&R 1999, 445 (445); *Ernst*, VuR 1997, 259 (259).

[38] *Rüßmann*, K&R 1998, 129 (129).

[39] Siehe auch die Differenzierung bei *Drexl*, in: *ders./Kreuzer/Scheuing/Sieber* (Hrsg.), Informationszeitalter, 2000, S. 75 (78 f.).

Ergebnis zu Teil 1

Die allgemeinen Gedanken zur Schutzbedürftigkeit der Verbraucher sind ein Maßstab für die Bewertung der Leistungsfähigkeit der Verbraucherschutzinstrumente. Es wird also zu untersuchen sein, ob das privatrechtliche Verbraucherrecht dem Verbraucher die Möglichkeit zur selbstbestimmten Entscheidung gibt, darüber aber auch nicht hinausgeht, um die materielle Vertragsfreiheit der Unternehmer nicht zu beeinträchtigen. Insbesondere bei der Beurteilung von Rechtsdurchsetzungsmöglichkeiten spielt die tatsächliche Verwirklichung des materiellen Verbraucherrechts eine Rolle. Übergreifend stellt das Kriterium des Verbrauchervertrauens die Frage, ob einer Teilnahme der Verbraucher am elektronischen Geschäftsverkehr, die auch grenzüberschreitend sein kann, tatsächliche oder rechtliche Hindernisse im Weg stehen.

Die Handhabung als Bewertungsmaßstab ist beim Verbrauchervertrauen deshalb schwierig, weil der Begriff nicht klar abgegrenzt ist. Eine genaue Definition wird sich nicht finden lassen, weil die Vertrauensbewertung von jeder Person individuell und aufgrund ihrer subjektiven Kenntnisse und Erfahrungen vorgenommen wird. Um die Verwirklichung des Verbrauchervertrauens als Gradmesser für die Leistungsfähigkeit von verbraucherschützenden Bestimmungen verwenden zu können, muss eine möglichst weitgehende Eingrenzung versucht werden. Das Vertrauen der Verbraucher bezieht sich auf einzelne Situationen. Im Bereich des elektronischen Geschäftsverkehrs gibt es folgende Objekte von Vertrauensbewertungen durch die Verbraucher: die Gesetzes- und Vertragstreue des Anbieters, insbesondere die ordnungsgemäße Leistungserbringung nach Vorauszahlung durch den Kunden, Sicherheit der Datenübertragung und bestimmungsgemäße, also nicht missbräuchliche Verwendung seiner Daten[1], Vorhandensein von Streitbeilegungs- und Rechtsdurchsetzungsmechanismen. Das Vorhandensein von Verbrauchervertrauen ist schwierig zu beurteilen. Es stellen sich die Fragen, ob ein bestimmter Vertrauensgrad bei einem bestimmten Prozentsatz der Bevölkerung notwendig ist und ob dieser etwa durch demoskopische Umfragen ermittelt werden muss. Im Rahmen dieser Arbeit kann und soll kein allgemeintaugliches Bewertungssystem entwickelt werden; es kann nur eine normative Einschätzung der Eignung zur Stärkung des Verbrauchervertrauens stattfinden[2].

---

[1] Vgl. Kommission der Europäischen Gemeinschaften, Vorschlag für eine Richtlinie über die Verarbeitung personenbezogener Daten und den Schutz der Privatsphäre in der elektronischen Kommunikation vom 12.7.2000, KOM (2000), 385 endg., Erwägungsgrund 4 a.E.; *Taeger*, K&R 2003, 220 (220).

[2] Vgl. *Milanova*, Cahiers Lamy droit de l'informatique et des réseaux, décembre 2001, 26 (26).

Teil 2: Die zur Verfügung stehenden Schutzinstrumente

In diesem Abschnitt werden die Regelungen des europäischen, französischen und deutschen Rechts vorgestellt, die Instrumente zum Schutz der Verbraucher vor den oben dargestellten Gefahren bereithalten.

§ 4 Europa

Nach einem Überblick über die Entwicklung des gemeinschaftsrechtlichen Verbraucherschutzes werden die Richtlinien einzeln betrachtet, die für den Schutz der Verbraucher im Internet von besonderer Bedeutung sind.

I. Entwicklung des europäischen Verbraucherrechts

In den 1970er Jahren wurde der Verbraucherschutz zu einem Anliegen der Europäischen Gemeinschaft. Im Ersten Programm zum Schutz und zur Unterrichtung der Verbraucher von 1975[1] wurde eine Politik zum sozialen Schutz des Verbrauchers gefordert, die über die Harmonisierung im Binnenmarkt hinausgehen sollte[2]. Im Programm wurden fünf Punkte als Gegenstand der Verbraucherpolitik genannt: Recht auf Schutz der Gesundheit und Sicherheit, Recht auf Schutz der wirtschaftlichen Interessen, Recht auf Wiedergutmachung erlittenen Schadens, Recht auf Unterrichtung und Bildung und Recht auf Vertretung (Recht, gehört zu werden). Die nächste politische Initiative der binnenmarktbezogenen Verbraucherpolitik wurde von der Kommission 1985 mit einem Neuen Impuls für die Politik zum Schutz der Verbraucher eingeleitet[3]. Bereits vorher bzw. noch im selben Jahr wurden die Richtlinie 84/450/EWG[4] zum Schutz vor irreführender Werbung und die so genannte Haustürgeschäfts-Richtlinie 85/577/EWG[5] verabschiedet, die beide in die im Programm von 1975 aufgestell-

---

[1] Entschließung des Rates vom 14.4.1975 betreffend ein Erstes Programm der Europäischen Wirtshaftsgemeinschaft für eine Politik zum Schutz und zur Unterrichtung der Verbraucher, ABl. Nr. C 92/1 vom 25.4.1975, das Programm ist im Anschluß abgedruckt, ABl. Nr. C 92/2 vom 25.4.1975.

[2] *Lecheler*, in: *Dauses* (Hrsg.), Handbuch, Band 2, Abschnitt H.V., 2002, Rn. 1.

[3] Kommission der Europäischen Gemeinschaften, Mitteilung der Kommission, Neuer Impuls für die Politik zum Schutz der Verbraucher vom 23.7.1985, KOM (85) 314 endg.

[4] Richtlinie 84/450/EWG vom 10.9.1984 zur Angleichung der Rechts- und Verwaltungsvorschriften der Mitgliedstaaten über irreführende Werbung, ABl. Nr. L 250/17 vom 19.9.1984.

[5] Richtlinie 85/577/EWG vom 20.12.1985 betreffend den Verbraucherschutz im Falle von außerhalb von Geschäftsräumen geschlossenen Verträgen, ABl. Nr. L 372/31 vom 31.12.1985.

ten Kategorie des Schutzes der wirtschaftlichen Interessen des Verbrauchers fallen. In diesem Bereich des privatrechtlichen Verbraucherschutzes wurde 1987 die Verbraucherkreditrichtlinie 87/102/EWG beschlossen[6], noch vor Inkrafttreten der Einheitlichen Europäischen Akte. Mit der Einheitlichen Europäischen Akte vom 28.2.1986 wurde durch die Einführung des Art. 100a EGV, dem heutigen Art. 95 EG, in den EG-Vertrag die Bedeutung des Verbraucherschutzes bei der Harmonisierung des Binnenmarktes gestärkt[7]. Die Kommission wurde verpflichtet, bei ihren Vorschlägen von einem hohen Verbraucherschutzniveau auszugehen und die Beschlussfassung durch die Aufgabe des Einstimmigkeitsprinzips erleichtert. In den folgenden Jahren wurden die Richtlinie über Pauschalreisen 90/314/EWG[8] und die Richtlinie über missbräuchliche Klauseln in Verbraucherverträgen 93/13/EWG[9] auf der Rechtsgrundlage des Art. 100a EWGV verabschiedet.

Mit dem Vertrag von Maastricht, der am 7.2.1992 unterzeichnet wurde und am 1.11.1993 in Kraft trat, hat der Verbraucherschutz in einem eigenen Abschnitt mit Art. 129a, dem heutigen Art. 153 EG, ausdrückliche Berücksichtigung gefunden. Die Bestimmung verpflichtet alle Organe der Gemeinschaft zur Erreichung eines hohen Verbraucherschutzniveaus[10]. In den folgenden Jahren wurden im privatrechtlichen Bereich die Timesharing-Richtlinie 94/47/EG[11] und die Richtlinie über grenzüberschreitende Überweisungen 97/5/EG[12] erarbeitet. Der Schutz der Verbraucher vor Beeinträchtigungen durch kommerzielle Kommunikation wurde 1996 mit einem Grünbuch aufgegriffen. Die besondere Form der vergleichenden Werbung, bei der der Irreführungsgefahr ein Informationspoten-

---

[6] Richtlinie 87/102/EWG vom 22.12.1986 zur Angleichung der Rechts- und Verwaltungsvorschriften der Mitgliedstaaten über den Verbraucherkredit, ABl. Nr. L 42/48 vom 12.2.1987; geändert durch die Richtlinie 90/88/EWG vom 22.2.1990 zur Änderung der Richtlinie 87/102/EWG ..., ABl. Nr. 61/14 vom 10.3.1990.

[7] Siehe *Drexl*, Wirtschaftliche Selbstbestimmung, 1998, S. 47; *Lecheler*, in: *Dauses* (Hrsg.), Handbuch, Band 2, Abschnitt H.V., 2002, Rn. 14.

[8] Richtlinie 90/314/EWG vom 13.6.1990 über Pauschalreisen, ABl. Nr. L 158/59 vom 23.6.1990.

[9] Richtlinie 93/13/EWG vom 5.4.1993 über mißbräuchliche Klauseln in Verbraucherverträgen, ABl. Nr. L 95/29 vom 21.4.1993; zur Richtlinie und ihrer Umsetzung in französisches Recht *Ghestin/Marchessaux*, REDC 1993, 67.

[10] *Lecheler*, in: *Dauses* (Hrsg.), Handbuch, Band 2, Abschnitt H.V., 2002, Rn. 17; zum Verhältnis von Art. 129a EGV (Art. 153 EG) zu Art. 100a EGV (Art. 95 EG) *Reich*, Europäisches Verbraucherrecht, 1996, S. 40 f.

[11] Richtlinie 94/47/EG vom 26.10.1994 zum Schutz der Erwerber im Hinblick auf bestimmte Aspekte von Verträgen über den Erwerb von Teilzeitnutzungsrechten an Immobilien, ABl. Nr. L 280/83 vom 29.10.1994.

[12] Richtlinie 97/5/EG vom 27.1.1997 über grenzüberschreitende Überweisungen, ABl. Nr. L 43/25 vom 14.2.1997.

tial durch den Vergleich für den Verbraucher gegenübersteht, wurde 1997 durch die Richtlinie 97/55/EG[13] rechtlich harmonisiert. Im gleichen Jahr trat die für den Verbraucherschutz im elektronischen Geschäftsverkehr wichtige Fernabsatzrichtlinie[14] in Kraft. Die Verbrauchsgüterkaufrichtlinie 1999/44/EG[15] zeitigte die bisher größten Auswirkungen auf die nationalen Privatrechte[16]. Ein privatrechtlicher verbraucherschützender Teil findet sich auch in der Richtlinie über den elektronischen Geschäftsverkehr 2000/31/EG, der sich speziell mit den vertragsrechtlichen Problemen des elektronischen Vertragsschlusses auseinandersetzt.

Finanzdienstleistungen wurden durch die im September 2002 verabschiedete Richtlinie über den Fernabsatz von Finanzdienstleistungen an Verbraucher in das gemeinschaftsrechtliche Fernabsatzrecht eingefügt[17]. Ein Vorschlag für eine Verordnung über Verkaufsförderung im Binnenmarkt[18] soll zu einer Vereinheitlichung des Rechts des unlauteren Wettbewerbs beitragen. In der Verordnung sollen die Regelungen für verkaufsfördernde Maßnahmen, wie Rabatte, Zugaben, Gewinnspiele vereinheitlicht werden. Die Verordnungsform soll gewählt werden, weil keine Vereinheitlichung allgemeiner Regeln – wofür die Richtlinie

---

[13] Richtlinie 97/55/EG vom 6.10.1997 zur Änderung der Richtlinie 84/450/EWG über irreführende Werbung zwecks Einbeziehung der vergleichenden Werbung, ABl. Nr. L 290/18 vom 23.10.1997.

[14] Richtlinie 97/7/EG vom 20.5.1997 über den Verbraucherschutz bei Vertragsabschlüssen im Fernabsatz, ABl. Nr. L 144/19 vom 4.6.1997.

[15] Richtlinie 1999/44/EG vom 25.5.1999 zu bestimmten Aspekten des Verbrauchsgüterkaufs und der Garantien für Verbrauchsgüter, ABl. Nr. L 171/12 vom 7.7.1999; umfassend *Jorden*, Verbrauchsgütergarantien, 2001 und *Jorden/Lehmann*, JZ 2001, 952; zur Umsetzung ins französische Recht *Pinna*, ERPL 2&3: 223, 2001; *Paisant/Leveneur*, JCP 2002, I 135, p. 923; *Leveneur*, CCC, août-septembre 2001, 1; *Viney*, JCP 2002, I 158, p. 1497.

[16] In Frankreich soll der Projet de loi relatif à la garantie de la conformité du bien au contrat due par le vendeur au consommateur et à la responsabilité du fait des produits défectueux vom 15.6.2004, http://www.legifrance.gouv.fr/html/actualite/actualite_legislative/pl_consom mateur_vendeur.htm, die Richtlinie umsetzen.

[17] Richtlinie 2002/65/EG vom 23. September 2002 über den Fernabsatz von Finanzdienstleistungen an Verbraucher und zur Änderung der Richtlinie 90/619/EWG des Rates und der Richtlinien 97/7/EG und 98/27/EG, ABl. Nr. L 271/16 vom 9.10.2002; mit den regulatorischen Rahmenbedingungen für Finanzdienstleister im elektronischen Geschäftsverkehr beschäftigt sich die Mitteilung der Kommission an den Rat und das Europäische Parlament: Elektronischer Geschäftsverkehr und Finanzdienstleistungen vom 7.2.2001, KOM (2001) 66 endg.

[18] Kommission der Europäischen Gemeinschaften, Mitteilung der Kommission Verkaufsförderung im Binnenmarkt, Vorschlag für eine Verordnung des Europäischen Parlaments und der Rates über Verkaufsförderung im Binnenmarkt vom 15.1.2002, KOM(2001) 546 endg./2; hierzu *Fezer*, WuW 2002, 271; *Henning-Bodewig*, GRUR Int. 2002, 389 (396 ff.); *Gamerith*, WRP 2003, 143 (154 ff.).

das richtige Rechtsinstrument gewesen wäre, sondern für einige Fragen gezielt eine Vereinheitlichung und ein hohes Schutzniveau für die Allgemeinheit erreicht werden soll[19]. Der Anwendungsbereich der Richtlinie ist zwar nicht auf Verbraucher beschränkt, nach den Erwägungsgründen des Vorschlags[20] ist der Verbraucherschutz aber ausdrücklich eines der Schutzziele der Verordnung.

Im Oktober 2001 legte die Kommission ein Grünbuch zum Verbraucherschutz in der EU vor[21]. Gegenstand der Überlegungen der Kommission ist nicht der vertragsrechtliche Verbraucherschutz, sondern die Geschäftspraktiken in Unternehmer-Verbraucher-Beziehungen[22]. Die Kommission hält zur Förderung des Binnenmarktes eine weitergehende Vereinheitlichung des Wettbewerbsrechts für notwendig und stellt zwei Ansätze zur Diskussion. Der erste Ansatz beschränkt sich auf die spezifische Regelung einzelner Bereiche, während der zweite gemischte Ansatz eine Rahmenrichtlinie vorsieht, die durch sektorspezifische Einzelregelungen ergänzt werden kann. Für die Reichweite der Rahmenrichtlinie, deren Kernstück eine Generalklausel sein soll, stehen wiederum zwei Optionen zur Diskussion, nämlich entweder ein weiter Ansatz, der den lauteren Geschäftsverkehr insgesamt umfasst oder ein eingeschränkter Ansatz, der nur vor irreführenden und täuschenden Praktiken schützen soll[23]. Gegenstand des Grünbuchs sind außerdem Überlegungen, inwieweit Selbstregulierungsinitiativen rechtlich eingebunden werden sollen und ob zur Durchsetzung des Lauterkeitsrechts eine verstärkte Zusammenarbeit von mitgliedstaatlichen Verbraucherschutzbehörden angezeigt wäre[24]. Die Vorteile für den Verbraucher wären einheitliche Bewertungen von Geschäftspraktiken in den Mitgliedstaaten. Durch die wegfallende Berücksichtigung unterschiedlicher nationaler Regelungen wer-

---

[19] Kommission der Europäischen Gemeinschaften, Mitteilung der Kommission Verkaufsförderung im Binnenmarkt, Vorschlag für eine Verordnung des Europäischen Parlaments und der Rates über Verkaufsförderung im Binnenmarkt vom 15.1.2002, KOM(2001) 546 endg./2, S. 24.

[20] Erwägungsgründe Nr. 2 und 6.

[21] Kommission der Europäischen Gemeinschaften, Grünbuch zum Verbraucherschutz in der Europäischen Union vom 2.10.2001, KOM (2001), 531 endg.; hierzu die Stellungnahme des Max-Planck-Institutes für ausländisches und internationales Patent-, Urheber- und Wettbewerbsrecht, *Henning-Bodewig/Schricker*, GRUR Int. 2002, 319 und der Deutschen Vereinigung für gewerblichen Rechtssutz und Urheberrecht vom 17.1.2002, abrufbar unter http://www.grur.de/Seiten/Themen/Stellungnahmen/StN_170102.html; *Cseres*, REDC 2001, 221; *Henning-Bodewig*, GRUR Int. 2002, 395 f.).

[22] Kommission der Europäischen Gemeinschaften, Grünbuch zum Verbraucherschutz in der Europäischen Union vom 2.10.2001, KOM (2001), 531 endg., S. 3.

[23] Kommission der Europäischen Gemeinschaften, Grünbuch zum Verbraucherschutz in der Europäischen Union vom 2.10.2001, KOM (2001), 531 endg., S. 15 f.

[24] Kommission der Europäischen Gemeinschaften, Grünbuch zum Verbraucherschutz in der Europäischen Union vom 2.10.2001, KOM (2001), 531 endg., S. 19 ff.

den den Unternehmen Hindernisse für grenzüberschreitende Aktivitäten aus dem Weg geräumt. Im Wettbewerbsrecht ist, anders als im Verbrauchervertragsrecht, nach der Richtlinie für den elektronischen Geschäftsverkehr das Herkunftslandprinzip anwendbar. Um negativen Auswirkungen in diesem nicht harmonisierten Bereich zu begegnen („*race to the bottom*")[25], ist eine schnelle Vereinheitlichung des Lauterkeitsrechts geboten.

Für zukünftige Aktivitäten der Gemeinschaft auf diesem Gebiet ist der Vorschlag im Grünbuch zu begrüßen, einen gemischten Ansatz mit einer allgemeinen Richtlinie, die eine wettbewerbsrechtliche Generalklausel enthält, und begleitenden spezifischen Richtlinien zu verfolgen[26]. Um einen über den Status quo hinausgehenden Regelungsgewinn zu erhalten, sollte die Generalklausel als allgemeine lauterkeitsrechtliche Klausel ausgestaltet sein und sich nicht auf die engere Alternative, nur irreführende und täuschende Geschäftspraktiken zu umfassen, beschränken[27]. Der Bereich der Irreführung ist bereits durch die Richtlinie über irreführende Werbung nach der Änderung durch die Richtlinie über vergleichende Werbung abgedeckt. Die geplante Verordnung für Verkaufsförderungsmaßnahmen[28] mit ihrem punktuellen Ansatz steht scheinbar im Widerspruch zum umfassenden Ansatz des Grünbuchs. Hier wäre eine Abstimmung des weiteren Vorgehens der Gemeinschaft wünschenswert[29]. Die Kommission hält allerdings auch in der Mitteilung über Folgemaßnahmen zum Grünbuch[30] an ihrer Auffassung fest. Sehr bedenklich ist der Ansatz der Kommission, die Über-

---

[25] *Mankowski*, GRUR Int. 1999, 909 (914); *Micklitz/Keßler*, GRUR Int. 2002, 885 (888); *Spindler*, RabelsZ 66 (2002), 633 (648 f., 704 f.), sieht in dem Phänomen auch positive Aspekte.

[26] *Henning-Bodewig/Schricker*, Stellungnahme des Max-Planck-Institutes für ausländisches und internationales Patent-, Urheber- und Wettbewerbsrecht, GRUR Int. 2002, 319 (322); *Micklitz/Keßler*, GRUR Int. 2002, 885 (891); kritisch zu einer Generalklausel wegen der Gefahr der unterschiedlichen Auslegung in den Mitgliedstaaten dagegen *Cseres*, REDC 2001, 221 (238).

[27] *Henning-Bodewig/Schricker*, Stellungnahme des Max-Planck-Institutes für ausländisches und internationales Patent-, Urheber- und Wettbewerbsrecht, GRUR Int. 2002, 319 (322); zum Inhalt der Generalklausel *dies.*, WRP 2001, 1367 (1378 f.); *Fezer*, Modernisierung des deutschen Rechts gegen den unlauteren Wettbewerb auf der Grundlage einer Europäisierung des Wettbewerbsrechts, Gutachten vom 15. Juni 2001, S. 96 f., abrufbar unter http://www.bundesgerichtshof.de/gesetzesmaterialien/UWG2003/Fezer.pdf.

[28] Kommission der Europäischen Gemeinschaften, Mitteilung der Kommission, Verkaufsförderung im Binnenmarkt, Vorschlag für eine Verordnung des Europäischen Parlaments und der Rates über Verkaufsförderung im Binnenmarkt vom 15.1.2002, KOM (2001) 546 endg./2.

[29] *Henning-Bodewig*, GRUR Int. 2002, 389 (398).

[30] Kommission der Europäischen Gemeinschaften, Mitteilung der Kommission, Folgemaßnahmen zum Grünbuch über Verbraucherschutz in der EU vom 11.6.2002, KOM (2002) 289 endg., Rn. 26; hierzu *Micklitz/Keßler*, GRUR Int. 2002, 885 (892 f.).

legungen und den Anwendungsbereich neu zu schaffender Regelungen auf Unternehmer-Verbraucher-Beziehungen zu beschränken[31]. Ein besonderer Schutz für Verbraucher ist in diesem Bereich nach den Grundsätzen der wirtschaftlichen Selbstbestimmung nicht zu rechtfertigen. Die Schutzzwecktrias, die im deutschen, französischen und auch im europäischen Recht in der Richtlinie über irreführende Werbung angenommen wird, sollte auch zukünftig im europäischen Lauterkeitsrecht beibehalten werden. Die Europäische Kommission hat am 18. Juni 2003 einen Vorschlag für eine Richtlinie über unlautere Geschäftspraktiken veröffentlicht[32]. Hierzu wurde am 15. November 2004 ein gemeinsamer Standpunkt im Minsterrat angenommen[33].

Einen über das Verbrauchervertragsrecht hinausgehenden Ansatz verfolgt die Kommission mit ihren Überlegungen zum Europäischen Vertragsrecht, die Ausdruck in einer Mitteilung vom Januar 2002[34] gefunden haben.

Mit dem privatrechtlichen Verbraucherschutz im Zusammenhang steht die Frage des Zugangs der Verbraucher zum Recht, also die Schaffung von Institutionen und Verfahren zur Rechtsdurchsetzung. Die Kommission hat diesen Bereich 1993 mit einem Grünbuch aufgegriffen[35]. Eine Möglichkeit der Rechtsdurchsetzung ist die Ermöglichung von Unterlassungsklagen für Verbraucherverbände[36], für die 1996 mit der Richtlinie über Unterlassungsklagen auf dem Gebiet des Schutzes der Verbraucherinteressen[37] eine gemeinschaftsweite Lösung gefunden wurde.

---

[31] Ebenso Deutsche Vereinigung für gewerblichen Rechtsschutz und Urheberrecht, Stellungnahme vom 17.1.2002, abrufbar unter http://www.grur.de/Seiten/Themen/Stellungnahmen/StN_170102.html.

[32] Kommission der Europäischen Gemeinschaften, Vorschlag für eine Richtlinie über unlautere Geschäftspraktiken im binnenmarktinternen Geschäftsverkehr zwischen Unternehmern und Verbrauchern und zur Änderung der Richtlinien 84/450/EWG, 97/7/EG und 98/27/EG (Richtlinie über unlautere Geschäftspraktiken) vom 18.6.2003, KOM (2003) 356 endg.

[33] Europäische Kommission, Pressemittteilung vom 16.11.2004, IP/04/1364.

[34] Kommission der Europäischen Gemeinschaften, Mitteilung der Kommission zum Europäischen Vertragsrecht vom 11.7.2001, KOM (2001) 398 endg.; hierzu *Staudinger*, VuR 2001, 353; *Charbit*, JCP 2002, I 100, p. 9; *Malaurie*, JCP 2002, I 110, p. 281 (282 et s.); *Grundmann*, NJW 2002, 393.

[35] Kommission der Europäischen Gemeinschaften, Grünbuch Zugang der Verbraucher zum Recht und Beilegung von Rechtsstreitigkeiten der Verbraucher im Binnemarkt vom 16.11.1993, KOM (93) 576 endg.

[36] Vgl. *Lecheler*, in: *Dauses* (Hrsg.), Handbuch, Band 2, Abschnitt H.V., 2002, Rn. 150; *Greger*, NJW 2000, 2457 (2457 f.); zur Umsetzung im deutschen Unterlassungsklagengesetz (UKlaG) *Schmidt*, NJW 2002, 25 (25 ff.).

[37] Richtlinie Nr. 98/27/EG vom 19.5.1998 über Unterlassungsklagen zum Schutz der Verbraucherinteressen, ABl. Nr. L 166/51 vom 11.6.1998.

II. Richtlinien mit besonderer Bedeutung für den Verbraucherschutz im Internet

Für den Schutz der Verbraucher bei der Teilnahme am elektronischen Geschäftsverkehr sind fünf gemeinschaftsrechtliche Richtlinien von besonderer Bedeutung. Im privatrechtlichen Bereich sind dies die Fernabsatzrichtlinie, die Richtlinie über den elektronischen Geschäftsverkehr und die Signaturrichtlinie. Außerdem werden die Datenschutzrichtlinie und die Datenschutzrichtlinie für elektronische Kommunikation vorgestellt.

1. Die Richtlinie 97/7/EG über den Verbraucherschutz bei Vertragsabschlüssen im Fernabsatz

a) Anwendungsbereich und Inhalt der Richtlinie

Die Motivation für die Erstellung der Fernabsatzrichtlinie[38] ist eine Vereinheitlichung der Regelungen, die für den Fernabsatz gelten, weil die Existenz solcher Regeln notwendig ist zum Schutz des Verbrauchers, der immer mehr grenzüberschreitend tätig werden kann. Das steht im gemeinschaftlichen Interesse der Verwirklichung des Binnenmarktes. Die unterschiedlichen Regelungen in den Mitgliedstaaten behindern den Wettbewerb[39] und erschweren grenzüberschreitende Transaktionen des Verbrauchers.

Gegenstand der Richtlinie sind Vertragschlüsse im Fernabsatz zwischen „Verbrauchern" und „Lieferern". Dabei ist ein „Verbraucher" eine natürliche Person, die zu Zwecken handelt, die nicht der gewerblichen oder beruflichen Tätigkeit zugerechnet werden können (Art. 2 Nr. 2). Der Bergriff des „Lieferers" entspricht dem des „Unternehmers" als einer natürlichen oder juristischen Person, die im Rahmen ihrer gewerblichen oder beruflichen Tätigkeit handelt (Art. 2 Nr. 3).

Der Anwendungsbereich[40] der Richtlinie erstreckt sich auf Verträge, die zum einen Waren oder Dienstleistungen betreffen und bei denen zum anderen „für den Vertrag bis zu dessen Abschluss einschließlich des Vertragsabschlusses selbst ausschließlich eine oder mehrere Fernkommunikationstechniken" verwendet werden. Es sind also nur solche Verträge umfasst, bei denen der Ver-

---

[38] Richtlinie 97/7/EG vom 20.5.1997 über den Verbraucherschutz bei Vertragsabschlüssen im Fernabsatz, ABl. Nr. L 144/19 vom 4.6.1997; hierzu *Gatsi*, D. affaires 1997, 1378; *Marx*, WRP 2000, 1227 (1228 ff.).

[39] Erwägungsgründe 2 bis 5.

[40] Siehe hierzu auch *Calais-Auloy/Steinmetz*, Droit de la consommation, 2000, n° 96, 98.

tragsschluss ohne eine „gleichzeitige körperliche Anwesenheit der Vertragsparteien“ (Art. 2 Nr. 4) erfolgt. Die Abwicklung des Vertrages kann auch unter gleichzeitiger Anwesenheit der Vertragsparteien erfolgen. Der Vertrag muss im Rahmen eines „für den Fernabsatz organisierten Vertriebs- bzw. Dienstleistungssystems“[41] des Lieferers abgeschlossen werden. Wenn nur einzelne Geschäfte etwa über das Telefon geschlossen und dann postalisch abgewickelt werden, gelten die Bestimmungen der Richtlinie nicht. In Anhang I sind Fernkommunikationstechniken beispielhaft aufgeführt. Das Internet ist darin nur mit dem Dienst „elektronische Post“ vertreten. Die Kommunikation im World-Wide-Web ist nicht aufgeführt. Sie ist aber dem in der Liste enthaltenen Videotext-Dienst ähnlich. Außerdem ergibt sich aus Erwägungsgrund 9, dass die Liste nicht abschließend zu verstehen ist. Das Internet ist also vom Anwendungsbereich der Richtlinie umfasst[42].

Der Verbraucher muss vor Abschluss des Vertrages über bestimmte Informationen, die in Art. 4 Abs.1 aufgeführt sind, unterrichtet werden. Dem Verbraucher muss durch den nationalen Gesetzgeber ein mindestens siebentägiges Rückgaberecht eingeräumt werden (Art. 6 Abs. 1), dessen Frist erst bei ordnungsgemäßer Information beginnt. Dabei dürfen ihm durch den Widerruf keine weiteren Kosten als die der Rücksendung entstehen (Art. 6 Abs. 2)[43]. Für die Erfüllung des Vertrages sind in Art. 7 bestimmte Fristen vorgesehen. Eine besondere Bedeutung für Internetgeschäfte kann die Bestimmung des Art. 8 haben, nach dem dem Verbraucher die Möglichkeit der Rückgängigmachung einer Zahlung bei missbräuchlicher Verwendung seiner Kreditkarte eingeräumt werden muss[44]. Die unbestellte Zusendung von Waren und Dienstleistungen ist verboten, Ansprüche gegen den Verbraucher entstehen durch die Zusendung nicht (Art. 9). Schließlich bestimmt die Richtlinie die Unabdingbarkeit der Bestimmungen und die Möglichkeit der Mitgliedstaaten, ein höheres Schutzniveau einzusetzen (Art. 14).

Um die bisher außerhalb des Anwendungsbereichs der Fernabsatzrichtlinie stehenden Finanzdienstleistungen einzubeziehen, wurde die Richtlinie 97/7/EG durch die Richtlinie 2002/65/EG über den Fernabsatz von Finanzdienstleistun-

---

[41] Zur Auslegung des Begriffs *Reich*, EuZW 1997, 581 (583): es kommt auf die Sicht des „vernünftigen“ Verbrauchers an. Dem sich anschließend *Gößmann*, MMR 1998, 88 (89).

[42] *Costes*, Lamy Droit de l'informatique, bull. d'actualité, juillet 1997, 1 (2); *Conseil d'Etat*, Internet, 1998, p. 62.

[43] Diese Formulierung hat zur Folge, dass Ansprüche etwa wegen zwischenzeitlicher Benutzung der Ware nicht ausgeschlossen sein sollen, *Gößmann*, MMR 1998, 88 (91).

[44] Kritisch zur knappen Regelung dieses Problembereiches schon im Entwurfsstadium *Micklitz*, VuR 1993, 129 (136).

gen an Verbraucher[45] ergänzt und geändert. Entsprechend den Regelungsbereichen der Fernabsatzrichtlinie bestimmt die Richtlinie Informations- und Auskunftspflichten und deren Übermittlung, gewährt ein Widerrufsrecht, enthält Regelungen zu unaufgefordert erbrachten Dienstleistungen und zu unerwünschten Mitteilungen.

b) Umsetzung in französisches Recht

Obwohl die Frist am 4. Juni 2000 abgelaufen ist[46], war bis zum Ende des Jahres 2000 eine Umsetzung nicht erfolgt. Mit der loi n° 2001-1 vom 3.1.2001[47] wurde die Kompetenz für die Umsetzung der Fernabsatzrichtlinie – wie auch für weitere umsetzungsbedürftige Gemeinschaftsrechtsakte – der Regierung übertragen (Art. 1er, II n° 8), die sie mit einer *ordonnance* gemäß Art. 38 der französischen Verfassung von 1958 wahrnehmen kann. Die Regierung hat von dieser Möglichkeit innerhalb der im Gesetz vorgesehenen achtmonatigen Frist Gebrauch gemacht und mit der ordonnance n° 2001-741 vom 23. August 2001[48] neben der Fernabsatzrichtlinie auch die Richtlinie über vergleichende Werbung, die Klauselrichtlinie und weitere verbraucherschützende Gemeinschaftsrichtlinien umgesetzt.

---

[45] Richtlinie 2002/65/EG vom 23. September 2002 über den Fernabsatz von Finanzdienstleistungen an Verbraucher und zur Änderung der Richtlinie 90/619/EWG des Rates und der Richtlinien 97/7/EG und 98/27/EG, ABl. L 271/16 vom 9.10.2002. Siehe zur Entstehungsgeschichte den Gemeinsamen Standpunkt (EG) Nr. 16/2002 vom Rat festgelegt am 19.12.2001 im Hinblick auf den Erlass der Richtlinie 2002/.../EG ... über den Fernabsatz von Finanzdienstleistungen an Verbraucher und zur Änderung der Richtlinie des Rates 90/619/EWG und der Richtlinien 97/7/EG und 98/27/EG, ABl. C 58 E/32 vom 5.3.2002, hierzu *van Huffel*, REDC 2001, 295 (310 et s.), und vorher Kommission der Europäischen Gemeinschaften, Geänderter Vorschlag für eine Richtlinie des Europäischen Parlaments und des Rates über den Fernabsatz von Finanzdienstleistungen an Verbraucher und zur Änderung der Richtlinien 97/7/EG und 98/27/EG vom 23.7.1999, KOM (1999) 385 endg., ABl. C 177/21 E vom 27.6.2000; hierzu *Costes*, Lamy droit de l'informatique et des réseaux, bull. d'actualité, avril 2001, 1 (3 et s.); *Reich*, in: *ders./Nordhausen*, Verbraucher und Recht, 2000, S. 79 (119 ff.); zum Hintergrund *Metz*, in: *Krämer/Micklitz/Tonner* (Hrsg.), Recht und diffuse Interessen, 1997, S. 603.

[46] Art. 15 und 18 FA-RL.

[47] Loi n° 2001-1 du 3 janvier 2001 portant habilitation du Gouvernement à transposer, par ordonnances, des directives communautaires et à mettre en oeuvre certaines dispositions du droit communautaire, J.O. n° 3 du 4.1.2001, 93; siehe auch die Motive des Senats zur Verabschiedung des Gesetzes, http://cubitus.senat.fr/leg/pjl99-473.html.

[48] Ordonnance n° 2001-741 du 23 août 2001 portant transposition de directives communautaires et adaptation au droit communautaire en matière de droit de la consommation, J.O. n° 196 du 25.8.2001, 13645.

Im Zuge der Umsetzung der Fernabsatzrichtlinie ist der bisherige Abschnitt des Code de la consommation „*Ventes à distance*“ in „*Ventes de biens et fournitures de prestations de services à distance*“ umbenannt worden. Art. L 121-16 C. cons. übernimmt den Anwendungsbereich der Fernabsatzrichtlinie in einer Definition, die die Nummern 1, 3 und 4 des Art. 2 der Richtlinie zusammenfasst. Die Ausnahmen des Art. 3 FA-RL werden in Art. L 121-1 C. cons. übernommen. Im Unterschied zur Richtlinie sind im französischen Gesetz nicht alle Käufe im Rahmen einer Versteigerung ausgenommen, sondern nur solche, die im Rahmen einer öffentlichen Versteigerung (*enchères publiques*) stattfinden. Weil die Richtlinie als Mindestschutzrichtlinie ausgestaltet ist, ist diese Erweiterung des Anwendungsbereichs möglich. Privatrechtliche Auktionen im Internet werden so mit einbezogen[49]. Die beiden Ausnahmen des Art. 3 Nr. 2 FA-RL sind in Art. L 121-20-4 C. cons. wiedergegeben. Art. 7 der Richtlinie, der die Erfüllung regelt, ist mit einer Ausnahme ohne Änderungen mit Art. L 121-20-3 C. cons. umgesetzt worden. Entsprechend der Rückzahlung bei Ausübung des Rücktrittsrechts ist auch hier der im Voraus gezahlte Kaufpreis zu verzinsen.

Die Informationspflichten des Art. 4 der Richtlinie finden sich im Katalog des neuen Art. L 121-18 C. cons. Die Verpflichtungen, die wesentlichen Merkmale und den Preis der Ware oder Dienstleistung anzugeben, waren bereits in den Art. L 111-1 und L 113-1 C. cons. geregelt, auf die Bezug genommen wird. Die im alten Art. L 121-18 C. cons. enthaltene Verpflichtung, neben dem Namen des Anbieters auch die Adresse mitzuteilen, wurde in neuer Formulierung in den neugefassten Artikel aufgenommen und so das gegenüber der Richtlinie höhere Schutzniveau beibehalten. Art. 4 Nr. 1 lit. a FA-RL sieht eine Pflicht zur Mitteilung der Adresse nur für die Fälle vor, in denen Vorauszahlung vereinbart ist.

Das Widerrufsrecht (*droit de rétractation*) ist in Art. L 121-20 und L 121-20-1 C. cons. geregelt. Der Verbraucher hat ein siebentägiges Rückgaberecht, gerechnet von dem Empfang der Ware oder dem Vertragsschluss, wenn es sich um eine Diensterbringung handelt. Ebenfalls aus der Richtlinie übernommen ist eine Verlängerung der Widerrufsfrist auf maximal drei Monate, wenn die Informationspflichten nicht rechtzeitig erfüllt werden. Die Rücksendungskosten trägt der Verbraucher. In Art. L 121-20 al. 4 C. cons. ist über den Richtlinientext hinaus eine Regelung des Fristendes enthalten, für den Fall des regulären Fristablaufs an einem Samstag, Sonntag oder Feiertag. Die Bestimmung wurde vom alten Art. L 121-16 al. 2 C. cons. übernommen, wohl, um das bestehende Schutzniveau durch die Umsetzung nicht herabzusetzen[50]. Gegenüber der vorher bestehenden Widerrufsregelung ist eine Erweiterung für Diensterbringungen und eine

---

[49] Zu Internet-Auktionen *Pradère*, Gaz. Pal., 23.1.2002, 25.

[50] Obgleich eine Herabsetzung möglich gewesen wäre, Art. 14 FA-RL.

Sanktion fehlender Informationsübermittlung durch die Fristverlängerung hinzugekommen. Neu, aber im Vergleich zum deutschen Recht immer noch knapp, ist auch die ausführlichere Regelung der Rückabwicklung der Zahlung des Verbrauchers in Art. L 121-20-1 C. cons. Hierfür steht dem Unternehmer die auch in der Richtlinie vorgesehene 30-tägige Frist zur Verfügung. Zusätzlich besteht die Verpflichtung, das Gesetz mit dem gesetzlichen Zinssatz zu verzinsen.

Das Verbot der unangeforderten Kommunikation per Telefax oder Anrufautomaten ist im gleichen Abschnitt umgesetzt. Für die übrigen Mittel zur individuellen Fernkommunikation entschied sich der französische Gesetzgeber für den so genannten Opt-Out-Ansatz (Art. L 121-20-5 al. 2 C. cons.). Die Einzelheiten sollten in einem noch zu erlassenen *décret en Conseil d' Etat* festgelegt werden. Mit der loi pour la confiance dans l'économie numérique vom 21. Juni 2004 ist die Rechtsentwicklung freilich fortgeschritten und hat in Frankreich den Opt-In-Grundsatz engeführt[51].

Der zwingende Charakter der Bestimmungen der Richtlinie (Art. 12) ergibt sich für das französische Recht ausdrücklich aus Art. L 121-20-7 C. cons: « *Les dispositions de la présente section sont d'ordre public* ». Art. L 132-2 bis L 132-6 des Code monétaire et financier (CMF) setzen Art. 8 FA-RL um, der dem Verbraucher das Missbrauchsrisiko bei Kartenzahlungen nimmt[52].

c) Umsetzung in deutsches Recht

Mit dreiwöchiger Verspätung wurden die vertragsrechtlichen Bestimmungen der Richtlinie (Art. 1 bis 6) durch das Fernabsatzgesetz vom 27. Juni 2000[53] in deutsches Recht umgesetzt. Das Gesetz ist durch das am 1.1.2002 in Kraft getretene Gesetz zur Modernisierung des Schuldrechts aufgehoben und die Regelungen wurden in §§ 312b bis 312d BGB eingefügt. Im Bürgerlichen Gesetzbuch werden auch die Umsetzungsbestimmungen der Richtlinie über den Fernabsatz vom Finanzdienstleistungen ihren Platz finden.

Der sachliche Anwendungsbereich des Fernabsatzrechts entspricht dem der Richtlinie. Beim persönlichen Anwendungsbereich gibt es Unterschiede. Der

---

[51] Siehe hierzu unten § 7 I 2 a. cc. (2).

[52] Loi n° 2001-1062 du 15 novembre 2001 relative à la sécurité quotidienne, J.O. n° 266 du 16.11.2001, 18215.

[53] Verkündet als Art. 1 des Gesetzes über Fernabsatzverträge und andere Fragen des Verbraucherrechts sowie zur Umstellung von Vorschriften auf Euro vom 27. Juni 2000, BGBl. I S. 897. Das Gesetz ist am 30.6.2000 in Kraft getreten (Art. 12).

Begriff des Lieferers wurde durch „Unternehmer“ ersetzt, der in § 14 BGB, der ebenfalls durch das Gesetz vom 27. Juni 2000 eingefügt wurde, definiert ist. Die Definition des Unternehmers ist enger als die des Lieferers, entsprechend der im deutschen Recht gewählten weiteren Verbraucherdefinition[54]. Die beispielhafte Aufzählung von Fernkommunikationsmitteln in § 312b Abs. 2 BGB ist klarer gefasst als die in Anhang I der Richtlinie. Durch die Ausdrücke Teledienste und Mediendienste, die im Sinne der Definitionen in § 2 TDG und § 2 MDStV zu verstehen sind[55], wird auch das Internet umfasst, das in der Aufzählung in Anhang 1 der Richtlinie nicht ausdrücklich Platz gefunden hat. Auch die Ausnahmen des Anwendungsbereiches finden sich nun, zum Teil in abgewandelter Formulierung, in § 312b Abs. 3 BGB. Der Katalog der Informationspflichten des Art. 4 Abs. 1 FA-RL ist inhaltlich in § 1 der neuen Verordnung über Informations- und Nachweispflichten nach bürgerlichem Recht (InfoV)[56] übernommen worden, auf die auch von anderen Stellen, an denen verbraucherschützende Informationspflichten gesetzlich festgelegt werden, verwiesen wird. Die Liste der Informationen, die „auf jeden Fall“ auf einem dauerhaften Datenträger zu übermitteln sind (Art. 5 Abs. 1 FA-RL), findet sich in § 1 Abs. 4 InfoV, allerdings nicht als Einschränkung der mindestens zu übermittelnden Informationsmenge, sondern mit der Maßgabe, diese Informationen besonders hervorzuheben.

Das Widerrufsrecht wurde zunächst in § 3 des FernAbsG und nun in § 312d BGB umgesetzt, der auf den gleichzeitig mit Erlass des Fernabsatzgesetzes ins BGB eingefügten § 361a bzw. nach der Schuldrechtsreform auf § 355 BGB verweist und selbst die fernabsatzspezifischen Regelungen über Fristbeginn und Dauer beinhaltet. Im Unterschied zur Richtlinie beträgt die Widerrufsfrist für alle verbraucherschützenden Widerrufsrechte zwei Wochen und die maximale Frist bei fehlender Information nach § 355 Abs. 3 Satz 1 sechs Monate ab Warenlieferung bzw. bei Dienstleistungen ab Vertragsschluss. Dies gilt jedoch nicht, wenn der Verbraucher nicht ordnungsgemäß über sein Widerrufs-

---

[54] Siehe oben § 2 II b. aa.

[55] Zur Einordnung von Internetangeboten unter den einen oder den anderen Begriff siehe *Holznagel*, in: *Hoeren/Sieber* (Hrsg.), Multimediarecht, EL 12/2000, Nr. 3.2, Rn. 54.

[56] Durch Art. 4 des Gesetzes zur Modernisierung des Schuldrechts geänderte Verordnung über Informationspflichten von Reiseveranstaltern vom 14. November 1994, BGBl. 1994, I 3436, deren Name in „Verordnung über Informationspflichten nach Bürgerlichem Recht“ geändert wurde; auf Grundlage der ebenfalls neuen Verordnungsermächtigung in Art. 241 EGBGB hat das Bundesministerium der Justiz am 2.2.2002 eine inhaltsgleiche Verordnung über Informationspflichten nach Bürgerlichem Recht, BGBl. 2002, I 342, erlassen; zuletzt geändert durch Art. 3 Gesetz zur Änderung der Vorschriften über Fernabsatzverträge bei Finanzdienstleistungen vom 2. Dezember 2004, BGBl. 2004, I 3102.

recht belehrt wurde (§ 355 Abs. 3 Satz 3 BGB)[57]. Die Richtlinie verlangt nur drei Monate, die anders als § 355 Abs. 3 BGB nur für das Fernabsatzrecht geltende Vorgängerregelung des § 3 Abs. 1 Satz 3 Nr. 1 FernAbsG ließ das Widerrufsrecht nach vier Monaten erlöschen. Im deutschen BGB sind privatrechtliche Auktionen wie in Frankreich nicht aus dem Anwendungsbereich des Fernabsatzrechts herausgenommen. Sie fallen nicht unter die Ausnahme des § 312d Abs. 4 Nr. 5 BGB, so dass dem Verbraucher ein Widerrufsrecht zusteht, wenn der Kaufvertrag durch Antrag und Annahme gemäß §§ 145 ff. BGB und nicht durch einen Zuschlag nach § 156 BGB zustande gekommen ist[58]. Die Regelung über missbräuchliche Kartenzahlungen ist viel knapper als im französischen Recht und findet sich in § 676h Satz 1 BGB.

Mit dem Gesetz zur Änderung der Vorschriften über Fernabsatzverträge bei Finanzdienstleistungen hat der deutsche Gesetzgeber am 2. Dezember 2004 die Richtlinie über den Fernabsatz von Finanzdienstleistungen an Verbraucher[59] umgesetzt[60].

2. Die Richtlinie 1999/93/EG über gemeinschaftliche Rahmenbedingungen für elektronische Signaturen

Die Signaturrichtlinie gehört ebenfalls zum Kreis der Richtlinien, die für den Verbraucherschutz im Internet von besonderer Bedeutung sind. Die Einführung und rechtliche Anerkennung elektronischer Signaturen ist die Grundlage für den Abschluss formbedürftiger Verträge und besseren Beweisbarkeit elektronischer Vorgänge.

Der Richtlinie[61] ging ein Dokument der Europäischen Kommission aus dem Jahre 1997 voraus[62], in dem die Notwendigkeit sicherer Datenübertragung als not-

---

[57] Siehe hierzu unten § 8 V 2.

[58] BGH, Urteil vom 3.11.2004, NJW 2005, 53; anders noch *J. Hoffmann/Höpfner*, EWS 2003, 107 (108 ff.); *Heiderhoff*, MMR 2001, 640 (641 ff.), die in bestimmte Fällen die Versteigerung als Umgehungsgeschäft ansieht und in diesen Fällen ein Widerrufsrecht annimmt.

[59] Richtlinie 2002/65/EG vom 23. September 2002 über den Fernabsatz von Finanzdienstleistungen an Verbraucher und zur Änderung der Richtlinie 90/619/EWG des Rates und der Richtlinien 97/7/EG und 98/27/EG, ABl. L 271/16 vom 9.10.2002.

[60] Gesetz zur Änderung der Vorschriften über Fernabsatzverträge bei Finanzdienstleistungen vom 2. Dezember 2004, BGBl. 2004, I 3102.

[61] Richtlinie 1999/93/EG vom 13. Dezember 1999 über gemeinschaftliche Rahmenbedingungen für elektronische Signaturen, ABl. Nr. L 13/12 vom 19.1.2000; Überblick bei *Baresch/Sion*, Petites affiches, 21.2.2002, 21 (22 et s.).

[62] Kommission der Europäischen Gemeinschaften, Mitteilung der Kommission an den Rat, das Europäische Parlament, den Wirtschafts- und Sozialausschuss und den Ausschuss der

wendig für die Entwicklung des Internet angesehen wird. Die Richtlinie legt verschiedene Formen elektronischer Signaturen fest und stellt Anforderungen für bestimmte Arten von elektronischen Signaturen und für Zertifizierungsdiensteanbieter auf. Dabei möchte die Richtlinie für technische Entwicklungen offen sein[63] und wählt aus diesem Grund abstrakte Formulierungen, stellt andererseits in den Anhängen detaillierte Voraussetzungen auf. Neben der Erstellung dieses rechtlichen Rahmens für bestehende und zukünftige Signatursysteme legt die Richtlinie die rechtliche Anerkennung der elektronischen Signatur fest, wobei die Reichweite der Anerkennung von der Sicherheitsstufe der Signatur abhängt. Für die Bestimmung des auf die Zertifizierungsdiensteanbieter anwendbaren Rechts bestimmt die Richtlinie in Art. 4 das Herkunftslandprinzip, dessen Mechanismus und Vorteile im Zusammenhang mit der Richtlinie über den elektronischen Geschäftsverkehr weiter unten diskutiert werden[64].

a) Inhalt der Richtlinie

aa) Zu den Arten elektronischer Signaturen

Die Richtlinie unterscheidet zwei Arten von elektronischen Signaturen. Die erste wird einfach „elektronische Signatur" genannt und dient nur zur Feststellung der Echtheit der Daten, mit denen sie verbunden ist (Art. 2 Nr. 1). Die zweite ist die „fortgeschrittene elektronische Signatur". Sie ist einem Unterzeichner ausschließlich zugeordnet, kann nur von diesem verwendet werden und lässt seine Identität erkennen. Mit den Daten, an die sie angehängt ist, ist sie so verknüpft, dass eine nachträgliche Veränderung der Daten erkannt werden kann (Art. 2 Nr. 2). Nur die fortgeschrittene elektronische Signatur ist einer eigenhändigen Unterschrift vergleichbar. Die Möglichkeit, Veränderungen am Dokument festzustellen, geht über das, was eine schriftliche Signatur leisten kann, hinaus.

Der Unterzeichner erstellt die Signatur mit einem Programm oder einer Hardware-Einheit – der Signaturerstellungseinheit –, die dazu Signaturerstellungsdaten verwendet, die dem Unterzeichner zugeordnet sind. Weil eine elektronische Signatur, mit Ausnahme der auf biometrischen Verfahren basierenden[65], nicht aus sich heraus an einen Benutzer gebunden ist, muss diese Zuordnung durch

---

Regionen – Sicherheit und Vertrauen in elektronische Kommunikation – Ein Europäischer Rahmen für digitale Signaturen und Verschlüsselung vom 8.10.1997, KOM 97/503 endg.

[63] Kritisch *Costes*, Lamy droit de l'informatique et des réseaux, bull. d' actualité, février 2000, 1 (5); zur Technikoffenheit des deutschen Signaturgesetzes *Sieber/Nöding*, ZUM 2001, 199 (202).

[64] Siehe unten § 4 II 3 a.

[65] *Schwerer*, CCC, décembre 2000, 4 (6); *Bierekoven*, Vertragsabschluß, 2001, S. 11 f.

ein „Zertifikat“ erfolgen, das von einem Zertifizierungsdiensteanbieter ausgestellt wird[66]. Die Richtlinie sieht als Zertifizierungsdiensteanbieter keine öffentliche Stelle vor, sondern private Anbieter. Es soll keine vorherige Zulassung geben, wohl aber nachträgliche Kontrollen durch eine von den Mitgliedstaaten einzurichtende Kontrollinstanz (Art. 3 Abs. 1 und 3). Der Zertifizierungsdiensteanbieter benötigt für die Erstellung eines Zertifikats (mindestens für ein qualifiziertes Zertifikat, Anhang I, lit. h) ebenfalls eine fortgeschrittene elektronische Signatur, die ihrerseits ein Zertifikat benötigt. Die Richtlinie sieht keine übergeordnete Zertifizierungsstelle als letztes Glied in der Kette vor, sondern geht davon aus, dass die Zertifizierungsdiensteanbieter durch mehrfaches Über-Kreuz-Zertifizieren untereinander ihre Zertifikate auf dem Markt als sicher darstellen. Vorgesehen ist allerdings daneben die Möglichkeit einer freiwilligen „Akkreditierung“ durch eine vom Mitgliedstaat zu bestimmende öffentliche oder private Stelle. Die Akkreditierung ersetzt nicht das Erfordernis eines Zertifikats für die eigene Signatur des Zertifizierungsdiensteanbieters. Sie gewährt besondere Rechte und Pflichten für den Zertifizierungsdiensteanbieter und dient „der Steigerung des Niveaus“ (Art. 2 Nr. 13, Art. 3 Abs. 2).

Die (einfache) elektronische Signatur und die fortgeschrittene elektronische Signatur können also mit folgenden Attributen versehen sein: einfaches oder qualifiziertes Zertifikat, Akkreditierung oder nicht. Zusätzlich kommt noch ein weiteres Merkmal hinzu, nämlich das der „sicheren Signaturerstellungseinheit“, also eines Programms oder eines Gerätes, mit dem eine Signatur erstellt werden kann. Sicher ist eine Signaturerstellungseinheit, wenn sie die Anforderungen des Anhang III erfüllt. Die Übereinstimmung mit den dort festgelegten Voraussetzungen wird von öffentlichen oder privaten Stellen festgelegt, die die Mitgliedstaaten anhand von Kriterien bestimmen, die die Kommission festlegt (Art. 3 Abs. 4, Art. 2 Nr. 6, Anhang III).

Die Richtlinie legt Kriterien fest, unter denen Zertifizierungsdiensteanbieter aus Drittstaaten, also Staaten, die nicht Mitglied der EU sind, anerkannt werden können (Art. 7). Mit der Anerkennung von Zertifikaten aus Drittländern wird die Gemeinschaft dem Umstand gerecht, das es im Bereich der elektronischen Kommunikation und insbesondere im Bereich des Internet eben nicht nur keine Binnengrenzen mehr geben soll, sondern dass auch die EU-Grenzen in diesem Bereich keine Bedeutung mehr haben.

---

[66] Siehe die entsprechenden Definitionen in Art. 2 der Richtlinie, *Schwerer*, CCC, décembre 2000, 4 (7).

bb) Die rechtliche Anerkennung elektronischer Signaturen

Die dargestellten Attribute können auf verschiedene Weise miteinander kombiniert werden. Dabei benötigt nur eine fortgeschrittene elektronische Signatur ein Zertifikat. Art. 5 Abs. 1 der Richtlinie bestimmt die Rechtswirkung elektronischer Signaturen. Eine Gleichstellung mit einer handgeschriebenen Unterschrift wird nur für fortgeschrittene elektronische Signaturen verlangt, denen ein qualifiziertes Zertifikat zugrunde liegt und die mit Hilfe einer sicheren Signaturerstellungseinheit angefertigt wurden. *Costes* kritisiert, dass nicht festgelegt sei, ob für die Einhaltung der Voraussetzungen der Diensteanbieter oder der Benutzer Sorge zu tragen habe[67]. Letztendlich wird es derjenige sein, der sich auf die Signatur als Teil eines Beweises berufen möchte. Für alle anderen Formen der elektronischen Signatur bestimmt Art. 5 Abs. 2 lediglich, dass ihr eine rechtliche Wirksamkeit und ihre Zulässigkeit als Beweismittel nicht nur – verkürzt gesagt – deswegen verwehrt wird, weil das Dokument nicht in hergebrachter Form unterschrieben ist. Die Unterschrift ist das entscheidende Merkmal der Schriftform und gleichzeitig das Merkmal, dessen Verwirklichung in elektronischer Form Schwierigkeiten macht. Mit der Gleichstellung der rechtlichen Wirksamkeit der Unterschriften ist der Weg freigemacht für die rechtliche Gleichstellung der elektronischen Form mit der herkömmlichen Schriftform. Praktisch bedeutsam wird die Rechtswirkung der elektronischen Signatur erst mit dem Ermöglichungsgrundsatz in Art. 9 Abs. 1 EC-RL, der über die Gleichstellung nur der Signatur hinausgeht.

Die Signaturrichtlinie ist, anders als die verbraucherschützenden Richtlinien, keine Mindestschutzbestimmung. Denn die elektronische Signatur gilt nicht nur dem Schutz der am wirtschaftlichen Verkehr Beteiligten, sondern soll auch den elektronischen Geschäftsverkehr fördern und Hindernisse beseitigen, wie sich aus den Erwägungsgründen der Richtlinie ergibt. Höhere Anforderungen sind nur in den in der Richtlinie ausdrücklich benannten Fällen möglich[68].

b) Umsetzung in französisches Recht

Die Richtlinie, deren Umsetzungsfrist am 19.7.2001 abgelaufen ist, wurde durch das französische Signaturgesetz[69] in nationales Recht umgesetzt. Das Artikelgesetz geht weiter als die Richtlinie. Es regelt nicht nur die elektronische Signatur, sondern nimmt auch eine Neuordnung der Bestimmungen über den Schriftbe-

---

[67] *Costes*, Lamy droit de l'informatique et des réseaux, bull. d' actualité, février 2000, 1 (5).
[68] Art. 3 Abs. 2 und 7, Art. 6 Abs. 1 und 2.
[69] Loi n° 2000-230 du 13 mars 2000 portant adaption du droit de la preuve aux technologies de l'information et relative à la signature électroique, J.O. n° 62 du 14.3.2000, 3968.

weis vor und ermöglicht es, öffentlich beglaubigte Urkunden elektronisch festzuhalten. Diese Möglichkeit ist in Art. 3 Abs. 7 der Richtlinie vorgesehen. Die in den Anhängen geregelten technischen Anforderungen und die rechtlichen Rahmenbedingungen für Zertifizierungsdiensteanbieter, die einen großen Teil der Richtlinie ausmachen, sind nicht im Gesetz, sondern im décret n° 2001-272 auf Grundlage des Art. 1316-4 C. civ. geregelt worden[70], das wiederum durch décret n° 2002-535 ergänzt wird[71]. Das französische Gesetz regelt die beweisrechtliche Anerkennung der elektronischen Signatur; in Bezug auf die Signatur als Wirksamkeitserfordernis für Erklärungen hat eine Gleichstellung nicht stattgefunden. Das wurde durch die Signaturrichtlinie auch nicht verlangt.

c) Umsetzung in deutsches Recht

Die Umsetzung der Signaturrichtlinie erfolgt in Deutschland durch zwei Gesetze. Die in Art. 5 der Richtlinie geforderte Gleichstellung der elektronischen Signatur mit der eigenhändigen Unterschrift ist durch das Gesetz zur Angleichung der Formvorschriften des Privatrechts in den modernen Rechtsgeschäftsverkehr vom 13.7.2001[72] erfolgt. Dabei wurde keine isolierte Gleichstellung der Unterschriften normiert, sondern als Mehr die Gleichstellung der elektronischen Form mit der Schriftform, so dass nicht nur Art. 5 der Signaturrichtlinie, sondern auch Art. 9 Abs. 1 EC-RL umgesetzt wurde. Das Artikelgesetz ändert Bestimmungen des Bürgerlichen Gesetzbuches und Formvorschriften in anderen Gesetzen[73]. Die Anforderungen an Signaturverfahren sind durch das Signaturgesetz vom 16. Mai 2001[74] in deutsches Recht umgesetzt worden. Das Gesetz ersetzt das im Jahr 1997 erlassene Signaturgesetz[75] und greift neben der Umsetzung der Richtlinie[76], die mit einer Absenkung des Schutzniveaus einherging[77], die Änderungs-

---

[70] Décret n° 2001-272 du 30 mars 2001 pris pour l'application de l'article 1316-4 du code civil et relatif à la signature électronique, J.O. n° 77 du 31 mars 2001, 5070; *Joly-Passant*, Revue Lamy droit des affaires, juillet 2001, 21.

[71] Décret n° 2002-535 du 18 avril 2002 relatif à l'évaluation et à la certification de la sécurité offerte par les produits et les systèmes de technologies d'information, J.O. n° 92 du 19.4.2002, 6944; *Penneau*, D. 2002, 2065.

[72] Gesetz zur Anpassung der Formvorschriften des Privatrechts und anderer Vorschriften an den modernen Rechtsgeschäftsverkehr vom 13. Juli 2001, BGBl. 2001, I 1542.

[73] Zur Entstehungsgeschichte siehe *Roßnagel*, NJW 2001, 1817 (1818).

[74] Gesetz über Rahmenbedingungen für elektronische Signaturen und zur Änderung weiterer Vorschriften vom 16. Mai 2001, BGBl. 2001, I 876; *Schmidl*, CR 2002, 508 (509 ff.).

[75] Gesetz zur digitalen Signatur (Signaturgesetz – SigG) vom 22. Juli 1997, BGBl. 1997, I 1870 (1872).

[76] Zum Änderungsbedarf gegenüber dem Signaturgesetz von 1997 vgl. *Roßnagel*, NJW 2001, 1817 (1818).

vorschläge des Evaluierungsberichtes der Bundesregierung[78], die zum Teil auf Kritik aus der Lehre zurückgehen[79], auf. Die Signaturverordnung von 1997, wurde durch Beschluss der Bundesregierung vom 24.10.2001 durch eine neue Signaturverordnung ersetzt[80]. In der Verordnung werden die Einzelheiten des seit 22. Mai 2001 geltenden neuen Signaturgesetzes näher ausgestaltet.

3. Die Richtlinie 2000/31/EG über den elektronischen Geschäftsverkehr[81]

Die Richtlinie über den elektronischen Geschäftsverkehr (EC-RL) will den freien Verkehr von Diensten der Informationsgesellschaft sicherstellen, um in diesem Bereich ein Funktionieren des Binnenmarktes zu fördern.

a) Anwendungsbereich und Inhalt der Richtlinie

Die „Dienste der Informationsgesellschaft" sind in Art. 1 Nr. 2 der Richtlinie 98/34/EG in der Fassung der Richtlinie 98/48/EG[82] definiert, wie Art. 2 lit. a EC-RL zu entnehmen ist. Sie umfassen jeden Dienst, der auf Entfernung erbracht wurde, auf elektronischem Wege und auf individuelle Anfrage hin. Eine Vielzahl von Diensten kann und soll darunter gefasst werden, wie sich aus den Erwägungsgründen 17 und 18 ergibt. Alle wirtschaftlichen Aktivitäten des Internet

---

[77] Die Bundesregierung konnte ihre Standards aus dem Signaturgesetz von 1997 nur zum Teil im Rechtssetzungsprozess für die Signaturrichtlinie geltend machen; zur gegenseitigen Beeinflussung der Regelungen *Sieber/Nöding*, ZUM 2001, 199 (200 f.)

[78] Bericht der Bundesregierung über die Erfahrungen und Entwicklungen bei den neuen Informations- und Kommunikationsdiensten im Zusammenhang mit der Umsetzung des Informations- und Kommunikationsdienste-Gesetzes (IuKDG), BT-Drs. 14/1191 vom 18.6.1999, S. 17 ff. und Schlussfolgerungen S. 33 f.

[79] Siehe etwa die Kritikpunkte von *Roßnagel*, NJW 1999, 1591 (1595 f.).

[80] Verordnung zur elektronischen Signatur (Signaturverordnung – SigV) vom 16. November 2001, BGBl. 2001, I 3074; inkraftgetreten am 22.11.2001; hierzu *Geis*, K&R 2002, 59.

[81] Richtlinie über bestimmte Aspekte der Dienste der Informationsgesellschaft, insbesondere des elektronischen Geschäftsverkehrs, im Binnenmarkt („Richtlinie über den elektronischen Geschäftsverkehr") vom 8.6.2000. ABl. Nr. L 178/1 vom 17.7.2000; zum Kommissionsvorschlag *Lehmann*, ZUM 1999, 180.

[82] Richtlinie über ein Informationsverfahren auf dem Gebiet der Normen und technischen Vorschriften und der Vorschriften für die Dienste der Informationsgesellschaft vom 22.6.1998, ABl. Nr. L 204/37 vom 21.7.1998 in der Fassung der Richtlinie zur Änderung der Richtlinie 98/34/EG vom 20.7.1998, ABl. Nr. L 217/18 vom 5.8.1998. Auf die Definition verweist auch Art. 2 lit. a der Richtlinie 98/84/EG über den Schutz von zugangskontrollierten Diensten und von Zugangskontrolldiensten vom 20.11.1998, ABl. Nr. L 320/54 vom 28.11.1998. Die Verweisungen stellen klar, dass der Begriff zum *acquis communautaire* gehört, *Bender/Sommer*, RIW 2000, 60 (261).

sollen umfasst werden[83]. Bei den Diensteanbietern handelt es sich nach dem Wortlaut des Art. 2 lit. b EC-RL nicht nur um solche, die im Rahmen ihrer gewerblichen oder beruflichen Tätigkeit handeln, die Dienste müssen nur „in der Regel" gegen Entgelt im Fernabsatz erbracht werden.

Es lassen sich zwei Regelungsbereiche unterscheiden: den regulierenden Teil, der Regelungen für die Betreiber von Diensten der Informationsgesellschaft enthält und den vertrags- und haftungsrechtlichen Teil.

Nach dem Herkunftslandprinzip des Art. 3 Abs. 1 EC-RL ist der Anbieter eines Dienstes den rechtlichen Regeln seines Heimatstaates unterworfen. Diese Methode wurde als besonders effektive Methode gewählt, um einen grenzenfreien Binnenmarkt zu schaffen. Denn da die nationalen Rechtsordnungen über die Staatsgrenzen hinaus auch in anderen Mitgliedstaaten zum Einsatz kommen, müssen die Mitgliedstaaten gegenseitig der Gesetzgebung und Rechtsordnung der anderen Mitgliedstaaten vertrauen und es besteht ein wechselseitiges Interesse, aneinander angeglichene Regelungen zu erlassen[84]. Das Herkunftslandsprinzip ermöglicht den Mitgliedstaaten eine effektivere Kontrolle der Aktivitäten der Diensteanbieter im Internet. Die Mitgliedstaaten schützen nicht mehr nur ihre eigenen Bürger, sondern auch die der anderen Mitgliedstaaten[85]. Im Zusammenhang mit Telefonabsatzmethoden hatte der EuGH bereits in der „Alpine Investments"-Entscheidung Gelegenheit, die Wirksamkeit dieser Methode herauszustellen[86]. Ein Problem stellen diejenigen Diensteanbieter dar, die in einem Drittstaat ansässig sind[87]. Umstritten ist das Verhältnis des Herkunftslandprinzips zum Internationalen Privatrecht, auf das im dritten Teil der Arbeit eingegangen wird. Gemäß Art. 3 Abs. 3 findet das Herkunftslandprinzip auf einige Bereiche keine Anwendung. Dazu gehören auch „vertragliche Schuldverhältnisse in Bezug auf Verbraucherverträge". Diese schon im ursprünglichen Entwurf der Richtlinie enthaltene Regelung war umstritten: Einerseits wollte das Europäische Parlament die Ausnahme nur für solche Bereiche einschränken, die noch nicht harmonisiert sind. Andererseits wollten einige Mitgliedstaaten die Aus-

---

[83] *Crabit*, L'univers de la directive sur le commerce électronique, 2000, p. 8, http://Droit-Internet-2000.univ-paris1.fr/dossier10; zur Abgrenzung der Dienste der Informationsgesellschaft zu reinen Telekommunikationsdiensten *Spindler*, MMR-Beilage 7/2000, 4 (5).

[84] *Crabit*, L'univers de la directive sur le commerce électronique, 2000, p. 3, http://Droit-Internet-2000.univ-paris1.fr/dossier10.

[85] *Crabit*, L'univers de la directive sur le commerce électronique, 2000, p. 5, http://Droit-Internet-2000.univ-paris1.fr/dossier10.

[86] EuGH, Urteil vom 10.5.1995, Rs. C-384/93, Slg. 1995 I-1141 (1180), „Alpine Investments".

[87] *Crabit*, L'univers de la directive sur le commerce électronique, 2000, p. 6, http://Droit-Internet-2000.univ-paris1.fr/dossier10.

nahme auch auf vorvertragliche Beziehungen ausweiten[88]. Schließlich wurde der ursprüngliche Vorschlag verwirklicht, um Interferenzen mit den Bestimmungen der Konvention von Rom von 1980[89] zu verhindern, die in Art. 5 besondere Bestimmungen für Verbraucherverträge vorsieht[90]. Vom Herkunftslandprinzip umfasst sind diejenigen nationalen Bestimmungen, die in den „koordinierten Bereich" fallen, wie er in Art. 2 lit. h definiert ist. Er umfasst die Gesamtheit der nationalen Regelungen, die für die Aufnahme und die Ausübung eines Dienstes der Informationsgesellschaft gelten, unabhängig davon, ob die Regelungen gemeinschaftsrechtlich harmonisiert sind oder nicht. Der wichtigste Anwendungsfall ist das Lauterkeitsrecht, denn im internationalen Wettbewerbsrecht galt bisher das Marktortprinzip[91]. Bei der Fernsehrichtlinie erstreckte sich das Herkunftslandprinzip nur auf die in der Richtlinie harmonisierten Bereiche. Um die Binnengrenzen wirksam zu unterdrücken, muss der Anwendungsbereich des Herkunftslandprinzips in der Richtlinie über den elektronischen Geschäftsverkehr denkbar weit gefasst sein[92]. Er umfasst jedoch nur Online-Tätigkeiten, nicht etwa Sicherheitshinweise, Kennzeichnungspflichten oder andere Normen für Waren oder die Warenlieferung (Art. 2 lit. h ii)[93].

Die Benutzer kommerzieller Kommunikation müssen diese als solche kenntlich machen und unterliegen besonderen Informationspflichten (Art. 6). Kommerzielle Kommunikation im Sinne der Richtlinie ist der Einsatz von Kommunikationsmitteln[94], um unmittelbar oder mittelbar den Absatz von Waren oder Dienstleistungen zu fördern oder „das Erscheinungsbild eines Unternehmens, einer Organisation oder einer natürlichen Person ..., die eine Tätigkeit in Handel, Gewerbe, Handwerk oder einen reglementierten Beruf ausübt" (Art. 2 lit. f)[95]. Die Kenntlichmachung gilt in besonderem Maße für die kommerzielle

---

88 Im Einzelnen hierzu *Crabit*, 2000, L'univers de la directive sur le commerce électronique, p. 7, http://Droit-Internet-2000.univ-paris1.fr/dossier10.

89 Römisches EWG-Übereinkomen über das auf vertragliche Schuldverhältnisse anzuwendende Recht, ABl. Nr. L 266/1 vom 9.10.1980 (EVÜ). Zwei andere Ausnahmen wurden aus dem gleichen Grund in den Anhang eingefügt: Die „Freiheit der Rechtswahl der Vertragsparteien" und die formale Gültigkeit von Immobilenverträgen.

90 *Lindholm/Maennel*, CRi 2000, 65 (67).

91 *Lurger/Vallant*, RIW 2002, 188 (190).

92 *Crabit*, L'univers de la directive sur le commerce électronique, 2000, p. 9, http://Droit-Internet-2000.univ-paris1.fr/dossier10.

93 *Tettenborn*, K&R 2000, 59 (61).

94 Die alleinige Angabe eines Domain-Namens oder einer Adresse der elektronischen Post fällt gem. Art. 2 lit. f zweiter Spiegelstrich nicht darunter. Zur unklaren Behandlung von Hyperlinks *Spindler*, MMR-Beilage 7/2000, 4 (13).

95 Die Definition wird übernommen in Art. 2 lit. a des Vorschlages für eine Verordnung des Europäischen Parlaments und des Rates über Verkaufsförderung im Binnenmarkt, Kommissi-

Kommunikation mit elektronischer Post. Daneben müssen die Mitgliedstaaten die Einrichtung und Konsultierung durch die Unternehmer von so genannten Robinson-Listen sicherstellen (Art. 7)[96]. Hierbei handelt es sich um Verzeichnisse mit den Namen der Personen, die keine Werbung per E-Mail bekommen möchten. Die an dem Verfahren teilnehmenden Unternehmen verpflichten sich, die Liste zu konsultieren und zu respektieren.

Für den privatrechtlichen Verbraucherschutz im Internet ist Art. 9 EC-RL von besonderer Bedeutung, nach dem die Mitgliedstaaten dafür Sorge zu tragen haben, dass der Abschluss elektronischer Verträge zum einen rechtlich möglich sein muss und dass sich zum anderen keine eingeschränkte Wirksamkeit daraus ergeben darf, dass sie gerade auf elektronischem Wege zustande gekommen sind (Ermöglichungsgrundsatz)[97]. Davon können familienrechtliche und erbrechtliche Verträge oder Bürgschafts- und andere Sicherungsverträge, die Verbraucher abschließen, ausgenommen werden, außerdem alle Verträge, bei denen eine mit öffentlichen Befugnissen ausgestattete Person mitwirken muss. Unter diese letzte Kategorie fallen Verträge, die der notariellen Form bedürfen.

Art. 10 EC-RL regelt Informationspflichten darüber, auf welche Art und Weise und wie der Vertrag inhaltlich zustande kommt[98]. Für einbezogene allgemeine Geschäftsbedingungen muss dem Nutzer die Möglichkeit der dauerhaften Speicherung gegeben werden (Art. 10 Abs. 3). Art. 11 regelt die Einzelheiten einer Bestellung auf elektronischem Wege, die nämlich vom Diensteanbieter gem. Abs. 1 erster Gedankenstrich unverzüglich auf elektronischem Wege zu bestätigen ist. Die interessanten Fragen des Ortes und Zeitpunktes des Vertragsschlusses werden nicht geregelt[99]. Außerdem muss gem. Abs. 2 dem Besteller die Möglichkeit gegeben werden, vor der Bestellung Eingabefehler zu korrigieren. Für Verträge, die nur unter Verwendung elektronischer Post zustande kommen,

---

on der Europäischen Gemeinschaften, Mitteilung der Kommission Verkaufsförderung im Binnenmarkt vom 15.1.2002, KOM (2001) 546 endg./2, S. 32.

[96] *Drexl*, in: *ders./Kreuzer/Scheuing/Sieber* (Hrsg.), Informationszeitalter, 2000, S. 75 (85 f.), zum Verhältnis zur Fernabsatzrichtlinie; *Spindler*, MMR-Beilage 7/2000, 4 (14).

[97] Dabei ist nicht die formelle Situation ausschlaggebend, sondern die Beseitigung tatsächlicher Beeinträchtigungen, *Lindholm/Maennel*, CRi 2000, 65 (69).

[98] Zur Information über die bei Vertragsabschluss zur Verfügung stehenden Sprachen *Spindler*, MMR-Beilage 7/2000, 4 (12); er sieht ein Problem in der ungeklärten Frage der Sanktionierung bei Verstößen gegen die Informationspflichten.

[99] *Grynbaum*, JCP E 2001, 1617 (1621); kritisch *Grimaux*, Com. Com. électr., avril 2004, 14 (20). Ursprünglich sollte die Regelung den Zeitpunkt des Vertragschlusses festlegen, was auf vielfache Kritik gestoßen ist, siehe z.B. *Landfermann*, ZUM 1999, 795 (800); *Bender/Sommer*, RIW 2000, 260 (263). Die rechtliche Qualität der Bestätigung ist jetzt indes unklar, *Spindler*, MMR-Beilage 7/2000, 4 (11).

gelten diese Bestimmungen nicht. Lediglich Art. 11 Abs. 1 zweiter Spiegelstrich, der den Zugang von Bestellung und Empfangsbestätigung mit der Möglichkeit des Abrufs durch den Empfänger als gegeben ansieht, ist in diesen Fällen ebenfalls anwendbar. Art. 10 Abs. 1 und 2 und Art. 11 können vertraglich abbedungen werden, wenn beide Vertragsparteien keine Verbraucher sind. Ist hingegen mindestens eine der Vertragsparteien Verbraucher, stellen die Bestimmungen zwingendes Recht dar.

Art. 17 bestimmt, dass die außergerichtliche Beilegung von Streitigkeiten, insbesondere auch auf elektronischem Wege, nicht erschwert werden soll. Art. 18 verpflichtet die Mitgliedstaaten, geeignete Klagemöglichkeiten zu schaffen. Art. 20 räumt den Mitgliedstaaten die Möglichkeit ein, Verstöße gegen die umgesetzten Bestimmungen der Richtlinie zu sanktionieren.

Der Schutz des im Internet auftretenden Verbrauchers wird durch die Richtlinie über den elektronischen Geschäftsverkehr in verschiedenen Bereichen deutlich verbessert[100]. Neben den indirekten Vorteilen, die sich aus der Schaffung eines rechtlichen Rahmens für Diensteanbieter ergeben, beseitigen insbesondere die Regelungen über den Vertragsschluss Risiken, die beim Abschluss von Geschäften im Internet bestehen. Schließlich ist mit der Bestimmung über Werbung eine Vereinheitlichung der Verbraucher vor ungewollten Werbebotschaften zu erwarten.

b) Umsetzung in französisches Recht

Die Richtlinie musste bis zum 17. Januar 2002 in mitgliedstaatliches Recht umgesetzt werden (Art. 22 Abs. 1). Von gemeinschaftsrechtlicher Seite ist einer schnellen Transformation der Richtlinie in nationales Recht wiederholt besondere Bedeutung zugemessen worden[101]. Ein Gesetzesentwurf für eine neue loi sur la société de l'information (proj. LSI) wurde am 14. Juni 2001 in die Nationalversammlung eingebracht[102] und hat seitdem mehrere Stellungnahmen[103] und Reaktionen in der Literatur hervorgerufen. Durch die Neuwahl der Nationalver-

---

[100] Trotz Kritik in anderen Bereichen so auch *Lehmann*, EuZW 2000, 517 (520 f.).

[101] Zu Äußerungen des Parlaments und des europäischen Rates siehe *Crabit*, L'univers de la directive sur le commerce électronique 2000, p. 13 et s., http://Droit-Internet-2000.univ-paris1.fr/dossier10.

[102] Projet de loi sur la société de l'information, n° 3143, deposé le 14 juin 2001.

[103] CNIL, Déliberation n° 01-018 du 3 mai 2001 portant avis sur le projet de loi sur la société de l'information, abrufbar unter http://www.legifrance.gouv.fr/WAspad/Visu?cid=4564&indice=1&table=CNIL&ligneDeb=1, zum Vorentwurf des Wirtschaftsministeriums; *CCIP*, Projet de loi sur la société de l'information – Position de la CCIP, 18.10.2001, abrufbar unter http://www.etudes.ccip.fr/archrap/pdf01/die0110.pdf.

sammlung im Juni 2002 ist der Antrag nach dem Grundsatz der Diskontinuität unwirksam geworden. Der Nachfolgeentwurf für eine loi pour la confiance dans l'économie numérique wurde am 15. Januar 2003 vom Kabinett vorgelegt[104] und am 21. Juni 2004 verabschiedet[105].

c) Umsetzung in deutsches Recht

Die Richtlinie wurde in Deutschland hauptsächlich durch das Gesetz über rechtliche Rahmenbedingungen für den elektronischen Geschäftsverkehr (EGG) umgesetzt[106], das als Artikelgesetz das TDG und das TDDSG geändert hat. Lediglich die Art. 10 und 11 der Richtlinie, die sich mit vertragsrechtlichen Aspekten befassen, wurden durch das Gesetz zur Modernisierung des Schuldrechts ins BGB eingefügt. Der persönliche Anwendungsbereich dieser Bestimmungen ist abweichend von der Richtlinie gestaltet. Während Art. 10 und 11 wie auch die anderen Bestimmungen der Richtlinie für Diensteanbieter gelten, ist im BGB der Unternehmer Normadressat. Nach der Definition des § 14 BGB ist das eine Person, die eine gewerbliche oder selbständige berufliche Tätigkeit voraussetzt. Der Diensteanbieter ist hingegen „jede natürliche oder juristische Person, die einen Dienst der Informationsgesellschaft anbietet", Art. 2 lit. b EC-RL. Der Kreis der Personen, die die Regelungen abbedingen können, ist zwar gleich formuliert, hat aber inhaltlich eine andere Reichweite. Sowohl in der Richtlinie (Art. 10 und 11) als auch im BGB (§ 312e Abs. 2) können „Parteien, die nicht Verbraucher sind" die Bestimmungen abbedingen[107]. Weil der gemeinschaftsrechtliche Verbraucherbegriff jedoch enger ist als der deutsche[108], profitiert ein größerer Personenkreis von der Ausnahme. Der Ermöglichungsgrund-

---

[104] Projet de loi pour la confiance dans l'économie numérique, 15.1.2003, NOR : ECOX0200175L/R1, abrufbar unter http://www.industrie.gouv.fr/observat/innov/lsi/plence10janvier.pdf ; siehe hierzu im Einzelnen unten § 5 III 5.

[105] Loi n° 2004-575 du 21 juin 2004 pour la confiance dans l'économie numérique, J.O. n° 143 du 22.6.2004, 11168.

[106] Gesetz über rechtliche Rahmenbedingungen für den elektronischen Geschäftsverkehr (Elektronischer Geschäftsverkehr-Gesetz – EGG) vom 14. Dezember 2001, BGBl. 2001, I 3721 vom 20.12.2001, in Kraft getreten gem. Art. 5 EGG am 1.1.2002; zum Referentenentwurf *Bröhl*, MMR 2001, 67 (68).

[107] Im Regierungsentwurf war § 312e Abs. 2 Nr. 2 noch so formuliert, dass die Vorschriften nur dann nicht gelten, wenn „zwischen Unternehmern etwas anderes vereinbart wird", Abgeordnete des Deutschen Bundestages, Entwurf eines Gesetzes zur Modernisierung des Schuldrechts, BT-Drs. 14/6040 vom 14.5.2001, S. 15, die Änderung im verabschiedeten Gesetzestext wurde mit einer Angleichung an die Formulierung in der Richtlinie begründet, Beschlussempfehlung und Bericht des Rechtsausschusses, Entwurf eines Gesetzes zur Modernisierung des Schuldrechts, Bericht, BT-Drs. 14/7052 vom 9.10.2001, S. 170 (192).

[108] Siehe oben § 2 II 1 b.

satz des Art. 9 Abs. 1 EC-RL wurde bereits mit dem Gesetz zur Änderung der Formvorschriften in § 126 BGB umgesetzt[109].

4. Die Datenschutzrichtlinie und die Datenschutzrichtlinie für elektronische Kommunikation

a) Anwendungsbereich und Inhalt der Richtlinien

Die Europäische Gemeinschaft hat 1995 die Datenschutzrichtlinie 95/46/EG[110] erlassen, deren Vorarbeiten bis in das Jahr 1976 zurückreichen[111]. Die Richtlinie hat die Aufgabe, die unterschiedlichen datenschutzrechtlichen Regelungen der Mitgliedstaaten zu vereinheitlichen, um so Wettbewerbsverzerrungen und Hindernisse für grenzüberschreitende Tätigkeiten abzubauen[112]. Die Richtlinie hat einen weiten Anwendungsbereich. Sie umfasst sowohl den öffentlichen als auch den privaten Bereich und jede Art der manuellen oder automatisierten Verarbeitung von personenbezogenen Daten natürlicher Personen, die in einer Datei gespeichert sind oder werden sollen. Der Anwendungsbereich der Richtlinie ist also auch eröffnet, wenn eine Internetseite mit personenbezogenen Daten zu einem nicht-kommerziellen Zweck zugänglich gemacht wird[113]. An die Verarbeitung bestimmter Daten über rassische oder ethnische Herkunft, politische Meinungen, religiöse oder philosophische Überzeugungen, die Gewerkschaftszugehörigkeit, das Sexualleben oder Gesundheitsdaten werden erhöhte Anforderungen gestellt. Die wichtigsten Elemente der Richtlinie sind die Zweckbindung der erhobenen Daten und Informations- und Kontrollrechte der Betroffenen. Der Datentransport in Drittstaaten, die nicht in den Anwendungsbereich der Richtlinie fallen, ist in einem eigenen Abschnitt geregelt (Art. 25 und 26). Art. 28 der Richtlinie bestimmt von den Mitgliedstaaten zu beauftragende öffentliche Stellen zur Kontrolle der Einhaltung der Richtlinienbestimmungen und sieht für diese Stellen Untersuchungs- und Einwirkungsbefugnisse vor. Die unabhängigen Kontrollstellen sollen eine Kontrolle *a priori* von Datenverarbeitungsprozeduren und auch eine Kontrolle *a posteriori* vornehmen und justizielle Maßnahmen einleiten können. Die Richtlinie will ein hohes Schutzniveau für die Europäische

---

[109] Gesetz zur Anpassung der Formvorschriften des Privatrechts und anderer Vorschriften an den modernen Rechtsgeschäftsverkehr vom 13. Juli 2001, BGBl. 2001, I 1542.

[110] Richtlinie 95/46/EG vom 24. Oktober 1995 zum Schutz natürlicher Personen bei der Verarbeitung personenbezogener Daten und zum freien Datenverkehr, ABl. Nr. L 281/31 vom 23.11.1995; zu Überlegungen für eine Reform der Richtlinie *Kuner*, DuD 2002, 553..

[111] Zur Entstehungsgeschichte siehe *Brühann*, Rev. fr. adm. publ. n° 89, janvier-mars 1999, 9 (12 et s.).

[112] Vgl. Erwägungsgrund 3 der Richtlinie.

[113] EuGH, Urteil vom 6.11.2003, Rs. C-101/01, *Bodil Lindqvist*.

Gemeinschaft schaffen; das Schutzniveau bestehender nationaler Regelungen darf in Umsetzung der Richtlinie nicht zurückgenommen werden.

1997 wurde mit der Telekommunikationsdatenschutzrichtlinie 97/66/EG[114], auch ISDN-Richtlinie genannt[115], eine weitere Richtlinie erlassen, die die Verarbeitung personenbezogener Daten und den Schutz der Privatsphäre im Bereich der Telekommunikation sicherstellen will. Sie ist eine bereichsspezifische Erweiterung der Richtlinie von 1995. Die Telekommunikationsdatenschutzrichtlinie wurde im Juli 2002 durch die Datenschutzrichtlinie für elektronische Kommunikation 2002/58/EG[116] ersetzt, um den Datenschutz an die Erfordernisse des elektronischen Informationsaustausches anzupassen[117]. Einige Regelungen gehen über den Schutz der RL 95/46/EG hinaus, wie die Einbeziehung juristischer Personen in den Anwendungsbereich. Für den Verbraucherschutz im Internet sind insbesondere die Bestimmungen über unerbetene Nachrichten für Direktwerbung von Bedeutung. Art. 13 Abs. 1 der Richtlinie 2002/58/EG schreibt auch für E-Mail-Werbung den Opt-In-Grundsatz fest. Eine Opt-Out-Möglichkeit muss für die Fälle bestehen, in denen bereits ein Geschäftskontakt stattgefunden hat.

b) Umsetzung in französisches Recht

Mit dem Inkrafttreten der Datenschutznovelle vom 6. August 2004[118] und der loi pour la confiance dans l'économie numérique vom 21. Juni 2004[119] sind sowohl die Datenschutzrichtlinie als auch die Datenschutzrichtlinie für elektronische Kommunikation in französisches Recht umgesetzt[120].

---

[114] Richtlinie 97/66/EG vom 15. Dezember 1997 über die Verarbeitung personenbezogener Daten und den Schutz der Privatsphäre im Bereich der Telekommunikation, ABl. Nr. L 24/1 vom 30.1.1998; allgemein hierzu *Schild*, EuZW 1999, 69.

[115] Siehe *Engel-Flechsig*, in: *ders./Maennel/Tettenborn* (Hrsg.), IuKDG, 2001, Einf. TDDSG, Rn. 106.

[116] Richtlinie 2002/58/EG vom 12. Juli 2002 über die Verarbeitung personenbezogener Daten und den Schutz der Privatsphäre in der elektronischen Kommunikation (Datenschutzrichtlinie für elektronische Kommunikation), ABl. Nr. L 201/37 vom 31.7.2002.

[117] Siehe zum Entwurf *Poullet/Louveaux/Pérez Asinari*, EDI Law Review 8: 147 (150 et s.), 2001.

[118] Loi n° 2004-801 du 6 août 2004 relative à la protection des personnes physiques à l'égard des traitements de données à charactère personnel et modifiant la loi n° 78-17 du 6 janvier 1978 relative à l'informatique, aux fichiers et aux libertés, J.O. n° 182 du 7.8,2004, 14063.

[119] Loi n° 2004-575 du 21 juin 2004 pour la confiance dans l'économie numérique, J.O. n° 143 du 22.6.2004, 11168.

[120] Überlegungen im Vorfeld zur Umsetzung der Richtlinie 95/46/EG in Frankreich bei *Frayssinet*, Cahiers Lamy droit de l'informatique et des réseaux, mai 1998, 1 et s., der den Umsetzungsbedarf für die einzelnen Artikel analysiert; *Mallet-Poujol*, Rev. fr. adm. publ. n° 89, janvier-mars 1999, 49 et s.

Am 18.7.2001 wurde der Entwurf für ein neues Datenschutzgesetz vorgestellt, dass Bestimmungen der loi n° 78-17 und ergänzende gesetzliche Bestimmungen ändern soll[121], um die Datenschutzrichtlinie endlich umzusetzen[122] und das Datenschutzrecht an die neuen technischen Möglichkeiten anpassen. Das Gesetzesprojekt wurde von der Nationalversammlung in erster Lesung verabschiedet und vom Senat modifiziert[123]. In den Motiven des Gesetzentwurfs ist nur die Rede von der Umsetzung der Richtlinie 95/46/EG. Gleichzeitig soll aber eine Anpassung erfolgen an die technische Entwicklung[124]. In einem Bericht über einen Runden Tisch in Vorbereitung des Gesetzes wird ausdrücklich auf die Umsetzung der Richtlinie 97/66/EG Bezug genommen[125]. Neben der Stärkung der Rechte der Personen, deren Daten gespeichert werden, sollen die Befugnisse der französischen Datenschutzbehörde CNIL auch als nachträgliche Kontrollinstanz gestärkt werden und das Bekanntgabe- und Genehmigungsverfahren für Datenverarbeitungsprozesse rationalisiert werden. Das Gesetz wurde am 6. August 2004 verabschiedet. Es ändert die Bestimmungen der loi n° 78-18 relatif à l'informatique, aux fichiers et aux libertés. Bereits im Juni 2004 trat die loi pour la confiance dans l'économie numérique (LEN)[126] in Kraft, deren Art. 22 durch die Änderung des CPT, dem jetzigen Code de poste et des communications électroniques (CPCE)[127], und des Code de la consommation den Opt-In-Grundsatz im französischen Recht verankert[128].

---

[121] Projet de loi relatif à la protection des personnes physiques à l'égard des traitements de données à caractère personnel et modifiant la loi n° 78-17 du 6 janvier 1978 relative à l'informatique, aux fichiers et aux libertés, im Internet abrufbar unter http://www.senat.fr/dossierleg/pjl01-203.html.

[122] Vgl. Exposé des Motifs, 2001, p. 1 et s., http://www.assemblee-nationale.fr/projets/pl3250.asp.

[123] Projet de loi relatif à la protection des personnes physiques à l'égard des traitements de données à charactère personnel et modifiant la loi n° 78-17 du 6 janvier 1978 relative à l'informatique, aux fichiers et aux libertés, adopté par l'Assemblée nationale le 30.1.2002, texte adopté n° 780; Projet de loi, modifiée par le Sénat, relatif à la protection des personnes physiques à l'égard des traitements de données à charactère personnel et modifiant la loi n° 78-17 du 6 janvier 1978 relative à l'informatique, aux fichiers et aux libertés du 1.4.2003, document n° 96.

[124] Exposé des Motifs, 2001, p. 1 et s., http://www.assemblee-nationale.fr/projets/pl3250.asp.

[125] Ministère de l'Economie, des Finances et de l'Industrie, Compte rendue de la table ronde « protection des données personnelles », 2000, n° 3, http://www.finances.gouv.fr/societe_information/tables/CR-30dec99-donnees.htm.

[126] Loi n° 2004-575 du 21 juin 2004 pour la confiance dans l'économie numérique, J.O. n° 143 du 22.6.2004, 11168.

[127] Art. 1 loi n° 2004-669 du 9 juillet 2004 relative aux communications électroniques et aux services de communication audiovisuelle, J.O. n° 159 du 10.7.2004, 12483, durch die nicht nur der Name, sondern auch Struktur und Inhalt des CPT verändert wurden.

[128] Siehe hierzu unten § 7 I 2 a. cc. (2).

c) Umsetzung in deutsches Recht

Auch in Deutschland ist das Datenschutzrecht verspätet an die gemeinschaftsrechtlichen Vorgaben angepasst worden. Am 23.5.2001 ist das neue Bundesdatenschutzgesetz in Kraft getreten, mit dem – mit zweieinhalbjähriger Verspätung – die EG-Datenschutzrichtlinie umgesetzt worden ist[129]. Für den Multimediabereich wurden die Vorgaben der RL 95/46/EG bereits vorher weitgehend durch das Teledienstedatenschutzgesetz (TDDSG) erfüllt[130]. Eine Umsetzung der Telekommunikationsdatenschutzrichtlinie 97/66/EG ist in Deutschland noch nicht erfolgt und nunmehr durch die neue Richtlinie 2002/58/EG nicht mehr notwendig. Die Datenschutzbestimmungen der Richtlinie finden sich in §§ 91 bis 107 des Telekommunikationsgesetzes (TKG) vom 22. Juni 2004[131] und ersetzen die bisherigen Regelungen der Telekommunikations-Datenschutzverordnung (TDSV)[132], die gemäß § 152 Abs. 2 TKG außer Kraft tritt.

Die gesetzliche Verankerung des Opt-In-Grundsatzes ist Bestandteil des UWG vom 3. Juli 2004[133], dessen § 7 die Unlauterkeit unzumutbarer Belästigungen behandelt.

---

129 Gesetz zur Änderung des Bundesdatenschutzgesetzes und anderer Gesetze vom 18. Mai 2001, BGBl. 2001, I 904; zur Novellierung *Tinnefeld*, NJW 2001, 3078.

130 *Engel-Flechsig*, in: *ders./Maennel/Tettenborn* (Hrsg.), IuKDG, 2001, Einf. TDDSG, Rn. 115.

131 Telekommunikationsgesetz (TKG) vom 22. Juni 2004, BGBl. 2004, I 1190.

132 Telekommunikations-Datenschutzverordnung (TDSV) vom 18. Dezember 2000, BGBl. 2000, I 1746.

133 Gesetz gegen den unlauteren Wettbewerb (UWG) vom 3. Juli 2004, BGBl. 2004, I 1414; siehe hierzu unten § 7 II 4.

§ 5 Frankreich

I. Der Begriff des *„droit de la consommation"*

In Frankreich wird nicht von Verbraucherrecht, sondern von Verbrauchsrecht, *„droit de la consommation"*[1] gesprochen. Verbrauchsrecht im engen Sinne als Teil des Privatrechts erfüllt zwei Voraussetzungen: Seine Anwendbarkeit ist begrenzt auf Beziehungen zwischen Unternehmern und Verbrauchern und sein Ziel ist es, den Verbraucher zu schützen[2]. Oft wird der Begriff umfassender verstanden. Der Bereich kann ausgeweitet werden auf Regelungen, die zwar nicht ausschließlich, aber in der Regel Verbraucher-Unternehmer-Beziehungen voraussetzen. Für die Einbeziehung solcher Regelungen spricht, dass einige von ihnen in den 1993 geschaffenen Code de la consommation einbezogen worden sind. Das gilt für die Regelungen der Betrugs (*fraudes et falsifications*) und der irreführenden Werbung.

Verbrauchsrecht kann als ein Teil des Vertriebsrechts, des *droit de la distribution*, verstanden werden. *„Distribution"* umfasst alle Operationen auf dem Weg des Produktes vom Produzenten zum Verbraucher. Verteilungsrecht ist die rechtliche Würdigung der – meistens vertraglichen – Handlungen der an diesem Prozess Beteiligten. Im weiten Sinne verstanden, wird der letzte Schritt, nämlich die Abgabe der Ware an den Verbraucher, mit umfasst. Aufgrund der Besonderheiten dieses letzten Schrittes hat sich ein eigener Rechtsbereich, das Verbraucherrecht entwickelt, das zunächst als alle Rechtsbeziehungen zwischen Verbraucher und Unternehmer beschreibend verstanden werden kann. In einem engeren Sinne gemeint sind jedoch nur die Vorschriften, die den Verbraucher dem Unternehmer gegenüber schützen[3]. Diese Herleitung wird auch zur Definition des Verbrauchers selbst verwendet. Er kann als die Person verstanden werden, die das letzte Glied in der Kette ist, also der Endabnehmer[4]. Das allein würde aber nicht seine besondere Schutzbedürftigkeit erklären. Außerdem würden die oben angesprochenen Abgrenzungsschwierigkeiten[5] zu Rechtsunsicherheit

---

[1] Der Ausdruck wurde *Cas/Ferrier*, Droit de la consommation, 1986, n° 13, zufolge zum ersten Mal 1972 anläßlich eines Kolloquiums verwendet, siehe den Titel des Tagungsbandes: Nouvelles données pour un droit de la consommation, Deuxième Rencontre Université-Entreprise organisée les 17 et 18 novembre 1972 à Aix-en-Provence, 1973.

[2] Vgl. *Calais-Auloy/Steinmetz*, Droit de la consommation, 2000, n° 17.

[3] *Beauchard*, Distribution et consommation, 1996, p. 21 et s.

[4] Vgl. *Ferrier*, Protection, 1996, p. 13 et s.; *Bourgoignie*, Droit de la consommation, 1988, n° 12 et s., stellt zwei unterschiedliche Betrachtungsweisen dar: der Verbraucher als Einzelperson und im volkswirtschaftlichen Zusammenhang als letztes Glied in der Kette Produktion – Vertrieb – Verbrauch.

[5] Siehe oben § 2 II 1.

führen. Das vermeidet die Definition des Verbrauchers als eine im Gegensatz zum Unternehmer privat handelnde Person[6].

Sowohl in Frankreich als auch in Deutschland bezeichnen die Begriffe „*droit de la consommation*", „Verbraucherrecht" und „Verbraucherschutzrecht" zivilrechtliche und öffentlich-rechtliche Regelungen. Das Lauterkeitsrecht wird in Frankreich schon aufgrund seines Standortes im Code de la consommation als Verbraucherrecht bezeichnet, wohingegen der Begriff in Deutschland eher auf den vertragsrechtlichen Verbraucherschutz beschränkt ist. Die Bestimmungen, die Qualitäts- und Kennzeichnungsanforderungen für Lebensmittel, Arzneimittel und Kosmetika festlegen, können unter dem Begriff des gesundheitlichen Verbraucherschutzes zusammengefasst werden, obwohl sie üblicherweise nicht als Verbraucherrecht bezeichnet werden. In Frankreich finden sie sich aber trotzdem im Code de la consommation. Das Verbraucherrecht ist nur ein Teil der rechtlichen Bestimmungen, die verbraucherschützend wirken. An die verbraucherschützenden Regelungen wird nicht die Anforderung gestellt, dass ihr Anwendungsbereich auf den Verbraucher beschränkt ist, entscheidend ist die tatsächliche Schutzwirkung auch für Verbraucher. Das bedeutet nicht, dass alle begünstigenden Regelungen als verbraucherschützend eingeordnet werden können, weil auch Verbraucher zu den Normadressaten gehören. Das könnte auch nicht eindeutig bestimmt werden, weil sich der Verbraucherbegriff aus der konkreten Regelung ergibt.

Systematisch lässt sich das Verbraucherschutzrecht unterteilen in allgemeine verbraucherschutzrechtliche Regelungen und Spezialregelungen, die nur auf bestimmte Arten von Geschäften anwendbar sind[7].

Verbraucherrecht wird in Frankreich von einigen Verfassern als *pluridisciplinaire* bezeichnet[8], weil es Konstellationen behandelt, bei denen auf einer Seite eine einfache Person des Privatrechts steht und auf der anderen Seite ein Unternehmer, für den die besonderen Regeln des *droit des affaires* gelten. Dabei werden nur verschiedene Bereiche des Privatrechts berührt. Das französische Verbraucherschutzrecht enthält jedoch auch zahlreiche strafrechtliche Bestimmungen. Diese Normen, zur Durchsetzung der verbraucherschützenden Bestimmungen erlassen, bilden ein eigenes Verbraucherstrafrecht[9]. Daneben werden auch das

---

[6] *Ferrier*, Protection, 1996, p. 15 et s.
[7] Vgl. *Calais-Auloy/Steinmetz*, Droit de la consommation, 2000, n° 17.
[8] *Cas/Ferrier*, Droit de la consommation, 1986, n° 14; *Calais-Auloy/Steinmetz*, Droit de la consommation, 2000, n° 18; *Bourgoignie*, Droit de la consommation, 1988, n° 81 et s.
[9] *Beauchard*, Distribution et consommation, 1996, p. 30.

Zivil- und das Strafprozessrecht berührt[10] und schließlich gibt es verwaltungsrechtliche Vorschriften des Verbraucherschutzes. Und zwar nicht nur im Zusammenhang mit Beziehungen zwischen Verbrauchern und den *services publiques*[11], sondern auch, wenn es um die Schaffung von Sicherheitsstandards geht wie etwa im Lebensmittelbereich oder um die Einrichtung von Organisationen des kollektiven Verbraucherschutzes[12].

II. Entwicklung des Verbraucherschutzrechts

Der Verbraucher ist in Frankreich, wie in der Europäischen Gemeinschaft, in den 1970er Jahren in das Blickfeld des Gesetzgebers gerückt.

Zwei ältere Regeln werden dem verbraucherrechtlichen Bereich zugerechnet, obgleich sie nicht den verbraucherspezifischen Schutzgedanken moderner Verbrauchergesetze haben. Die Garantie bei versteckten Mängeln wurde schon 1804 mit den Art. 1641-1648 in den Code civil eingefügt. Obgleich sie nach den oben aufgestellten Kriterien nicht dem Verbraucherschutzrecht im engeren Sinne zugerechnet werden dürften, sind sie von Anfang an in den Code de la consommation übernommen worden (vgl. Art. L 221-1 C. cons., der Fragen der Produktsicherheit regelt)[13]. Mit dem Gesetz vom 1.9.1905 über *fraudes et falsifications* wurde die Täuschung über die verkaufte Ware sanktioniert. Die Regelungen wurden mehrmals verändert und sind heute in Art. L 213-1 et s. C. cons. enthalten. Mit dem Gesetz vom 22. Dezember 1972 wurde dem Verbraucher, der ein Haustürgeschäft abschließt (*démarchage*) ein Bedenkzeitraum eingeräumt (*délai de réflexion*). In der „loi Royer" vom 27. Dezember 1973 wurde insbesondere die irreführende Werbung geregelt und Verbraucherschutzvereinigungen das Recht der Verbandsklage eingeräumt. Diese Regelungen wurden 1988 erneuert und sind in Art. L 421-1 et s. C. cons. enthalten. In der „loi Scrivener" vom 10. Januar 1978[14] wurde den Verbrauchern ein *délai de réflexion* beim Abschluss von Kreditverträgen eingeräumt[15]. Eine weitere

---

[10] *Calais-Auloy/Steinmetz*, Droit de la consommation, 2000, n° 18.

[11] *Bourgoignie*, Droit de la consommation, 1988, n° 88, freilich auf das belgische Recht bezogen; eingehend *Chevallier*, Droit Social 1975, 75 (insb. 77 et s.).

[12] *Bourgoignie*, Droit de la consommation, 1988, n° 88 a.E.

[13] Zum Änderungsbedarf durch die Verbrauchsgüterkaufrichtlinie 1999/44/EG *Pinna*, ERPL 2&3: 223, 2001; *Leveneur*, CCC, août/septembre 2001, 1.

[14] Loi n° 78-22 du 10 janvier 1978 relative à l'information et à la protection des consommateurs dans le domaine de certaines opérations de crédit, J.O. du 11.1.1978.

[15] Zu den im Gesetz enthaltenen Regelungen über Verbraucherkreditverträge *Bräuning*, Konsumentenkredit, 1982, S. 25 ff.

„loi Scrivener“[16] vom selben Tag verbietet missbräuchliche Klauseln in Verträgen. Die Bestimmungen wurden 1995 an die Vorgaben der Richtlinie über missbräuchliche Klauseln angepasst[17]. Sie sind enthalten in Art. L 132-1 et s. C. cons. Der Verkauf im Fernabsatz wurde mit Gesetz vom 6. Januar 1988 geregelt, nach dem der Kunde ein siebentägiges Rückgaberecht hatte. Ein *décret* vom 4. März 1988 fügt vereinfachte Verfahrensregelungen, im Wesentlichen für Verbraucher, in den neuen Code de procédure civil ein: Art. 847-1, 847-2, 425-1 et s. Ein „loi Neiertz“ genanntes Gesetz vom 18. Januar 1992[18] regelte insbesondere die Rechtmäßigkeit vergleichender Werbung und die *action en représentation conjointe*.

Der Code de la consommation wurde mit dem Gesetz vom 26. Juli 1993 geschaffen. Die schrittweise Entwicklung des französischen Verbraucherschutzrechtes hatte zu einer Unübersichtlichkeit der verschiedenen Texte – von denen nur ein Teil aufgezählt wurde – geführt. Daneben gab es Schwierigkeiten, weil sich die Texte nicht immer inhaltlich aufeinander bezogen und etwa die Definitionen in unterschiedlicher Art und Weise benutzten[19]. 1982 wurde von der damaligen Verbraucherministerin eine Kommission unter der Leitung von Professor *Calais-Auloy* zur Reformierung des Verbraucherrechtes eingesetzt, die 1995 ihren Bericht[20] vorlegte. 1989 wurden unter dem für Verbraucher zuständigen Staatssekretär die Arbeiten wieder aufgenommen und 1990 ein zweiter Bericht[21] vorgelegt. Die Kommission schlug vor, einen neuen Code zu erarbeiten, um das bestehende Recht zu vereinfachen und Kohärenz herzustellen[22]. Umgesetzt wurde schließlich nur eine abgeschwächte Lösung in Form einer bloßen Zusammenfassung der bisherigen Texte in einem Gesetzeswerk, eine *codification à droit constant*[23]. Das Gesetzeswerk wurde von der *Commission Supérieure de Codification* (C.S.C.) vorbereitet[24]. Die Zielsetzung wurde im Wesentlichen darauf be-

---

[16] Loi n° 78-23 du 10 janvier 1978 sur la protection et l'information des consommateurs de produits et de services, J.O. du 11.1.1978.

[17] Loi n° 95-96 du 1er février 1995, J.O. n° 28 du 2.2.1995, 1755; aufgrund des hohen Schutzniveaus im französischen Verbraucherkreditrecht machte die Verbraucherkreditrichtlinie keine wesentlichen Änderungen erforderlich, *Calais-Auloy/Steinmetz*, Droit de la consommation, 2000, n° 345.

[18] Loi n° 92-60 du 18 janvier 1992, J.O. n° 17 du 21.1.1992.

[19] Zur Unübersichtlichkeit der vorherigen Situation *E. Petit*, REDC 1993, 213 (214).

[20] *Calais-Auloy*, Propositions pour un nouveau droit de la consommation, 1985.

[21] *Calais-Auloy*, Propositions pour un Code de la consommation, 1990.

[22] Der zweite Bericht wurde in Frankreich ebenfalls nicht umgesetzt, aber in Brasilien, *Witz/Wolter*, ZEuP 3 (1995), 35 (38), Fn. 11.

[23] *E. Petit*, REDC 1993, 213 (215).

[24] Die C.S.C. wurde durch das décret n° 89-647 du 12 septembre 1989 relatif à la composition et au fonctionnement de la Commission supérieure de codification, J.O. n° 213 du 13.9.1989, 11560, zuletzt geändert durch décret n° 2000-519 du 16 Juin 2000 modifiant le décret n° 89-

schränkt, den Verbrauchern den Zugang zur Gesetzesmaterie zu erleichtern[25]. Die gewählte Form der *codification à droit constant* war, im politischen Kontext seiner Entstehungszeit betrachtet, die einzige Möglichkeit zur Verwirklichung eines einheitlichen Gesetzes[26]. Das Gesetz vom 26. Juli 1993[27] setzte die legislativen Texte um. In einem durch décret n° 97-298[28] geschaffenen Verordnungsteil (*partie réglementaire*) wurden 1997 die dazugehörigen Verordnungen kodifiziert.

Mit Gesetz vom 19. Mai 1998[29] wurden die Art. 1386-1 bis 1386-18 C. civ. zur Umsetzung der Produkthaftungsrichtlinie[30] geschaffen. Die Timesharing-Richtlinie der EG wurde am 8. Juli 1998[31] in Art. L 121-60 bis L 121-76 C. cons. umgesetzt. Im Jahr 2000 wurden mit der ordonnance n° 2001-741 vom 23. August 2001[32] neben der Fernabsatzrichtlinie auch die Richtlinie über vergleichende Werbung, die Klauselrichtlinie und weitere verbraucherschützende Gemeinschaftsrichtlinien umgesetzt[33].

---

647 du 12 septembre ..., J.O. n° 139 du 17.6.2000, 9111, « *chargée d'oeuvrer à la simplification et à la clarification du droit* » (Art. 1) eingerichtet. Hierzu *Raynaud*, Gaz. Pal. 1994, 1er sem., doctr. 181 (182).

25 « *Doréavant, il n'y aura plus 10, 20, 100 lois, plus ou moins oubliées et avec lesquelles il fallait pourtant tôt ou tard faire référence, mais une seule et unique loi : le Code de la consommation.* », *Charié*, Document n° 318, Assemblée Nationale, dixième législature, 8.

26 *Raynaud*, Gaz. Pal. 1994, 1er sem., doctr. 181 (182) m. Fn. 4; *Witz/Wolter*, ZEuP 3 (1995), 35 (38 f.).

27 Loi n° 93-949 du 26 juillet 1993 relative au Code de la consommation (partie Législative), J.O. n° 171 du 27.7.1993, 10538.

28 Décret n° 97-298 du 27 mars 1997 relative au Code de la consommation (partie Réglementaire), J.O. n° 78 du 3.4.1997, 5123.

29 Loi n° 98-389 du 19 mai 1998 relative à la responsabilité du fait des produits défectueux, J.O. n° 117 du 21.5.1998, 7744.

30 Richtlinie 85/374/EWG vom 25. Juli 1985 zur Angleichung der Rechts- und Verwaltungsvorschriften der Mitgliedstaaten über die Haftung für fehlerhafte Produkte, ABl. Nr. L 210/29 vom 7.8.1985.

31 Loi n° 98-566 du 8 juillet 1998 portant transposition de la directive 94/47/CE du Parlement européen et du Conseil du 26 octobre 1994 concernant la protection des acquéreurs pour certains aspects des contrats portant sur l'acquisition d'un droit d'utilisation à temps partiel de biens immobiliers, J.O. n° 157 du 9.7.1998, 10486.

32 Ordonnance n° 2001-741 du 23 août 2001 portant transposition de directives communautaires et adaptation au droit communautaire en matière de droit de la consommation, J.O. n° 196 du 25.8.2001, 13645.

33 Zur Gesetzgebung im Wege der *ordonnance* siehe unten § 5 III 2.

III. Regelungen mit besonderer Bedeutung für den Verbraucherschutz im Internet

Nach dem allgemeinen Überblick über das französische Verbraucherschutzrecht werden Regelungsbereiche vorgestellt, die für den Schutz der Verbraucher im Internet von besonderer Bedeutung sind.

1. Code civil

Das französische Zivilgesetzbuch, der Code civil von 1804, enthält die allgemeinen zivilrechtlichen Bestimmungen, die die Grundlage auch für Verbraucherverträge sind. Die elektronische Form ist im Code civil geregelt und in Kürze werden sich hier auch, wie in Deutschland, die Regelungen zum elektronischen Geschäftsverkehr finden. Das Wettbewerbsrecht ist in Frankreich im wesentlichen Richterrecht. Die Tatbestände des unlauteren Wettbewerbs (*concurrence déloyale*) wurden aus den Generalklauseln für zivilrechtliche Haftungsansprüche entwickelt, Art. 1382 i.V.m. 1383 C. civ[34].

2. Code de la consommation

Der Code de la consommation enthält die allgemeinen Texte des Verbraucherrechts, also solche, die auf alle Waren und Dienstleistungen Anwendung finden[35]. Für den Verbraucherschutz im Internet sind insbesondere die Bestimmungen über Fernabsatzverträge in den Art. L 121-16 bis L 121-20-10 C. cons. von Bedeutung, daneben auch die Regelungen der Art. L 121-1 et s. C. cons. über irreführende und vergleichende Werbung.

Für die Auswahl der in den Code de la consommation aufgenommenen Regelungen ist die oben angesprochene enge Definition des Verbraucherrechts herangezogen worden[36]. Nur solche Regelungen sollten Eingang finden, die versuchen, ein durch das allgemeine Recht gegebene Ungleichgewicht zum Nachteil des Verbrauchers auszugleichen[37]. Die speziellen Regelungen sind in Spezialgesetzen verblieben, wobei diese Konzeption nicht konsequent angewandt wurde[38].

---

[34] Siehe *Lettl*, Schutz vor irreführender Werbung, 2004, S. 199, 201.

[35] Zur Frage der Anwendbarkeit der Bestimmungen auf Immobilien *Raymond*, CCC, août-septembre 1993, 1 (2); er kritisiert auch die Nichteinbeziehungen der Gesetze über Reiseverträge und über Fernunterricht, wobei er letztere dem Bereich „*ventes et services à distance*" zugehörig erachtet, *ders.*, préc., 3.

[36] *Pizzio*, Code de la consommation, 2000, p. 37.

[37] *E. Petit*, REDC 1993, 213 (215 f.).

[38] Zur Auswahl einzelner Verbraucherschutzregeln eingehend *Pizzio*, Code de la consommation, 1996, p. 39 et s.; *Heuer*, Code de la consommation, 2002, S. 136 ff.; kritisch zur Aus-

Die ursprünglichen Texte wurden zwar teilweise neu angeordnet, aber die einzelnen Regelungen inhaltlich nicht verändert und die alten Unstimmigkeiten übernommen[39]. Die Bestimmungen des Code de la consommation unterliegen keinem einheitlichen Anwendungsbereich[40]. Einige Regelungen sind allgemeingültig (etwa Art. L 213-1 et s. C. cons.), andere sind negativ abgegrenzt, indem es Unternehmern (*professionnels*) verwehrt wird, sich auf sie zu berufen (z.B. Art. L 121-21 et s. C. cons.). Schließlich gibt es Artikel, die den Anwendungsbereich positiv auf Verbraucher beschränken (wie Art. L 111-1 C. cons.)[41]. Anhand des Art. L 211-1 C. cons. mit der neuen Definition des Verbrauchervertrags stellt *Raymond* die Frage nach der Beziehung zwischen Verbraucherrecht und dem allgemeinen Zivilrecht, das im Code Civil kodifiziert ist. Dabei lehnt er eine völlig eigenständige Regelung der Verbraucherverträge ab[42]. Ebenso wenig wie eine inhaltliche Anpassung der zusammengeführten Gesetze hat eine Einarbeitung der zu den eingearbeiteten Gesetzen ergangenen Rechtsprechung stattgefunden[43].

Der Code ist in einen legislativen (*partie législative*) und einen verordnungsrechtlichen Teil (*partie réglementaire*) gegliedert. Den Verordnungen kommt im französischen Recht eine verhältnismäßig große Rolle zu. In der V. Republik (seit 1958) hat das Parlament, in Reaktion auf die Erfahrungen der IV. Republik, nur eine begrenzte Zuständigkeit. Die Exekutive ist, wie sich aus dem Katalog des Art. 34 der Verfassung von 1958 ergibt, allgemein regelungsbefugt, sofern nicht Bereiche betroffen sind, die entweder als besonders wichtig für das Staatswesen erachtet werden oder in besonderem Maße in die Individualsphäre des Bürgers eingreifen[44]. Der Gesetzgeber kann gemäß Art. 38 der Verfassung von 1958 seine Regelungskompetenz in einzelnen Bereichen auf die Exekutive übertragen. Die aufgrund dieser Ermächtigung erlassenen *ordonnances* bedürfen

---

wahl, insbesondere zur (Nicht-)Einbeziehung bestimmter Regeln des Code civil: *Witz/Wolter*, ZEuP 3 (1995), 35 (42). Insbesondere das Fehlen wettbewerbsrechtlicher Regelungen (*concurrence loyale*) und anderer Bestimmungen (*vente au déballage, parasitisme commercial*) kritisiert *Raymond*, CCC, août-septembre 1993, 1 (2); siehe auch *Raynaud*, Gaz. Pal. 1994, 1er sem., doctr. 181 (182).

[39] *Szönyi*, GRUR Int. 1996, 83 (97); *Leveneur*, in: *Lequette* (éd.), Code civil, 2004, p. 929 (944).

[40] Vgl. *Szönyi*, GRUR Int. 1996, 83 (85 f.).

[41] Ein Vorschlag, den Anwendungsbereich generell auf die Beziehungen zwischen Unternehmern und Verbrauchern zu beschränken – mit Ausnahmen der Regeln über die Sicherheit, die jedem zugute kommen sollten – wurde nicht umgesetzt; vgl. *Calais-Auloy/Steinmetz*, Droit de la Consommation, 2000, n° 37 a.E.; ausführlich *E. Petit*, REDC 1993, 213 (217).

[42] *Raymond*, CCC, août-septembre 1993, 1 (3).

[43] Am Beispiel der *clauses abusives Witz/Wolter*, ZEuP 3 (1995), 35 (43).

[44] *Pactet*, Droit constitutionnel, 1997, p. 534 et s. (die Auflage von 2000 verzichtet auf die klare Formulierung, dort p. 587 et s.).

eines Ratifikationsgesetzes um Gesetzeskraft zu erlangen[45]. Verordnungen der Verwaltungsbehörden hingegen (*règlements*) entspringen einer eigenen Kompetenz der Exekutive. Exekutivakte des Staatspräsidenten heißen *décret* und solche von Ministern, Präfekten oder Bürgermeistern *arrêtés*, wobei hiermit sowohl Verordnungen als auch Einzelakte gemeint sind[46].

Die *partie législative* wie auch die *partie réglementaire* des Code de la consommation bestehen aus jeweils fünf Teilen[47], die sich thematisch entsprechen: 1) Information der Verbraucher und Entstehung von Verträgen, 2) Vertragskonformität und Sicherheit der Produkte und Dienstleistungen, 3) Verschuldung, 4) Verbrauchervereinigungen und 5) Institutionen[48].

Die in der deutschen Gesetzgebung unbekannte Methode der *codification à droit constant* weist einige Besonderheiten auf. Insbesondere die Lösung des Problems der Geltungsdominanz von parallelen Regelungen durch das System von *code pilote* und *code suiveur* muss kurz erklärt werden. Weil neben verbraucherschutzrechtlichen Vorschriften im engen Sinne auch Regelungen des allgemeinen Rechts in den Code de la consommation eingefügt wurden, um die für den Konsumenten wichtigen Regelungen in einem Gesetzeswerk zusammenzufassen[49], sind diese Regelungen doppelt vorhanden und es stellt sich das Problem der maßgeblichen Fassung im Falle von Veränderungen. Der Gesetzgeber hat hierzu eine besondere Gesetzgebungstechnik angewendet. Die Reglungen des allgemeinen Rechts sind nicht für unwirksam erklärt worden, sondern unter Angabe der Quelle eingefügt worden[50]. Der Code de la consommation ist für diese Bestimmungen „*code suiveur*“. Eine spätere Veränderung der Regeln des Ursprungsgesetzes hat daher auch eine Veränderung ihres Textes im Code de la consommation zur Folge[51]. Ältere verbraucherschutzrechtliche Regelungen im

---

45 Hierzu *Hübner/Constantinesco*, Einführung, 1994, S. 7 f.; *Pactet*, Droit constitutionnel, 2000, p. 598 et s.

46 *Pactet*, Droit constitutionnel, 2000, p. 593 et s.

47 Anmerkung zur Nummerierung der Artikel: L steht für die *partie législative* und R für die *partie réglementaire*. Die Artikelnummer ist nach folgendem Schema aufgebaut: xyz-a. Dabei ist x das Buch (*livre*), y der Titel (*titre*), z das Kapitel (*chapitre*) und a der Artikel innerhalb des Kapitels.

48 *Livre premier : Information des consommateurs et formation des contrats ; livre II : Conformité et sécurité des produits et services ; livre III : Endettement ; livre IV : Les associations de consommateurs ; livre V : Les institutions.*

49 Zur Intention des Gesetzgebers *Pizzio*, Code de la consommation, 1996, p. 38; befürwortend *Tenreiro*, in: *Krämer/Micklitz/Tonner* (Hrsg.), Recht und diffuse Interessen, 1997, S. 339 (340).

50 Einzelheiten zur Auswahl bei *Pizzio*, Code de la consommation, 1996, p. 41 et s.

51 *Pizzio*, Code de la consommation, 1996, p. 59; kurzer Überblick über einzelne Änderungen bis 1996 *ders.*, préc., p. 59 et s.

engeren Sinne, die in den Code eingefügt wurden, wurden dagegen gemäß Art. 2 und 4 des Gesetzes vom 26 Juli 1993 aufgehoben[52]. Für diese Regelungen ist der Code de la consommation „*code pilote*", also selbst die maßgebliche Fassung der Vorschrift.

3. Loi relative à la liberté de communication

Die loi n° 86-1067 relative à la liberté de communication, genannt „loi Léotard"[53], aus dem Jahr 1986 bildet den öffentlich-rechtlichen Rahmen für audiovisuelle Kommunikation. Über die Einhaltung des Gesetzes wacht ein dafür eingerichteter *Conseil supérieur de l'audiovisuel* als unabhängige öffentliche Einrichtung. Das Gesetz bezog seit einer Änderung durch die loi n° 2000-719 vom 1.8.2000 ausdrücklich Online-Dienste (*services de communication en ligne*) in seinen Anwendungsbereich mit ein. Allerdings nur solche, die nicht in den Bereich der Individualkommunikation fallen. Durch die loi pour la confiance dans l'économie numérique (LEN)[54] wurde die loi n° 86-1067 erneut geändert, um die Rahmenbedingungen für öffentliche Online-Kommunikation in Umsetzung der Richtlinie über den elektronischen Geschäftsverkehr zu schaffen. Dabei wurden die *services de communication au public en ligne* direkt in Art. 6 et. s. LEN geregelt.

4. Loi relative à l'informatique, aux fichiers et aux libertés

Der Anwendungsbereich des französischen Datenschutzgesetzes ist auf die automatisierte Verwendung von Daten beschränkt, anders als die EG-Datenschutzrichtlinie, die auch die manuelle Bearbeitung von Daten mit umfasst. Der Grund liegt in der Möglichkeit automatischer Systeme, mit verhältnismäßig geringem

---

[52] *Raynaud*, Gaz. Pal. 1994 1er sem., doctr. 181 (183), wirft in diesem Zusammenhang zwei Fragen auf: Auch strafrechtliche Bestimmungen wurden für ungültig erklärt mit dem Tag der Schaffung des Code de la consommation. Kann die Verurteilung einer vorher begangenen Tat nun aufgrund der neuen Bestimmung erfolgen, ohne das Rückwirkungsverbot zu verletzen? Außerdem sind bestimmte Änderungen durch die loi d'adaption vom 16.12.1992, das im Zusammenhang mit dem neuen Strafgesetzbuch erlassen wurde, nicht in den Code de la consommation übernommen worden, weil die Änderungen zu diesem Zeitpunkt noch nicht in Kraft waren.

[53] Loi n° 86-1067 du 30 septembre 1986 relative à la liberté de communication « loi Léotard », J.O. n° 228 du 1.10.1986 , 11755.

[54] Loi n° 2004-575 du 21 juin 2004 pour la confiance dans l'économie numérique, J.O. n° 143 du 22.6.2004, 11168.

Zeitaufwand Verknüpfungen zwischen verschiedenen Informationen herzustellen und große Datenmengen auszuwerten[55].

Das Datenschutzgesetz wurde mit Gesetz vom 6. August 2004[56] grundlegend geändert und an die Vorgaben der EG-Datenschutzrichtlinie angepasst. Dazu wird im Wesentlichen die Struktur der Richtlinie übernommen, ohne die Grundsätze des französischen Datenschutzrechtes umzustoßen. Zu den wesentlichen Änderungen des Gesetzesprojekts gehören die Aufgabe der unterschiedlichen Behandlung von automatisch und manuell verarbeiteten Daten, die Stärkung der Informations- und Widerspruchsrechte der betroffenen Personen und die Stärkung der Kompetenzen der *Commission nationale de l'informatique et des libertés* (CNIL)[57] bei gleichzeitiger Vereinfachung der Anmeldeverfahren[58].

Das Gesetz gibt jeder Person das Recht, einer automatisierten Verwendung von personenbezogenen Daten (*données nominatives*) zu widersprechen (Art. 38 loi n° 78-17). Um die Ausübung dieses Rechts möglich zu machen, muss die Person bei der Erhebung der Daten darüber informiert werden, ob die Angaben zwingend oder freiwillig sind, was die Folgen einer Nichtbeantwortung sind, wer der Adressat der Informationen ist und darüber, dass ihr ein Zugangs- und Berichtigungsrecht zusteht (Art. 32 al. 1 loi n° 78-17). Das Zugangsrecht ist in Art. 39 bis 43 loi n° 78-17 geregelt. Die Kosten für die Mitteilung der Informationen werden zurückerstattet, wenn danach eine Berichtigung der Daten vorgenommen wird. Über den für den Datenerhebungszweck notwendigen Speicherzeitraum hinaus dürfen die Daten nur für statistische, historische oder wissenschaftliche Zwecke gespeichert und ausgewertet werden (Art. 36 loi n° 78-17 i.V.m. Art. 4-1 loi n° 79-18[59]).

Das Gesetz schaffte die Voraussetzungen für die Einrichtung der *Commission nationale de l'informatique et des libertés* (CNIL), Art. 11 et s. loi n° 78-17. Die CNIL überwacht die Einhaltung der Datenschutzbestimmungen, ihr stehen dafür Auskunftsrechte und eine Klagemöglichkeit zur Verfügung, die Öffentlichkeit

---

[55] Im Internet tritt die Gefahr der Unüberschaubarkeit der hinterlassenen Spuren hinzu, *Boyer*, Cahiers français n° 295, 2000, 74 (76).

[56] Loi n° 2004-801 du 6 août 2004 relative à la protection des personnes physiques à l'égard des traitements de données à charactère personnel et modifiant la loi n° 78-17 du 6 janvier 1978 relative à l'informatique, aux fichiers et aux libertés, J.O. n° 182 du 7.8,2004, 14063.

[57] Das wird von der Richtlinie nicht gefordert, *Mole*, Gaz. Pal., 14.10.2001, 4 (4 et s.).

[58] Siehe *Frayssinet*, Com. Com. électr., janvier 2002, 11 (11 et s.); *Costes*, Revue Lamy droit des affaires, novembre 2001, 13 (15 et s.), zum Gesetzesentwurf.

[59] Loi n° 79-18 du 3 janvier 1989 sur les archives, J.O. n° 3 du 5.1.1979, 43; zur Archivierung von Daten im elektronischen Geschäftsverkehr siehe *Caprioli*, Petites affiches, 18.8.1999, 4 (1re partie) et 19.8.1999, 7 (2^{e} partie).

wird über ihre Rechte informiert und Missstände werden aufgezeigt (Art. 11 loi n° 78-17). Jedes Jahr wird ein öffentlicher Bericht herausgegeben. Vor der Verwendung eines Systems zur automatischen Verarbeitung personenbezogener Daten muss die CNIL informiert werden (Art. 22 bis 24 loi n° 78-17).

Alle Bestimmungen des Gesetzes sind durch Art. 226-16 bis 226-24 C. pén., auf die Art. 50 loi n° 78-17 verweist, strafrechtlich bewehrt. Einige Bestimmungen werden durch das décret n° 81-1142[60] mit Geldbußen belegt. Daneben stellen es Art. 323-1 bis 323-3 C. pén. unter Strafe, sich unberechtigten Zugang zu Datenverarbeitungssystemen zu verschaffen und die Daten zu verändern, Daten hinzuzufügen oder die Funktionsfähigkeit des Systems zu verfälschen.

5. Umsetzung der Richtlinie für den elektronischen Geschäftsverkehr

Anfang 2001 hat der Ministère de l'économie, des finances et de l'industrie ein projet de loi sur la société de l'information (proj. LSI) vorgelegt[61]. Der Entwurf wurde am 14. Juni 2001 in die Assemblée nationale eingebracht[62] (unten a.). Mit der Neuwahl der Nationalversammlung im Juni 2002 wurde das Projekt unwirksam; der neue Entwurf, der dem Kabinett am 15. Januar 2003 vorgelegt wurde, trug den Titel « projet de loi pour la confiance dans l'économie numérique »[63]. Das Gesetz LEN wurde nach einem langwierigen Gesetzgebungsverfahren am 21. Juni 2004 in veränderter Form verabschiedet[64] (unten b.).

---

[60] Décret n° 81-1142 du 23 décembre 1981 instituant des contraventions de police en cas de violation de certaines dispositions de la loi n° 78-17 du 6 janvier 1978 relative à l'informatique, aux fichiers et aux libertés, J.O. n° 302 du 25/26.12.1981, 3511; geändert durch décret n° 93-726 du 29 mars 1993, J.O. n° 75 du 29/30.3.1993, 5559.

[61] Abrufbar unter http://www.lsi.industrie.gouv.fr/observat/innov/lsi/pl.pdf; Stellungnahme der CNIL, Délibération n° 01-018 du 3 mai 2001 portant avis sur le projet de loi sur la société de l'information, http://www.legifrance.gouv.fr/WAspad/Visu?cid=4564&indice=1&table=CNIL&ligneDeb=1; *Derieux*, Légipresse n° 181, mai 2001, 58; zum Vorentwurf *Olivier/Senacq*, Légicom n° 21/22, 2000, 1 (2 et s.).

[62] Projet de loi sur la société de l'information, n° 3143, deposé le 14 juin 2001; Stellungnahmen: Avis du Conseil supérieur de l'audiovisuel du 9 mai 2001, Légipresse n° 183, juillet/août 2001, 52; *CCIP*, Projet de loi sur la société de l'information – Position de la CCIP, 18.10.2001, abrufbar unter http://www.etudes.ccip.fr/archrap/pdf01/die0110.pdf; siehe *Wery/Verbiest*, Cahiers Lamy droit de l'informatique et des réseaux, octobre 2001, 1; *Grynbaum*, D. 2002, 378.

[63] Projet de loi pour la confiance dans l'économie numérique, 15.1.2003, NOR : ECOX0200175L/R1, abrufbar unter http://www.industrie.gouv.fr/observat/innov/lsi/plence10janvier.pdf.

[64] Loi n° 2004-575 du 21 juin 2004 pour la confiance dans l'économie numérique, J.O. n° 143 du 22.6.2004, 11168.

a) Projet de loi sur la société de l'information

Der Entwurf proj. LSI war überwiegend ein Artikelgesetz konzipiert. Zur Umsetzung der Richtlinie für den elektronischen Geschäftsverkehr sollte eine Vielzahl von Gesetzen geändert werden, weil kein besonderes Internetrecht geschaffen werden, sondern nur eine Anpassung der bestehenden Regelungen erfolgen sollte[65]. Für den Verbraucherschutz im Internet sind die vertragsrechtlichen Vorschriften von Bedeutung, die in einen neuen Abschnitt im Code civil, in den Art. 1369-1 bis 1369-5, eingefügt wurden. Den Anforderungen des Art. 7 EC-RL für ein Opt-Out-System im Zusammenhang mit unaufgeforderte E-Mail-Werbung wurde durch neue Art. L 121-15-1 bis L 121-15-6 C. cons. (proj. LSI) Rechnung getragen. Die Informationspflichten für das Angebot von Diensten der Informationsgesellschaft aus Art. 5 EC-RL sollten als Art. 20 in proj. LSI selbst verbleiben. Das Herkunftslandprinzip sollte in Art. 18 proj. LSI umgesetzt werden.

b) Loi pour la confiance dans l'économie numérique

Die loi pour la confiance dans l'économie numérique (LEN) übernimmt einige Regelungen des LSI-Entwurfes, nicht jedoch die Struktur des Gesetzes[66]. Sie ändert als Artikelgesetz den Code des postes et telecommunications (CPT) – den jetzigen Code des postes et communications électroniques (CPCE)[67] –, die

[65] *Derieux*, Légipresse n° 181, mai 2001, 58 (59); die noch nicht auf das Gesetzgebungsvorhaben bezogenen Überlegung zur Richtlinienumsetzung gegen die Regelung aller Fragen des Internet in einem Gesetz, *Robert*, Petites affiches, 10.11.1999, 54 (58), erweist sich so als unbegründet; zustimmend zur Umsetzung in der geplanten LSI *Crabit*, L'univers de la directive sur le commerce électronique, 2000, p. 14, http://droit-internet-2000.univ-paris1.fr/dossier10.

[66] Zur den verschiedenen Fassungen im Gesetzgebungsverfahren siehe *Costes*, Lamy droit de l'informatique et des réseaux, bull. d'actualité, janvier 2003, 1; *Grynbaum*, Com. Com. électr., avril 2003, 25; *Grynbaum*, Com. Com. électr., septembre 2003, 28; *Grynbaum*, Com. Com. électr., février 2004, 34; *Costes*, Lamy droit de l'informatique et des réseaux, février 2004, 1; *Grynbaum*, Com. Com. électr., mai 2004, 37; *Grynbaum*, Com. Com. électr., juin 2004, 38. Die Textfassungen sind im Dossier des Sénat abrufbar unter http://www.senat.fr/dossierleg/pjl02-195.html. Der Conseil constitutionnel hat in einer Entscheidung vom 10. Juni 2004, n° 2004-496, die Verfassungsmäßigkeit des Art. 6 LEN geprüft und Teile der Regelung für verfassungswidrig erklärt.

[67] Das Gesetz wurde erst durch Art. 1 loi n° 2004-669 du 9 juillet 2004 relative aux communications électroniques et aux services de communication audiovisuelle, J.O. n° 159 du 10.7.2004, 12483, umbenannt; zu diesem Gesetz siehe *Costes*, Lamy droit de l'informatique et des réseaux, bull. d'actualité, septembre 2003, 1 (1 et s.).

loi relative à la liberté de communication[68], den Code civil, den Code de la consommation, sowie einige weitere Gesetze.

Zum Teil wurden gegenüber dem proj. LSI inhaltlich neue Regelungen geschaffen. Das gilt zum einen für den elektronischen Vertragsschluss. Die Bestimmungen stehen nun im Code civil in den Art. 1108-1 und 1108-2 C. civ. im Zusammenhang mit den Bestimmungen über die Gültigkeit von Verträgen und in den Art. 1369-1 bis 1369-3 C. civ. in einem eigenen Abschnitt « *Des contrats sous forme électronique* ». Die gemeinschaftsrechtlichen Vorgaben der Bestätigung der Bestellung und der Möglichkeit der Korrektur von Eingabefehlern sind in engerer Anlehnung an die Richtlinie für den elektronischen Geschäftsverkehr umgesetzt[69].

Zum anderen wurde in der LEN die Zulässigkeit unaufgeforderter E-Mail-Werbung in Übereinstimmung mit der Datenschutzrichtlinie für elektronische Kommunikation 2002/58/EG[70] in Art. 33-4-1 CPT neu geregelt. Art. L 121-20-5 ist dahingehend geändert, dass er die Bestimmung als *code suiveur*[71] wiedergibt. Im Zuge der Neuordnung des Code des postes et communications électroniques findet sich die Regelung des Art. 33-4-1 CPT nun in Art. 34-5 CPCE[72], der Code de la consommation wurde aufgrund der Gesetzestechnik des *code suiveur* entsprechend geändert.

Das Herkunftslandprinzip ist in Art. 16 und 17 LEN geregelt. Die Informationspflichten der Anbieter von Diensten der Informationsgesellschaft finden sich in Art. 6 al. 3 LEN. Daneben enthält das neue Gesetz in Art. 29 et s. LEN ausführliche Regelungen zur Zulässigkeit von Verschlüsselungssystemen[73].

IV. Folgen bei Rechtsverstößen

Die Qualität eines Rechtssystems hängt entscheidend von seiner Durchsetzbarkeit ab. Neben effektiven Möglichkeiten des Einzelnen, seine Rechte geltend zu machen, setzt dies voraus, dass Verstöße gegen Rechtsbestimmungen sanktioniert werden. In Frankreich ist die Sanktionierung von Verstößen gegen wirtschaftsrechtliche Bestimmungen durch Bußgelder üblich (unten 1.). Daneben

---

68 Loi n° 86-1067 du 30 septembre 1986 relative à la liberté de communication « loi Léotard », J.O. n° 228 du 1.10.1986 , 11755.

69 Siehe im Einzelnen unten § 8 II 1 b. bb. (2).

70 Siehe oben § 4 II 4 a.

71 Siehe zur Gesetzgebungstechnik des *code suiveur* unten § 5 III 3.

72 Art. 10 loi n° 2004-669 du 9 juillet 2004 relative aux communications électroniques et aux services de communication audiovisuelle, J.O. n° 159 du 10.7.2004, 12483.

73 Siehe hierzu unten § 10 I 2 b. bb.

gibt es mit der *nullité absolue* und *nullité relative* zivilrechtlichen Instrumentarien, die der Nichtigkeit und Anfechtbarkeit des Rechtsgeschäfts im deutschen Recht ähnlich sind (unten 2.).

1. Strafrechtliche Sanktionen bei wirtschaftsrechtlichen Verstößen

Eine Vielzahl von Verstößen gegen wirtschaftsrechtliche Vorschriften sind in Frankreich strafrechtlich bewehrt. Das strafrechtliche Risiko wird dadurch verstärkt, dass Verbraucherschutzorganisationen die Möglichkeit haben, ein Verfahren in Gang zu bringen, soweit durch die Möglichkeit verkürzter Verfahren ohne vorangegangene Untersuchungen[74]. Die Tatbestände des französischen Strafrechts sind nach Art. 111-1 C. pén. nach ihrer Schwere in drei Gruppen eingeteilt: *crimes*, *délits* und *contraventions*. Die drei Gruppen entsprechen weitgehend der deutschen Einteilung in Verbrechen, Vergehen und Ordnungswidrigkeiten. Die Behandlung der Geldbußen weist gegenüber den für Verbrechen und Vergehen vorgesehenen Strafen einige Besonderheiten auf. So können, gem. Art. 132-7 C. pén., anders als bei Geldstrafen (Art. 132-3 et 132-4 C. pén.), bei mehreren durch denselben Tatbestand erfüllten Ordnungswidrigkeitsnormen die Geldbußen addiert werden. Bei Ordnungswidrigkeiten ist das Anstiften zu einer Tat sowie das Nichtverhindern und das Unterlassen der Anzeige nicht strafbar nach Art. 222-17, 222-18, sowie 223-6 und 434-1 C. pén., denn diese Vorschriften gelten nur für Verbrechen und Vergehen bzw. im Fall des Art. 434-1 C. pén. sogar nur für Verbrechen. Die Ordnungswidrigkeitstatbestände werden nicht durch Gesetz, sondern durch *décrets en Conseil d'Etat* bestimmt, Art. R 610-1 C. pén. Dementsprechend ist das Recht der Ordnungswidrigkeiten in den Art. R 610-1 et s. im Verordnungsteil des Code pénal geregelt. Bei Ordnungswidrigkeiten ist als Strafe eine Geldbuße (*peine d'amende*) vorgesehen. Die Höhe des Bußgeldes richtet sich nach der Schwere des Rechtsverstoßes. Art. 131-13 C. pén. teilt die *contraventions* in fünf Klassen ein und bestimmt für jede Klasse die maximale Höhe des Bußgeldes. Der Rahmen reicht von 38 € für *contraventions de la 1re classe* bis 1500 € für *contraventions de la 5e classe*. In bestimmten Fällen berechnet sich das Bußgeld anteilig nach einem tatbestandsimmanenten Faktor, wie der Schadenshöhe oder der wirtschaftlichen Bedeutung des Geschäfts. In diesen Fällen ist die Höhe der Geldbuße gem. Art. R 610-4 C. pén. durch den für Ordnungswidrigkeiten der fünften Klasse vorgesehenen Höchstbetrag begrenzt[75].

Eine gegenüber dem deutschen Strafrecht französische Besonderheit ist die in Art. 121-2 C. pén. vorgesehene Möglichkeit, auch gegen juristische Personen

---

[74] *Buis*, Com. Com. électr., octobre 2000, 13 (15).
[75] Siehe *Desportes/Le Gunehec*, Droit pénal, 2000, n° 124.

strafrechtlich vorzugehen. Dabei handelt es sich allerdings nicht um ein durchgängiges Prinzip; die Fälle werden im Gesetz einzeln bestimmt[76]. Die Geldbußen können für juristische Personen fünfmal so hoch sein wie die in der jeweiligen Vorschrift für natürliche Personen bestimmten (Art. 131-41 C. pén., der auf die Einteilung in Art. 131-13 C. pén. verweist).

Die Verletzung von Straftatbeständen kann nicht nur Gegenstand einer öffentlichen Anklage (*action publique*) sein, sondern auch als Privatklage (*action civile*) geltend gemacht werden. Der Geschädigte kann die Privatklage ausüben, wenn der Klagegrund die Verletzung einer Strafvorschrift ist und der Kläger Schadensersatz in Geld begehrt (Art. 2 C. proc. pén.). Der Kläger hat für das Verfahren grundsätzlich die Wahl zwischen dem Zivil- und dem Strafrechtsweg[77].

2. Absolute und relative Nichtigkeit

Die Rechtsfolge des Fehlens einer gesetzlichen Voraussetzung für einen Vertrag hat grundsätzlich die Nichtigkeit (*nullité*) des Vertrages zur Folge[78]. Es gibt zwei Arten, die *nullité absolue* und die *nullité relative*. Die *nullité absolue* führt automatisch zur Nichtigkeit. Auf die *nullité relative* muss sich der Berechtigte dagegen erst berufen, ein entsprechender Richterspruch ist hier konstituierend für die Nichtigkeit. Diese beiden Rechtsinstrumente, die mit der deutschen Nichtigkeit und Anfechtbarkeit verglichen werden können, aber nicht vollständig deckungsgleich sind, sollen aufgrund ihrer Besonderheit an dieser Stelle vorgestellt werden. Andere Rechtsfolgen wie Widerruf oder Schadensersatz sind dagegen auch im deutschen Recht bekannt und bedürfen keiner einleitenden Darstellung.

Von der klassischen Lehre wurden beide Arten nach ihren Anwendungsfällen unterschieden: Schwerwiegende Mängel hatten die *nullité absolue* zur Folge und weniger schwerwiegende nur die *nullité relative*[79]. Jene Form entspricht im deutschen Recht der Nichtigkeit kraft Gesetzes, während die zweite der Anfechtbarkeit bzw. der Nichtigkeit in Folge einer Anfechtung entspricht[80]. In der neueren Lehre werden die Anwendungsfälle der beiden Arten nach dem geschützten Interesse unterschieden: Wenn die Vorschrift nur individuelle Interes-

---

[76] Vgl. ausführlich *Larguier/Conte*, Droit pénal des affaires, 2001, n° 39.

[77] *Larguier/Conte*, Droit pénal des affaires, 2001, n° 77; zu den Vor- und Nachteilen *dies.*, préc., n° 78 et s.

[78] *J. Flour/Aubert/Savaux*, Obligations/1, 2000, n° 323.

[79] Siehe *J. Flour/Aubert/Savaux*, Obligations/1, 2000, n° 325; Ferid/*Sonnenberger*, Französisches Zivilrecht, Band 1/1, 1994, Rn. 1 F 908.

[80] Ferid/*Sonnenberger*, Französisches Zivilrecht, Band 1/1, 1994, Rn. 1 F 905; eine vollständige Entsprechung der Begriffe besteht nicht.

sen schützen soll, ist die Rechtsfolge die *nullité relative*. Wenn hingegen allgemeine Interessen dem Schutzzweck der Norm zugrunde liegen, führt ein Verstoß in der Regel zur *nullité absolue*[81]. Vertragsrechtliche Vorschriften, bei denen sich eine Nichtbeachtung auf die Fähigkeit der freien Willensbildung einer Partei bezieht, werden demzufolge mit relativer Nichtigkeit sanktioniert[82]. Das gilt für zwingende Vorschriften zum wirtschaftlichen Schutz einer Partei (*dispositions d'ordre publique économique de protection*), zu denen auch verbraucherschützende Bestimmungen gehören[83]. Auf die relative Nichtigkeit kann sich nur die Person berufen, in deren Interesse die verletzte Vorschrift besteht[84]. Jedenfalls bei zwingenden Vorschriften wird die Nichtigkeitsfolge auf der Grundlage des Art. 6 C. civ.[85] als stillschweigender Wille des Gesetzgebers angesehen, um Verstöße nicht sanktionslos zuzulassen[86]. Demgemäß kann eine strafrechtliche Sanktion dazu führen, dass nicht zusätzlich die Nichtigkeit eintritt[87]. Obgleich Verstöße gegen Vorschriften, die die relative Nichtigkeit zur Folge haben, grundsätzlich durch Bestätigung (*confirmation*) des durch die Vorschrift Geschützten geheilt werden können[88], wird dies sowohl für Formvorschriften als auch für Vorschriften des zwingenden Rechts verneint. Insbesondere der Warnfunktion von Formerfordernissen kann durch eine nachträgliche Bestätigung nicht entsprochen werden[89]. Zwingende Vorschriften, etwa des Verbraucherrechts, zeichnen sich gerade dadurch aus, dass ein Verzicht nicht von dem Willen der Parteien – auch nicht der geschützten Partei – abhängt.

Die Geltendmachung der relativen Nichtigkeit vor Gericht ist gem. Art. 1304 C. civ. fünf Jahre nach Abschluss des Rechtsgeschäfts möglich, wenn nicht ein kürzerer Zeitpunkt bestimmt ist. Der Zeitpunkt des Beginns der Verjährungsfrist (*délai de prescription*) verschiebt sich in den Fällen, in denen der Betroffene vorher nicht handeln konnte, nach hinten; so bei Minderjährigen auf den Zeitpunkt der Volljährigkeit, Art. 1304 al. 3 C. civ., (vgl. im deutschen Recht § 210

---

[81] *J. Flour/Aubert/Savaux*, Obligations/1, 2000, n° 328; Ferid/*Sonnenberger*, Französisches Zivilrecht, Band 1/1, 1994, Rn. 1 F 908.

[82] Ferid/*Sonnenberger*, Französisches Zivilrecht, Band 1/1, 1994, Rn. 1 F 911.

[83] *J. Flour/Aubert/Savaux*, Obligations/1, 2000, n° 336 ; Ferid/*Sonneberger*, Französisches Zivilrecht, Band 1/1, 1994, Rn. 1 F 911.

[84] *J. Flour/Aubert/Savaux*, Obligations/1, 2000, n° 330, 339 et s.

[85] « *On ne peut déroger, par des conventions particulières, aux lois qui intéressent l'ordre public et les bonnes mœurs.* »

[86] Cour de cassation, 1re chambre civile, 7.10.1998, JCP 1999, II 10039, note *Gervais*; *Chabas*, Introduction, 2000, n° 349.

[87] *Mestre*, obs. sous Cour de cassation, 1re chambre civile, 15.12.1998, RTD civ. 1999, 383 (385); *Chabas*, Introduction, 2000, n° 349.

[88] *J. Flour/Aubert/Savaux*, Obligations/1, 2000, n° 345.

[89] *J. Flour/Aubert/Savaux*, Obligations/1, 2000, n° 346.

BGB) und bei Willensmängeln auf den Zeitpunkt, in dem der Mangel bemerkt wird, Art. 1304 al. 2 C. civ[90]. Zum Teil wird diese Frist damit erklärt, dass nach fünf Jahren eine stillschweigende Zustimmung erteilt wurde[91]. Diese Erklärung versagt aber für die Vorschriften zwingenden Rechts, zu denen keine Zustimmung möglich ist. Bei der *nullité absolue* gilt die allgemeine 30-jährige Verjährungsfrist des Art. 2262 C. civ. Wenn ein Rechtsakt nichtig ist, müssen die erbrachten Leistungen zurückgegeben werden. Zusätzlich kann ein Schadensersatzanspruch bestehen, wenn die Nichtigkeit durch Verschulden eines Vertragsteiles entstanden ist[92].

---

[90] *Chabas*, Introduction, 2000, n° 354.
[91] *Chabas*, Introduction, 2000, n° 354.
[92] *Chabas*, Introduction, 2000, n° 357.

§ 6 Deutschland

I. Entwicklung des Verbraucherschutzrechts

Das Verbraucherrecht im engeren Sinne hat sich, wie auch in Frankreich und Europa insgesamt, seit den 1970er Jahren entwickelt. Nimmt man das Abweichen von der formalen Vertragsfreiheit als Kriterium, so kann bereits das Abzahlungsgesetz von 1894 als erstes in die Reihe verbraucherschützender Gesetze gestellt werden, wobei noch keine Abgrenzung nach dem modernen Verbraucherbegriff erfolgte[1]. Das Fernunterrichtsschutzgesetz[2] und das AGB-Gesetz[3] wurden 1976 verabschiedet. Das Schuldrecht wurde 1979 um ein Reisevertragsrecht[4] erweitert. Eine zweite Gruppe privatrechtlichen Verbraucherrechts entstand durch die Umsetzungsverpflichtungen verbraucherschützender Richtlinien des Gemeinschaftsrechts. Hierzu gehören das Verbraucherkreditgesetz[5], das Produkthaftungsgesetz[6], das Haustürwiderrufsgesetz[7], das Teilzeit-Wohnrechtegesetz[8], Änderungen im Reisevertragsrecht[9] und des AGB-Gesetzes[10] sowie aus jüngerer Zeit das Fernabsatzgesetz[11]. Geltung haben von diesen Geset-

---

[1] *Drexl*, Wirtschaftliche Selbstbestimmung, 1998, S. 18.

[2] Gesetz zum Schutz der Teilnehmer am Fernunterricht (Fernunterrichtsschutzgesetz) vom 24. August 1976, BGBl. 1976, I 2525.

[3] Gesetz zur Regelung des Rechts der Allgemeinen Geschäftsbedingungen (AGB-Gesetz) vom 9. Dezember 1976, BGBl. 1976, I 3317.

[4] Durch das Gesetz zur Änderung des Bürgerlichen Gesetzbuchs (Reisevertragsgesetz) vom 4. Mai 1979, BGBl. 1979, I 509.

[5] Verbraucherkreditgesetz (VerbrKrG) als Art. 1 des Gesetzes über Verbraucherkredite, zur Änderung der Zivilprozeßordnung und anderer Gesetze vom 17. Dezember 1990, BGBl. 1990, I 2840.

[6] Gesetz über Haftung für fehlerhafte Produkte (Produkthaftungsgesetz – ProdHaftG) vom 15. Dezember 1989, BGBl. 1989, I 2198.

[7] Gesetz über den Widerruf von Haustürgeschäften und ähnlichen Geschäften vom 16. Januar 1986, BGBl. 1986, I 122.

[8] Gesetz über die Veräußerung von Teilzeitnutzungsrechten an Wohngebäuden (Teilzeit-Wohnrechtegesetz – TzWrG) vom 20. Dezember 1996, BGBl. 1996, I 2154.

[9] Gesetz zur Durchführung der Richtlinie des Rates vom 13. Juni 1990 über Pauschalreisen vom 24. Juni 1994, BGBl. 1994, I 1322; das Reisevertragsrecht wurde zuletzt durch das Zweite Gesetz zur Änderung reiserechtlicher Vorschriften vom 23. Juli 2001, BGBl. 2001, I 1658, geändert.

[10] Gesetz zur Änderung des AGB-Gesetzes und der Insolvenzordnung vom 19. Juli 1996, BGBl. 1996, I 1013.

[11] Verkündet als Art. 1 des Gesetzes über Fernabsatzverträge und andere Fragen des Verbraucherrechts sowie zur Umstellung von Vorschriften auf Euro vom 27. Juni 2000, BGBl. I S. 897.

zen nur noch das Produkthaftungsgesetz[12], das Fernunterrichtsschutzgesetz[13] und die Preisangabenverordnung[14]. Die übrigen verbraucherschutzrechtlichen Nebengesetze wurden im Zuge der Schuldrechtsmodernisierung mit Wirkung zum 1. Januar 2002 an verschiedenen Stellen ins BGB eingefügt[15].

II. Regelungen mit besonderer Bedeutung für den Verbraucherschutz im Internet

1. Bürgerliches Gesetzbuch (BGB)

Mit der zum 1. Januar 2002 verwirklichten Schuldrechtsreform[16] hat das BGB für den Untersuchungsbereich dieser Arbeit nicht mehr nur Bedeutung als Grundlage für vertragliche Beziehungen, von dessen Regeln in bestimmten Situationen aus Verbraucherschutzgesichtspunkten abgewichen werden muss. Durch die Eingliederung des AGB-Gesetzes, des Haustürwiderrufsgesetzes, des Verbraucherkreditgesetzes und des Fernabsatzgesetzes (FernAbsG) ist das BGB auch Quelle verbraucherspezifischer Regelungen geworden[17]. Bereits im Jahr 2000 wurden mit der Umsetzung der Fernabsatzrichtlinie eine allgemeine Verbraucher- und Unternehmerdefinitionen an exponierter Stelle in §§ 13 und 14 BGB eingefügt, das Widerrufsrecht bei Verbraucherverträgen in §§ 361a und 361b BGB a.F. (§§ 355 ff. BGB n.F.) geregelt und mit § 241a BGB eine Vorschrift über unverlangt zugesendete Ware aufgenommen.

Für den Verbraucherschutz im Internet sind das Fernabsatzrecht in §§ 312b bis 312d und der sich anschließende § 312e BGB wichtig, der die Pflichten beim Abschluss elektronischer Verträge aus Art. 10 und 11 der Richtlinie über den elektronischen Geschäftsverkehr regelt. Die Vorschriften stehen im Abschnitt „Begründung, Inhalt und Beendigung von Verträgen – Besondere Vertriebsformen" im allgemeinen Teil des Schuldrechts. Vervollständigt werden die Verbraucherschutzinstrumente durch §§ 355 bis 357 BGB, die das Widerrufs- und Rückgaberecht bei Verbraucherverträgen zentral regeln. § 676h BGB

---

[12] In der Fassung der letzten Änderung durch das Gesetz zur Änderung produkthaftungsrechtlicher Vorschriften vom 2. November 2000, BGBl. 2000, I 1478.

[13] In der Fassung der Neubekanntmachung des Fernunterrichtsschutzgesetzes vom 4. Dezember 2000, BGBl. 2000, I 1670.

[14] In der Neufassung der Bekanntmachung vom 28. Juli 2000, BGBl. 2000, I 1244.

[15] Gesetz zur Modernisierung des Schuldrechts vom 26. November 2001, BGBl. 2001, I 3138.

[16] Durch das Gesetz zur Modernisierung des Schuldrechts vom 26. November 2001, BGBl. 2001, I 3138; hierzu in der französischen Literatur *Schley*, D. 2002, 1738.

[17] Vgl. *Drexl*, in: *Schlechtriem* (Hrsg.), Wandlungen des Schuldrechts, 2002, S. 97 (101 f.); einen Überblick gibt *Frings*, VuR 2002, 390.

schützt die Benutzer von Zahlungskarten bei missbräuchlicher Verwendung der Karte oder von Kartendaten.

§ 126a BGB definiert die elektronische Form als ein elektronisches Dokument, das mit einer qualifizierten elektronischen Signatur versehen werden muss. Die Gleichstellung der elektronischen Form mit der Schriftform bestimmt § 126 Abs. 3 BGB in Umsetzung des Art. 9 Abs. 1 EC-RL. Der deutsche Gesetzgeber hat mit der Textform des § 126b BGB eine neue Formkategorie eingeführt, die mit ihren gegenüber der Schriftform und elektronischen Form einfacheren Voraussetzungen gerade den Erfordernissen der elektronischen Kommunikation gerecht wird.

2. Gesetz gegen den unlauteren Wettbewerb (UWG)

Das Gesetz gegen den unlauteren Wettbewerb ist kein Verbrauchergesetz im engen Sinne. Mit der Verabschiedung des neuen UWG am 3. Juli 2004[18] hat der Verbraucherbegriff jedoch Eingang in das Gesetz gefunden. Das Wettbewerbsrecht bildet die Grundlage für einen funktionierenden Markt, an dem nicht nur die Anbieter und Wettbewerber interessiert sind, sondern auch die Allgemeinheit und die Verbraucher im Besonderen. Dementsprechend wird auch der Schutzbereich des UWG beschrieben[19] und in § 1 des neuen UWG ausdrücklich genannt. Unlautere und vergleichende Werbung sind nicht wie in Frankreich in einer Verbraucherrechtskodifikation, sondern in § 3 in Verbindung mit §§ 5 und 6 UWG geregelt. Die irreführende Werbung wird von der wettbewerbsrechtlichen Generalklausel, deren Entsprechung sich in Frankreich im Code civil findet, erfasst, für die vergleichende Werbung wurde in Umsetzung der Richtlinie über vergleichende Werbung[20] im Jahr 2000 § 2 UWG a.F. neugefasst[21], der Bereich wird im UWG vom 3. Juli 2004 durch § 6 geregelt. In § 7 UWG findet sich die Umsetzung des Art. 13 der Datenschutzrichtlinie für elektronische Kommunikation 2002/58/EG zur Unzulässigkeit unverlangt versendeter Werbung.

---

[18] Gesetz gegen den unlauteren Wettbewerb vom 3. Juli 2004, BGBl. 2004, I 1414;
[19] *Baumbach/Hefermehl*, Wettbewerbsrecht, 2001, Einl UWG, Rn. 42.
[20] Richtlinie 97/55/EG vom 6.10.1997 zur Änderung der Richtlinie 84/450/EWG über irreführende Werbung zwecks Einbeziehung der vergleichenden Werbung, ABl. Nr. L 290/18 vom 23.10.1997.
[21] Mit dem Gesetz zur vergleichenden Werbung und zur Änderung wettbewerbsrechtlicher Vorschriften vom 1. September 2000, BGBl. 2000, I 1374.

3. Teledienstegesetz (TDG)

Das Gesetz über die Nutzung von Telediensten wurde am 22. Juli 1997 als Teil des Informations- und Kommunikationsdienstegesetzes (IuKDG) zusammen mit dem TDDSG und dem Signaturgesetz verabschiedet[22]. Geändert wurde es durch das Gesetz über Fernabsatzverträge im Jahr 2000[23] und das Elektronischer-Geschäftsverkehr-Gesetz (EGG) 2001[24]. Zweck des Gesetzes ist gem. § 1 die Schaffung einheitlicher wirtschaftlicher Rahmenbedingungen für die verschiedenen Nutzungsmöglichkeiten der elektronischen Informations- und Kommunikationsdienste. Das TDG ist allerdings nicht auf alle elektronischen Informations- und Kommunikationsdienste, sondern nur auf Teledienste[25] anwendbar. Die Mediendienste, die die übrigen Dienste des Oberbegriffs umfassen, sind im Mediendienstestaatsvertrag (MDStV) geregelt[26].

4. Gesetz über den elektronischen Geschäftsverkehr (EGG)

Das EGG[27] ist, ähnlich der französischen LEN, ein Artikelgesetz, dass in verschiedenen Rechtsvorschriften Änderungen zur Umsetzung der Richtlinie über den elektronischen Geschäftsverkehr vornimmt. Geändert werden das Teledienstegesetz und das Teledienstedatenschutzgesetz (TDDSG). Die zivilrechtlichen Bestimmungen der Richtlinie sind anders als in Frankreich nicht mit dem EGG, sondern durch das Formvorschriftenanpassungsgesetz[28] und das Schuldrechtsmodernisierungsgesetz umgesetzt worden.

---

[22] Gesetz über die Nutzung von Telediensten (Teledienstegesetz – TDG) als Art. 1 des Gesetzes zur Regelung der Rahmenbedingungen für Informations- und Kommunikationsdienste (Informations- und Kommunikationsdienste-Gesetz – IuKDG) vom 22. Juli 1997, BGBl. 1997, I 1870.

[23] Art. 6 Abs. 4 des Gesetzes über Fernabsatzverträge und andere Fragen des Verbraucherrechts sowie zur Umstellung von Vorschriften auf Euro vom 27. Juni 2000, BGBl. 2000, I 897.

[24] Gesetz über rechtliche Rahmenbedingungen für den elektronischen Geschäftsverkehr (Elektronischer Geschäftsverkehr-Gesetz – EGG) vom 14. Dezember 2001, BGBl. 2001, I 3721.

[25] Siehe zur Abgrenzung zwischen Tele- und Mediendiensten unten § 10 II 1 b.

[26] Staatsvertrag über Mediendienste vom 20. Januar 1997 bis 12. Februar 1997, zuletzt geändert durch den sechsten Rundfunkänderungsstaatsvertrag vom 20.12.2001, der am 1.7.2002 in Kraft getreten ist.

[27] Gesetz über rechtliche Rahmenbedingungen für den elektronischen Geschäftsverkehr (Elektronischer Geschäftsverkehr-Gesetz – EGG) vom 14. Dezember 2001, BGBl. 2001, I 3721, in Kraft getreten gem. Art. 5 EGG am 1.1.2002; siehe *Nickels*, CR 2002, 302 (303 ff.).

[28] Gesetz zur Anpassung der Formvorschriften des Privatrechts und anderer Vorschriften an den modernen Rechtsgeschäftsverkehr vom 13. Juli 2001, BGBl. 2001, I 1542.

5. Bundesdatenschutzgesetz (BDSG), Teledienstedatenschutzgesetz (TDDSG) und Telekommunikationsgesetz (TKG)

Das im Internet geltende Datenschutzrecht findet sich in drei unterschiedlichen Gesetzen. Die Grundlage bildet das Bundesdatenschutzgesetz (BDSG)[29]. Es regelt generell die Erhebung, Nutzung und Verarbeitung personenbezogener Daten. Das Teledienstedatenschutzgesetz (TDDSG)[30] ist eine bereichsspezifische Regelung für Teledienste. Von den Telediensten zu unterscheiden sind Telekommunikationsdienste, für die §§ 91 bis 107 TKG gelten. Das Telekommunikationsgesetz vom 22. Juni 2004[31] setzt die Bestimmungen der Datenschutzrichtlinie für elektronische Kommunikation 2002/58/EG um und ersetzt die Telekommunikationsdatenschutzverordnung (TDSV)[32]. Die Abgrenzung der Anwendungsbereiche ist Gegenstand der Ausführungen zum Datenschutzrecht in Teil 3 dieser Arbeit[33].

6. Signaturgesetz (SigG)

Das Signaturgesetz (SigG) vom 16. Mai 2001[34] enthält die rechtlichen Anforderungen, die an elektronische Signaturen gestellt werden. Die Einzelheiten sind durch die Signaturverordnung vom 24. Oktober 2001[35] geregelt.

---

[29] Zuletzt geändert durch das Gesetz zur Änderung des Bundesdatenschutzgesetzes und anderer Gesetze vom 18. Mai 2001, BGBl. 2001, I 904; siehe oben § 4 I 4 c.

[30] Gesetz über den Datenschutz bei Telediensten (Teledienstedatenschutzgesetz – TDDSG) vom 22. Juli 1997, BGBl. 1997, I 1870; zuletzt geändert durch Art. 3 des Gesetzes über rechtliche Rahmenbedingungen für den elektronischen Geschäftsverkehr (Elektronischer-Geschäftsverkehr-Gesetz – EGG) vom 14. Dezember 2001, BGBl. 2001, I 3721 vom 20.12.2001; hierzu *Geis*, CR 2002, 667.

[31] Telekommunikationsgesetz (TKG) vom 22. Juni 2004, BGBl. 2004, I 1190.

[32] Telekommunikations-Datenschutzverordnung (TDSV) vom 18. Dezember 2000, BGBl. 2000, I 1746.

[33] Siehe § 10 II 1.

[34] Gesetz über Rahmenbedingungen für elektronische Signaturen und zur Änderung weiterer Vorschriften vom 16. Mai 2001, BGBl. 2001, I 876; siehe oben, § 4 I 2 c.

[35] Verordnung zur elektronischen Signatur (Signaturverordnung – SigV) vom 16. November 2001, BGBl. 2001, I 3074; inkraftgetreten am 22.11.2001; siehe oben, § 4 I 2 c.

Ergebnis zu Teil 2

Im Hinblick auf die Regelungsstruktur für den elektronischen Geschäftsverkehr weichen Frankreich und Deutschland nicht wesentlich voneinander ab. In beiden Ländern sind die normativen Rahmenbedingungen für das Internet in eigenen Gesetzen geregelt, in Frankreich in der loi relative à la liberté de communication, dem CPCE und der LEN und in Deutschland im TDG und im MDStV. Individuelle Informations- und Kommunikationsdienste werden vom französischen Gesetz erst durch die Änderungen der LEN umfasst. Die Vertrags- und Wettbewerbsrechte der beiden Länder weichen dagegen voneinander ab. Das zeigt sich insbesondere im Verbraucherschutzrecht, das in Frankreich in einem eigenen Gesetzbuch zusammengefasst ist, während die verbraucherschützenden Nebengesetze in Deutschland in das BGB integriert wurden. Rückschlüsse auf das jeweils zugrunde liegende Verständnis des Verbraucherschutzes dergestalt, dass ein personenbezogener Ansatz sich in einer dem Handelsrecht ähnlichen Selbständigkeit und Ausgliederung wieder findet und ein situationsbezogener, bei dem die Verbrauchereigenschaft eigentlich eine Voraussetzung des sachlichen Anwendungsbereichs ist und das Verbraucherrecht als Teil des allgemeinen Zivilrechts verstanden wird, in der Regelung innerhalb des Zivilgesetzbuches[1], sind nicht zwingend. In Frankreich war der leichte Zugang der Verbraucher zu allen für sie relevanten Bestimmungen ein maßgeblicher Grund für die Schaffung des Code de la consommation. Das Wettbewerbsrecht, das in Deutschland in einem eigenen Gesetz, dem UWG, geregelt ist, findet sich in Frankreich sowohl in strafrechtlich bewehrten Bestimmungen im Code de la consommation als auch in der Generalklausel im Code civil. Die datenschutzrechtlichen Strukturen unterscheiden sich vor allem durch die in Deutschland bestehende Trias datenschutzrechtlicher Regelungen im allgemeinen TDSG und den speziellen Regelungen des TDDSG und des TKG. Einen unterschiedlichen Standort hat schließlich die Regelung der elektronischen Signatur. In Deutschland gibt es ein eigenes Gesetz, das dem öffentlichen Recht zugeordnet werden kann. Das französische *décret*, das die Rahmenbedingungen für elektronische Signaturen festlegt, ist dagegen auf eine Ermächtigungsgrundlage im Code civil gestützt.

---

[1] Allgemein zum Verhältnis von Verbraucherrecht und allgemeinen Privatrecht: *Kleindiek*, in: *Hommelhoff/Jayme/Mangold* (Hrsg.), Europäischer Binnenmarkt, 1995, S. 297 (299 ff.); *Tonner*, JZ 1996, 533 (534 ff.); *Drexl*, Wirtschaftliche Selbstbestimmung, 1998, S. 71 ff.; *ders.*, in: *Schlechtriem* (Hrsg.), Wandlungen des Schuldrechts, 2002, S. 97 (109 ff.); *Gärtner*, BB 1995, 1753 (insb. 1755 ff.); *Damm*, JZ 1978, 173 (insb. 175 f.); *Preis*, ZHR 158 (1994), 567 (insb. 592 ff., 613), der Verbraucherrecht als Sonderprivatrecht sieht, aber eine klare begriffliche Abgrenzug des Anwendungsbereichs vermißt; *D. Hoffmann*, in: *Krämer/Micklitz/Tonner* (Hrsg.), Recht und diffuse Interessen, 1997, S. 291 (297).

Teil 3: Untersuchung und Bewertung der Leistungsfähigkeit der verbraucherschützenden Bestimmungen

Als Ergebnis der Bestandsaufnahme in den ersten beiden Teilen zeigen sich einerseits die tatsächlichen Probleme bei der Anbahnung und Abwicklung von Vertragsbeziehungen im Internet und andererseits die gemeinschaftsrechtlichen und nationalen Regelungen. Die Leistungsfähigkeit dieser, im zweiten Teil der Arbeit vorgestellten Regelungen für den Verbraucherschutz im Internet ist jetzt an der Verwirklichung der im ersten Teil vorgestellten Verbraucherschutzziele zu messen. Im Mittelpunkt der folgenden Darstellung steht die französische Rechtslage. Auf die Situation in Deutschland, mit der die französischen Lösungen verglichen werden, wird nur dann ausführlich eingegangen, wenn es sich um neuere Regeln handelt, die selbst internetspezifische Probleme aufwerfen.

§ 7 Werbung

Werbung kann durch ihren Inhalt und durch die Art und Weise ihrer Übermittlung den Adressaten beeinträchtigen. Irreführende oder unrichtige Aussagen können beim Adressaten einen falschen Eindruck über die angebotene Leistung erwecken, so dass eine aufgrund der Werbung abgegebene Willenserklärung unter Umständen mit Willensmängeln behaftet ist und nicht selbstbestimmt abgegeben wurde. Der Empfang von Werbebotschaften ist zwar vom Verbraucher oft erwünscht, weil er sich so ein Bild von den Angeboten am Markt machen kann. Die Wahl des Werbeträgers kann aber im Einzelfall als störend empfunden werden.

Eine Schnittstelle zwischen Inhalt und Platzierung der Werbung besteht bei kontextabhängiger Werbung, die bei Fernkommunikation erst mit dem interaktiven Kommunikationsmittel Internet möglich geworden ist[1]. Der Nutzer kann insbesondere bei Suchmaschinen abhängig vom eingegebenen Suchbegriff gezielt mit der thematisch passenden Werbung versorgt werden. Das kann irreführend sein, wenn aufgrund der Verknüpfung der Werbung mit dem Kontext, in dem sie erscheint, eine falsche Vorstellung beim Nutzer geweckt werden kann.

---

[1] Zu den verschiedenen Arten der Werbung im Internet *Leupold/Bräutigam/Pfeiffer*, WRP 2000, 575 (579 ff.).

I. Französischen Werberecht

Die unterschiedlichen Regelungskontexte, die an den Werbeträger[2], an die Art des beworbenen Produktes oder den Inhalt der Botschaft anknüpfen, sind der Grund dafür, warum es im französischen Recht keine einheitliche Definition für Werbung (*publicité*) gibt[3]. Zwei notwendige Kriterien müssen für das Vorhandensein von Werbung bejaht werden können. Erstens die Zielsetzung der Nachricht, die darin bestehen muss, den Absatz eines Produktes oder Dienstes oder der Leistungen eines Unternehmens insgesamt zu fördern. Zweitens der Adressatenkreis der Nachricht: Um Werbung zu sein, muss sie an die Öffentlichkeit gerichtet sein[4]. Ein drittes Merkmal, die Erbringung einer Gegenleistung (*contrepartie*) für die Veröffentlichung der Werbebotschaft, wird in den gesetzlichen Bestimmungen für Fernsehwerbung verwendet[5]. Letzteres ist als allgemeines Kriterium jedoch zu weit[6]. Die Anwendung der den Verbraucher oder Konkurrenten schützenden Vorschriften kann nicht davon abhängen, wie das vertragliche Verhältnis von Werbendem und Herausgeber im Einzelfall ausgestaltet ist.

Die Lehre tendiert dazu, die zwar sehr weite, aber dafür umfassende Definition der Richtlinie über irreführende Werbung[7] heranzuziehen: Werbung – oder in der französischen Fassung *publicité* – ist hiernach „jede Äußerung bei der Ausübung eines Handels, Gewerbes, Handwerks oder freien Berufs mit dem Ziel,

---

[2] *Buis*, Com. Com. électr., octobre 2000, 13 (14).

[3] Der Begriff „*publicité*" wird in zwei weiteren Bedeutungen verwendet: zum einen als Publizitätsgrundsatz, etwa bei Justizakten, zum anderen für die gesetzliche Verpflichtung, bestimmte Informationen dem Verbraucher zugänglich zu machen: die Preisauszeichnungspflicht (*la publicité des prix*) oder Etikettierungsvorschriften; siehe *Raymond*, Juris-Classeur Concurrence Consommation, fasc. 900, 1998, n° 1.

[4] *Conseil d'Etat*, Internet, 1998, p. 57; ebenso *Guerrier/Monget*, Sécurité, 2000, p. 406, die ihre Ausführungen offensichtlich sehr stark an die des *Conseil d'Etat*, préc., angelehnt haben.

[5] Art. 2 décret n° 92-280 du 27 mars 1992 pris pour l'application du 1o de l'article 27 de la loi du 30 septembre 1986 relative à la liberté de communication et fixant les principes généraux concernant le régime applicable à la publicité et au parrainage, J.O. n° 75 du 28.3.1992.

[6] *Conseil d'Etat*, Internet, 1998, p. 57 et s., die es allerdings wohl als ergänzendes Kriterium in unklaren Fällen zulassen wollen; *Guerrier/Monget*, Sécurité, 2000, p. 406, dagegen nehmen das Kriterium in den Definitionsrahmen der *publicité* auf; ebenfalls bejahend – allerdings nur im Kontext audiovisueller Werbung – *Wilhelm/Kostic*, Revue Lamy droit des affaires, décembre 1998, 3 (3).

[7] Richtlinie 84/450/EWG vom 10.10.1984 zur Angleichung der Rechts- und Verwaltungsvorschriften der Mitgliedstaaten über irreführende Werbung, ABl. Nr. L 250/17 vom 19.9.1984; eine inhaltlich gleiche Definition verwenden *Calais-Auloy/Steinmetz*, Droit de la consommation, 2000, n° 125.

den Absatz von Waren oder die Erbringung von Dienstleistungen, einschließlich unbeweglicher Sachen, Rechte und Verpflichtungen zu fördern". Die Imagewerbung ist umfasst, da sie letztendlich auch dem Absatz von Waren und Dienstleistungen dienen soll.

Sowohl in Frankreich als auch in Deutschland hatte das Lauterkeitsrecht zunächst den Zweck, die Wettbewerber zu schützen. In Deutschland ist der Verbraucherschutz als weiterer Schutzzweck der Tatbestände des UWG hinzugekommen. In Frankreich hat sich das Lauterkeitsrecht dagegen auf der Grundlage der deliktsrechtlichen Generalklausel entwickelt, die zwar einzelne Mitbewerber, aber nicht die Verbraucher als Personengruppe schützen kann. Für das verbraucherschützende Lauterkeitsrecht wurden eigene Tatbestände geschaffen, die sich im Code de la consommation finden[8]. Dabei ist zu beachten, dass beide Tatbestände unter den Begriff des Lauterkeitsrechts gefasst werden. Eine Trennung zwischen Verbraucherrecht und Wettbewerbsrecht gibt es aufgrund der sich überschneidenden Interessen systematisch nicht[9], sondern nur unterschiedliche Instrumente zum Schutz der verschiedenen vom Schutzzweck erfassten Personen. Im französischen Werberecht des Code de la consommation wird allerdings nicht die Gegenüberstellung zwischen Verbraucher und Unternehmer als Ausgangspunkt genommen. Geschützt ist – unabhängig von der Verbrauchereigenschaft – der jeweilige Adressat der Werbung[10]. Die Regulierung der Werbung verfolgt indes zwei Ziele: den Schutz der Konkurrenten und den Schutz der Verbraucher. Im Hinblick auf die Konkurrenten darf die Werbung keinen unlauteren Wettbewerb darstellen, sie muss *loyale* sein. Dabei kommen die Regeln zur Aufrechterhaltung eines lauteren Wettbewerbs auch dem Verbraucher zugute[11].

1. Inhalt der Werbebotschaft

Selbst wenn die Werbebotschaft sachlich richtig ist, können falsche Informationen beim Verbraucher ankommen, so etwa dann, wenn er die Sprache der Werbung nicht versteht. In Frankreich gibt es zur Regelung dieses Problems eine spezielle Gesetzgebung, die den Gebrauch der französischen Sprache vorschreibt (unten a). Das Verbot irreführender Werbung und die Reglementierung

---

[8] *Henning-Bodewig*, GRUR Int. 2002, 389 (391); *T. Dreier/S. von Lewinski*, in: *Schricker* (Hrsg.), Recht der Werbung, Länderbericht Frankreich, 1995, Rn. 5 ff.

[9] *Henning-Bodewig*, GRUR Int. 2002, 389 (396).

[10] Cour de cassation, chambre criminelle, 2.10.1980, D. 1981, inf. rap. 292; *Raymond*, Juris-Classeur Concurrence Consommation, fasc. 900, 1998, n° 3; in Einzelfällen, etwa im Bereich des Heilmittelwerberechts, gibt es unterschiedliche Regelungen für an Unternehmer oder an Verbraucher gerichtete Werbung; *Raymond*, préc.

[11] *Raymond*, Juris-Classeur Concurrence Consommation, fasc. 900, 1998, n° 7.

vergleichender Werbung ermöglichen eine inhaltliche Kontrolle der Werbeaussagen (unten b).

a) Sprache

Bereits in der loi n° 75-1349 von 1975[12] wurde die Verwendung der französischen Sprache in der Werbung vorgeschrieben. Die Bestimmungen wurden ohne große Änderungen durch die loi n° 94-665[13] (loi Toubon) ersetzt[14]. Art. 2 al. 2 dieses Gesetzes bestimmt, dass für jede geschriebene, gesprochene oder audiovisuelle Werbung die französische Sprache verwendet werden muss, genau wie für andere Aussagen, die im Zusammenhang mit Informationen über ein Gut oder eine Dienstleistung oder die Vertragsabwicklung erbracht werden[15]. Eine Ausnahme macht Abs. 3 lediglich für ausländische Herkunftsbezeichnungen von Produkten, die einer sehr breiten Öffentlichkeit bekannt sind[16]. Weil einige Bestimmungen der loi Toubon vom Conseil constitutionnel für nicht verfassungsgemäß erklärt wurden[17], sind Artikel 1 bis 3 des Vorgängergesetzes vom 31.12.1975 vorläufig weiterhin in Kraft[18].

Die Vereinbarkeit der Regelungen mit europäischem Gemeinschaftsrecht war Gegenstand einer Entscheidung des EuGH. Im „Casino"-Urteil ging es um die

---

[12] Loi n° 75-1349 du 31 décembre 1975 relative à l'emploi de la langue française, J.O. n° 3 du 4.1.1976, 189; hierzu *Soulas de Russel*, RIW 1976, 694.

[13] Loi n° 94-665 du 4 août 1994 relative à l'emploi de la langue française « loi Tourbon », J.O. n° 180 du 5.8.1994, 11392; hierzu *Somma*, ZEuP 6 (1998), 701 (712 ff.).

[14] So dass die zur alten Regelung ergangene Rechtsprechung weiterhin als Referenz herangezogen werden kann, *Raymond*, Juris-Classeur Concurrence Consommation, fasc. 900, 1998, n° 10; *Gioux*, DIT 1998, n° 2, 34 (35), stellt die Veränderungen der Rechtslage durch das neue Gesetz dar.

[15] « *Dans la désignation, l'offre, la présentation, le mode d'emploi ou d'utilisation, la description de l'étendue et des conditions de garanties d'un bien, d'un produit ou d'un service, ainsi que dans les factures et quittances, l'emploi de langue française est obligatoire.*
Les mêmes dispositions s'appliquent à toute publicité écrite, parlée ou audiovisuelle.
Les dispositions du présent article ne sont pas applicables à la dénomination des produits typiques et spécialités d'appellation étrangère connus du plus large public. »

[16] Siehe den französischen Text der Bestimmung in der vorhergehenden Fußnote.

[17] Conseil constitutionnel, décision n° 94-345 DC du 29 juillet 1994 (abrufbar unter http://www.conseil-constitutionnel.fr/decision/1994/94345dc.htm): für Verträge zwischen Privaten ist die Benutzung der französischen Sprache nicht vorgeschrieben, vgl. *Sonnenberger*/Autexier, Einführung, 2000, S. 124; gesetzliche Vorschriften die den Gebrauch der französischen Sprache vorschreiben, sind zum Schutz des Verbrauchers oder Arbeitnehmers gerechtfertigt, *Somma*, ZEuP 6 (1998), 701 (715).

[18] Siehe *Calais-Auloy/Steinmetz*, Droit de la consommation, 2000, n° 59.

Sprachenregelung bei Lebensmitteletikettierungen[19]. Der EuGH hat eine Regelung für unvereinbar mit der Richtlinie 79/112/EWG[20] und mit Art. 30 EGV (jetzt Art. 28 EG) erklärt, in der die Verwendung einer bestimmten Sprache für die Etikettierung von Lebensmitteln vorgeschrieben wird, ohne die Möglichkeit vorzusehen, eine andere für den Käufer leicht verständliche Sprache zu verwenden oder die Unterrichtung des Käufers durch andere Maßnahmen zu gewährleisten[21]. Auch wenn die Entscheidung im Zusammenhang mit Art. R 112-7 C. cons. ergangen ist, hat sie unmittelbare Bedeutung für die Gemeinschaftsrechtskonformität der loi Toubon selbst[22]. Ob die Entscheidung ohne weiteres auf andere Bereiche des europäisierten Rechts, etwa auf das Fernabsatzrecht, übertragen werden kann, ist fraglich[23]. Die Fernabsatzrichtlinie überlässt die Sprachenfrage ausschließlich den Mitgliedstaaten[24]. Die auf Werbung bezogene

---

[19] EuGH, Urteil vom 12.9.2000, Rs. C-366/98, Slg. 2000, I-6579, Rn. 29 und Tenor, „Geoffroy und Casino France SNC"; zum belgischen Recht bereits EuGH, Urteil vom 18.6.1991, Rs. C-369/89, Slg. 1991, I-2980, „Piageme I"; die Vereinbarkeit der loi Toubon mit Art. 28 EG in Bezug auf Etikettierungen untersucht *Claret*, CCC, mars 2001, 6 (6 et s.).

[20] Richtlinie 79/112/EWG vom 18. Dezember 1978 zur Angleichung der Rechtsvorschriften der Mitgliedstaaten über die Etikettierung und Aufmachung von für den Endverbraucher bestimmten Lebensmitteln sowie die Werbung hierfür, ABl. Nr. L 33/1 vom 8.2.1979; Art. 14 Abs. 2 lautete: „ ... Die Mitgliedstaaten sorgen jedoch dafür, dass in ihrem Hoheitsgebiet keine Lebensmittel in den Verkehr gebracht werden dürfen, auf denen die in Artikel 3 und Artikel 4 Absatz 2 genannten Angaben nicht in einer dem Käufer leicht verständlichen Sprache abgefasst sind, es sein denn, die Unterrichtung des Käufers ist durch andere Massnahmen gewährleistet. Dies hindert nicht, dass diese Angaben in mehreren Sprachen abgefasst werden."
Die Richtlinie wurde durch Richtlinie 2000/13/EG vom 20. März 2000 zur Angleichung der Rechtsvorschriften der Mitgliedstaaten über die Etikettierung und Aufmachung von Lebensmitteln sowie die Werbung hierfür, ABl. Nr. 109/29 vom 6.5.2000, ersetzt; die Nachfolgeregelung zu Art. 14 Abs. 2 steht in Art. 16: „(1) Die Mitgliedstaaten sorgen dafür, daß in ihrem Hoheitsgebiet keine Lebensmittel in den Verkehr gebracht werden dürfen, bei denen die in Artikel 3 und Artikel 4 Absatz 2 genannten Angaben nicht in einer dem Verbraucher leicht verständlichen Sprache abgefaßt sind, es sei denn, die Information des Verbrauchers ist durch andere Maßnahmen für eine oder mehrere Angaben auf dem Etikett effektiv sichergestellt; diese Maßnahmen werden nach dem Verfahren des Artikels 20 Absatz 2 festgelegt.
(2) Der Mitgliedstaat, in dem das Erzeugnis vermarktet wird, kann in seinem Hoheitsgebiet unter Beachtung der Bestimmungen des EG-Vertrags vorschreiben, daß diese Angaben auf dem Etikett zumindest in einer oder mehreren von ihm bestimmten Amtssprachen der Gemeinschaft abgefaßt sind.
(3) Die Absätze 1 und 2 stehen der Abfassung der Angaben auf dem Etikett in mehreren Sprachen nicht entgegen."

[21] EuGH, Urteil vom 12.9.2000, Rs. C-366/98, Slg. 2000, I-6579, Rn. 29 und Tenor, „Geoffroy und Casino France SNC".

[22] *Pontier*, D. 2001, 1460 (1460).

[23] So aber *Bernardeau*, CCC, juillet 2001, 4 (5), der die ausschließliche Vorschrift der französischen Sprache insgesamt als nicht haltbar ansieht; kritisch *Endrös*, RIW 1995, 17 (21 ff.).

[24] Erwägungsgrund 8 der Fernabsatzrichtlinie.

französische Sprachgesetzgebung verstößt ebenfalls gegen Art. 28 EG. Es handelt sich um eine tatsächlich diskriminierende Maßnahme, weil das Gesetz zwar für französische wie für ausländische Anbieter gleichermaßen gilt, aber nur für die ausländischen Anbieter eine Übersetzung in eine fremde Sprache notwendig macht. Aus diesem Grund kommt eine tatbestandsausschließende Anwendung der „Keck"-Rechtsprechung[25] für die Werbung als absatzbezogene Maßnahme nicht in Betracht. Verbraucherschutzerwägungen können zwar zwingende Gründe des Allgemeinwohls im Sinne der „Cassis de Dijon"-Formel des EuGH sein[26]; der Schutz der Verbraucher erfordert eine ausschließliche Sprachregelung wie in der loi Toubon aber nicht. Obwohl tatsächlich in den meisten Fällen in Frankreich nur die französische Sprache dem Verständlichkeitskriterium genügen wird[27], bleibt kritisch anzumerken, dass – vom Standpunkt des Verbraucherschutzes aus – im Einzelfall ein Gegenbeweis darüber möglich sein sollte, dass die Verbraucher nicht irregeführt sind, um die strafrechtliche Sanktion des französischen Gesetzes abzuwehren.

Die Rechtsprechung legt die Regelungen weit aus: Auch wenn ein nicht französischer Begriff vom durchschnittlichen Verbraucher verstanden wird, ist eine Übersetzung notwendig[28]. In einer anderen Entscheidung stellt der Kassationsgerichtshof klar, dass die Vorschriften nicht nur dem Verbraucherschutz dienen, sondern auch dem Erhalt der französischen Sprache. Auch wenn im Einzelfall also eine Fehlinformation des Verbrauchers nicht in Betracht kommt, bleibt die Verwendung der französischen Sprache zwingend[29]. Die Ausführungsbestimmungen des décret n° 95-240 bestimmen bei Nichteinhaltung die Verhängung einer Geldstrafe gem. Art. 131-13 C. pén. für eine Ordnungswidrigkeit der vierten Klasse[30], also bis zu 750 €. Art. 20 des Gesetzes stellt fest, dass die Bestimmung sich als Vorschrift des zwingenden Rechts (*d'ordre public*) auf alle nach

---

[25] EuGH, Urteil vom 24.11.1993, verb. Rs. C-267/91 und C-268/91, Slg. 1993, I-6097, „Keck".

[26] EuGH, Urteil vom 20.2.1979, Rs. 120/78, Slg. 1979, 649, „Cassis de Dijon"; *Leible*, in: *Grabitz/Hilf* (Hrsg.), Recht der Europäischen Union, Band 1, Art. 28 EGV, 2000, Rn. 19.

[27] So *Pontier*, D. 2001, 1460 (1461), der aus dieser Tatsache auf die Rechtmäßigkeit des Gesetzes schließt.

[28] Cour de cassation, chambre criminelle, 12.3.1984, Gaz. Pal. 1984, 2e sem., 492; hier wurde ein Zigarettenhersteller verurteilt, weil er auf den Packungen nur die englische Beschriftung *„20 filters cigarettes"* ohne französische Übersetzung stehen hatte; weitere Rechtsprechungsnachweise bei *Raymond*, Juris-Classeur Concurrence Consommation, fasc. 900, 1998, n° 11.

[29] Cour de cassation, chambre criminelle, 20.12.1986 in Aufhebung und Zurückverweisung einer Entscheidung der Cour de Paris; dieser hat sich der Sichtweise des Kassationsgerichtshofes angeschlossen, Cour de Paris, 13e chambre, 28.2.1995, CCC 1995, mai 1995, 14.

[30] Art. 1 al.1 des Décret n° 95-240 du 3 mars 1995 pris pour l'application de la loi n° 94-665 du 4 août 1994 relative à l'emploi de la langue française, J.O. n° 55 du 5.3.1995, 3514.

ihrem Inkrafttreten geschlossenen Verträge bezieht. Art. 20-1 der loi relative à la liberté de communication, der durch Art. 12 der loi Toubon eingefügt wurde, bestimmt Einzelheiten für Radio- und Fernsehübertragungen. Absatz 2 bestimmt eine Ausnahme für Programme, die vollständig in einer fremden Sprache ausgestrahlt werden.

Fraglich ist die Anwendung des Art. 20-1 loi n° 86-1067 für das Internet[31]. So soll eine fremdsprachige Seite, in Anwendung des Art. 20-1 al. 2 der loi relative à la liberté de communication, auch fremdsprachige Werbung enthalten können[32]. Bevor die Anwendung dieser Bestimmungen auf das Internet diskutiert werden kann, muss der Charakter von Internetseiten und auch E-Mail-Nachrichten festgestellt werden. Art. 2 loi n° 86-1067 enthält zwei Definitionen und unterscheidet zwischen „*communication au public par voie électronique*" und „*communication audiovisuelle*". Erstere (Art. 2 al. 1) ist „jedes Zugänglichmachen für die Öffentlichkeit oder für Teile der Öffentlichkeit von Zeichen, Signalen, Texten, Bilder, Tönen oder von Informationen jeder Art durch ein Verfahren der elektronischen Kommunikation, die nicht den Charakter einer privaten Korrespondenz haben"[33]. Hierunter fallen auch alle Informationen, die über das Internet übermittelt werden, unabhängig von der Darstellungsart der Daten; umfasst sind Internetseiten, nicht jedoch E-Mail-Nachrichten. Audiovisuelle Kommunikation (Art. 2 al. 2) ist „jede Kommunikation an die Öffentlichkeit mit Radio oder Fernsehdiensten, unabhängig von der Art der Zugänglichmachung für die Öffentlichkeit, sowie jede Kommunikation an die Öffentlichkeit auf elektronischem Wege von anderen Diensten als Radio- und Fernsehdiensten, die nicht in den Bereich der *communication au public en ligne* fallen, wie sie in Art. 1 [LEN] definiert ist"[34]. Anders als bei der Definition von Tele-

---

[31] Eine erste Entscheidung zur Verwendung der französischen Sprache im Internet: Tribunal de Police de Paris, 19.6.1997, Zusammenfassung abgedruckt bei *Bochurberg*, Internet, 2001, n° 3321 (p. 333).

[32] *Coblence/Sala-Martin*, Légicom n° 21/22, 2000, 57 (60); die Entscheidung des Tribunal de police de Paris, 19.6.1997, Petites affiches, 6.10.1997, 11, note *Dreyfus-Weill*, hat über die Anwendbarkeit der loi Toubon auf das Internet und die Frage des Übersetzungserfordernisses für eine ausländische Internetseite, die auch an französische Nutzer adressiert ist, nicht entschieden, weil die Klage als unzulässig abgewiesen wurde; das wurde von der Cour de cassation am 29.4.1998 bestätigt, siehe *de Cordovez/Lipovetsky*, Com. Com. électr., juin 2002, 19 (20).

[33] Übers. d. Verf., «*On entend par communication au public par voie électronique toute mise à disposition du public ou de catégories de public, par un procédé de communication électronique, de signes, de signaux, d'écrits, d'images, de sons ou de messages de toute nature qui n'ont pas le caractère d'une correspondance privée.* »

[34] Übers. d. Verf., « *On entend par communication audiovisuelle toute communication au public de services de radio ou de télévision, quelles que soient les modalités de mise à disposition auprès du public, ainsi que toute communication au public par voie électronique de*

kommunikation kommt es hier nicht auf die Art und Weise der Übertragung an, sondern auf ein inhaltliches Kriterium, nämlich den Adressatenkreis der Nachricht. Internetseiten sind, wenn es sich nicht um Seiten mit strikt begrenztem Benutzerkreis eines Intranet handelt, an einen unbestimmten Adressatenkreis gerichtet und damit audiovisuelle Kommunikation im Sinne der Definition[35]. Die loi relative à la liberté de communication erstreckt bereits in seiner durch die loi n° 2000-719[36] geänderten Fassung die audiovisuelle Kommunikation auch auf das Internet, indem es zwei Bereiche der audiovisuellen Kommunikation unterscheidet: « *services de radiodiffusion sonore et de télévision* » und « *services de communication en ligne* ». Die LEN spricht in Art. 1 al. 4 von « *communication publique en ligne* », die definiert ist als « *toute transmission, sur demande individuelle, de données numériques n'ayant pas un charactère de correspondance privée, par un procédé de communication électronique permettant un échange réciproque d'informations entre l'émetteur et le récepteur* »[37].

Die Anwendung von werberechtlichen Vorschriften im audiovisuellen Bereich auf das Internet kann deswegen bejaht werden, weil Werbung selbst als Definitionskriterium den unbestimmten Adressatenkreis hat[38]. Wenn dieser nicht gegeben ist, scheitert die Anwendbarkeit der Vorschriften nicht nur an der fehlenden Eigenschaft als audiovisuell, sondern auch an der fehlenden Werbeeigenschaft. Das Kriterium der Öffentlichkeit diskutiert die Cour d'appel de Rennes im Zusammenhang mit der Annahme der Werbeeigenschaft und stellt fest, das die Tatsache, dass eine Internetseite nur mit Hilfe einer Zugangsberechtigung ins Netz und der Auswahl der einzelnen Seite aufgerufen wird, nichts an ihrem öffentlichen Charakter und damit ihrer Eignung, Träger von Werbebotschaften zu sein, ändere[39]. Nachrichten, die mit elektronischer Post versendet werden, sind an bestimmte Adressaten gerichtet; grundsätzlich müssen individualisierte E-

---

services autres que de radio et de télévision et ne relevant pas de la communication au public en ligne telle que définie à l'article 1er de la loi n° 2004-575 du 21 juin 2004 pour la confiance dans l'économie numérique.»

[35] *Buis*, Com. Com. électr., octobre 2000, 13 (13); *R. Vogel*, in: *Schwarz* (Hrsg.), Internet, Kap. 15-2.3, 2000, S. 29 ; *Gioux*, DIT 1998, n° 2, 34 (37).

[36] Loi n° 2000-719 du 1er août 2000 modifiant la loi n° 86-1067 du 30 septembre 1986 relative à la liberté de communication, J.O. n° 177 du 2.8.2000, 11903.

[37] „... jede Übertragung von digitalen Daten, auf individuelle Anfrage hin, die nicht den Charakter von privater Korrespondenz hat, durch ein elektronisches Kommunikationsverfahren, dass einen wechselseitigen Informationsaustausch zwischen Sender und Empfänger ermöglicht.", Übers. d. Verf.

[38] Differenzierend *Véret/Athéa*, Gaz. Pal., 14.10.2001, 40 (42).

[39] Cour d'appel de Rennes, 1re chambre B, 31.3.2000, Légicom n° 21/22, 2000, 195 (Annexe 8); *Gravisse*, Petites affiches, 20.1.1999, 14 (15, 16); für den öffentlichen Charakter auch Tribunal de grande instance de Paris, 14.8.1996, ordonnance référé, D. 1996, jurispr. 490, note *Gautier* (Urheberrechtsverletzung).

Mail-Adressen eingegeben werden. Es handelt sich um Individual- (*correspondance privée*)[40] und damit nicht um audiovisuelle Kommunikation[41]. Gleichwohl ist die Versendung von E-Mail-Botschaften auch an einen sehr großen Adressatenkreis möglich, bei dem der einzelne nicht mehr individualisiert ist. Die Nachricht wird an alle Personen versendet, die bestimmte Gruppenkriterien erfüllen. In diesem Fall können auch E-Mail-Botschaften Werbung darstellen[42]. Auch wenn die Öffentlichkeit sowohl für die Werbung als auch für die audiovisuelle Kommunikation grundsätzlich charakteristisch ist, führt eine Einordnung von Massen-E-Mails als Werbung nicht dazu, diese Nachrichten als audiovisuelle Kommunikation einzuordnen[43], weil die Anwendbarkeit des Werberechts nicht den gleichen Wertungsgrundsätzen unterliegt wie der Verzicht auf den Schutz der individuellen Kommunikation.

Die loi Toubon ist im audiovisuellen Bereich des Internet und für die Werbung durch die praktisch öffentliche Versendung von E-Mails mit absatzförderndem Zweck anwendbar. Dies ergibt sich indirekt aus einem erläuternden, aber rechtlich unverbindlichen *circulaire*[44] von 1996[45] und ausdrücklich in einem weiteren *circulaire* aus dem Jahr 1997[46], dass nur die Kommunikation der öffentlichen Verwaltung betrifft, hier aber das Internet ausdrücklich in den Anwendungsbereich des Gesetzes mit einbezieht. *Gioux* sieht eine Anwendung der loi Toubon neben der Einordnung von Internetseiten als audiovisuelles Medium auch über

---

[40] *Coblence/Sala-Martin*, Légicom n° 21/22, 2000, 57 (59).

[41] Zu dieser Gegenüberstellung *Buis*, Com. Com. électr., octobre 2000, 13 (14).

[42] *Varille*, Cahiers Lamy droit de l'informatique, décembre 1997, 12 (14); dagegen *Buis*, Com. Com. électr., octobre 2000, 13 (14 et s.), der hier von « *marketing direct* » spricht.

[43] Dagegen *Wilhelm/Kostic*, Revue Lamy droit des affaires, décembre 2000, 3 (4), für die Privatkorrespondenz bereits dann nicht vorliegt, wenn die Nachricht nicht wirklich individualisiert ist; ebenso *Gioux*, DIT 1998, n° 2, 34 (37).

[44] Ein *circulaire* ist eine in der Regel durch das jeweilige Fachministerium erlassene Anweisung oder Anleitung, die der Konkretisierung und Auslegung gesetzlicher Vorschriften dient. Die *Cour de cassation* behandelt *circulaires* als rechtlich unverbindlich; Ferid/*Sonnenberger*, Französisches Zivilrecht, Band 1/1, 1994, Rn. 1 B 12.

[45] Premier minstre, Circulaire du 19 mars 1996 concernant l'application de la loi n° 94-665 du 4 août 1994 relative à l'emploi de la langue française, J.O. n° 68 du 20.3.1996, 4258 (4258): in den Anwendungsbereich fallen Bedienungsanleitungen, die auf dem Bildschirm angezeigt werden; *Coblence/Sala-Martin*, Légicom n° 21/22, 2000, 57 (60).

[46] Premier ministre, Circulaire du 6 mars 1997 relative à l'emploi du français dans les systèmes d'information et de communication des administrations et établissements publics de l'Etat, J.O. n° 67 du 20.3.1997, 4359, in dem auf Premier ministre, Circulaire du 15 mai 1996 relative à la communication et à la documentation des services de l'Etat sur les nouveaux réseaux de télécommunication, n° 2 lit. b), J.O. n° 116 du 19.5.1996, 7549, Bezug genommen wird.

eine Parallele zwischen Internetseiten und Presseorganen[47]. Nicht anwendbar ist die loi Toubon auf individuelle E-Mails, die nicht ausnahmsweise als Werbung angesehen werden[48]. Die Sprachregelungen greifen ebenfalls nicht bei Verträgen, die zwischen Privatpersonen geschlossen werden, wenn es sich nicht um Verbraucherverträge handelt oder allgemeine Geschäftsbedingungen verwendet werden[49].

Soweit verbraucherschützende privatrechtliche Bestimmungen nicht notwendig sind, um dem Verbraucher eine selbstbestimmte Entscheidung über den Vertragsschluss zu ermöglichen, ist ihre Legitimation innerhalb der Zivilrechtsordnung in Frage zu stellen. Die französische Sprachgesetzgebung ist in der bestehenden Form für den privatrechtlichen Verbraucherschutz nicht notwendig. Es ist zwar richtig, dass der Verbraucher mehr Informationen bei Vertragsabschlüssen in seiner eigenen Sprache erlangt, dieses Defizit ist ihm aber ohne weiteres erkennbar. Wenn der Verbraucher die Sprache nicht versteht, hat er die Möglichkeit, auf den Vertrag zu verzichten. Die Verwendung ausländischer Wörter in der Werbung kann den Verbraucher zwar irreführen. Hier bietet aber bereits das Lauterkeitsrecht eine angemessene rechtliche Handhabe.

b) Verbot der Irreführung

Die Richtlinie über irreführende Werbung[50] definiert irreführende Werbung (*publicité trompeuse*) als „jede Werbung, die in irgendeiner Weise – einschließlich ihrer Aufmachung – die Personen, an die sie sich richtet oder die von ihr erreicht werden, täuscht oder zu täuschen geeignet ist und die infolge der ihr innewohnenden Täuschung ihr wirtschaftliches Verhalten beeinflussen kann oder aus diesen Gründen einen Mitbewerber schädigt oder zu schädigen geeignet ist".

Neben dem Verbot der irreführenden Werbung durch Art. L 121-1 C. cons. gibt es weitere Straftatbestände, die unlauteres Werbeverhalten sanktionieren. Art. 313-1 C. pén. stellt Betrug (*escroquerie*) unter Strafe. Erforderlich ist ein Vermögensschaden[51], was den Tatbestand nur in wenigen Fällen unwahrer Werbeaussagen einschlägig sein lässt. *Escroquerie* und *publicité trompeuse* haben

---

[47] *Gioux*, DIT 1998, n° 2, 34 (37).

[48] Vgl. *Gioux*, DIT 1998, n° 2, 34 (37); *de Cordovez/Lipovetsky*, Com. Com. électr., juin 2002, 19 (20).

[49] *De Cordovez/Lipovetsky*, Com. Com. électr., juin 2002, 19 (20).

[50] Richtlinie 84/450/EWG vom 10.10.1984 zur Angleichung der Rechts- und Verwaltungsvorschriften der Mitgliedstaaten über irreführende Werbung, ABl. Nr. L 250/17 vom 19.9.1984.

[51] Cour de cassation, chambre criminelle, 27.3.1996 und CA Paris, 9e chambre B, 1.3.1996, beide CCC, novembre 1996, 22, obs. *Raymond*.

unterschiedliche Anknüpfungspunkte: Die irreführende Werbung knüpft an die Unwahrheit der Werbeaussage an und der Betrug an die Absicht, sich durch eine Täuschung einen Vermögensvorteil zu verschaffen. Beide Tatbestände können deshalb nebeneinander angewendet werden[52].

Art. L 121-1 C. cons. verbietet die *publicité trompeuse* und belegt Verstöße mit einer strafrechtlichen Sanktion. Gemäß Art. L 121-6 i.V.m. Art. l 213-1 C. cons. kann die Strafe bis zu zwei Jahren Gefängnis oder 37.500 € betragen. Die Geldstrafe darf jedoch nicht höher sein als die Hälfte der Ausgaben für die in Frage stehende Werbung, Art. 121-6 al. 2 C. cons. In den Code de la consommation übernommen wurde die Bestimmung aus Art. 44 Abs. 1 der loi Royer von 1973[53]. Diese Bestimmung verbesserte den Schutz der loi n° 63-628 von 1963. Hier war zum ersten Mal ein Irreführungstatbestand unter Strafe gestellt. Die *publicité mensongère* verlangte aber ein subjektives Tatbestandselement der Täuschung, das vom Antragsteller nachgewiesen werden musste. Auch für den Tatbestand des Art. L 121-1 C. cons. ist ein schuldhaftes Handeln neben der Verwirklichung des objektiven Tatbestandes nicht ohne Bedeutung.

aa) Objektiver Tatbestand (*élément matériel*)

Art. L 121-1 C. cons. hat verschiedene Voraussetzungen, die im Rahmen des objektiven Tatbestandes gegeben sein müssen. Bei der irreführenden Nachricht muss es sich um Werbung (*publicité*) handeln, die ein irreführendes Element enthält (*un élément de nature à induire un erreur*).

Der Werbebegriff wird sehr weit verstanden und umfasst sowohl kommerzielle Werbung als auch solche für unentgeltliche Nebenleistungen[54], schließlich auch solche Werbebotschaften, die nicht unmittelbar die Nachfrage nach einem Gut oder einer Dienstleistung stimulieren wollen[55]. Eine redaktionelle Nachricht mit informativem Charakter ist jedoch nicht ausreichend[56]. Zur Abgrenzung bei verschiedenen Werbeträgern kann auf eine umfangreiche Rechtsprechung zurück-

---

[52] *Raymond*, Juris-Classeur Concurrence Consommation, fasc. 900, 1998, n° 47.

[53] Loi n° 73-1193 du 27 décembre 1973 d'orientation du commerce et de l'artisanat, J.O. n° 304 du 30.12.1973, 14139.

[54] Cour de cassation, chambre criminelle, 1.3.1978, Gaz. Pal. 1979, 1er sem., somm. 46 (Gewinnspiel zu Werbezwecken).

[55] Zur Kritik dieser weiten Auslegung *Calais-Auloy/Steinmetz*, Droit de la consommation, 2000, n° 129, der sich diese Autoren aber selbst nicht anschließen.

[56] Cour d'appel d'Aix-en-Provence, 13.2.1980, D. 1980, 618, note *Endréo*: « *la notion de publicité ... s'oppose à la notion d'information libre, publiée par la presse écrite ou audiovisuelle, à l'occasion d'un fait ou d'un événement* » (p. 619).

gegriffen werden[57]. Obwohl die Vorschrift im Code de la consommation steht, ist ihre Anwendung nicht auf an Verbraucher adressierte Werbebotschaften beschränkt[58]. Ebenso wenig verlangt die Vorschrift, dass der Absender der Werbebotschaft ein Unternehmer ist; private Anzeigen werden von der Vorschrift auch mit umfasst[59].

Weiterhin ist erforderlich, dass die Werbebotschaft tatsächlich täuschend (*trompeuse*) ist. Die Rechtsprechung stellt auf die Sichtweise des durchschnittlichen Verbrauchers ab[60]. So wird etwa eine Täuschung nicht bestraft, die so offensichtlich ist, dass sie gemeinhin nicht geglaubt wird[61]. Über die Frage, wer die Beweislast der Unwahrheit der Behauptung trägt, ob also der Empfänger die Unwahrheit nachweisen oder der Werbende die Richtigkeit beweisen muss, ist die Rechtsprechung innerhalb der Cour de cassation uneinig[62]. Während die chambre criminelle die Beweislast für alle Tatbestandsmerkmale beim Antragsteller sieht[63], hält die chambre commerciale es für gerechtfertigt, dem Werbenden die Beweislast für die Richtigkeit seiner Werbeaussage aufzuerlegen[64]; für letzteres spricht auch Art. L 121-1 C. cons[65].

bb) Subjektiver Tatbestand (*élément intentionnel*)

Eine Täuschungsabsicht war nach ständiger Rechtsprechung, ausgelöst durch eine Entscheidung der chambre criminelle der Cour de cassation von 1978, für die Verwirklichung des Tatbestandes der irreführenden Werbung des Art. 44 loi Royer nicht notwendig[66]. Mit der Einführung des Nouveau Code pénal im Jahre 1992 war für Straftatbestände mit lediglich objektivem Tatbestand kein Raum mehr[67]. Zu der bloßen Existenz einer Botschaft, die geeignet ist, den Emp-

---

[57] Nachweise bei *Raymond*, Juris-Classeur Concurrence Consommation, fasc. 900, 1998, n° 55 et s.
[58] *Raymond*, Juris-Classeur Concurrence Consommation, fasc. 900, 1998, n° 54.
[59] Cour de cassation, chambre criminelle, 24.3.1987, JCP 1988, II 21017, note *Heidsieck*; *Raymond*, Juris-Classeur Concurrence Consommation, fasc. 900, 1998, n° 57.
[60] Siehe unten § 7 I 1 b. cc. (2).
[61] Rechtsprechungsnachweise bei *Raymond*, Juris-Classeur Concurrence Consommation, fasc. 900, 1998, n° 71.
[62] Ausführlich zur Beweislastfrage *B. Fischer*, Irreführende Werbung, 1998, S. 69 ff.
[63] Cour de cassation, chambre criminelle, 28.10.1992, CCC, mai 1993, 13, obs. *Raymond*.
[64] Cour de cassation, chambre commerciale, 18.5.1993, CCC, août-septembre 1993, 18, obs. *Raymond* (= JCP 1994, II 22243, note *Dekeuwer*); siehe auch *Raymond*, Juris-Classeur Concurrence Consommation, fasc. 900, 1998, n° 74.
[65] In diesem Sinne *Veyssière*, Gaz. Pal. 1998, 1er sem., 627 (630) m. Fn. 15.
[66] Cour de cassation, chambre criminelle, 4.12.1978, D. 1979, inf. rap. 180.
[67] Art. 121-3 Nouveau Code pénal « *Il n'y a point de crime ou de délit sans intention de le commettre. ... Il y a également délit, lorsque la loi le prévoit, en cas d'imprudence, de négli-*

fänger zu täuschen, muss mindestens Fahrlässigkeit hinzutreten. Tatsächlich wird das Erfordernis des subjektiven Tatbestandes nicht mehr als ein formelles Kriterium bleiben, weil dem Werbenden immer Fahrlässigkeit unterstellt werden kann, wenn er eine unwahre Werbebotschaft zur Veröffentlichung freigegeben hat[68].

cc) Verbraucherbild

Für die Beurteilung der Irreführung ist das Verbraucherbild, das die Rechtsprechung bei der Auslegung des unbestimmten Rechtsbegriffs der Irreführung verwendet, von entscheidender Bedeutung[69].

(1) Verbraucherbegriff und Verbraucherbild

Durch den Verbraucherbegriff wird mit einem formalen Kriterium ein Personenkreis abgegrenzt, dem eine besondere rechtliche Behandlung zukommen soll. Er bestimmt den persönlichen Anwendungsbereich von Rechtsvorschriften[70]. Die formale Abgrenzung durch die Zweckbestimmung des Geschäfts steht an Stelle von Einzelfallentscheidungen, um Rechtsunsicherheit zu vermeiden. Die rechtliche Behandlung der Personen, die als Verbraucher bezeichnet werden, ist davon abhängig, welche Eigenschaften man bei den Personen dieser Gruppe annimmt oder vermisst. Das wird nicht isoliert betrachtet, sondern im Vergleich zum anderen Vertragspartner. Das Verbraucherbild ist ein Verhaltensmuster, das für alle Verbraucher gleichermaßen angenommen wird und die Grundlage für die Auswahl von Schutzmechanismen ist. Wegen der dahinter stehenden Wertung wird es auch als „normatives Verbraucherleitbild" bezeichnet[71]. Das Verbraucherbild kann zum einen abgeleitet werden aus dem bestehenden Verbraucherschutzrecht. Zum anderen kann es für die Rechtsanwendung notwendig sein, wenn die verbraucherschützende Norm auf der Tatbestandsseite einen unbestimmten Rechtsbegriff – wie etwa die Irreführung – enthält, der ausgelegt werden muss. Das ist bei wettbewerbsrechtlichen Regelungen der Fall, die aus Generalklauseln bestehen. Die Ausgestaltung der Generalklausel und das dabei verwendete Verbraucherbild finden sich in der Rechtsprechung. Andersherum ist das Verbraucherbild Hilfsmittel für die Richter bei der erforderlichen

---

gence ou de manquement à une obligation de prudence ou sécurité... »; *Raymond*, Juris-Classeur Concurrence Consommation, fasc. 900, 1998, n° 51; *Calais-Auloy/Steinmetz*, Droit de la consommation, 2000, n° 130.

68 In diese Richtung tendiert offenbar *Raymond*, Juris-Classeur Concurrence Consommation, fasc. 900, 1998, n° 53.

69 Siehe *Lettl*, Schutz vor irreführender Werbung, 2004, S. 203 ff.

70 *Drexl*, Wirtschaftliche Selbstbestimmung, 1998, S. 397.

71 *Drexl*, Wirtschaftliche Selbstbestimmung, 1998, S. 397.

Interessenabwägung[72]. Bei wettbewerbsrechtlichen Regelungen besteht neben der Auslegungsbedürftigkeit das Problem der fehlenden ausdrücklichen Bezugnahme auf den Verbraucher und damit das Fehlen eines eigenen Verbraucherbegriffes.

(2) Das Verbraucherbild in Frankreich

Ob der Irreführungstatbestand erfüllt ist, bestimmt sich danach, ob nachgewiesen werden kann, dass das von der Werbung angesprochene Publikum der Täuschung unterliegen konnte. Der irreführende Charakter wird dabei abstrakt aus der Sicht eines Durchschnittsverbrauchers bestimmt, in dessen Rolle sich der entscheidende Richter versetzt[73]. Der „*consommateur moyen*" ist dabei das Leitbild, das als Grundlage für die normative Beurteilung dient[74], durch die Berücksichtigung der angesprochenen Zielgruppe aber verändert werden kann. Das Verbraucherleitbild wird überwiegend als das eines durchschnittlich intelligenten Verbrauchers verstanden[75] und an das im allgemeinen Zivilrecht verwendete Bild des guten, vernünftig denkenden Familienvaters, „*bon père de famille*", angelehnt[76]. Ein Grund für das im Vergleich zum deutschen Recht strengere Verständnis ist der strafrechtliche Bestimmtheitsgrundsatz, dem beim strafrechtlich bewehrten Irreführungstatbestand Rechnung getragen wird[77]. *Calais-Auloy/Steinmetz* verwenden mit dem Ziel einer Erhöhung des Schutzniveaus ein verbraucherfreundlicheres Leitbild, weil der durchschnittliche Verbraucher schützenswerter ist[78] und weil die Verwendung eines einheitlichen Bildes die verschiedenen Adressatenkreise nicht hinreichend berücksichtigen würde[79]. In diesem Punkt sind sich Rechtsprechung und Lehre allerdings dahingehend einig, dass auf den durchschnittlichen Verbraucher innerhalb des Adressatenkreises der Werbung abgestellt werden soll[80]. Die Zivilgerichte orientieren sich, wenn es

---

[72] *Drexl*, Wirtschaftliche Selbstbestimmung, 1998, S. 427.

[73] *B. Fischer*, Irreführende Werbung, 1998, S. 49 f; *Ackermann*, WRP 1996, 502 (511).

[74] Cour d'appel de Paris, 13ᵉ chambre, sect. A, 17.1.2001, Gaz. Pal., 21.11.2001, 72.

[75] *Pizzio*, Code de la consommation, 1996, Art. 121-1, n° 4; *Cas/Ferrier*, Droit de la consommation, 1986, p. 278.

[76] *B. Fischer*, Irreführend Werbung, 1998, S. 50; *Ackermann*, WRP 1996, 502 (511); *Blaurock*, JZ 1999, 801 (803).

[77] *B. Fischer*, Irreführende Werbung, 1998, S. 50, 109.

[78] *Calais-Auloy/Steinmetz*, Droit de la consommation, 2000, n° 129 (p. 129); so auch Cour d'appel de Bourges, 1re chambre, 5.10.1998, Juris-Data document n° 043611: « *Le consommateur moyen, au regard notamment du code de la consommation, ne peut plus être considéré comme l'homme actif, instruit, diligent, avisé qu'était le bon père de famille, dans le code Napoléon, mais comme un être plus vulnérable auquel doivent être présentés de façon claire tous les termes du marché et tous les risques auxquels il s'expose.* »

[79] *Calais-Auloy/Steinmetz*, Droit de la consommation, 2000, n° 129 (p. 129).

[80] *B. Fischer*, Irreführende Werbung, 1998, S. 51, 55.

um zivilrechtliche Folgen irreführender Werbung geht, weitgehend an dem Verbraucherleitbild, dass die Strafgerichtsbarkeit verwendet. Zu beachten ist, dass neben der abstrakten Irreführung für einen zivilrechtlichen Schadensersatzanspruch beim klagenden Verbraucher eine Kausalität zwischen Täuschung und Schaden hergestellt werden kann[81].

dd) Irreführungstatbestände im Internet

Werbebotschaften im Internet werden genau wie mit anderen Kommunikationsmitteln verbreitete Werbemaßnahmen auf Irreführung geprüft. Dabei gibt es Irreführungstatbestände, die sich originär aus den Möglichkeiten des Internet ergeben. Ein *Hyperlink* kann den Tatbestand irreführender Werbung erfüllen, wenn schon die Annäherung durch die Verknüpfung beider Seiten mit einem Link zu einer Irreführung des Verbrauchers führt[82].

c) Zulässigkeit von vergleichender Werbung

Das Internet macht neue Tatbestände vergleichender Werbung möglich, wie etwa den Vergleich durch die Angabe von Querverweisen auf Konkurrenzseiten[83]. In Frankreich wurde die vergleichende Werbung durch die loi n° 92-60 von 1992[84] gesetzlich geregelt; die entsprechenden Bestimmungen wurden als Art. L 121-8 bis 121-14 in den Code de la consommation übernommen. Formen zulässiger vergleichender Werbung existierten in Ermangelung eines gesetzlichen Verbotes schon vor 1992, sofern sie auf Preisvergleiche beschränkt waren. Weitergehende Varianten konnten zu Schadensersatzansprüchen der Konkurrenten wegen unlauteren Wettbewerbs führen[85]. Die Grenzziehung wurde von der Rechtsprechung über die Anwendung des Art. 1382 C. civ. im Zusammenhang mit Fällen unlauteren Wettbewerbs sanktioniert[86]. Die Schaffung eines gesetzlichen Rahmens für vergleichende Werbung war umstritten. Befürwortet wurde die vergleichende Werbung aus Gründen des Verbraucherschutzes, weil die Information des Verbrauchers verbessert würde und um den Wettbewerb zu vergrößern. Andererseits wurde die vergleichende Werbung als irreführend für den Verbraucher angesehen und als Gefährdung für Marken. Außerdem wurden im

---

[81] Vgl. *B. Fischer*, Irreführende Werbung, 1998, S. 67.

[82] Cour d'appel de Paris, 19.9.2001, Petites affiches, 8.2.2002, 15; *Hollande/Zuker*, Com. Com. électr., janvier 2001, 8.

[83] So der Fall bei Cour d'appel de Paris, 11.5.1994, D. 1994, inf. rap. 162.

[84] Loi n° 92-60 du 18 janvier 1992 relative à la protection des consommateurs, J.O. n° 17 du 20/21.1.1992, 968.

[85] *Calais-Auloy/Steinmetz*, Droit de la consommation, 2000, n° 133.

[86] *Raymond*, Juris-Classeur Concurrence Consommation, fasc. 900, 1998, n° 14 mit Rechtsprechungsnachweisen.

Zusammenhang mit der Abgrenzung zwischen zulässiger und unzulässiger Werbung viele Rechtsstreitigkeiten befürchtet[87]. *Calais-Auloy/Steinmetz* befürworten grundsätzlich die Zulässigkeit vergleichender Werbung, halten aber die Schaffung eines eigenen gesetzlichen Rahmens für überflüssig und verweisen auf die Bestimmungen über irreführende Werbung[88].

Die Art. L 121-8 et s. C. cons. sind anwendbar auf Werbung, die Waren oder Dienstleistungen vergleicht und dabei ein fremdes Produkt oder eine fremde Marke nennt oder darstellt, Art. L 121-1 C. cons[89]. Nicht umfasst sind Vergleiche von neutralen Dritten[90]. Die Bestimmungen sind nicht nur für Werbung anwendbar, die sich an Verbraucher richtet[91]. Der rechtliche Rahmen umfasst Regelungen des Inhalts zum Schutz des Verbrauchers und der Konkurrenten. Darüber hinaus gibt es Beschränkungen für bestimmte Werbeträger[92].

Der Verbraucherschutz erfordert es, dass die Werbung den Grundsätzen der Lauterkeit entspricht[93], wahrheitsgetreu ist und den Verbraucher nicht in die Irre führt, also nicht schon unabhängig vom Vergleich irreführend ist. Darüber hinaus muss der Vergleich objektiv sein (Art. L 121-8 C. cons.). Nicht vergleichbar sind – sowohl individuelle als kollektive – subjektive Eindrücke und Meinungen (Art. L 121-8 C. cons. a.E.), sondern nur objektiv nachprüfbare Eigenschaften[94]. Damit soll insbesondere die Bezugnahme auf Äußerungen persönlicher Vorlieben von bekannten Persönlichkeiten verhindert werden[95]. Das Gesetz bestimmt, dass sich der Vergleich nur auf Eigenschaften beziehen darf, die „wesentlich,

---

[87] *Veyssière*, Gaz. Pal. 1998, 1er sem., 627 (627); *Raymond*, Juris-Classeur Concurrence Consommation, fasc. 900, 1998, n° 15; ausführliche Darstellung der Diskussion über Vor- und Nachteile bei *Stadelmann*, Kritisierende Werbung, 2000, S. 63 ff.

[88] *Calais-Auloy/Steinmetz*, Droit de la consommation, 2000, n° 139.

[89] Wenn nicht ausdrücklich ein fremdes Produkt genannt wird, dieses aber ohne weiteres erkennbar ist, etwa, weil es das einzige Konkurrenzprodukt ist, so finden die Art. L 121-8 et. s. C. cons. keine Anwendung, die Werbung kann aber einen Akt des unlauteren Wettbewerbs darstellen; *Raymond*, Juris-Classeur Concurrence Consommation, fasc. 900, 1998, n° 17.

[90] *Picod*, D. 2001, 90 (91); *Raymond*, Juris-Classeur Concurrence Consommation, fasc. 900, 1998, n° 16.

[91] *P. Greffe/F.Greffe*, Publicité, 2000, n° 742.

[92] Hierzu im Einzelnen bei *P. Greffe/F. Greffe*, Publicité, 2000, n° 749 et s., 759 et s.

[93] *Stadelmann*, Kritisierende Werbung, 2000, S. 67 f., ist Werbung dann nicht „loyal", wenn Handelsbräuche verletzt werden; zur Ausfüllung des Begriffs durch die Rechtsprechung – ohne eine eigene Definition zu geben – *Calais-Auloy/Steinmetz*, Droit de la consommation, 2000, n° 135.

[94] *Raymond*, Juris-Classeur Concurrence Consommation, fasc. 900, 1998, n° 18.

[95] *Raymond*, Juris-Classeur Concurrence Consommation, fasc. 900, 1998, n° 18.

bedeutsam, sachbezogen und nachprüfbar"[96] sind. Art. L 121-10 C. cons. bestimmt in diesem Zusammenhang, dass bei der Angabe einer Herkunftsbezeichnung nur Produkte aus dem mit derselben Bezeichnung versehenen Gebiet verglichen werden dürfen. Wenn ein Preisvergleich angestellt wird, den Art. L 121-8 C. cons. ausdrücklich zulässt, muss zum einen die Vergleichbarkeit der Angebote gegeben sein und zum anderen müssen die Zeiträume angegeben werden, in denen die Anbieter das Angebot zu dem angegebenen Preis machen. Es dürfen nur Produkte verglichen werden, die auf dem Markt verfügbar sind. Damit soll ein Aufschieben der Kaufentscheidung des Kunden verhindert werden, was sowohl dem Schutz des Verbrauchers als auch der Mitbewerber dient[97].

Konkurrenten des Werbenden werden vor allem durch Art. L 121-9 und L 121-12 des Code de la consommation geschützt. Der Werbende soll keinen Vorteil aus der Bekanntheit einer anderen Marke ziehen (Art. L 121-9 n° 1 C. cons.) und darf infolgedessen, wie in n° 4 des Artikels präzisiert wird, das eigene Produkt nicht als Nachahmung des bekannten Vergleichsproduktes darstellen[98]. *Raymond* schlägt als Unterscheidungskriterium vor, dass Vergleiche, die Unterschiede zwischen Produkten herausstellen, zulässig seien, nicht jedoch Vergleiche, die auf Gemeinsamkeiten hinweisen[99]. Art. L 121-12 C. cons. bestimmte in seiner alten Fassung, dass der Auftraggeber einer Werbung vor der Veröffentlichung ein Exemplar den betroffenen Konkurrenten zukommen lassen musste. Die Konkurrenten konnten so vor der Veröffentlichung einen Ausgleich suchen und, wenn das nicht erfolgreich ist, Maßnahmen des einstweiligen Rechtsschutzes ergreifen oder eine Gegenkampagne publizieren[100]. Die Pflicht zur Vorabinformation besteht nicht mehr, der Werbende muss stattdessen in der Lage sein, innerhalb einer kurzen Frist die inhaltliche Richtigkeit der Werbeaussagen zu beweisen.

Bei bestimmten Werbeträgern ist Art. L 121-11 C. cons. zufolge vergleichende Werbung nicht zulässig, weil hier die Kontrolle der vergleichenden Werbung und die Durchsetzung von Sanktionen erschwert ist[101]. Das Internet wird hier

---

[96] Übers. d. Verf., « *caractéristiques essentielles, significatives, pertinentes et vérifiables* » ; hierzu *Raymond*, Juris-Classeur Concurrence Consommation, fasc. 900, 1998, n° 19.
[97] *P. Greffe/F. Greffe*, Publicité, 2000, n° 747; *Raymond*, Juris-Classeur Concurrence Consommation, fasc. 900, 1998, n° 24.
[98] Kritisch hierzu *Calais-Auloy/Steinmetz*, Droit de la consommation, 2000, n° 135 (p. 141).
[99] *Raymond*, Juris-Classeur Concurrence Consommation, fasc. 900, 1998, n° 21.
[100] *Picod*, D. 2001, 90 (90); *Veyssière*, Gaz. Pal. 1998, 1er sem., 627 (629).
[101] *Gunther*, CCC, février 1998, 4 (5).

nicht genannt und eine Ausdehnung der Beschränkung wird auch nicht für notwendig erachtet[102].

Die Richtlinie über vergleichende Werbung[103] von 1997 hat durch die Änderung der Richtlinie über irreführende Werbung[104] einen gemeinschaftsrechtlichen Rahmen für vergleichende Werbung geschaffen. Die Voraussetzungen entsprechen im Wesentlichen denen der französischen Regelung; in einigen abweichenden Punkten gab es Umsetzungsbedarf, der durch die ordonnance n° 2001-741[105] befriedigt wurde. Die Umsetzungsfrist für die Richtlinie über irreführende Werbung ist am 23. April 2000 abgelaufen[106]. Die Bestimmungen über die Zulässigkeit vergleichender Werbung sind nicht als Mindestschutzrichtlinien ausgestaltet, Art. 7 Abs. 2 RL 84/450/EWG in der durch RL 97/55/EG geänderten Fassung. Die erforderlichen Anpassungen der strengeren Bestimmungen des französischen Rechts an das europäische Recht[107] sind mit der ordonnance n° 2001-741[108] erfolgt. Unterschiede zwischen den gemeinschaftsrechtlichen Bestimmungen und der Regelung des alten Art. L 121-8 C. cons. bestanden sowohl beim Anwendungsbereich als auch für die materiellen Zulässigkeitsvoraussetzungen vergleichender Werbung. Während der frühere Art. L 121-8 C. cons. nur Vergleiche zwischen Waren oder Dienstleistungen gleicher Art zuließ, müssen es nach der Richtlinie „Waren oder Dienstleistungen für den gleichen Bedarf oder dieselbe Zweckbestimmung" sein[109]. Die französische Regelung konnte allerdings auch so verstanden werden, dass die Produkte verglichen werden dür-

---

[102] *Conseil d'Etat*, Internet, 1998, p. 59 et s., der eine Anpassung an das Internet dadurch fordert, dass in der Bestimmung des Art. L 121-12 C. cons. *„avant toute diffusion"* durch *„toute mise à disposition du public"* ersetzt wird; der Gedanke wurde wohl übernommen von *Guerrier/Monget*, Sécurité, 2000, p. 407.

[103] Richtlinie 97/55/EG vom 6.10.1997 zur Änderung der Richtlinie 84/450/EWG über irreführende Werbung zwecks Einbeziehung der vergleichenden Werbung, ABl. Nr. L 290/18 vom 23.10.1997.

[104] Richtlinie 84/450/EWG vom 10.10.1984 zur Angleichung der Rechts- und Verwaltungsvorschriften der Mitgliedstaaten über irreführende Werbung, ABl. Nr. L 250/17 vom 19.9.1984.

[105] Ordonnance n° 2001-741 du 23 août 2001 portant transposition de directives communautaires et adaption au droit communautaire en matière de droit de la consommation, J.O. n° 196 du 25.8.2001, 13645; hierzu *Andrieu*, Légipresse n° 186, novembre 2001, II 133.

[106] Art. 3 Abs. 1 RL 97/55/EG; der 23.4.2000 ist 30 Monate nach der Veröffentlichung im ABl. am 23.10.1997.

[107] Insbesondere für die Vorabinformation *Bille*, in: *P. Greffe/F. Greffe*, Publicité, 2000, n° 1556; *Veyssière*, Gaz. Pal. 1998, 1er sem., 627 (629); *Lolivier*, Gaz. Pal. 1998, 1er sem., 621 (626); *Coblence/Sala-Martin*, Légicom n° 21/22, 2000, 57 (61).

[108] Siehe oben § 4 II 1 b.

[109] Art. 3a Abs. 1 lit. a RL 84/450/EWG in der durch RL 97/55/EG geänderten Fassung.

fen, die aus Verbrauchersicht substituierbar sind[110]. Die neue Fassung des Art. L 121-8 C. cons. verzichtet auf eine Spezifizierung und spricht allgemein vom Vergleich von Waren oder Dienstleistungen. Der Anwendungsbereich der Richtlinie war außerdem weiter, weil Art. 2 Nr. 2a RL 84/450/EWG in der durch RL 97/55/EG geänderten Fassung auch die nur mittelbare Erkennbarkeit des Konkurrenten ausreichen lässt[111]. Das reicht in der neuen Fassung des Art. L 121-8 C. cons. ebenfalls. Die Voraussetzungen für die Zulässigkeit sind im Wesentlichen inhaltlich gleich[112]. Der Preisvergleich ist in beiden Regelungswerken ähnlich geregelt[113]. Das Verbot der herabsetzenden oder verunglimpfenden Werbung (*dénigrement*), das in Art. 3a Abs. 1 lit. e RL 84/450/EWG in der durch RL 97/55/EG geänderten Fassung enthalten ist, findet sich im französischen Recht nicht. Hier besteht nur die Möglichkeit einer zivilrechtlichen Schadensersatzklage[114] (*action en responsabilité délictuelle*) nach allgemeinem Deliktsrecht, Art. 1382 et s. C. civ.

Die Richtlinie sieht keine dem Art. L 121-11 C. cons. entsprechende Bestimmung vor, die vergleichende Werbung auf bestimmten Werbeträgern verbietet. Der bedeutendste Unterschied – die Vorabinformation der Konkurrenten des Art. L 121-12 C. cons. – wurde mit der Änderung abgeschafft. Eine Ansicht, die für eine Vereinbarkeit des Art. L 121-12 C. cons. mit dem Gemeinschaftsrecht argumentiert hat, konnte sich nicht durchsetzen. Sie sollte durch eine richtlinienkonforme Auslegung der französischen Bestimmung erreicht werden[115]. Die Argumentation, die tatsächlich eine veränderte Auslegung der gemeinschaftsrechtlichen Bestimmung versucht, stützt sich zum einen darauf, dass die Richtlinie nur materielle, nicht jedoch formelle oder prozedurale Zulässigkeitsvoraussetzungen für vergleichende Werbung aufstellt und zum anderen auf den elften

---

[110] *Gunther*, CCC, février 1998, 4 (4); *Lolivier*, Gaz. Pal. 1998, 1er sem., 621 (625), sieht hier eindeutigen Änderungsbedarf bei der Richtlinienumsetzung.

[111] Hierzu *Veyssière*, Gaz. Pal. 1998, 1er sem., 627 (628).

[112] Vergleich im Einzelnen bei *Calais-Auloy/Steinmetz*, Droit de la consommation, 2000, n° 135 et s.; *Gunther*, CCC, février 1998, 4 (4 et s.); *Veyssière* weist auf einen Unterschied hin zwischen Art. L 121-8 C. cons. und Art. 3a Abs. 1 lit. c RL 84/450/EWG in der durch RL 97/55/EG geänderten Fassung: während die Richtlinie von einem Vergleich zwischen einem oder mehreren Kriterien spricht, ist im französischen Text nur die Pluralform „*des caractéristiques*" genannt; ebenso *Bille*, in: *P. Greffe/F. Greffe*, Publicité, 2000, n° 1556; dabei wird es sich jedoch nur um einen redaktionellen Unterschied handeln.

[113] *P. Greffe/F. Greffe*, Publicité, 2000, n° 758; insofern ist die Darstellung von *Gunther*, CCC, février 1998, 4 (4), unzutreffend, der nicht auf Art. 3a Abs. 2 RL 84/450/EWG in der durch RL 97/55/EG geänderten Fassung eingeht; für *Calais-Auloy/Steinmetz*, Droit de la consommation, 2000, n° 136, sind die unterschiedlichen rechtlichen Konstruktionen nicht ergebnisrelevant.

[114] *Gunther*, CCC, février 1998, 4 (5).

[115] *Picod*, D. 2001, 90 (92).

Erwägungsgrund der Richtlinie, der den Mitgliedstaaten „die Wahl der Form und der Mittel für die Umsetzung dieser Bedingungen" überlässt. Die Information der Konkurrenten soll ein Mittel zur Umsetzung der materiellen Zulässigkeitsvoraussetzungen darstellen[116]. Dieses Verständnis überschreitet jedoch den Aussagegehalt sowohl des elften Erwägungsgrundes als auch des Art. 4 Abs. 1 Nr. 1 RL 84/450/EWG in der durch RL 97/55/EG geänderten Fassung, der von den Mitgliedstaaten „geeignete und wirksame" Maßnahmen verlangt. Im Übrigen sorgt die Sanktionierung von Verstößen gegen Art. L 121-12 C. cons. dafür, dass es sich nicht um eine bloße Informationspflicht handelt[117], sondern um eine zusätzliche einschränkende Zulässigkeitsvoraussetzung, die dem Regelungsziel der Gemeinschaft widersprechen würde. Aus den Erwägungsgründen der Richtlinie über vergleichende Werbung ergibt sich das Ziel, für vergleichende Werbung einheitliche Bedingungen festzulegen und aus diesem Grund keine höheren Schutzniveaus in den einzelnen Mitgliedstaaten zuzulassen[118].

Verstöße gegen das Verbot können strafrechtliche Sanktionen gemäß Art. L 121-14 al. 1 C. cons. in Verbindung mit den Bestimmungen über irreführende Werbung (Art. L 121-1 et s. C. cons.) nach sich ziehen sowie Markenverletzungen (Art. L 716-9 und 716-12 Code de la propriété intellectuelle) und zivilrechtliche Haftungsansprüche nach Art. 1382 C. civ. wegen unlauteren Wettbewerbs[119] begründen, wie Art. L 121-14 al. 1 C. cons. klarstellt. Wenn eine strafrechtlich relevante Rechtsverletzung vorliegt, können die Verbraucherverbände die Einstellung der Werbung verlangen (Art. L 421-1 und L 421-2 C. cons.).

2. Art und Weise der Werbung im Internet

a) Erkennbarkeit der Werbebotschaft

Die loi relative à la liberté de communication bestimmt, dass eine Werbebotschaft, die im Rahmen einer Fernsehübertragung übermittelt wird, eindeutig als solche erkennbar sein muss[120]. Für Fernsehwerbung bestimmt Art. 14 des décret

---

[116] *Picod*, D. 2001, 90 (92 et s.).

[117] So *Picod*, D. 2001, 90 (93).

[118] Erwägungsgrund 18 der RL 84/450/EG; siehe auch *Lolivier*, Gaz. Pal. 1998, 1er sem., 621 (625).

[119] *Gunther*, CCC, hors-série, décembre 2000, 189 (190); *Raymond*, Juris-Classeur Concurrence Consommation, fasc. 900, 1998, n° 29.

[120] Loi n° 86-1067 du 30 septembre 1986 relative à la liberté de communication « loi Léotard », J.O. n° 228 du 1.10.1986 , 11755, Art. 73 al. 1 « *Le message publicitaire doit être clairement identifié comme tel.* »

n° 92-280[121], dass Werbebotschaften durch optisch und akustisch wahrnehmbare Zwischenbildschirme vorher und hinterher vom restlichen Programm abgetrennt sein müssen.

Fraglich ist, ob diese Bestimmungen auch für das Internet anwendbar sind. Die Regelung des Art. 14 décret n° 92-280 ist auf die Übertragung eines Fernsehprogramms zugeschnitten, dass den Empfänger seinen Inhalt in einer festgelegten Reihenfolge präsentiert. Schon die fehlende feste Reihenfolge und die damit entfallende Bestimmbarkeit der Positionierung der geforderten Zwischenbildschirme würde die Anwendung der Bestimmung für das Internet schwierig machen. Hinzu kommt, dass auf Internetseiten häufig Werbebotschaften und redaktionelle Inhalte gleichzeitig dargestellt werden. Eine kennzeichnende Eigenschaft des Internet ist die Interaktivität. Ob die Schlussfolgerung, Werbeinhalte seien kein zwingend mit zu empfangender Bestandteil mehr[122], allerdings zutrifft, ist fraglich. Es besteht zwar die Möglichkeit, Verweise auf Werbeseiten nicht zu verfolgen oder die Betrachtungszeit solcher Seiten selbst zu steuern. Voraussetzung für eine eigenverantwortliche Kontrolle der Werbung, der man sich aussetzen möchte, ist jedoch auch hier, dass man Werbung als solche erkennt.

Art. 10 al. 1 LEN schreibt die Erkennbarkeit von Werbung für jede Art von Online-Kommunikation vor: « *Toute publicité, sous quelque forme que ce soit, accessible par un service de communication en ligne, doit pouvoir être clairement identifiée comme telle.* » Darüber hinaus muss die Werbung nach einer vor der Verabschiedung durch die Nationalversammlung eingefügten Änderung die für die Werbung verantwortliche Person eindeutig erkennen lassen. Eine eigene Sanktionsnorm enthält die neue Bestimmung nicht, Art. 10 al. 2 LEN weist aber darauf hin, dass die Anwendbarkeit des Art. L 121-1 C. cons. nicht berührt wird. Verstöße gegen das Transparenzgebot werden am allgemeinen Irreführungsmaßstab gemessen.

Ein neuer Art. 121-15-1 C. cons. – eingefügt durch Art. 21 LEN – bestimmt darüber hinaus für E-Mail-Werbung ausdrücklich, dass die Nachrichten bereits beim Empfang als Werbung identifizierbar sein müssen. Der Hinweis muss sich schon aus der Kopfzeile ergeben, denn die Vorschrift lässt die Erkenbarkeit durch den Nachrichtentext nur zu, wenn ein Hinweis in der Kopfzeile technisch nicht möglich ist.

---

[121] Décret n° 92-280 du 27 mars 1992 pris pour l'application du 1° de l'article 27 de la loi du 30 septembre 1986 relative à la liberté de communication et fixant les principes généraux concernant le régime applicable à la publicité et au parrainage, J.O. n° 75 du 28.3.1992, 4313.
[122] *Bochurberg*, Internet, 2001, n° 1206, p. 166.

b) Werbung in und mit Suchmaschinen

Fraglich ist, ob ein durch eine Suchmaschine ermittelter Hinweis auf eine Seite nach Eingabe bestimmter Suchbegriffe als Werbung angesehen werden kann. Oft geschieht dies durch so genannte *Meta-Tags*, Suchbegriffe, die im nicht sichtbaren Bereich einer Internetseite aufgeführt sind. *Varille* bejaht in beiden Fällen die Werbeeigenschaft, zumindest wenn die Informationen entgeltlich eingefügt wurden[123]. Der *Conseil d'Etat* ist ebenfalls dieser Ansicht und vergleicht die Ergebnisanzeige einer Suchmaschine mit einem Hinweis auf ein Produkt in einem Versandhauskatalog[124]. Als Indiz für die Klassifizierung als Werbung zieht er ebenfalls die Entgeltlichkeit der Einfügung in den Index der Suchmaschine heran. Wenn man einen Eintrag in das Register einer Suchmaschine als Werbung ansieht, ist die Erfüllung werberechtlicher Vorschriften, wie etwa der Kennzeichnungspflicht der Werbebotschaft[125], fraglich. Richtigerweise kann aber erst die Seite, auf die der Suchende verwiesen wird, als Werbebotschaft verstanden werden, denn der Benutzer weiß ja nicht, aus welchem Grund die fragliche Seite an einer Anfangsposition in der Trefferliste steht. Der Link enthält selbst keine Werbebotschaft, entscheidend ist die Beurteilung der Seite, auf die verwiesen wird.

c) Unaufgeforderte E-Mail-Werbung

aa) Das vor der LEN geltende französische Recht

Die Versendung von Werbebotschaften per E-Mail kann beim Empfänger Kosten und Unannehmlichkeiten verursachen. Wenn die Werbung unaufgefordert zugesandt wird, ist der Empfänger schützenswert. Die Privatsphäre ist durch Art. 9 C. civ. geschützt[126] und umfasst auch ein Recht, in Ruhe gelassen zu werden („*droit à la tranquillité*")[127]. Eine besondere Form der unaufgeforderten E-Mail-Werbung (*publicité non sollicité*) ist das so genannte *Spamming*, das in der Literatur häufig und fälschlicherweise mit unaufgeforderter E-Mail-Werbung insgesamt gleichgesetzt wird[128]. *Spamming* bezeichnet nach einer Definition indes nur die massenhafte Versendung von Nachrichten, die aufgrund der Menge

---

[123] *Varille*, Cahiers Lamy droit de l'informatique, décembre 1997, 12 (14 et s.).

[124] *Conseil d'Etat*, Internet, 1998, p. 58.

[125] So *Conseil d'Etat*, Internet, 1998, p. 60.

[126] Vgl. *Raymond*, Juris-Classeur Contrats Distribution, Fasc. 1390, 1991, n° 126.

[127] *Varet*, Com. Com. électr., septembre 2002, 14 (14).

[128] Vgl. etwa aus der deutschen Literatur *Ayad*, CR 2001, 533 (534); *Arndt/Köhler*, EWS 2001, 102 (111); *Tettenborn*, K&R 2000, 59 (62) ; *Hoeren*, MMR 1999, 192 (197 f.); in Frankreich *Munoz*, Petites affiches, 9.8.1999, 10 (12), *Menais/Dietrich*, Cahiers Lamy droit de l'informatique et des réseaux, mars 1999, 1 (3).

zu einer Belastung sowohl für den Empfänger als auch für die Übertragungssysteme führen können[129]. Eine andere Definition von *Spamming* gibt die CNIL indes in ihrer Stellungnahme zum Projekt für das Gesetz für die Informationsgesellschaft[130]: gemeint ist die Versendung einer Werbenachricht an einen sehr großen, praktisch nicht individualisierten Adressatenkreis. Dieses ist im Gegensatz zu einer Überflutung eines Adressaten die in der Werbepraxis übliche Erscheinungsform. Auch wenn die Definition des *Spamming* unklar zu sein scheint, bleibt festzuhalten, dass das Phänomen in jedem Fall nur eine Form der unaufgeforderten Zusendung von Werbebotschaften bezeichnet. Schützenswert ist der Verbraucher jedoch auch vor einzelnen Werbebotschaften oder mehreren, bei denen die Schwelle zum *Spamming* noch nicht erreicht ist. Im Unterschied zum physischen Briefkasten ist der Internetbriefkasten für jedermann leichter zugänglich. Gleichzeitig ist er in größerem Maße dem privaten Bereich seines Benutzers zuzurechnen, als ein herkömmlicher Briefkasten, der oft von mehreren Bewohnern einer Wohneinheit zusammen benutzt wird[131].

Technischer Schutz vor Massenzusendung von ungewollten E-Mails kann durch Filterprogramme gewährt werden, die Nachrichten bestimmter Absender nicht akzeptieren[132]. Dazu muss die ungewollte Adresse jedoch bekannt sein, was in der Regel erst nach einer oder mehreren ungewollten Werbebotschaften der Fall ist. Art. R 10-2 CPCE gibt jedem Inhaber eines Telefon- oder Telexanschlusses das Recht, sich mit Hilfe eines Formulars, dass ihm vorgelegt werden muss, in eine Liste einzutragen, wenn seine Anschlussdaten nicht kommerziell verwendet werden sollen. Wenn der Name mehr als zwei Monate in der Liste steht, dürfen keine unaufgeforderten Nachrichten mehr per Telex oder Telefax übermittelt werden. Zuwiderhandlungen werden mit einer Geldbuße der Klasse 3 belegt (*amende prévue pour les contraventions de la 3ᵉ classe*). Im Internet ist diese Bestimmung nicht anwendbar. Die rechtswidrige Sammlung von E-Mail-Adressen als Voraussetzung der unerwünschten Versendung von E-Mails hat die

---

[129] Die begriffliche Unterscheidung hebt die *CNIL*, Le publipostage électronique et la protection des données personnelles, 1999, p. 1, http://www.cnil.fr/fileadmin/documents/approfondir/rapports/publpost.pdf, deutlich hervor und erklärt auch die Herkunft der Worte „*spam*“ und „*spamming*“; die Absätze finden sich auch im 20ᵉ rapport d'activité 1999, 2000, p. 108.

[130] CNIL, Délibération n° 01-018 du 3 mai 2001 portant avis sur le projet de loi sur la société de l'information, p. 12, http://www.legifrance.gouv.fr/WAspad/Visu?cid=4564&indice=1&table=CNIL&ligneDeb=1.

[131] *CNIL*, Le publipostage électronique et la protection des données personnelles, 1999, p. 6, http://www.cnil.fr/fileadmin/documents/approfondir/rapports/publpost.pdf; ebenso im 20ᵉ rapport d'activité 1999, 2000, p. 111.

[132] Vgl. *Cadoux*, Petites affiches, 10.11.1999, n° 224, 47 (50).

CNIL als einen Verstoß gegen Art. 226-18 C. pén. angesehen[133]. Um Kunden nicht mit unaufgeforderter E-Mail-Werbung zu belästigen, hat die *Fédération des entreprises de vente à distance* (FEVAD) eine Robinson-Liste eingeführt[134]. Der Eintrag in eine derartige Liste kann mit einem „Bitte keine Werbung"-Aufkleber am Briefkasten verglichen werden[135]. Für die Opt-Out-Lösung sprach sich auch die Internationale Handelskammer aus[136]. Während die CNIL 1996 noch auf Robinsonlisten gegen Faxwerbung hingewiesen hatte[137], dachte sie in ihrem Report von 1999 über Informationspflichten beim Sammeln von Informationen und über ein Verbot der Verwendung von solchen E-Mail-Adressen für kommerzielle Zwecke nach, die in nicht-kommerziellen Diskussionsforen gesammelt wurden[138].

Das fernabsatzrechtliche Opt-Out wurde mit der ordonnance n° 2001-741[139] in einem neuen Art. 121-20-5 C. cons. geregelt. Die einzelnen Voraussetzungen für die Listen, in denen die Verbraucher ihren Widerspruch gegen die Zusendung von Nachrichten eintragen können, sollten in einer Ausführungsverordnung konkretisiert werden[140]. Der Entwurf für loi sur la société de l'information sah die

---

133 CNIL, Délibération n° 02-075 du 24 octobre 2002 portant dénonciation au parquet d'infractions à la loi du 6 janvier 1978, abrufbar unter http://www.legifrance.gouv.fr/WAspad/Visu? cid=4628&indice=1&table=CNIL&ligneDeb=1.

134 Fédération des entreprises de vente à distance (FEVAD), Code de déontologie des professionnels du marketing direct vis-à-vis de la protection des données à caractère personnel du 8 décembre 1993, Art. 39 et s., abrufbar unter http://www.fevad.com/fr/gre_page/affiche_page.asp?categorie=1&id_page=106.

135 So *CNIL*, 19ème rapport d'activité 1998, 1999, p. 94.

136 Art. 33 Abs. 3 des Code international ICC de marketing direct du 25 septembre 1998, (Document n° 240/396 Rev.2) http://www.iccwbo.org/home/statements_rules/rules/1998/translations/marketing_direct.asp: « *Les vendeurs et/ou les agents doivent mettre un mécanisme de suppression à la disposition des utilisateurs qui ne souhaitent pas recevoir à l'avenir de sollicitations commerciales en ligne. ...* »; Art. 5 n° 6 der Lignes directrices d'ICC en matière de publicité et de marketing sur Internet du 2 avril 1998, (Document n° 240/394 Rev. 4), http://www.iccwbo.org/home/marketing%20PDF/Lignes%20directrices%20d'ICC%20en%20mati%E8re%20de%20publicit%E9%20et%20de%20marketing%20sur%20Internet_.pdf: « *Les annonceurs et les professionnels du marketing ne doivent pas envoyer de messages commerciaux en ligne non sollicités aux utilisateurs qui ont indiqué qu'ils ne souhaitaient pas en recevoir. Les annonceurs et les professionnels du marketing doivent mettre à la disposition des utilisateurs un mécanisme en ligne leur permettant de leur faire savoir qu'ils ne souhaitent pas recevoir à l'avenir de sollicitations en ligne....* »

137 *CNIL*, 17ème rapport d'activité 1996, 1997, p. 72.

138 So *CNIL*, 19ème rapport d'activité 1998, 1999, p. 95.

139 Ordonnance n° 2001-741 du 23 août 2001 portant transposition de directives communautaires et adaptation au droit communautaire en matière de droit de la consommation, J.O. n° 196 du 25.8.2001, 13645.

140 Vgl. *Varet*, Com. Com. électr., septembre 2002, 14 (15).

Einfügung eines neuen Art. L 121-15-1 C. cons. (proj. LSI) vor, mit die dort geltenden Opt-Out-Voraussetzungen für E-Mail-Werbung umgesetzt werden sollten[141].

bb) Gemeinschaftsrechtliche Vorgaben

Die Fernabsatzrichtlinie schreibt in Art. 10 Abs. 2 vor, dass Kommunikationstechniken nicht verwendet werden dürfen, deren Verwendung der Verbraucher offenkundig abgelehnt hat. Fraglich ist der Anwendungsbereich dieser Bestimmung für Werbebotschaften. Adressat der Regelung ist der Lieferer; das könnte das Bestehen oder die unmittelbare Vorbereitung eines Vertragsverhältnisses voraussetzen. Dafür kann die Definition des Art. 2 Nr. 3 FA-RL sprechen („beim Abschluss von Verträgen"); Art. 10 FA-RL wird in der Literatur zum Teil nur im Zusammenhang mit der Art und Weise der Erfüllung der Informationspflichten angesprochen[142]. Andere Autoren beziehen sie auch auf Werbebotschaften. Der europäische Gesetzgeber scheint ebenfalls dieser Auffassung zu sein; nach Erwägungsgrund Nr. 30 der Richtlinie über den elektronischen Geschäftsverkehr ist die Frage des Zustimmungserfordernisses der Empfänger bereits in den Richtlinien 97/7/EG und 97/66/EG geregelt. Wichtig ist die Feststellung, dass Art. 10 Abs. 2 nur einen Mindeststandard festsetzt, so dass die Mitgliedstaaten auch strengere Regeln nach dem Opt-In-Ansatz festlegen können[143]. Das ergibt sich aus Art. 14 FA-RL, nach der die Mitgliedstaaten strengere verbraucherschützende Vorschriften einrichten oder aufrechterhalten können. Die Mitgliedstaaten müssen also mindestes dafür Sorge tragen, dass dem Verbraucher keine Nachrichten zugesendet werden, wenn er es offenkundig abgelehnt hat, also ein Opt-Out-Verfahren nach den Vorgaben der Richtlinie zur Verfügung stehen.

---

[141] Vgl. *Varet*, Com. Com. électr., septembre 2002, 14 (16).

[142] Siehe *Gatsi*, D. affaires 1997, 1378 (1379 et s.); *Trochu*, D. 1999, chron. 179 (180); in Deutschland *Köhler*, in: *Köhler/Piper*, UWG, 2002, § 1, Rn. 165; dagegen beziehen *Costes*, Lamy droit de l'informatique et des réseaux, bull. d'actualité, juillet 1997, 1 (3), und *Féral-Schuhl*, Cyberdroit, 2000, p. 253, die Vorschrift (auch) auf Werbung.

[143] So auch das Verständnis des BGH, Urteil vom 27.1.2000, NJW 2000, 2677 (2678) „Telefonwerbung VI"; LG Traunstein, Beschluß vom 18.12.1997, MMR 1998, 109 (110); LG Berlin, Urteil vom 7.1.2000, NJW-RR 2000, 1229 (1231); *Köhler*, in: *Köhler/Piper*, UWG, 2002, § 1, Rn. 165; eingehend *Schrick*, MMR 2000, 399 (401 ff.); a.A. *Busche/Kraft*, WRP 1998, 1142 (1149); *Zehentmeier*, BB 2000, 940 (944); *Ziem*, MMR 2000, 129 (133), die Art. 14 Abs. 2 FA-RL so verstehen, dass nur in den dort aufgezählten Fällen strengere Bestimmungen zulässig seien.

Die Telekommunikations-Datenschutzrichtlinie 97/66/EG[144], die im Juli 2002 durch die Datenschutzrichtlinie für die elektronische Kommunikation[145] ersetzt wurde, verbot Werbung per Telefax ohne vorherige Zustimmung des Adressaten. Die nun nicht mehr notwendige Umsetzung dieser Richtlinie in französisches Recht sollte mit der Datenschutznovelle erfolgen[146]. Eine entsprechende Anwendung dieser Bestimmung auf E-Mail-Botschaften wurde nicht diskutiert[147]. Neben dem entgegenstehenden, eindeutigen Wortlaut ist auch die vergleichbare Interessenlage fraglich. Beim Empfang von Telefaxnachrichten entstehen dem Empfänger Kosten durch den Papier- oder Tonerverbrauch. Der Empfang von E-Mails kann ebenfalls mit Kosten verbunden sein, etwa für die Verbindungskosten zum E-Mail-Server; indirekte Kosten können auch durch Auswirkungen von „Überschwemmungen" des Briefkastens entstehen. Der Gemeinschaftsgesetzgeber bezieht sich in Erwägungsgrund Nr. 3 der Richtlinie über den elektronischen Geschäftsverkehr ebenfalls auf den Kostengesichtspunkt, wenn er verlangt, dass durch unaufgefordert zugesandte E-Mail-Nachrichten keine zusätzlichen Kommunikationskosten entstehen dürfen.

Die Richtlinie über den elektronischen Geschäftsverkehr beinhaltet in Art. 7 Regelungen für nicht angeforderte kommerzielle Kommunikation, worunter insbesondere unaufgeforderte Werbung fällt. Absatz 1 bestimmt, dass nicht angeforderte kommerzielle Kommunikation mittels elektronischer Post als solche erkennbar sein muss. Absatz 2 verpflichtet darüber hinaus die Mitgliedstaaten, Maßnahmen zu ergreifen, um die Einrichtung und Beachtung von so genannten Robinson-Listen sicherzustellen. Art. 7 Abs. 1 EC-RL spricht die Mitgliedstaaten an, die sich für ein Opt-Out-System entschieden haben. Der Umkehrschluss, dass Mitgliedstaaten auch ein strengeres System haben können, unterstützt das Verständnis des Art. 10 FA-RL als Mindestschutzvorschrift. Art. 7 Abs. 2 EC-RL könnte als Konkretisierung der unklaren Formulierung des Art. 10

---

[144] Richtlinie 97/66/EG vom 15. Dezember 1997 über die Verarbeitung personenbezogener Daten und den Schutz der Privatsphäre im Bereich der Telekommunikation, ABl. Nr. L 24/1 vom 30.1.1998, Art. 12 Abs. 1: „Die Verwendung von Kommunikation mit Automaten als Gesprächspartner (Voice-Mail-System) oder Fernkopien (Telefax) für die Zwecke des Direktmarketings darf nur bei vorheriger Einwilligung der Teilnehmer gestattet werden."

[145] Richtlinie 2002/58/EG vom 12. Juli 2002 über die Verarbeitung personenbezogener Daten und den Schutz der Privatsphäre in der elektronischen Kommunikation (Datenschutzrichtlinie für elektronische Kommunikation), ABl. Nr. L 201/37 vom 31.7.2002.

[146] Siehe hierzu oben § 5 III 4.

[147] Die *CNIL*, Le publipostage électronique et la protection des données personnelles, 1999, p. 8, http://www.cnil.fr/fileadmin/documents/approfondir/rapports/publpost.pdf, scheint allerdings E-Mail-Wurfsendungen unter die erste Alternative „Automaten als Gesprächspartner" fassen zu wollen. Gegen eine Analogie spricht der Zusatz „(Voice-Mail-System)" in Art. 12 Abs. 1 RL 97/66/EG.

Abs. 2 FA-RL verstanden werden, wann ein Verbraucher die Verwendung elektronischer Post „offenkundig abgelehnt" hat[148]. Gegen die Funktion des Art. 7 EC-RL als bloße Konkretisierungsvorschrift könnte der gegenüber der Fernabsatzrichtlinie weitere Anwendungsbereich sprechen; „kommerzielle Kommunikation" liegt nach der Definition des Art. 2 lit. f EC-RL nämlich nicht nur dann vor, wenn ein Verbraucher Adressat der Nachricht ist. Die Richtlinie über den elektronischen Geschäftsverkehr trifft selbst keine Entscheidung für ein Opt-In- oder ein Opt-Out-System[149]. Das macht Erwägungsgrund Nr. 30 deutlich, ergibt sich aber auch aus dem Wortlaut des Art. 7 EC-RL: Für die Mitgliedstaaten, in denen nicht angeforderte kommerzielle Kommunikation zulässig ist, werden bestimmte Mindeststandards festgesetzt. Die Entscheidung obliegt also den Mitgliedstaaten. Aus dem Anwendungsbereich des Herkunftslandprinzips ist dieser Bereich gemäß dem Anhang der Richtlinie ausgenommen.

In der am 12. Juli 2002 verabschiedeten Datenschutzrichtlinie für elektronische Kommunikation[150] ist in Art. 13 Abs. 1 für ungewollte Werbung mittels elektronischer Post die Opt-In-Lösung vorgesehen[151]. Die Verwendung elektronischer Post zur Direktwerbung ist nur nach vorheriger Einwilligung der Adressaten gestattet. Diese Regelung war im Rechtsetzungsverfahren umstritten. Das Parlament hatte sich mit seinen Änderungsanträgen gegen die Einführung einer Opt-In-Lösung ausgesprochen, weil Opt-Out-Systemen in verschiedenen Mitgliedstaaten verwendet würden und außerdem in der Fernabsatzrichtlinie und der Richtlinie über den elektronischen Geschäftsverkehr diesbezügliche Regelungen enthalten seien[152]. Während im Gemeinsamen Standpunkt des Rates vom 21.1.2002[153] für Direktwerbung per E-Mail eine vorherige Einwilligung verlangt

---

[148] Zur Schwierigkeit der Auslegung dieses Begriffs *Trochu*, D. 1999, chron. 179 (180); *Gatsi*, D. affaires 1997, 1378 (1380).

[149] *Landfermann*, ZUM 1999, 795 (799); *Hoeren*, MMR 1999, 192 (198); *Spindler*, MMR-Beilage 7/2000, 4 (14) und bereits *ders.*, ZUM 1999, 775 (792 f.); *Lindholm/Maennel*, CRi 2000, 65 (68); *Schrick*, MMR 2000, 399 (404); *Gendreau*, CJFE 2001, 787 (798); unzutreffend daher etwa *Féral-Schuhl*, Cyberdroit, 2000, p. 253.

[150] Richtlinie 2002/58/EG vom 12. Juli 2002 über die Verarbeitung personenbezogener Daten und den Schutz der Privatsphäre in der elektronischen Kommunikation (Datenschutzrichtlinie für elektronische Kommunikation), ABl. Nr. L 201/37 vom 31.7.2002.

[151] Zustimmend *Poullet/Louveaux/Pérez Asinari*, EDI Law review 8: 147 (159), 2001.

[152] Europäisches Parlament, Bericht über den Vorschlag für eine Richtlinie des Europäischen Parlaments und des Rates über die Verarbeitung personenbezogener Daten und den Schutz der Privatsphäre in der elektronischen Kommunikation, Sitzungsdokument A5-0270/2001 endg., 13.7.2001, Änderungsanträge 41 und 42.

[153] Gemeinsamer Standpunkt (EG) Nr. 26/2002 vom Rat festgelegt am 28.1.2002 im Hinblick auf den Erlass der Richtlinie 2002/…/EG des Europäischen Parlaments und des Rates vom … über die Verarbeitung personenbezogener Daten und den Schutz der Privatsphäre in der elektronischen Kommunikation, ABl. Nr. C 113 E/39 vom 14.5.2002.

wurde, waren E-Mails von Art. 13 Abs. 1 des Entwurfes in der Fassung der Empfehlung für die zweite Lesung vom 22.4.2002[154] wieder ausgenommen und stattdessen eine Ergänzung des Art. 13 Abs. 21 vorgesehen, die es – nach Ablauf einer 30-monatigen Frist – dem Nutzer erlauben sollte, den Einsatz technischer Mittel zu fordern, die die Identifikation und den Betreff der Nachricht erkennen lassen und deren Löschung ermöglichen, ohne dass die Nachricht heruntergeladen werden muss.

Art. 13 der Datenschutzrichtlinie für elektronische Kommunikation bestimmt in Absatz 1, dass die Verwendung von elektronischer Post nur bei vorheriger Einwilligung der Teilnehmer gestattet werden darf. Dieser Opt-Out-Grundsatz wird durch Art. 13 Abs. 2 indes eingeschränkt, nach dem die E-Mail-Adresse dann zur Direktwerbung verwendet werden darf, wenn die Adresse vom Kunden bei einer Bestellung mitgeteilt wurde und sich die neue Werbung auf ähnliche Produkte oder Dienstleistungen bezieht. Das Opt-Out-Prinzip wird in diesem Bereich eingeschränkt. Art. 2 könnte als eine Fiktion der in Art. 1 geforderten Einwilligung gesehen werden. Absatz 2 soll indes „ungeachtet des Absatzes 1“ gelten, was für eine Ausnahme vom Opt-Out-Grundsatz spricht.

Fraglich ist das Verhältnis zu Art. 10 FA-RL. Auf den ersten Blick erscheint diese Regelung als hinfällig, weil die sich aus der Fernabsatzrichtlinie ergebende Wahlmöglichkeit zwischen Opt-In und Opt-Out nun durch das Opt-In der Datenschutzrichtlinie überlagert ist. Der Anwendungsbereich des Art. 10 FA-RL ist sachlich nicht eingeschränkt. In Verbindung mit dem Anwendungsbereich der ganzen Fernabsatzrichtlinie gilt er nur für die Verwendung von Fernkommunikationstechniken, die im Zusammenhang mit Vertragsabschlüssen im Fernabsatz zwischen Unternehmern und Verbrauchern verwendet werden (Art. 1 FA-RL). Art. 13 RL 2002/58/EG hat den sachlichen Anwendungsbereich der Direktwerbung, also alle absatzfördernden Maßnahmen, die an den einzelnen Adressaten gerichtet sind. Der sachliche Anwendungsbereich der Fernabsatzrichtlinie ist zwar weiter als der der Datenschutzrichtlinie, in der Praxis ist jedoch nahezu jede Mitteilung des Unternehmers absatzfördernd und somit im Anwendungsbereich der Datenschutzrichtlinie. Der persönliche Anwendungsbereich der Datenschutzrichtlinie ist weiter als der der Fernabsatzrichtlinie: Während durch diese nur Verbraucher geschützt werden, sind bei jener alle Teilnehmer geschützt, die gemäß Art. 13 Abs. 5 RL 2002/58/EG natürliche Personen sind. Art. 13 Abs. 2

---

[154] Europäisches Parlament, Empfehlung für die zweite Lesung betreffend den Gemeinsamen Standpunkt des Rates im Hinblick auf den Erlass der Richtlinie des Europäischen Parlaments und des Rates über die Verarbeitung personenbezogener Daten und den Schutz der Privatsphäre in der elektronischen Kommunikation vom 22.4.2002, A5-0130/2002 endg.

RL 2002/58/EG mit seinem Opt-Out gilt dagegen für natürliche und juristische Personen und gewährt auch diesen einen datenschutzrechtlichen Mindestschutz.

Ein Restanwendungsbereich für die Fernabsatzrichtlinie verbleibt für die folgende Fallkonstellation, in denen ihr Anwendungsbereich nicht durch den der Datenschutzrichtlinie für elektronische Kommunikation überlagert wird. Art. 13 Abs. 1 RL 2002/58/EG stellt auf die Einwilligung des Teilnehmers ab. Teilnehmer ist im Telekommunikationsrecht derjenige, der den Vertrag mit dem Telekommunikationsdiensteanbieter geschlossen hat. Wenn es sich hierbei um eine juristische Person handelt, etwa bei einem geschäftlichen E-Mail-Anschluss, gilt Art. 13 Abs. 1 RL 2002/58/EG und damit das Opt-In wegen Absatz 5 nicht. Wenn eine E-Mail Werbung für Leistungen enthält, die eindeutig dem privaten Verbrauch dienen, so handelt es sich um eine Nachricht im Fernabsatz an Verbraucher, für die Art. 10 FA-RL gilt und wieder ein von den Mitgliedstaaten gewähltes Opt-Out-System zum Tragen kommen kann[155]. Das gleiche gilt im Übrigen, wenn keine der in Art. 13 Abs. 1 RL 2002/58/EG angegebenen Fernkommunikationstechniken verwendet wird. Für diese Fälle bestimmt auch Art. 13 Abs. 3 RL 2002/58/EG, dass die Mitgliedstaaten zwischen Opt-In und Opt-Out wählen können. Es bleiben also Anwendungsbereiche für die Fernabsatzrichtlinie, so dass auch die Regelung in Art. 10 der Richtlinie über den Fernabsatz von Finanzdienstleistungen, in dem ebenfalls ein Wahlrecht zwischen Opt-In und Opt-Out vorgesehen ist, nicht hinfällig geworden ist[156].

Auch nach Verabschiedung der Datenschutzrichtlinie für elektronische Kommunikation bleiben unerwünschte E-Mail-Nachrichten ein aktuelles Problem. Insbesondere die Durchsetzung der Bestimmungen gegenüber Werbenden aus Drittstaaten gestaltet sich schwierig. Die Europäische Kommission hat deshalb in einer Mitteilung vom Januar 2004 weitere Maßnahmen vorgeschlagen[157].

cc) Die Anpassung des französischen Rechts

Die Umsetzung des Art. 10 EC-RL ist in zwei Gesetzesentwürfen in Angriff genommen worden. Zunächst soll der ältere Entwurf proj. LSI betrachtet werden (unten [1]) und im Anschluss die Konzeption der LEN (unten [2]).

---

[155] Ebenso *Leistner/Pothmann*, WRP 2003, 815 (824).
[156] So aber *Gourio*, JCP E 2002, actualité 234, p. 1593 (1595); *Weiler*, MMR 2003, 223 (228).
[157] Kommission der Europäischen Gemeinschaften, Mitteilung der Kommission über unerbetene Werbenachrichten (Spam) vom 22.1.2004, KOM 2004 (28) endg.

(1) Projet de loi sur la société de l'information

Der Entwurf der loi sur la société de l'information, der vor Verabschiedung der Datenschutzrichtlinie für elektronische Kommunikation erarbeitet wurde, sah in Art. 22, innerhalb des Abschnitts « *La publicité par voie électronique* » vor, dass hinter Art. L 121-15 C. cons. sechs neue Artikel L 121-15-1 bis L 121-15-6 C. cons. (proj. LSI) eingefügt werden sollten, um die Zulässigkeit unaufgeforderter E-Mail-Werbung zu regeln[158]. Art. L 121-15-1 C. cons. (proj. LSI) sollte den in Frankreich geltenden Opt-Out-Ansatz festschreiben. Die Zusendung von unaufgeforderten Werbebotschaften sollte verboten sein, wenn sich der Adressat in eine hierfür vorgesehene Liste eingetragen hat. Die Ausgestaltung der Listen sollte in einem décret geregelt werden, wie Art. L 121-15-1 Abs. 2 C. cons. (proj. LSI) vorsah. Die Konkretisierung der Opt-Out-Listen und die dadurch entstehende Einbindung in einen offiziellen Rahmen hätte dazu beitragen können, dem Verbraucher tatsächlich die einfache Möglichkeit des Eintrags in eine Liste zu geben, von der er weiß, dass sie für die Unternehmen bindend ist. Einen weiteren Schritt zu effektivem Verbraucherschutz in diesem Bereich macht Art. L 121-15-3 C. cons. (proj. LSI) des Entwurfes, nach dem der Unternehmer auf jeder Werbebotschaft zum einen darüber informieren sollte, wie der Adressat die Zusendung von Werbung des Unternehmers in Zukunft verhindern kann, aber auch, wie er sich in eine der Listen eintragen kann, um überhaupt keine unaufgeforderte Werbung mehr zu bekommen. Diese Bestimmung sollte, genau wie ein Verstoß gegen das Gebot der Beachtung der Listen oder ein Verstoß gegen das Transparenzgebot des Art. L 121-15-2 C. cons. (proj. LSI), nach der die Nachrichten klar als Werbung gekennzeichnet werden müssen, gemäß Art. L 121-15-4 C. cons (proj. LSI) mit Strafen nach Art. L 213-1 C. cons., also bis zu zwei Jahren Gefängnis oder 37.500 € Geldbuße, sanktioniert werden. So erschien zumindest für Frankreich die Sorge von *Spindler* im Hinblick auf die fehlenden Sanktionsbestimmungen in der Richtlinie selbst und die dadurch erforderliche Wahl der Sanktionsmittel durch die Mitgliedstaaten unbegründet[159]. Den Anwendungsbereich der Bestimmungen beschrieb Art. L 121-15-6 C. cons. (proj. LSI, der klarstellte, dass nicht nur Werbung im engen Sinne, sondern auch Angebote, Wettbewerbe und Gewinnspiele umfasst sein sollten. Das Tribunal de grande instance de Paris hat im Januar 2002 Spamming als einen Verstoß gegen die Regeln für gutes Verhalten im Internet („*charte de bonne conduite*") angesehen, auf die in dem Vertrag zwischen dem die Werbung versendenden Anbieter und dem Zugangs-Provider Bezug genommen wurde[160].

---

[158] Auch auf der Grundlage dieses verbesserten Opt-Out-Systems für ein Opt-In-System *CNIL*, 21e rapport d'activité 2000, 2001, p. 34 et s.
[159] *Spindler*, ZUM 1999, 775 (793).
[160] Tribunal de grande instance de Paris, 15.1.2002, D. 2002, 1544, note *Marino*.

(2) Loi pour la confiance dans l'économie numérique

Die loi pour la confiance dans l'économie numérique vom 21. Juni 2004 regelt die unaufgeforderte E-Mail-Werbung nicht im Code de la consommation, sondern im Code des postes et télécommunications in einem neuen Art. L 33-4-1 CPT. Im Zuge der Neuordnung des CPT im Juli 2004 findet sich die Bestimmung nun in Art. 34-5 Code des postes et communications électroniques (CP-CE)[161]. Die Bestimmung wird allerdings in Art. L 121-20-5 C. cons. als *code suiveur*[162] wiedergegeben.

Der erste Absatz der neuen Bestimmung verbietet die Direktwerbung („*prospection directe*") mit elektronischer Post, wenn der Empfänger nicht seine vorherige Einwilligung gegeben hat. Dies gilt in der verabschiedeten Fasusung des Gesetzes allerdings nur für natürliche Personen, während im Entwurf vom 25. Juni 2003[163] noch juristische Personen, die nicht in das französische Handelsregister (*registre du commerce et des sociétés*) eingetragen sind, in den Schutzbereich einbezogen waren. Die Einwilligung ist in Art. 34-5 al. 2 CPCE ausdrücklich definiert als freie und selbstbestimmte Willensbekundung, die spezifisch auf die Zustimmung zur Verarbeitung der eigenen personenbezogenen Daten gerichtet ist.

Im vierten Absatz wird eine Ausnahme für die Fälle gemacht, in denen die Direktwerbung Leistungen betrifft, die solchen ähnlich sind, die der Empfänger zu einem früheren Zeitpunkt beim Absender erworben hat und in denen die E-Mail-Adresse unmittelbar vom Empfänger unter Einhaltung der datenschutzrechtlichen Bestimmungen erlangt wurde. Jede E-Mail muss einen eindeutigen Hinweis darauf enthalten, dass die – bis auf die eigenen Verbindungskosten – kostenlose und einfache Widerspruchsmöglichkeit besteht[164].

Art. 13 der Datenschutzrichtlinie für elektronische Kommunikation 2002/58/EG wird zu einem großen Teil nahezu wörtlich umgesetzt. Art. 34-5 al. 5 CPCE regelt die Verpflichtung zur Bereitstellung einer Opt-Out-Möglichkeit im Sinne des Art. 13 Abs. 3 RL 2002/58/EG.

---

[161] Siehe oben § 5 III 5 b.

[162] Siehe zu dieser Gesetzestechnik oben § 5 III 3.

[163] Projet de loi modifié par le Sénat pour la confiance dans l'économie numérique, 25.6.2003, texte n° 140 (2002-2003), abrufbar unter: http://www.senat.fr/leg/tas02-140.html.

[164] Zur Frage, ob das Erfordernis der Angabe einer „*adresse*", bei der widersprochen werden kann, durch die die Angabe einer E-Mail-Adresse erfüllt werden kann *Verbiest*, Com. Com. électr., février 2003, 9 (17), noch zum ursprünglichen Gesetzesentwurf. Die in der von der Nationalversammlung verabschiedeten Fassung verwendete Formulierung „*adresse valable*" trägt wenig zur Klärung der Frage bei.

dd) Unaufgeforderte E-Mail-Werbung als Datenschutz- und als Werbeproblem

Unaufgeforderte Werbung mittels elektronischer Post berührt zwei Problemkreise. Neben der Frage, ob der Adressat der Zusendung von Werbenachrichten an ihn widersprechen kann, gibt es auch den datenschutzrechtlichen Aspekt, unter welchen Voraussetzungen die Daten gesammelt werden dürfen, die zur Versendung unaufgeforderter E-Mail-Werbung verwendet werden.
Die CNIL grenzt die Problematik auf die Fälle ein, in denen die Daten « *dans les espaces publiques de l'internet* » gesammelt werden[165]. Bei der Mitteilung der Daten an das werbende Unternehmen oder die Weitergabe der Daten durch das Unternehmen an einen dritten Werbenden hat der Verbraucher, wenn die Bestimmungen des Datenschutzrechts und die Empfehlungen der CNIL eingehalten wurden, der Verwendung der Daten auch für Werbezwecke zugestimmt[166]. Fraglich ist sogar, ob man in diesen Fällen noch von unaufgeforderter Werbung sprechen kann. In den im öffentlichen Bereich des Internet gesammelten Daten hält die CNIL die Sammlung der Daten mit Art. 6 Abs. 1 der RL 95/46/EG für unvereinbar. Die Sammlung der Daten ist mangels Zustimmung nicht rechtmäßig (vgl. lit. a) und die Daten werden nicht für vom Betroffenen festgelegte, eindeutige Zwecke (vgl. lit. b) erhoben[167]. Die Opt-In oder Opt-Out Diskussion wird auf die Frage bezogen, ob für die Verwendung von Daten, die im Internet öffentlich zugänglich sind, etwa in Diskussionsforen, Adressbüchern, eine vorherige Zustimmung des Betroffenen erforderlich ist oder nur die Möglichkeit des Widerspruchs gegen die Verwendung bestehen muss[168]. Die im inzwischen veralteten Entwurf proj. LSI vorgesehenen Regelungen über unaufgeforderte E-Mail-Werbung werden von der CNIL in der Stellungnahme zum Gesetzesentwurf auch maßgeblich vom Standpunkt des Datenschutzes aus betrachtet. Um Datenschutzgrundsätzen gerecht zu werden, sollen Unternehmen durch eine kurze Mitteilung die Einwilligung der Adressaten zur Zusendung von Werbung erfragen und sie dabei auf ihr Widerspruchsrecht hinweisen. Ausgeschlossen sein soll die massenhafte Sammlung von E-Mail-Adressen im öffentlichen Be-

---

[165] *CNIL*, Le publipostage électronique et la protection des données personnelles, 1999, p. 19, http://www.cnil.fr/fileadmin/documents/approfondir/rapports/publpost.pdf.
[166] Siehe *CNIL*, Le publipostage électronique et la protection des données personnelles, 1999, p. 18 et s., http://www.cnil.fr/fileadmin/documents/approfondir/rapports/publpost.pdf.
[167] *CNIL*, 20e rapport d'activité 1999, 2000, p. 111.
[168] *CNIL*, Le publipostage électronique et la protection des données personnelles, 1999, p. 19, http://www.cnil.fr/fileadmin/documents/approfondir/rapports/publpost.pdf.

reich des Internet, um an die dahinter stehenden Personen Werbung zu versenden[169].

Die Datenschutzsichtweise und die Sichtweise des Schutzes der Privatsphäre berühren sich insofern, als die Zustimmung des Betroffenen sowohl seine Datenschutzrechte wahrt als auch eine Einwilligung in das Eindringen in seine Privatsphäre mit Werbebotschaften darstellt. Der Umkehrschluss ist jedoch nicht unbedingt zulässig: Die Verwendung einer Adresse ohne die Einwilligung des Betroffenen kann datenschutzrechtlich verboten sein, ihre Verwendung zum Zwecke der Werbung aber zulässig, denn hier findet eine Abwägung statt mit den wirtschaftlichen Interessen und der zumutbaren Belastung des Einzelnen durch Werbebotschaften. Dieses Auseinanderfallen, das im Abschnitt über den Datenschutz weiter unten aufgegriffen wird, erscheint angesichts des gemeinsamen Ursprungs sowohl des Datenschutzrechts als auch des Schutzes der Privatsphäre vor äußeren Störungen im Persönlichkeitsrecht als inkonsequent. Nach der neuen, durch die Datenschutzrichtlinie für elektronische Kommunikation geschaffenen Rechtslage ist dies nur noch der Fall, wenn der Teilnehmer im Sinne der Richtlinie eine juristische Person ist[170].

d) Werbung für bestimmte Produkte im Internet

Neben den vorgestellten Regelungen, die an die Art und Weise der Werbung anknüpfen und insbesondere eine Information des Adressaten sicherstellen sollen, die es ihm ermöglicht, eine eigene wirtschaftliche Entscheidung zu treffen, gibt es eine zweite Gruppe von Vorschriften, die an die beworbenen Produkte und Dienste anknüpfen. Solche Regelungen bestehen für die Werbung für Tabak[171], alkoholische Getränke, Arzneimittel, Rechtsberatung oder Finanzdienstleistungen[172]. *Huet* hält es für problematisch, solche Produkte überhaupt im Internet anzubieten, ohne gegen diese Bestimmungen zu verstoßen, weil ein Angebot immer gleichzeitig auch Werbung darstellt[173]. Das kann jedoch nicht für alle Produkte gelten. Alkoholwerbung etwa ist zwar für Minitel, das französi-

---

[169] CNIL, Délibération n° 01-018 du 3 mai 2001 portant avis sur le projet de loi sur la société de l'information, p. 14 et s., abrufbar unter http://www.legifrance.gouv.fr/WAspad/Visu?cid=4564&indice=1&table=CNIL&ligneDeb=1.

[170] Siehe oben § 7 I 2 c. bb. am Ende.

[171] Zur Anwendbarkeit dieser Regeln im Internet *Coblence/Sala-Martin*, Légicom n° 21/22, 2000, 57 (60), die auf eine baldige Entscheidung durch die Rechtsprechung verweisen; *Wilhelm/Kostic*, Revue Lamy droit des affaires, octobre 2000, 3 (7); *Véret/Athéa*, Gaz. Pal., 14.10.2001, 40 (41).

[172] Vorstellung einzelner Regelungen bei *Raymond*, Juris-Classeur Concurrence Consommation, fasc. 900, 1998, n° 76 et. s.

[173] *Huet*, Revue de jurisprudence commerciale, janvier 2001, 17 (25).

sche Pendant zum deutschen BTX-Dienst, ausgeschlossen, eine individuelle Werbung per E-Mail ist jedoch nicht verboten[174].

3. Ergebnis

Das französische Recht der Werbung bietet dem Verbraucher einen Schutz vor irreführenden Werbeinhalten, die sich an einem Verbraucherbild orientiert, das dem tatsächlichen durchschnittlichen Verbraucherverhalten entspricht. Es steht auch im Einklang mit dem hier vertretenen situationsbezogenen Verbraucherschutz, der Eingriffe am Markt nur dann zulässt, wenn die selbstbestimmte Entscheidung der Marktteilnehmer beeinträchtigt ist. Aus diesem Grund ist das Verbraucherbild als Grundlage für eine Ausnahmevorschrift eher eng auszulegen. Die Besonderheit des Rechts der irreführenden Werbung besteht allerdings darin, dass es nicht nur den Verbraucherschutz zum Ziel hat, sondern auch die Lauterkeit des Wettbewerbs.

Wettbewerbsrechtlich unzulässig kann die gezielte Platzierung von Werbung in Suchmaschinen abhängig von der Suchanfrage des Nutzers sein, wenn irreführende Verknüpfungen hergestellt werden.

Werbung muss im Internet in französischer Sprache abgefasst sein, wenn sie in Frankreich abrufbar ist. Allerdings bedeutet das nicht, dass alle Internetanbieter gegen das Gesetz verstoßen, die ihre Seite nicht in einer französischen Sprachfassung anbieten. Eine Seite, die in fremder Sprache abgefasst ist, darf nach Art. 20-1 al. 2 der loi relative à la liberté de communication auch Werbung in dieser fremden Sprache enthalten. Die Erkennbarkeit der Werbung wird für das Internet in Art. 20 al. 1 LEN ausdrücklich geregelt.

Nach der Umsetzung der Datenschutzrichtlinie für elektronische Kommunikation mit der LEN in Art. L 34-5 CPCE gilt nun auch in Frankreich das Opt-In-Prinzip zur Zulässigkeit von unerwünschter E-Mail-Werbung.

---

[174] Hierzu *Guerrier/Monget*, Sécurité, 2000, p. 408, denen zufolge der Ausschluss für Minitel nicht unbedingt für das Internet gelten soll; anderer Ansicht ist *Conseil d'Etat*, Internet, 1998, p. 61; in der parlamentarischen Debatte zur loi n° 91-32 du 10 janvier 1991 relative à la lutte contre le tabagisme et le alcoolisme, J.O. n° 10 du 12.1.1991, 615; J.O. Sénat Debats parlementaires, compte rendu intégral, n° 102 du 14.12.1990, 5059 (5060), wurde die Versendung per Minitel als zulässig angesehen; das muss dann auch für E-Mail gelten, *Wilhelm/Kostic*, Revue Lamy droit des affaires, décembre 1998, 3 (7).

II. Deutsches Werberecht

Von den für das französische Werberecht behandelten Problemkreisen unterscheiden sich drei von der deutschen Rechtslage. Im deutschen Recht gibt es keine der loi Toubon vergleichbaren Bestimmung, die den Gebrauch der deutschen Sprache vorschreibt (unten 1.). Die Auslegung der Irreführungstatbestände erfolgt am Maßstab eines unterschiedlichen Verbraucherbildes (unten 3.) und schließlich werden für die Zulässigkeit unaufgeforderter E-Mail-Werbung gegensätzliche Lösungen vertreten (unten 4.). Die Werbung in Suchmaschinen wird in der deutschen Literatur ebenfalls problematisiert (unten 2.).

Die Bestimmungen über die Erkennbarkeit der Werbung, die sich aus den Vorgaben der Fernabsatzrichtlinie (Art. 4 Abs. 2 Satz 1) und der Richtlinie über den elektronischen Geschäftsverkehr (Art. 6 lit. a) ergeben, gleichen sich dagegen. Die Offenlegung der kommerziellen Absicht, also die Kenntlichmachung von Werbeinhalten, ergibt sich aus § 7 Nr. 1 TDG nach der Änderung durch Art. 1 EGG, der Art. 6 der Richtlinie über den elektronischen Geschäftsverkehr umsetzt[175]. Verstöße beurteilen sich wie im französischen Gesetzesvorschlag nach allgemeinem Irreführungsrecht; 7 TDG a.E. stellt klar, dass die Bestimmungen des Gesetzes gegen den unlauteren Wettbewerb unberührt bleiben. Die Verpflichtung zur Offenlegung ergibt sich auch aus § 312c Abs. 1 Nr. 2 BGB nur deswegen, weil ein Fernkommunikationsmittel zur Vertragsanbahnung oder zum Vertragsabschluss verwendet wird. Das muss – außer bei Telefongesprächen – nicht ausdrücklich geschehen. Dabei ist zu beachten, dass die äußere Aufmachung die Identität und den geschäftlichen Zweck in der Regel eindeutig erkennen lassen[176]. Die Information muss zum frühestmöglichen Zeitpunkt erfolgen[177], also im Internet bereits auf der ersten Seite, die aufgerufen wird. Fraglich ist, ob alle weiteren Seiten auch gekennzeichnet sein müssen. Die Bedeutung der Vorschrift enthält hauptsächlich ein Verbot anonymer oder getarnter Werbung[178]. Dabei liegt es im Interesse des Unternehmers, seine Identität kenntlich zu machen.

1. Werbesprache

Für Werbung ist keine bestimmte Sprache vorgeschrieben. Das Problem kann mit den gleichen Grundsätzen wie bei den Informationspflichten und den All-

---

[175] Das wurde im Ergebnis bereits vorher so gesehen, *Lehmann*, in: *ders.* (Hrsg.), Electronic commerce, 1999, S. 169 (179 f.).
[176] *Wendehorst*, in: MK-BGB, Band 2, 2001, § 2 FernAbsG, Rn. 16.
[177] *Wendehorst*, in: MK-BGB, Band 2, 2001, § 2 FernAbsG, Rn. 14.
[178] *Härting*, FernAbsG, 2000, § 2, Rn. 2, 19 f.

gemeinen Geschäftsbedingungen gelöst werden, bei denen auch eine Sprachwahl getroffen werden muss. Die Sprache ist in der Regel die Sprache, die bei einem angestrebten Vertragsabschluss Verhandlungssprache sein soll[179]. Daneben kommt es auf den Kontext an, in den die Werbung eingebunden ist. So muss ein deutscher Anbieter auf einer Internetseite, die vollständig in einer fremden Sprache verfasst ist, seine Werbung nicht auf Deutsch gestalten, weil sie in Deutschland abgerufen werden kann. Eine dem Werbeempfänger unbekannte Sprache kann zwei Auswirkungen haben. Die Werbung kann insgesamt nicht verstanden werden, in diesem Fall verfehlt sie bei diesem Empfänger einfach den absatzfördernden Effekt, oder die Verwendung von fremdsprachigen Begriffen ruft beim Empfänger der Werbung Fehlvorstellungen hervor. Diese Fälle können mit den allgemeinen Irreführungsregeln behandelt werden.

2. Werbung in Suchmaschinen

Eine Werbemöglichkeit im Zusammenhang mit Suchmaschinen ist das so genannte *Keyword-Advertising*. Bestimmte Suchbegriffe sind mit bestimmten Werbebannern[180] verknüpft, die auf der Internetseite eingefügt werden, wenn ein Nutzer das entsprechende Suchwort eingibt[181]. In der deutschen Rechtsprechung sind hierzu zwei sich scheinbar widersprechende Urteile ergangen, die jedoch von unterschiedlichen Tatbeständen ausgehen. Das LG Berlin hat im *Keyword-Advertising* eine Verletzung des § 1 UWG a.F. erkannt[182], nämlich wegen wettbewerbswidriger „Kundenumleitung" und Ausbeutung des guten Rufs. Zu beachten ist, dass im zu entscheidenden Fall das Schlagwort, bei dem das Werbebanner erscheint, eine Konkurrenzmarke war. Diese Verknüpfung mit einer geschützten Marke oder einem Kennzeichen fehlte im Fall, den das LG Frankfurt am Main zu entscheiden hatte[183]. Dieses hat ein unzulässiges Abwerben der Kunden verneint und den Unterlassungsanspruch der Klägerin aus § 1 UWG a.F. abgelehnt. Ähnlich gelagert sind die Fälle, in denen ein Unternehmen auf der eigenen Internetseite für den Nutzer nicht sichtbar Suchwörter angibt, auf die Suchmaschinen reagieren (so genannte Meta-Tags)[184]. Die Angabe von fremden Marken oder Unternehmenskennzeichnungen auf der eigenen Internet-

---

[179] Siehe zur Wahl der Vertragssprache ausführlich *Dreißigacker*, Sprachenfreiheit, 2002, S. 60 ff.

[180] Zu den einzelnen Arten von Werbebannern siehe *Schmittmann*, MMR 2001, 792 (792 f.).

[181] Siehe *Schuster/Müller*, MMR-Beilage 7/2001, 1 (14).

[182] LG Berlin, Urteil vom 12.1.2001, K&R 2001, 171, m. Anm. *Michael.*

[183] LG Frankfurt am Main, Urteil vom 13.9.2000, K&R 2001, 173; vgl. *Schmittmann*, MMR 2001, 792 (794).

[184] Siehe *Pellens*, Anmerkung zu LG Hamburg, Urteil vom 13.7.2001, CR 2002, 136 (136); gegen eine Sittenwidrigkeit allgemein gehaltener Meta-Tags OLG Düsseldorf, Urteil vom 1.10.2002, MMR 2003, 407 m. Anm. *Pohle.*

seite kann wettbewerbswidrig sein und gegen das Markenrecht[185] verstoßen. Das LG Düsseldorf hat in einer jüngeren Entscheidung bei der Verwendung von irreführenden Schlüsselbegriffen für Suchmaschinen, die keinen Bezug zum Inhalt der Seite aufweisen, einen Verstoß gegen §§ 1 und 3 UWG a.F. bejaht[186]. Ebenfalls als unlauter wird die Umleitung von Besuchern einer Internetseite eines Konkurrenten auf die eigene Internetseite durch einen Link[187] oder die Werbung mit Pop-Up-Fenstern[188] angesehen.

3. Irreführende und vergleichende Werbung

Das Verbot irreführender Werbung und die Zulässigkeit vergleichender Werbung sind in Frankreich und Deutschland durch die einheitlichen gemeinschaftsrechtlichen Vorgaben im Ergebnis übereinstimmend geregelt. Zur Umsetzung haben der französische und der deutsche Gesetzgeber jedoch gesetzessystematisch unterschiedliche Lösungen gewählt. In Frankreich ist das Irreführungsverbot im Code de la consommation geregelt, in Deutschland mit einer Generalklausel im Wettbewerbsrecht. § 3 UWG verbietet in Verbindung mit § 5 UWG irreführende Werbung, wobei § 5 Abs. 2 bis 5 UWG Kriterien zur Feststellung der Irreführung bereitstellt. Der Untelassungsanspruch ergibt sich aus § 8 UWG.

Entscheidend für die Beurteilung der Irreführung ist die Auffassung der betroffenen Verkehrskreise. Es muss also zunächst der Verkehrskreis ermittelt werden, an den sich die Werbung richtet[189], um dann die Wahrnehmung dieses Verkehrskreises zu bestimmen. Bei der Bestimmung des Verkehrskreises kommt es nicht auf die Absicht des Werbenden an, sondern darauf, welche Gruppen üblicherweise Zugang zu der Werbung haben. Wenn unterschiedliche Verkehrskreise, etwa Laien und Fachleute betroffen sind, müssen die Auffassungen aller betroffenen Verkehrskreise berücksichtigt werden[190]. Für das Verständnis eines Verkehrskreises ist ein Durchschnittsmaßstab hinsichtlich der Aufmerksamkeit der Adressaten, ihrer Erfahrung und ihres Kenntnisstandes anzulegen[191]. Weil

---

[185] LG Hamburg, Urteil vom 13.7.2001, CR 2002, 136, m. Anm. *Pellens*.
[186] LG Düsseldorf, Urteil vom 27.3.2002, JurPC Web-Dok. 128/2002, http://www.jurpc.de/rechtspr/20020128.htm.
[187] LG Hamburg, Urteil vom 2.1.2001, Magazindienst 2001, 1062.
[188] LG Köln, Beschluss vom 12.3.2004, JurPC Web-Dok. 230/2004, http://www.jurpc.de/rechtspr/20040230.htm.
[189] Vgl. BGH, Urteil vom 11.5.1954, BGHZ 13, 244 (253), „Cupresa-Kunstseide"; *B. Fischer*, Irreführende Werbung, 1998, S. 80.
[190] *Baumbach/Hefermehl*, Wettbewerbsrecht, 2001, § 3 UWG, Rn. 31; *B. Fischer*, Irreführende Werbung, 1998, S. 81: sofern die mitangesprochenen Verkehrskreise keine unbeachtliche Minderheit darstellen.
[191] *Baumbach/Hefermehl*, Wettbewerbsrecht, 2001, § 3 UWG, Rn. 32.

Werbung, die sich an einen breiten Personenkreis richtet, üblicherweise nur mit geringer Aufmerksamkeit und unkritisch durchgelesen wird, hat die deutsche Rechtsprechung ihrer Beurteilung lange das Bild des flüchtigen Durchschnittsadressaten zugrunde gelegt[192]. In der „Orient-Teppichmuster"-Entscheidung ist der BGH jedoch von einem „durchschnittlich informierten und verständigen Durchschnittsverbraucher" ausgegangen, dessen Aufmerksamkeit von der jeweiligen Situation abhängt[193]. In neueren Entscheidungen hat sich die Rechtsprechung zum Teil ausdrücklich auf das Verbraucherbild des EuGH bezogen[194]. Nach dieser Maßgabe muss durch die Werbung bei einem nicht völlig unbeachtlichen Teil der betroffenen Verkehrskreise eine Irreführung hervorgerufen werden, um die Werbung insgesamt als irreführend beurteilen zu können[195]. Dabei wird mit Hilfe des Verbraucherbildes keine normative Betrachtung vorgenommen, sondern nur eine wertende Betrachtung des demoskopisch ermittelten Verständnisses des betroffenen Verkehrskreises.

Zur Beantwortung der Frage, ob eine Werbung irreführend ist, wird in Deutschland auf das tatsächliche Verbraucherverständnis im konkreten Fall abgestellt. Dies kann nicht mit Hilfe eines normativen Verbraucherbildes ermittelt werden, sondern ergibt sich aus demoskopischen Gutachten[196]. Bei der Beurteilung des Ergebnisses dieser Gutachten, nämlich, dass ein bestimmter Prozentsatz von den Werbeangaben irregeführt worden ist, wurde zur Bestimmung der Grenze, ab der insgesamt von einer Irreführung gesprochen werden kann, der Maßstab des „flüchtigen Durchschnittsverbrauchers" oder des „flüchtigen ungezwungenen Betrachters" verwendet[197]. Die Sichtweise des BGH hat sich in den letzten Jahren gewandelt. Während in älteren Entscheidungen eine normative Betrachtung und Interessenabwägung neben der demoskopischen Ermittlung des Verbraucherverständnisses nur in Ausnahmefällen als zulässig angesehen wurde, ist der BGH in neueren Entscheidungen dazu übergegangen, die demoskopisch ermit-

---

[192] Siehe BGH, Urteil vom 26.2.1969, GRUR 1969, 415 (416) m. Anm. *Storch*, „Kaffeerösterei"; BGH, Urteil vom 29.4.1970, GRUR 1970, 425 (426) m. Anm. *Krieger*, „Melitta-Kaffee".

[193] BGH, Urteil vom 20.10.1999, JZ 2000, 1011 (1012), „Orient.Teppichmuster".

[194] So BGH, Urteil vom 19.9.2001, WRP 2001, 1450 (1453), „Warsteiner III"; das OLG Hamburg, Urteil vom 1.2.2001, GRUR-RR 2002, 302 (302), „Mindesthaltbarkeit"; siehe auch *Piper*, in: *Köhler/Piper*, UWG, 2002, § 3, Rn. 126.

[195] St. Rspr., siehe etwa BGH, Urteil vom 11.5.1954, BGHZ 13, 244 (253), „Cupresa-Kunstseide"; *Baumbach/Hefermehl*, Wettbewerbsrecht, 2001, § 3 UWG, Rn. 27.

[196] Denen vor Gericht Beweiskraft als Sachverständigenbeweis zukommt, *B. Fischer*, Irreführende Werbung, 1998, S. 103; kritisch zur Demoskopie *I. Westermann*, GRUR 2002, 403 (404).

[197] *Baumbach/Hefermehl*, Wettbewerbsrecht, 2001, § 3, Rn. 33; *Ackermann*, WRP 1996, 502 (503); *B. Fischer*, Irreführende Werbung, 1998, S. 82.

telten Verkehrsvorstellungen wertend zu betrachten[198]. So decken sich die Entscheidungsergebnisse oft mit den auf normativer Grundlage beruhenden Entscheidungsgrundsätzen des EuGH[199].

Anders als nach französischem Recht hat die Erfüllung des Tatbestandes der irreführenden Werbung keinen strafrechtlichen Konsequenzen; ein subjektiver Tatbestand ist deshalb nicht notwendig. Eine Ausnahme bildete der in der Praxis ungebräuchliche § 4 UWG a.F., der die wissentliche Verwendung unwahrer und zur Irreführung geeigneter Angaben unter Strafe stellte. Auch das neue UWG kennt mit §16 eine Strafvorschrift, deren Anwendung in der Praxis abzuwarten bleibt. Ein zivilrechtlicher Unterlassungsanspruch gem. § 8 UWG steht den hier genannten Anspruchsberechtigten zu. § 9 UWG ist die Anspruchsgrundlage für Schadensersatz bei schuldhafter Verletzung des § 3 UWG. Der Ersatzanspruch des § 13 Abs. 6 Nr. 1 UWG a.F. wurde als abschließend angesehen, so dass daneben kein Anspruch aus §§ 823 Abs. 2 i.V.m. 3 UWG a.F. bestand[200].

Vergleichende Werbung ist in Deutschland in § 6 UWG geregelt. Stärker als in Frankreich war vor Umsetzung der Richtlinie für vergleichende Werbung[201] in § 2 UWG a.F.[202] vergleichende Werbung sehr eingeschränkt[203]. Bereits vor Umsetzung der Richtlinie hat der Bundesgerichtshof seine Rechtsprechung an die neue gemeinschaftliche Rechtslage mit Verweis auf die eindeutige Richtlinienregelung angepasst[204]. Das Regel-Ausnahme-Verhältnis ist im Vergleich zur Richtlinie in § 5 UWG umgekehrt geregelt[205]. § 5 Abs. 2 UWG bestimmt Ausnahmetatbestände, in denen vergleichende Werbung unzulässig ist, während Art. 3a der Richtlinie über irreführende und vergleichende Werbung die einzelnen Punkte als positive Tatbestandvoraussetzungen für zulässige vergleichende Werbung formuliert. Unzulässige vergleichende Werbung nach § 5 UWG ist unlauter im Sinne von § 3 UWG. Letztverbraucher können auch nach neuem

---

198 Siehe *Reese*, WRP 1998, 1035 (1040); *B. Fischer*, Irreführende Werbung, 1998, S. 103 f.
199 *Reese*, WRP 1998, 1035 (1040).
200 *Baumbach/Hefermehl*, Wettbewerbsrecht, 2001, § 3 UWG, Rn. 440.
201 Richtlinie 97/55/EG vom 6.10.1997 zur Änderung der Richtlinie 84/450/EWG über irreführende Werbung zwecks Einbeziehung der vergleichenden Werbung, ABl. Nr. L 290/18 vom 23.10.1997.
202 Mit dem Gesetz zur vergleichenden Werbung und zur Änderung wettbewerbsrechtlicher Vorschriften vom 1. September 2000, BGBl. 2000, I 1374.
203 Siehe *Nordmann*, GRUR Int. 2002, 297 (297).
204 BGH, Urteil vom 5.2.1998, WRP 1998, 718 (721), „Testpreis-Angebot"; BGH, Urteil vom 23.4.1998, GRUR 1999, 69, „Preisvergleichsliste II"; BGH, Urteil vom 15.10.1998, GRUR 1999, 501, „Vergleichen Sie".
205 Vgl. *Marx*, EWS 2001, 353 (353 f.).

Recht aus einem UWG-Verstoß keinen Schadensersatzanspruch herleiten[206], der Anspruch steht gemäß § 9 UWG allein den Mitbewerbern zu. Nach altem Recht hatten Verbraucher in bestimmten Fällen die Möglichkeit, gemäß § 13a UWG a.F. von einem auf unwahren und zur Irreführung geeigneten Angaben im Sinne des § 4 UWG a.F. beruhenden Vertrag zurückzutreten. Die Geltendmachung eines weiteren Schadens war dadurch gemäß §13a Abs. 3 Satz 2 UWG a.F. nicht ausgeschlossen[207].

4. Unaufgeforderte E-Mail-Werbung

Die deutsche Rechtsprechung sieht unverlangt zugesandte E-Mail-Werbung bisher als einen Verstoß gegen § 1 UWG a.F. an[208]. Im neuen UWG ist die Zulässigkeit von E-Mail-Werbung ausdrücklich in § 7 geregelt. Unaufgefordert zugesendete Nachrichten werden als unzumutbare Belästigung und damit als unlauter im Sinne des § 3 UWG bezeichnet. Nach altem Recht kam es nicht darauf an, ob die E-Mail an einen privaten oder gewerblichen Adressaten geschickt wurde. Neben den wettbewerbsrechtlichen Konsequenzen musste sich der Werbende auch Schadensersatzansprüchen und quasi-negatorischen Unterlassungsansprüchen (§ 1004 Abs. 1 Satz 2 BGB analog) der Adressaten aus § 823 Abs. 1 BGB ausgesetzt sehen[209]. Diese Sichtweise wird in der Literatur überwiegend unterstützt[210]. Einen Verstoß hat der BGH schon in der Zusendung von Werbenachrichten bei der Vorläufertechnik des Internet in Deutschland, dem Bildschirmtext (BTX) gesehen, weil es eine unzumutbare Belästigung darstellte, die unverlangten Nachrichten erst aussortieren zu müssen[211]. Bei Telefaxen

---

[206] *Köhler*, in: *Köhler/Piper*, UWG, 2002, vor § 13, Rn. 89.

[207] Siehe *Köhler*, in: *Köhler/Piper*, UWG, 2002, § 13a, Rn. 15.

[208] LG Traunstein, Beschluss vom 18.12.1997, MMR 1998, 109 (109); LG Hamburg, Urteil vom 6.1.1998, WRP 1999, 250; LG Berlin, Beschluss vom 2.4.1998, CR 1998, 623; LG Berlin, Urteil vom 16.5.2002 – 16 O 4/02, siehe *H. Hoffmann*, NJW 2002, 2602 (2609); a.A. LG Braunschweig, Urteil vom 11.8.1999, MMR 2000, 50; AG Kiel vom 30.9.1999, MMR 2000, 51.

[209] AG Brakel, 11.2.1998, MMR 1998, 492; LG Berlin, Beschluss vom 2.4.1998, CR 1998, 623; LG Berlin, Urteil vom 10.8.2000, Jur-PC Web-Dok. 16/2002, http://www.jurpc.de/rechtspr/20020016.htm; a.A. LG Kiel, Urteil vom 20.6.2000, ZUM-RD 2001, 91 (93); zum Streitwert einer Unterlassungsklage LG Berlin, Beschluss vom 19.9.2002, K&R 2002, 669, m. Anm. *Schmittmann*.

[210] *Ayad*, CR 2001, 533 (544); *Schrick*, MMR 2000, 399 (400); *Baumbach/Hefermehl*, Wettbewerbsrecht, 2001, § 1 UWG, Rn. 70a; Palandt/*Bassenge*, BGB, 2003, § 1004, Rn. 10; *Schmittmann*, K&R 2002, 135 (136); *Pützhoven*, Verbraucherschutz im Fernabsatz, 2001, S. 131 f.; a.A. *Reichersdorfer*, GRUR 1997, 191 (197), wegen der vernachlässigbaren Kosten; *Heermann*, K&R 1999, 6 (13), wegen der freiwilligen Risikoübernahme durch den sich vom Bild des Durchschnittsverbrauchers abhebenden Internetnutzer.

[211] BGH, Urteil vom 3.2.1988, GRUR 1988, 614 (617), m. Anm. *Lachmann*.

kommen die dem Empfänger des Anschlusses entstehenden Materialkosten und das Blockieren des Anschlusses für den Empfangszeitraum hinzu[212]. Das wurde auch bei E-Mails als Argument für die Wettbewerbswidrigkeit angesehen[213], wobei hier nicht die Material- sondern die Verbindungskosten entscheidend sind. Ebenfalls genannt wird die Beeinträchtigung des Adressaten durch die Verhinderung des Empfangs anderer E-Mails, weil die Aufnahmekapazität des E-Mail-Briefkastens durch die Werbenachrichten verkleinert wird[214]. Ein wichtiges wettbewerbsrechtliches Argument für die Sittenwidrigkeit ist die Verwilderung der Wettbewerbssitten[215]. Das muss vor dem Hintergrund gesehen werden, dass das UWG – in § 1 Satz 2 der neuen Fassung ausdrücklich – auch den Bestand des Wettbewerbs an sich zu schützen bezweckt[216]. Der Unterlassungsanspruch aus § 8 UWG steht nur den in § 8 Abs. 2 UWG genannten Personen, nicht jedoch dem einzelnen Verbraucher zu.

Einen Anspruch auf Schadensersatz aus § 823 Abs. 1 BGB und auf Unterlassung aus § 823 Abs. 1 i.V.m. § 1004 BGB kann dagegen jeder Betroffene geltend machen. Obwohl durch unverlangt zugesendete E-Mails Kosten auf Grund der längeren Verbindungszeit zum Server entstehen können[217], ist eine Eigentumsverletzung im Sinne des § 823 Abs. 1 BGB nicht gegeben; es handelt sich um einen bloßen Vermögensschaden[218]. Verletzt ist bei Verbrauchern aber das allgemeine Persönlichkeitsrecht des Adressaten. Es umfasst auch das Recht „in Ruhe gelassen zu werden“[219]. Unternehmer als Adressaten unaufgeforderter E-Mail-Werbung können sich auf eine Verletzung des Rechts am eingerichteten und ausgeübten Gewerbebetrieb[220] berufen. Sowohl bei § 1 UWG a.F. als auch bei § 823 BGB im Rahmen der Rechtswidrigkeitsprüfung findet eine Interessenabwägung statt zwischen dem Interesse der werbenden Wirtschaft an einer Nut-

---

212 *Baumbach/Hefermehl*, Wettbewerbsrecht, 2001, § 1 UWG, Rn. 69b.

213 LG Ellwangen, Urteil vom 27.8.1999, MMR 1999, 675 (676), m. Anm. *Schmittmann*.

214 *Ayad*, CR 2001, 533 (540).

215 Vgl. *Schmittmann*, K&R 2002, 135 (137); *Leistner/Pothmann*, WRP 2003, 815 (816).

216 Vgl. *Baumbach/Hefermehl*, Wettbewerbsrecht, 2001, Einl. UWG, Rn. 76.

217 Zur Höhe dieser Kosten im Einzelnen *Schmittmann*, K&R 2002, 135 (136 ff.).

218 LG Berlin, Urteil vom 13.10.1998, CR 1999, 187 (187 f.); AG Dachau, Urteil vom 10.7.2001, CR 2002, 455 m. Anm. *Winter*.

219 BGH, Urteil vom 20.12.1988, BGHZ 106, 229 (234), „Briefkastenwerbung“; *Freund*, BB 1986, 409 (409 f.); Palandt/*Thomas*, BGB, 2003, § 823, Rn. 177; *Fikentscher/Möllers*, NJW 1998, 1337 (1338 f.); im Zusammenhang mit E-Mail-Werbung: LG Berlin, Urteil vom 10.8.2000, Jur-PC Web-Dok. 16/2002, http://www.jurpc.de/rechtspr/20020016.htm; *Ayad*, CR 2001, 533 (538); a.A. LG Kiel, Urteil vom 20.6.2000, ZUM-RD 2001, 91 (93); *Vehlslage*, GRUR 1999, 656 (658).

220 Allgemein Palandt/*Thomas*, BGB, 2003, § 823, Rn. 19 ff.; im Zusammenhang mit E-Mail-Werbung KG Berlin, Beschluss vom 8.1.2002, MMR 2002, 685; LG Berlin, Urteil vom 13.10.1998, CR 1999, 187 (188) und Beschluss vom 19.9.2002, MMR 2003, 202.

zung des Internet für gezielte und preiswerte Werbeaktivitäten und dem Interesse des Einzelnen an einem werbefreien Leben und dem Schutz der Privatsphäre[221]. Die Interessenabwägung erfolgt in beiden Fällen nach gleichen Grundsätzen. Es ist allerdings zu beachten, dass bestimmte Gesichtspunkte, wie das Interesse der Allgemeinheit an einem reibungslosen Datenverkehr, nur in die wettbewerbsrechtliche Abwägung eingehen können[222]. Im Rahmen dieser Abwägung gewinnt das Kostenargument besonderes Gewicht, auch wenn die Kosten für die einzelne Werbe-E-Mail nicht sehr hoch sind. Denn der Unternehmer wälzt die Kosten für die Werbung, deren Nutzen ihm selbst zugute kommt, wenigstes zum Teil auf den Empfänger der Werbung ab[223].

Die Zusendung von E-Mail-Werbung ist dann nicht rechtswidrig, wenn der Adressat vorher sein Einverständnis erklärt hat. Es gilt also das so genannte Opt-In-Prinzip. Die Möglichkeit, unverlangt zugesendete Werbenachrichten abzubestellen, genügt gerade nicht[224]. Das Einverständnis kann ausdrücklich und konkludent erklärt werden[225]. Letztes kann etwa durch die Eintragung der E-Mail-Adresse in eine Verteilerliste geschehen. Das Einverständnis erstreckt sich hier auf Werbung, die in direktem Zusammenhang mit dem Gegenstand der Verteilerliste steht. Die Angabe der eigenen E-Mail-Adresse auf einer Visitenkarte reicht nicht aus. Das AG Augsburg hat ein konkludentes Einverständnis schon in der Abfrage einer im Internet abrufbaren Datenbank des Absenders der Werbe-E-Mail für die Dauer von 201 Sekunden als ausreichend angesehen[226]. Eine ausdrückliche Einverständniserklärung kann zum Beispiel durch das Ankreuzen eines entsprechenden Feldes auf der Internetseite des Unternehmers beim Ausfüllen eines Bestellformulars geschehen. Fraglich ist, ob das Einverständnis auch mit den AGB erklärt werden kann. Das dürfte im Hinblick auf § 305c Abs. 1 BGB, der überraschende Klauseln für unwirksam erklärt, nicht zulässig

---

[221] *Heermann*, K&R 1999, 6 (11); *Ayad*, CR 2001, 533 (539 f.); siehe zur Interessenabwägung bei § 1 UWG *Baumbach/Hefermehl*, Wettbewerbsrecht, 2001, Einl. UWG, Rn. 83; zur Rechtswidrigkeitsprüfung bei Verletzung des Allgemeinen Persönlichkeitsrechts bei § 823 BGB Palandt/*Thomas*, BGB, 2003, § 823, Rn. 184 ff.

[222] *Ayad*, CR 2001, 533 (540).

[223] *Ayad*, CR 2001, 533 (540); vgl. auch *Schmittmann*, K&R 2002, 135 (137).

[224] OLG Koblenz, Beschluss vom 10.6.2003, K&R 2003, 473 (Leitsatz); LG Berlin, Urteil vom 26.8.2003, JurPC Web-Dok. 93/2004, http://www.jurpc.de/rechtspr/20040093.htm.

[225] *Leistner/Pothmann*, WRP 2003, 815 (821). Die Beweislast für ein die Wettbewerbswidrigkeit ausschließendes Einverständnis trägt der Werbende, BGH, Urteil vom 11.3.2004, MMR 2004, 386, m. Anm. *Hoeren*.

[226] AG Augsburg, Urteil vom 4.5.1999, NJW 2000, 593 (593).

sein. Entsprechend streng ist die Rechtsprechung des BGH zur Einwilligung in Telefonwerbung[227].

Der Deutsche Multimedia Verband (DMMV) hat im Mai 2001 eine „Definition für akzeptables E-Mail-Marketing" verabschiedet[228]. Entsprechend der deutschen Rechtslage, die eine vorherige Zustimmung des Adressaten erfordert, ist die Grundlage ein Opt-In-Verfahren. Um die ausdrückliche Anforderung der Werbung durch den Benutzer beweisbar zu machen, wird eine so genanntes Double-Opt-In vorgeschlagen, bei dem nach dem Eintrag in die Verteilerliste eine Bestätigungsnachricht kommt, die erneut bestätigt werden kann oder vom Kunden als Anlass genommen werden kann, sich wieder aus der Verteilerliste auszutragen. In jeder E-Mail soll deutlich die Möglichkeit dargestellt werden, wie in Zukunft die Zusendung von Nachrichten verhindert werden kann. Darüber hinaus soll eine unternehmensinterne Robinson-Liste eingerichtet werden. Eine umfangreiche Datenschutzbelehrung ist ebenfalls vorgesehen. Den Empfehlungen wird auch die Erkenntnis zugrunde liegen, dass nur die Nachrichten vom Kunden gelesen werden, also werbewirksam sind, deren Empfang gewollt ist. In den letzten Jahren scheint die Rechtsprechung eine liberalere Einstellung zu unverlangter E-Mail-Werbung zu entwickeln[229].

Die Regelungen in der Datenschutzrichtlinie für elektronische Kommunikation bestätigen zwar die deutsche Rechtsprechung, machen aber dennoch eine ausdrückliche gesetzliche Regelung erforderlich[230]. Diese findet sich nun in § 7 UWG[231]. Unlauter im Sinne des § 3 UWG handelt, wer einen Marktteilnehmer in unzumutbarer Weise belästigt. Eine unzumutbare Belästigung liegt gemäß § 7 Abs. 2 Nr. 3 UWG bei E-Mail-Werbung vor, wenn keine Einwilligung des Adressaten vorliegt. Hier ist der Opt-In-Grundsatz verankert. Die Ausnahme des Art. 13 Abs. 2 RL 2002/58/EG wurde mit § 7 Abs. 3 UWG umgesetzt[232]. Der Minimalschutz des Art. 13 Abs. 4 der Richtlinie findet sich in § 7 Abs. 2 Nr. 4 UWG.

---

227 BGH, Urteil vom 24.3.1999, NJW 1999, 2279 (2282); Urteil vom 27.1.2000, NJW 2000, 2677 (2678); *Ayad*, CR 2001, 533 (542).

228 DMMV, Definition für akzeptables E-Mail-Marketing, 14.5.2001, http://www.dmmv.de/ww/de/7_pub/themen_neu/e_marketing/emailmarketing/aktivitaetenemailmarketing/definition_e_mail.cfm.

229 *Ayad*, CR 2001, 533 (535); ablehnend *Spindler*, ZRP 2001, 203 (206).

230 *Weiler*, MMR 2003, 223 (229); vgl. *Ohlenburg*, MMR 2003, 82 (86).

231 Gesetz gegen den unlauteren Wettbewerb (UWG) vom 3. Juli 2004, BGBl. 2004, I 1414.

232 Kritisch zum Gesetzesentwurf *Leistner/Pothmann*, WRP 2003, 815 (828).

III. Rechtsvergleichende Betrachtung

Das Verbraucherbild hat zentrale Bedeutung für die Beurteilung der Lauterkeit von Werbung. Vor einer Gesamtwürdigung des Schutzes der Verbraucher im Bereich der Werbung sollen daher die unterschiedlichen Verbraucherbilder verglichen werden.

1. Vergleich des Verbraucherbildes

Das Recht der irreführenden Werbung ist durch die Richtlinien über irreführende Werbung und über vergleichende Werbung gemeinschaftsrechtlich beeinflusst. Das gemeinschaftsrechtliche Verbraucherbild hat Einfluss auf die Auslegung der Richtlinien und auch der nationalen Bestimmungen. Es wird kurz vorgestellt und in den Rechtsvergleich mit einbezogen.

a) Gemeinschaftsrechtliches Verbraucherbild

In der gemeinschaftsrechtlichen Verbraucherpolitik hat die Information des Verbrauchers immer eine besondere Bedeutung gehabt. Das hat auch der EuGH in seinem Urteil „GB-INNO" festgestellt: „die Gemeinschaftspolitik ... [stellt] einen engen Zusammenhang zwischen dem Schutz und der Unterrichtung des Verbrauchers [her]"[233]. Den gemeinschaftsrechtlichen Verbraucherregeln liegt das Leitbild des informierten oder mindestens informierbaren Verbrauchers zugrunde[234].

Die Rechtsprechung des EuGH, die zu den Grundfreiheiten und im Lauterkeitsrecht ergangen sind, zeichnen dasselbe Bild[235]. Im Zusammenhang mit den Grundfreiheiten, etwa der Warenverkehrsfreiheit des Art. 28 EG, ist der Verbraucherschutz von Bedeutung, weil nach den im „Cassis de Dijon"-Urteil aufgestellten Grundsätzen Einschränkungen des freien Warenverkehrs – als Einschränkungen des Tatbestandes – hinzunehmen sind, wenn sie notwendig sind, um zwingenden Erfordernissen des Allgemeinwohls gerecht zu werden, zu denen auch der Verbraucherschutz zählt[236]. Das „Margarine"-Urteil des EuGH[237]

---

[233] EuGH, Urteil vom 7.3.1990, Rs. C-362/88, Slg. 1990, I 667, Rn. 14, *„GB-INNO-BM"*.

[234] *Dreher*, JZ 1997, 167 (171).

[235] Dabei scheint der EuGH die zu den Grundfreiheiten verwendeten Mäßstäbe auf die Auslegung wettbewerbsrechtlichen Sekundärrechts ebenfalls anzuwenden, *Beater*, Verbraucherrecht, 2000, S. 89, 94, mit Verweis auf die „Clinique"-Entscheidung, EuGH, Urteil vom 2.2.1994, Rs. C-315/92, Slg. 1994, I 317.

[236] EuGH, Urteil vom 20.2.1979, Rs. 120/78, Slg. 1978, 649, Rn. 8, „Rewe-Zentral-AG gegen Bundesmonopolverwaltung für Branntwein (Cassis de Dijon)"; siehe *Lux*, in: *Lenz*, EG-Vertrag, 1999, Art. 28, Rn. 30.

hatte die Beschränkung der Warenverkehrsfreiheit durch nationale verbraucherschützende Regelungen – aus dem Bereich des gesundheitlichen Verbraucherschutzes – zum Gegenstand. Schon hier wurde das Leitbild des verständigen, informierbaren Verbrauchers vorgezeichnet[238]. Nationales Verbraucherrecht ist dann mit dem Gemeinschaftsrecht unvereinbar, „wenn sich das mit dem Verbot verfolgte Ziel auch durch eine geeignete Etikettierung … erreichen lässt, durch die der Verbraucher die notwendigen Angaben erhalten und somit seine Wahl in Kenntnis aller Umstände treffen kann“[239]. Dieser Grundsatz zieht sich durch die Rechsprechung des EuGH[240]. In der „Mars“-Entscheidung wird ausdrücklich auf den „verständigen Verbraucher“ Bezug genommen[241]. Im selben Jahr hat der EuGH in einer anderen Entscheidung bekräftigt, dass davon auszugehen sei, dass ein Verbraucher, der auf bestimmte Eigenschaften von Lebensmitteln Wert legt, diese den Informationen auf der Verpackung entnehmen kann[242]. In Bezug auf die Auslegung des Irreführungstatbestandes im Sekundärrecht hat der EuGH in der Entscheidung „Gut Springenheide“ – und danach in weiteren Urteilen[243] – ausgeführt, dass es darauf ankomme, „wie ein durchschnittlich informierter, aufmerksamer und verständiger Durchschnittsverbraucher“ eine Angabe wahrscheinlich auffassen werde[244]. Die „Gut Springenheide“-Entscheidung hat allerdings zu Unsicherheiten und Verwirrung geführt, weil sich der Gerichtshof nicht eindeutig auf die Anwendung eines normativen Verbraucherleitbildes zur Be-

---

[237] EuGH, Urteil vom 10.11.1982, Rs. 261/81, Slg. 1982, 3961, „Rau/De Smedt“.

[238] Vgl. *Dreher*, JZ 1997, 167 (171); die Verweisung auf Etikettierungsvorschriften ist Ausfluß des Verhältnismäßigkeitsprinzips (Rn. 17 des Urteils). Die Etikettierung kommt freilich nur als milderes Mittel in Betracht, weil der Verbraucher durch die Information gleichermassen geschützt wird.

[239] EuGH, Urteil vom 7.3.1990, Rs. C-362/88, Slg. 1990, I 667, Rn. 17, „GB-INNO-BM”.

[240] Siehe nur EuGH, Urteil vom 16.1.1992, Rs. C-373/90, Slg. 1992, I 131, „Nissan“, Auslegung der Richtlinie 84/450/EWG über irreführende Werbung; EuGH, Urteil vom 18.5.1993, Rs. C-126/9, Slg. 1993, I 2361, insb. Rn. 17 f., „Yves Rocher“, Beschränkung der Warenverkehrsfreiheit; EuGH, Urteil vom 2.2.1994, Rs. C-315/92, Slg. 1994, I 317, insb. Rn. 21, „Clinique“, Beschränkung der Warenverkehrsfreiheit; EuGH, Urteil vom 29.6.1995, Rs. C-456-93, Slg. 1995, I 1737, „Langguth Erben“, zu Verstößen gegen Kennzeichnungsverordnungen für Wein.

[241] EuGH, Urteil vom 6.7.1995, Rs. C-470/93, Slg. 1995, I 1923, Rn. 24, „Mars“.

[242] EuGH, Urteil vom 26.10.1995, Rs. C-51/94, Slg. 1995, I 3599, Rn. 36, „Kommission/Deutschland“.

[243] EuGH, Urteil vom 28.1.1999, Rs. C-303/97, Slg. 1999, I 513, Rn. 36, „Sektkellerei Kessler“; EuGH, Urteil vom 13.1.2000, Rs. C-220/98, Slg. 2000, I 117, Rn. 30, „Estée Lauder (Lifting-Creme)“.

[244] EuGH, Urteil vom 16.7.1998, Rs. C-210/96, Slg. 1998, I 4657, Rn. 31, „Gut Springenheide“; der EuGH benutzt diese Formel mit Verweis auf frühere Entscheidungen (hier in § 7 Fn. 239 und 240); siehe zu dieser Entscheidung kritisch *Beater*, Verbraucherschutz, 2000, S. 94 f.; *Reese*, WRP 1998, 1035 (1037 ff.).

stimmung des Irreführungstatbestandes beschränkt, sondern den nationalen Gerichten in Ausnahmefällen durch Einholung eines Sachverständigengutachtens zugesteht, um die Irreführung im Einzelfall zu ermitteln[245]. Dabei soll die Bestimmung des für die Irreführung notwendigen Prozentsatzes dem nationalen Gericht vorbehalten sein[246]. Die für den Regelfall bedeutsame dritte Vorlagefrage nach der Ausgestaltung des anzuwendenden „objektivierten, allein juristisch zu interpretierenden Verbrauchermaßstabes“[247] beantwortet der Gerichtshof nicht.

Die Urteilsbegründungen geben keinen Aufschluss darüber, warum das Bild des verständigen Verbrauchers verwendet wird. *Beater* spricht ihm jede verbraucherschutzrechtliche und wettbewerbsrechtliche Basis ab, und begründet die Bezugnahme des EuGH auf den verständigen Verbraucher mit Gründen der Rechtsangleichung: Der Schutz des verständigen Verbrauchers rechtfertigt in weniger Fällen eine Beschränkung der Grundfreiheiten als der Schutz eines „flüchtigen“ Verbrauchers[248]. Es ist sicherlich so, dass der EuGH bei seinen Entscheidungen nicht nur von wettbewerbsrechtlichen Aspekten geleitet wird, sondern auch von binnenmarktpolitischen[249]. Das entspricht seiner Aufgabe, wenn die Grundfreiheiten Prüfungsmaßstab sind.

b) Vergleich

Ein Vergleich der Verbraucherbilder, die in den verschiedenen Rechtsordnungen verwendet werden, kann nur vorgenommen werden, wenn ihr Anwendungsbereich in allen Rechtsordnungen gleich ist und nicht nur, gewissermaßen zufällig, der gleiche Begriff für unterschiedliche rechtliche Phänomene verwendet wird[250]. Der Verbraucherbegriff, als formale Abgrenzung des betroffenen Personenkreises, ist in der französischen, deutschen und der europäischen Rechtsordnung im Wesentlichen identisch. Das Wettbewerbsrecht steht einerseits neben dem Schuldrecht der Verbraucherverträge, ist aber andererseits ebenfalls im Zusammenhang mit dem Vertragsschluss zwischen Unternehmer und Verbraucher von Bedeutung, weil irregeführte Verbraucher – im Vorfeld des Vertragsschlus-

---

[245] *EuGH*, Urteil vom 16.7.1998, Rs. C-210/96, Slg. 1998, I 4657, Rn. 35, 37, „Gut Springenheide“.

[246] *EuGH*, Urteil vom 16.7.1998, Rs. C-210/96, Slg. 1998, I 4657, Rn. 36, „Gut Springenheide“; kritsch hierzu *Reese*, WRP 1998, 1035 (1040); *Leible*, EuZW 1998, 528 (529), weist in seiner Anmerkung darauf hin, dass der Spielraum begrenzt bleibt.

[247] *EuGH*, Urteil vom 16.7.1998, Rs. C-210/96, Slg. 1998, I 4657, Rn. 15, „Gut Springenheide“.

[248] *Beater*, Verbraucherschutz, 2000, S. 97 f.

[249] Vgl. *Reich*, ZEuP 2 (1994), 381 (391); *Beater*, Verbraucherschutz, 2000, S. 78.

[250] *Beater*, Verbraucherschutz, 2000, S. 77.

ses – keine selbstbestimmte Vertragsentscheidungen treffen können. Ebenfalls gleich sind die Fragestellungen in den verschiedenen Rechtsordnungen, so dass die Ausfüllung des Verbraucherbegriffs mit dem Verbraucherbild unmittelbar verglichen werden kann.

In Frankreich und auch in der Europäischen Gemeinschaft wird die Irreführung eher am „verständigen Verbraucher" gemessen. Inhaltlich entspricht das französische Verbraucherbild weitgehend dem durch den EuGH entwickelten[251]. Er handelt vernünftig, deshalb lassen sich seine Reaktionen auf die Werbung vorhersagen. Eine demoskopische Untersuchung ist nicht notwendig, es wird nur untersucht, ob der Modellverbraucher irregeführt würde oder nicht.

Die sich gegenüberstellenden Verbrauchermodelle werden als das des verständigen Verbrauchers und das des flüchtigen Verbrauchers bezeichnet. Dabei werden zwei Aspekte hervorgehoben, die sich nicht unbedingt widersprechen. Der Verbraucher muss Informationen zur Kenntnis nehmen und sie in einem zweiten Schritt richtig werten. Die „Flüchtigkeit" bezieht sich auf den ersten Punkt, die „Verständigkeit" auf den zweiten[252]. Damit wird die umstrittene Problematik allerdings nicht vollständig beschrieben. Neben der Frage, wie viel dem Verbraucher „zugetraut" wird, unterscheiden sich die Ansätze auch in der – vom Bewertungsmaßstab völlig unabhängigen – Frage nach der Ermittlung der Irreführung. Während der EuGH eine Wertung anhand eines normativen Verbraucherleitbildes durch die Richter verfolgt[253] (von Ausnahmen abgesehen), wurde in Deutschland die Irreführung – zumindest in der Vergangenheit – als demoskopisch zu untersuchende Tatbestandsfrage verstanden.

Eine Abkehr vom deutschen Bild des besonders schutzwürdigen Verbrauchers muss keine Aufgabe verbraucherschützender Ziele zur Folge haben[254]. Die mit dem Bild eines selbständigeren, sich informierenden Verbrauchers einhergehende Notwendigkeit zu umfassenderer Information kann die Situation der Verbraucher insgesamt verbessern.

---

251 *Ackermann*, WRP 1996, 502 (516); *B. Fischer*, Irreführende Werbung, 1998, S. 111.

252 *Beater*, Verbraucherschutz, 2000, S. 84.

253 Kritisch zu dieser normativen Herangehensweise *Schweizer*, GRUR 2000, 923 (923 ff.); *Groeschke/Kiethe*, WRP 2001, 230 (236), weil die Irreführung eben nicht reine Rechtsfrage, sondern Tatfrage sei.

254 *Ackermann*, WRP 1996, 502 (521).

c) Anpassung des Verbraucherbildes für das Internet

Vom Standpunkt der wirtschaftlichen Selbstbestimmung aus betrachtet könnte eine Anpassung des restriktiven deutschen Verbraucherbildes gerade für die Verbraucher, die am elektronischen Geschäftsverkehr teilnehmen, angezeigt sein[255]. Der durchschnittliche Verbraucher im Internet ist möglicherweise selbständiger als der Durchschnitt aller Verbraucher. Andererseits ist er neuen Gefahren ausgesetzt, von denen sich einige auch im Bereich der Werbung realisieren können, in dem die Rechtsprechung auf das Verbraucherbild zur Ausfüllung des unbestimmten Rechtsbegriffs der Irreführung angewiesen ist. Der BGH hat in seinem „Orient-Teppichmuster"-Urteil[256] das Verbraucherbild nach der Art der Güter differenziert, die der Verbraucher erwerben möchte[257]. Genauso wie eine Differenzierung nach dem Vertragsgegenstand möglich ist, müssen auch die Einflüsse der Umstände des Vertragsschlusses für das Verbraucherbild berücksichtigt werden. Interessant ist auch die Feststellung des BGH, dass sich die Verbraucherattribute „flüchtig" und „verständig" nicht gegeneinander ausschließen, weil der erste Begriff die Aufnahme von Informationen betrifft und der zweite deren Würdigung und Verarbeitung[258]. Zum Teil wird bei der Vertriebsform Internet als Fernvertriebsform ein erhöhter Informationsbedarf gesehen, was mit dem Bild eines weniger selbständigen Verbrauchers einhergeht[259]. Verschiedene Gründe sprechen dafür, die Schutzbedürftigkeit des Verbrauchers im Internet anders, und zwar geringer, zu beurteilen als bei herkömmlichen Fernabsatzgeschäften. Wirtschaftlich betrachtet ist jener Vertragspartner in der stärkeren Position, der die Leistung anbietet, nach der die größere Nachfrage besteht. Wenn es einen Angebotsüberschuss gibt, kann sich der nachfragende Verbraucher den Wettbewerb zwischen den Anbietern für seine Zwecke zunutze machen[260]. In Internet, das die Suche von Angeboten auf der ganzen Welt und einen unmittelbaren Vergleich der Konditionen möglich macht, ist der Anbieterwettbewerb größer als im nicht-elektronischen Handel. Der Kunde kann darüber

---

[255] *Pitrat/Leveneur*, in: Rapport de la mission commerce électronique, 1999, p. 105 (109), sprechen von einer neuen Verbrauchergeneration der „*internautes*"; *Palacio*, Petites affiches, 21.2.2002, 46 (47).

[256] BGH, Urteil vom 20.10.1999, JZ 2000, 1011, „Orient-Teppichmuster".

[257] Erläuternd *Beater*, JZ 2000, 973 (978); *Groeschke/Kiethe*, WRP 2001, 230 (234); ebenso OLG Hamburg. Urteil vom 1.2.2001, GRUR-RR 2002, 302 (303), „Mindesthaltbarkeit".

[258] BGH, Urteil vom 20.10.1999, JZ 2000, 1011 (1012), „Orient-Teppichmuster"; vgl. *Beater*, JZ 2000, 973 (977 f.).

[259] *Groeschke/Kiethe*, WRP 2001, 230 (237).

[260] So auch *Buchner*, EWS 2000, 147 (152). Deswegen kann der Verbraucher auch nicht grundsätzlich als die marktschwächere Partei bezeichnet werden; siehe *Kroeger*, Der Schutz der „marktschwächeren" Partei im Internationalen Vertragsrecht, 1984. Für ein Abweichen vom Bild des Durschnittsverbrauchers im Internet auch *Heermann*, K&R 1999, 6 (13).

hinaus im Internet seine Marktmacht bündeln und sich zu Einkaufsgenossenschaften zusammenschließen.

Die Begrenzung des Verbraucherbildes könnte auch rechtspolitisch wünschenswert sein. Dem Verbraucherschutzinteresse steht im elektronischen Geschäftsverkehr in besonderem Maße ein Interesse an der Förderung dieses neuen Geschäftsbereiches gegenüber, dass größer ist als bei anderen Absatzformen, weil der elektronische Geschäftsverkehr in besonders hohem Maße den europäischen Binnenmarktes fördert. Hierbei ist allerdings zu beachten, dass der Binnenmarkt kein Selbstzweck ist, sondern gemäß Art. 2 EG die Errichtung eines Gemeinsamen Marktes unter anderem der Hebung von Lebenshaltung und Lebensqualität dient, wovon auch und vor allem die privat handelnden Bürger, also die Verbraucher umfasst sind[261].

Die Verwendung unterschiedlicher Verbraucherbilder für den elektronischen Geschäftsverkehr und herkömmliche Verbrauchergeschäfte wäre indes nicht sinnvoll. Die Irreführung knüpft an die Wahrnehmungsfähigkeit des einzelnen Verbrauchers – verallgemeinert repräsentiert durch das Verbraucherbild – an. Bezogen auf einen einzelnen Verbraucher wären bei zweierlei Verbraucherbildern unterschiedliche Ergebnisse nur abhängig davon denkbar, ob das Internet als Werbeträger verwendet wurde. Die Zuordnung eines Sachverhaltes zur einen oder zur anderen Gruppe könnte im Einzelfall schwierig sein. Eine Modifikation des Verbraucherbildes für den am elektronischen Geschäftsverkehr teilnehmenden Verbraucher ist deshalb abzulehnen. Insbesondere die rechtspolitischen Überlegungen verlangen jedoch, dass die verbraucherschützenden Instrumentarien stärker als in anderen Bereichen auf das rechtlich notwendige Maß beschränkt bleiben.

2. Vergleichende Gesamtwürdigung

Die wettbewerbsrechtlichen Grenzen des Inhalts von Werbebotschaften durch die Regelungen über irreführende Werbung, deren Teil die Frage nach der Zulässigkeit vergleichender Werbung ist, sind durch die gemeinschaftsrechtlichen Richtlinien angeglichen worden. Die Rechtsprechung, der in beiden Ländern eine wichtige Rolle bei der Rechtsanwendung in diesem Bereich zukommt, insbesondere bei der Auslegung des Begriffs der „Irreführung", hat sich in den letzten Jahren angenähert. Das Verbraucherbild, das Maßstab dafür ist, wann von einer Irreführung der Adressaten der Werbebotschaft insgesamt ausgegangen werden kann, hat sich in Deutschland in Richtung des so genannten verständigen Verbrauchers entwickelt. Unterschiede bestehen noch bei der praktischen Vor-

---

[261] Vgl. *Reich*, Europäisches Verbraucherrecht, 1996, S. 30.

gehensweise der Entscheidungsfindung. In Deutschland ist die empirische Ermittlung der Irreführung im konkreten Fall nach wie vor wesentlicher Bestandteil, während in Frankreich die auch vom EuGH favorisierte wertende Entscheidung des Richters nur auf der Grundlage des Verbraucherbildes getroffen wird. Die deutsche Rechtsprechung hat indes auch für ihre Vorgehensweise Unterstützung durch den EuGH gefunden, der in der Entscheidung „Gut Springeheide" demoskopische Untersuchungen anerkannt hat, wenn für eine rein wertende Entscheidung nicht genügend Informationen über die tatsächlichen Umstände zur Verfügung stehen.

Die in der Werbung zu verwendende Sprache ist in Frankreich anders als in Deutschland gesetzlich festgelegt. Eine Ausnahme von der Verwendung der französischen Sprache gilt nur für vollständig in einer fremden Sprache ausgestrahlte bzw. im Internet veröffentlichte Inhalte. Darin eingebundene Werbung kann auch in dieser Sprache abgefasst sein. Die französische Sprachregelung kommt den Verbrauchern zugute. Fraglich ist indes, ob sie notwendig ist, um die freie Entscheidung des Verbrauchers zu gewährleisten. An dieser Stelle wird deutlich, dass auch der Bewertungsmaßstab der wirtschaftlichen Selbstbestimmung einer Wertung und eines Verbraucherbildes bedarf, um zu bestimmen, welche Einflüsse die freie Entscheidung in Frage stellen. Hier ist die deutsche Regelung, die an die Vertragssprache anknüpft, angemessener als die grundsätzliche Festlegung des französischen Werberechts auf die französische Sprache. Die Auslegung des französischen Gesetzes ist zudem auch an dem Gesetzeszweck orientiert, die französische Sprache zu erhalten.

Die ebenfalls wettbewerbsrechtlich zu beurteilende Frage der Zulässigkeit unaufgeforderter Werbebotschaften per E-Mail wird in Frankreich und Deutschland unterschiedlich gehandhabt. In Frankreich wird das Opt-Out- und in Deutschland das Opt-In-System vertreten. Beide Systeme waren bis zum Ablauf der Umsetzungsfrist für die Datenschutzrichtlinie für elektronische Kommunikation am 31. Oktober 2003 vom europäischen Recht gedeckt. Die unaufgeforderte Direktwerbung mit elektronischer Post ist nun gemeinschaftsweit von einer vorherigen Einwilligung des Adressaten abhängig. Unmittelbaren Einfluss auf die wirtschaftliche Entscheidungsfreiheit des Verbrauchers hat die Entscheidung für dieses System nicht. Schutzgegenstand für den Einzelnen ist die Privatsphäre, die gegen ungewolltes Eindringen von außen geschützt werden soll. Das französische Opt-Out-System sah keinen Widerspruch bei jedem einzelnen Werbenden vor, sondern den einmaligen Eintrag in eine so genannte Robinson-Liste. Der Unterschied im Schutz der Privatsphäre lag also in dem einmaligen Aufwand, sich in die Liste einzutragen. Voraussetzung war, dass die Unternehmer sich an dieses System halten. Weil dies gerade bei Selbstverpflichtungen nicht gesichtert ist, wurde in Frankreich die Widerspruchsliste staatlich institutionalisiert und die Pflicht zur Beachtung gesetzlich festgeschrieben. Unter diesen Umständen ist es schwer – unter Nichtbeachtung grundsätzlicher Erwägungen –, die Tauglichkeit oder Untauglichkeit eines Systems festzustellen. Ein Vorteil für das Opt-In-System kann sich für den Verbraucher bei aus dem Ausland versendeten Werbenachrichten ergeben, weil die Durchsetzung eines Widerspruchs erschwert ist. Für Unternehmer besteht bei unterschiedlichen Systemen in den Mitgliedstaaten die Schwierigkeit, dass der Aufenthaltsort des Adressaten und damit das auf ihn anwendbare Recht nicht immer bestimmt werden können[262]. Dieses Problem wird mit der Umsetzung der Datenschutzrichtlinie für elektronische Kommunikation beseitigt.

[262] Siehe hierzu im einzelnen unten § 12 II.

§ 8 Vertragsschluss

Im Zusammenhang mit dem Vertragsschluss selbst verbinden sich verschiedene Probleme, die in zwei Gruppen zusammengefasst werden können: Informationsdefizite im Hinblick auf die wesentlichen Vertragsmerkmale (Vertragspartner, Leistung, Vertragsmodalitäten) und Unsicherheiten über die Art und Weise des Vertragsschlusses im Internet. Informationspflichten, die an verschiedene Tatbestände anknüpfen, und die in allen Bereichen gemeinschaftsrechtlich angeglichen sind, können, wenn ihnen durch die Unternehmer nachgekommen wird, bereits einen großen Teil des Informationsdefizits beseitigen. Problematisch ist die Frage, welche der im Internet vorgenommenen Handlungen rechtsverbindliche Willenserklärungen darstellen, insbesondere bei dem im Internet üblichen Mausklick. Die Einbeziehungsvoraussetzungen für allgemeine Geschäftsbedingungen müssen für das Internet durch Auslegung bestimmt werden. Die Wirksamkeit von Rechtsakten kann an bestimmte Formen gebunden sein. Um deren Abschluss auch im Internet zu ermöglichen, stehen neue Formvorschriften zur Verfügung. Die Verwirklichung rechtlich anerkannter Formen erleichtert den Beweis von Rechtsakten im Internet, was ein wichtiges Element zur Steigerung der Akzeptanz von elektronischen Vertragsschlüssen ist. Auch in den Bereich des Vertragsschlusses fällt schließlich das Widerrufsrecht, das die endgültige Wirksamkeit des Vertrages spätestens bis zum Ablauf der Widerrufsfrist in der Schwebe lässt. Es ist ein Instrument des Verbraucherschutzes für die Fälle, in denen eine ausreichende Informationsgrundlage zum Zeitpunkt der Abgabe der Willenserklärung des Verbrauchers nicht hergestellt werden kann oder aus anderen Gründen die selbstbestimmte Entscheidung beeinträchtigt ist.

I. Informationspflichten

Der Unternehmer ist verpflichtet, bestimmte Informationen zu geben, wenn er im Internet auftritt. Einige der Informationspflichten bestehen nicht gegenüber dem einzelnen (zukünftigen) Vertragspartner, sondern sind jedem Interessierten gegenüber zu erbringen. Die Informationspflichten lassen sich nach dem Anknüpfungspunkt ihres Anwendungsbereiches in vier Gruppen einteilen: das Angebot eines Dienstes der Informationsgesellschaft, kommerzielle Kommunikation unter Verwendung eines Dienstes der Informationsgesellschaft, Vertragsabschluss auf elektronischem Wege und Vertragsabschluss im Fernabsatz. Alle vier Bereiche sind gemeinschaftsrechtlich geregelt. Die gemeinschaftsrechtlichen Vorgaben aus der Richtlinie über den elektronischen Geschäftsverkehr für die ersten drei Gruppen und der Fernabsatzrichtlinie sind in Deutschland und Frankreich in nationales Recht umgesetzt.

1. Informationspflichten im elektronischen Geschäftsverkehr

a) Angebot eines Dienstes der Informationsgesellschaft

Art. 5 Abs. 1 EC-RL bestimmt, dass ein Anbieter eines Dienstes der Informationsgesellschaft, etwa durch das Zugänglichmachen von Internetseiten, folgende Informationen „leicht, unmittelbar und ständig verfügbar" angeben muss[1]: Name und Anschrift des Anbieters, eine Möglichkeit der schnellen elektronischen Kontaktaufnahme einschließlich der Angabe einer E-Mail-Adresse, die Nummer der Eintragung in das Handelsregister oder ein vergleichbares öffentliches Register, besondere Angaben bei reglementierten Berufen, bei zulassungspflichtigen Tätigkeiten Angaben zur zuständigen Aufsichtsbehörde und im gegebenen Fall die Umsatzsteueridentifikationsnummer des Anbieters.

In Frankreich ist die Regelung in Art. 19 LEN umgesetzt. Die Vorschrift gilt für Personen, die eine Aktivität im Sinne des Art. 14 LEN ausüben, also am elektronischen Geschäftsverkehr teilnehmen. Verstöße gegen die Bestimmung können über Art. L 450-1 et s. C. com. strafrechtlich geahndet werden.

In Deutschland sind die Bestimmungen aus der Richtlinie in § 6 TDG umgesetzt[2]. Durch Art. 1 EGG wurde hiermit § 6 TDG in seiner alten Fassung aus dem Jahr 2000 ersetzt, der bereits zur Angabe von Namen und Anschrift verpflichtete. Weil ein maßgeblicher Zweck der Bestimmung der Verbraucherschutz ist, ist ein verbraucherrechtlicher Unterlassungsanspruch gemäß § 2 Abs. 2 Nr. 2 i.V.m. Abs. 1 UKlaG begründet[3]. Die Umsetzungsbestimmungen zu Art. 5 EC-RL werden hier ausdrücklich als Verbraucherschutzgesetze im Sinne des UKlaG genannt. Gemäß § 12 TDG handelt ordnungswidrig, wer vorsätzlich oder fahrlässig gegen die Informationspflicht verstößt. Die Geldbuße kann bis zu 50.000 € betragen. Daneben sind wettbewerbsrechtliche Unterlas-

---

[1] In Bezug auf die Richtlinie ist *Gendreau*, CFJE 2001, 787 (796), der Ansicht, dass unten auf jeder Internetseite ein Link zu den Informationen angezeigt werden müsse.

[2] Zur Reichweite der Anbieterkennzeichungspflicht OLG München, Urteil vom 26.7.2001, K&R 2002, 256, Urteil vom 11.9.2003, JurPC Web-Dok. 276/2003, http://www.jurpc.de/rechtspr/20030276.htm, und Urteil vom 12.2.2004, JurPC Web-Dok. 136/2004, http://www.jurpc.de/rechtspr/20040136.htm; siehe ausführlich *Ott*, WRP 2003, 945 (947 ff.); *Woitke*, NJW 2003, 871 (871 ff.); zur Auslegung des Kriteriums der „Geschäftsmäßigkeit" *Weber*, JurPC Web-Dok. 76/2002, http://www.jurpc.de/aufsatz/20020076.htm; der Hinweis muss ohne scrollen der Bildschirmseite erkennbar sein, LG Hamburg, Beschluss vom 26.8.2002, VuR 2002, 418.

[3] Vgl. OLG München, Urteil vom 26.7.2001, K&R 2002, 256 (257) mit dem alten § 22 AGBG als Anspruchsgrundlage.

sungs- und Schadensersatzansprüche aus §§ 8 und 9 UWG denkbar[4] sowie die Gewinnabschöpfung gemäß § 10 UWG.

b) Kommerzielle Kommunikation unter Verwendung eines Dienstes der Informationsgesellschaft

Kommerzielle Kommunikation umfasst gemäß Art. 2 lit. f EC-RL sowohl Werbung als auch mittelbare Verkaufsförderungsmaßnahmen und Öffentlichkeitsarbeit von Unternehmen[5]. Wenn sie im Internet oder per E-Mail verbreitet wird, muss kommerzielle Kommunikation nach Art. 6 EC-RL Angaben enthalten, die die Identifikation der verantwortlichen Person ermöglichen. Darüber hinaus müssen im gegebenen Fall die Bedingungen für die Teilnahme oder Inanspruchnahme von besonderen Angeboten zum Verkauf, wie Preisnachlässe oder Geschenke, von Preisausschreiben oder Gewinnspielen klar und eindeutig angegeben werden.

Die Richtlinienbestimmung wird in Frankreich an zwei Stellen umgesetzt. Art. 6 al. 3 LEN verpflichtet den Anbieter dazu, eine Identifikation zu ermöglichen. Die Regelungen über Informationen für Gewinnspiele, besondere Angebote und Preisnachlässe wurden durch Art. 21 LEN in Art. L 121-15-2 und Art. L 121-15-3 des Code de la consommation eingefügt. Der Standort im Code de la consommation ist etwas unglücklich gewählt, weil er die an einen einheitlichen Tatbestand anknüpfenden Informationspflichten an unterschiedlichen Stellen regelt. Außerdem zeigt die Ausnahme des Art. L 121-15-3 C. cons., dass es sich gerade nicht um Verbraucherrecht handelt. Während diese Bestimmungen gemäß Art. L 121-15-3 al. 2 C. cons. strafrechtlich bewehrt sind, müssen Verstöße gegen Art. 6 al. 3 LEN am Irreführungsrecht gemessen werden.

Zur Umsetzung in Deutschland in § 7 Nr. 2 bis 4 TDG, ebenfalls eingefügt durch Art. 1 EGG, ergeben sich keine inhaltlichen Unterschiede. Auch nach deutschem Recht wird klargestellt, dass die Vorschriften des UWG unberührt bleiben.

c) Vertragsabschluss auf elektronischem Wege

An die Tatsache, dass ein Vertragsabschluss auf elektronischem Wege angestrebt wird, knüpfen die Informationspflichten in Art. 10 Abs. 1 EC-RL an. Der

---

[4] LG Frankfurt am Main, Urteil vom 28.3.2003, JurPC Web-Dok. 153/2003, http://www.jurpc.de/rechtspr/20030153.htm, zum alten UWG.

[5] *Marly*, in: *Grabitz/Hilf* (Hrsg.), Recht der Europäischen Union, Band 3, A 4, 2001, Art. 2, Rn. 28.

Diensteanbieter muss, außer wenn der Adressat Unternehmer ist, über die technischen Schritte, die bis zum Vertragsschluss durchlaufen werden, informieren, ferner Angaben über die Speicherung des Vertragstextes und den Zugang hierzu für den Verbraucher machen, auf technische Mittel zur Erkennung und Korrektur von Eingabefehlern vor Abgabe der Bestellung hinweisen, die für den Vertragsschluss zur Verfügung stehenden Sprachen und Verhaltenskodizes angeben, an die sich der Anbieter bindet[6], sowie über deren elektronische Zugänglichkeit informieren[7].

In Deutschland sind die Informationspflichten inhaltsgleich in § 3 der Verordnung über Informationspflichten nach Bürgerlichem Recht[8], auf den § 312e Abs. 1 Nr. 2 BGB indirekt verweist[9], geregelt. Verletzungen der Informationspflichten haben keine Auswirkungen auf die Wirksamkeit des Vertrages[10], sondern können als vorvertragliche Pflichtverletzungen nach dem allgemeinen Leistungsstörungsrecht zu Schadensersatzansprüchen aus §§ 280 i.V.m. 311 Abs. 2, 241 Abs. 2 BGB führen. Daneben haben Verbraucherverbände die Möglichkeit, gemäß § 2 UKlaG Unterlassungsklage zu erheben. Ebenfalls anwendbar sind die Bestimmungen des UWG. Eine besondere zivilrechtliche Rechtsfolge, die dem einzelnen Verbraucher unmittelbar zugute kommt, ist § 312e Abs. 3 Satz 2 BGB, der den Beginn des fernabsatzrechtlichen Widerrufsrechts von der Erfüllung der Informationspflichten abhängig macht.

In Frankreich sind die Informationspflichten in Art. 1369-1 C. civ. in einem durch die LEN eingefügten Abschnitt über elektronische Verträge geregelt. Inhaltlich decken sich die Informationen mit denen der Richtlinie und des deut-

---

[6] Die Regelungen der Verhaltenskodizes erlangen Bindungswirkung durch ihre Anerkennung durch den Unternehmer, sie gelten also auch bei fehlender Information, *Vander*, K&R 2003, 339 (340).

[7] Kritsch zu Art. 10, insbesondere wegen fehlener Rechtsfolgen bei Verstoß gegen die Informationspflichten *Hultmark Ramberg*, (2001) 26 E.L.Rev. 429 (439).

[8] Als durch Art. 4 des Gesetzes zur Modernisierung des Schuldrechts geänderte Verordnung über Informationspflichten von Reiseveranstaltern vom 14. November 1994, BGBl. 1994, I 3436, deren Name in „Verordnung über Informationspflichten nach Bürgerlichem Recht" geändert wurde; auf Grundlage der ebenfalls neuen Verordnungsermächtigung in Art. 241 EGBGB hat das Bundesministerium der Justiz am 2.2.2002 eine inhaltsgleiche Verordnung über Informationspflichten nach Bürgerlichem Recht, BGBl. 2002, I 342, erlassen; geändert durch Art. 3 Gesetz zur Änderung der Vorschriften über Fernabsatzverträge bei Finanzdienstleistungen vom 2. Dezember 2004, BGBl. 2004, I 3102.

[9] Art. 312e Abs. 1 Nr. 2 BGB verweist auf eine nach Art. 241 EGBGB erlassenen Verordnung. Dabei handelt es sich um die Verordnung über Informationspflichten nach Bürgerlichem Recht.

[10] Das wäre deshalb nachteilig, weil dem Verbraucher so vertragliche Sekundäransprüche abgeschnitten würden, *D. Ulmer*, CR 2002, 208 (210).

schen Rechts. Interessant ist indes die unterschiedliche rechtliche Einordnung. Es wird nicht von Informationspflichten gesprochen, sondern von Bestandteilen des Angebots (« *L'offre énonce, en outre* »). Diese Formulierung gibt zum einen Aufschluss über das französische Verständnis der Bindungswirkung der Aussage des Unternehmers. Während in Deutschland in der Regel eine unverbindliche *invitatio ad offerendum* abgegeben wird, kommt der Erklärung in Frankreich grundsätzlich Bindungswirkung zu. Wenn das Angebot des Diensteanbieters als Vertragsangebot zu verstehen ist und dieses Angebot die aufgezählten Informationen beinhalten soll, muss zum anderen darüber nachgedacht werden, ob den Äußerungen nicht eine größere Bindungswirkung zukommt als im deutschen Recht. Die Abgabe falscher Informationen kann nach deutschem Recht Schadensersatzansprüche wegen Verletzung vorvertraglicher Pflichten zur Folge haben. Werden die Informationen dagegen Bestandteil des Angebots und durch die Annahme des Verbrauchers Vertragsbestandteil, kann bei Nichtbeachtung unmittelbar die Erfüllung des Vertrages auf Grundlage der gewährten Informationen verlangt werden, soweit sie die Leistungspflichten des Unternehmers konkretisieren. Das ist insbesondere für die freiwilligen Selbstverpflichtungen der Unternehmer von Bedeutung. In Ermangelung spezieller Sanktionen hat der Verbraucher die Möglichkeit, den Vertragsschluss nach Art. 1110 C. civ. wegen Irrtums anzufechten[11].

Obwohl der Anwendungsbereich der Bestimmung für Verträge zwischen Unternehmern ausgeschlossen werden kann, zeigt der Standort im BGB und im französischen Code civil die Allgemeingültigkeit der Vorschrift. Insbesondere in Frankreich wird an der Entscheidung gegen eine Aufnahme in den Code de la consommation deutlich, dass der Hintergrund der Vorschrift ein Informationsdefizit des Nutzers eines Dienstes der Informationsgesellschaft ist, das unabhängig von der privaten oder beruflichen Zweckbestimmung des Geschäfts besteht.

d) Vertragsabschluss im Fernabsatz

Ein Vertrag über die Lieferung von Waren oder die Erbringung von Dienstleistungen, der unter ausschließlicher Verwendung von Fernkommunikationsmitteln zustande kommt und auf Unternehmerseite im Rahmen eines für den Fernabsatz organisierten Systems geschlossen wird, ist ein Fernabsatzvertrag[12]. Ein auf elektronischem Wege über einen Dienst der Informationsgesellschaft abzuschließender Vertrag stellt, wenn der sachliche Anwendungsbereich des Fernabsatzes gegeben ist, immer auch einen Fernabsatzvertrag dar. Die Anwendungsbereiche beider Vorschriften überschneiden sich. Die Schutzzwecke beider Vor-

---

[11] *Grynbaum*, JCP E 2001, 1617 (1620 et s.).
[12] Art. 2 Nr. 1 FA-RL; § 312b Abs. 1 BGB; Art. L 121-16 c. cons.

schriften sind jedoch voneinander unabhängig: Während jene Regelungen an die Eigenschaft als Nutzer eines Dienstes der Informationsgesellschaft anknüpfen, sollen diese den Verbraucher vor einem gegenüber dem Anbieter im Fernabsatz bestehenden Informationsdefizit schützen.

Die vom Unternehmer beim Vertragsabschluß im Fernabsatz zu gebenden Informationen sind gemeinschaftsrechtlich in Art. 4 und Art. 5 der Fernabsatzrichtlinie geregelt. Die Regelungen sind zweistufig aufgebaut. Die in Art. 4 Abs. 1 FA-RL aufgezählten Informationen müssen rechtzeitig vor Abschluss des Vertrages übermittelt werden. Das muss in einer an die verwendete Kommunikationstechnik angepassten Weise geschehen, ist aber darüber hinaus nicht an eine bestimmte Form gebunden. Die Informationen des Art. 5 Abs. 1 FA-RL müssen spätestens bis zur Erfüllung des Vertrages auf einem dauerhaften Datenträger übermittelt werden.

Den Unterschied zwischen Informationen, die vor dem Abschluss des Vertrages und solchen, die erst mit dem Abschluss des Vertrages erbracht werden müssen und die für die Abwicklung des Vertrages von Bedeutung sind, macht *Pizzio* für das französische Recht anhand der hier vorgesehenen unterschiedlichen Rechtsfolgen deutlich. Während die Nichterfüllung der *obligations précontractuelles de renseignement*[13] die Nichtigkeit der Willenserklärung des Verbrauchers zur Folge hat, bewirkt die Nichterfüllung vertraglicher Informationspflichten (*obligations contractuelles de renseignement*) vertragliche Schadensersatzansprüche. Die vorvertragliche Informationspflicht muss von einer „*information contractuelle de conseil*" unterschieden werden[14]. Die Einteilung der Informationspflichten in vorvertragliche und vertragliche stellt nur eine zeitliche Differenzierung dar[15]. Ausschlaggebend dafür, ob die Information vor dem Austausch der Willenserklärungen, genauer gesagt vor der Abgabe der Willenserklärung des Verbrauchers, erfolgen soll, ist der Schutzweck, der mit der Informationspflicht verfolgt wird. Davon hängt auch die Sanktion bei Nichteinhaltung der Pflicht ab. Die unterschiedlichen Rechtsfolgen bei Nichtbeachtung, mit denen *Pizzio* die

---

[13] Zur Diskussion über die Verwendung des Begriffs „*renseignement*" oder „*information*" siehe *Thunis*, in: Mélanges *Cabrillac*, 1999, p. 313 (313, Fn. 1).

[14] *Bout/Bruschi/Poillot-Perizzetto/Cas*, Lamy droit économique 2001, 2000, Rn. 4550. *Beauchard*, Distribution, 1996, p. 304 et s., unterscheidet zwischen der „*obligation de renseignements*" und der „*obligation de conseil*", wobei letztere nicht die objektive Information, sondern die darüber hinausgehende, an den Bedürfnissen des Kunden orientierte Beratung meint.

[15] Auch *Calais-Auloy/Steinmetz*, Droit de la consommation, 2000, n° 53, fragen sich, ob nicht nur eine künstliche Unterscheidung vorliegt; ebenso *Collart-Dutilleul/Delebecque*, Contrats, 2001, n° 214, 215.

beiden Gruppen differenziert[16], sind also nicht das ursächliche Unterscheidungskriterium, sondern vielmehr nur ein Symptom.

aa) Informationen vor Vertragsabschluss

Vor Vertragsschluss muss der Unternehmer den Verbraucher gem. Art. 4 Abs. 1 FA-RL informieren über seine Identität und im Falle einer vereinbarten Vorauszahlung seine Anschrift, wesentliche Eigenschaften der Leistung, den Preis inklusive aller Steuern, eventuell bestehende Lieferkosten, Einzelheiten hinsichtlich der Zahlung und Erfüllung, Bestehen eines Widerrufsrechts, Gültigkeitsdauer von Angebot und Preis, bei Dauerschuldverhältnissen die Mindestlaufzeit und über besondere Kosten für die Verwendung der Kommunikationstechnik, wenn diese über die üblichen Verbindungskosten hinausgehen. Es handelt sich um Informationen, die für die Entscheidung von Bedeutung sind, ob überhaupt ein Vertrag geschlossen werden soll.

(1) Frankreich

Der 2001 neu gefasste Art. L 121-18 C. cons. setzt die Informationspflichten im französischen Recht um. Zusätzlich muss der Unternehmer gemäß dem schon vor Umsetzung der Fernabsatzrichtlinie bestehenden Art. L 114-1 C. cons. über Lieferfristen informieren. Der alte Art. L 121-18 C. cons. verpflichtete bereits den Unternehmer, seinen Namen und die Adresse des Firmensitzes und der für die Bearbeitung zuständigen Stelle mitzuteilen. Die Vorschrift war anwendbar zugunsten von Verbrauchern bei Fernkäufen und Ferndiensterbringungen. Der Katalog der neuen Regelung wurde gegenüber Art. 4 der Richtlinie um eine Bestimmung erweitert, die den Anbieter auch bei telefonähnlicher Kommunikation zur Offenlegung des kommerziellen Charakters der Information verpflichtet. Für die Angaben über wesentliche Eigenschaften der Ware oder Dienstleistung und über den Preis wird auf bestehende Regelungen Bezug genommen.

Gemäß Art. L 111-1 C. cons. muss der Unternehmer den Verbraucher vor Abschluss des Vertrages über die wesentlichen Merkmale der Sache oder des angebotenen Dienstes informieren. Der Anwendungsbereich beschränkt sich auf Unternehmer-Verbraucher-Beziehungen. Hier sollen neben den ausdrücklich genannten Verkäufern und Diensteanbietern auch andere Unternehmer umfasst sein[17], zum Beispiel Vermieter[18]. Denkbar ist die Anwendung des Art. L 111-1

---

[16] *Pizzio*, Code de la consommation, 1996, Art. 111-1, n° 3.

[17] So laut *Calais-Auloy/Steinmetz*, Droit de la consommation, 2000, n° 52, die Rechtsprechung, angeführt werden allerdings nur Urteile, die verschiedene Kaufgegenstände hatten (p. 50, Fn. 2).

C. cons. für die Vermietung von beweglichen Sachen. Solche Vertragselemente können Bestandteil von Verträgen über die Nutzung von Servern und Einrichtungen von Datennetzen sein. In diesen Fällen ist jedenfalls die allgemeine Informationspflicht des Art. 1602 C. civ. anwendbar[19]. „Wesentlich" sind für *Calais-Auloy/Steinmetz*[20] die Merkmale, die der Entscheidung des Kunden zugrunde liegen und die korrekte Benutzung der Sache oder Dienstleistung ermöglichen. *Pizzio*[21] sieht ebenfalls die Merkmale als wesentlich an, die die Entscheidung des Verbrauchers bestimmen, insbesondere im Lichte der Rechtsprechung, die Täuschungen verhindern will.

Die Informationspflicht über den Preis ist in Art. L 113-3 C. cons. detailliert geregelt. Er bestimmt, dass jeder Anbieter einer Sache oder eines Dienstes über den Preis informieren muss. Art. L 113-3 C. cons. beinhaltet daneben Informationspflichten über Beschränkungen der vertraglichen Haftung[22] oder besondere Bedingungen des Verkaufs. Von der Preisinformation umfasst sind gem. Abs. 2 alle in Art. L 113-2 C. cons. genannten Aktivitäten, also Produktion, Verteilung und Service. Die Preisauszeichnungspflicht gilt also für alle Produkte und Dienstleistungen, aber nur zugunsten von Verbrauchern[23]. Die allgemeine Bestimmung im Code de la consommation wird ergänzt und ausgestaltet durch eine Vielzahl von *arrêtés* für einzelne Produkt- und Angebotsgruppen. Allgemeine Bestimmungen enthält der arrêté vom 3.12.1987[24]. Es muss der Preis in Euro angegeben werden, den der Verbraucher mit allen Zwischenaufschlägen und Steuern zu zahlen hat (Art. 1)[25]. Für Internetgeschäfte, bei denen es sich immer um Fernabsatzgeschäfte handelt, ist Art. 2 des arrêté von Bedeutung. Der

---

[18] *Pizzio*, Code de la consommation, 1996, Art. 111-1, n° 2.

[19] *Pizzio*, Code de la consommation, 1996, Art. 111-1, n° 2, weist auf die Ähnlichkeit der beiden Bestimmungen hin.

[20] *Calais-Auloy/Steinmetz*, Droit de la consommation, 2000, n° 53.

[21] *Pizzio*, Code de la consommation, 1996, Art. 111-1, n° 4.

[22] Die Beschränkung der Mängelhaftung beim Kauf ist nicht zulässig (vgl. Art. R 211-4 C. cons.), wohl aber bei Diensterbringungen, vgl. *Raymond*, Juris-Classeur Concurrence Consommation, fasc. 845, 1997, n° 9; *Pizzio*, Code de la consommation, 1996, Art. 113-3, n° 4, hält die Bestimmung sogar für gegenstandslos seit der Ausweitung der Rechtsprechung zu missbräuchlichen Klauseln auch bei Verträgen über die Erbringung von Diensten; *Blaise*, Droit des affaires, 1999, n° 926, bezweifelt den Sinn zumindest für Kaufverträge; *Calais-Auloy/Steinmetz*, Droit de la consommation, 2000, n° 57, sehen darüber hinaus den Regelungsgehalt schon in der Bestimmung „*conditions particulières de la vente*" enthalten.

[23] Vgl. *Raymond*, Juris-Classeur Concurrence Consommation, fasc. 845, 1997, n° 76.

[24] Arrêté du 3 décembre 1987 relatif à l'information du consommateur sur les prix, abgedruckt *Calais-Auloy*, Code de la consommation, 2001, p. 1035.

[25] Umstellung auf den Euro durch arrêté du 21 décembre 2001 modifiant l'arrêté du 3 décembre 1987 modifié relatif à l'information du consommateur sur les prix, J.O. n° 302 du 29.12.2001, 21279.

Verbraucher muss bei Produkten, die versendet werden, erkennen können, ob die Preise die Kosten für die Lieferung enthalten oder nicht. Im letzteren Fall muss der Kunde über die Transportkosten informiert werden. Die Information muss bei einem Angebot über Fernkommunikationsmittel in einer Art und Weise erfolgen, die zum Beweis geeignet ist (Art. 14). Beim „klassischen" Fernabsatz auf der Grundlage eines Versandkataloges hat der Verbraucher den schriftlichen Beweis der Information in der Form des Kataloges in der Hand. Das gleiche gilt für Angebote, die individualisiert mit der Post übermittelt werden. Nach der Definition in Artikel 14 bezeichnet „*technique de communication à distance*" jede Technik, die es dem Verbraucher ermöglicht, außerhalb der üblichen Geschäftszeiten ein Produkt oder eine Dienstleistung zu bestellen. Die für sich genommen unpräzise Definition – umfasst sind auch persönliche Bestellungen außerhalb der üblichen Geschäftszeiten – wird ergänzt durch Fallgruppen, zu denen das Internet zwar nicht ausdrücklich gehört, aber unter der Berücksichtigung der fortschreitenden technischen Entwicklung mit umfasst ist[26]. Zur Art der Informationsvermittlung führt der circulaire in Abschnitt VII aus, dass ein großer Spielraum besteht. Der Preis kann sowohl zusammen mit dem Angebot mitgeteilt werden, als auch auf anderem Wege, wie etwa durch Zusendung einer Preisliste, wenn der Zusammenhang mit einem bestimmten Produkt erkennbar ist. Eine Anzeige ist auch auf dem Fernsehschirm möglich, denn die Bedingung, dass die Preisinformation beweisbar sein muss, kann bei einer öffentlichen Mitteilung wie im Fernsehen auch über Zeugenbeweis erfüllt werden[27]. Diese Öffentlichkeit ist bei Internetseiten, die unter Umständen mit individualisierten Informationen versehen abgerufen werden, nicht unbedingt gegeben. Dafür besteht hier die Möglichkeit der Speicherung der Seite oder des Ausdrucks.

Eine Pflicht zur Information über den Gegenstand des Vertrages gibt es nicht nur im Verbraucherrecht: Art. 1602 C. civ. bestimmt, dass jeder Verkäufer klar darlegen soll, wozu er sich verpflichtet. Dieser allgemeinen, nur für das Kaufrecht geltenden Bestimmung sind verbraucherschützende Regelungen zur Seite gestellt, die die Informationspflicht präzisieren und erweitern.

Wie im Entwurf des Art. 1369-3 C. civ. werden im neuen Art. L 121-18 C. cons. die Informationspflichten nicht als solche formuliert, sondern als Bestandteile

---

[26] In dem die Vorschrift erläuternden circulaire wird die Aufzählung ausdrücklich als offen für neue technologische Entwicklungen bezeichnet (Abschnitt VII a), Ministère de l'économie, des finances et du budget, Circulaire du 19 juillet 1988 portant application des dispositions de l'arrêté du 3 décembre 1987 relatif à l'information du consommateur sur les prix, J.O. n° 181 du 4.8.1988, 9951 (9954).

[27] Ministère de l'économie, des finances et du budget, Circulaire du 19 juillet 1988 portant application des dispositions de l'arrêté du 3 décembre 1987 relatif à l'information du consommateur sur les prix, J.O. n° 181 du 4.8.1988, 9951 (9954).

des Vertragsangebotes (« *l'offre de contrat doit comporter les informations suivantes* »). Unklar ist, ob sich die rechtliche Bindungswirkung des Vertragsangebotes auf die Informationen erstrecken soll oder ob die Formulierung nur die Übermittlung der Informationen zeitgleich mit dem Vertragsangebot bedeutet.

(2) Deutschland

In Deutschland normiert § 312c Abs. 1 Nr. 1 BGB die Informationspflichten mit einem Verweis auf eine auf Grundlage des ebenfalls mit der Schuldrechtsreform neu eingefügten Art. 240 EGBGB erlassenen Verordnung. Es handelt sich, wie auch für die Informationspflichten beim elektronischen Vertragsabschluss, um die neue Verordnung über Informationspflichten nach Bürgerlichem Recht[28], in diesem Fall deren § 1 Abs. 1. Über den Richtlinientext hinausgehend wird der Unternehmer immer verpflichtet, seine Adresse mitzuteilen, und nicht nur, wenn eine Vorauszahlung erforderlich ist. Er muss zudem über einen Vorbehalt informieren, der die Lieferung einer gleichwertigen Sache anstatt der bestellten erlaubt oder die Leistungsverpflichtung auf den Lagerbestand beschränkt. Im französischen Recht findet sich eine ähnliche Bestimmung in Art. L 113-3 C. cons., wonach der Verbraucher über besondere Vertragsbedingungen informiert werden soll. Außerdem müssen eventuelle Vorbehalte ausdrücklich erklärt werden (Nr. 4).

Um wirksam zu werden, müssen die Vorbehalte Bestandteil des Vertrages werden und so von den Willenserklärungen der Vertragspartner umfasst sein. So stellt sich die Frage nach dem Verhältnis zwischen der Informationspflicht und den Vorbehalten als – üblicherweise – Bestandteil allgemeiner Geschäftsbedingungen. Auch bei anderen Punkten des § 1 Abs. 1 InfoV handelt es sich nicht um Informationen im Sinne einer Unterrichtung über „tatsächliche Umstände und Absichten". Die Mindestlaufzeit des Vertrages, der Preis, Liefer- und Versandkosten und Einzelheiten der Zahlung müssen vertraglich vereinbart werden und können nicht Gegenstand allgemein formulierter Informationspflichten sein. Informiert werden kann der Verbraucher über Identität und Adresse des Unternehmers, das Bestehen des Widerrufs- oder Rückgaberechts und den Zeitpunkt des Vertragsschlusses. *Wendehorst* hält die zu vereinbarenden Punkte deshalb für besondere Einbeziehungsvoraussetzungen für AGB, die funktional denen des § 305 Abs. 2 BGB entsprechen[29]. Die Willenserklärung des Kunden bezieht sich auch auf die allgemeinen Geschäftsbedingungen. Damit sind die im Zusammen-

---

[28] Zur Umsetzung der fernabsatzrechtliche Informationspflichten im Entwurf zum Schuldrechtsmodernisierungsgesetz *Micklitz*, EuZW 2001, 133 (140 f.).

[29] *Wendehorst*, MK-BGB, Band 2, 2001, § 2 FernAbsG, Rn. 25 ff., noch zum alten – gleichlautenden – § 2 Abs. 1 AGBG.

hang aufgestellten Vertragspunkte gemeint. Dem Verbraucher kann nicht zugemutet werden, an anderer Stelle gemachte Aussagen zusammenzusuchen, um den Umfang seiner vertraglichen Bindung zu ermitteln. Die Klauseln müssen nach *Wendehorst* also in einem mit AGB überschriebenen Teil enthalten sein. Dem ist entgegenzuhalten, dass der Unterrichtungspflicht hierdurch nicht genüge getan ist. Sinn und Zweck ist es, dem Verbraucher zu ermöglichen, „auf einen Blick" die wesentlichen charakterisierenden Punkte der rechtlichen Beziehung zum Unternehmer zu erfassen. Dieser Zweck wird nicht erfüllt, wenn einige Punkte erst im AGB-Regelwerk aufgefunden werden müssen. Auch wenn es sich bei einigen Punkten, wie *Wendehorst* richtig feststellt, um anzunehmende Vertragsbestimmungen handelt, so kann dies nicht eine Zusammenfassung der Kenntlichmachung bedeuten[30]. Die unterschiedlichen Funktionen von AGB und Unterrichtung erfordern zwei verschiedene Standorte. Nach dieser Differenzierung handelt es sich auch bei den in Frage stehenden Punkten des § 1 Abs. 1 InfoV um Informationen, nämlich darüber, was in den allgemeinen Geschäftsbedingungen des Unternehmers enthalten ist. Neben diesem für den Verbraucherschutz wesentlichen Verständnis der Regelung ergibt sich zusätzlich im Hinblick auf die AGB, dass die in § 1 Abs. 1 angesprochenen Punkte auf jeden Fall in den AGB geregelt werden müssen. Die Einbeziehung der AGB-Bestimmungen richtet sich nach § 305 Abs. 2 BGB und die Information über den Inhalt einiger AGB-Bestimmungen nach der Informationsverordnung.

Unklar ist das Verhältnis der Preisangabenverordnung[31] zu § 1 Abs. 1 Nr. 7 InfoV. Die Bestimmungen decken sich inhaltlich. Das macht die Regelung der Nr. 7 in § 1 Abs. 1 aber nicht überflüssig[32], sie ist auch in den Fällen anwendbar, die vom Anwendungsbereich der PAngV ausgenommen sind[33]. Die Preisangabenverordnung bestimmt, dass, wer geschäftsmäßig oder gewerbsmäßig Waren oder Dienstleistungen anbietet oder unter Angabe von Preisen wirbt, Endpreise anzugeben hat. Das sind Preise, die die Umsatzsteuer und sonstige Preisbestandteile enthalten (§ 1 Abs. 1 PAngV). Die Preise müssen gut wahrnehmbar sein und der Werbung oder dem Angebot eindeutig zugeordnet werden können (§ 1 Abs. 4 PAngV). Für Waren, die „nach Katalogen oder Warenlisten oder auf Bildschirmen" angeboten werden, präzisiert § 4 Abs. 4 PAngV dahingehend,

---

30 Mit Hinweis auf die unterschiedlichen Rechtsfolgen *Riehm*, Jura 2000, 505 (510); a.A. Gesetzentwurf der Bundesregierung, Entwurf eines Gesetzes über Fernabsatzverträge und andere Fragen des Verbraucherrechts sowie zur Umstellung von Vorschriften auf Euro, Begründung, BT-Drs. 14/2658 vom 9.2.2000, S. 15 (38); *Wendehorst*, MK-BGB, Band 2, 2001, § 2 FernAbsG, Rn. 25, der aber in Rn. 27 auch von einer Trennung auszugehen scheint.

31 Preisangabenverordnung (PAngV) vom 14.3.1985, in der Neufassung durch Bekanntmachung vom 28. Juli 2000, BGBl. I 2000, 1244.

32 So aber *Härting*, FernAbsG, 2000, § 2, Rn. 118, zum alten § 2 Fernabsatzgesetz.

33 Vgl. *Wendehorst*, in: MK-BGB, Band 2, 2001, § 2 FernAbsG, Rn. 62.

dass die Preise unmittelbar bei den Abbildungen oder Beschreibungen stehen müssen oder mit zu den Katalogen im Zusammenhang stehenden Preislisten veröffentlicht werden. Fernabsatzangebote im Internet fallen unter diese Bestimmung. Anders als § 1 Abs. 1 PAngV spricht § 4 Abs. 4 nicht von Werbung. Auch hierfür gelten jedoch die Grundsätze des Absatzes. Das ergibt sich jedenfalls aus § 1 Abs. 5 PAngV. Inhaltlich und von der Regelungstechnik her ist die Preisangabenverordnung dem französischen arrêté vom 3.12.1987[34] ähnlich.

Gemäß § 9 Abs. 1 Nr. 1 PAngV wird die Verordnung nicht angewendet, wenn die Ware oder Leistung von den Erwerbern „in ihrer selbständigen beruflichen oder gewerblichen ... Tätigkeit" verwendet wird. Der Anwendungsbereich erstreckt sich damit nicht nur wie die entsprechende französische Bestimmung auf Verbraucher, sondern erfasst über § 13 BGB hinausgehend auch den Nichtunternehmer, der kein Verbraucher ist[35]. Sinn der Preisangabenverordnung ist es, die Stellung der Verbraucher gegenüber den Unternehmen zu stärken, indem ihnen Preisvergleiche ermöglicht werden[36].

Die Preisangabenverordnung kann zur Konkretisierung der fernabsatzrechtlichen Preisinformationspflicht herangezogen werden[37], bestimmt aber nicht ausschließlich dessen Inhalt. Um der vertraglichen Informationspflicht der Informationsverordnung zu genügen, ist über die PAngV hinaus etwa ein Gesamtpreis anzugeben, wo die PAngV nur Einzelpreise und Verrechnungssätze fordert[38]. Die Preisangabenverordnung ist neben ihrer Konkretisierungsfunktion für § 312c Abs. 4 BGB Grundlage für eine eigene Informationsobliegenheit[39].

bb) Informationen bei Erfüllung des Vertrages

Art. 5 FA-RL verlangt die Bestätigung der Informationen des Art. 4 Abs. 1 lit. a bis f FA-RL. Dabei sollen insbesondere die in Art. 5 Abs. 1 Satz 2 FA-RL aufgezählten Informationen auf einem dauerhaften Datenträger übermittelt werden. Im Einzelnen handelt es sich um Informationen über die Bedingungen und Einzelheiten der Ausübung des Widerrufsrechts, die Anschrift der Niederlassung des Lieferers, die für Beanstandungen zuständig ist, Informationen über Kundendienst und Garantiebestimmungen und über die Kündigungsbedingungen bei

---

[34] Siehe oben § 8 Fn. 23.
[35] Siehe oben § 2 II 1 b. aa.
[36] BGH, Urteil vom 28.11.1996, MDR 1997, 964 (964), „Brillenpreise II".
[37] *Wendehorst*, in: MK-BGB, Band 2, 2001, § 2 FernAbsG, Rn. 62.
[38] *Wendehorst*, in: MK-BGB, Band 2, 2001, § 2 FernAbsG, Rn. 65.
[39] Siehe Palandt/*Heinrichs*, BGB, 2002, § 1 FernAbsG, Rn. 18 und § 2 FernAbsG, Rn. 8; dagegen *Wendehorst*, in: MK-BGB, Band 2, 2001, § 2 FernAbsG, Rn. 62.

Dauerschuldverhältnissen. Es handelt sich um Informationen, die nicht für die Entscheidung über den Vertragsschluss von Bedeutung sind, sondern die nötig sind, um Rechte aus dem Vertrag nach der Erfüllung geltend zu machen. Dem Verbraucher soll nicht die Ausübung dadurch erschwert werden, dass ihm Informationen fehlen[40]. Außerdem soll er erneut über die Rechte informiert werden, die ihm zustehen. Die Worte „auf jeden Fall" in Satz 2 des Art. 5 Abs. 1 FA-RL bezieht sich darauf, dass auf die Mitteilung bei Erfüllung des Vertrages bei diesen Informationen nicht verzichtet werden darf, wenn sie bereits vorher auf einem dauerhaften Datenträger übermittelt wurden. Denn die für die Ausübung vertraglicher Sekundäransprüche notwendigen Informationen sollen dem Verbraucher mit der Erfüllung mitgeteilt werden. Nur so hat er sie tatsächlich zur Hand, während ältere ihm zugesendete Unterlagen bereits verloren gegangen sein können. Das ist für den tatsächlichen Schutz sinnvoll. Rechtlich kann der Schutzgedanke freilich mit dem Argument hinterfragt werden, dass es in der Verantwortung des Verbrauchers liege, die für ihn wichtigen Vertragsunterlagen aufzubewahren.

Die französische Regelung zur Umsetzung findet sich in Art. L 121-19 C. cons., die deutsche in § 312c Abs. 2 BGB i.V.m. § 1 Abs. 4 InfoV. Inhaltlich entsprechen die einzelnen Punkte denen der Richtlinie. Die erneute Zusendung der genannten vorvertraglichen Informationen und die erst jetzt zu erbringenden Informationen müssen nach deutschem Recht in Textform erfolgen[41]. Dabei müssen die weiteren Informationen gemäß § 1 Abs. 4 InfoV in hervorgehobener und deutlich gestalteter Form dargestellt werden. Das dient dem Zweck, die für die Geltendmachung vertraglicher Ansprüche notwendigen Informationen „auf einen Blick" zur Hand zu haben. Die Vorgängerregelung des § 2 Abs. 3 FernAbsG, mit der die Richtlinie zunächst umgesetzt wurde, verlangte auch eine besondere Hervorhebung, war aber hinsichtlich des Zeitpunktes unklar formuliert. Sowohl für die vorvertraglichen Informationen als auch für die bei Erfüllung zu erbringenden wurde ein Zeitraum von „alsbald" nach der Erbringung der ersten Informationen „rechzeitig vor Abschluss" des Vertrages bis zur Erfüllung eröffnet. Das hat zu berechtigten Kontroversen in der Literatur geführt[42], denn der Sinn der nachvertraglichen Informationen, schon bei Vertragsschluss übermittelt, würde nicht erfüllt werden.

---

[40] Siehe *Mankowski*, CR 2001, 767 (769).

[41] In § 2 Abs. 3 FernAbsG wurde die Informationsübermittlung auf einem dauerhaften Datenträger verlangt; siehe zum Verhältnis von Textform und dauerhaftem Datenträger unten § 8 IV 2 a. aa.

[42] Siehe etwa *Wendehorst*, MK-BGB, Band 2, 2001, § 2 FernAbsG, Rn. 87 ff.; *Härting*, FernAbsG, 2000, § 2, Rn. 197 ff.

Art. L 121-19 C. cons. übernimmt die Richtlinienbestimmung, verzichtet aber auf die besondere Hervorhebung. Eine ähnliche Bestimmung findet sich im französischen Recht in Art. L 121-23 n° 1 et 2 C. cons. für Haustür- und ähnliche Geschäfte (*démarchage*). In dieser Vorschrift ist ebenfalls die Art und Weise der Informationserbringung bestimmt: als Vertragsausfertigung, die dem Verbraucher beim Vertragsschluss auszuhändigen ist[43].

cc) Sanktionen

Frankreich und Deutschland haben unterschiedliche Systeme zur Sanktion fehlender Informationspflichten. Das ist der Spielraum, den die Fernabsatzrichtlinie eröffnet[44].

Art. L 121-20-1 C. cons. bestimmt i.V.m. Art. 450-1 et s. C. com., in denen die Befugnisse der zuständigen öffentliche Stellen geregelt ist, die strafrechtlichen Folgen bei unzureichender Erfüllung der fernabsatzrechtlichen Informationspflichten. Dem einzelnen Verbraucher sind die Instrumente des allgemeinen Zivilrechts ungenommen. Bei einer vorsätzlichen arglistigen Täuschung (*dol*), die dazu führen sollte, den Vertragspartner zum Vertragsabschluss zu bewegen, hat die Rechtsprechung den Vertrag auf der Grundlage des Art. 1116 C. civ. für nichtig erklärt. Andere Entscheidungen stützen sich auf Art. 1110 C. civ. zur Irrtumsanfechtung[45]. Dabei muss die fehlende Information zu einem Irrtum über den Vertragsgegenstand (alinéa 1) oder den Vertragspartner (alinéa 2) geführt haben.

Nach deutschem Recht hat der Verbraucher gegen den Unternehmer bei Verletzung der vorvertraglichen oder vertraglichen Informationspflichten Anspruch auf Schadensersatz aus §§ 280 Abs. 1 i.V.m. 311 Abs. 2 BGB bzw. nur § 280 Abs. 1 BGB. Die Widerrufsfrist beginnt gem. § 312d Abs. 2 BGB nicht vor Erbringung der vertraglichen Informationspflichten zu laufen. Die allgemeinen Irrtumsregeln sind daneben anwendbar[46]. Bei Verstößen gegen Fernabsatzrecht besteht ein Unterlassungsanspruch nach § 2 UKlaG, der allerdings nicht von dem einzelnen betroffenen Verbraucher geltend gemacht werden kann. Daneben kam bei Wettbewerbsverzerrungen durch systematische Verletzung der Informa-

---

[43] Am Zeitpunkt, an dem die Information ausgehändigt werden muss, wird ihr Zweck deutlich: Sie ist weniger von Bedeutung für die Entscheidung, ob ein Vertrag abgeschlossen werden soll, als für den Rückgriff nach Vertragsschluss. Die Widerrufsmöglichkeit bei Haustürgeschäften führt allerdings zu einer nachträglichen Möglichkeit sich vom Vertrag zu lösen, wenn die Identität des Unternehmers nicht befriedigt.

[44] *Trochu*, D. 1999, chron. 179 (180).

[45] Cour d'appel de Paris, 5ᵉ chambre A, 13.5.1987, D. 1987, inf. rap. 158.

[46] Zum alten FernAbsG *Wendehorst*, in: MK-BGB, Band 2, 2001, § 2 FernAbsG, Rn. 80, 123.

tionspflichten durch unzutreffende oder fehlerhafte Angaben ein Verstoß gegen § 1 a.F. bzw. § 3 ff. UWG a.F. in Betracht[47], die Anspruchsgrundlage ist nach neuem Recht §8 i.V.m. §§ 3 und 4 UWG. Verstöße gegen Bestimmungen der Preisangabenverordnung stellen gem. § 10 Abs. 1 Nr. 1 und 2 und Abs. 2 Nr. 1 PAngV Ordnungswidrigkeiten im Sinne des § 3 Abs. 1 Satz 1 Nr. 2 Wirtschaftsstrafgesetz 1954 dar [48].

e) Konkurrenz der Informationspflichten

Der Inhalt der Informationspflichten ist in Frankreich und Deutschland gleich. Die Frage der Überschneidung von Informationspflichten und der Art und Weise der Übermittlung kann zunächst für beide Länder gemeinsam betrachtet werden.

Fraglich ist, ob im Fernabsatz die vorvertraglichen und nachvertraglichen Informationspflichten gemeinsam erfüllt werden können. Dagegen spricht der eindeutige Wortlaut sowohl der Richtlinie als auch der Umsetzung in nationales Recht. Eindeutig wird auf zwei verschiedene Zeiträume abgestellt, nämlich bis zum Vertragsschluss und bei der Erfüllung. Das entspricht den oben dargestellten unterschiedlichen Schutzzwecken der Regelungen. Im französischen Recht bringt der Gesetzestext dies ebenfalls deutlich zum Ausdruck.

Die fernabsatzrechtlichen Informationspflichten überschneiden sich nicht mit dem an den elektronischen Vertragsschluss anknüpfenden. Name und Anschrift des Anbieters werden hingegen sowohl vom Anbieter eines Dienstes der Informationsgesellschaft als auch vom Werbenden und dem Lieferer im Fernabsatz verlangt. Die Erbringung dieser Informationen könnte bei Identität der Personen zusammengefasst werden. Für den Diensteanbieter und den Werbenden liegt eine zusammengefasste Information auf der Internetseite nicht im Widerspruch zum Regelungszweck, den Verantwortlichen schnell zu erkennen. In der Praxis werden der Betreiber einer Internetseite und der Verantwortliche einer Werbebotschaft auf dieser Seite oft auseinander fallen. Das OLG München hat festgestellt, dass die Bestimmung des § 6 Abs. 2 TDG dem Verbraucherschutz dient[49]. Eine Erfüllung auch der fernabsatzrechtlichen Information über den Namen und die Adresse kann damit nicht erfolgen. Name und Anschrift des Vertragspartners sind nicht auf die Allgemeinheit der Betrachter einer Internetseite gerichtet,

---

[47] *Ring*, in: *Dauner-Lieb/Heidel/Lepa/Ring* (Hrsg.), Schuldrecht, 2002, S. 343 (381); *Wendehorst*, in: MK-BGB, Band 2, 2001, § 2 FernAbsG, Rn. 74 f. und 122.

[48] Gesetz zur weiteren Vereinfachung des Wirtschaftsstrafrechts in der Fassung der Bekanntmachung vom 3. Juni 1975, BGBl. 1975, I 1313, abgedruckt in *Schönfelder*, Deutsche Gesetze, Nr. 88.

[49] OLG München, Urteil vom 26.7.2001, K&R 2002, 256; siehe oben § 8 I 1 a.

sondern auf ein individuelles Vertragsverhältnis. Auch wenn der Name gleich ist, muss durch erneute Nennung zusammen mit den anderen vertraglichen Informationen eine Verbindung zum konkreten Vertrag hergestellt werden[50], denn eine Übereinstimmung ist nicht zwingend.

Der Unternehmer wird nur in besonderen Fällen zur Information des Verbraucher über seine Identität und seinen Sitz verpflichtet: bei Haustürgeschäften, im Fernabsatz und im Internet. Nur in diesen Fällen ist der Verbraucher schützenswert. Im „Normalfall" des Vertragsschlusses in den Geschäftsräumen des Unternehmers hat der Verbraucher persönlichen Kontakt mit dem Unternehmer oder dessen Mitarbeitern und er sieht und kennt so die Adresse des Unternehmens. Die relativ große Beständigkeit von tatsächlichen Geschäftsräumen erfordert auch keine besonderen Beweisregelungen. Sowohl bei Haustürgeschäften (*démarchage*) als auch beim Fernabsatz kennt der Verbraucher die Verkaufsräume des Unternehmers nicht. Bei der *démarchage* ist er zudem hinsichtlich der Identität innerhalb der kurzen Zeit bis zum Vertragsschluss auf die Auskunft des Vertreters angewiesen. Im Internet steht der Nutzer nur der virtuellen Identität des Anbieters gegenüber. Die für Geltendmachung von Rechten notwendige Anknüpfung an eine tatsächlich existierende, natürliche oder juristischen Person ist ihm ohne zusätzliche Informationen hier nicht möglich.

2. Erfüllung der fernabsatzrechtlichen Informationspflichten

a) Allgemeines

Fraglich ist, welche Anforderungen an die Präsentation der Informationen gestellt werden, ob auf Internetseiten etwa ein ausdrücklicher Hinweis ausreicht oder eine vollständige Anzeige erforderlich ist. *Wendehorst* zieht die Einbeziehungsgrundsätze für Allgemeine Geschäftsbedingungen heran und verlangt einen ausdrücklichen Hinweis und die Möglichkeit der Kenntnisnahme[51]. Für die Informationspflichten gelten aber andere Maßstäbe, weil sie eine erste schnelle Information ermöglichen sollen. Die vollständige Darstellung auf der Hauptseite, die zur ersten Kontaktaufnahme und zur Erregung der Aufmerksamkeit des Verbrauchers dient, ist hingegen nicht erforderlich. Anders als die Informationspflichten in Art. 4 FA-RL, die an die erste Kontaktaufnahme anknüpfen, sind die Informationspflichten in Art. 5 FA-RL für den Fall eines konkreten Interesses am Vertragsschluss gedacht, müssen also erst in „zweiter Reihe" zur Verfügung

---

[50] So auch OLG Karlsruhe, Urteil vom 27.3.2002, Jur-PC Web-Dok. 245/2002, http://www.jurpc.de/rechtspr/20020245.htm.

[51] *Wendehorst*, MK-BGB, Band 2, 2001, § 2 FernAbsG, Rn. 34, 36; Parallelen zu AGB zieht auch *Mankowski*, CR 2001, 767 (771); *Fuchs*, ZIP 2000, 1273 (1277 f.).

stehen. Der Hinweis bzw. Link muss nach deutschem Recht so gestaltet sein, dass er auch bei flüchtiger Betrachtung nicht übersehen werden kann[52]. Die bloße Möglichkeit des Zugangs[53] kann den Verbraucherschutz nicht hinreichend verwirklichen. Das OLG Frankfurt am Main hat verlangt, dass der Verbraucher zwingend über die Seite mit den Informationen geleitet werden muss, bevor er seine Willenserklärung zum Vertragsschluss abgibt[54]. Der Verbraucher kann indes nicht dazu gezwungen werden, die Informationen tatsächlich zur Kenntnis zu nehmen[55]. Wenn die Bereitschaft hierzu fehlt, dann nützt auch eine eigene Internetseite hierfür nichts, die schnell übersprungen werden kann. Möchte sich der Verbraucher dagegen informieren, so wird er auch den Link zu den Informationen benutzen. Die zwingende Präsentation ist nicht notwendig[56]. Es muss deshalb Wert darauf gelegt werden, das Erfordernis eines deutlichen Hinweises streng auszulegen. Unerheblich ist, ob der Verbraucher die Informationen tatsächlich zur Kenntnis nimmt[57]. Das könnte ohnehin nicht bewiesen werden. Die Informationen selbst müssen klar und verständlich präsentiert werden[58]. Der rechtsunkundige Durchschnittsverbraucher muss die Informationen ohne weiteres verstehen können[59] und der Unternehmer muss vernünftigerweise erwarten können, dass der Verbraucher die Information verstehen kann[60]. Diese Anforderungen gehen über das AGB-rechtliche Transparenzgebot in § 307 Abs. 1 Satz 2 BGB hinaus[61].

---

52 *Mankowski*, CR 2001, 767 (771); vgl. *B. Roth/Schulze*, RIW 1999, 924 (927); das OLG München, Urteil vom 7.3.2002, CR 2002, 445, hat Informationen über das Widerrufsrecht im Internet allerdings als ungenügend angesehen, die erst durch mehrere Schritte des Nutzers erreichbar waren.

53 So *Härting*, FernAbsG, 2000, § 2, Rn. 63.

54 OLG Frankfurt am Main, Beschluss vom 17.4.2001, CR 2001, 782, m. Anm. *Vehslage*; zustimmend *G. Roth/Groß*, K&R 2002, 127 (134).

55 *Mankowski*, CR 2001, 767 (770, 771).

56 Ausführlich *Mankowski*, CR 2001, 767 (771 f.); *Wendehorst*, MK-BGB, Band 2, 2001, § 2 FernAbsG, Rn. 34.

57 *Fuchs*, ZIP 2000, 1273 (1277); *Wendehorst*, MK-BGB, Band 2, 2001, § 2 FernAbsG, Rn. 40; *Ring*, in: *Dauner-Lieb/Heidel/Lepa/Ring* (Hrsg.), Schuldrecht, 2002, S. 343 (371).

58 *Härting*, FernAbsG, 2000, § 2, Rn. 65.

59 *Reich*, EuZW 1997, 581 (584); *Wendehorst*, MK-BGB, Band 2, 2001, § 2 FernAbsG, Rn. 41; *Hoenicke/Hülsdunk*, MMR 2002, 415 (417), zu § 6 TDG; siehe BGH, Urteil vom 24.3.1999, NJW 1999, 2279 (2280) zu AGB: die Klausel muss für den durchschnittlichen Vertragspartner verständlich sein.

60 Entwurf eines Gesetzes über Fernabsatzverträge und andere Fragen des Verbraucherrechts sowie zur Umstellung von Vorschriften auf Euro, Begründung, BT-Drs. 14/2658 vom 9.2.2000, S. 15 (38); *Härting*, FernAbsG, 2000, § 2, Rn. 65.

61 Entwurf eines Gesetzes über Fernabsatzverträge und andere Fragen des Verbraucherrechts sowie zur Umstellung von Vorschriften auf Euro, Begründung, BT-Drs. 14/2658 vom 9.2.2000, S. 15 (38); *Ring*, in: *Dauner-Lieb/Heidel/Lepa/Ring* (Hrsg.), Schuldrecht, 2002,

Weil vor Abschluss des Vertrages dem Unternehmer oft nicht bekannt ist, ob er einen Verbraucher als Gegenüber hat, sind die Informationspflichten vorsorglich allen Kunden gegenüber zu wahren[62]. Der Unternehmer muss darauf achten, klarzustellen, dass das Widerrufs- oder Rückgaberecht nur Verbrauchern zustehen soll[63]. Die Informationen müssen so rechtzeitig vor Vertragsschluss erfolgen, dass der Verbraucher sie als Grundlage für eine informierte Entscheidung nehmen kann[64]. Die Rechtzeitigkeit muss anhand des konkreten Einzelfalls ermittelt werden[65]. Mindestfristen, die dem Verbraucher zur Verarbeitung der Informationen zur Verfügung stehen sollen, gibt es nicht[66]. Eine feste Überlegensfrist vor Abschluss des Vertrages in der Art der französischen *délai de réflexion* ist vom Gesetzgeber nicht vorgesehen. Im Übrigen ist eine feste zeitliche Abfolge gerade im Fernabsatz nicht gegeben. Auch wenn unmittelbar nach der Anzeige der Informationen im Internet die Bestellung abgegeben werden kann, bedeutet das keine sehr kurze Zeitspanne, weil der Überlegenszeitraum vom Nutzer selbst bestimmt werden kann.
Andere Maßstäbe gelten für die Informationen, die nach Abschluss des Vertrages erbracht werden müssen. Gemäß § 312c Abs. 2 BGB müssen diese Informationen in Textform übermittelt werden. Das gleiche gilt für die fristauslösende Information über das Widerrufs- oder Rückgaberecht gem. § 355 Abs. 2 bzw. § 356 Abs. 1 Nr. 3 BGB. Die Textform kann durch eine E-Mail erfüllt werden oder durch den Ausdruck oder das Herunterladen der Informationen von der Internetseite des Anbieters[67]. Die zweite Alternative ist für den Anbieter problematisch, weil er die Beweislast für die Informationserbringung trägt. Die Informationen können aber auch per Post zusammen mit der Warenlieferung übermittelt

---

S. 343 (375); auf die zum Transparenzgebot ergangene Rechtsprechung kann jedoch zurückgegriffen werden, *Härting*, FernAbsG, 2000, § 2, Rn. 68.

[62] *Fuchs*, ZIP 2000, 1273 (1275); *Wendehorst*, in: MK-BGB, Band 2, 2001, § 1 FernAbsG, Rn. 13; *Meents*, Verbraucherschutz, 1998, S. 181.

[63] *Härting*, FernAbsG, 2000, § 1, Rn. 15.

[64] Gesetzentwurf der Bundesregierung, Entwurf eines Gesetzes über Fernabsatzverträge und andere Fragen des Verbraucherrechts sowie zur Umstellung von Vorschriften auf Euro, Begründung, BT-Drs. 14/2658 vom 9.2.2000, S. 15 (38); *Waldenberger*, K&R 1999, 345 (348); *Härting*, FernAbsG, 2000, § 2, Rn. 60; *Wendehorst*, MK-BGB, Band 2, 2001, § 2 FernAbsG, Rn. 31.

[65] *Ring*, in: *Dauner-Lieb/Heidel/Lepa/Ring* (Hrsg.), Schuldrecht, 2002, S. 343 (372 f.).

[66] *Ring*, in: *Dauner-Lieb/Heidel/Lepa/Ring* (Hrsg.), Schuldrecht, 2002, S. 343 (373); vgl. *Micklitz*, in: *Micklitz/Reich*, Fernabsatzrichtlinie, 1998, S. 1 (21).

[67] Allgemein: Palandt/*Heinrichs*, BGB, 2003, § 126b, Rn. 3; bezogen auf die Informationspflichten und die alte Voraussetzung des dauerhaften Datenträgers, *Waldenberger*, K&R 1999, 345 (348); *B. Roth/Schulze*, RIW 1999, 924 (926); *Fuchs*, ZIP 2000, 1273 (1279); *Härting/Schirmbacher*, MDR 2000, 917 (920); *Härting*, VuR 2001, 11 (11 f.); *ders.*, K&R 2001, 310 (312 f.); *Gaertner/Gierschmann*, DB 2000, 1601 (1602); *Mankowski*, CR 2001, 767 (772).

werden. Der Hinweis auf einer Internetseite ist nicht ausreichend, weil der Inhalt vom Unternehmer verändert werden kann[68]. Der Einwand, dass dem Verbraucher durch den Ausdruck Kosten entstehen würden[69], wiegt weniger schwer als die fehlende Beweisbarkeit für den Unternehmer bei dieser Art der Informationsübermittlung[70]. Die Frage, was unter einem *„support durable“* (dauerhafter Datenträger) zu verstehen ist, wird in der französischen Literatur wenig diskutiert[71]. Ausreichend ist eine Versendung per E-Mail, weil die Information dann auf der Festplatte des Verbrauchers gespeichert werden kann. Wenn die Informationen lediglich auf einer Internetseite angezeigt werden, kommt es dagegen darauf an, dass der Verbraucher die Informationen abgespeichert oder ausgedruckt hat, weil nur so dem Unternehmer die Veränderungsmöglichkeit entzogen ist[72].

Neben der Information über das Widerrufsrecht gem. § 312c Abs. 2 BGB i.V.m. § 1 Abs. 4 Nr. 1 i.V.m. Abs. 1 Nr. 10 InfoV muss keine gesonderte Information erfolgen, um den Fristbeginn gem. § 355 Abs. 2 Satz 1 BGB auszulösen[73]. Mit einer einmaligen Information ist den Interessen des Verbraucherschutzes genüge getan.

b) Sprache

Die Informationspflichten müssen nach der loi Toubon in französischer Sprache abgefasst sein. Das gilt allerdings nur für Informationen im Zusammenhang mit solchen Verträgen, die dem französischen Recht unterliegen[74].

Eine ausdrückliche Bestimmung über die zu verwendende Vertragssprache findet sich in Art. 4 der Timesharing-Richtlinie[75]: Der Vertrag muss in der Sprache abgefasst sein, die in dem Land gesprochen wird, in dem der Erwerber niederge-

---

[68] *Härting*, MDR 2002, 61 (64).
[69] So *Mankowski*, CR 2001, 767 (772).
[70] *Kamanabrou*, WM 2000, 1417 (1423); *H. Roth*, JZ 2000, 1013 (1017); *Meents*, CR 2000, 610 (612), der allerdings die herkömmliche Schriftform verlangt; *Mankowski*, CR 2001, 767 (772).
[71] Zur deutschen Literatur siehe unten § 8 IV 2 a. aa.
[72] *Brulard/Fernandez/Amouzou*, Petites affiches, 8.2.2002, 4 (9).
[73] *Härting*, FernAbsG, 2000, § 3 Rn. 20; *Mankowski*, CR 2001, 767 (773 f.); *Ring*, in: *Dauner-Lieb/Heidel/Lepa/Ring* (Hrsg.), Schuldrecht, 2002, S. 343 (385); dagegen Palandt/*Heinrichs*, BGB, 2002, § 3 FernAbsG, Rn. 4.
[74] *Gioux*, DIT 1998, n° 2, 34 (38).
[75] Richtlinie 94/47/EG vom 26. Oktober 1994 zum Schutz der Erwerber im Hinblick auf bestimmte Aspekte von Verträgen über den Erwerb von Teilzeitnutzungsrechten an Immobilien, ABl. Nr. L 280 vom 29.10.1994, 83; vgl. *Mankowski*, VuR 2001, 359 (360).

lassen ist oder dem er als Staatsbürger angehört. Die Fernabsatzrichtlinie und infolgedessen das deutsche Fernabsatzrecht treffen keine Aussage darüber, in welcher Sprache die Informationen vermittelt werden müssen[76]. Eine Mitteilung in den Sprachen aller potentiellen Vertragspartner[77] scheitert im weltweiten Medium Internet an der Praktikabilität. Eine technische oder rechtliche Einschränkung des Adressatenkreises ist nicht möglich. Bei einem Hinweis, dass das Angebot nur in bestimmten Sprachkreisen Geltung habe, stellt sich ebenfalls die Frage der Sprachwahl. Bei der notwendigen Auswahl der verwendeten Sprache(n) bietet sich als Anknüpfungskriterium die Sprache an, in der die vorvertragliche Beziehung angebahnt und der Vertrag geschlossen wird[78]. Grundsätzlich kann davon ausgegangen werden, dass ein Verbraucher, der sich auf eine Vertragsbeziehung in einer fremden Sprache einlässt, dieser soweit mächtig ist, dass er die Informationen verstehen kann[79]. Die generelle Einführung einer so genannten Weltsprache wie etwa Englisch verringert lediglich den betroffenen Personenkreis, kann das Problem aber auch nicht vollständig beseitigen[80]. Bei mehrsprachig veröffentlichten Informationen stellt sich zudem die Frage nach der verbindlichen Sprachfassung. Der deutsche Gesetzgeber ist bei der Umsetzung der Richtlinie im Fernabsatzgesetz davon ausgegangen, dass auch eine andere Sprache als Deutsch verwendet werden kann, wenn der Unternehmer annehmen kann, dass der angesprochene Kundenkreis diese Sprache versteht[81].

---

[76] Vgl. *Mankowki*, VuR 2001, 359 (361).

[77] So *Rott*, ZVglRWiss. 98 (1999), 382 (406), der bei grenzüberschreitenden Willenserklärungen die Verwendung der Sprache des Adressaten verlangt, er führt allerdings weiter aus, dass die Sprachkenntnis zu vermuten sei, wenn der Adressat etwa auf eine in der Sprache abgefassten Werbung reagiere.

[78] Vgl. Palandt/*Heinrichs*, BGB, 2003, § 312c, Rn. 2; *Wendehorst*, MK-BGB, Band 2, 2001, § 2 FernAbsG, Rn. 44; *Mankowski*, VuR 2001, 359 (362)364 ff.); *Micklitz*, in: *Micklitz/Reich*, Fernabsatzrichtlinie, 1998, S. 1 (22); ebenso über die Einordnung als AGB und die Anwendung der dort geltenden Grundsätze *Fuchs*, ZIP 2000, 1273 (1278).

[79] *Rott*, ZvglRWiss. 98 (1999), 382 (406); *Härting*, FernAbsG, 2000, § 2, Rn. 66 f., kommt zum gleichen Ergebnis, nimmt aber die Sprachwahl des Unternehmers als Ausgangspunkt: wenn dieser (auch) deutsche Werbung macht, genügen englische Informationen nicht.

[80] *Mankowski*, VuR 2001, 359 (362), mit Hinweis auf im Land lebende Ausländer, von denen nicht erwartet werden kann, dass sie neben Deutsch noch die weitere Fremdsprache Englisch verstehen.

[81] Entwurf eines Gesetzes über Fernabsatzverträge und andere Fragen des Verbraucherrechts sowie zur Umstellung von Vorschriften auf Euro, Begründung, BT-Drs. 14/2658 vom 9.2.2000, S. 15 (38); *Waldenberger*, K&R 1999, 345 (348); so auch *Ring*, in: *Dauner-Lieb/Heidel/Lepa/Ring* (Hrsg.), Schuldrecht, 2002, S. 343 (373 f.).

c) Erfüllung der Informationspflichten durch Werbung

Informationspflichten sind nicht deshalb notwendig, weil der Unternehmer ansonsten nicht informieren würde. Er hat vielmehr ein natürliches Interesse daran, potentielle Kunden zu informieren[82]. Deswegen enthält eine Werbebotschaft in der Regel auch Informationen über das Produkt, das der Unternehmer anbietet. Diese Informationen sind allerdings selektiv, sie sollen einseitig die positiven Aspekte des Produkts hervorheben. Deswegen werden sie regelmäßig nicht die Anforderungen erfüllen, die vom Gesetzgeber an die Information des Verbrauchers gestellt werden.

Fraglich ist, ob es überhaupt möglich ist, mit der Werbebotschaft einen Teil der gesetzlichen Informationspflichten zu erfüllen. Dagegen spricht, dass das Ziel der Werbung nicht die objektive Information ist, sondern einen Anreiz zum Vertragsabschluss auszulösen[83]. Aussagen in Werbebotschaften sind weniger vertrauenswürdig als solche, die als sachliche Informationen im Zusammenhang mit dem Abschluss eines rechtlich wirksamen Vertrages dargestellt sind. Der Verbraucher nimmt Werbeaussagen so möglicherweise nicht als objektive Informationen zur Kenntnis. Wenn man die Informationsübermittlung in der Werbung als zulässig ansehen würde, hätte der Verbraucher die Schwierigkeit, innerhalb der Werbung die auch rechtlich relevanten Informationen herauszufiltern. Gegen Information durch Werbung spricht auch die Tatsache, dass der Gesetzgeber die Notwendigkeit gesehen hat, Werbebotschaften insgesamt von redaktionellen Inhalten abzugrenzen[84]. Andererseits müssen für bestimmte Vertragstypen bereits mit der Werbung bestimmte Informationen übermittelt werden. Das ist nach französischem Recht etwa gemäß Art. L 311-4 C. cons. für Kreditverträge oder in Art. L 312-4 C. cons. für die Heiratsvermittlung der Fall, die hier beide nicht näher behandelt werden sollen.

d) Erfüllung der Informationspflichten in AGB

Neben der oben angesprochenen Frage, ob einzelne Informationspflichten inhaltlich AGB-Bestimmungen darstellen[85], ist zu klären, ob die Informationen in formaler Hinsicht in umfangreichere allgemeine Geschäftsbedingungen eingebettet werden dürfen. Entscheidendes Kriterium ist die kurze und klare Darstellung der Informationen nach den oben dargestellten Grundsätzen. AGB müssen als Vertragsbestandteile rechtlich einwandfrei formuliert sein. Die klare Darstel-

---

[82] *Beauchard*, Distribution, 1996, p. 303.
[83] Vgl. *Calais-Auloy/Steinmetz*, Droit de la consommation, 2000, Rn. 50.
[84] Siehe oben § 7 I 2 a.
[85] Siehe oben § 8 I 1 d. aa. (2).

lung ist dann nicht mehr gegeben, wenn der Verbraucher nicht auf einen Blick die Informationen innerhalb der allgemeinen Geschäftsbedingungen erkennen kann. Auch wenn eine Mitteilung im Rahmen der allgemeinen Geschäftsbedingungen denkbar ist[86], wird diese Darstellungsart in der Regel nicht in der Lage sein, die an Informationen gestellten Anforderungen zu erfüllen[87].

3. Rechtsvergleichende Betrachtung

Das Ungleichgewicht zwischen Unternehmer und Verbraucher besteht zu einem großen Teil aufgrund des Informationsgefälles. Die Unternehmer kennen die Produkte und Dienste, die sie anbieten, besser als die Verbraucher[88], die zu einem objektiven Vergleich von Konkurrenzangeboten oft nicht in der Lage sind. Neben dem Verbraucherschutz unmittelbar dient ein hoher Informationsstand indirekt auch der Intensivierung des Wettbewerbs, weil ein informierter Verbraucher eher vergleicht und das günstigste Angebot auswählt[89]. Gerade im Internet, in dem der Verbraucher auf die vom Anbieter zur Verfügung gestellten Informationen angewiesen ist, ist eine umfassende Information der Verbraucher wichtig[90]. Das Verbraucherschutzrecht gibt dem Verbraucher nur die Möglichkeit, sich zu informieren. Ob er von diesem Informationspotential[91] Gebrauch macht, ist seine eigene Entscheidung.

Inhaltlich gleichen sich die Informationspflichten in Frankreich und Deutschland aufgrund der vollständigen Harmonisierung in diesem Bereich nahezu. Die weitgehende Rechtsangleichung in diesem Bereich verträgt sich mit dem geringen Eingriff, den die Einführung von Informationspflichten in die nationalen Vertragsrechtssysteme bedeutet. Kleine Unterschiede, die sich aus der unterschiedlichen Umsetzung ergeben haben, fallen in der Gesamtbetrachtung des innerhalb der deutschen oder französischen Rechtsordnung bestehenden Schutzniveaus nicht ins Gewicht. Sie können allerdings ein Problem im grenzüberschreitenden Kontext darstellen, der im vierten Teil dieser Arbeit behandelt

---

[86] Entwurf eines Gesetzes über Fernabsatzverträge und andere Fragen des Verbraucherrechts sowie zur Umstellung von Vorschriften auf Euro, Begründung, BT-Drs. 14/2658 vom 9.2.2000, S. 15 (38); *Fuchs*, ZIP 2000, 1273 (1278); *Wendehorst*, MK-BGB, Band 2, 2001, § 2 FernAbsG, Rn. 42.

[87] *Micklitz*, ZEuP 7 (1999), 875 (881); *Härting*, FernAbsG, 2000, § 2, Rn. 73; *Hoenicke/Hülsdunk*, MMR 2002, 516 (516), empfehlen dagegen eine Anzeige zusammen mit den Informationspflichten.

[88] *Calais-Auloy/Steinmetz*, Droit de la consommation, 2000, n° 49 ; *Beauchard*, Distribution, 1996, p. 302.

[89] So *Calais-Auloy/Steinmetz*, Droit de la consommation, 2000, n° 49.

[90] *Groeschke/Kiethe*, WRP 2001, 230 (235).

[91] Vgl. *Mankowski*, CR 2001, 767 (771).

wird, weil ein Unternehmer, der das Internet nutzen möchte, bei der Gestaltung seiner Internetseiten die unterschiedlichen nationalen Rechtsordnungen berücksichtigten muss[92].

Umfassende Information ist die Grundvoraussetzung für eine Entscheidung, bei der Vor- und Nachteile abgewogen werden können und gegebenenfalls eine Risikoeinschätzung vorgenommen werden kann. Dass jede Person diesen Entscheidungsvorgang grundsätzlich selbst vornehmen kann, ist eine Grundvoraussetzung der Privatautonomie und Vertragsfreiheit. Informationen sollen, anders als Werbung, nicht auf eine bestimmte Entscheidung hinwirken, sondern die Grundlage für eine eigene Entscheidung bieten. Verbraucherpolitisch trägt die umfassende Information der Nutzer des Internet und der Verbraucher unter ihnen dazu bei, das Vertrauen in den elektronischen Geschäftsverkehr zu stärken, weil eben im Vorfeld eines Vertragsschlusses bekannt ist, welche rechtlichen Folgen das eigene Handeln hat.

Die nachvertraglichen Informationspflichten des Fernabsatzrechts haben keinen Einfluss mehr auf die Willenserklärung zum Vertragsschluss. Sie enthalten zum Teil Informationen, wie über die Modalitäten des Rücktrittsrechts, die schon vorher erbracht werden mussten. Sinn und Zweck der übrigen Informationen, wie die genaue Adresse des Ansprechpartners bei Reklamationen, dient der effektiven Verwirklichung des Verbraucherschutzes[93]: Dem Verbraucher soll die Geltendmachung der ihn schützenden Rechte möglichst leicht gemacht werden. Während die Regelung unter diesem rechtspolitischen Gesichtspunkt sinnvoll ist, stellt sich die Frage nach der Vereinbarkeit mit privatrechtlichen Grundsätzen, nach denen Abweichungen von der formalen Privatautonomie ja nur gemacht werden, wenn sie der selbstbestimmten Entscheidung dienen. Notwendig sind die nachvertraglichen Informationspflichten hierfür nicht. Weil der Eingriff in die formale Privatautonomie, die ja auch die Freiheit über die Art und Weise des Vertragsschlusses umfasst, relativ gering ist, steht die Informationspflicht nicht in einem unvereinbaren Widerspruch zu den vertragsrechtlichen Systemen in Deutschland und Frankreich.

II. Zustandekommen des Vertrages

Der für den Vertragsschluss notwendige Austausch von Willenserklärungen funktioniert rechtlich bei Vertragsabschlüssen im Internet grundsätzlich genau wie bei der Verwendung von „herkömmlichen" Fernkommunikationsmitteln.

---

[92] Siehe unten § 15.

[93] *Mankowski*, CR 2001, 767 (769); *Bernardeau*, Cah. dr. eur. 36 (2000) 117 (128); allgemein *Kemper*, Verbraucherschutzinstrumente 1994, S. 205.

Problematisch ist die Frage, bei welchen der von den Parteien vorgenommenen Handlungen ein Rechtsbindungswille angenommen werden kann, so dass sie Willenserklärungen darstellen. Die Bestätigungsanforderungen der Richtlinie über den elektronischen Geschäftsverkehr haben ihren Teil zur Unübersichtlichkeit beigetragen, bedeuten aber möglicherweise auch eine Vereinfachung.

1. Vertragsschluss nach französischem und deutschem Vertragsrecht

Weil die allgemeinen Regeln des Vertragsrechts auch im Internet anwendbar sind, bilden sie den Ausgangspunkt für die Behandlung der internetspezifischen Probleme, die damit zusammenhängen, wie die allgemeinen Regeln auf das Internet angewendet werden. Das betrifft sowohl die einzelnen Willenserklärungen des Unternehmers und des Verbrauchers als auch den Vertrag in seiner Gesamtheit. Dies gilt insbesondere für die Bestimmung des Vertragsschlusszeitpunkts.

a) Zwei übereinstimmende Willenserklärungen

Der Vertrag ist in Art. 1101 C. civ. definiert als « *convention par laquelle une ou plusieurs personnes s'obligent, envers une ou plusieurs autres, à donner, à faire ou à ne pas faire quelque chose* »[94]. Dabei besteht Einigkeit darüber, dass die Begriffe *contrat* und *convention* gleichbedeutend sind[95]. Ein Vertrag ist nach französischem wie nach deutschem Recht dann geschlossen, wenn mehrere übereinstimmende Willenserklärungen vorliegen (*consentement*)[96]. Das Angebot (*l'offre*) muss die wesentlichen Vertragsbestandteile enthalten[97] (für den Kaufvertrag: Art. 1583 C. civ.) und es muss *ferme* sein, das heißt, es muss den Willen zum Ausdruck bringen, im Falle einer Annahme des Angebots gebunden zu sein[98]. Während die Willenserklärung nach deutschem Recht empfangsbedürftig ist, also dem Empfänger zugehen muss, um wirksam zu werden, ist diese Frage im französischen Recht umstritten und wird im Zusammenhang mit dem Zeitpunkt des Vertragsschlusses diskutiert. Die Annahme (*l'acceptation*) bringt den Willen zum Ausdruck, einen Vertrag zu den im Angebot genannten Bedingun-

---

[94] „Vereinbarung, mit der sich eine oder mehrere Personen gegenüber einer oder mehrerer anderen verpflichten, etwas zu geben, zu tun oder nicht zu tun", Übers. d. Verf.

[95] *Cabrillac*, Obligations, 2000, n° 12.

[96] „*Consentement*" kann auch als der Wille einer Partei zum Abschluss eines Vertrages verstanden werden, so in Art. 1108 C. civ.; zu beiden Bedeutungen, insb. zur Kritik der Verwendung im Sinne des Art. 1108 C. civ. *B. Petit*, Juris-Classeur Civil, Art. 1109, n° 2 (p. 3).

[97] *Ghestin*, Contrat, 1993, n° 293.

[98] Cour de Cassation, chambre commerciale, 6.3.1990, JCP 1990, II 21583, note *Gross*, unter Kaufleuten; zu Abgrenzungen bei bedingten Angeboten *Ghestin*, Contrat, 1993, n° 295.

gen abzuschließen[99]. Sie ist im Code civil nicht definiert, wird aber in Art. L 311-15 und 312-10 C. cons. genannt.

Auch ein elektronischer Vertragsschluss wird im deutschen Recht nach den allgemeinen Regeln der §§ 116 ff. BGB beurteilt[100].

Es gibt grundsätzlich zwei Arten des elektronischen Vertragsschlusses. Die Willenserklärungen können einerseits durch den Austausch von E-Mails abgegeben werden, was nicht anders zu behandeln ist als eine herkömmliche Erklärung unter Abwesenden. So ist auch die Wertung in Art. 11 Abs. 3 der Richtlinie über den elektronischen Geschäftsverkehr zu verstehen, nach der das besondere Vertragsabschlussverfahren des Art. 11 Abs. 1 und 2 EC-RL für Verträge, die nur durch den Austausch von E-Mail-Nachrichten zustande kommen, nicht gilt. Der Vertragsschluss ist andererseits durch die Abgabe von Willenserklärungen über die Internetseite des Unternehmers möglich. Der Unternehmer gibt seine Willenserklärung ab, indem er sie auf seiner Internetseite anzeigt, der Verbraucher erklärt seinen Willen durch das Anklicken einer Schaltfläche auf der Internetseite, womit die Nachricht an den Betreiber der Internetseite weitergeleitet wird. Ein Vertragsschluss, bei dem eine Internetseite ein Vertragsangebot enthält und der Kunde die Annahme per E-Mail erklärt, ist ebenfalls ein Online-Vertragsschluss.

Fraglich ist beim Online-Vertragsschluss, ob der Unternehmer bereits mit seiner Internetseite ein verbindliches Vertragsangebot abgibt und ob er in Reaktion auf eine Bestellung des Verbrauchers eine automatisierte Erklärung abgeben kann (unten aa.). Für den Nutzer einer Internetseite stellt sich die Frage, welche seiner Handlungen auf der Internetseite als Willenserklärungen zu qualifizieren sind (unten bb.). Willensmängel können dagegen sowohl beim Online-Vertragsschluss als auch beim Austausch von E-Mail-Nachrichten auftreten (unten cc.).

aa) Die Willenserklärung des Unternehmers beim Online-Vertragsschluss

(1) Angebot oder invitatio ad offerendum?

Abhängig von der rechtlichen Qualifikation der Erklärungen beider Vertragspartner sind verschiedene Konstellationen des Zustandekommens des Vertrages

---

[99] *Cabrillac*, Obligations, 2000, n° 51; ausführlich zu den inhaltlichen Voraussetzungen der Annahmeerklärung *Ghestin*, Contrat, 1993, n° 318 et s.

[100] Zur Anfechtbarkeit nach § 120 BGB bei einem Online-Kaufvertrag OLG Frankfurt am Main, Urteil vom 20.11.2002, CR 2003, 450.

denkbar. Mit einem konkreten Angebot, das einen ausreichenden Informationsgehalt für ein Vertragsangebot hat, wird der Verbraucher in der Regel auf der Internetseite des Unternehmers konfrontiert. Abhängig davon, ob diesem Angebot der für ein Vertragsangebot notwendige Rechtsbindungswille zugesprochen wird, kann eine daraufhin abgegebene Bestellung des Verbrauchers als Antrag auf Abschluss oder als Annahme eines Vertrages verstanden werden[101]. Im ersten Fall kommt der Vertrag erst mit einer Annahme des Antrags durch den Unternehmer zustande. Ob der Verbraucher nur unverbindlich um ein Angebot des Unternehmers bittet oder bereits selbst ein verbindliches Vertragsangebot abgeben will, hängt von den Umständen des Einzelfalls ab. Die Erklärung muss Angaben zu den wesentlichen Vertagselementen (*essentialia negotii*) enthalten[102]. Für die Ermittlung des Rechtsbindungswillens kommt es auf den objektiven Erklärungswert des Verbraucherverhaltens an[103].

Fraglich ist, ob der Unternehmer mit seiner abrufbaren Internetseite ein Angebot zum Abschluss eines Vertrages abgegeben oder lediglich unverbindlich eine Aufforderung an den Verbraucher – beziehungsweise einen unbekannten Kreis von Verbrauchern – gemacht hat, seinerseits ein Angebot abzugeben. Das Stadium der Vertragsverhandlungen wird im französischen Recht als *pourparlers* bezeichnet. Der Zustand umfasst alle Gespräche und Verhandlungen, die einem Vertragsschluss vorausgehen und beginnt entweder mit einem unverbindlichen Angebot, das möglicherweise noch nicht konkretisiert ist oder mit der Ablehnung eines Antrages auf Abschluss eines Vertrages, der mit einem neuen Angebot verbunden wird[104]. In diesem Fall findet ein Rollenwechsel statt und der Anbietende wird zum Annehmenden.

(a) Französisches Recht

(aa) Offres au public

Im französischen wie im deutschen Recht wird die Bindungswirkung von Werbeaussagen, also ihre Einstufung als Vertragsangebot vom Willen des Autors abhängig gemacht[105]. Im französischen Recht kommt dem Angebot eher Bindungswirkung zu als im deutschen Recht: Auch Werbeaussagen, die an eine breite Öffentlichkeit gerichtet sind, können als verbindliches Angebot verstan-

---

[101] Deswegen ist etwa die Diskussion der Willenserklärung per Mausklick nur im Zusammenhang einer Annahmeerklärung zu einseitig, vgl. *Breese/Kaufman*, Internet, 2000, p. 194.

[102] Palandt/*Heinrichs*, BGB, 2003, Einf. v. § 145, Rn. 3.

[103] Palandt/*Heinrichs*, BGB, 2003, § 145, Rn. 2.

[104] Vgl. *B. Petit*, Juris-Classeur Civil, Art. 1109, 1997, n° 64; *Malaurie/Aynès*, Obligations, 1999, n° 379.

[105] Zum französischen Recht *Raymond*, Droit civil, 1996, n° 218.

den werden und nicht nur lediglich als *invitation à entrer en pourparlers* (*invitatio ad offerendum*)[106]. Es handelt sich um *offres au public*[107]. Die Gefahr des Unternehmers, mehreren Annahmen des Angebotes ausgesetzt zu sein, die er nicht alle erfüllen kann oder einem insolventen Vertragspartner gegenüberzustehen, führt in Deutschland dazu, dass der Rechtsbindungswille in der Regel als nicht gegeben angesehen wird. Im französischen Recht bleibt das Angebot bis zur Annahme indes frei widerrufbar[108].

Eine notwendige Bedingung dafür, dass die Aussage eines Unternehmers als Vertragsangebot in Frage kommt, ist, dass es die wesentlichen Vertragsmerkmale enthält[109]. *Bochurberg* gibt ausführliche Hinweise, wie das Angebot ausgestaltet werden muss, um den Anforderungen an ein Vertragsangebot unter Einbeziehung der einschlägigen Verbrauchergesetze zu erfüllen[110] – freilich ohne zu berücksichtigen, dass es aus Sicht des Unternehmers vorteilhafter sein kann, den Verbraucher das Angebot abgeben zu lassen und sich die Entscheidung vorzubehalten. Wenn schon inhaltlich die Voraussetzungen für ein Vertragsangebot nicht erfüllt sind, sieht sich der Unternehmer auch nicht der Gefahr ausgesetzt, dass ihm ein Rechtsbindungswille unterstellt wird.

Im Code civil selbst wird auf die Willenserklärung, die *déclaration de volonté*[111] oder *volonté de contracter*[112], nicht ausdrücklich eingegangen, sondern auf das *consentement*, das Vorliegen zweier übereinstimmender Willenserklärungen Bezug genommen[113]. Der Begriff *consentement* wird allerdings auch häufig für die einzelne Willenserklärung verwendet[114]. Die Willenserklärung setzt sich aus einem *„fait psychologique interne"* und einer *„manifestation extérieure"* zusammen[115]. Ein Bestandteil des *fait psychologique interne* ist die *„volonté de s'obliger juridiquement"*. Hier werden etwa Gefälligkeitsverhältnisse diskutiert[116]. Der fehlende Rechtsbindungswille bei der Abgabe eines Vertragsangebo-

---

[106] Vergleich bei *Ferrand*, Droit privé allemand, 1997, p. 255.

[107] Für ein Angebot durch Anzeige in einer Zeitung Cour de Cassation, 3e chambre civile, 13.6.1972, D. 1973, somm. 88; auch bei Postwurfsendungen, wenn sie nicht individualisiert sind, *Zoia*, Gaz. Pal., 14.10.2001, 14 (15).

[108] *J. Flour/Aubert/Savaux*, Obligations/1, 2000, n° 139.

[109] Vgl. *B. Petit*, Juris-Classeur Civil, Art. 1109, 1997, n° 19; *Vialard*, RTD civ. 1971, 750 (781); *Malaurie/Aynès*, Obligations, 1999, n° 380.

[110] *Bochurberg*, Internet, 2001, n° 906 et s., p. 123.

[111] Ferid/*Sonnenberger*, Das französische Zivilrecht, Bd. 1/1, 1994, Rn. 1 F 90.

[112] *B. Petit*, Juris-Classeur Civil, Art. 1109, 1997, Rn. 4 et s.

[113] Ferid/*Sonnenberger*, Das französische Zivilrecht, Bd. 1/1, 1994, Rn. 1 F 90.

[114] Hierzu siehe oben § 8 Fn. 94.

[115] *B. Petit*, Juris-Classeur Civil, Art. 1109, 1997, n° 5.

[116] *B. Petit*, Juris-Classeur Civil, Art. 1109, 1997, n° 11 et s.

tes wird – anders als in Deutschland – nicht in diesem Zusammenhang diskutiert, sondern bei der Frage, ob das Angebot verbindlich (*ferme*) ist. Die Behandlung in diesem Zusammenhang hängt wohl damit zusammen, dass spezifische Probleme in Frage stehen, die nur bei Vertragsangeboten und nicht bei jeder Willenserklärung auftreten. Ein Bindungswille wird dabei nicht immer verneint. Für die Auslegung werden objektive Kriterien herangezogen, zum Beispiel die Handelsbräuche in diesem Bereich[117]. Wenigstens bei Kaufleuten muss der Anbietende seinen Willen zum Ausdruck bringen, an das Angebot gebunden zu sein[118]. *Aubert* stellt fest, dass diese Aussage nicht nur unter Kaufleuten gilt[119]. Das Vertragsangebot darf nicht mit einem Vorbehalt versehen sein, der dem Annehmenden die Entscheidung über das Zustandekommen des Vertrages nimmt[120].

(bb) Vorbehalte

In bestimmten Fällen kann der Vertragsschluss mit Vorbehalten versehen sein. Das kann ausdrücklich oder implizit geschehen[121]. Dabei ist ein stillschweigender Vorbehalt in der Regel nur bei einem an die Öffentlichkeit gerichteten Angebot möglich[122]. Beim Vorbehalt *intuitus personae* macht der Anbietende sein Angebot von bestimmten Eigenschaften des Annehmenden abhängig[123]. Immer enthalten ist der Vorbehalt hinsichtlich der Zahlungsfähigkeit des Annehmenden[124]. Gerade im Internet kann es für den Unternehmer von Bedeutung sein, in welchem Land sich der Vertragspartner befindet[125]. Weitere Anforderungen an die Person des Vertragspartners werden etwa bei Arbeits- oder Kreditverträgen gestellt. Diesen Vertragstypen ist es nach der Rechtsprechung immanent, dass die persönlichen Eigenschaften des Vertragspartners in Betracht gezogen werden müssen[126]. Solche Verträge, denen ein *intuitus personae* innewohnt, sind

---

[117] *Ghestin*, Contrat, 1993, n° 295; *B. Petit*, Juris-Classeur Civil, Art. 1109, 1997, n° 22.
[118] Cour de cassation, chambre commerciale, 6.3.1990, JCP 1990, II 21583, note *Gross*.
[119] *Aubert*, note sous Cour de Cassation, chambre commerciale, 6.3.1990, D. 1991, somm. 317.
[120] *B. Petit*, Juris-Classeur Civil, Art. 1109, 1997, n° 21; vgl. *J. Flour/Aubert/Savaux*, Obligations/1, 2000, n° 134; *Larroumet*, Contrat, 1998, n° 249; *Ghestin*, Contrat, 1993, n° 295 mit Hinweisen zur Gültigkeit entsprechender AGB-Klauseln.
[121] Vgl. *Aubert*, note sous Cour de cassation, chambre commerciale, 6.3.1990, D. 1991, somm. 317; *Vivant* (éd.), Lamy droit de l'informatique et des réseaux 2001, 2001, n° 2861.
[122] *J. Flour/Aubert/Savaux*, Obligations/1, 2000, n° 134.
[123] *Vialard*, RTD civ. 1971, 750 (784 et s.).
[124] *Vialard*, RTD civ. 1971, 750 (785).
[125] Vgl. *Vivant* (éd.), Lamy droit de l'informatique et des réseaux 2001, 2001, n° 2861.
[126] *Malaurie/Aynès*, Obligations, 1999, n° 383 mit Rechtsprechungsbespielen für Arbeits- und Kreditvertrag (Fn. 6).

nach herrschender Ansicht nicht geeignet, Gegenstand von öffentlichen, verbindlichen Vertragsangeboten zu werden[127]. Dagegen sehen *Breese/Kaufman* bei diesen Verträgen gerade keine Unvereinbarkeit eines öffentlichen Angebots mit einem Vorbehalt der Auswahl des Vertragspartners[128] – offen bleibt, wie in diesen Fällen die Verbindlichkeit des Angebots zu beurteilen ist. *Malaurie/Aynès* scheinen einen immanenten Vorbehalt *intuitus personae* bei allen öffentlichen Angeboten anzunehmen[129].

Die entscheidende Frage ist, ob die grundsätzliche Verbindlichkeit des Angebots trotz eines Vorbehalts erhalten bleibt. Ein Großteil der Lehre und Rechtsprechung bejaht zwar die Freiheit des Anbietenden, mit einer Person, mit der er keinen Vertrag abschließen möchte, kein Geschäft zu machen, lehnt dann aber auch das Vorliegen eines verbindlichen Vertragsangebotes ab[130]. In der Rechtsprechung finden sich aber auch zahlreiche Fälle, in denen die Ablehnung von einem berechtigten Grund (*motif légitime*) getragen werden muss. Anknüpfungspunkt sind hier in der Regel Kontrahierungszwänge bestimmter Berufsgruppen[131].

Weil bei diesen Angeboten die Verbindlichkeit (*fermeté*) fehlt, nach dem der Vertrag mit dem ersten Annehmenden zustande kommen soll, handelt es sich nicht um ein Vertragsangebot, sondern um eine Einladung, in Vertragsverhandlungen einzutreten, beziehungsweise seinerseits auf der Grundlage des Vertragsvorschlags ein Angebot abzugeben[132]. Auch wenn man bei bestimmten Vorbehalten nicht mehr von einem verbindlichen Vertragsangebot sprechen kann, muss sich der Anbietende dennoch in bestimmten Fällen an seinem öffentlichen Angebot festhalten lassen, wenn diesem bestimmte Beschränkungen nicht immanent sind. So verlangen *Cabrillac/Rives-Lange* etwa das Vorliegen eines objektiven Grundes für die Ablehnung einer Person als Kreditnehmer[133].

Ein anderer Vorbehalt ist der hinsichtlich der begrenzten Vorratshaltung des Anbietenden. Das Angebot wird abgegeben, „solange der Vorrat reicht" (« *dans*

---

127 Vgl. *Cabrillac/Rives-Lange*, Note sous Cour de cassation, chambre commerciale, 31.1.1966, D. 1966, 537 (538, 539).
128 *Breese/Kaufman*, Internet, 2000, p. 189.
129 *Malaurie/Aynès*, Obligations, 1999, n° 383.
130 *J. Flour/Aubert/Savaux*, Obligations/1, 2000, n° 135; *B. Petit*, Juris-Classeur Civil, Art. 1109, 1997, n° 22; *Vialard*, RTD civ. 1971, 750 (788 et s.); *Cabrillac/Rives-Lange*, Note sous Cour de cassation, chambre commerciale, 31.1.1966, D. 1966, 537 (538).
131 *Vialard*, RTD civ. 1971, 750 (787 et s.).
132 *B. Petit*, Juris-Classeur Civil, Art. 1109, 1997, n° 22.
133 *Cabrillac/Rives-Lange*, Note sous Cour de cassation, chambre commerciale, 31.1.1966, D. 1966, 537 (539).

les limites du stock disponible »). Hier wird die Situation anders beurteilt: Der Kunde muss davon ausgehen, dass ein ausdrücklicher oder stillschweigender Vorbehalt der Lieferfähigkeit besteht, auch wenn er ihm nicht ausdrücklich bekannt ist[134]. Das Vorliegen eines Angebotes wird also bejaht, es aber nur insoweit als gewollt angesehen, wie die Leistungsfähigkeit des Anbieters reicht[135].

(cc) Entscheidung durch die Richtlinie über den elektronischen Geschäftsverkehr?

Huet entnimmt der Richtlinie über den elektronischen Geschäftsverkehr eine Aussage über die Bindungswirkung des Unternehmerangebots. Er versteht Art. 11 EC-RL[136] dahingehend, dass mit ihm das französische System der Anerkennung des Angebots als verbindlich festgeschrieben würde[137]. Hierbei läßt er allerdings offen, aus welcher Regelung des Art. 11 EC-RL er dieses Ergebnis ableitet. Interessant ist, dass in der deutschen Lehre die gegenteilige Ansicht vertreten wird, dass Art. 11 der Richtlinie über den elektronischen Geschäftsverkehr von einer *invitatio ad offerendum* des Unternehmers ausgehe, wie es im deutschen Recht – abhängig vom Rechtsbindungswillen im Einzelfall – üblicherweise angenommen wird[138]. Der Richtlinientext trifft keine ausdrückliche Aussage über das Angebot des Unternehmers. Gegen die Annahme einer Aussage über die Bindungswirkung des Angebots spricht, dass dieses Verständnis des Artikels 11 einen tiefen Eingriff in die nationalen Zivilrechtssysteme bedeuten würde. In Deutschland würde etwa die Dogmatik des Rechtsbindungswillens so nicht mehr gelten können. Die Richtlinie über den elektronischen Geschäftsverkehr trägt also nichts zur Lösung der Frage nach der Bindungswirkung des Angebots des Unternehmers bei[139]; dies bleibt dem mitgliedstaatlichen Recht überlassen.

(dd) Ergebnis

Ein einleuchtendes Differenzierungskriterium für die Bindungswirkung des Angebots verwenden *Flour/Aubert/Savaux*[140]: Ein verbindliches Angebot liegt nicht

---

[134] *Vialard*, RTD civ. 1971, 750 (789).
[135] Ferid/*Sonnenberger*, Das französische Zivilrecht, Bd. 1/1, 1994, Rn. 1 F 221; *B. Petit*, Juris-Classeur Civil, Art. 1109, 1997, n° 23..
[136] Siehe hierzu unten § 8 II 1 b, bb (1).
[137] *Huet*, Revue de jurisprudence commerciale, janvier 2001, 17 (26).
[138] *H. Hoffmann*, Beilage zu NJW Heft 14/2001, 5 (7); a.A. *Karsten*, in: *De Nayer/Laffineur* (éds.), Droit et consommation, 2000, p. 101 (107).
[139] Vgl. ebenso *Lehmann*, EuZW 2000, 517 (519); *Pützhoven*, Verbraucherschutz im Fernabsatz, 2001, S. 147; *Verbiest*, Com. Com. électr., février 2003, 9 (18).
[140] *J. Flour/Aubert/Savaux*, Obligations/1, 2000, n° 135.

vor, wenn der Anbieter bei jedem Annehmenden die Möglichkeit hat, den Vertrag doch nicht zustande kommen zu lassen, weil er sich die Auswahl des Vertragspartner vorbehalten hat. Ein Vorbehalt hindert ein verbindliches Angebot dagegen nicht, wenn im Rahmen des Vorbehalts, etwa der begrenzten Lagerhaltung, der Vertrag mit jedem Annehmenden zustande kommt. Nur die Tragweite des Angebots wird hier eingeschränkt. Um der Unsicherheit einer Beurteilung der Verbindlichkeit des Angebots zu entgehen, kann der Unternehmer seine Vorbehalte ausdrücklich mit dem Angebot erklären[141]. Gerade im Verhältnis zu Verbrauchern kann die Wirksamkeit solcher Klauseln aber eingeschränkt sein, wenn sie missbräuchlich erscheinen[142]. Zulässig sind Vorbehalte, die der Eingrenzung von Vertragsrisiken dienen, wie etwa die Beschränkung des Angebots auf bestimmte Länder[143]. Die dogmatische Konstruktion enspricht im deutschen Recht der Erklärung des Angebots unter einer auflösenden Bedingung nach § 158 Abs. 2 BGB.

(b) Deutsches Recht

Im deutschen Recht werden Waren oder Dienstleistungsangebote im Internet wie solche in Versandhauskatalogen in der Regel als unverbindliche *invitatio ad offerendum* angesehen[144]. Eine andere Ansicht, die grundsätzlich ein verbindliches Angebot *ad incertas personas* annimmt, wenn kein die Rechtsbindung ausschließender Zusatz erfolgt[145], hat sich nicht durchgesetzt. Richtig ist eine differenzierte Betrachtung, die vom Rechtsbindungswillen des erklärenden Unternehmers in den einzelnen Fällen ausgeht, der unter Berücksichtigung des Empfängerhorizontes ermittelt wird[146]. Es kommt also darauf an, wie der durchschnittliche Erklärungsempfänger das Verhalten des Erklärenden nach Treu und

---

[141] Das empfehlen *Vivant* (éd.), Lamy droit de l'informatique et des réseaux 2001, 2001, n° 2861 (p. 1594).

[142] Vgl. *Vivant* (éd.), Lamy droit de l'informatique et des réseaux 2001, 2001, n° 2861 (p. 1595).

[143] *Vivant* (éd.), Lamy droit de l'informatique et des réseaux 2001, 2001, n° 2861 (p. 1595); eine solche Klausel sieht der Mustervertrag für den elektronischen Geschäftsverkehr der *Chambre de commerce et de l'industrie de Paris* (CCIP) vor: *CCIP*, Contrat-type de commerce électronique commerçants-consommateurs, 1998, p. 6 et s., abrufbar unter http://www.etudes.ccip.fr/dossiers/contrat/CONTRAT.pdf; für die Einfügung ist auch *Breese/Kaufman*, Internet, 2000, p. 188, aus logistischen Gründen.

[144] Palandt/*Heinrichs*, BGB, 2003, § 145, Rn. 2; *Arndt/Köhler*, EWS 2001, 102 (108); *von Bernstorff*, RIW 2000, 14 (15), der rät, auf die Unverbindlichkeit hinzuweisen, um eine Auslegung des Angebots als bindend auszuschließen.

[145] So *Mehrings*, BB 1998, 2373 (2375).

[146] *Taupitz/Kritter*, JuS 1999, 839 (840).

Glauben und mit Rücksicht auf die Verkehrssitte verstehen darf[147]. Hierbei wird in der Tat eine unverbindliche *invitatio ad offerendum* das regelmäßige Ergebnis sein, denn auch nicht juristisch vorgebildete Adressaten der Werbeaussagen können den fehlenden Rechtsbindungswillen des Unternehmers erkennen[148]. Auch im deutschen Recht ist ein Angebot an einen unbestimmten Personenkreis verbindlich, dass unter der auflösenden Bedingung abgegeben wird, dass die Ware im Lager des Anbieters noch vorrätig ist[149]. Eine Besonderheit ergibt sich für Geschäfte, bei denen die Leistungserbringung online durch die Nutzung einer Datenbank oder die Kopie von Dateien erfolgt. In diesen Fällen besteht das Problem der begrenzten Liefer- oder Leistungskapazität des Anbieters nicht, so dass der Kunde von einem fehlendem Rechtsbindungswillen aus dem Grund der begrenzten Leistungsfähigkeit nicht ausgehen kann[150]. Der zweite Aspekt, nämlich die Unkenntnis des Vertragspartners, spricht ebenfalls nicht gegen einen Rechtsbindungswillen, wenn die Leistung, wie in solchen Fällen üblich, auch online bezahlt wird oder der Kunde seine Kreditkartennummer angibt[151].

Ein anderer Fall betrifft die rechtliche Würdigung eines Angebots im Rahmen einer Versteigerung im Internet[152]. In der Entscheidung „ricardo.de" ist der BGH zu dem Ergebnis gekommen, das mit Ablauf der Zeit, die für die Versteigerung vorgesehen ist, der Vertrag zustande kommt und der Anbieter an das Höchstgebot gebunden ist. Der Grund für diese Bindung ist aber nicht, dass das Einstellen des Angebots als verbindliche Willenserklärung angesehen wurde. Der BGH hat das Einstellen des Angebots als unverbindliche *invitatio ad offerendum* bezeichnet, gleichzeitig aber eine antizipierte Annahmeerklärung gegenüber demjenigen als zulässig angesehen, der nach Ablauf der Versteigerungszeit das höchste Gebot abgegeben hat[153].

---

[147] Ständige Rechtsprechung, siehe nur BGH, Urteil vom 24.2.1988, BGHZ 103, 275 (280), „TÜV neu…".

[148] Anders *Mehrings*, BB, 1998, 2373 (2375).

[149] Vgl. *Larenz/Wolf*, Allgemeiner Teil, 1997, § 29 Rn. 21; *Scheffler/Dressel*, CR 2000, 378 (380).

[150] *Glatt*, Vertragsschluss im Internet, 2002, S. 42; anders *Dilger*, Verbraucherschutz im Internet, 2002, S. 33;*Taupitz/Kritter*, JuS 1999, 839 (840 f.).

[151] *Glatt*, Vertragsschluss im Internet, 2002, S. 43.

[152] Ausführlich *Glatt*, Vertragsschluss im Internet, 2002, S. 47 ff.

[153] BGH, Urteil vom 7.11.2001, CR 2002, 213 m. Anm. *Wiebe* (= JuS 2002, 290 m. Anm. *Emmerich*), „ricardo.de"; siehe die ausführliche Besprechung von *Lettl*, JuS 2002, 219, der verschiedene rechtliche Erklärungsmodelle diskutiert; kritisch zum Urteil *Wenzel*, NJW 2002, 1150; vgl. auch *Petersen*, Jura 2002, 387 (389 f.); zur Regelung des Vertragsschlusses in AGB KG Berlin, Urteil vom 15.8.2001, K&R 2002, 146; zur Beweislast über den Vertragsschluss LG Bonn, Urteil vom 7.8.2001, CR 2002, 293 m. Anm. *Hoeren*. Zur Anpassung des Recht der öffentlichen Versteigerung im französischen Recht *Pradère*, Gaz. Pal., 23.1.2002, 25 (25 et s.).

(c) Austausch der Willenserklärungen per E-Mail

Wird die in ihrer rechtlichen Einordnung unklare Erklärung des Unternehmers nicht auf einer Internetseite veröffentlicht, sondern mit elektronischer Post versendet, ist die Bindungswirkung der Erklärung anders zu beurteilen als beim Online-Vertragsschluss. Der Unternehmer wendet sich an einen bestimmten Kunden. Es kann davon ausgegangen werden, dass der Unternehmer sich vor Abgabe der Erklärung über seine Leistungsfähigkeit und gegebenenfalls auch über die Leistungsfähigkeit des Kunden informiert hat. Anders wiederum ist die Beurteilung bei der Versendung von Massen-E-Mails an einen großen Adressatenkreis. Die wirtschaftliche Bewertung des Unternehmers entspricht hier der öffentlichen Zugänglichmachung des Angebots in einer Anzeige oder einem virtuellen Versandkatalog[154]. Fraglich ist, ob der Adressat bei der Wahl dieses an sich individuellen Kommunikationsmittels von einem individualisierten Angebot ausgehen und sich auf die Bindungswirkung des Angebots berufen kann. Ein Angebot, das mit einem Kommunikationsmittel versendet wird, das zur individuellen Kommunikation bestimmt ist, stellt grundsätzlich kein öffentliches Angebot dar, auch wenn eine große Zahl von Personen angesprochen wird. Fraglich ist, ob diese Einschätzung auch für E-Mail-Nachrichten Gültigkeit hat. Sie sind, anders als Postwurfsendungen, durch die E-Mail-Adresse individualisiert. Es ist also alleine der quantitative Unterschied, der zu einer anderen Einschätzung führen könnte. Wenn man ein grundsätzliches Schutzbedürfnis in diesem Sinne nicht annimmt, muss eine Beurteilung nach dem Einzelfall erfolgen. Auch wenn in der französischen Lehre die subjektive Theorie vorherrscht, also der Wille des Erklärenden ausschlaggebend ist[155], sollte die Sichtweise beim Empfänger nicht außer Acht gelassen werden. Die französische Rechtsprechung hält nicht streng an der subjektiven Theorie fest, sondern hilft sich mit Einzelfallentscheidungen[156]. Der Unternehmer muss sich die Wahl des Kommunikationsmittels zurechnen lassen. Ihm kommen auch die Vorteile einer Versendung seiner Werbebotschaft per E-Mail zugute: Der Adressat wird direkt erreicht und er fühlt sich möglicherweise direkter angesprochen als durch eine Anzeige. Die Einzelfallentscheidung kann danach erfolgen, wie deutlich der Charakter einer Wurfsendung für den Einzelnen erkennbar ist.

---

[154] Vgl. zur Begrifflichkeit „*catalogue électronique*“ bei *Bensoussan*, Multimédia, 1998, p. 345.

[155] *B. Petit*, Juris-Classeur Civil, Art. 1109, 1997, n° 17.

[156] *Ghestin*, Contrat, 1993, n° 387: so kommt man im französischen und deutschen Recht im Ergebnis zu ähnlichen Entscheidungen.

(2) Automatisierte Willenserklärung

Die Bestellung eines Verbrauchers bei einem Internetanbieter wird, wie gerade beschrieben, häufig als Angebot zu qualifizieren sein und bedarf der Annahme des Unternehmers. Es ist denkbar, dass die Annahmeerklärung nicht durch Mitarbeiter des Unternehmens abgegeben wird, die dazu bevollmächtigt sind, sondern durch ein Computerprogramm, das zum Bespiel den Lagerbestand und die Richtigkeit der Kreditkartennummer prüft und dann eine Nachricht mit der Annahme der Bestellung sendet[157]. Wenn die Erklärung von einem Automaten abgegeben wird, der keinen eigenen Willen hat, stellt sich die Frage, ob sie überhaupt eine Willenserklärung darstellen und den Vertragsschluss herbeiführen kann. Das kann deswegen problematisch sein, weil eine Willensentscheidung immer ein Abwägen zwischen vor- und nachteiligen Auswirkungen einer Entscheidung voraussetzt, was nur ein Mensch zu leisten vermag[158]. Letztendlich ist es freilich auch in diesem Fall der Mensch, der zwar nicht die individuelle Entscheidung vorgibt, aber Entscheidungsalternativen für bestimmte Fallgruppen programmiert[159]. Dem programmierenden Rechtssubjekt, sei es eine natürliche oder eine juristische Person, wird die Erklärung des Programms unmittelbar zugerechnet[160]. Mit diesem Modell wird das Problem vermieden, dass eine Willensbildung nach herkömmlichem Verständnis bei einem Automaten nicht möglich ist. Dagegen wendet *Poullet* ein, dass der Programmierer die Aktionen des sich möglicherweise verselbständigenden Programms oft nicht überblicken kann[161]. Eine derartige Verselbständigung ist ohne entsprechende Anlagen in der Programmierung jedoch nicht vorstellbar. Ein Problem stellt auch die Behandlung von Fällen dar, in denen eine Willenserklärung des Programms im Einzelfall nicht gewollt war[162].

Caprioli versteht die Maschine als eigenen Akteur zwischen den eigentlichen Vertragsparteien. Die herkömmlichen Regeln des Vertretungsrechts hält er für nicht anwendbar, weil der Vertreter notwendigerweise ein Rechtssubjekt, also eine Person, sein muss. Die fehlende Willensbildungsfähigkeit des Programms

---

[157] Denkbar ist freilich auch der Einsatz von Programmen auf der Verbraucherseite; *Poullet*, in: *CRID*, Commerce électronique, 2000, p. 129 (130), gibt das Beispiel von elektronischen Helfern, die das günstigste Angebot ermitteln.

[158] So *Caprioli*, RRJ (droit prospectif) 1999, 1075 (1082).

[159] *Caprioli*, RRJ (droit prospectif) 1999, 1075 (1085).

[160] *Caprioli/Sorieul*, J.D.I. (Clunet) 124 (1997), 323 (385).

[161] *Poullet*, in: *CRID*, Commerce électronique, 2000, p. 129 (140); *Clemens*, NJW 1985, 1998 (2001).

[162] *Poullet*, in: *CRID*, Commerce électronique, 2000, p. 129 (140).

macht es zudem schwierig, einen Vertreterwillen (*intention de représentation*)[163] und einen eigenen Willensentschluss[164] zu konstruieren. Als Lösung schlägt *Caprioli* die Schaffung einer *personne virtuelle* als eigenes Rechtssubjekt vor, das einer natürlichen Person zugeordnet ist und greift dazu auf die Definition von *Dubuisson*[165] zurück. Auf die Zuordnung zu einer natürlichen Person verzichtet ein Modell, das Programme künstlicher Intelligenz mit einer eigenen, unabhängigen Rechtspersönlichkeit ausstattet[166]. Problematisch ist hier die Abgrenzung, abhängig von der Bestimmung der Fähigkeit des in Frage stehenden Programms selbständig zu handeln. Darüber hinaus macht eine eigene Rechtspersönlichkeit für derartige Programme deshalb keinen Sinn, weil die dahinter stehenden wirtschaftlichen Interessen immer natürliche oder juristische Personen betreffen[167]. *Poullet* schlägt eine Lösung vor, die mit dem Rechtsschein argumentiert und mit der Duldungsvollmacht im deutschen Recht verglichen werden könnte[168].

In Deutschland rechnen sowohl Rechtsprechung als auch Lehre Erklärungen, die automatisiert abgegeben werden, dem Betreiber des Automaten oder des Programms zu[169]. Dabei wird wie in der französischen Diskussion auf verschiedene Erklärungsmodelle zurückgegriffen. Computererklärungen werden dabei nicht als Willenserklärungen angesehen, sondern diesen lediglich gleichgesetzt, weil die Erklärung des Computers auf menschliches Programmieren zurückzuführen ist[170]. In beiden Rechtsordnungen steht hinter der rechtlichen Diskussion über automatisierte Erklärungen nicht die Frage nach ihrer Wirksamkeit, die letztend-

---

163 Der ist im französischen wie im deutschen Recht Voraussetzung für eine wirksame Stellvertretung, *Starck/Roland/Boyer*, Obligations/2, 1998, n° 284; *Kleinschmidt*, ZEuP 9 (2001), 697 (701).

164 Siehe Ferid/*Sonnenberger*, Das französische Zivilrecht, Band 1/1, 1994, Rn. 1 F 1017 f.

165 « *La personne virtuelle se définit comme un groupe d'informations nominatives qui circulent dans un réseau, rendant ainsi l'individu concerné présent sous forme incorporelle. Cette logique de numérotation appliquée à la personne physique se caractérise donc par une domiciliation abstraite où s'exprime une télépersonnalité* », Dubuisson, DIT 1995, n° 3, 5 (5).

166 Siehe *Poullet*, in: *CRID*, Commerce électronique, 2000, p. 129 (137 et s.).

167 *Poullet*, in: *CRID*, Commerce électronique, 2000, p. 129 (148 et s.).

168 *Poullet*, in: *CRID*, Commerce électronique, 2000, p. 129 (141 et s.) ; zum *mandat apparent* *Starck/Roland/Boyer*, Obligations/2, 1998, n° 272 et s.

169 Palandt/*Heinrichs*, BGB, 2003, Einf v § 116, Rn. 1; *Moritz*, CR 2000, 61 (62).

170 LG Köln, Urteil vom 16.4.2003, VuR 2003, 277; *Mehrings*, MMR 1998, 30 (31); *Taupitz/Kritter*, JuS 1999, 839 (840); *von Bernstorff*, RIW 2000, 14 (15), auch zur Frage, ob die Computererklärung vom Betreiber angefochten werden kann; anders *H. Köhler*, AcP 182 (1982), 126 (133 f.), Palandt/*Heinrichs*, BGB, 2003, Einf. v. § 116, Rn. 1: automatisierte Erklärungen sind echte Willenserklärungen; dagegen *Möschel*, AcP 186 (1986), 187 (195 f.); *Clemens*, NJW 1995, 1998 (2001 f.): die Datenverarbeitungsanlage kann die Entscheidung nur vorbereiten.

lich unbestritten ist, sondern nur nach der Einordnung ins Rechtssystem. Eine Anerkennung ist auch der auf internationaler Ebene von der *United Nations Commission on International Trade Law* (UNCITRAL) in ihrem Mustergesetz für den elektronischen Geschäftsverkehr verfolgte Ansatz. Den Erläuterungen zum Gesetzestext lässt sich entnehmen, dass die Erklärung des Programms der Person zugerechnet werden soll, von der oder in deren Namen das Programm verwendet wird[171].

bb) Die Willenserklärung des Verbrauchers beim Online-Vertragsschluss

Im Internet sind neue tatsächliche Handlungen zur Abgabe von Willenserklärungen möglich. Ihnen ist gemeinsam, dass letztlich ein Mausklick die Abgabe der Erklärung auslöst. Es stellt sich die Frage, ob diese Handlung geeignet ist, den Willen des Handelnden rechtsgeschäftlich zu erklären. Neben dieser allgemeinen Frage, deren Lösung letztendlich an den Rechtsbindungswillen anknüpft, ist ein besonderes, im elektronischen Handel häufiges Problem das der Bindungswirkung des Befüllens eines virtuellen Einkaufskorbes oder -wagens.

(1) Erklärung durch Mausklick

Zu Beginn dieses Abschnitts wurde bereits erwähnt, dass die Versendung einer Willenserklärung mit elektronischer Post – von Formfragen abgesehen – nicht anders zu behandeln ist als eine andere Erklärung unter Abwesenden, die per Brief oder Telefax übermittelt wird. So ist auch die Wertung in Art. 11 Abs. 3 der Richtlinie über den elektronischen Geschäftsverkehr zu verstehen, nach der das besondere Vertragsabschlussverfahren des Art. 11 Abs. 1 und 2 EC-RL für Verträge, die nur durch den Austausch von E-Mail-Nachrichten zustande kommen, nicht gilt. Neue Fragen stellen sich im Zusammenhang mit der Abgabe von Willenserklärungen auf Internetseiten. Dies geschieht üblicherweise dadurch, dass mit der Maus ein Schaltfeld angeklickt wird und diese Eingabe von dem Server, der die Seite betreut, registriert wird[172]. Der Unterschied zu der Übermittlung einer E-Mail besteht zum einen darin, dass hier keine Formulierung des

---

[171] CNUDCI, Loi type de la CNUDCI sur le commerce électronique et Guide pour son incorporation 1996 (avec article 5bis tel qu'ajouté en 1998), Rapport de la 6e Commission (A/51/628), Guide pour l'incorporation dans le droit interne de la Loi type de la CNUDCI sur le commerce électronique (1996), n° 35, http://www.uncitral.org/french/texts/electcom/ml-ecomm-f.htm; siehe *Vivant* (éd.), Lamy droit de l'informatique et des réseaux 2001, 2001, n° 2884.

[172] Ausführlich *Zoia*, Gaz. Pal., 14.10.2001, 14 (16 et s.); ob dabei ein einfacher Mausklick notwendig ist oder ein Doppelklick – in Frankreich wird das Problem unter dem Stichwort „*double clic*" diskutiert – ist für die rechtliche Bewertung nicht von Bedeutung; so zutreffend *Breese/Kaufman*, Internet, 2000, p. 194.

eigenen Willens erfolgt, sondern der Inhalt der Willenserklärung festgelegt ist. Zum anderen ist die Handlung zur Abgabe der Erklärung mit einem sehr geringen Aufwand verbunden. Das Anklicken des Feldes auf dem Bildschirm ist eine Handlung, die bei der Benutzung von Internetseiten häufig vorgenommen wird und in der Regel nicht den Charakter einer Willenserklärung hat. Der Charakter der Handlung als Willenserklärung ergibt sich nicht aus der Handlung selbst, sondern aus dem Kontext, in dem sie abgegeben wird[173]. Das ist anders bei einer Erklärung, die die Formulierung des eigenen Willens notwendig macht. Das Bild der Mausklick-Willenserklärung als inhaltlich nicht selbst beeinflussbar relativiert sich freilich dadurch, dass der Verbraucher üblicherweise Angaben zu seiner Person und dem abzuschießenden Geschäft machen muss. Das geschieht etwa in einem Formular, an dessen Ende das Feld steht, mit dessen Anklicken die Informationen an den Betreiber der Internetseite abgesendet werden. Der Mausklick darf also nicht isoliert betrachtet werden, sondern muss im Zusammenhang mit den vorher gemachten Eingaben gesehen werden. *Breese/Kaufman* unterscheiden deshalb zwischen einem isolierten Klick und einem Anklicken, das dem Ausfüllen eines Bestellformulars nachfolgt und nehmen bei letzterem eine Willenserklärung an, weil vorher durch das Ausfüllen des Bestellformulars dem Benutzer klar sein soll, dass er eine Bestellung aufgibt[174]. Bei einem Anklicken ohne vorherige Angabe von Daten in einem Formular, etwa, wenn Software heruntergeladen wird, bleibt die Antwort offen; ein einfacher Klick soll wohl nicht ausreichen[175]. Die Autoren unterscheiden einen dritten Fall, nämlich das Anklicken unter einem Bestellformular, dass nicht vom Benutzer ausgefüllt wurde, sondern vom Unternehmer auf der Grundlage von Daten, die der Verbraucher bei früheren Vertragsabschlüssen übermittelt hat. Hier soll ein einfaches Anklicken für Geschäfte des täglichen Lebens ausreichen, die auch bei herkömmlichen Vertragsabschlüssen vereinfacht zustande kommen. Bei darüber hinaus gehenden Geschäften soll zumindest eine weitere Bestätigung, wenn nicht sogar ein drittes Anklicken eines Schaltfelds, erforderlich sein[176].

In der Tat sind bei Geschäften des täglichen Lebens die Anforderungen an die Erklärung des Willens des Verbrauchers geringer als bei größeren Geschäften. Bei einem Warenautomaten wird die Erklärung etwa durch das Einwerfen der Münze abgegeben. Es ist indes nicht ersichtlich, warum die unterschiedliche Behandlung nach der Komplexität und wirtschaftlichen Bedeutung des Geschäfts abhängig davon erfolgen sollte, ob Unternehmer und Verbraucher bereits vorher Verträge geschlossen haben. Es handelt sich allenfalls um eine tatsächli-

---

[173] So auch *Breese/Kaufman*, Internet, 2000, p. 194.
[174] *Breese/Kaufman*, Internet, 2000, p. 197.
[175] *Breese/Kaufman*, Internet, 2000, p. 196.
[176] *Breese/Kaufman*, Internet, 2000, p. 197.

che Unterscheidung, weil beim ersten Vertragsabschluss bestimmte Daten vom Unternehmer abgefragt werden.

Auch beim Problem des Mausklicks können die herkömmlichen zivilrechtlichen Regelungen weiterhelfen. Die Willenserklärung ist nach französischem Recht wirksam, wenn sie frei von Willensmängeln ist. Damit kommt man zu einem neuen Verständnis des *consentement*, wenn dieses auf elektronischem Wege abgegeben wird[177]. Nur die Art der Übermittlung der Willensmanifestation ist eine andere.

(2) Willenserklärung und virtueller Einkaufswagen

Einige Internetseiten mit Kaufangeboten stellen die Funktion eines „virtuellen Einkaufswagens" („*panier informatique*") zur Verfügung. Der Nutzer des Angebots hat die Möglichkeit, verschiedene Waren zu sammeln, bevor er für alle zusammen die für den Vertragsschluss notwendigen Daten eingibt und die Bestellung abschickt[178]. Das Hinzufügen einer Ware zur Liste des virtuellen Einkaufswagens könnte bereits als Abgabe einer Willenserklärung angesehen werden, die – abhängig von den oben dargestellten Kriterien zur Einordnung des Angebots – ein Vertragsangebot oder eine Annahmeerklärung darstellen könnte. Weil in der Praxis immer die Möglichkeit besteht, Waren von der Liste zu streichen, würde es sich um eine Willenserklärung handeln, die bis zur Absendung der Bestellung des Einkaufswageninhalts widerrufbar ist[179]. Andererseits könnte der virtuelle Einkaufswagen als bloße Programmfunktion verstanden werden, die dem Kunden das Notieren auf einem Zettel und die erneute Eingabe der Daten bei der Bestellung erspart. Beide Konstruktionen führen zum gleichen Ergebnis; problematisch wären lediglich die Fälle, in denen keine Korrekturmöglichkeit bestehen würde. Dabei hängt die rechtliche Qualifikation nicht vom Betreiber der Internetseite ab, sondern vom Willen des Kunden. Weil bei der Benutzung des virtuellen Einkaufswagens ein Rechtsbindungswille zu verneinen sein wird – vielleicht finden sich schönere Produkte oder es soll vor der Bestellung die Höhe des Gesamtpreises geprüft werden – und die Funktion als Merkhilfe erscheint, liegt eine Willenserklärung des Kunden nicht vor[180]. Nach dem französischen subjektiven Verständnis der Willenserklärung wäre eine andere

---

[177] Die entsprechende Frage wirft *Caprioli*, RRJ (droit prospectif) 1999, 1075 (1086), auf.

[178] *Breese/Kaufman*, Internet, 2000, p. 197.

[179] Dieser Lösung folgt die französische Rechtsprechung bei wirklichen Einkaufswagen im Supermarkt, Cour d'appel d'Amiens, 1re chambre, 10.3.1975, D. 1975, somm. 108; siehe auch Cour de cassation, 2e chambre civile, 28.2.1996, D. 1996, inf. rap. 92 (Zeitpunkt des Eigentumsübergangs); CA Bordeaux, 5e chambre, 2.9.1997, JCP éd. E 1998, panorama rapide, p. 446.

[180] So im Ergebnis aus *Breese/Kaufman*, Internet, 2000, p. 198.

Sichtweise nach dem Maßstab des Empfängerhorizonts des Unternehmers nicht zu berücksichtigen.

Eine verbindliche Bestellung des Kunden durch das Hinzufügen einer Ware in den virtuellen Einkaufswagen steht nicht im Widerspruch zu den Vorgaben des Art. 11 Abs. 2 EC-RL, wonach der Kunde die Möglichkeit haben muss, Eingabefehler vor Abgabe der Bestellung zu korrigieren. Das Gemeinschaftsrecht verlangt nicht die Unwirksamkeit eines so geschlossenen Vertrages, weil Art. 11 EC-RL nicht in mitgliedstaatliches Vertragsrecht eingreifen soll[181].

cc) Freiheit von Willensmängeln

Eigene Fehleinschätzungen und fremdbestimmte Willenserklärungen beeinträchtigen zwar den selbstbestimmten Vertragsschluss. Das ist dann nicht problematisch, wenn das Recht Korrekturen ermöglicht. Dafür stehen die allgemeinen Regeln über Willensmängel zur Verfügung, die sich in Frankreich und Deutschland in Irrtum, Täuschung und widerrechtliche Drohung aufgliedern. Bei der Verwendung des neuen Kommunikationsmittels Internet können insbesondere Irrtümer zu ungewollt abgegebenen Willenserklärungen führen. Es ist zu untersuchen, ob die allgemeinen Regeln hier korrigierend angewendet werden können, was notwendig ist, um die Vertragspartner privatrechtlich im elektronischen und nicht elektronischen Handel gleichzustellen.

Das französische Recht kennt wie das deutsche Recht Willensmängel. Eine Willenserklärung und damit der sich hieraus ergebende Vertrag ist nur dann wirksam, wenn sie frei und aufgeklärt abgegeben wird (*libre et éclairé*)[182]. Es gibt gem. Art. 1109 C. civ. drei Arten von Willensmängeln, Irrtum (*l'erreur*), Drohung (*la violence*) und arglistige Täuschung (*le dol*).

Gegenstand eines Irrtums kann bei Verträgen, bei denen die Identität der anderen Partei von Bedeutung ist (*contrat intuitus personæ*[183]), die Person des Vertragspartners sein, Art. 1110 al. 2 C. civ. Der Substanzirrtum in Art. 1110 al. 1 C. civ. wurde von der Rechtslehre zu einem substanziellen Irrtum ausgeweitet[184]. Art. 1110 C. civ. wurde nicht zu einer Generalklausel, aber doch so weit gefasst,

---

[181] Vgl. unten § 8 II 1 b. bb. (3).

[182] *B. Petit*, Juris-Classeur Civil, Art. 1109, 1997, n° 104; *J. Flour/Aubert/Savaux*, Obligations/1, 2000, n° 190.

[183] *Voirin/Goubeaux*, Droit civil, tome 1, 2001, n° 734; *J.Flour/Aubert/Savaux*, Obligations/1, 2000, n° 201 et s.

[184] *J. Flour/Aubert/Savaux*, Obligations/1, 2000, n° 196; *Voirin/Goubeaux*, Droit civil, tome 1, 2001, n° 735.

dass er den deutschen Inhaltsirrtum, sowie den Irrtum über wesentliche Eigenschaften und den erweiterten Inhaltsirrtum umfasst[185]. Einen eigenständigen Tatbestand des Erklärungsirrtums gibt es im französischen Recht nicht[186].

Die Drohung ist in Art. 1111 bis 1115 C. civ. geregelt. Im Zusammenhang mit dem Verbraucherrecht spielt sie eine viel geringere Rolle[187] als die arglistige Täuschung (*le dol*), Art. 1116 C. civ. Die Täuschung hat einen objektiven und einen subjektiven Tatbestand: objektiv muss eine Täuschungshandlung und subjektiv Täuschungsabsicht (*intention de tromper*) vorliegen. Die Täuschung ist nur dann beachtlich, wenn sie entscheidend für den Abschluss des Vertrages war. Ein lediglich nachteiliger Vertragsschluss reicht nicht aus, kann aber Schadensersatzansprüche zur Folge haben[188]. Die Täuschung muss vom Vertragspartner ausgeübt worden sein. Eine dem § 123 Abs. 2 BGB entsprechende Zurechnungsnorm gibt es nicht[189], ähnlich der deutschen Rechtsprechung zum Begriff des „Dritten“ werden auch in Frankreich Vertreter des Vertragspartners nicht als Dritte angesehen[190]. Wenn der Tatbestand des *dol* erfüllt ist, kann der Getäuschte die Nichtigkeit gegenüber dem Vertragspartner oder einem Dritten, der sich auf den Vertrag beruft, geltend machen[191].

Die Willensmängel führen gem. Art. 1117 C. civ. nicht automatisch zur Nichtigkeit, sondern berechtigen zu einer Nichtigkeitsklage (*action en nullité*). Die Rechtsfolge ist nicht *nullité absolue*, sondern *nullité relative*[192]. Die Willenserklärung ist wie bei der deutschen Anfechtung und § 142 Abs. 1 BGB als von Anfang an nichtig anzusehen[193]. Wenn bereits Leistungen ausgetauscht wurden, ist die Rückabwicklung des Vertrages notwendig. Die aufgrund des unwirksamen Rechtsgeschäfts empfangenen Leistungen sind zurückzugeben. Wenn das nicht möglich ist, ist Wertersatz in Geld geschuldet[194].

---

185 Ferid/*Sonnenberger*, Französisches Zivilrecht, Band 1/1, 1994, Rn. 1 F 422 f.

186 Ferid/*Sonnenberger*, Französisches Zivilrecht, Band 1/1, 1994, Rn. 1 F 415.

187 Die Ausübung wirtschaftlichen Zwangs kann eine Drohung darstellen, siehe Cour de cassation, 1re chambre civile, 30.5.2000, Bull. civ. 2000, I n° 169; *Voirin/Goubeaux*, Droit civil, tome 1, 2001, n° 743 im Code de la consommation findet sich eine besondere Vorschrift in Art. L 122-8 für Fälle, in denen die Schwäche des Verbrauchers bei Geschäfte, die bei ihm zu Hause oder in vergleichbaren Situationen abgeschlossen werden. Art. L 122-9 n° 1 C. cons. erstreckt den Anwendungsbereich auf *démarchage* per Telefon oder Telefax.

188 *Voirin/Goubeaux*, Droit civil, tome 1, 2001, n° 739.

189 Vgl. Ferid/*Sonnenberger*, Französisches Zivilrecht, Band 1/1, 1994, Rn. 1 F 442.

190 Cour de cassation, chambre commerciale, 13.6.1995, Bull. civ. 1995, IV n° 175.

191 Cour de cassation, 1re chambre civile, 21.2.1995, RTD civ. 1995, 883, obs. *Mestre*.

192 *B. Petit*, Juris-Classeur Civil, Art. 1109, 1997, n° 110; *Voirin/Goubeaux*, Droit civil, tome 1, 2001, n° 776.

193 *Voirin/Goubeaux*, Droit civil, tome 1, 2001, n° 788.

194 Ferid/*Sonneberger*, Französisches Zivilrecht, Band 1/1, 1994, Rn. 1 F 941.

Problematisch ist, ob auch fehlende Informationen zur Anfechtung berechtigen. Um Willensmängel handelt es sich nur, wenn sie einen der genannten Tatbestände erfüllen. Denkbar ist ein Irrtum über den Vertragsgegenstand nach Art. 1110 al. 2 C. civ. In Betracht kommt auch eine arglistige Täuschung. Allerdings wird nicht jede falsche oder fehlende Information arglistig geschehen sein in dem Sinne, dass der Unternehmer deswegen bewusst gehandelt hat, um einen Vertragsabschluss herbeizuführen. Die Nichterfüllung der Informationspflichten selbst ist bereits ein Grund für die Geltendmachung der *nullité relative*[195].

Während die Geltendmachung der Nichtigkeit wegen Irrtum, Täuschung und Drohung nachträgliche Maßnahmen zum Schutz vor Willensmängeln sind, stellen Informationspflichten vorbeugende Maßnahmen dar, um mangelhafte Willenserklärungen gar nicht erst entstehen zu lassen[196]. Besondere Bedeutung gewinnt die Information in den Fällen, in denen die eine Vertragspartei – oft ein Verbraucher – aufgrund eines Informationsgefälles zu seinen Lasten nicht in der Lage ist, im Nachhinein den Mangel seiner Willenserklärung zu erkennen, und sich deshalb auch nicht darauf beruft[197]. Die verbraucherschützenden Bestimmungen gehen zum Teil über das Ziel der Gewährleistung einer freien Willensentscheidung hinaus. Der Verbraucher soll zusätzlich zu einer überlegten Entscheidung bewogen werden, das kann durch einen Zeitraum zum Überlegen vor Vertragsschluss oder eine Widerrufsfrist unterstützt werden[198]. Auch Formvorschriften mit Warnfunktion sind hier zu nennen.

Die allgemeinen Regelungen über die Anfechtung wegen Erklärungs- oder Inhaltsirrtümern der §§ 119 ff. BGB sind auch bei elektronisch übermittelten Willenserklärungen anwendbar. Angefochtene Rechtsgeschäfte gelten als von Anfang an nichtig, § 142 Abs. 1 BGB. Die praktische Bedeutung wird bei Verbraucherverträgen für Irrtümer, die vor Ablauf der Widerrufsfrist bemerkt werden, gering sein[199]. Ein Erklärungsirrtum ist beim versehentlichen Klicken mit der Maus gegeben, wenn ein falsches Produkt gewählt wurde[200]. Bei einem Irrtum darüber, dass das Anklicken eines Schaltfeldes überhaupt eine rechtlich bedeutsame Handlung darstellt, es also am Erklärungsbewusstsein fehlt, ist nach den allgemeinen Grundsätzen zu differenzieren[201]: Wenn der Irrtum unvermeidbar war, liegt gar keine Willenserklärung vor; bei Erklärungsfahrlässigkeit ist die

---

[195] Siehe oben § 5 IV 2.
[196] *B. Petit*, Juris-Classeur Civil, Art. 1109, 1997, n° 113.
[197] *Voirin/Goubeaux*, Droit civil, tome 1, 2001, n° 745.
[198] *B. Petit*, Juris-Classeur Civil, Art. 1109, 1997, n° 114.
[199] *H. Hoffmann*, Beilage zu NJW Heft 14/2001, 5 (8).
[200] *Hoeren/Oberscheidt*, VuR 1999, 371 (373).
[201] Siehe BGH, Urteil vom 7.6.1984, BGHZ 91, 324; Urteil vom 2.11.1989, BGHZ 109, 171 (177).

Willenserklärung wirksam abgegeben, kann aber nach § 119 Abs. 1 BGB analog angefochten werden. Dem Schulfall der „Trierer Weinversteigerung“[202] können sich moderne und durchaus praktisch vorkommende Fälle aus dem Internet zur Seite stellen. Abhängig von der Einbettung des die Willenserklärung auslösenden Mausklicks auf der Internetseite beurteilt sich die Erklärungsfahrlässigkeit. Schaltflächen am Ende eines Bestellformulars könnten vom Nutzer als rechtsbedeutsam angesehen werden, während das bei Schaltfeldern, die etwa in den Bereich, der zur Navigation durch das Internet-Angebot dient, nicht erwartet werden muss. Bei fehlerhafter Datenübermittlung gilt § 120 BGB[203], wobei in der überwiegenden Zahl der Fälle die Erklärung vollständig verloren geht oder gänzlich unlesbar beim Adressaten ankommt.

b) Zeitpunkt und Ort des Vertragsschlusses

aa) Allgemein-zivilrechtliche Grundlagen

(1) Der Theorienstreit im französischen Recht

Die Antwort auf die Frage, wann ein Vertrag zustande gekommen ist, wird in der französischen Rechtsprechung und Literatur nicht einheitlich beantwortet. Als Vorfrage zur Bestimmung des Vertragsschlusszeitpunkts bei im Internet geschlossenen Verträgen soll im folgenden der Streitstand dargestellt werden.

Der Zeitpunkt des Vertragsschlusses ist nach französischem Recht von Bedeutung, weil das Angebot bis zum Vertragsschluss grundsätzlich einseitig vom Anbietenden widerrufen werden kann[204]. Auch im französischen Recht ist der Anbieter jedoch verpflichtet, sein Angebot für eine gewisse Zeit aufrechtzuerhalten, nachdem der Adressat hiervon Kenntnis erlangt hat[205]. Für elektronische Verträge sieht Art. 1369-1 C. civ. eine Bindung des Anbieters an sein Angebot vor, solange es auf seine Veranlassung elektronisch abrufbar ist[206]. Danach ist nur noch eine Aufhebung des Vertrages im gegenseitigen Einverständnis möglich. In der Praxis des Fernabsatzes ist die Frage der Widerrufbarkeit nicht von

---

[202] Bei *Medicus*, Allgemeiner Teil, 1997, Rn. 605.

[203] *H. Hoffmann*, Beilage zu NJW Heft 14/2001, 5 (9); Palandt/*Heinrichs*, BGB, 2003, § 120, Rn. 2; gilt auch bei elektronischer Übermittlung; klargestellt durch neue Formulierung mit dem Formvorschriftengetz: „Anstalt“ wurde durch „Einrichtung“ ersetzt.

[204] *B. Petit*, Juris-Classeur Civil, Art. 1109, 1997, n° 34; *Larroumet*, Contrat, 1998, n° 274; *Ghestin*, Contrat, 1993, n° 348; *Malaurie/Aynès*, Obligations, 1999, n° 392, sehen hier die wichtigste Anwendung für die Lösung der Frage.

[205] *Larroumet*, Contrat, 1998, n° 95-97; eingehend *Ghestin*, Contrat, 1993, n° 303 et s.

[206] *« L'auteur de l'offre est tenu par sa proposition tant qu'elle reste accessible par voie électronique de son fait. »*

großer Bedeutung, weil die Angebote der Unternehmer in der Regel mit Vorbehalten „solange der Vorrat reicht“ abgegeben werden[207] und damit den Hauptgrund für einen Widerruf des Angebotes abdecken. Vom Zeitpunkt des Vertragsschlusses werden Fristen berechnet, wie die für Rücktritt und Widerruf[208]. Im Zeitpunkt des Vertragsschlusses geht das Eigentum über, wenn eine sofortige Eigentumsübertragung Gegenstand des Vertrages ist[209]. Daraus ergeben sich Konsequenzen für den Gefahrübergang[210]. Außerdem ist der Reglungsbestand zum Zeitpunkt des Vertragsschlusses für die Bestimmung der Rechtmäßigkeit des Vertrages von Bedeutung[211]. Schließlich entstehen ab jetzt die schuldrechtlichen Verpflichtungen aus dem Vertrag.

Der Ort des Vertragsschlusses hat im internationalen Privatrecht Bedeutung für die erforderliche Form des Vertrages – nach Art. 9 Abs. 1 EVÜ ist für die Bestimmung der Form der Ort des Vertragsschlusses ausschlaggebend (*locus regit actum*) – und kann einen Hinweis auf das anzuwendende Sachrecht geben[212]. Seit der Reform des Zivilprozessrechts in Frankreich 1975 ist der Ort des Vertragsschlusses für die Bestimmung des innerhalb Frankreich zuständigen Gerichts außer im Bereich des Arbeitsrechts nicht mehr von Bedeutung, Art. 42 et s. C. proc. civ.[213]. Materiell-rechtlich ist der Ort – hier nicht im geographischen Sinne – von Bedeutung, wenn die Anwendbarkeit der Regeln über Haustürgeschäfte oder des Fernabsatzrechts in Frage steht[214].

Sowohl die Bestimmung des Zeitpunktes als auch des Ortes des Vertragsschlusses sind umstritten. Die Beantwortung beider Fragen hängt davon ab, wann eine wirksame Annahmeerklärung vorliegt[215]. Das Problem wird nur für Verträge unter Abwesenden diskutiert.

---

[207] *Raymond*, Juris-Classeur Contrats-Distribution, Fasc. 1390, 1991, n° 72; siehe auch oben § 8 II 1 a. aa. (1).

[208] *Larroumet*, Contrat, 1998, n° 274.

[209] Siehe etwa Art. 1583 C. civ. für den Kaufvertrag: « *Elle [la vente] est parfaite entre les parties, et la propriété est acquise de droit à l'acheteur à l'égard du vendeur, dès qu'on est convenu de la chose et du prix, quoique la chose n'ait pas encore été livrée ni le prix payé.* »

[210] Art. 1138 C. civ.; vgl. beispielhaft *Larroumet*, Contrat, 1998, n° 279.

[211] *Ghestin*, Contrat, 1993, n° 348; *Larroumet*, Contrat, 1998, n° 274.

[212] *Ghestin*, Contrat, 1993, n° 349; *Grimaux*, Com. Com. électr., avril 2004, 14 (15).

[213] Hierzu *B. Petit*, Juris-Classeur Civil, Art. 1109, 1997, n° 90; *Ghestin*, Contrat, 1993, n° 350.

[214] Vgl. *B. Petit*, Juris-Classeur Civil, Art. 1109, 1997, n° 89.

[215] So *Malaurie/Aynès*, Obligations, 1999, n° 392.

Während die Frage nach Ort und Zeitpunkt des Vertragsschlusses häufig verknüpft wird[216], sprechen sich einige Autoren für eine Trennung und unterschiedliche Behandlung der Lösungen aus[217]. Hierfür spricht die Relevanz der Lösung für unterschiedliche Rechtsbereiche: die Frage nach dem Ort ist für die Klärung eines Kompetenzproblems und für die Bestimmung des Zeitpunkts für Fragen des materiellen Rechts von Bedeutung[218]. Dabei ist zu beachten, dass eine vollständig unabhängige Behandlung der Probleme nicht möglich ist. Wenn der Zeitpunkt des Vertragsschlusses bestimmt ist, wird damit automatisch auch eine Festlegung für den Ort getroffen. Dieser ist dort, wo das den Zeitpunkt bestimmende Ereignis stattfindet, also entweder am Ort des Erklärenden oder des Erklärungsempfängers.

Für den Vertragsschluss kommen vier Zeitpunkte im „Werdegang" der Annahmeerklärung in Betracht. Der Moment der Willensbildung (*théorie de la déclaration*) und die Abgabe der Willenserklärung (*théorie de l'émission, théorie de l'expédition*) auf der Seite des Erklärenden[219], sowie der Empfang der Erklärung (*théorie de la réception*) und die tatsächliche Kenntnisnahme des Erklärungsinhalts (*théorie de l'information*) auf der Seite des Erklärungsempfängers. Sowohl die *théorie de la déclaration* als auch die *théorie de l'information*, die beide der Rechtslehre des 19. Jahrhundert entstammen[220], werden heute wegen den ihnen innewohnenden Beweisschwierigkeiten nicht mehr vertreten.

Heute werden nur noch die *théorie de l'émission*[221] oder *théorie de l'expédition*[222] einerseits und die *théorie de la réception*[223] andererseits diskutiert.

---

[216] *Cabrillac*, Obligations, 2000, n° 53, zufolge die herrschende Meinung.
[217] *Malaurie/Aynès*, Obligations, 1999, n° 393.
[218] *Malaurie/Aynès*, Obligations, 1999, n° 392.
[219] Siehe *Cabrillac*, Obligations, 2000, n° 53, der als Beispiele das Verfassen eines Annahmeschreibens einerseits und das Einwerfen dieses Schreibens in den Briefkasten andererseits anführt.
[220] Nachweise bei *Ghestin*, Contrat, 1993, n° 351 Fn. 158.
[221] *B. Petit*, Juris-Classeur Civil, Art. 1109, 1997, n° 93; *Malaurie/Aynès*, Obligations, 1999, n° 392; *Marty/Raynaud*, Obligations, 1988, n° 124; *Chabas*, Obligations, 1998, n° 146; vgl. *J. Flour/Aubert/Savaux*, Obligations/1, 2000, n° 161. Zur Begrifflichkeit: Einige Autoren verwenden *emission* weiter gefasst als Bezeichnung für beide Theorien, die vom Absenden der Erklärung ausgehen: *B. Petit*, Juris-Classeur Civil, Art. 1109, 1997, n° 91; *Marty/Raynaud*, Obligations, 1988, n° 121; *Larroumet*, Contrat, 1998, n° 282, verwendet « *théorie de l'émission* » für die *théorie de la déclaration*.
[222] Diesen Begriff verwendet *Ghestin*, Contrat, 1993, n° 352, 358.
[223] Vertreten von *Gaudemet*, Obligations, 1937, p. 45 et s.; *Larroumet*, Contrat, 1998, n° 287; siehe *Ghestin*, Contrat, 1993, n° 352, Fn. 161, 162.

Die Vertreter der *théorie de l'expédition* führen an, dass ein Vertragsschluss mit dem Vorliegen zweier übereinstimmender Willenserklärungen vorliegt, was bereits mit der Abgabe der Annahmeerklärung erfüllt sei[224]. Die andere Ansicht betont die Notwendigkeit der beiderseitigen Kenntnis vom Vorliegen der übereinstimmenden Erklärungen[225]. Für die Vertreter dieser Ansicht ist die Annahmeerklärung empfangsbedürftig, eine „*déclaration réceptice*"[226]. Ein weiteres Argument für die *théorie de la réception* ist die Gleichbehandlung von Angebot und Annahme. Wenn der Anbieter grundsätzlich die Möglichkeit hat, sein Angebot jedenfalls bis zum Zugang beim Empfänger zu widerrufen, so muss dem Annehmenden auch die Möglichkeit gegeben werden, seine Erklärung zu widerrufen, bevor sie dem Anbieter zugeht[227]. Hiergegen wird wiederum angeführt, dass der Vertragsschlusszeitpunkt so der Einwirkungsmöglichkeit des Empfängers unterliegen würde[228]. Der Nachweis der tatsächlichen Kenntnisnahme ist aber nicht notwendig. Für den Zeitpunkt der möglichen Kenntnisnahme könnte wie im deutschen Recht auf eine Fiktion abgestellt werden. *Grynbaum* sieht in Art. 11 EC-RL eine Bevorzugung für die *théorie de réception*[229].

Weil in Frankreich eine eindeutige gesetzliche Regelung fehlt, kommt der Rechtsprechung Bedeutung bei der Entscheidung des Streites zu. Trotz der auch hier bestehenden Meinungsverschiedenheiten lässt sich feststellen, dass eher auf den Absender abgestellt wurde, wenn es auf den Ort des Vertragsschlusses ankam und auf den Empfänger, wenn der Zeitpunkt streitrelevant war[230]. Die uneinheitliche Behandlung des Problems durch die Rechtsprechung hat auch in der Lehre zur Aufgabe einer einheitlichen Theorie für die Bestimmung des Zeitpunktes des Vertragsschlusses geführt[231].

---

[224] *Marty/Raynaud*, Obligations, 1988, n° 124, führen aus, dass aus diesem Grund das Angebot auch nur bis zur Abgabe der Annahmeerklärung zurückgenommen werden kann.

[225] *Malaurie/Aynès*, Obligations, 1999, n° 232; im Zusammenhang mit der *théorie de l'information*, *J. Flour/Aubert/Savaux*, Obligations/1, 2000, n° 162.

[226] *Ghestin*, Contrat, 1993, n° 294; zur Übereinstimmung des deutschen und französischen Begriffs Ferid/*Sonnenberger*, Das französische Zivilrecht, Bd. 1/1, 1994, Rn. 1 F 102.

[227] *Larroumet*, Contrat, 1998, n° 287; für einen Widerruf auch *B. Petit*, Juris-Classeur Civil, Art. 1109, 1997, n° 95, der diese Frage der Existenz eines Vertrages aber von der Frage des Zeitpunktes eines Vertragsschlusses trennt.

[228] *H. Mazeaud/L. Mazeaud/J. Mazeaud*, Droit civil, tome 2, 1962, n° 146.

[229] *Grynbaum*, JCP E 2001, 1617 (1621); ebenso *Grimaux*, Com. Com. électr., avril 2004, 14 (17).

[230] Siehe *Malaurie*, note sous Cour de Cassation, 1re chambre civile, 21.12.1960, D. 1961, jurispr. 417 (417); *Ghestin*, Contrat, 1993, n° 359 mit umfassendem Rechtsprechungsnachweis in Fn. 183-186.

[231] Vgl. *Malaurie*, note sous Cour de Cassation, 1re chambre civile, 21.12.1960, D. 1961, jurispr. 417 (417); *Ghestin*, Contrat, 1993, n° 357, hält es zudem nach der Zivilprozessrechtsreform für eine Aufgabe des IPR und nicht des Schuldrechts, den Ort des Vertragsschlusses zu

Eine Entscheidung der Cour de cassation von 1981[232] hat mit einer Anwendung der *théorie de l'expédition* für viele Autoren die Unsicherheit der Rechtsprechung beseitigt[233]. Dabei ist jedoch zu beachten, dass sich die Kammer nur zur Frage des Widerrufs des Angebots geäußert hat, für den im Fall ein fester Zeitraum vorgesehen war. Das Urteil ist dem Wortlaut nach auch auf die Bestimmung des Zeitpunktes des Vertragsschlusses anwendbar. Dennoch ist ein solches Verständnis nicht zwingend[234]. *Ghestin* weist darauf hin, dass diese Auslegung der Entscheidung einerseits eine Vereinfachung der Rechtsanwendung bedeuten würde – er selbst tendiert auch zu dieser Ansicht –, dass sich andererseits aber ein Widerspruch zu Art. 18 Abs. 2 S. 1 CISG ergeben würde[235].

Die Unübersichtlichkeit der Rechtsprechung liegt daran, dass die Frage, wann der Vertrag zustande gekommen ist, nicht isoliert betrachtet, sondern im Hinblick auf ein vertretbares Ergebnis bei der dahinter stehenden Fragestellung gesehen wird[236]. Der Zeitpunkt des Vertragsschlusses sollte aus sich heraus und einheitlich bestimmt werden[237]. Hier herrscht in der französischen Lehre die *théorie de l'expédition* vor. Der Konzentration auf den Absender entspricht das in Frankreich vorherrschende subjektive Verständnis, wenn es um die Auslegung des Inhaltes einer Willenserklärung geht. Das entscheidende Argument für die *théorie de la réception* ist, dass der Anbietende erst mit dem Empfang der Annahmerklärung des Annehmenden Kenntnis davon erlangt, dass der Vertrag tatsächlich geschlossen ist. Diese Information ist für seine Disposition von Bedeutung, so dass die Bindungswirkung des Vertrages erst mit dem Zugang der Annahmeerklärung eintreten soll.

---

bestimmen; deshalb kommt *Malaurie/Aynès*, Obligations, 1999, n° 393, auch zu einer Trennung.

[232] Cour de cassation, chambre commerciale, 7.1.1981, JCP 1981, IV 96 ; RTD civ. 1981, 849, note*Chabas*; RTD com. 1981, 827 note *Hémard*.

[233] *Raymond*, Droit civil, 1996, n° 229

[234] Gegen die Aufstellung eines generellen Prinzips *B. Petit*, Juris-Classeur Civil, Art. 1109, 1997, n° 103.

[235] *Ghestin*, Contrat, 1993, n° 360.

[236] *Ghestin*, Contrat, 1993, n° 353 sprich sich für eine Einzelfallentscheidung aus; für eine Lösungsfindung ausgehend von der zugrundeliegenden Interessenlage auch *Malaurie/Aynès*, Obligations, 1999, n° 392.

[237] Siehe *Larroumet*, Contrat, 1998, n° 286.

(2) Das deutsche Problem der Anwendung der Empfangstheorie auf das Internet

Willenserklärungen per E-Mail oder auf einer Internetseite sind Erklärungen unter Abwesenden im Sinne von § 147 Abs. 2 BGB[238]. § 147 Abs. 1 Satz 2 BGB stellt „mit einer sonstigen technischen Einrichtung gemachten" Erklärungen solchen unter Anwesenden gemachten gleich, die mit dem Telefon gemacht wurden. Weil das maßgebliche Kriterium weiterhin die Gleichzeitigkeit der Kommunikation ist, darf die Vorschrift aber nicht so verstanden werden, dass elektronisch übermittelte Erklärungen als unter Anwesenden abgegeben anzusehen sind[239], so dass hier die eingeschränkte Vernehmungstheorie gelten würde. Das ist nur dann gerechtfertigt, wenn der Erklärende an der Reaktion des Erklärungsempfängers unmittelbar erkennen kann, wie die Erklärung vom Empfänger verstanden wird. Auch wenn beide Parteien wissentlich gleichzeitig E-Mail-Zugang haben, handelt es sich beim Austausch von E-Mails um zwei getrennte unidirektionale Nachrichtenübermittlungen, die Erklärungen unter Abwesenden im Sinne von § 147 Abs. 2 BGB darstellen[240].

Gemäß § 130 Abs. 1 BGB ist für die Wirksamkeit einer unter Abwesenden abgegebenen Willenserklärung ihr Zugang erforderlich. Der Zugang wird im deutschen Zivilrecht gemeinhin an zwei Voraussetzungen geknüpft. Die Erklärung muss in den Machtbereich des Empfängers gelangt sein und der Empfänger muss die Möglichkeit der Kenntnisnahme haben[241]. Fraglich ist, wann die beiden Voraussetzungen im Internet erfüllt sind. Wenn der Empfänger online ist, dann gelangt die Nachricht mit der Speicherung auf dem Rechner jedenfalls in seinen Machtbereich[242]. Im Übrigen lässt sich der E-Mail-Server des Empfänger-Providers mit einem herkömmlichen Postfach vergleichen[243]. Das Postfach ist geeigneter für den Vergleich als ein Briefkasten, weil es ebenfalls nicht beim Empfänger, sondern beim Anbieter des Kommunikationsdienstes lokalisiert ist.

---

238 *H. Hoffmann*, Beilage zu NJW Heft 14/2001, 5 (7); *Mehrings*, in: *Hoeren/Sieber* (Hrsg.), Handbuch, Teil 13.1, 2000, Rn. 73; *Dietrich*, K&R 2002, 138 (139); *Petersen*, Jura 2002, 387 (387).

239 Vgl. *H. Hoffmann*, Beilage zu NJW Heft 14/2001, 5 (8).

240 Anders *von Bernstorff*, RIW 2000, 14 (14 f.); *H. Hoffmann*, Beilage zu NJW Heft 14/2001, 5 (7).

241 Palandt/*Heinrichs*, BGB, 2003, § 130, Rn. 5.

242 Beim Passieren der Schnittstelle zwischen öffentlichem Netz und Empfangsgerät, *von Bernstorff*, RIW 2000, 14 (15).

243 *Taupitz/Kritter*, JuS 1999, 839 (841); *Heermann*, K&R 1999, 6 (8); *H. Hoffmann*, Beilage zu NJW Heft 14/2001, 5 (7); anders *Dietrich*, K&R 2002, 138 (140 f.): erst mit Herunterladen der Nachricht oder Speicherung auf eigenem Server. Das gilt freilich nur für die Zugangsproblematik und nicht im Zusammenhang mit der Rechtmäßigkeit von Werbesendungen; siehe *Ayad*, CR 2001, 534 (535).

Für Einzelfragen des Zugangs können auf dieser Grundlage die gleichen Grundsätze wie bei materieller Post angewendet werden[244]. Während vor wenigen Jahren noch diskutiert wurde, ob eine Mailbox schon durch ihre Einrichtung als Vorrichtung zum Empfang von Willenserklärungen anzusehen war oder ob das ausdrücklich oder konkludent erklärt werden müsse[245], hat die zunehmende Verbreitung die Diskussion überflüssig gemacht[246]. Ein Signaturschlüssel soll dagegen alleine nicht ausreichen, um die elektronische Form für Geschäftsabschlüsse zu billigen[247]. Der Zugang einer Willenserklärung ist erst dann gegeben, wenn der Empfänger unter normalen Umständen die Möglichkeit hat, vom Inhalt der Erklärung Kenntnis zu nehmen[248]. Die Kenntnisnahme muss nach der Verkehrsanschauung auf der Grundlage gewöhnlicher Umstände zu erwarten sein[249].

Für Erklärungen, die einem Unternehmer mit elektronischer Post übermittelt werden, kann auf dieser Grundlage der Zugang ein-[250] oder zweimal täglich[251] zu den üblichen Geschäftszeiten angenommen werden. Ein sofortiger Zugang, sofern die Nachricht innerhalb der Geschäftszeiten in den Machtbereich des Empfängers gelangt, kann nicht im Einklang mit den dargestellten Zugangsprinzipien angenommen werden[252]. Er würde sowohl eine dauerhafte Verbindung zum Mailbox-Server voraussetzen als auch eine permanente Überwachung der Nachrichten. Schon der erste Punkt kann nicht für alle Unternehmen angenommen werden. Nur größere Unternehmen haben in der Regel eine stehende Verbin-

---

[244] Vgl. *H. Hoffmann*, Beilage zu NJW Heft 14/2001, 5 (7).

[245] Vgl. *Taupitz/Kritter*, JuS 1999, 839 (841).

[246] Zur Frage, wie lange man sich die Existenz einer bekanntgemachten E-Mail-Adresse im Rechtsverkehr zurechnen lassen muss, *Vehslage*, DB 2000, 1801 (1804).

[247] Gesetzentwurf der Bundesregierung, Entwurf eines Gesetzes zur Anpassung der Formvorschriften des Privatrechts und anderer Vorschriften an den modernen Rechtsgeschäftsverkehr, Begründung, BT-Drs. 14/4987 vom 14.12.2000, S. 10 (15).

[248] BGH, Urteil vom 3.11.1976, BGHZ 67, 271 (275); *Medicus*, Allgemeiner Teil, 1997, Rn. 276, weist aber darauf hin, dass ein tatsächlichere frühere Kenntnisnahme zu berücksichtigen sei.

[249] BGH, Urteil vom 27.10.1982, NJW 1983, 929 (930); Palandt/*Heinrichs*, BGB, 2003, § 130, Rn. 5.

[250] *Von Bernstorff*, RIW 2000, 14 (15).

[251] *Dörner*, AcP 202 (2002), 363 (369): Kontrolle des Postfaches am Beginn und am Ende des Arbeitstages.

[252] Für einen sofortigen Zugang dennoch *Vehslage*, DB 2000, 1801 (1804); Palandt/*Heinrichs*, BGB, 2003, § 130, Rn. 7a; *Schneider*, K&R 2001, 344 (346); *Bierekoven*, Vertragsabschluß, 2001, S. 34; *Arndt/Köhler*, EWS 2001, 102 (108), die das als allgemeine Meinung darstellen; *Mehrings*, MMR 1998, 30 (31); *Scherer/Butt*, DB 2000, 1009 (1013): Der Unternehmer muss mehrmals täglich nachschauen; *Petersen*, Jura 2002, 387 (388), der allerdings dann doch nach der Unternehmensgröße differenziert.

dung zum Internet. Bei Privatpersonen gelten weniger strenge Maßstäbe; auch wenn private E-Mail-Adressen eingerichtet und dem Geschäftspartner mitgeteilt wurden, kann nicht von einer täglichen Überprüfung ausgegangen werden[253]. Hierbei müssen die bei jeder Abfrage der Mailbox entstehenden Verbindungskosten berücksichtigt werden. Die Schnelligkeit der Übertragung steht so im Widerspruch zum langen Zeitraum zwischen Abgabe und Zugang. Problematisch kann für den Erklärenden der Beweis des Zugangs seiner Willenserklärung sein. Dabei handelt es sich nicht um ein spezielles Problem elektronischer Erklärungen, der Beweis des Zugangs eines Briefes ist für den Absender ebenfalls problematisch. Bei der elektronischen Übertragung können technische Verfahren den Eingang automatisch bestätigen[254].

Durch § 2 Abs. 2 Nr. 2 FernAbsG wurde der Unternehmer verpflichtet, den Verbraucher darüber zu informieren, wann der Vertrag zustande kommt. In der Nachfolgebestimmung des § 1 Abs. 1 Nr. 4 InfoV wurde die Formulierung verändert, es heißt nicht mehr „wann der Vertrag zustande kommt", sondern „wie der Vertrag zustande kommt". Die neue Formulierung legt eher ein inhaltliches als prozedurales Verständnis der Formulierung nahe, die in einem Satz mit der Pflicht zur Angabe der wesentlichen Eigenschaften der Leistung steht. Der Richtlinientext hilft nicht weiter, weil der strittige Punkt weder in der einen, noch in der anderen Form Bestandteil des dortigen Informationspflichtenkataloges ist. Der Begründung zur neuen Informationspflichtenverordnung lässt sich aber entnehmen, dass § 2 Abs. 2 FernAbsG ohne Änderungen übernommen werden sollte[255]. Die unterschiedliche Formulierung scheint auf einem Redaktionsversehen zu beruhen. Dafür spricht auch, dass die Formulierung „wie der Vertrag zustande kommt" den ganzen Informationskatalog umfassen würde.

Fraglich ist die Folge einer falschen Information über den Zeitpunkt, die also einen Zeitpunkt angibt, der nicht mit demjenigen übereinstimmt, der sich nach Anwendung vertragsrechtlicher Prinzipien ergibt. Zwei Möglichkeiten kommen in Betracht. Der Vertrag könnte einerseits nach den allgemeinen Regeln zustande kommen und die falsche Information lediglich zu einem Schadensersatzanspruch aus vorvertraglicher Pflichtverletzung führen. Andererseits könnte die Information über den Zeitpunkt des Vertragsschlusses dazu führen, dass der Vertrag tatsächlich und abweichend von den vertragsrechtlichen Prinzipien zu

---

253 *Von Bernstorff*, RIW 2000, 14 (15); *Taupitz/Kritter*, JuS 1999, 839 (841): Zugang erst am nächsten Tag; *Vehslage*, DB 2000, 1801 (1804); *H. Hoffmann*, Beilage zu NJW Heft 14/2001, 5 (7): man kann nur davon ausgehen, dass Privatpersonen „sporadisch überprüfen".

254 Siehe *Herwig*, MMR 2001, 145 (146 ff.).

255 Abgeordnete des Deutschen Bundestages, Enwurf eines Gesetzes zur Modernisierung des Schuldrechts, BT-Drs. 14/6040 vom 14.5.2001, S. 277.

diesem Zeitpunkt zustande kommt, weil der Verbraucher auf die Information vertrauen können muss. Richtig ist die erste Alternative. Der Standort der fernabsatzrechtlichen Informationspflichten in § 312c BGB im Allgemeinen Teil des Schuldrechts macht deutlich, dass es sich um vorvertragliche Pflichten handelt, die keinen Einfluss auf die Wirksamkeit des Vertrages haben sollen. Dem Vertrauen des Verbrauchers in die Information wird gleichwohl Rechnung getragen. In den Fällen, in denen die Abweichung des Vertragsschlusszeitpunktes zu Nachteilen für den Verbraucher führt, kann er im Rahmen des Schadensersatzes für die Verletzung der vorvertraglichen Informationspflicht aus § 280 Abs. 1 BGB so gestellt werden, wie wenn er über den Zeitpunkt des Vertragsschlusses richtig informiert worden wäre.

bb) Die Bestätigung der Bestellung

(1) Die Regelung in der Richtlinie über den elektronischen Geschäftsverkehr

Die Richtlinie über den elektronischen Geschäftsverkehr verpflichtet die Mitgliedstaaten in Art. 11 Abs. 1 sicherzustellen, dass der Diensteanbieter den Eingang einer Bestellung des Nutzers auf elektronischem Wege bestätigt. Diensteanbieter ist jede Person, die einen Dienst der Informationsgesellschaft anbietet, also gem. Art. 2 Nr. 2 RL 98/34/EG in der durch RL 98/48/EG geänderten Fassung jede „in der Regel gegen Entgelt elektronisch im Fernabsatz und auf individuellen Abruf eines Empfängers erbrachte Dienstleistung“. Hierunter fallen alle Verträge, die von Verbrauchern mit Unternehmern über das Internet geschlossen werden können. Der Vertragsgegenstand selbst muss nicht mit dem Internet in Zusammenhang stehen[256]. Es ist nicht eindeutig, wie sich die Bestimmung in den Vertragsschlussprozess einfügt. Sowohl im deutschen als auch im französischen Recht ist der Austausch zweier Willenserklärungen notwendig[257]. In Frankreich werden Angebote von Unternehmern auf Internetseiten dabei überwiegend als bedingte, aber verbindliche Angebote angesehen, in Deutschland als unverbindliche Angebote. In beiden Ländern gibt es Bestrebungen, in Art. 11 der Richtlinie eine Entscheidung für die eigene Ansicht zu sehen, dem ist aber nicht so[258]. Zeit und Ort des Vertragsschlusses werden von der Richtlinie nicht bestimmt[259], obwohl dies noch ein Regelungsziel des ursprüngli-

---

[256] Siehe erläuternd Erwägungsgrund Nr. 18 EC-RL.

[257] *Zoia*, Gaz. Pal., 14.10.2001, 14 (19), sieht in der Bestätigung der Bestellung eine dritte Etappe des Vertragsschlusses, durch die der Abschluss des Vertrages vom Austausch der Willenserklärungen getrennt wird.

[258] Siehe zu dieser Frage oben § 8 II 1 a. aa. (1) (cc).

[259] *Grynbaum*, JCP E 2001, 1617 (1621); *Gavanon*, Com. Com. électr., décembre 2001, 10 (14); *Gendreau*, CJFE 2001, 787 (796).

chen Kommissionsvorschlags war, wie sich dort aus Art. 11 Abs. 1 lit. a und Erwägungsgrund 13 ergibt[260].

Der Standort der Bestätigung beim Vertragsschluss hängt von der Einordnung des Angebots des Unternehmers und infolgedessen der Bestellung des Verbrauchers ab. Wenn der Verbraucher mit seiner Bestellung das Angebot auf Abschluss eines Vertrages abgibt, ist eine Annahme durch den Unternehmer notwendig. Er muss dem Verbraucher zwei Erklärungen übermitteln: die Bestätigung, dass die Bestellung eingegangen ist und die Annahme des Vertragsangebotes. Beide Erklärungen können zusammenfallen[261]. Die Annahme des Vertrages beinhaltet vom Erklärungsgehalt auch die Bestätigung der Bestellung. Das Erfordernis der Bestätigung kann dennoch nicht erfüllt sein, weil es an der Unverzüglichkeit fehlt. Der mit „unverzüglich" beschriebene Zeitraum kann kürzer sein als die Frist innerhalb derer das Angebot angenommen werden kann. Denkbar ist, dass der Unternehmer nur die Bestätigung der Bestellung abgeben muss und auf die Abgabe der Willenserklärung verzichten kann, weil der Verbraucher auf die Erklärung der Annahme verzichtet haben könnte – in Deutschland gem. § 151 Satz 1 BGB. Die Bestätigung der Bestellung ist nach § 312f BGB zwingendes Recht; hierauf kann der Verbraucher nicht verzichten.

Wenn der Unternehmer bereits ein verbindliches Angebot abgibt, kommt der Vertrag mit der Bestellung des Kunden zustande. Die Bestätigung dient hier nur als Zugangsbestätigung, um den Zugang der Annahme nachweisen zu können. Schwierigkeiten bereitet bei dieser Konstellation die Regelung des Eingangs in Art. 11 Abs. 1 Gedankenstrich 2 EC-RL. Sie gilt nur für Bestellung und Empfangsbestätigung, nicht jedoch für die andere der beiden zum Vertrag führenden Willenserklärungen, das Angebot des Unternehmers. Zwei Erklärungsmöglichkeiten sind denkbar. Der Eingang könnte erstens für Erklärung und Bestellung geregelt sein, weil danach der Vertrag zustande kommen soll und der Verbraucher mit der Bestellung das verbindliche Angebot abgegeben hat. Dann ist der Begriff „Empfangsbestätigung" falsch bzw. dann wäre es sinnvoller gewesen, den Eingang der Annahmeerklärung zu regeln. Zweitens könnte angenommen

---

260 Kommission der Europäischen Gemeinschaften, Vorschlag für eine Richtlinie des Europäischen Parlaments und des Rates über bestimmte rechtliche Aspekte des elektronischen Geschäftsverkehrs im Binnenmarkt vom 23.12.1998, KOM (1998), 586 endg., ABl. C 30/4 vom 5.2.1999; siehe *Munoz*, Petites affiches, 9.8.1999, 10 (11); *Grynbaum*, JCP 2001, I 307, p. 594 (598); die Regelungsabsicht ist auf vielfache Kritik gestoßen, siehe *Landfermann*, ZUM 1999, 795 (800); *Bender/Sommer*, RIW 2000, 260 (263); *Glatt*, Vertragsschluss im Internet, 2002, S. 83.

261 Sind aber nach Voraussetzungen und Rechtsfolgen zu trennen, *Hassemer*, MMR 2001, 635 (637); insofern unklar *Lehmann*, EuZW 2000, 517 (519): Der Vertrag kommt durch Bestellung des Verbrauchers und Bestätigung des Anbieters zustande.

werden, dass der Unternehmer das Angebot abgibt und der Verbraucher es annimmt. Dann passt der Begriff der Empfangsbestätigung, es bleibt aber offen, warum die erste Willenserklärung, das Angebot des Unternehmers, nicht von der Regelung umfasst ist. Beide Annahmen führen zu Unstimmigkeiten; es ist nicht eindeutig, dass der Richtliniengeber die eine oder die andere Auslegung des Angebots des Unternehmers vorausgesetzt hatte.

Es bleibt unklar, ob die in der Richtlinie über den elektronischen Geschäftsverkehr vorgesehene Bestätigung der Bestellung für den Vertrag wirksamkeitsbegründend sein soll[262] oder nur zum besseren Beweis des Vertragsschlusses gedacht ist. Zur ersten Alternative scheint der französische Gesetzgeber zu tendieren, wenn es in Art. 1369-2 C. civ. heißt: « *Pour que le contrat soit valablement conclu...* ». Die Mitgliedstaaten sind durch die Richtlinie allerdings nicht verpflichtet, die Bestätigung vertragsbegründend zu verstehen. Für das deutsche Recht gibt die Gesetzessystematik eine eindeutige Antwort. Die Bestätigung ist nicht im allgemeinen Teil bei der Wirksamkeit von Willenserklärungen und Verträgen geregelt, sondern im Allgemeinen Schuldrecht, in welchem Nebenpflichten der Vertragsparteien geregelt sind. Solche Pflichtverletzungen führen nicht zur Unwirksamkeit des Vertrages[263].

(2) Der französische Weg

Der französische Gesetzgeber hat mit den beiden Entwürfen zur Umsetzung der Richtlinie über den elektronischen Geschäftsverkehr zwei ganz unterschiedliche Konzeptionen des elektronischen Vertragsschlusses vorgelegt. Während im Vorschlag für eine loi sur la société de l'information (proj. LSI) eine doppelte Bestätigung verlangt wurde (unten [a]), orientiert sich die loi pour la confiance dans l'économie numérique (LEN) am Wortlaut der Richtlinie (unten [b]).

(a) Projet de loi sur la société de l'information

Der alte Gesetzesentwurf proj. LSI ist zwar nicht mehr die Grundlage für die Umsetzung der Richtlinie für den elektronischen Geschäftsverkehr. Er stellt jedoch gerade für die Regelung des elektronischen Vertragsschlusses einen wichtigen Zwischenschritt auf der Suche nach einer Lösung zur Einfügung der gemeinschaftsrechtlichen Vorgaben in das französische Recht des Vertragsschlusses dar.

---

262 *Gavanon*, Com. Com. électr., décembre 2001, 10 (14), ist für ein Richtlinienverständnis in dem Sinne, dass der Vertrag erst mit der Bestätigung zustandekommen soll.
263 Vgl. Palandt/*Heinrichs*, BGB, 2003, § 312e, Rn. 7.

Nach dem proj. LSI sollte Art. 11 EC-RL durch Ergänzung des Code civil um einen neuen Art. 1369-4 C. civ. (proj. LSI) umgesetzt werden. Die Bestätigung der Bestellung sollte in Absatz 1 so geregelt werden: « *Le contrat proposé par voie électronique est conclu quand le destinataire de l'offre, après avoir passé commande et s'être vu accuser réception de celle ci par l'auteur de l'offre, confirme son acceptation* »[264]. Die Bestellung des Kunden musste also vom Anbieter bestätigt werden und der Kunde danach erneut seine Annahme bestätigen. Die Regelung ähnelt stark dem Richtlinientext in seiner ersten Entwurfsfassung aus dem Jahre 1998[265] und Art. 14 des UNCITRAL Modellgesetzes für den elektronischen Geschäftsverkehr[266]. Hier war ebenfalls eine doppelte Bestätigung vorgesehen. Dieses komplizierte Verfahren wurde schon im geänderten Vorschlag 1999[267] aufgegeben und in der erlassenen Richtlinie bekanntlich nicht umgesetzt. Fraglich ist, wie der französische Gesetzesvorschlag verstanden werden muss. Entweder wurde das System der Richtlinie als nicht weitgehend genug angesehen und die zusätzliche Bestätigung wird bewusst zusätzlich zur Richtlinie übernommen oder der letzte Halbsatz ist völlig unabhängig von der Regelung der Bestätigung der Bestellung zu betrachten und hat nichts mit der Umsetzung von Art. 11 Abs. 1 Spiegelstrich 1 EC-RL zu tun.

Der Begründung des proj. LSI lässt sich entnehmen, dass der Gesetzgeber im Sinne der zweiten Variante eine gemeinsame Regelung der Bestätigung der Bestellung und der Möglichkeit der Korrektur von Eingabefehlern im Sinn hatte[268]. Ein bedeutsamer Unterschied, der in diese Richtung weist, ist, dass der erste Richtlinienentwurf lautet « *Le contrat est conclu quand le destinataire du service ... a confirmé la réception de l'accusé de réception.* » (Art. 11 Nr. 1 lit. a EC-RL) und der Entwurf des Art. 1369-4 C. civ. in Art. 23 proj. LSI « *Le contrat ... est conclu quand le destinataire de l'offre ... confirme son acceptation.* » Der

---

264 „Der im elektronischen Wege angebotene Vertrag ist geschlossen, wenn der Empfänger des Angebots, nachdem er eine Bestellung abgegeben hat und ihm diese vom Anbieter bestätigt wurde, seine Annahme bestätigt hat", Übers. d. Verf.

265 Kommission der Europäischen Gemeinschaften, Vorschlag für eine Richtlinie des Europäischen Parlaments und des Rates über bestimmte rechtliche Aspekte des elektronischen Geschäftsverkehrs im Binnemarkt vom 23.12.1998, KOM (1998), 586 endg., ABl. C 30/4 vom 5.2.1999.

266 UNCITRAL Model Law on Electronic Commerce with Guide to Enactment, 1996 with additional article 5bis as adopted in 1998, abrufbar unter http://www.uncitral.org/english/texts/electcom/ml-ecomm.htm.

267 Kommission der Europäischen Gemeinschaften, Geänderter Vorschlag für eine Richtlinie des Europäischen Parlaments und des Rates über bestimmte rechtliche Aspekte des elektronischen Geschäftsverkehrs im Binnemarkt vom 17.8.1999, KOM (1999), 427 endg., ABl. C 248 E/69 vom 29.08.2000.

268 Projet de loi sur la société de l'information du 18 juin 2001, exposé des motifs, p. 19, http://www.assemblee-nationale.fr/legislatures/11/pdf/projets/pl3143.pdf.

Kunde sollte also seine Willenserklärung zum Vertragsabschluß bestätigen (oder es nicht tun, wenn er etwa Eingabefehler entdeckt hat) und nicht nur den Zugang der Bestätigung der Bestellung. Das spricht dafür, diese zweite Bestätigung als Willenserklärung zu verstehen. Der Vertrag käme so mit der Absendung dieser Bestätigung durch den Verbraucher zustande[269]. Nach dem Wortlaut des Art. 11 Abs. 2 EC-RL muss dem Verbraucher die Möglichkeit gegeben werden, Eingabefehler vor Abgabe der Bestellung zu korrigieren. Der französische Umsetzungsvorschlag im proj. LSI ermöglicht zwar eine Korrektur von Eingabefehlern, aber erst nach Abgabe der ersten Bestellung des Kunden, die als Bestellung im Sinne des Art. 11 Abs. 1 EC-RL anzusehen ist[270]. *Grynbaum* hält den vom französischen Gesetzgeber gewählten Weg zwar für umständlich, begrüßt ihn aber, weil so eine Umsetzung der Richtlinie in einer Art und Weise erfolgen kann, die dem Verbraucher die letzte Entscheidung überlässt[271].

Die Bestätigung des Eingangs der Bestellung findet nach diesem Entwurf vor Abgabe der Willenserklärung durch den Verbraucher statt. Die auf den ersten Blick als Vereinfachung erscheinende Zusammenfassung zweier Vorgaben der Richtlinie über den elektronischen Geschäftsverkehr, nämlich der Bestätigung des Eingangs der Bestellung und der Bereitstellung von Korrekturmöglichkeiten, stellt sich als nachteilig für den Verbraucher dar, weil er beweisrechtlich schlechter steht. Den verbindlichen Inhalt seiner Erklärung muss er nach französischem Recht selbst beweisen, wohingegen er sich nach deutschem Recht auf die Bestätigungsmittelung des Unternehmers berufen kann. Das würde dem Sinn und Zweck des Art. 11 Abs. 1. Spiegelstrich EC-RL nicht gerecht. Die diesem Nachteil gegenüberstehende Vereinfachung des Ablaufes für den Unternehmer, weil er nur eine Handlung vornehmen muss, ist nicht ausschlaggebend, weil die Bereitstellung einer technischen Möglichkeit auf der Internetseite zur Korrektur von Eingabefehlern nur einen einmaligen zusätzlichen Aufwand des Unternehmers erfordert. Eine Umsetzung der Richtlinienbestimmung nach diesem Vorschlag wäre nicht richtlinienkonform.

(b) Loi pour la confiance dans l'économie numérique

Der französische Gesetzgeber hat möglicherweise die Schwächen des Vorgängerentwurfs erkannt und in der LEN eine andere Regelung des elektronischen Vertragsschlusses vorgenommen. An der gleichen Stelle im Code civil ist in ei-

---

[269] *Grynbaum*, Com. Com. électr., février 2002, 29 (30); *ders.*, D. 2002, 378 (379).
[270] *Wery/Verbiest*, Cahiers Lamy droit de l'informatique et des réseaux, octobre 2001, 1 (5).
[271] *Grynbaum*, Com. Com. électr., février 2002, 29 (30).

nem neuen Art. 1369-2 C. civ.[272] die Möglichkeit zur Korrektur von Eingabefehlern und die Bestätigung der Bestellung folgendermaßen geregelt: In alinéa 1 heißt es « ... *le destinataire de l'offre doit avoir eu la possibilité de verifier le détail de sa commande et son prix total, et de corriger d'eventuelles erreurs, avant de confirmer celle-ci pour exprimer son acceptation.* »[273]. Alinéa 2 lautet: « *L'auteur de l'offre doit accuser réception sans délai injustifié et par voie électronique de la commande qui lui à été ainsi adressée.* »[274] Anders als im proj. LSI sind die Korrekturmöglichkeit und die Bestätigung der Bestellung genau wie in der Richtlinie unabhängig voneinander geregelt. Die im zweiten Absatz verlangte unverzügliche Bestätigung des Eingangs der Bestellung erfolgt, nachdem der Kunde seine verbindliche Bestellung abgegeben hat. Die Eingangsbestätigung kann so die ihr zugedachte Beweisfunktion erfüllen. Die Korrektur von Eingabefehlern erfolgt nämlich nach dem neuen Vorschlag vor der Abgabe der Annahmeerklärung durch den Kunden, wie sich aus dem ersten Absatz ergibt: Erst mit der Bestätigung der zunächst eingegebenen Bestellung wird die „*acceptation*", also die Annahme des Vertrages erklärt. An dieser Formulierung wird deutlich, dass die französische Regelung von dem im französischen Recht üblichen Verständnis eines verbindlichen Vertragsangebotes auf der Internetseite ausgeht[275], so dass die Bestellung notwendigerweise die Annahmeerklärung darstellen muss[276]. Sollte das Angebot des Unternehmers auf der Internetseite ausnahmsweise so ausgelegt werden, dass es noch kein verbindliches Vertragsangebot darstellt, passt der Wortlaut von Art. 1369-2 C. civ. eigentlich nicht. Die Bestimmung muss in diesem Fall nach Sinn und Zweck so ausgelegt werden, dass der Kunde mit seiner überprüften Bestellung ein Angebot abgibt, dass vom Unternehmer, zusätzlich zur Eingangsbestätigung in Art. 1369-2 al. 2 C. civ., angenommen werden muss.

---

[272] Die unterschiedliche Nummerierung ergibt sich daraus, dass die Art. 1369-1 und 1369-2 C. civ. (proj. LSI) im neuen Entwurf in Art. 1108-1 und 1108-2 C. civ. (proj. LEN) zu finden sind; siehe unten § 8 IV 1 b. aa.

[273] „ ... der Empfänger des Angebots muss die Möglichkeit gehabt haben, seine Bestellung im einzelnen und den Gesamtpreis nachzuprüfen und eventuelle Fehler zu korrigieren, bevor er diese bestätigt, um die Annahme zum Ausdruck zu bringen", Übers. d. Verf.

[274] „Der Urheber des Angebots muss den Empfang der Bestellung, die an ihn so gesendet wurde, ohne ungerechtfertigte Verzögerung auf elektronischem Wege bestätigen", Übers. d. Verf.

[275] Siehe oben § 8 II 1 a. aa. (1).

[276] Vgl. *Grimaux*, Com. Com. électr., avril 2004, 14 (18), die vier Vertragsschlussetappen annimmt.

(3) Der deutsche Weg

In Deutschland wurde Art. 11 EC-RL durch den neuen, mit dem Schuldrechtsmodernisierungsgesetz eingefügten, § 312e BGB umgesetzt[277]. In § 312e Abs. 1 Satz 1 Nr. 3 BGB ist der Unternehmer verpflichtet, „den Zugang von dessen [des Kunden] Bestellung unverzüglich auf elektronischem Wege zu bestätigen". Die Verwendung des Begriffs „Zugang" kann zu Irritationen führen, weil der Zugang von Willenserklärungen im deutschen Recht ein mit einer Definition belegter Begriff ist. Diese Definition stimmt nicht mit der in § 312e Abs. 1 Satz 2 BGB überein. Mit der Vorschrift sollte allerdings keine allgemeine Zugangsregelung für elektronische Erklärungen getroffen werden, dafür ist die Formulierung zu eng und der Standort im BGB wäre zudem unglücklich gewählt. Obwohl die Bestätigung nur als geschäftsähnliche Handlung einzuordnen ist, können auf sie die Regelungen über Rechtsgeschäfte, insbesondere das Zugangserfordernis des § 130 BGB angewendet werden[278].

Fraglich ist aber, ob mit der Wendung „gelten als eingegangen" in Art. 11 Abs. 1 EC-RL eine Zugangsregel im Sinne des § 130 Abs. 1 BGB getroffen[279] oder nur der Zeitpunkt des Eingangs in den Machtbereich des Empfängers bestimmt werden sollte[280]. Gegen eine Zugangsregelung spricht, dass eine Privatrechtsanpassung durch die Angleichung von Zugangsregeln deswegen schwer als Ziel vorstellbar ist, weil die Regelung nur selektiv für das Internet gelten würde. Bei einer anderen Auslegung wäre fraglich, ob nicht ein zu großer Eingriff in die nationalen Vertragsrechtssysteme vorliegen würde[281]. Der ursprünglich vorgesehene Begriff „Eingang" wurde zudem im Verlauf des Rechtsetzungsprozesses zugunsten des Begriffes „Zugang" aufgegeben. *Lehmann* sieht die Regel als dem § 151 Satz 1 BGB ähnliche Fiktion, mit der die Bestätigung wirksam wird, ohne dass ein tatsächlicher Zugang erforderlich sei[282]. Ein Grund für ein Abweichen von der allgemeinen Regel des § 130 Abs. 1 BGB ist indes nicht ersichtlich.

---

[277] Zum Entwurf des Schuldrechtsmodernisierungsgesetzes, in dem eine Umsetzung der Bestimmungen in § 305b BGB vorgesehen war, *Micklitz*, EuZW 2001, 133 (136 f.); *ders.*, in: *ders./Pfeiffer/Tonner/Willingmann*, Schuldrechtsreform, 2001, S. 191 (209 ff.) zum Entwurf des § 312e BGB.

[278] Vgl. Palandt/*Heinrichs*, BGB, 2003, Überbl v § 104, Rn. 7.

[279] So *Schneider*, K&R 2001, 344 (347).

[280] So *Hassemer*, MMR 2001, 635 (637).

[281] *Schneider*, K&R 2001, 344 (347, Fn. 44) verneint das.

[282] *Lehmann*, EuZW 2000, 517 (519); ähnlich *Glatt*, Vertragsschluss im Internet, 2002, S. 95 f.

Der Sinn der Regelung des § 312e Abs. 1 Satz 2 BGB liegt vielmehr darin, die Zeitpunkte für den Fristbeginn der Unverzüglichkeitsfrist in § 312e Abs. 1 Satz 1 Nr. 3 BGB mit dem Zugang der Bestellung und dem Ende mit dem Zugang der Bestätigung beim Kunden autonom zu bestimmen. Die Frage der Wirksamkeit der Willenserklärungen beurteilt sich daneben nach den allgemeinen Regeln[283]. Das Problem ist im Wesentlichen die Folge der unglücklichen Wahl eines Begriffes, der im Definitionensystem des BGB bereits anders belegt war und sich die mit beiden Begriffen beschriebenen Vorgänge überschneiden können. Deshalb stellt sich das Zugangsproblem nur aus der deutschen Sichtweise. In Frankreich ist die ganz vorherrschende Ansicht, dass eine Willenserklärung bereits mit dem Absenden wirksam wird und es auf den Zugang nicht ankommt[284].

Unklar ist, ob das Bestätigungserfordernis schon mit der Absendung der Bestätigung oder erst mit deren Zugang im Sinne des § 130 Abs.1 BGB erfüllt ist. § 312e Abs. 1 Satz 2 BGB definiert zwar, wann die Bestätigung zugeht, in Abs. 1 Satz 1 Nr. 3 wird jedoch nur der Begriff „bestätigen" verwendet. Das Übertragungsrisiko der Bestätigung könnte nicht mehr im Risikobereich des Unternehmers liegen. Der Schutzzweck der Bestimmung ist es, dem Verbraucher einen Beweis dafür an die Hand zu geben, dass seine Erklärung, die Bestellung, dem Unternehmer zugegangen ist. Der Zweck wird nur erfüllt, wenn ihm die Bestätigung tatsächlich zugeht. Ein weiteres Argument dafür, dass der Unternehmer seine Verpflichtung nur mit einer zugegangenen Erklärung erfüllt, ergibt sich aus Abs. 1 Satz 2. Denn wenn es auf den Zugang nicht ankommen würde, wäre eine Regelung des Zugangszeitpunktes auch für die Frist im § 312e BGB nicht notwendig.

Zu klären sind schließlich die Folgen, wenn die Empfangsbestätigung nicht gegeben wird. Dabei ist zwischen den Auswirkungen auf den Vertragsschluss und den Rechtsfolgen zu unterscheiden, die als Sanktion für die Nichterfüllung vorgesehen sind. Wenn der Unternehmer nur eine *invitatio ad offerendum* abgegeben hat, muss er auf die Bestellung des Verbrauchers mit einer Annahme reagie-

---

[283] Dagegen wird von den folgenden Autoren in der Regelung eine Klarstellung der Anwendung der Zugangsregeln für Willenserklärungen auf elektronischem Wege gesehen: Abgeordnete des Deutschen Bundestages, Entwurf eines Gesetzes zur Modernisierung des Schuldrechts, Begründung, BT-Drs. 14/6040 vom 14.5.2001, S. 79 (172); *Hassemer*, MMR 2001, 635 (637); *C. Schäfer*, in: *Haas/Medicus/Rolland/C. Schäfer/Wendtland*, Schuldrecht, 2002, 8, Kapitel, Rn. 45; eine Notwendigkeit der Umsetzung verneint *Schneider*, K&R 2001, 344 (347); die Kodifizierung der Zugangsregel wäre für die deutsche Dogmatik nicht notwendig gewesen, wohl aber für die Umsetzung der Richtlinie. Hierfür wäre ein Verweis auf die von der Rechtsprechung entwickelte Auslegung des § 130 BGB nicht ausreichend gewesen.

[284] « *Théorie de la volonté interne* », der die « *théorie de la déclaration de volonté* » gegenübersteht, *Marty/Raynaud*, Obligations, 1988, n° 104.

ren. Für den Vertragsschluss kommt es nicht auf die Bestätigung, sondern auf die Annahmeerklärung an[285]. Wenn diese nicht erfolgt, ist auch das Ausbleiben der Bestätigung ohne Bedeutung. Ist der Vertrag dagegen bereits mit der Bestellung zustande gekommen, so hat die ausbleibende Bestätigung keine Auswirkungen auf das Zustandekommen des Vertrages. Für den Verbraucher besteht das Problem der Beweisbarkeit des Vertragsschlusses, wenn dieses vom Unternehmer bestritten wird.

§ 312e Abs. 3 Satz 2 BGB bestimmt, dass eine verbraucherrechtliche Widerrufsfrist nicht zu laufen beginnt, bevor die Pflichten des § 312e Abs. 1 Satz 1 BGB erfüllt sind. Die Bestätigung der Bestellung muss unverzüglich erfolgen. Diese Pflicht zur unverzüglichen Bestätigung kann nicht mehr nachgeholt werden, wenn der Zeitraum, der noch als unverzüglich bezeichnet werden kann, verstrichen ist. *Dörner* ist der Ansicht, dass § 312e Abs. 3 Satz 2 BGB in diesen Fällen so auszulegen ist, dass die Widerrufsfrist dann beginnen kann, wenn die Bestätigung vorgenommen wurde[286]. Auch mit verspätetem Zugang ist dem Zweck der Bestätigung, die Unsicherheit des Verbrauchers über den Eingang der Bestellung zu beseitigen, sicherlich erfüllt. Eine Bestätigung der Bestellung erfolgt jedoch spätestens konkludent mit Lieferung der Ware oder Erbringung der Dienstleistung. Vor diesem Zeitpunkt beginnt die Widerrufsfrist wegen § 312d Abs. 2 BGB ohnehin nicht zu laufen. In Bezug auf die Bestätigung der Bestellung würde § 312e Abs. 3 Satz 2 BGB also regelmäßig ins Leere gehen; die Bestellung ist allerdings nur eine der nach dieser Vorschrift zu erfüllenden Pflichten.

Die Nichtvornahme der Bestätigung der Bestellung ist eine vorvertragliche Pflichtverletzung, auf deren Grundlage Schadensersatz gemäß § 280 Abs. 1 i.V.m. § 311 Abs. 2 BGB verlangt werden kann. Die Verletzung der Pflichten des § 312e Abs. 1 BGB kann zudem Gegenstand einer Unterlassungsklage nach § 2 Abs. 1 i.V.m. Abs. 2 Nr. 2 UKlaG sein, die von Einrichtungen im Sinne des § 3 UKlaG erhoben werden kann.

---

[285] So AG Butzbach, Urteil vom 14.6.2002, MMR 2002, 765; AG Wolfenbüttel, Urteil vom 14.3.2003, MMR 2003, 492. Das LG Köln, Urteil vom 16.4.2003, JurPC-Web-Dok. 138/2003, http://www.jurpc.de/rechtspr/20030138.htm, hat dagegen entschieden, dass eine automatisch zurückgesendete Auftragsbestätigung mit dem Inhalt, der Auftrag werde umgehend bearbetet, als rechtsverbindliche Annahmeerklärung zu verstehen sei.

[286] *Dörner*, AcP 202 (2002), 363 (378 f.).

(4) Einfluss des Fernabsatzrechts auf den Vertragsschluss

Von den Regelungen der Richtlinie über den elektronischen Geschäftsverkehr zum Vertragsschlussmechanismus müssen die Vorgaben der Fernabsatzrichtlinie getrennt werden. Beide Regelungen haben unterschiedliche Anknüpfungspunkte. Während es in den einen Regelungen um die Vermeidung von Nachteilen bei der elektronischen Abgabe von Willenserklärungen geht, wollen die anderen – gewissermaßen auf einer höheren Ebene des Inhalts der Vereinbarung – nicht selbstbestimmte Erklärungen im Fernabsatz verhindern. Obwohl der Anwendungsbereich beider Regelungen für den Internethandel eröffnet ist, stehen sie deshalb auch nicht in einem Konkurrenzverhältnis zueinander, dass durch eine Vorrangregelung aufgelöst werden müsste[287]. Auch eine Synchronisierung der fernabsatzrechtlichen und der den elektronischen Geschäftsverkehr betreffenden Vertragsschlussetappen[288] verkennt diesen Unterschied.

Trotz der Trennung bleibt fraglich, ob eine gemeinsame Erfüllung der nachvertraglichen Informationspflichten des Art. L 121-19 C. cons. bzw. § 312c Abs. 2 BGB und der Eingangsbestätigung möglich ist. Eine gleichzeitige Übermittlung dieser sich nicht überschneidenden Informationen ist unter Wahrung der erforderlichen Form für die Informationen, nämlich der Übermittlung « *par écrit ou sur un autre support durable* »[289] ohne weiteres möglich. Wenn nur die Informationen übermittelt werden, so kann darin konkludent eine Eingangsbestätigung gesehen werden.

cc) Ergebnis

Die Umsetzung des Art. 11 EC-RL führt in Frankreich und Deutschland zu unterschiedlichen Ergebnissen und zu unterschiedlichen Problemen, die diskutiert werden. In Frankreich ist die Umsetzung noch nicht endgültig erfolgt. Durch den vom französischen Gesetzgeber ursprünglich im proj. LSI gewählten Weg, die Regelungen zur Bestätigung der Bestellung und zur Korrektur von Eingabefehlern gemeinsam umzusetzen, wurden unterschiedliche Probleme vermischt. Der aktuelle Vorschlag für die loi pour la confiance dans l'économie numérique vermeidet dies und orientiert sich eng an der Richtlinie. Der Zugang der Ein-

---

[287] *Decocq*, Com. Com. électr., décembre 2001, 29 (29), der dieses Problem vorher selbst aufwirft.

[288] *Decocq*, Com. Com. électr., décembre 2001, 29 (30), schlägt folgende Gleichstellung vor: Angebot = Angebot, Annahme = Bestellung, fernabsatzrechtliche Information über den Inhalt des Vertrages = Eingangsbestätigung der Bestellung und die Nichtausübung des Widerrufsrechts als die erneute Bestätigung der Bestellung durch den Verbraucher. Er verneint diesen Ansatz aber selber, weil Gleichsetzungen bei den letzen beiden Punkten nicht möglich seien.

[289] „Als Schriftstück oder auf einem anderen dauerhaften Datenträger", Übers. d. Verf.

gangsbestätigung der Bestellung ist nach dem aktuellen Entwurf (Art. 1369-2 C. civ.) keine Wirksamkeitsvoraussetzung mehr für den Vertrag. In Deutschland stellt sich bei der Empfangsbestätigung weniger die Frage nach der rechtlichen Qualifikation als danach, wie die nationale Umsetzungsbestimmung des § 312e BGB zum bestehenden Definitionssystem des Zugangs von Willenserklärungen in Beziehung zu setzen ist. Die Regelung des Zugangs der Bestätigung der Bestellung in § 312e Abs. 1 Satz 2 BGB ist eine autonome Definition, die vom Zugangsbegriff des § 130 BGB völlig unabhängig ist. Sowohl die fehlende Möglichkeit der Korrektur von Eingabefehlern als auch die fehlende Bestätigung der Bestellung haben nach deutschem Recht keinen Einfluss auf den Vertragsschluss, sondern können lediglich Ansprüche wegen der Verletzung vorvertraglicher Pflichten sowie Unterlassungsklagen nach dem UKlaG begründen.

Unter verbraucherschützenden Gesichtspunkten kann die Bestätigung der Eingangs der Bestellung durch den Unternehmer und auch die im französischen Gesetz vorgesehene Bestätigung der Bestellung selbst durch den Kunden nicht dazu dienen, die selbstbestimmte Abgabe der Willenserklärung des Verbrauchers sicherzustellen. Die Willensfreiheit der Verbraucher wird insofern unterstützt, als dass dieser Mechanismus die Risiken der falschen Übertragung und die Unsicherheit darüber, was tatsächlich übermittelt wurde, begrenzt.

2. Rechtsvergleichende Betrachtung

Während sich die Grundprinzipien des Vertragsschlusses durch den Austausch von Willenserklärungen, einschließlich der Behandlung von Willensmängeln und von elektronischen Erklärungen in Deutschland und Frankreich gleichen und diese Grundsätze in beiden Rechtsordnungen unstreitig auch für elektronisch geschlossene Verträge angewendet werden können, wie es bei automatisierten Erklärungen und elektronischen Einkaufswagen durch Übertragung der bekannten Grundsätze erfolgt, ergeben sich in einigen Punkten bedeutende Unterschiede. Unterschiedlich wird zum einen die Bindungswirkung des Unternehmerangebotes verstanden und zum anderen der Zeitpunkt des Vertragsschlusses. Beide Problemkreise berühren sich bei der sich in beiden Ländern stellenden Frage nach der Einordnung der in der Richtlinie über den elektronischen Geschäftsverkehr geforderten Bestätigung der Bestellung. Denn neben der Frage nach der Bindung und der Widerrufbarkeit der Werbeaussagen des Unternehmers ist eine wichtige Folge der Einordnung seines Angebots als Willenserklärung der Einfluss auf den Vertragsschlusszeitpunkt.

Es fällt auf, dass sowohl die unterschiedlichen Ansichten zur Bindungswirkung des Angebots als auch zur Bestimmung des Zeitpunktes keine grundsätzlichen Differenzen der beiden Zivilrechtsordnungen aufdecken, sondern die Diskussionen in beiden Ländern Lösungsalternativen hervorbringen, die auch im jeweils anderen Rechtssystem denkbar wären.

In Frankreich wird das erste Angebot des Anbieters als verbindlich angesehen, es kann aber mit Vorbehalten versehen sein; in Deutschland wird der Rechtsbindungswille jeweils im Einzelfall geprüft, das Vorliegen einer Willenserklärung in der Regel verneint und das Angebot als *invitatio ad offerendum* bezeichnet, wobei sich eine andere Auslegung für online zu erbringende Leistungen ergeben kann. Beide Sichtweisen sind in ihren Ländern trotz jeweils bestehender abweichender Ansichten von einer breiten Mehrheit getragene Meinungen. Eine Entscheidung für oder gegen eine der beiden Ansichten soll nicht vorgenommen werden und ist auch nicht möglich, ohne die Rechtsentwicklung einer der beiden Länder zu missachten. Während in Deutschland das Interesse des Anbieters in den Vordergrund gerückt und sein Rechtsbindungswille verneint wird, weil er weder die Resonanz auf sein Angebot noch die einzelnen potentiellen Vertragspartner kennt, wird dem in Frankreich mit der Möglichkeit, Vorbehalte hinsichtlich der Person und der Verfügbarkeit auszusprechen, begegnet und die Situation des Vertragspartners stärker betrachtet. Das Problem tritt bei der Auslegung einer Erklärung an einen unbestimmten Adressatenkreis mit Aussagen, die häufig als Werbung einzuordnen sind, auf. Angesprochen sind regelmäßig Verbraucher. Von dem ungleichen Paar Unternehmer – Verbraucher soll der Verbraucher derjenige sein, der sich das Angebot des anderen in Ruhe überlegen kann und nicht derjenige, der nach Abgabe der eigenen Willenserklärung gewissermaßen vom Wohlwollen des anderen Vertragspartners abhängig ist. Lediglich im Code des assurances (Art. L 112-2) ist der Vertragsschluss so geregelt, dass das vom Versicherer zunächst zu erbringende Angebot ausdrücklich für beide Teile unverbindlich ist und der Vertrag erst mit der abschließenden Willenserklärung des Versicherers zustande kommt. Diese Bestimmung ist nicht auf Verbraucher beschränkt.

Ein Vergleich der Diskussionen über den Zeitpunkt des Vertragsschlusses ist nicht unmittelbar möglich, weil die Ansatzpunkte verschieden sind. In Frankreich wird der Vertrag betrachtet und diskutiert, ob die Absendung oder der Zugang der zweiten der beiden Willenserklärungen das entscheidende Ereignis ist. In Deutschland ist für den Vertragsschluss zwar auch die zweite Willenserklärung maßgebend, argumentiert wird aber mit den für jede Willenserklärung geltenden Grundsätzen. Dabei wird das Zugangserfordernis nicht in Frage gestellt, Rechtsprechung und Lehre konzentrieren sich auf die Anwendung dieser Voraussetzung im Internet. Die Festlegung auf eine gemeinsame Auslegung in beiden Ländern könnte nicht aus der Überlegenheit einer Lösung, sondern aus den Vorteilen einer einheitlichen Lösung zum Abbau von grenzüberschreitenden Vertragsschlussschwierigkeiten geraten sein.

Zusammen mit den neuen Regelungen über die Möglichkeit der Korrektur von Eingabefehlern und die Bestätigung der Bestellung in Frankreich und Deutschland ergeben sich folgende typische Abläufe für den Vertragsschluss. In Frankreich gibt der Unternehmer auf seiner Internetseite ein verbindliches Vertragsangebot ab. Der Verbraucher gibt eine Bestellung ein, die er inhaltlich überprüfen kann und dann als verbindliche Annahme des Vertrages absendet. Der Eingang dieser Bestellung wird vom Unternehmer bestätigt. Der Verbraucher hat durch die Ausübung des Widerrufsrechts die Möglichkeit, sich vom Vertrag zu lösen. In Deutschland ist das Angebot des Unternehmers auf seiner Internetseite bei herkömmlichen Waren keine Willenserklärung; Ausnahmen gelten insbesondere für online erbrachte Dienste, bei denen sich der Lagerbestand nicht erschöpfen kann. Das Vertragsangebot macht der Verbraucher in der Regel durch die Erklärung seiner Bestellung. Dabei müssen ihm seine Eingaben vom Unternehmer angezeigt werden, so dass der Verbraucher die Möglichkeit hat, Eingabefehler zu korrigieren. Erst die abschließende Bestellung ist die verbindliche Willenserklärung. Die erste Eingabe, Anzeige mit Korrekturmöglichkeit und verbindliche Bestellung sind nicht als Hin und Her zwischen Verbraucher und Unternehmer zu verstehen, sondern als Korrekturvorgang, der sich auf Verbraucherseite abspielt und der Unternehmer nur die technische Möglichkeit hierzu bereitstellt[290]. Der Unternehmer muss den Eingang der Bestellung bestätigen. Gleichzeitig erklärt er die Annahme des Vertragsangebotes. Der Vertrag ist zustande gekommen. Der Verbraucher hat durch die Ausübung des Widerrufsrechts die Möglichkeit, sich vom Vertrag zu lösen. Der Ablauf des Vertragsschlusses nach französischem und nach deutschem Recht, der sich äußerlich gleicht, unterscheidet sich in seiner rechtlichen Beurteilung. Das hängt mit der unterschiedlichen rechtlichen Qualifikation des Angebots auf der Internetseite ab. In Deutschland kommt der Vertrag erst mit der Willenserklärung des Unternehmers zustande, in Frankreich gibt der Verbraucher die zweite Willenserklärung ab. Dieses „letzte Wort" des Verbrauchers wird in Frankreich als bedeutsam angesehen, um den Verbraucher nicht von einer willkürlichen Entscheidung des Unternehmers abhängig zu machen[291].

III. Einbeziehung allgemeiner Geschäftsbedingungen

Die Einbeziehungsvoraussetzungen für allgemeine Geschäftsbedingungen müssen auf die technischen Besonderheiten des Internet angewendet werden. Die

---

[290] *Hoenicke/Hülsdunk,* MMR 2002, 516 (517), halten bei einfachen Bestellvorgängen eine Korrektur im laufenden Text für ausreichend, so dass nur einmal das Bestell-Schaltfeld gedrückt werden müsste.

[291] Diesen Hinweis verdanke ich einem Gespräch mit Prof. *Laurent Leveneur*, Université Panthéon-Assas (Paris II), im März 2002.

Dogmatik des Rechts über missbräuchliche Klauseln ist in Frankreich und Deutschland trotz einer Annäherung durch die Klauselrichtlinie unterschiedlich. Die Unterschiede bestehen vor allem in der Überprüfung der Missbräuchlichkeit, erstreckt sich aber auch auf die Einbeziehungsvoraussetzungen. Zuerst wird die französische, dann die deutsche Rechtslage vorgestellt.

1. Der Schutz vor *clauses abusives* im Internet nach französischem Recht

Die Bestimmungen zum Schutz vor missbräuchlichen Klauseln stehen in Art. L 132-1 C. cons. Anders als das deutsche Recht der Allgemeinen Geschäftsbedingungen schützt Art. 132-1 C. cons. nur Verbraucher und andere Nicht-Unternehmer bei Verträgen mit Unternehmern. Dabei wird der Anwendungsbereich dieser Vorschrift weit verstanden und es werden nur Verträge ausgeschlossen, die einen direkten Bezug zur Berufstätigkeit des Erklärenden haben[292]. Eine sich aus dem deutschen § 310 Abs. 1 BGB ergebende beschränkte Kontrollmöglichkeit auch für gegenüber Unternehmern abgegebenen AGB gibt es nicht. Das entspricht der Klauselrichtlinie, deren Anwendungsbereich sich ebenfalls nur auf Verbraucherverträge erstreckt (Art. 1 Abs. 1). Das französische Recht hat dafür einen weiteren sachlichen Anwendungsbereich, der nicht auf wie in Deutschland im Ausgangspunkt auf allgemeine Geschäftsbedingungen im Sinne von für eine Vielzahl von Verträgen vorformulierten Vertragsbedingungen beschränkt ist, die für den einzelnen Vertragsschluss nicht zur Disposition stehen (§ 305 Abs. 1 BGB), sondern gemäß Art. L 132-1 al. 4 C. cons. neben den *contrats d'adhésion*[293] auch individuell ausgehandelte Vertragsklauseln umfasst[294]. Das geht über das notwendige Maß des Verbraucherschutzes hinaus. Wenn die Klausel frei ausgehandelt ist, besteht kein Grund, den Inhalt später als missbräuchlich anzugreifen[295]. Im deutschen Recht gelten über § 310 Abs. 3 Nr. 2 BGB die Vorschriften über die Inhaltskontrolle auch für vorformulierte Vertragsklauseln, die nur zur einmaligen Verwendung bestimmt sind.

---

292 Cour de cassation, 1re chambre civile, 3.1.1996 et 30.1.1996, JCP 1996, II 22654, note *Leveneur* (= D. 1996, jurispr. 228, note *Paisant*); enger dagegen Cour de cassation, 1re chambre civile, 17.11.1998, CCC, février 1999, 8, note *Leveneur*, die sich nur darauf bezieht, dass der Unternehmer im Rahmen seiner beruflichen Tätigkeit gehandelt hat; siehe *Malinvaud*, Obligations, 2001, n° 181.

293 Siehe *Larroumet*, Contrat, 1998, n° 262 et s.; *Ghestin/Marchessaux-Van Melle*, in: *Centre de droit des obligations* (éd.), Protection, 1996, p. 1 (2 et s.).

294 Ein Grund für diese Regelung ist die Schwierigkeit, individuell ausgehandelte Klauseln im Einzelfall von vorformulierten abzugrenzen, *Calais-Auloy/Steinmetz*, Droit de la consommation, 2000, n° 180.

295 Ebenso *Martin*, Annales des Loyers 1995, 1117 (1119).

Die Ausgestaltung der Prüfung ist im Code de la consommation nicht vollständig geregelt. Die Einbeziehung der Klauseln in den Vertrag wird grundsätzlich nach den allgemeinen Vertragsschlussregeln beurteilt[296]. Ergänzend dazu hat die Rechtsprechung besondere Voraussetzungen für die Einbeziehung aufgestellt. Klauseln werden nur dann Bestandteil des Vertrages, wenn der Verbraucher spätestens bei Vertragsschluss den Inhalt der Klauseln zur Kenntnis nehmen konnte. Bereits bei der Einbeziehung nehmen die französischen Richter eine Art Inhaltskontrolle vor.

Eine eigenständige Inhaltskontrolle durch den Richter neben der Einbeziehungsprüfung war im ursprünglichen System der loi n° 78-23 nicht vorgesehen; es sollte nur eine präventive Kontrolle durch den Conseil d'Etat stattfinden[297]. Die Richter haben nun aufgrund der Generalklausel des Art. L 132-1 al. 1 C. cons. die Möglichkeit, die Missbräuchlichkeit von Klauseln festzustellen, was deren Nichtigkeit zur Folge hat (alinéa 6)[298]. Eine Klausel ist dann missbräuchlich, wenn zum Nachteil der Partei, die nicht Unternehmer ist, ein deutliches Missverhältnis zwischen den Rechten und Verpflichtungen der beiden Parteien besteht[299]. Das weitere in der loi n° 78-23 du 10 janvier 1978 enthaltene Kriterium des Missbrauchs der wirtschaftlichen Macht ist 1995 mit der Umsetzung der Klauselrichtlinie weggefallen[300].

Den §§ 308 und 309 BGB vergleichbare gesetzliche Listen von missbräuchlichen Klauseln kennt das französische Recht nicht. Stattdessen gibt es drei unterschiedliche Kataloge mit missbräuchlichen Klauseln. Der erste beruht auf Dekreten, die auf der Grundlage von Art. L 132-1 al. 2 C. cons. bestimmte Klauseln als missbräuchlich bezeichnen. Ein Wertungsspielraum besteht hierbei nicht. Der Verordnungsgeber hat von dieser, ursprünglich als Hauptquelle gedachten

---

[296] Siehe *Sonnenberger*, RIW 1990, 165 (167 f.), auf Grundlage der loi 78-17.

[297] *Calais-Auloy/Steinmetz*, Droit de la consommation, 2000, n° 186; *Brock*, Mißbräuchliche Klauseln, 1998, S. 124 f., 135.

[298] Die Auswirkungen bleiben auf den konkreten Vertrag beschränkt; um die Gesamtheit der Verbraucher präventiv zu schützen, gibt Art. L 421-6 C. cons. den Verbraucherverbänden die Möglichkeit, die Nichttigkeit von Klauseln in Allgemeinen Vertragsbedingungen (*conventions habituellement proposées*) geltend zu machen. Im deutschen Recht gewährt § 1 UKlaG darüber hinaus einen Unterlassungsanspruch für unwirksame Klauseln.

[299] Art. L 132-1 al. 1 C. cons.: « *...sont abusives les clauses qui ont pour objet ou pour effet de créer, au détriment du non-professionnel ou du consommateur, un déséquilibre significatif entre les droits et obligations des parties au contrat.* », „...sind mißbräuchlich die Klauseln, die zum Ziel oder als Auswirkung haben, zum Nachteil des Nicht-Unternehmers oder Verbrauchers, ein bedeutendes Ungleichgewicht zwischen den Rechten und Pflichten der Vertragsparteien zu erzeugen", Übers. d. Verf.

[300] Vgl. *Malinvaud*, Obligations, 2001, n° 188 et s.; *Berger-Walliser*, RIW 1996, 459 (462).

Möglichkeit[301] nur in drei Fällen Gebrauch gemacht, von denen zwei Bestimmungen noch wirksam sind und in Art. R 132-1 und R 132-2 C. cons. überführt wurden. Die zweite Liste findet sich im Anhang zu Art. L 132-1 C. cons., der 1995 mit der Umsetzung der Klauselrichtlinie eingefügt wurde und dem Anhang der Klauselrichtlinie entspricht. Die Wirkung dieser Liste geht weniger weit als die Dekret-Klauselverbote. Gem. Art. L 132-1 al. 3 C. cons. „können" die Klauseln als missbräuchlich angesehen werden[302], außerdem muss die Missbräuchlichkeit vom Kläger voll bewiesen werden (Art. L 132-1 al. 3 phrase 2). Eine dem deutschen § 305c Abs. 2 BGB entsprechende Vermutung der Missbräuchlichkeit gibt es im französischen Recht nicht[303]. Die dritte Quelle für missbräuchliche Klauseln sind die Empfehlungen der *Commission des clauses abusives* (CCA). Sie ist dem für Verbraucherschutz zuständigen Ministerium unterstellt. Die rechtlichen Rahmenbedingungen sind in den Art. L 132-2 bis L 132-5 C. cons. geregelt. Die Kommission überwacht die in der Praxis verwendeten Klauseln und kann, entweder durch das Ministerium, Verbraucherverbände oder interessierte Wettbewerber angerufen werden oder aus eigener Initiative die Nichtverwendung oder Abänderung missbräuchlicher Klauseln empfehlen. Die Empfehlungen der Kommission sind Anhaltspunkte für die Gerichte, bestimmte Klauseln als missbräuchlich anzusehen, setzen aber die Unternehmer auch unmittelbar unter Druck[304]. Die Emanzipation der Gerichte von den Dekreten hin zu einer eigenen Inhaltskontrolle hat erst Ende der 1980er Jahre[305] und ausdrücklich in einer Entscheidung aus dem Jahr 1991[306] stattgefunden. Diese Möglichkeit ist seit der Änderung des Art. L 132-1 C. cons. 1995 auch im Gesetz vorgesehen. Bei der Inhaltskontrolle sind die Richter nur an die Dekrete nach Art. L 132-1 al. 2 C. cons. gebunden; nicht dagegen an den Anhang oder die Empfehlungen der CCA. Während Art. R 132-1 und R 132-2 C. cons. der Wirkung des § 308 BGB entsprechen, sind der Anhang und die Empfehlungen den Klauselverboten mit Wertungsmöglichkeit des § 309 BGB ähnlich[307]. Die Richter haben auch die Möglichkeit, nicht auf der Grundlage einer der Listen, sondern nur der Generalklausel ein Verbot auszusprechen[308].

---

301 Vgl. *Calais-Auloy/Steinmetz*, Droit de la consommation, 2000, n° 186.

302 « *...qui peuvent être regardées comme abusives...* »; in Absatz 2 heisst es dagegen « *...qui doivent être regardées comme abusives...* ».

303 Vgl. *Berger-Walliser*, RIW 1996, 459 (462 f.).

304 *Calais-Auloy/Steinmetz*, Droit de la consommation, 2000, n° 185.

305 Siehe Cour de cassation, 1re chambre civile, 16.7.1987, D. 1988, jurispr. 49, note *Calais-Auloy*.

306 Cour de cassation, 1re chambre civile, 14.5.1991, D. 1991, jurispr. 449, note *Ghestin*.

307 Siehe *Ghestin/Marchessaux*, REDC 1993, 67 (82); *Brock*, Mißbräuchliche Klauseln, 1998, S. 169.

308 *Martin*, Annales des Loyers 1995, 1117 (1123); *Malinvaud*, Obligations, 2001, n° 187.

Die Verpflichtung des Art. L 134-1 C. cons., jedem Interessenten seine allgemeinen Geschäftsbedingungen zur Verfügung zu stellen, gehört nicht zu den vertragsbezogenen Informationspflichten. Diese öffentlichen Informationspflichten bestehen für die Übergabe eines Exemplars der Geschäftsbedingungen, die üblicherweise verwendet werden, gemäß Art. L 134-1 C. cons.[309] Auch die Preisauszeichnungspflicht gehört in diese Gruppe. Die Preise müssen öffentlich ausgezeichnet werden, damit jeder vergleichen kann, ohne mit dem Unternehmer in Kontakt treten zu müssen[310]. Die Geschäftsbedingungen müssen indes dem Kunden freilich schon deshalb mitgeteilt werden, damit sie von dessen Willenserklärung umfasst und so Bestandteil des Vertrages werden können. Der Schutz des Verbrauchers durch die Gewährleistung einer tatsächlichen Kenntnisnahme ist keine Frage der bloßen Information, sondern der Einbeziehung der Klauseln in den Vertrag.

In der französischen Literatur werden besondere Einbeziehungsprobleme im Internet nicht thematisiert[311]. Das mag daran liegen, dass es, anders als im deutschen Recht, keine festgelegten Kriterien für die Einbeziehung gibt. Es ist Aufgabe der Rechtsprechung, in Fällen unzureichender Kenntlichmachung der Geschäftsbedingungen sich dagegen zu entscheiden, dass diese Klauseln Vertragsbestandteil geworden sind. Weil die Einbeziehung nach dem allgemeinen Vertragsrecht beurteilt wird, gehört die Prüfung, ob Klauseln Vertragsbestandteil geworden sind, zum Bereich des Vertragsschlusses.

Nach Art. 10 Abs. 3 EC-RL müssen dem Verbraucher die Vertragsbedingungen und die allgemeinen Geschäftsbedingungen so zur Verfügung gestellt werden, dass er sie speichern und reproduzieren kann. Diese Bestimmung sollte nach dem alten Vorschlag für eine loi sur la société de l'information in einem neuen Art. 1369-4 al. 2 C. civ. (proj. LSI) umgesetzt werden. Hiernach musste die Eingangsbestätigung der Bestellung unter anderem die allgemeinen und individuellen Vertragsbedingungen enthalten. Das Erfordernis der Speicherbarkeit war hingegen nicht gesondert geregelt, was die richtlinienkonforme Umsetzung in Frage gestellt hat. Die LEN enthält keine vergleichbare Bestimmung mehr. Art. 1369-1 n° 4 C. civ. führt zwar als Informationspflicht des Anbieters auf, über die Speicherung des Vertrages und die Abrufbarkeit Auskunft zu geben. Zur Umsetzung des Art. 10 Abs. 3 EC-RL reicht diese Regelung, die wörtlich Art. 10

---

309 Auch wenn er nicht potentieller Kunde ist, wie *Raymond*, Juris-Classeur Concurrence Consommation, fasc. 845, 1997, n° 8, schreibt. Fraglich ist allerdings, ob nicht jeder, der sich für die Informationen interessiert, bereits als potentieller Kunde anzusehen ist.

310 *Calais-Auloy/Steinmetz*, Droit de la consommation, 2000, n° 57.

311 Vgl. *Hance*, Droit d'Internet, 1996, p. 154 ; *Vivant* et al., Lamy Droit de l'Informatique 2001, 2001, n° 952 et s., die nur auf die inhaltlichen Kriterien eingehen.

Abs. 1 lit. b EC-RL wiedergibt, nicht aus. Zum einen sind die allgemeinen Vertragsbedingungen nicht notwendigerweise im Vertrag selbst enthalten und zum anderen gilt die Informationspflicht nur, wenn der einzelne Vertrag überhaupt elektronisch gespeichert wird. Die in der LEN fehlende Umsetzung des Art. 10 Abs. 3 EC-RL kann auch nicht in einer auf der Grundlage des Art. 26 LEN zu erlassenden *ordonnance* erfolgen, weil hiermit nur besondere formale Voraussetzungen für den elektronischen Abschluss der in Art. 9 Abs. 2 EC-RL bzw. Art. 1108-2 C. civ. genannten Vertragstypen festgelegt werden sollen.

2. Der Schutz vor missbräuchlichen AGB im Internet nach deutschem Recht

Als allgemeine Geschäftsbedingungen werden in § 305 Abs. 1 BGB[312] Vertragsbedingungen definiert, die für eine Vielzahl von Verträgen vorformuliert worden sind und die eine Partei der anderen bei Vertragsschluss stellt. Gegenüber Verbrauchern werden allgemeine Geschäftsbedingungen (AGB) nur wirksam, wenn sie über die allgemeinen Anforderungen an eine Einigung zum Vertragsschluss hinaus gem. § 305 Abs. 2 BGB wirksam einbezogen sind. Das gilt auch für Vertragsabschlüsse im Internet. Fraglich ist, wann der Hinweis auf die AGB gem. § 305 Abs. 2 Nr. 1[313] und die Möglichkeit der Kenntnisnahme nach § 305 Abs. 2 Nr. 2 BGB im Internet erfüllt sind und wie schließlich eine wirksame Einigung über die Vertragsklauseln zustande kommt.

Allgemein gilt, dass der Hinweis auf die allgemeinen Geschäftsbedingungen so gestaltet sein muss, dass er von einem Durchschnittskunden auch bei flüchtiger Betrachtung nicht übersehen werden kann[314].

Fraglich sind die Anforderungen, die an einen Hinweis auf die AGB auf der Internetseite des Anbieters gestellt werden. Es ist umstritten, ob der Verbraucher bei seiner Bestellung die AGB ausdrücklich in seine Erklärung einbeziehen muss, oder ob es ausreicht, dass an anderer Stelle im Angebot des Unternehmers deutlich auf sie hingewiesen wird. Das Problem wird häufig daran angeknüpft, dass das Angebot vom Verbraucher ausgeht[315]. Die Frage des hinreichend deutlichen Hinweises auf die AGB stellt sich jedoch auch, wenn die Internetseite des

---

[312] Mit den §§ 305 bis 310 BGB wird mit der Schuldrechtsreform das AGBG ins BGB eingegliedert.

[313] Im Internet ist ein ausdrücklicher Hinweis möglich, so dass die Ausnahme des § 305 Abs. 2 Nr. 1 Alt. 2 BGB nicht einschlägig ist; vgl. *Mehrings*, BB 1998, 2373 (2374); *H. Hoffmann*, Beilage zu NJW Heft 14/2001, 5 (9).

[314] BGH, Urteil vom 18.6.1986, NJW-RR 1987, 112 (114); der Verbraucher darf nicht erst suchen müssen, *Taupitz/Kritter*, JuS 1999, 839 (844).

[315] Vgl. *Mehrings*, BB 1998, 2373 (2375).

Unternehmers – wie etwa in Frankreich – als verbindliches Angebot verstanden wird. Sinn und Zweck der Einbeziehung ist es, sicherzustellen, dass die AGB vom Vertragswillen beider Parteien getragen werden[316]. Das kann nur dadurch gewährleistet werden, dass der Hinweis auf die AGB im Zusammenhang mit der Bestellung erfolgt. Denn neben dem Erfordernis des ausdrücklichen Hinweises in § 305 Abs. 2 Nr. 1 BGB müssen die AGB nach den allgemeinen Regeln Bestandteil des Vertragsangebots des Kunden sein, um Gegenstand des Vertrages werden zu können. Der ausdrückliche Hinweis muss also im Bestellformular des Unternehmers angebracht sein. So werden die AGB Bestandteil des Angebots[317]. Idealerweise ist der Hinweis mit einem Link verbunden, der zu den allgemeinen Geschäftsbedingungen führt, die sich auf einer anderen Internetseite des Unternehmers oder auf der gleichen Seite unterhalb des Bestellformulars befinden[318]. Möglich ist es auch, die AGB oberhalb des Bestellformulars vollständig anzuzeigen. Notwendig ist es allerdings nicht, dass dem Verbraucher die ganzen AGB angezeigt werden; § 305 Abs. 2 Nr. 1 BGB verlangt ja nur einen Hinweis[319]. Macht der Verbraucher das Vertragsangebot nicht mit einem Bestellformular des Unternehmers, sondern per E-Mail oder auf einem anderen Wege, verwendet er also, allgemein formuliert, ein anderes Kommunikationsmittel als der Unternehmer, so muss er die AGB ausdrücklich in seine Willenserklärung einbeziehen[320]. Anderenfalls hat der Unternehmer nur die Möglichkeit, das Angebot abzulehnen und gem. § 150 Abs. 2 BGB ein neues Angebot, das die AGB beinhaltet, abzugeben. Dieses neue Angebot müsste der Verbraucher erst noch annehmen.

Die zweite Voraussetzung für die wirksame Einbeziehung von AGB ist die zumutbare Möglichkeit der Kenntnisnahme, § 305 Abs. 2 Nr. 2 BGB. Der

---

[316] Siehe Gesetzentwurf der Bundesregierung, Entwurf eines Gesetzes zur Regelung des Rechts der Allgemeinen Geschäftsbedingungen (AGB-Gesetz), BT-Drs. 7/3919 vom 6.8.1975, S. 13; *Koehler*, MMR 1998, 289 (291).

[317] *Koehler*, MMR 1998, 289 (291); *Drexl*, in: *Lehmann* (Hrsg.), Electronic Business, 2002, S. 473 (516); im Ergebnis ebenso, aber dem Erfordernis des Hinweises zugeordnet *Taupitz/Kritter*, JuS 1999, 839 (844); *Koehler*, MMR 1998, 289 (291); *H. Hoffmann*, Beilage zu NJW Heft 14/2001, 5 (10); generell zur Einbeziehung *Ernst*, VuR 1997, 259 (261); *von Bernstorff*, RIW 2000, 14 (15); a.A. *Moritz*, CR 2000, 61 (64), Hinweis beim Vertragsangebot reicht aus für Einbeziehung.

[318] *Koehler*, MMR 1998, 289 (291); *Mehrings*, BB 1998, 2373 (2376); *Kaiser/Voigt*, K&R 1999, 445 (450).

[319] Vgl. LG Essen, Urteil vom 13.2.2003, Jur-PC Web-Dok. 287/2003, http://www.jurpc.de/rechtspr/20030287.htm.

[320] OLG Hamburg, Urteil vom 13.6.2002, K&R 2002, 666; vgl. BGH, Urteil vom 24.3.1988, NJW 1988, 2106 (2108); *H. Hoffmann*, Beilage zu NJW Heft 14/2001, 5 (9).

Verbraucher muss beim Vertragsschluss[321] tatsächlich die Möglichkeit haben, von den allgemeinen Geschäftsbedingungen Kenntnis zu nehmen[322]. Die Beweislast trifft den Verwender, der sich auf die AGB beruft[323]. Die bereitgestellte Kenntnisnahmemöglichkeit muss dem Verbraucher darüber hinaus zumutbar sein. Die Zumutbarkeit wird abhängig von den Umständen beim Vertragsschluss und den Bedürfnissen der beteiligten Verkehrskreise beurteilt. Im Einzelnen müssen die AGB mühelos zu lesen sein[324], ein Mindestmaß an Übersichtlichkeit aufweisen und einen im Verhältnis zur Bedeutung des Geschäfts vertretbaren Umfang haben[325]. Die mühelose Lesbarkeit kann durch den beschränkten Platz auf einer Bildschirmseite problematisch sein. Im Internet ist es im Verhältnis zum Bildschirmtext (BTX) leichter, zwischen verschiedenen Bildschirmseiten zu wechseln, in der Regel im fließenden Übergang. Dadurch kann der Verbraucher schneller zwischen den Textteilen wechseln. Das ist notwendig, um die AGB in ihrer Gesamtheit zu erfassen und beurteilen zu können[326]. Durch die Möglichkeit, die AGB auszudrucken und abzuspeichern kann der Verbraucher die AGB auch auf dem Papier studieren. Die Speicherbarkeit steht dem Argument entgegen, die Verbindungskosten würden ein ausführliches Lesen am Bildschirm unzumutbar machen[327]. Dem könnte entgegengehalten werden, dass der Verbraucher die Internetverbindung nicht trennen möchte, um die gemachten Eingaben bei einem erneuten Aufrufen der Seite nicht wiederholen zu müssen. Sich die Zeit zur tatsächlichen Kenntnisnahme der AGB zu nehmen, liegt indes im Verantwortungsbereich des Verbrauchers. Es liegt zwar im Interesse des Unternehmers, den AGB zur Wirksamkeit zu verhelfen, inwieweit der Verbraucher sich inhaltlich mit den Klauseln auseinandersetzt, kann vom Unternehmer nicht nachgeprüft werden.

---

[321] Deswegen reicht ein Link am Anfang eines umfangreichen Internet-Angebots, der im Moment des Vertragsschlusses gedanklich in die Ferne gerückt sein kann, nicht aus, *H. Hoffmann*, Beilage zu NJW Heft 14/2001, 5 (10).
[322] *Koehler*, MMR 1998, 289 (291).
[323] Palandt/*Heinrichs*, BGB, 2002, § 2 AGBG, Rn. 4a.
[324] Palandt/*Heinrichs*, BGB, 2002, § 2 AGBG, Rn. 13.
[325] *Schlosser*, in: Staudinger, BGB, 1998, § 2 AGBG, Rn. 28; *Mehrings*, BB 1998, 2373 (2379), differenziert: bei Alltagsgeschäften geringen Umfangs müssen die AGB so kurz sein, dass sie am Bildschirm lesbar sind, bei größerem Geschäftsvolumen ist das nicht notwendig. Wie lang am Bildschirm angezeigte AGB sein dürfen, ist nicht einheitlich zu beurteilen, siehe z.B. OLG Köln, Urteil vom 21.11.1997, CR 1998, 244 (245): sieben BTX Seiten; *Kamanabrou*, CR 2001, 421 (422): 2 Seiten in einer selbst festgelegten Formatierung; grundsätzlich gegen eine Einbeziehung umfangreicher AGB im Internet *Borges*, ZIP 1999, 565 (566).
[326] *Koehler*, MMR 1998, 289 (292).
[327] *Koehler*, MMR 1998, 289 (292).

Ein weiteres Argument, dass gegen die Zumutbarkeit der Kenntnisnahme am Bildschirm angeführt wird, ist die „Flüchtigkeit" der Information und die damit verbundene Gefahr der nachträglichen Veränderung[328]. Dabei handelt es sich freilich nicht um ein spezifisches Problem elektronischer Kommunikationsmittel. Auch die im Ladengeschäft des Verwenders ausgehängten AGB können nach Abschluss des Vertrages verändert werden. Die Veränderbarkeit ist außerdem deshalb für die Frage der Einbeziehung nicht von Bedeutung, weil es für die Beurteilung der Einbeziehung auf den Zeitpunkt des Vertragsschlusses ankommt; nachträgliche Veränderungen bleiben außer Betracht[329]. Die Veränderbarkeit stellt lediglich ein beweisrechtliches Problem dar. Zum einen weist es geringe praktische Bedeutung auf, weil sich in der Regel der Unternehmer auf die Geschäftsbedingungen berufen wird und deren Einbeziehung mit einem bestimmten Inhalt zum Zeitpunkt des Vertragsschlusses nachweisen muss[330]. Zum anderen tritt das Problem seit dem 1. Januar 2002 deswegen nicht mehr auf, weil der Unternehmer durch § 312e Abs. 1 Nr. 4 BGB verpflichtet wird, dem Verbraucher bei Vertragsschluss die Möglichkeit zu geben, die AGB abzurufen und in wiedergabefähiger Form zu speichern[331]. Das beantwortet die Frage, ob und unter welchen Voraussetzungen dem Verbraucher eine Möglichkeit zum Ausdrucken gegeben werden muss[332]. Die Speicherung in wiedergabefähiger Form bedeutet zwar nicht zwingend, dass die Wiedergabe durch Ausdruck gewährleistet sein muss; in der Regel wird dies jedoch der Fall sein. Der Ausdruck von AGB am Drucker des Verbrauchers darf nicht durch die Programmierung der Seite verhindert werden[333]. Zu beachten ist, dass eine Verletzung des § 312e Abs. 1 Nr. 4 BGB keinen Einfluss auf die wirksame Einbeziehung der AGB hat[334], sondern nur zu Ansprüchen wegen einer Nebenpflichtverletzung führen kann. Außerdem beginnt gem. § 312e Abs. 3 Satz 2 BGB die Widerrufsfrist nicht vor Erfüllung dieser und anderer Pflichten des Unternehmers im elektronischen Geschäftsverkehr.

---

[328] Vgl. *Waldenberger*, BB 1996, 2365 (2368).

[329] *Mehrings*, BB 1998, 2373 (2379).

[330] *Schlosser*, in: Staudinger, BGB, 1998, § 2 AGBG, Rn. 16; *Mehrings*, BB 1998, 2373 (2379).

[331] Die Kritik *H. Hoffmanns*, Beilage zu NJW Heft 14/2001, 5 (10, Fn. 75), der die fehlende Verpflichtung zur Übermittlung auf einem dauerhaften Datenträger bemängelt, dürfte hiermit gegenstandslos geworden sein. Die gesetzliche Regelung verlangt zwar keine Übermittlung auf einem dauerhaften Datenträger, vermag die Verbraucherinteressen aber hinreichend zu berücksichtigen.

[332] Eingehend *Kamanabrou*, CR 2001, 421 (422 f.).

[333] *H. Hoffmann*, Beilage zu NJW Heft 14/2001, 5 (10).

[334] Palandt/*Heinrichs*, BGB, 2003, § 312e, Rn. 8.

§ 312e Abs. 1 Nr. 4 BGB setzt Art. 10 Nr. 3 EC-RL in deutsches Recht um. Die Richtlinienregelung geht über das Recht der Allgemeinen Geschäftsbedingungen hinaus, weil nicht nur AGB im Sinne des § 305 Abs. 1 BGB, sondern alle Vertragsbestimmungen umfasst sind. Gemeint sind dabei die Vertragsbedingungen, die vom Unternehmer einseitig gestellt werden; ein individuelles Aushandeln ist in den Bestellvorgängen auf Internetseiten in der Regel nicht vorgesehen. Die Vorschrift gilt auch für individuell per E-Mail vereinbarte Klauseln, weil sich die Ausnahme des § 312e Abs. 2 Satz 1 BGB gerade nicht auf Absatz 1 Nr. 4 erstreckt. Eine E-Mail bietet aber die Möglichkeit der Abrufbarkeit und Speicherbarkeit, so dass Absatz 1 Nr. 4 in diesen Fällen immer erfüllt ist.

Parallel zur Sprachenfrage bei der Erfüllung der Informationspflichten[335] ist die Möglichkeit der Kenntnisnahme bei AGB ebenfalls nicht gegeben oder nicht zumutbar, wenn eine dem Verbraucher unbekannte Sprache verwendet wird. Die Kenntnisnahme ist dann gegeben und zumutbar, wenn die AGB in der Sprache abgefasst sind, die auch für den Vertragsschluss selbst verwendet wird, also in der Werbung und dem Bestellformular auftritt[336]. Ansonsten muss der Unternehmer den Nachweis erbringen, dass der Kunde die Sprache, in der die AGB verfasst sind, ebenfalls beherrscht[337]. Ein Abstellen auf die am Aufenthaltsort des Adressaten übliche Sprache[338] scheitert, wie bei den Informationspflichten, an der Zumutbarkeit für den Unternehmer und der Praktikabilität[339]. Ein Verzicht des Verbrauchers zur Kenntnisnahme der AGB in seiner Sprache[340] ist aufgrund des zwingenden Charakters der gesetzlichen Bestimmungen nicht möglich[341]. Einige Verfasser sind der Ansicht, dass die AGB in einer Sprache abgefasst sein müssen, die der Verbraucher tatsächlich beherrscht[342]. Auf die Sprache des Vertragspartners abzustellen ist indes nicht praktikabel, weil der Verwender die AGB in jeder Sprache anbieten müsste, in dessen Bereich sein Angebot empfangen werden kann. Die Interessen von Verwender und Vertragspartner gleichermaßen berücksichtigt die Ansicht, die verlangt, dass die AGB in der Sprache, in der auch der Vertrag geschlossen wird, zur Verfügung gestellt wird.

---

335 Siehe oben § 8 I 2 b.

336 *Koehler*, MMR 1998, 289 (293); *Waldenberger*, BB 1996, 2365 (2369); *Taupitz/Kritter*, JuS 1999, 839 (844); *C. Schäfer*, JZ 2003, 879 (879); ebenso BGH, Urteil vom 10.3.1983, NJW 1983, 1489, bei einem unter Anwesenden geschlossenen Vertrag über ein Fertighaus in deutscher Sprache mit italienischen Kunden.

337 Vgl. *Koehler*, MMR 1998, 289 (294).

338 *Schlosser*, in: Staudinger, BGB, 1998, § 2 AGBG, Rn. 4.

339 *Taupitz/Kritter*, JuS 1999, 839 (844).

340 So *Koehler*, MMR 1998, 289 (294); allgemein für eine Verzichtsmöglichkeit (unabhängig von der Sprachenfrage).

341 Kritisch auch *Waldenberger*, BB 1996, 2365 (2368).

342 Nachweise bei *Waldenberger*, BB 1996, 2365 (2369), Fn. 40.

Denn wenn ein Kunde sprachlich in der Lage ist, einen Vertrag abzuschließen, so kann er auch die AGB lesen oder sie sich zur ausführlichen Lektüre ausdrucken[343].

3. Rechtsvergleichende Betrachtung

Die Gesetzgebung zur Verhinderung missbräuchlicher Klauseln in Verträgen folgt in Frankreich und Deutschland zwei unterschiedlichen Ansätzen. In Frankreich soll der Verbraucher als schwächere Vertragspartei geschützt werden und in Deutschland jeder Vertragspartner – der persönliche Anwendungsbereich der Regelungen ist nicht beschränkt – vor einer Ausnutzung der Vertragsgestaltungsfreiheit durch die andere Vertragspartei[344]. Der sachliche Anwendungsbereich der französischen Regelung ist dagegen weiter als in Deutschland, weil nicht nur vorformulierte Klauseln umfasst sind, sondern auch individuell ausgehandelte. Über § 310 Abs. 3 Nr. 2 BGB gelten die Bestimmungen über die Inhaltskontrolle jedoch nicht nur für vorformulierte Vertragsklauseln, die für eine Vielzahl von Verträgen bestimmt sind, sondern auch für solche zur einmaligen Verwendung. Art. 10 Abs. 3 EC-RL umfasst alle Vertragsklauseln, also sowohl allgemeine Geschäftsbedingungen als auch einzelne einseitige Vertragsbedingungen. In diesem Umfang wird nun auch der Unternehmer nach deutschem Recht durch § 312e Abs. 1 Nr. 4 BGB verpflichtet, dem Verbraucher die Abrufbarkeit der Klauseln zu ermöglichen. Der durch die LEN geschaffene Art. 1369-1 C. civ. sieht im Gegensatz zum Vorgängerentwurf in proj. LSI nicht vor, dass der Kunde die Klauseln speichern und reproduzieren können muss.

Die Einbeziehung von allgemeinen Geschäftsbedingungen in einen Vertrag, der im Internet geschlossen wird, ist in der deutschen Literatur Gegenstand einer ausgiebigen Diskussion, während die Frage in Frankreich nicht besonders problematisiert wird. Dabei handelt es sich bei der Auslegung, ob ein Hinweis auf die Geschäftsbedingungen ausreichend ist, damit der Kunde ihn zur Kenntnis nehmen kann, um eine tatsächliche Frage, die in beiden Rechtsordnungen beantwortet werden muss. Die unterschiedliche Relevanz, die dem Thema beigemessen wird, kann zwei Gründe haben. Die Prüfung der Einbeziehung hat sich in Frankreich als Richterrecht herausgebildet, so dass der Richter in Einzelfallentscheidungen zu einer angemessenen Lösung kommen kann, die nicht an feste, etwa von der Literatur entwickelte, Entscheidungsregeln gebunden ist. Die französische Rechtsprechung hat sich noch nicht speziell mit dem Problem befasst. In Deutschland gibt es Entscheidungen im Zusammenhang mit allgemei-

---

343 *Taupitz/Kritter*, JuS 1999, 839 (844); *Waldenberger*, BB 1996, 2365 (2369); *von Bernstorff*, RIW 2000, 14 (16), der auch eine „gängige Weltsprache" ausreichen lässt.
344 Vgl. *Hart*, Jura 2001, 649 (650).

nen Geschäftsbedingungen bei Internetauktionen[345], die sich jedoch mit dem Inhalt und nicht mit der Einbeziehung auseinandersetzen. Die französische Lösung der Einzelfallentscheidung durch die Rechtsprechung bietet ein ausreichendes und adäquates Instrument zur Beantwortung der Frage, ob die Klauseln Vertragsbestandteil geworden sind. Art. 10 Abs. 3 EC-RL wird hierdurch jedoch nicht umgesetzt.

IV. Formerfordernisse

Im Internet kann die klassische Schriftform, die einen materiellen Datenträger, in der Regel Papier, und eine eigenhändige Unterschrift erfordert, nicht verwirklicht werden. Das hat rechtliche Auswirkungen in zweierlei Hinsicht. Die rechtlich relevanten Vorgänge können nicht belegt werden, was den Beweis erschwert. Inhaltlich ist die Erfüllbarkeit von Formerfordernissen für die Frage von Bedeutung, ob bestimmte Geschäfte, wie etwa Verbraucherkreditverträge[346], überhaupt im Internet abgeschlossen werden können[347]. Der europäische und die nationalen Gesetzgeber haben dieses Problem erkannt und eine elektronische Form der herkömmlichen Schriftform rechtlich zur Seite gestellt. Art. 9 Abs. 1 EC-RL gebietet es, den Abschluss von Verträgen auf elektronischem Wege zu ermöglichen und die Gültigkeit solcher Verträge nicht nur deshalb zu verneinen, weil sie auf elektronischem Wege geschlossen wurden. In Art. 9 EC-RL ist die Gleichstellung der elektronischen Form mit der Schriftform enthalten, wohingegen Art. 5 der Signaturrichtlinie nur die fortgeschrittene elektronische Signatur der eigenhändigen Unterschrift gleichgesetzt hat[348].

In den verbraucherschützenden Zielkategorien gedacht, können wirksamkeitsrelevante Formerfordernisse für die Gewährleistung der wirtschaftlichen Selbstbestimmung Bedeutung haben, wenn mit dem Vertragsschluss derart weitreichende Rechtsfolgen verknüpft werden, dass die Schriftform als Warnfunktion zum nochmaligen bewussten Nachdenken über den Vertragsschluss anregen will[349]. Das Bedürfnis hierfür wird nicht nur Verbrauchern unterstellt, sondern findet sich auch allgemeingültig für bestimmte Rechtsgeschäfte wie die Schenkung oder den Abschluss eines Immobilienkaufvertrags. Die in Frankreich gegebene nur beweisrechtlich relevante Form ist für das Zustandekommen des Vertrages

---

[345] KG Berlin, Urteil vom 15.8.2001, K&R 2002, 146.

[346] Im Zusammenhang mit dem alten deutschen Verbraucherkreditgesetz *Borges*, ZIP 1999, 565 (566).

[347] Problematisch ist insbesondere die Schriftform; zur Diskussion in Deutschland vor dem Fernabsatzgesetz: *Ernst*, VuR 1997, 259 (260 f.); *Kaiser/Voigt*, K&R 1999, 445 (449); *Waldenberger*, BB 1996, 2365 (2369 f.).

[348] Vgl. oben § 4 II 2 a. bb.

[349] *Couturier*, Defrénois 2000, 880 (882 et s.): « *protection de la volonté* ».

nicht von Bedeutung. Die Beweisbarkeit des Rechtsgeschäfts trägt zum effektiven Verbraucherschutz bei, weil der Verbraucher so in der Lage ist, seine Ansprüche gerichtlich geltend zu machen. Das Wissen um diese Möglichkeit stärkt wiederum das Vertrauen des Verbrauchers.

1. Französisches Recht

Die Schriftform als beweisrechtliche Voraussetzung muss von der Schriftform als Wirksamkeitsvoraussetzung unterschieden werden (etwa Art. L 311-8 C. cons., L 312-7 C. cons., L 121-23 C. cons.). Wenn die Schriftform Wirksamkeitsvoraussetzung ist, führt ein Fehlen zur Nichtigkeit des Rechtsaktes[350]. Wenn die vorgesehene Beweisform nicht erbracht werden kann, ist die Durchsetzbarkeit erschwert. Die Parteien haben die Möglichkeit, auf andere Art und Weise Beweise für Inhalt und Bestehen des Rechtsgeschäftes zu erbringen[351].

a) Formen

Das Gesetz kennt verschiedene Arten der Formerfordernisse. Neben dem Erfordernis der notariellen Beurkundung gibt es die privatrechtliche Urkunde und die Unterschrift. Schriftform (*écrit*) und Unterschrift (*signature*) sind zunächst voneinander unabhängig. Nach traditionellem Verständnis erforderte der Urkundsbeweis gemäß Art. 1322 C. civ. beide Elemente: ein schriftliches Dokument mit einer handschriftlichen Unterschrift[352]. Mit dem Signaturgesetz vom 13.3.2000 wurden die beweisrechtlichen Formvorschriften der Art. 1316 et s. C. civ. für elektronische Formen geöffnet. Die loi pour la confiance dans l'économie numérique hat einen neuen Art. 1108-1 C. civ. geschaffen, der die Erfüllung wirksamkeitsbegründender Formvorschriften mit der elektronischen Form ermöglicht. Dazu wird auf Art. 1316-1 und 1316-4 C. civ. verwiesen.

Das französische Recht kannte bis zur Einführung des Signaturgesetzes keine Definition des Schriftstückes (*écrit*). Eine weite finale Definition gibt *de Lamberterie*: Ein Schriftstück ist das, was zur Wirksamkeit oder zum Beweis eines

---

[350] Siehe Cour de cassation, 1re chambre civile, 28.11.1995, CCC, février 1996, 17, note Raymond ; kritisch und differenzierend zur Rechtsfolge der Nichtigkeit *X. Lagarde*, JCP 1999, I 179, p. 1767 (1773 et s.).

[351] *J. Flour/Aubert/Y. Flour/Savaux*, Obligations/3, 2001, n° 36; *Voirin/Goubeaux*, Droit civil, tome 1, 2001, n° 1085.

[352] Vgl. *Tonnellier/Dupuis-Toubol*, JCP E 1998, 2011 (2012).

Rechtsaktes oder eines *fait juridique* hergestellt wird[353], und zwar unabhängig vom verwendeten Trägerstoff[354].

Eine Unterschrift (*signature*) wird herkömmlich als ein handgeschriebener Namenszug verstanden. Eine Definition fand sich im Code civil genauso wenig wie eine Definition der Schriftform. Die Rechtsprechung geht von einem funktionalen Verständnis aus[355]. Eine Unterschrift soll die Identität ihres Verwenders erkennen lassen und seine Zustimmung zum Inhalt des unterschriebenen Schriftstücks zum Ausdruck bringen[356]. Der zweite Aspekt kommt in der EG-Signaturrichtlinie weniger klar zum Ausdruck als der erste[357].

Der Urkundsbeweis des französischen Rechts war den Anforderungen des elektronischen Geschäftsverkehrs nicht gewachsen. Eine angepasste Definition von Schriftform und Unterschrift wurde notwendig. Das konnte umso leichter geschehen, weil es noch keine gesetzlichen Definitionen gab und die Rechtsprechung das erwähnte funktionale Verständnis vertreten hat. Frühere Ansätze, die elektronischen Dokumenten Beweiskraft als „angefangener Beweis" (*commencement de preuve par écrit*) gem. Art. 1347 C. civ. geben wollten[358], sind mit der neuen gesetzlichen Regelung hinfällig geworden. Die Cour d'appel de Versailles hat schon 1996 entschieden, dass die Beweiskraft eines Dokuments nicht durch seinen digitalen Charakter beeinträchtigt wird[359].

Durch das Signaturgesetz wurde der Abschnitt des Code civil über die *preuve littérale* geändert[360]. Durch die Änderungen wird der Schriftbeweis gesetzlich definiert, eine Definition für die Unterschrift ins Gesetz eingefügt, bestimmt, unter welchen Voraussetzungen eine elektronische Unterschrift als vertrauens-

---

[353] *De Lamberterie*, Cahiers Lamy droit de l'informatique et des réseaux, mars 2000, 9 (9).

[354] Vgl. *Costes*, Lamy droit de l'informatique et des réseaux, bull. d'actualité, février 2000, 1 (3); zu den verschiedenen Verwendungen des Begriffs *„écrit"*, gebunden an oder losgelöst vom Trägerstoff Papier siehe *de Lamberterie*, Cahiers Lamy droit de l'informatique et des réseaux, mars 2000, 9 (9).

[355] Cour de cassation, 1ère chambre civile, 8.11.1989, arrêt « Credicas », D. 1990, jurisprudence, 369, note *Gavalda*; es geht um die Zulässigkeit der Vereinbarung von Eingabe eine Geheimnummer in Verbindung mit der Verwendung einer Magnetkarte zum Nachweis einer Transaktion, freilich für Geschäfte, die den Beweisvorschriften des Code civil nicht unterliegen; siehe *Gobert/Montero*, in: *De Nayer/Laffineur* (éds.), Droit et consommation, 2000, p. 275 (296 et s.); *Y. Flour/Ghozi*, Defrénois 2000, 911 (916).

[356] *Costes*, Lamy droit de l'informatique et des réseaux, bull. d'actualité, février 2000, 1 (4).

[357] So *Moreno*, JCP 2000, 55 (56); *Nataf/Lightburn*, JCP E 2000, 836 (837, Fn. 12).

[358] *Breese/Kaufman*, Internet, 2000, p. 306 et s.

[359] Cour d'appel de Versailles, 13e chambre, 12.10.1995, RTD civ. 1996, 170 (172), obs. *Mestre*.

[360] Siehe oben § 4 II 2 b.

würdig anzusehen ist und die Beweiskraft eines elektronischen Schriftstücks geregelt. Daneben trifft das Gesetz Aussagen über notarielle Urkunden und Beweisvereinbarungen der Parteien.

aa) Schriftstück

Nach der neuen Regelung ist die *preuve littérale*[361] (Schriftbeweis oder Urkundenbeweis) in weiter Form in Art. 1316 C. civ. neu definiert als eine lesbar aufgezeichnete Folge von Buchstaben, Schriftzeichen, Ziffern oder anderer Zeichen und Symbole[362], unabhängig von dem Träger der Daten und der Übertragungsmethode[363]. Die formelle Definition hat sich in eine funktionelle verwandelt[364]. Die Zulassung eines elektronischen Dokuments als Beweis wie ein auf Papier geschriebenes Schriftstück[365] ist dann gegeben, wenn der Aussteller erkennbar ist und die Speicherung so erfolgt, dass die Integrität der Daten garantiert ist (Art. 1316-1 C. civ.), also nach der Erstellung keine unbemerkten Veränderungen vorgenommen werden konnten[366]. Um eine Legaldefinition des *écrit sous forme électronique* handelt es sich freilich nicht[367]. In der Gleichstellung des digitalen Informationsträgers mit dem Papier sieht *Gautier* die eigentliche Revolution des Beweisrechts[368]. Andere Autoren kritisieren die Heranziehung von Papier als Referenzmedium (in Art. 1316-1 und 1316-3 C. civ.), wenn eine voll-

---

[361] Oder *preuve par écrit*; Art. 1316 vewendet beide Begriffe nebeneinander, stellt sie also gleich.

[362] Zum Bedeutungsunterschied zwischen *lettres* und *charactères* siehe *Passant*, Cahiers Lamy droit de l'informatique et des réseaux, mai 2000, 7 (8); durch die letzten beiden Punkte wird der Weg frei gemacht für elektronische und verschlüsselte Schriftstücke, *Grynbaum*, Com. Com. électr., avril 2000, 12 (13).

[363] Vgl. *Boudreau*, Gaz. Pal., 30.12.2001, 6 (7).

[364] *J. Flour/Aubert/Y. Flour/Savaux*, Obligations/3, 2001, n° 23.

[365] Oder allgemeiner die hergebrachte Definition bei *Catala*, in: Mélanges *Cabrillac*, 1999, p. 90 (95): « *l'adjectif litteral désignait une écriture apposée en signes lisibles sur un support tangible* ».

[366] *Schwerer*, CCC, décembre 2000, 4 (5), bemängelt die Ungenauigkeit des wenig verwendeten Begriffs „*intégrité*"; er bedeutet, das ein Objekt in Bezug auf einen früheren Zustand nicht verändert wurde; so auch die Definition bei *Piette-Coudol*, Lamy droit de l'informatique et des réseaux, bull. d'actualité, novembre 1999, 14 (14). Fraglich ist, ob die Integrität auf den Inhalt oder den elektronischen Datenträger bezogen sein soll; hierzu *de Lamberterie*, Cahiers Lamy droit de l'informatique et des réseaux, mars 2000, 9 (10), die für den ersten Fall „*immutabilité*" vorschlägt und für den zweiten Fall „*inaltérabilité*"; ebenso *Passant*, Cahiers Lamy droit de l'informatique et des réseaux, mai 2000, 7(8).

[367] So aber *Rosch/Klingenfuß*, RIW 2001, 493 (496 f.).

[368] *Gautier*, Petites affiches, 7.2.2000, 4 (6).

ständige Gleichstellung erreicht werden soll[369]. Die Umsetzung von Art. 9 Abs. 1 EC-RL ist durch Art. 1108-1 C. civ. erfolgt. Er verweist auf Art. 1316-1 C. civ., der entsprechend angewendet aussagt, dass ein elektronisches Dokument in gleicher Weise wie ein auf Papier geschriebenes Schriftstück die wirksamkeitsbegründende Schriftform erfüllen kann, wenn Identität und Integrität gewährleistet sind. Auf Art. 1316 C. civ. wird nicht verwiesen. Die allgemeine, auch elektronische Dokumente umfassende Definition eines Schriftstücks wäre für die beabsichtige rechtliche Anerkennung der elektronischen Form für Vertragsabschlüsse nicht notwendig. Wichtig ist Art. 1316-1 C. civ., der die Gleichsetzung vornimmt.

bb) Unterschrift

Art. 1316-4 C. civ., der sowohl für das Beweisrecht gilt als auch über Art. 1108-1 C. civ. für die wirksamkeitsbegründende Form Anwendung findet, definiert im ersten Absatz, was unter einer Unterschrift zu verstehen ist[370]. Die Definition gibt die bereits vorher von Lehre und Rechtsprechung verwendeten Kriterien wieder, nach denen die Unterschrift zwei unterschiedliche Funktionen hat: die Identitätsfunktion und die Garantie der Verbindung mit dem unveränderten Dokument.

Die Unterschrift ist nach der gesetzlichen Definition nicht zwingender Bestandteil des Urkundsbeweises[371]. Ihre Notwendigkeit wird allerdings als selbstverständlich angenommen, um ein beweistaugliches Schriftstück zu erhalten[372]. Sie ist gleichwohl notwendig, um seine Bedingungen zu erfüllen, nach denen der

---

[369] Siehe *Costes*, Lamy droit de l'informatique et des réseaux, bull. d'actualité, février 2000, 1 (3); *de Lamberterie*, Cahiers Lamy droit de l'informatique et des réseaux, mars 2000, 9 (10); *Passant*, Cahiers Lamy droit de l'informatique et des réseaux, mai 2000, 7 (8), die als Grund eine Überleitung zu Art. 1316-2 C. civ. vorschlägt.

[370] Art. 1316-4 C. civ.: « *La signature nécessaire à la perfection d'un acte juridique identifie celui qui l'appose. Elle manifeste le consentement des parties aux obligations qui découlent de cet acte. Quand elle est apposée par un officier public, elle confère l'authenticité à l'acte.*
Lorsqu'elle est électronique, elle consiste en l'usage d'un procédé fiable d'identification garantissant son lien avec l'acte auquel elle s'attache. La fiabilité de ce procédé est présumée, jusqu'à preuve contraire, lorsque la signature électronique est créée, l'identité du signataire assurée et l'intégrité de l'acte garantie, dans des conditions fixées par décret en Conseil d'Etat. »

[371] *Rosch/Klingenfuß*, RIW 2001, 493 (496).

[372] *De Lamberterie*, Cahiers Lamy droit de l'informatique et des réseaux, mars 2000, 9 (10); *Boudreau*, Gaz. Pal., 30.12.2001, 6 (8); *Passant*, Cahiers Lamy droit de l'informatique et des réseaux, mai 2000, 7 (9); *J. Flour/Aubert/Y. Flour/Savaux*, Obligations/3, 2001, n° 33; *Chabas/François*, Introduction, 2001, n° 415.

Ersteller identifiziert und die Integrität der Urkunde gewährleistet wird[373]. Diese Funktionen können auch auf anderem Wege als dem Namenszug, etwa durch biometrische Daten, erfüllt werden. Wenn es auf die Identifizierungsfunktion ankommt, müssen diese Verfahren einer Namensunterschrift gleichwertig sein[374]. Daher kommt es nicht auf die Erkennbarkeit des Namens an (auch unleserliche Unterschriften sind wirksam[375]); die individuelle Zuordnung kann bei elektronischen Verfahren schwierig sein, weil nicht erkennbar ist, wer die Technik tatsächlich verwendet hat[376].

Dem Wortlaut nach sind die Kriterien des Art. 1316-4 C. civ. nur auf das elektronische Dokument anzuwenden, beim Papierschriftstück scheint sich das implizit zu ergeben. Hier zeigt sich ein Mangel in der Definition des Art. 1316 C. civ. Wenn mit den neuen gesetzlichen Definitionen ohne Rückgriff auf Rechsprechung und Lehre argumentiert werden soll, ist interessanterweise ein Umkehrschluss vom beweiskräftigen elektronischen Schriftstück auf das herkömmliche Schriftstück zu machen, um bei diesem die Notwendigkeit einer Unterschrift zu begründen. Deren Notwendigkeit kommt allerdings auch in Art. 1316-4 al. 1 C. civ. zum Ausdruck: « *La signature nécessaire à la perfection d'un acte juridique identifie celui qui l'appose. Elle manifeste le consentement des parties aux obligations qui découlent de cet acte* »[377].

Durch die neue Definition der Schriftform können auch Kopien von Schriftstücken eine Urkunde darstellen. Fraglich ist, ob damit auch der Weg für kopierte Unterschriften freigemacht ist. Dies ist zu verneinen, denn den Anforderungen der Vertrauenswürdigkeit, insbesondere die Garantie der Verbindung mit dem unveränderten Dokument, die sicherstellt, dass die durch die Unterschrift zum Ausdruck gebrachte Zustimmung sich auf das Dokument bezieht, kann eine kopierte Unterschrift nicht unbedingt genügen. So sieht es auch die Rechtsprechung[378]. Deswegen ist es nicht richtig, dass mit dem Signaturgesetz die Unterscheidung zwischen originalem Schriftstück und Kopie aufgehoben wird[379],

---

373 So auch das Professorengremium, das den ersten Entwurf ausgearbeitet hat, *Catala et al.*, JCP 1999, I 182, p. 2069 (2071).

374 *Voirin/Goubeaux*, Droit civil, tome 1, 2001, n° 1056.

375 Vgl. hierzu *Raynouard*, Defrénois 2000, 593 (607); *Chabas*, Introduction, 2000, n° 415.

376 *Chabas*, Introduction, 2000, n° 415.

377 „Die zum Abschluss eines Rechtsaktes notwendige Unterschrift identifiziert denjenigen, der sie verwendet. Sie manifestiert die Zustimmung der Parteien zu den Verpflichtungen, die sich aus diesem Akt ergeben", Übersetzung des Verf.

378 In der schon oben zitierten Entscheidung Cour de cassation, 1re chambre civile, 28.3.2000, JCP 2000, II 10368 (p. 1555), note *Leveneur*.

379 So *Nataf/Lightburn*, JCP E 2000, 836 (838).

wenn man bedenkt, dass das Schriftstück nur mit einer wirksamen Unterschrift Beweiskraft und Erklärungskraft erlangt.

Im zweiten Absatz bestimmt Art. 1316-4 C. civ. die Voraussetzungen einer elektronischen Signatur (*signature électronique*). Sie besteht in der Anwendung eines vertrauenswürdigen Verfahrens (*procédé fiable*), das die Verbindung mit dem Dokument garantiert, an die sie angeheftet ist – zwei Voraussetzungen, die bei einer eigenhändigen Unterschrift auf einem Schriftstück immer gegeben sind. Die Vertrauenswürdigkeit wird in bestimmten Fällen widerlegbar vermutet, die durch ein *décret* des Conseil d'Etat festgelegt werden können[380]. Eine elektronische Signatur wurde in Frankreich für eine *carte professionnelle de santé* schon 1998 eingeführt[381].

Dieses décret n° 2001-272[382] stellt in Art. 2 Kriterien für die Verlässlichkeit einer elektronischen Signatur auf. Das Erstellungsverfahren muss zu einer sicheren elektronischen Signatur führen (*signature électronique sécurisée*[383]), die Signatur muss mit einem gesicherten Mittel zur Erstellung einer elektronischen Signatur erstellt sein und die Verifizierung der Unterschrift muss auf einem qualifizierten elektronischen Zertifikat beruhen. Das décret enthält detaillierte Bestimmungen zu den einzelnen Punkten, die inhaltlich im Wesentlichen den Anhängen I bis III der Signaturrichtlinie entsprechen. Sichere Signaturerstellungseinheiten bedürfen einer Konformitätsbescheinigung einer Systemsicherungsbehörde, die dem Premierminister unterstellt ist (Art. 3 al. 2 n° 1); die Prüfkriterien sind im décret n° 2002-535 vom 18. April 2002 festgelegt[384]. Darüber hinaus

---

[380] Vgl. *Großerichter/Rageade*, RIW 2001, 771 (773); kritisch zu dieser Vermutung *Poullet/Antoine*, « Vers la confiance » ou comment assurer le développement du commerce électronique, 2000, n° 13 m. Fn. 39, http://Droit-Internet-2000.univ-paris1.fr/dossier9, Yves-Poullet.doc.

[381] Art. R 161-58 Code de la sécurité sociale, eingefügt durch décret n° 98-271 du 9 avril 1998 relatif à la carte de professionnel de santé et modifiant le code de la sécurité sociale et le code de la santé publique, J.O. n° 87 du 12.4.1998, 5714.

[382] Décret n° 2001-272 du 30 mars 2001 pris pour l'application de l'article 1316-4 du code civil et relatif à la signature électronique, J.O. n° 77 du 31 mars 2001, 5070; siehe *Caprioli*, JCP 2000, 787 (793); *Costes*, Lamy Droit de l'informatique et des réseaux, bull. d'activité, mai 2001, 1; *Retornaz*, Cahiers Lamy Droit de l'informatique et des réseaux, mai 2001, 7; *Joly-Passant*, Cahiers Lamy Droit de l'informatique et des réseaux, juin 2001, 1; *de Lamberterie/Blanchette*, JCP 2001, 1269.

[383] Die im wesentlichen der fortgeschrittenen elektronischen Signatur in der Signaturrichtinie entspricht, *Joly-Passant*, Cahiers Lamy droit de l'informatique et des réseaux, juin 2001, 1 (3).

[384] Décret n° 2002-535 du 18 avril 2002 relatif à l'évaluation et à la certification de la sécurité offerte par les prduits et les systèmes de technologies d'information, J.O. n° 92 du 19.4.2002, 6944; hierzu *Penneau*, D. 2002, 2065.

kann ein qualifiziertes elektronisches Zertifikat nur von einem qualifizierten Zertifizierungsdiensteanbieter (*prestataire de service certification*) ausgestellt werden[385]. Dieser soll von einer Stelle benannt werden, die durch arrêté vom 31. Mai 2002 geschaffen wurde[386], dem *Comité français d'accréditation* (CORAC).

Das die Zertifizierungsanbieter private Unternehmen sind und keine öffentlichen Stellen, hält *Leveneur* für problematisch, weil so die dauerhafte Gültigkeit der Zertifikate bei Einstellung der Tätigkeit eines privaten Anbieters nicht gewährleistet ist[387]. Das Fehlen einer Hierarchie zwischen zertifizierten und nicht zertifizierten elektronischen Signaturen, das mit Blick auf den Entwurf bemängelt wurde[388], ist deswegen nicht von Bedeutung, weil lediglich die zertifizierte elektronische Signatur als ausreichend vertrauenswürdig angesehen wird, um beweisrechtlich relevant zu werden.

Die Rechtsprechung hat in einer Entscheidung vom 20. Oktober 2000[389] die Anerkennung einer Berufungsschrift mit einem digitalisierten Bild der Unterschrift des Anwalts unter anderem auch mit dem Argument abgelehnt, dass die rechtlichen Voraussetzungen noch nicht vollständig vorlägen. Dagegen hat die Cour de cassation in der Telefax-Entscheidung ein Telefax als Urkundenbeweis anerkannt[390]. In Deutschland hat der Gemeinsame Senat der obersten Bundesgerichte nach einer Vorlage durch den BGH[391] ein Computerfax mit eingescannter Unterschrift für die Übermittlung bestimmter Schriftsätze als ausreichend angesehen[392]. Inhaltlich ist der deutschen Entscheidung nicht zuzustimmen, weil die entscheidende Verknüpfung zwischen Text und Unterschrift nicht gegeben war. Das französische Gericht hat in diesem Sinne auch die Eignung der digitalisierten handschriftlichen Unterschrift an sich angezweifelt, weil die Vertrauenswürdigkeit nicht gewährleistet sei[393]. Hier bleibt die Entwicklung der Rechtspre-

---

385 Hierzu *Khalil*, Com. Com. électr., avril 2003, 11 (11).

386 Arrêté du 31. mai 2002 relatif à la reconnaissance de la qualification des prestataires de certification électronique et à l'accreditation des organismes chargés de l'évaluation, J.O. n° 132 du 8.6.2002, 10223.

387 *Leveneur*, CCC, mai 2001, 1.

388 *Tonnellier/Dupuis-Toubol*, JCP E 1998, 2011 (2012), zum Entwurf.

389 Cour d'appel de Besançon, chambre sociale, 20.10.2000, abrufbar unter http://www.juritel.com/juri2000/ldjPage.asp?Index=182.

390 Cour de cassation, chambre commerciale, 2.12.1997, D. 1998, jurispr. 192, note *Martin*; siehe unten § 8 IV 1 b, aa.

391 BGH, Vorlagebeschluss vom 29.9.1998, NJW 1998, 3649.

392 GmS-OGB, Beschluss vom 5.4.2000, NJW 2000, 2340; kritische Besprechung von *Düwell*, NJW 2000, 3334.

393 *Passant*, Cahiers Lamy droit de l'informatique et des réseaux, mai 2000, 7 (9), hält bei diesem Verfahren den Nachweis der Verbindung zum Schriftstück für schwierig.

chung abzuwarten. Die Schwierigkeit scheint hauptsächlich darin zu bestehen, die Verbindung der Unterschrift zu dem Dokument herzustellen, auf das sie sich beziehen soll[394]. Sowohl die allgemeine Definition der Unterschrift als auch die der elektronischen Unterschrift betonen die Verbindung der Unterschrift mit dem Schriftstück. Eine Unterschrift ist juristisch nur dann von Bedeutung, wenn sie untrennbar mit einer inhaltlichen Aussage verbunden ist[395]. Dabei fallen die Verfahren der Signatur mittels eines privaten und öffentlichen Schlüssels, PIN-Kodierungen und biometrische Systeme in eine Kategorie[396], weil sie die Identifikation ermöglichen und gleichzeitig durch das Erstellen einer mit den Signaturdaten verschlüsselten Dokumentdatei die Verbindung herstellen. Das ist bei einer an das Dokument angefügten Bilddatei nicht unbedingt der Fall. Die Identität mag durch ein Bild der Unterschrift besser gewährleistet sein als durch die einfache Namensangabe, eine bessere Gewährleistung der Unveränderbarkeit bietet es indessen nicht.

Während die elektronische Signatur einerseits die Integrität des unterschriebenen Dokuments mit bestimmten technischen Verfahren besser gewährleisten kann, wird von einigen Autoren bezweifelt, dass dem zu unterschreibenden Dokument die gleiche Aufmerksamkeit geschenkt wird wie bei einer eigenhändigen Unterschrift, der ein anderer Stellenwert beigemessen wird[397].

cc) Notarielle Beurkundung

Eine öffentliche beglaubigte Urkunde (*acte authentique*) ist in elektronischer Form ebenfalls möglich[398], wenn sie den Vorgaben entspricht, die durch ein *décret* des Conseil d'Etat näher bestimmt werden können (Art. 1317 al. 2 C. civ.). Durch die Ermöglichung der elektronischen notariellen Beurkundung wird die Gefahr der Umgehung von einfachen Formerfordernissen *ad validatem* gesehen. Mit Art. 1317 al. 2 C. civ. ist allerdings zunächst die elektronische notarielle Urkunde nur beweisrechtlich der herkömmlichen notariellen Urkunde gleichgestellt. Eine Übertragung für die wirksamkeitsbegründende Form hat erst mit der Umsetzung des Art. 9 EC-RL stattgefunden; Art. 1108-1 C. civ. verweist auf den zweiten Absatz des Art. 1317 C. civ. Auffällig ist, dass Art. 1108-2

---

[394] So *Caprioli*, JCP 2000, I 224, p. 787 (791).

[395] *De Lamberterie*, Cahiers Lamy droit de l'informatique et des réseaux, mars 2000, 9 (11).

[396] Der individualisierte Verschlüsselungscode, die Signatur, ergibt sich aus diesen verschiedenen Verfahren. Das Zwei-Schlüssel-System ist grundsätzlich jedem gegenüber verwendbar, bei den anderen Verfahren kennt der Empfänger den Code, weil die Verwendung des Verschlüsselungssystems – der Signatur – zwischen Verwender und Empfänger vorher vertraglich vereinbart wurde.

[397] *Gautier/Linant de Bellefonds*, JCP 2000, I 236, p. 1113 (1118).

[398] Hierzu *Gautier/Linant de Bellefonds*, JCP 2000, I 236, p. 1113 (1115 et s.).

C. civ. in n° 1 und n° 3 nur privatrechtliche Urkunden ausnimmt. Im Umkehrschluss bedeutet dies, dass diese Geschäfte dann elektronisch abgeschlossen werden können, wenn eine notarielle Beglaubigung erfolgt.

b) Formerfordernisse

aa) Wirksamkeitsrelevante Formvorschriften

Die durch das Signaturgesetz geänderten Bestimmungen stehen im Abschnitt über den Beweis und gelten also zunächst nur für beweisrechtliche Formvorschriften[399]. Diese Beschränkung ergibt sich auch aus den Gesetzgebungsmaterialien[400]. Die Schriftformerfordernisse, die an verschiedenen Stellen des Code de la consommation aufgeführt sind, wurden durch die neuen Regelungen des Signaturgesetzes also nicht berührt[401]. Dass die Richtlinie über den elektronischen Geschäftsverkehr in Art. 9 Abs. 1 den Vertragsschluss auf elektronischem Wege ermöglichen will, führt nicht zu einer anderen Bewertung der Reichweite des Signaturgesetzes, sondern gegebenenfalls zur Notwendigkeit weiterer Anpassungen[402]. Dabei handelt es sich nicht um Mängel der französischen Gesetzgebung bei Erlass des Signaturgesetzes. Mit diesem Gesetz sollte nur die Signaturrichtlinie umgesetzt werden, die neben der Angleichung der technischen Standards nur die Anerkennung der elektronischen Form als Beweis gefordert hat. Die Ermöglichung der elektronischen Form war erst Gegenstand der Richtlinie über den elektronischen Geschäftsverkehr, deren Umsetzung mit der Einführung des Art.1108-1 C. civ. durch die LEN erfolgt ist[403].

Schon vor Erlass des Signaturgesetzes wurde darüber nachgedacht, ob die elektronische Form nicht auch in den wirksamkeitsbegründenden Fällen ausreichen könnte. Dieser Ansatz wurde insbesondere auf die Telefax-Entscheidung der

---

[399] *Gautier*, Petites affiches, 7.2.2000, n° 26, 4 (9); *Grynbaum*, Com. Com. électr., novembre 1999, 9 (9); *ders.*, Com. Com. électr., avril 2000, 12 (13); noch zum Entwurf *Catala*, Defrénois 2000, 897 (905); eine Einbeziehung der wirksamkeitsbegründenden Schriftformerfordernisse hätten befürwortet *Nataf/Lightburn*, JCP E 2000, 836 (838); für eine Auslegung des Gesetzes, die wirksamkeitsbegründende Erfordernisse einbezieht *Raynouard*, Defrénois 2000, 593 (616 et s.); *Trébulle*, Petites affiches, 20.4.2000, 10 (11 et s.).

[400] *Jolibois*, Rapport sur le projet de loi portant adaptation du droit de la preuve aux technologies de l'information et relatif à la signature électronique, Doc. Sénat, 2.2.2000, n° 203, http://www.senat.fr/rap/l99-203/l99-203.html; siehe *Chabas/François*, Introduction, 2001, n° 392.

[401] So auch *Grynbaum*, Com. Com. électr., avril 2000, 12 (13 et s.).

[402] Zutreffend *Grynbaum*, Com. Com. électr., avril 2000, 12 (13).

[403] Vgl., noch zum Entwurf, *Verbiest*, Com. Com. électr., février 2003, 9 (17); *Khalil*, Com. Com. électr., avril 2003, 11 (12).

Cour de cassation[404] gestützt, der eine Aussage über die Neudefinition der Schriftform auch in den Fällen, in denen sie Wirksamkeitserfordernis ist, entnommen wurde. Der Entscheidung lassen sich zwei Aussagen entnehmen. Zum einen wurde ein Telefax, das ja nicht handschriftlich unterschrieben wurde, als Urkundenbeweis anerkannt. Voraussetzung sollte sein, dass Unversehrtheit und Zurechnung des Inhalts zum Urheber erkennbar sind. Daneben wurde festgestellt, dass die streitgegenständliche Erklärung, die auch zu ihrer Wirksamkeit der Schriftform bedarf, „in jeder Form erstellt und aufbewahrt werden“ darf. Fraglich ist, ob damit auch für die wirksamkeitsbegründende Schriftform auf die eigenhändige Unterschrift verzichtet werden sollte[405]. Zu bedenken ist, dass die Parteien in dem Rechtsstreit Kaufleute waren und eine weite Auslegung der Beweisvorschriften so leichter angenommen werden konnte[406]. Von einigen Autoren wird die Unterscheidung *ad probationem* und *ad validatem* zudem ohnehin als künstlich und nicht notwendig angesehen[407]. Es sei im Ergebnis das gleiche, ob ein Anspruch nicht bestünde oder nicht bewiesen und damit nicht durchgesetzt werden könne[408]. Dabei wird jedoch verkannt, dass die Durchsetzung dennoch möglich bleibt, etwa durch Anerkenntnis oder Eid[409]. Das Gemeinschaftsrecht verlange zudem keine unterschiedliche Betrachtung[410]. Die Nichteinhaltung der Vertragsschlusserfordernisse der Richtlinie über den elektronischen Geschäftsverkehr soll nicht die Nichtigkeit des Vertrages zur Folge haben, sondern lediglich den Beweis für den Unternehmer erschweren[411].

Ein Schriftstück, das für die Wirksamkeit eines Rechtsaktes notwendig ist, kann gemäß Art. 1108-1 C. civ. in elektronischer Form nach Art. 1316-1 und 1316-4 C. civ. ausgefertigt werden. Eine notarielle Urkunde kann in entsprechender Anwendung des Art. 1317 al. 2 C. civ. durch die elektronische Form ersetzt werden. Interessant im Zusammenhang mit der Umsetzung des Art. 9. Abs. 1 EC-RL ist, dass der Ermöglichungsgrundsatz nicht wie beim proj. LSI in einem

---

404 Cour de cassation, chambre commerciale, 2.12.1997, D. 1998, jurispr. 192, note *Martin*; ausführlich *Rosch/Klingenfuß*, ZEuP 8 (2000), 311.

405 Siehe hierzu *Rosch/Klingenfuß*, ZeuP 8 (2000), 311 (318 f.); befürwortend *Nataf/Lightburn*, JCP E 2000, 836 (839); *Trébulle*, Petites affiches, 20. 4. 2000, 10 (13).

406 *Leclercq*, note sous Cour de cassation, chambre commerciale, 2.12.1997, DIT 1998, n° 1, 58 (59).

407 *J. Flour*, in: Etudes *Ripert*, tome 1, 1950, p. 93 (98 et s.); *Zoia*, Gaz. Pal., 15.7.2001, 16 (19); *J. Flour/Aubert/Savaux*, Obligations/1, 2000, n° 316 et s., machen deutlich, dass die Form selbst dieselbe ist und der Unterschied nur auf der Rechtsfolgenseite besteht.

408 So etwa *Trébulle*, Petites affiches, 30. 4. 2000, 10 (11).

409 *Voirin/Goubeaux*, Droit civil, tome 1, 2001, n° 1085.

410 *Gautier*, Petites affiches, 7.2.2000, 4 (10); vgl. *Huet*, Com. Com. électr., décembre 1999, 9 (10 et s.).

411 *Gautier*, Petites affiches, 7.2.2000, 4 (11).

neuen Art. 1369-1 C. civ. (proj. LSI) im Abschnitt über den Abschluss elektronischer Verträge, sondern weiter vorne bei den allgemeinen Bestimmungen zur Wirksamkeit von Verträgen im Abschnitt « *Des conditions essentielles pour la validité des conventions* » geregelt ist. Dieser Standort im Gesetz macht deutlich, dass es sich nicht um eine Regelung im Zusammenhang mit dem Abschluss des elektronischen Vertrages, sondern um die Regelung eines Wirksamkeitserfordernisses für alle Verträge handelt. Art. 1108-1 C. civ. ermöglicht nämlich auch den Abschluss eines Vertrages auf herkömmlichem Wege unter Nutzung der elektronischen Form. Hiermit geht die französische Regelung über Art. 9 Abs. 1 EC-RL hinaus, der sich nur auf Verträge bezieht, die auf elektronischem Wege zustande gekommen sind.

Der sachliche Anwendungsbereich des Art. 1108-1 C. civ. erstreckt sich grundsätzlich auf alle wirksamkeitsrelevanten Formerfordernisse. Er wird durch Art. 1108-2 C. civ. für familienrechtliche oder erbrechtliche Urkunden, für Rechtsakte, die einer Erlaubnis oder gerichtlichen Anerkennung bedürfen, und für privatrechtliche Urkunden über persönliche oder dingliche Sicherheiten, außer wenn sie von einer Person für ihre Geschäftstätigkeit geschaffen wurden, eingeschränkt. Beispiele für Formerfordernisse, bei deren Nichtbeachtung die Willenserklärung unwirksam ist, sind aus dem Bereich des Verbraucherrechts Art. 222-3 Code de la construction et habitation für Immobilienverträge zu Wohnzwecken und Art. L 232-1 et s. Code de la construction et habitation für Verträge über den Bau eines Einfamilienhauses. Ziel der Vorschriften ist es, den Erklärenden vor einer übereilten Erklärung zu schützen. Durch die schriftliche Formulierung wird der Inhalt der Erklärung verdeutlicht[412]. Die Ausnahmetatbestände sind an diejenigen in Art. 9 Abs. 2 lit. b bis d EC-RL angelehnt. Frankreich macht hiervon nur in den drei genannten Fällen Gebrauch. Die in Art. 9 Abs. 2 lit. 1 EC-RL aufgeführte Gruppe der Immobilienverträge kann elektronisch zustande kommen.

bb) Beweisrechtliche Formvorschriften

Die Beweisvorschriften der Art. 1315 et s. C. civ. gelten nur für *actes juridiques*. Ein *acte juridique* ist die Manifestation eines Willens, die eine bestimmte Rechtsfolge herbeiführt[413] und damit dem deutschen Rechtsgeschäft vergleichbar. Auch eine Zahlung wird überwiegend den *actes juridiques* zugeordnet[414]. Ein *fait juridique* ist, im Gegensatz dazu, irgendein Ereignis, an das die Rechtsordnung bestimmte Rechtsfolgen knüpft, die so nicht ausdrücklich von den

---

412 *J. Flour/Aubert/Savaux*, Obligations/1, 2000, n° 310.
413 *Chabas*, Introduction, 2000, n° 258.
414 *Tonnellier/Dupuis-Toubol*, JCP E 1998, 2011 (2012).

Handelnden gewollt sein müssen[415]. Der Beweis ist nur dann frei – das heißt, lediglich von der Beweiswürdigung des Richters abhängig[416] – wenn der Betrag des Geschäfts, des *acte juridique*, nicht über 800 € liegt, Art. 1341 C. civ.[417] Bei einem höheren Betrag ist der Zeugenbeweis (in diesem Abschnitt steht die Vorschrift) ausgeschlossen. Die Höhe des Grenzbetrages wird durch ein Dekret auf der Grundlage des Art. 1341 C. civ. bestimmt[418]. Ebenfalls dem freien Beweis unterliegen Geschäfte im Handelsverkehr gemäß Art. 109 C. com. Bei Geschäften, die zwischen einem *commerçant* und einem Verbraucher geschlossen werden, ist der Beweis gegen den *commerçant* frei[419]. Jeder *professionnel* im verbraucherrechtlichen Sinn ist handelsrechtlich ein *commerçant*[420]. Der Unternehmer muss also die Beweisform des Art. 1341 C. civ. einhalten, der Verbraucher ist frei in der Beweiswahl[421]. Tatsächlich wird er auch einen schriftlichen Beweis vorweisen wollen, weil diesem in der Regel die höchste Beweiskraft zugemessen wird.

Das elektronische Schriftstück hat gemäß Art. 1316-3 C. civ. dieselbe Beweiskraft wie ein auf Papier geschriebenes Schriftstück. Art. 1316-2 C. civ. bestimmt, dass dem Richter bei seiner Beweiswürdigung im Konfliktfall zwischen Urkunden verschiedener Trägerstoffe keine Rangfolge hinsichtlich der Glaubwürdigkeit des Schriftstücks vorgegeben ist[422]. So soll Rechtsunsicherheit ver-

---

[415] Ausführlich zur Unterscheidung *Chabas/François*, Introduction, 2000, n° 258 et s, 278.

[416] *Tonnellier/Dupuis-Toubol*, JCP E 1998, 2011 (2012).

[417] Wenn nicht eine Geldsumme Gegenstand des Anspruchs ist, muss sein Wert durch den Kläger festgelegt werden, siehe *Voirin/Goubeaux*, Droit civil, tome 1, 2001, n° 1084; er ist gem. Art. 1343 C. civ. beweisrechtlich daran gebunden.

[418] Décret n° 80-533 du 15 juillet 1980 pris pour l'application de l'article 1341 du Code civil, J.O. n° 164 du 14./15./16.7.1980, 1788; Änderung des Betrages in Euro durch Art. 1 des décret n° 2001-476 du 30 mai 2001 portant adaption de la valeur en euros du montant exprimé en francs figurant dans le décret n° 80-533 […], J.O. n° 128 du 3.6.2001, 8886, mit Wirkung zum 1.1.2002.

[419] Cour de cassation, 1re chambre civile, 21.2.1984, Bull. civ. 1984, I n° 66; 1re chambre civile, 8.2.2000, Bull. civ. 2000, I n° 35; Cour d'appel de Paris, 16e chambre B, 24.10.1986, D. 1987, somm. 444, obs. *Aynès*.

[420] Zur Definition des *commerçant* in Art. L 121-1 C. com. als Personen, die im Rahmen ihrer üblichen Geschäftstätigkeit für eigene Rechnung handeln; die *actes de commerce* sind in Art. L 110-1 C. com. aufgeführt; *Legeais*, Droit commercial, 2001, n° 37 et s.; *Pédamon*, Droit commercial, 2000, n° 76 et s.; *Blaise*, Droit des affaires, 2000, n° 138 et s.

[421] *Breese/Kaufman*, Internet, 2000, p. 303.

[422] Art. 1316-2: « *Lorsque la loi n'a pas fixé d'autres principes, et à défaut de convention valable entre les parties, le juge règle les conflits de preuve littérale en déterminant par tous moyens le titre le plus vraisemblable, quel qu'en soit le support.* »; vgl. *de Lamberterie*, Cahiers Lamy droit de l'informatique et des réseaux, mars 2000, 9 (10) und den Senatsentwurf vom 1.9.1999, http://www.senat.fr/leg/pjl98-488.html.

mieden werden[423]. Für den Fall eines Konflikts sieht das Gesetz eine mehrstufige Regelung vor: besondere gesetzliche Bestimmungen, Beweisabsprachen zwischen den Parteien und wenn beides nicht vorhanden ist, die Einschätzung des Richters. Einige Autoren sehen die Gefahr, dass im Konfliktfall zwischen elektronischer und auf Papier erstellter Urkunde das Papier aus traditionellen Gründen bevorzugt wird, obwohl das elektronische Dokument möglicherweise schwerer zu fälschen ist[424]. *Gautier* weist darauf hin, dass Konfliktfälle in der Praxis selten anzutreffen sein werden, weil in der Regel nur ein schriftlicher Beweis vorliegen würde[425].

Mit der Neuregelung des Beweisrechts ist nun auch in Art. 1316-2 C. civ. die Möglichkeit von Beweismittelvereinbarungen (*conventions de preuve*) ausdrücklich anerkannt. Damit wird die von der Rechtsprechung geübte Praxis[426] kodifiziert. In der Stellungnahme zum Gesetzesentwurf forderte die *Chambre de commerce et de l'industrie de Paris* (CCIP) als Voraussetzug für die Zulässigkeit solcher Vereinbarungen ein Gleichgewicht zwischen den Parteien und die Möglichkeit, einen Gegenbeweis zu erbringen[427]. Die erste Bedingung ergibt sich bereits aus den Regeln über missbräuchliche Klauseln[428].

cc) Rechtsfolgen bei Nichteinhaltung der Form

Die Folge der Missachtung von Formvorschriften kann nicht einheitlich beantwortet werden. Für die wirksamkeitsrelevante Form – bei der beweisrechtlichen Form kommt die Nichtigkeit als Rechtsfolge nicht in Frage – wird grundsätzlich absolute Nichtigkeit angenommen[429]. In der Rechtsprechung finden sich Ausnahmen. Die Cour de cassation hat in zwei Entscheidungen zu verbraucherschützenden Formvorschriften nur die *nullité relative* angenommen[430]. Das erklärt sich daraus, dass diese Vorschriften nicht im allgemeinen Interesse, son-

---

423 So *Grynbaum*, Com. Com. électr., avril 2000, 12 (14).
424 Siehe *Tonnellier/Dupuis-Toubol*, JCP E 1998, 2011 (2017), zum Entwurf.
425 *Gautier*, Petites affiches, 7.2.2000, n° 26, 4 (9).
426 Vgl. *Gavalda*, note sous Cour de cassation, 1ère chambre civile, 8.11.1989, D. 1990, jurispr., 369 (370).
427 *CCIP*, La réforme du droit de la preuve et les nouvelles technologies – Position de la CCIP –, 1999, p. 17, abrufbar unter http://www.etudes.ccip.fr/archrap/pdf99/sai9912.pdf.
428 So *Moreno*, JCP 2000, 55 (56).
429 *J. Flour/Aubert/Savaux*, Obligations/1, 2000, n° 336; zu den Begriffen der absoluten und relativen Nichtigkeit siehe oben § 5 IV 2.
430 Cour de cassation, 1re chambre civile, 28.11.1995, CCC, février 1996, 17, obs. *Raymond*; chambre commerciale, 3.5.1995, D. 1997, jurispr. 124, note *Eudier*.

dern im besonderen Interesse der Verbraucher gesehen wurden[431]. Schwierigkeiten ergeben sich daraus, dass die Nichtigkeit im Gesetz häufig nicht ausdrücklich angeordnet ist, sondern sich diese Rechtsfolge erst aus der Auslegung der jeweiligen Vorschrift ergibt[432]. *Lagarde* untersucht, ob der Formalismus nicht dem Prinzip des Konsensualismus (*consensualisme*[433]) zuwiderläuft. Er verneint dies jedenfalls für die beweisrechtlichen Formvorschriften und sieht das Problem vielmehr bei den neuen Formvorschriften, etwa im Verbraucherschutz[434]. Hier steht er der Rechtsfolge der Nichtigkeit kritisch gegenüber, ebenso strafrechtlichen Sanktionen und plädiert für die Anwendung des Instruments der *peine privée*[435].

2. Deutsches Recht

Wie im französischen Recht können Verträge grundsätzlich formfrei geschlossen werden. Für bestimmte Geschäfte gibt es Formerfordernisse. Eine Trennung der Formvorschriften in solche, die wirksamkeitsrelevant sind und solche, die nur beweisrechtliche Funktion haben, gibt es nicht. Formvorschriften sind immer von Bedeutung für die Wirksamkeit eines Rechtsgeschäfts. Dabei können einzelne Formvorschriften den gleichen Zweck haben wie die französischen beweisrechtlichen Formvorschriften. Für die handelsrechtlichen Formvorschriften ist das überwiegend der Fall[436]. Die Rechtsfolge eines Verstoßes ergibt sich aus § 125 BGB. Wenn nicht etwas anderes bestimmt ist, hat die Nichtbeachtung einer gesetzlichen Formvorschrift Nichtigkeit zur Folge. Von besonderer Bedeutung ist neben der Beweisfunktion die Warnfunktion. Fraglich ist, ob einer elektronischen Unterschrift die gleiche Warnfunktion zukommen kann, wie einer handschriftlichen Unterschrift. Zweifel ergeben sich aufgrund der durch den Computer geschaffenen größeren Distanz zur Erklärung, der einfacheren Erstellbarkeit der Signatur, und maßgeblich auf Grund des Umstandes, dass sich im Bewusstsein der Benutzer noch keine Verknüpfung der Signatur mit besonders zu überlegenden rechtlichen Folgen stattgefunden hat, wie dies bei der eigen-

---

[431] Im Einzelfall kann diese Abgrenzung Schwierigkeiten bereiten, Ferid/*Sonnenberger*, Französisches Zivilrecht, Band 1/1, 1994, Rn. 1 F 909; für eine absolute Nichtigkeit dagegen *Chabas/François*, Introduction, 2000, n° 266.

[432] Ferid/*Sonnenberger*, Französisches Zivilrecht, Band 1/1, 1994, Rn. 1 F 907; in einigen Fällen muss durch die Auslegung zunächst ermittelt werden, ob es sich um eine wirksamkeitsrelevante Formvorschrift handelt, siehe *Starck/Roland/Boyer*, Obligations/2, 1998, n° 233.

[433] Siehe hierzu *J. Flour/Aubert/Savaux*, Obligations/1, 2000, n° 300 et s.

[434] Eine „*renaissance du formalisme*" beobachten auch *Chabas/François*, Introduction, 2000, n° 266 a.E.; *Catala*, Defrénois 2000, 897 (904 et s.).

[435] *X. Lagarde*, JCP 1999, I 170 (p. 1767 et s.).

[436] *Redecker*, CR 2000, 455 (458).

händigen Unterschrift der Fall ist[437]. Ob die Warnfunktion erfüllt wird, muss für den Einzelfall untersucht werden. Der Gesetzgeber hat deshalb für bestimmte Rechtsgeschäfte die elektronische Form ausgeschlossen. Mit einer Wandlung der technischen Voraussetzungen und dem Rechtsbewusstsein der Benutzer müssen diese Wertungen zu gegebener Zeit überprüft werden[438]. Die Notwendigkeit der differenzierten Betrachtung der Beweisfunktion führt schon dazu, dass eine generelle Gleichstellung zwischen herkömmlicher Schriftform und elektronischer Form nicht erfolgen kann.

a) Formen

aa) Schriftform, elektronische Form und Textform

Das Gesetz kennt verschiedene Arten der Form: die notarielle Beurkundung, die schriftliche Form, die elektronische Form und die Textform. Die notarielle Beurkundung des § 128 BGB, also die Abgabe der Willenserklärung vor einem Notar, der den Vorgang beurkundet, stellt die höchsten formellen Anforderungen.

Die schriftliche Form, geregelt in § 126 BGB, verlangt eine Urkunde (=Schriftstück), die von ihrem Aussteller eigenhändig mit einer Namensunterschrift versehen werden muss. Dabei kann auch ein Pseudonym angegeben werden[439]. Das ergibt sich zum einen aus § 4 Abs. 1 TDDSG, dem § 13 Abs. 1 MDStV entspricht und § 5 Abs. 3 SigG, welche die Nutzung von Diensten und elektronischen Signaturen unter Pseudonym ermöglichen und zum anderen daraus, dass ein aufdeckbares Pseudonym als Name im Sinne des § 12 BGB anerkannt wird[440]. Die Pseudonymisierung ist eine wichtige Möglichkeit für den Internetnutzer, um seine personenbezogenen Daten nicht preiszugeben.

Auf der gleichen Stufe der Schriftform steht die elektronische Form. Sie wurde durch das Gesetz zur Anpassung der Formvorschriften vom 13. Juli 2001 in einem neuen § 126a in das Bürgerliche Gesetzbuch eingeführt. § 126

---

437 Gesetzesentwurf der Bundesregierung, Entwurf eines Gesetzes zur Anpassung der Formvorschriften des Privatrechts und anderer Vorschriften an den modernen Rechtsgeschäftsverkehr, Begründung, BT-Drs. 14/4987 vom 14.12.2000, S. 10 (17): mindestens aus subjektiver Sicht noch ein größerer Schutz vor Übereilung; *Sieber/Nöding*, ZUM 2001, 199 (205); *Boente/Riehm*, Jura 2001, 793 (797); *Oertel*, MMR 2001, 419 (421); im Ergebnis ebenso *Scheffler/Dressel*, CR 2000, 378; *Vehslage*, DB 2000, 1801 (1802), hält das Einstecken einer Chipkarte und die PIN-Eingabe für ausreiched.

438 *Oertel*, MMR 2001, 419 (421).

439 *Roßnagel*, NJW 2001, 1817 (1825).

440 Palandt/*Heinrichs*, BGB, 2003, § 12, Rn. 8.

Abs. 3 BGB bestimmt, dass die schriftliche Form durch die elektronische Form ersetzt werden kann, wenn sich aus dem Gesetz nicht etwas anderes ergibt. Von dieser Ausnahmemöglichkeit hat der Gesetzgeber in verschiedenen Fällen Gebrauch gemacht, in denen der handschriftlichen Unterschrift besondere Bedeutung zur Erreichung des Zwecks der in Frage stehenden Formvorschrift beigemessen wurde[441]. Deshalb kann eine Abstufung zwischen der elektronischen Form und der schriftlichen Form festgestellt werden, nicht in der Hierarchie der vom Gesetz bereitgestellten Formen, sondern in der Leistungsfähigkeit, bestimmte mit der Form verbundene Zwecke zu gewährleisten. Wie Art. 1108-1 C. civ.[442] geht die deutsche Regelung über die Vorgabe des Art. 9 EC-RL hinaus, der nur die Ermöglichung des elektronischen Abschlusses von Verträgen verlangt, nicht jedoch auch die Verwendung der elektronischen Form bei auf anderem Wege zustande gekommenen Verträgen.

Die Textform in § 126b BGB ist ein neues Forminstrument. Sie fordert die Erklärung auf einer Urkunde oder einem anderen dauerhaften Datenträger – auch hier wird die herkömmliche Papierform gesondert erwähnt – die Nennung der Person des Erklärenden und eine Kenntlichmachung des Abschlusses der Erklärung[443]. Mit einer E-Mail kann die Textform also genauso erfüllt werden wie durch die Bereitstellung der Erklärung auf einer Internetseite, so dass sie heruntergeladen oder ausgedruckt werden kann. Die Unveränderbarkeit ist zwar erst mit dem Ausdruck oder dem Abspeichern auf der Festplatte des Adressaten sichergestellt; darauf, dass der Nutzer vom Ausdrucken Gebrauch macht, kommt es jedoch nicht an[444]. Entscheidend ist die Lesbarkeit am Bildschirm[445] und die Möglichkeit zur Sicherung.

Auf die Textform wird seit 1.1.2002 auch in den verbraucherrechtlichen Vorschriften verwiesen, die vorher einen „dauerhaften Datenträger“ verlangt haben.

---

[441] Neben dem Verbraucherkreditvertrag in den Fällen der §§ 623 und 630 BGB (Kündigung eines Arbeitsvertrages, Ausstellung eines Arbeitszeugnisses), § 761 BGB (Leibrentenversprechen), § 766 BGB (Bürgschaftsvertrag), §§ 780, 781 BGB (Schuldversprechen und -anerkenntnis) und § 484 Abs. 1 BGB (Teilzeit-Wohnrechtsvertrag).

[442] Siehe oben § 8 IV 1 b. aa.

[443] Palandt/*Heinrichs*, BGB, 2003, § 126b, Rn. 3 ff.; *Scheffler/Dressel*, CR 2000, 378 (380), bemängeln den engen Anwendungsbereich und eine daraus folgende zu geringe Erleichterung für den elektronischen Geschäftsverkehr; *Hähnchen*, NJW 2001, 2831 (2833), bezweifelt die praktische Bedeutung der Textform.

[444] Palandt/*Heinrichs*, BGB, 2003, § 126b, Rn. 3; *Rapp*, Elektronische Signaturen, 2002, S. 151.

[445] Vgl. Gesetzesentwurf der Bundesregierung, Entwurf eines Gesetzes zur Anpassung der Formvorschriften des Privatrechts und anderer Vorschriften an den modernen Rechtsgeschäftsverkehr, Begründung, BT-Drs. 14/4987 vom 14.12.2000, S. 10 (19).

Der Begriff des „dauerhaften Datenträgers“ wurde erst im Jahr 2000 mit dem Gesetz über Fernabsatzverträge und andere Fragen des Verbraucherschutzes eingeführt und in § 361a Abs. 3 BGB a.F. legaldefiniert. Die Erklärung musste dem Empfänger in lesbarer Form zugehen, der Ersteller musste erkennbar sein und der verwendete Datenträger musste dem Empfänger für eine angemessene Zeit eine „unveränderte Wiedergabe der Information“ erlauben. Inhaltlich entsprechen sich die Anforderungen weitgehend[446]. E-Mails reichen in beiden Fällen aus. Die bloße Anzeige der Information hat dagegen nicht den Anforderungen eines dauerhaften Datenträgers genügt[447], die Erklärung musste tatsächlich ausgedruckt oder heruntergeladen werden[448], weil sonst das Zugangserfordernis nicht erfüllt werden konnte. Im Zusammenhang mit der Zugangsvorschrift des § 130 BGB wird die Textform aber in der Regel bei Willenserklärungen die gleichen Anforderungen für eine wirksame Übermittlung stellen wie der alte „dauerhafte Datenträger“[449].

Sinn und Zweck der Textform soll es sein, die Lücke zwischen der Notwendigkeit einer Beweis- und Warnfunktion und der nur mündlichen Erklärung für die Fälle auszufüllen, in denen die Beteiligten ein Interesse an einer schriftlichen Fixierung haben. Die Textform kann in den Fällen angewendet werden, in denen eine Fälschung des Erklärungsinhalts für die Parteien nicht von Interesse ist, andererseits aber eine bessere Verarbeitung der Informationen ohne besondere Warnfunktion gewährleistet werden soll. Schließlich kann mit der Textform dem Bedürfnis nach einer Dokumentation des Erklärungsinhalts Rechnung getragen werden. Es ginge zu weit, der Textform jegliche Beweisfunktion abzusprechen[450]; bei entgegenstehenden Behauptungen zwischen Unternehmer und Verbraucher kann eine verkörperte Erklärung in Form einer Datei oder eines Ausdrucks oder einer E-Mail zwar nicht die formelle Beweiskraft einer unterschriebenen Privaturkunde zukommen (§ 416 ZPO), aber gleichwohl Gegenstand eines Augenschein-Beweises sein[451].

---

[446] Vgl. zur Identität der Begriffe Palandt/*Heinrichs*, BGB-Ergänzungsband, 2002, § 355, Rn. 1.

[447] So aber OLG München, Urteil vom 25.1.2001, CR 2001, 401 m. ablehnender Anm. *Mankowski* (404); *Steins*, WM 2002, 53 (56 ff.); *B. Roth/Schulze*, RIW 1999, 924 (926 f.).

[448] *Härting*, K&R 2001, 310 (312); *H. Hoffmann*, Beilage zu NJW Heft 14/2001, 5 (12); Palandt/*Heinrichs*, BGB, 2002, § 361a, Rn. 26.

[449] Vgl. *Ring*, in: *Dauner-Lieb/Heidel/Lepa/Ring* (Hrsg.), Schuldrecht, 2002, S. 343 (378).

[450] So aber Palandt/*Heinrichs*, BGB, 2003, § 126b, Rn. 1; *Rapp*, Elektronische Signaturen, 2002, S. 151 f.

[451] Vgl. *Reichold*, in: *Thomas/Putzo*, ZPO, 2002, vor § 371, Rn. 6.

bb) Elektronische Signatur

Das Signaturgesetz (SigG) vom 22. Mai 2001[452] soll die Sicherheit der Verfahren für elektronische Signaturen gewährleisten[453]. Im Gesetz finden sich aufeinander aufbauende Definitionen verschiedener Arten elektronischer Signaturen. In aufsteigender Reihenfolge der an sie gestellten Anforderungen sind dies die elektronische Signatur (§ 2 Nr. 1 SigG), die fortgeschrittene elektronische Signatur (§ 2 Nr. 2 SigG) und die qualifizierte elektronische Signatur (§ 2 Nr. 3 SigG). Nur die qualifizierten elektronischen Signaturen können gem. § 126a Abs. 1 BGB die schriftliche Form ersetzen. An die anderen Arten der elektronischen Signatur sind keine besonderen Rechtsfolgen geknüpft[454]. Eine qualifizierte elektronische Signatur sind in Zusammenfassung der Definitionen der § 2 Nr. 1 bis 3 SigG Daten, die anderen Daten zur Authentifizierung beigefügt werden, die ausschließlich dem Inhaber des Signaturschlüssels zugeordnet sind, seine Identifizierung ermöglichen, mit Mitteln erzeugt werden, die der Signaturschlüsselinhaber unter seiner alleinigen Kontrolle halten kann, die mit den Daten, auf die sie sich beziehen, so verknüpft sind, dass eine nachträgliche Veränderung der Daten erkannt werden kann (fortgeschrittene elektronische Signatur), zum Zeitpunkt ihrer Erzeugung auf einem qualifizierten elektronischen Zertifikat[455] beruhen und mit einer sicheren Signaturerstellungseinheit erstellt wurden. Anders als im deutschen Signaturgesetz von 1997[456] vorgesehen, ist der Betrieb eines Zertifizierungsdienstes, wie in Art. 3 Abs. 1 der Richtlinie gefordert, genehmigungsfrei. Das Akkreditierungsverfahren musste einem Anzeigeverfahren Platz machen. Des größeren Vertrauens in offiziell geprüfte Anbieter bewusst wurde in der Richtlinie die Möglichkeit der freiwilligen Akkreditierung geschaffen[457]. Nur für die freiwillig akkreditierten Anbieter ist die Regulierungsbehörde für Telekommunikation und Post noch die so genannte Wurzelzertifizierungsstelle (§ 15 SigG)[458]. Für die von einem akkreditierten Zertifizierungsdienstean-

---

[452] Gesetz über Rahmenbedingungen für elektronische Signaturen und zur Änderung weiterer Vorschriften vom 16. Mai 2001, BGBl. I 2001, 876; ausführlich hierzu *Rapp*, Elektronische Signaturen, 2002, S. 52 ff.

[453] Vgl. *Roßnagel*, NJW 2001, 1817 (1817).

[454] Vgl. *Roßnagel*, NJW 2001, 1817 (1820).

[455] Eine Liste der akkreditierten Zertifizierungsdiensteanbieter findet sich auf der Internetseite der Regulierungsbehörde für Telekommunikation und Post, http://www.regtp.de/tech_reg_tele/start/in_06-02-04-00-00_m/index.html.

[456] Gesetz zur digitalen Signatur (Signaturgesetz – SigG) vom 22. Juli 1997, BGBl. 1997, I 1870 (1872); ausführlich *Rapp*, Elektronische Signaturen, 2002, S. 25 ff.

[457] Um das Vertrauen zu stärken, Erwägungsgrund Nr. 10 der Richtlinie 1999/93/EG vom 13.12.1999 über gemeinschaftliche Rahmenbedingungen für elektronische Signaturen, ABl. Nr. L 13/12 vom 19.1.2000.

[458] Siehe *Roßnagel*, NJW 2001, 1817 (1822).

bieter ausgestellte Signatur gibt es keine eigenständige gesetzliche Bezeichnung. Das ist einerseits gut, weil die Definitionsstruktur ohnehin unübersichtlich ist und die Akkreditierung keine neuen materiellen Anforderungen stellt. Andererseits fehlt die für den Verbraucher und andere Nutzer wichtige einprägsame Unterscheidungsmöglichkeit[459].

Für den Verbraucher ist die Nutzung einer elektronischen Signatur schwierig, weil sich zum gegenwärtigen Zeitpunkt noch keine Systeme entwickelt haben, die einen ausreichend großen Nutzerkreis vorweisen können[460], um zum einen das nötige Vertrauen in ihre Sicherheit zu ermöglichen und zum anderen die Hemmschwelle der Anwendung zu beseitigen. Der Einsatz eines bestimmten Signaturverfahrens ist nur dann sinnvoll, wenn der Empfänger in der Lage ist, die Authentizität der Signatur zu überprüfen. Bei geringer Verbreitung der Zertifikate eines Zertifizierungsdiensteanbieters kann nicht davon ausgegangen werden, dass dem Adressaten der Nachricht die technischen Instrumente hierzu zur Verfügung stehen.

b) Formvorschriften

Für Fernabsatzverträge selbst schreibt das Gesetz keine besondere Form vor, lediglich einige der nachvertraglichen Informationspflichten müssen in Textform übermittelt werden. Art. 9 Abs. 1 EC-RL ist damit umgesetzt, denn die Textform gilt für elektronische wie für auf anderem Wege geschlossene Fernabsatzverträge gleichermaßen.

Für den Abschluss eines Verbraucherdarlehensvertrages ist in § 492 Abs. 1 Satz 1 BGB Schriftform vorgeschrieben, die nicht durch die elektronische Form ersetzt werden darf. Bei der elektronischen Form ist die Warnfunktion nicht in ausreichender Weise gewährleistet[461]. Das gilt gem. §§ 499 Abs. 1, 500 und 501 BGB auch für Finanzierungshilfen zwischen einem Unternehmer und einem Verbraucher, insbesondere Zahlungsaufschub, Finanzierungsleasing und Teilzahlungsgeschäfte. Bei Nichtbeachtung der Schriftform oder bei unvollständiger Angabe der vorgeschriebenen Angaben in der vom Verbraucher zu unterzeichnenden Vertragsurkunde ist der Vertrag nichtig. § 494 Abs. 1 und § 503 Abs. 2 Satz 1 BGB sind insoweit Spezialregelungen zu § 125 Abs. 1 BGB[462], der all-

---

[459] *Roßnagel*, NJW 2001, 1817 (1822), ist deshalb der Ansicht, dass sich der Begriff „akkreditierte Signatur" durchsetze.

[460] *Roßnagel*, NJW 2001, 1817 (1818), zufolge feht es noch an geeigneten Geschäftsmodellen.

[461] Palandt/*Putzo*, BGB, 2002, § 4 VerbrKrG, Rn. 4.

[462] Palandt/*Putzo*, BGB, 2002, § 6 VerbrKrG, Rn. 1.

gemein die Nichtigkeit von Rechtsgeschäften bestimmt, die der gesetzlich vorgesehenen Form nicht entsprechen. Der Abschluss dieser Verträge ist über das Internet also nicht möglich. Das Gesetz sieht jedoch zwei Möglichkeiten vor, trotz eines zunächst unwirksamen Vertrages wirksam ein Verbraucherdarlehen zu gewähren. Der Formmangel wird dadurch geheilt, dass der Verbraucher das Darlehen empfängt oder in Anspruch nimmt. Der Vertrag kommt dann aber gemäß § 494 Abs. 2 BGB nicht mit dem vereinbarten, sondern mit dem gesetzlichen Zinssatz zustande. Bei Teilzahlungsgeschäften, der im Fernabsatz wohl am häufigsten vorkommenden Finanzierungshilfe, wird der Formmangel durch die Übergabe der Sache oder die Erbringung der Leistung ersetzt, ebenfalls unter Verwendung des gesetzlichen Zinssatzes (§ 502 Abs. 3 BGB). Die Warnfunktion soll sich bei Entgegennahme der Leistung realisieren. Während das für die Lieferung einer Sache noch angenommen werden kann, bestehen starke Bedenken bei Leistungen, die direkt über das Internet erbracht werden, wie etwa bei einem Softwarekauf, der durch die Übertragung der Daten im Internet erfüllt wird. Fraglich ist, ob der Unternehmer bei Warenlieferung neben der nun eintretenden Wirksamkeit des Darlehensvertrages auch seine Vertragsbedingungen durchsetzen kann, indem er nun eine formgemäße Vertragsausfertigung mit übersendet. Durch die Heilung der Form kommt der Vertrag zu dem frühen Zeitpunkt mit dem im Gesetz vorgesehenen Inhalt zustande, die Übersendung einer Vertragsurkunde würde lediglich ein Angebot auf Abschluss eines neuen Darlehensvertrages oder eines Änderungsvertrages darstellen, das der Annahme des Verbrauchers bedürfte.

Fraglich ist, ob das Festhalten an der Schriftform für den Abschluss eines Verbraucherdarlehensvertrages Art. 9 Abs. 1 EC-RL widerspricht. Ein Verbraucherdarlehensvertrag im Internet hat deshalb keine Wirksamkeit, weil er auf elektronischem Wege geschlossen wurde, denn hier ist die Einhaltung der Schriftform nicht möglich. Der Ermöglichungsgrundsatz des Art. 9 Abs. 1 EC-RL ist damit berührt. Verbraucherkreditverträge lassen sich nicht unter eine der Ausnahmen vom Anwendungsbereich des Art. 9 EC-RL in Absatz 2 subsumieren. § 492 BGB könnte allerdings deshalb nicht gemeinschaftswidrig sein, weil das Verbraucherdarlehensrecht seinerseits ebenfalls auf Gemeinschaftsrecht, nämlich der Verbraucherkreditrichtlinie, beruht[463]. In Art. 4 Abs. 1 der Verbraucherkreditrichtlinie ist für Kreditverträge Schriftform vorgeschrieben. Schriftform ist auch nach der europäischen Terminologie ein Schriftstück mit einer eigenhändigen Unterschrift; die elektronische Form ist hiervon nicht umfasst[464]. Zum Entstehungszeitpunkt der Verbraucherkreditrichtlinie stand die Ermöglichung einer elektronischen Signatur nicht zur Diskussion. Deshalb könnte ver-

---

[463] *Drexl*, in: *Lehmann* (Hrsg.), Electronic Business, 2002, S. 473 (513).
[464] Vgl. Art. 2 Nr. 1 Signaturrichtlinie.

treten werden, Art. 4 Abs. 1 der Verbraucherkreditrichtlinie im Sinne der technischen Entwicklung und des Ermöglichungsgrundsatzes des Art. 9 EC-RL so auszulegen, dass der Abschluss von Kreditverträgen auch in elektronischer Form möglich sein soll. Infolgedessen wäre § 492 BGB gemeinschaftsrechtswidrig. Der erweiternden Auslegung der Verbraucherkreditrichtlinie steht aber neben dem eindeutigen Wortlaut entgegen, dass die Warnfunktion einer elektronischen Unterschrift gegenwärtig noch nicht der einer eigenhändigen Unterschrift entspricht, weil die mit der eigenhändigen Unterschrift im Bewusstsein der Nutzer verknüpfte Warnung bei der Abgabe einer elektronischen Signatur am Bildschirm noch nicht wahrgenommen wird[465]. In Erwägungsgrund 11 und Art. 1 Abs. 3 EC-RL kommt zum Ausdruck, dass das gemeinschaftsrechtliche Schutzniveau für den Verbraucherschutz durch die Richtlinie über den elektronischen Geschäftsverkehr nicht beeinträchtigt werden soll. Dies wäre derzeit aufgrund der schwächeren Warnfunktion der elektronischen Signatur der Fall. Der letzte Halbsatz des Art. 1 Abs. 3 EC-RL beschränkt die Erhaltung des Schutzniveaus, „soweit die Freiheit, Dienste der Informationsgesellschaft anzubieten, dadurch nicht eingeschränkt wird“. Diese Einschränkung ist aber nicht so zu verstehen, dass die Verbraucherkreditrichtlinie dem Abschluss elektronischer Verbraucherdarlehensverträge nicht entgegenstehen darf. Der Ausschluss dieser Verträge beschränkt zwar die Möglichkeit, gerade diesen Dienst elektronisch anzubieten. Verbraucherschützende Regelungen bedeuten aber immer eine Beschränkung der Handlungsfreiheit des Unternehmers. Art. 1 Abs. 3 letzter Hs. EC-RL würde in diesem weiten Verständnis den ersten Teil der Bestimmung konterkarieren. Erwägungsgrund 11 macht zudem keine Einschränkung, wenn er den Erhalt des Verbraucherschutzniveaus als Prämisse aufstellt. Eine erweiternde Auslegung des Art. 4 Abs. 1 der Verbraucherkreditrichtlinie ist nicht durch Art. 1 Abs. 3 letzter Hs. EC-RL angezeigt und die notwendigen tatsächlichen Voraussetzungen liegen auch aus den oben angesprochenen sachlichen Erwägungen noch nicht vor, so dass § 492 BGB gemeinschaftsrechtskonform ist. Dieses Ergebnis wird allerdings mit der fortschreitenden Verbreitung der elektronischen Signatur und der elektronischen Form im Rechtsverkehr überprüft werden müssen.

Eine rechtliche Erleichterung der Formvorschriften gewährt § 502 Abs. 2 BGB mit dem so genannten Versandhandelsprivileg. Während früher die Anwendbarkeit auf Internetgeschäft unklar war[466], ist schon seit der Änderung des § 8 VerbrKrG durch das Gesetz über Fernabsatzverträge und andere Fragen des

---

[465] Vgl. *Dilger*, Verbraucherschutz im Internet, 2002, S. 172 f.

[466] Noch unter der alten Rechtslage hat das LG München I einen Vertragsabschluss im Internet als wirksam angesehen, LG München I, Urteil vom 25.5.2000, ZUM 2000, 775 und in nächster Instanz OLG München, Urteil vom 25.1.2001, K&R 2001, 313, siehe die Besprechung von *Lorenz*, NJW 2001, 2230.

Verbraucherschutzes vom 27.6.2000 so formuliert worden, dass alle Fernabsatzverträge umfasst sind und der Form Genüge getan ist, wenn die erforderlichen Angaben dem Verbraucher so rechtzeitig auf einem dauerhaften Datenträger übermittelt werden, dass dieser sie vor Vertragsschluss zur Kenntnis nehmen kann. Die Voraussetzungen des Art. 9 Abs. 1 EC-RL sind hiermit erfüllt[467]. Der „dauerhafte Datenträger" wurde mit der Übertragung der Bestimmung in das BGB durch die Textform ersetzt. Die Textform wird im Verbraucherrecht weiterhin gefordert für die Erbringung der fernabsatzrechtlichen Informationen nach Vertragsschluss (§ 312a Abs. 2 BGB) und für die Information über Widerrufs- (§ 355 Abs. 2 BGB) oder Rückgaberecht (§ 357 Abs. 3 BGB). Für das Verbraucherdarlehensrecht steht dies in § 495 Abs. 1 BGB. Die Ausübung des Widerrufs durch den Verbraucher ist nach § 355 Abs. 1 BGB ebenfalls nur in Textform möglich.

c) Beweiskraft elektronischer Dokumente

In der ZPO ist die Frage geregelt, ob die elektronische Signatur als Beweis zugelassen ist. Nur wenn dies der Fall ist, haben Verbraucher und Unternehmer für elektronische Verträge die gleichen Rechtsdurchsetzungsmöglichkeiten wie für schriftlich abgeschlossene Verträge. Anders als in Frankreich, wo elektronische Urkunden den Schriftstücken in Art. 1316-1 C. civ. gleichgestellt werden, hat man in Deutschland den Weg eigenständiger Beweisregeln für elektronische Dokumente eingeschlagen. § 292a ZPO stellt eine gesetzliche Vermutung für die Echtheit einer in elektronischer Form vorliegenden Willenserklärung nach § 126a BGB auf, die sich aus der Prüfung der Voraussetzungen des Signaturgesetzes ergibt.

Die Voraussetzungen des § 292a ZPO sind für den Erklärungsempfänger oft nur mit Hilfe der Vermutung des § 15 Abs. 1 Satz 4 SigG beweisbar. Sie ist anwendbar, wenn das Signaturzertifikat von einem akkreditierten Anbieter ausgestellt wurde. Nur hier hat eine Prüfung stattgefunden, die es rechtfertigt, eine Vermutung für die Sicherheit des Zertifikats aufzustellen[468], die dann in § 292a ZPO zur Vermutung der Echtheit führen kann. Eine elektronische Erklärung wird nicht als Urkunde (§§ 415 ff. ZPO), sondern als Objekt des Augenscheins gemäß § 371 Abs. 1 Satz 2 ZPO[469] als Beweis in den Zivilprozess eingeführt.

---

[467] *Drexl*, in: *ders./Kreuzer/Scheuing/Sieber* (Hrsg.), Informationszeitalter, 2000, S. 75 (106).

[468] *Oertel*, MMR 2001, 419 (420); vgl. *Roßnagel*, NJW 2001, 1817 (1826); *Geis*, MMR 2000, 667 (672).

[469] Die Regelung stand zunächst in Absatz 2. Sie wurde versehentlich aufgehoben durch das Zivilprozessrefomgesetz (Gesetz zur Reform des Zivilprozesses vom 27. Juli 2001, BGBl. 2001, I 1887, Art. 2 Abs. 1 Nr. 58) und durch Art. 5 Abs. 1 des Gesetzes zur Modernisierung

Der Unterschied liegt in der Beweiskraft. Unterschriebene Urkunden begründen gem. § 416 ZPO den „vollen Beweis dafür, dass die in ihnen enthaltenen Erklärungen von den Ausstellern abgegeben sind". Hier gilt auch § 440 Abs. 2 ZPO, nach dem von der Echtheit der Erklärungsunterschrift auf die Echtheit des Erklärungsinhalts geschlossen wird[470]. Die Beurteilung eines Objekts beim Augenscheinsbeweis obliegt dagegen gem. § 286 Abs. 1 ZPO grundsätzlich der freien Beweiswürdigung des Richters[471]. Nur in Ausnahmefällen ist der Richter an gesetzliche Beweisregeln gebunden (§ 286 Abs. 2 ZPO). Für die elektronische Form gilt § 292a ZPO, nach dem der Anschein der Echtheit nur durch bestimmte Einwände erschüttert werden darf[472].

Aus den Gesetzesmaterialien ergibt sich, dass § 292a ZPO sowohl die Echtheit der Erklärung selbst als auch die Echtheit der Unterschrift umfassen soll[473]. Das geht über die Beweiswirkung des Urkundenbeweises hinaus, bei dem die Echtheit der Unterschrift feststehen muss, um auf die Echtheit des Erklärungsinhaltes schließen zu können[474]. Damit erhält die elektronische Signatur einen höheren Beweiswert, der aus ihrer höheren Fälschungssicherheit gegenüber einer Schrifturkunde resultiert[475]. Die Beweiserleichterung besteht darin, dass nicht die Echtheit der elektronischen Signatur bewiesen werden muss, sondern nur das Vorliegen der Voraussetzungen des Signaturgesetzes für eine qualifizierte elektronische Signatur.

---

des Schuldrechts vom 26. November 2001, BGBl. 2001, I 3138, in § 371 Abs. 1 Satz 2 wieder eingeführt. Beide Gesetze sind am 1.1.2002 in Kraft getreten. Siehe hierzu *Dästner*, NJW 2001, 3469 (3469); *Jungermann*, CR 2001, 868 (868, 871).

470 Der Unterschied zwischen den beiden Bestimmungen ist gering, siehe *Hartmann*, in: *Baumbach/Lauterbach/Albers/Hartmann*, ZPO, 2002, § 440, Rn. 1; *Sieber/Nöding*, ZUM 2001, 199 (208), differenzieren so: § 440 Abs. 2 Echtheit der Erklärung; § 416 dass die Erklärung vom Erklärenden wissentlich abgegeben wurde.

471 Das bedeutet keine Willkührgefahr, *Sieber/Nöding*, ZUM 2001, 199 (207).

472 *Roßnagel*, NJW 2001, 1817 (1826), kritisiert, dass der Signaturempfänger nicht mehr auf den Anscheinsbeweis angewiesen sei, wenn er die Voraussetzungen für eine qualifizierte elektronische Signatur nachweisen kann; siehe hierzu auch *Oertel*, MMR 2001, 419 (420); *Dästner*, NJW 2001, 3469 (3469).

473 Gesetzesentwurf der Bundesregierung, Entwurf eines Gesetzes zur Anpassung der Formvorschriften des Privatrechts und anderer Vorschriften an den modernen Rechtsgeschäftsverkehr, Begründung, BT-Drs. 14/4987 vom 14.12.2000, S. 10 (13, 17).

474 *Oertel*, MMR 2001, 419 (420).

475 Gesetzesentwurf der Bundesregierung, Entwurf eines Gesetzes zur Anpassung der Formvorschriften des Privatrechts und anderer Vorschriften an den modernen Rechtsgeschäftsverkehr, Begründung, BT-Drs. 14/4987 vom 14.12.2000, S. 10 (17).

Die Tatsache, dass ein Anscheinsbeweis leichter zu erschüttern ist als eine Beweisregel oder eine gesetzliche Vermutung[476], schwächt die beweisrechtliche Einbettung der elektronischen Form nicht ab. So bleibt die Regelung offen für sich aus der technischen Entwicklung ergebende neue Manipulationsmöglichkeiten, bei denen der Verdacht zur Entkräftung des Anscheinsbeweises ausreichen würde, ein Gegenbeweis aber oft nicht möglich wäre[477]. Ziel von Beweisregelungen soll es ja nicht sein, falsche Tatsachennachweise zu unterstützen. Die Bestimmung trifft die richtige Abwägung zwischen dem Bestand des Beweises gegenüber haltlosen und berechtigten Einwänden[478]. Zu beachten ist allerdings, dass die Vermutungswirkung des § 292a ZPO auch zum Nachteil des Berechtigten wirken kann, wenn sein Signaturschlüssel missbräuchlich von einem Dritten verwendet wurde[479]. Ein schlichter E-Mail-Ausdruck hat hingegen keinen hinreichenden Beweiswert für den Abschluss eines Vertrages[480], weil die E-Mail die Identität des Erklärenden nicht zuverlässig erkennen lässt[481].

3. Rechtsvergleichende Betrachtung

In Frankreich und Deutschland ist die grundsätzliche Formfreiheit eine Konsequenz der Privatautonomie. Wenn ausnahmsweise eine besondere Form verlangt wird, dann entweder eine privatrechtliche Urkunde oder eine notarielle Beurkundung. Erst im Zuge der Anpassung der Formvorschriften an den elektronischen Rechtsverkehr ist in Deutschland mit der Textform eine weitere rechtlich relevante Form hinzugekommen. Die EG-Signaturrichtlinie hat neben der Einführung einheitlicher technischer Standards für elektronische Signaturen nur die beweisrechtliche Anerkennung der elektronischen Form gefordert. Weil es in Deutschland keine Formvorschriften mit nur beweisrechtlichen Konsequenzen für bestimmte Rechtsgeschäfte gibt, beschränkte sich die Umsetzung der Richtlinie im Wesentlichen auf die Regelung der technischen Standards. In Frankreich wurde mit der notwendigen Änderung des Beweisrechts auch die Grundlage für die Anerkennung der elektronischen Form insgesamt geschaffen, auf die

---

[476] Eine Beweisregel wie § 416 ZPO kann gar nicht erschüttert werden; eine gesetzliche Vermutung wie § 440 ZPO nur durch den Beweis des Gegenteils, vgl. *Reichold*, in: *Thomas/Putzo*, ZPO, 2002, § 440, Rn. 3.

[477] *Sieber/Nöding*, ZUM 2001, 199 (208).

[478] *Deutsch*, JurPC Web-Dok. 188/2000, Abs. 70, http://www.jurpc.de/aufsatz/20000188.htm; *Sieber/Nöding*, ZUM 2001, 199 (209), halten die Bestimmung für „überaus gelungen".

[479] *Hähnchen*, NJW 2001, 2831 (2833).

[480] AG Bonn, Urteil vom 25.10.2001, CR 2002, 301.

[481] *Mankowski*, NJW 2002, 2822 (2822 ff.), schlägt einen Anscheinsbeweis vor, dass die Erklärung von dem in der E-Mail angegebenen Absender stammt. Eine Eingangs- oder Lesebestätigung soll gleichfalls einen Anscheinsbeweis für den Zugang einer E-Mail begründen, *Mankowski*, NJW 2004, 1901 (1906).

nun für die wirksamkeitsrelevante Form verwiesen wird. Weil die Beweisfunktion von der elektronischen Form genauso wie von der Papierform erfüllt werden kann[482], konnte eine Gleichstellung hier ohne weiteres erfolgen.

Art. 9 Abs. 1 EC-RL wurde Deutschland richtlinienkonform umgesetzt. Die Ausnahme von § 126 Abs. 3 BGB für Verbraucherdarlehensverträge ist (gegenwärtig noch) durch Art. 4 Abs. 1 der Verbraucherkreditrichtlinie gedeckt. Der französische Gesetzgeber hat mit der LEN Art. 9 EC-RL in einem neuen Art. 1108-1 C. civ. umgesetzt. Eine Sonderregelung für Verbraucherkreditverträge gibt es nicht. Beide Umsetzungsansätze gehen über die gemeinschaftsrechtliche Vorgabe hinaus, weil sie die Verwendung der elektronischen Form unabhängig von der Art und Weise des Vertragsabschlusses ermöglichen.

Die Unterscheidung zwischen Formvorschriften, deren Fehlen die Unwirksamkeit des Rechtsaktes zur Folge hat und solchen, deren Fehlen nur die Durchsetzbarkeit im Prozess erschwert oder verhindert, ist eine Möglichkeit, graduelle Abstufungen von Formvorschriften zu schaffen. Das kann damit erklärt werden, dass Formvorschriften grundsätzlich immer einen Eingriff in die Privatautonomie bedeuten. Die in Deutschland mit der Abstufung zwischen Textform und Urkunde geschaffene Gewichtung mag ebenso interpretiert werden. Hier erfolgt die Abstufung nicht über die Schwere der Rechtsfolge, sondern den formalen Aufwand bei der Erklärung des Rechtsaktes.

Die mit dem Signaturgesetz eingefügten beweisrechtlichen Vorschriften wurden in Frankreich von einigen Autoren weniger als Beweisrecht, denn als Teil eines formellen Rahmens für elektronische Vertragsschlüsse angesehen, vor allem zum Schutze der Verbraucher[483].

Zur Bewertung der Leistungsfähigkeit für den Verbraucherschutz ist zwischen der Form, die für die Übermittlung bestimmter Informationen vorgeschrieben ist, und Formvorschriften für Willenserklärungen zu unterscheiden. Die ersten, für die in Frankreich die Bezeichnung *formalisme informatif*[484] verwendet wird, sollen die Kenntnisnahme der Informationen und ihre Beweisbarkeit ermöglichen. Sie sind unabhängig von der für den Vertragsschluss vorgeschriebenen Form, können aber ähnliche Zielsetzungen haben. Während eine Formbindung der Willenserklärung einen bedeutenden Eingriff in die Vertragsfreiheit dar-

---

[482] Vgl. *Sieber/Nöding*, ZUM 2001, 199 (204).

[483] *Raynouard*, Defrénois 2000, 593 (615 et .).

[484] *J. Flour/Aubert/Savaux*, Obligations/1, 2000, n° 319 et s.; *Couturier*, Defrénois 2000, 880 (885); *Magnier*, JCP 2004, I 106, p. 177 (177).

stellt, können formgebundene Informationen bei einem geringeren Eingriff die gleiche Wirkung erzielen und ebenfalls Warn- und Beweisfunktionen erfüllen.

Wirksamkeitsbegründende Formvorschriften haben ebenfalls Warnfunktion und sollen vor einer übereilten und unüberlegten Abgabe der Willenserklärung schützen[485]. Der Warnfunktion ist die Klarstellungsfunktion ähnlich, weil mit der Form für die bindende Erklärung die Trennung von den unverbindlichen Vorverhandlungen deutlich gemacht wird[486]. Während diese Funktionen dazu dienen, die selbstbestimmte Entscheidung des Verbrauchers zu unterstützen, ist die Beweisfunktion, für die in Frankreich eine eigene Gruppe von Formvorschriften zur Verfügung steht, für die Durchsetzung der Rechte aus dem Vertrag von Bedeutung.

Durch die gemeinschaftsrechtliche Vereinheitlichung der technischen Voraussetzungen und der rechtlichen Anerkennung der elektronischen Form werden Schranken, die die Entwicklung des elektronischen Geschäftsverkehrs behindern, abgebaut. Diesem rechtlichen Schritt müssen Angebote für elektronische Signaturverfahren folgen, die von den Verbrauchern und Unternehmern unkompliziert und sicher genutzt werden können. Das ist ebenso eine Zeitfrage wie die Entwicklung des Bewusstseins der Nutzer, dass die elektronische Unterschrift einer handgeschriebenen rechtlich gleichwertig ist. Wichtig für den grenzüberschreitenden Einsatz elektronischer Signaturen ist ihre internationale Anerkennung. Die Richtlinie über elektronische Signaturen verwendet für die Dienste von Zertifizierungsdiensteanbietern und für Produkte für elektronische Signaturen in Art. 4 das Herkunftslandprinzip, das wenigstens eine gemeinschaftsweite Verwendung von Signaturtechniken ermöglicht. In Deutschland ist die Anerkennung von Signaturen aus anderen Mitgliedstaaten in § 23 SigG geregelt. Danach sind Signaturen von Anbietern aus Drittstaaten den inländischen dann gleichgestellt, wenn sie in einem Mitgliedstaat der EU akkreditiert sind. Die entsprechende französische Regelung steht in Art. 8 décret n° 2001-272.

V. Widerruf

Beim Abschluss von bestimmten Verbrauchergeschäften besteht die Gefahr, dass der Verbraucher eine rechtliche Verpflichtung eingeht, obwohl er keine freie Willensentscheidung getroffen hat, weil ihm nicht genügend Informationen über den Vertrag zur Verfügung standen[487] oder er nicht Gelegenheit hatte, in Ruhe abzuwägen. Bei den im Internet vorliegenden Vertragsabschlüssen im

---

[485] *Einsele*, in: MK-BGB, Band 1, 2001, § 125, Rn. 6.
[486] *Einsele*, in: MK-BGB, Band 1, 2001, § 125, Rn. 7.
[487] Vgl. *Mirabail*, Rétractation, 1997, p. 127; *Passa*, D. 2002, 555 (559).

Fernabsatz hat der Verbraucher zum Zeitpunkt des Vertragsschlusses keine Möglichkeit, die Leistung vor Vertragsabschluss zu untersuchen[488] und die Person des Vertragspartners einzuschätzen[489]. Bei Dienstleistungen, die auch sonst nicht vor ihrer Erbringung begutachtet werden können, hat das Argument der Untersuchungsmöglichkeit innerhalb der Widerrufsfrist keine Gültigkeit[490]; das Widerrufsrecht entfällt sogar, wenn mit der Diensterbringung vor Fristablauf auf Wunsch des Kunden begonnen wird (§ 312d Abs. 3 BGB bzw. Art. L 121-20-2 n° 1 C. cons.). Die verbraucherrechtliche Rechtfertigung ist hier nicht ohne weiteres ersichtlich[491].

Neben Bemühungen des Gesetzgebers, nicht selbstbestimmte Vertragsabschlüsse im Vorfeld zu verhindern[492], bietet das Widerrufsrecht dem Verbraucher die Möglichkeit, sich vom Vertrag zu lösen, nachdem er seine Willenserklärung zum Abschluss abgegeben hat. Als weiteren Grund für die Schaffung einer Möglichkeit, sich nachträglich vom Vertrag zu lösen, führt *Mirabail* die Notwendigkeit an, den Vertrag in bestimmten Situationen an nach Vertragsschluss neu aufgetretene Umstände anzupassen[493]. Das ist abzulehnen, weil dieser Zweck systemfremd ist, wenn man die wirtschaftliche Selbstbestimmung des Verbrauchers dem Verbraucherrecht zugrunde legt[494].

1. Widerruf im französischen Recht

Die Möglichkeit, sich innerhalb einer Frist vom Vertrag nach Vertragsschluss zu lösen, ist in Frankreich als Instrument des Verbraucherschutzes Anfang der

---

[488] *Huet*, Contrats spéciaux, 2001, n° 11164; der Abgeordnete *Santini*, J.O. AN Débats parlementaires, compte rendu intégral, n° 111(2) du 21.12.1987, 7947 (7949); *Calais-Auloy/ Steinmetz*, Droit de la consommation, 2000, n° 105; *Fuchs*, ZIP 2000, 1273 (1280).

[489] *Mankowski*, CR 2001, 767 (768).

[490] *Fuchs*, ZIP 2000, 1273 (1280 f.), sieht den Grund des Rücktrittsrechts bei Dienstleistungen in einer allgemeinen Überlegungsfrist, die allerdings nach dem Maßstab der wirtschaftlichen Selbstbestimmung systemfremd wäre.

[491] So auch *Calais-Auloy/Steinmetz*, Droit de la consommation, 2000, n° 107.

[492] So ist in einigen Fällen ein *délai de réflexion* zwischen der Zusendung des Vertrages und der Annahmeerklärung des Kunden vorgesehen, etwa in Art. L 312-10 al. 2 C. cons. (*crédit immobilier*), siehe *Malinvaud*, D. 1981, chron. 49 (54 et s.).

[493] *Mirabail*, Rétractation, 1997, p. 127; die Anpassung von Verbraucherverpflichtungen an veränderte Rahmenbedingungen ist auch für *Kemper*, Verbraucherschutzinstrumente, 1994, S. 326 ff., ein Ziel des Verbraucherschutzes, weil „Verbraucher die Grenzen der eigenen Leistungsfähigkeit und die Wandlebarkeit von Lebensumständen zu wenig berücksichtigen" (S. 326 f.; 49 ff.).

[494] Ebenso *Drexl*, Wirtschaftliche Selbstbestimmung, 1998, S. 448.

1970er Jahre entstanden[495]. Im französischen Verbraucherschutzrecht finden sich im Bereich des Internet-Fernabsatzes folgende Widerrufsregelungen: Art. L 121-20 C. cons. sieht ein Rücktrittsrecht für im Fernabsatz geschlossene Verträge vor; Art. L 311-15 C. cons. für den Verbraucherkreditvertrag und Art. L 121-25 C. cons. für Haustür- und ähnliche Geschäfte (*démarchage*) gewähren ein Recht zur „*rétractation*", wobei hier die Anwendbarkeit im Internet in Frage steht.

a) Dogmatik der französischen Widerrufsrechte

Bei der Betrachtung der oben vorgestellten verbraucherschützenden Widerrufsrechte können zwei unterschiedliche Regelungstechniken ausgemacht werden. Sie unterscheiden sich danach, wie der Vertrag zwischen dem Austausch der Willenserklärungen und dem Ablauf der Frist behandelt wird. Unklar ist jeweils die rechtliche Konstruktion und dogmatische Einordnung, die Auswirkungen hat auf die Bestimmung des Zeitpunktes, an dem ein Vertrag zustande gekommen[496] ist. Der Zeitpunkt des Vertragsschlusses ist aus den schon oben im Zusammenhang mit dem Zugang der Annahmeerklärung dargelegten Gründen von Bedeutung.

aa) Widerrufsrechte mit aufschiebender Wirkung für die Vertragserfüllung

Zur ersten Gruppe gehören alle Widerrufsrechte mit Ausnahme des fernabsatzrechtlichen Widerrufsrechts. Ihnen ist gemeinsam, dass vor Ablauf der Widerrufsfrist keine Erfüllungsansprüche geltend gemacht werden können – zumindest nicht vom Unternehmer gegen den Verbraucher. Art. L 121-25 C. cons. gewährt dem Verbraucher bei Haustür- und ähnlichen Geschäften (*démarchage*) das Recht, sich innerhalb von sieben Tagen von seiner Bestellung zu lösen (*droit de renoncer à la commande*). Art. 121-26 Abs. 1 C. cons. bestimmt, dass vor Ablauf der Frist vom Kunden keine Gegenleistung verlangt werden kann. Eine ähnliche Regelung findet sich in Art. L 311-15 C. cons.: Dem Verbraucher wird eine „*faculté de rétractation*" eingeräumt. Der erste Satz der Bestimmung könn-

---

[495] *Huet*, Contrats spéciaux, 2001, n° 11164. Ein Widerrufsrecht sah schon Art. 31 der loi n° 72-6 du 3 janvier 1972 relative au démarchage financier et à des opérations de placement et d'assurance, J.O. n° 3 du 5.1.1972, 154, vor. Die Bestimmung findet sich jetzt in leicht abgewandelter Form in Art. L 342-18 des Code monétaire et financier. Noch früher Art. 9 der loi n° 71-556 du 12 juillet 1971 für Fernunterricht: einseitiges Recht, den Vertrag innerhalb von 3 Monaten aufzulösen; danach fand die Konstruktion Verwendung im Gesetz vom 22.12.1972 über die *démarchage* dessen Bestimmungen in die Artikel L 121-21 bis L 121-33 C. cons. übernommen wurden, *Ferrier*, D. 1980, 177 (183), gibt das irrtümlich als die erste Verwendung im Gesetz an.

[496] Vgl. *Brun*, Droit et patrimoine, mai 1998, 78 (81).

te freilich für eine Geltung des Vertrages vom Vertragsschluss an sprechen, « *le contrat devient parfait dès l'acceptation de l'offre préalable par l'emprunteur* ». Auch hier findet sich jedoch in der Regelung Art. 311-17 C. cons. das Verbot, den Vertrag zu vollziehen, bevor der Vertrag endgültig geschlossen wurde. Das könnte im Falle des Art. L 311-15 C. cons. schon mit der Willenserklärung des Verbrauchers geschehen sein, so dass die Vorschrift nur für Art. L 311-16 C. cons. von Bedeutung wäre. Für den Fall, dass der Darlehensgeber sich das Recht vorbehalten hat, dem Darlehensnehmer zuzustimmen, kommt der Vertrag erst unter der doppelten Bedingung zustande, dass der Darlehensgeber zugestimmt hat und der Verbraucher nicht von seiner „*faculté de rétractation*" des Art. L 311-15 C. cons. Gebrauch gemacht hat[497].

Den Regeln über *démarchage* und Verbraucherkredite ähnlich ist die Bestimmung des Art. L 121-64 C. cons., der für den Erwerb von Teilzeitwohnrechten gilt. Der Verbraucher kann seine Willenserklärung widerrufen („*peut se rétracter*"); bis zum Ablauf der zehntägigen Frist können gegen ihn gemäß Art. L 121-66 C. cons. keine Ansprüche geltend gemacht werden. Das gleiche Prinzip findet sich in Art. L 271-1 Code de la construction et de l'habitation. Die Besonderheit dieses Widerrufsrechts beim Kauf von Immobilien zu Wohnzwecken durch Verbraucher, dem für den Internethandel keine Bedeutung zukommt, ist, dass hier ein situationsbedingtes Tatbestandsmerkmal völlig fehlt. Denkbar ist allenfalls eine Anknüpfung an die große wirtschaftliche Bedeutung eines Immobilienkaufs für den Einzelnen.

Die Gemeinsamkeit der vorgestellten Bestimmungen kommt auch in der Verwendung der gleichen Terminologie zum Ausdruck. Alle benutzen die Begriffe „*rétractation*" oder „*rétracter*"; bei den *démarchage*-Regeln taucht er in Art. L 121-26 Abs. 3 auf[498]. Die Rechtsnatur der Widerrufserklärung ist in der französischen Lehre nicht umstritten. Bei der „*rétractation*" handelt es sich um eine einseitige Willenserklärung (*acte unilatéral*), die das Gegenteil eines vorher von derselben Person ausgedrückten Willens beinhaltet und diesen ersetzen[499] oder aufheben soll. Die *rétractation* hat – in Abgrenzung zu einer Änderung des Willens, die auf die Zukunft gerichtet ist[500] – Rückwirkung[501]. Die Widerrufser-

---

497 Die Unklarheit dieser Regelungen bemängelt auch *Brun*, Droit et patrimoine, mai 1998, 78 (81): « *Comprenne qui pourra !* »

498 Uneinheitlichkeit der gesetzlichen Terminologie bemängeln allerdings *J. Flour/Aubert/Savaux*, Obligations/1, 2000, n° 187 (p. 126, Fn. 2).

499 So *Mirabail*, Rétractation, 1997, p. 2 et s.

500 *Mirabail*, Rétractation, 1997, p. 4.

501 Nach der Definition von *Cornu*, Vocabulaire juridique, 1998, p. 751 et s.: « *Manifestation de volonté contraire par laquelle l'auteur d'un acte ou d'une manifestation unilatérale de volonté entend revenir sur sa volonté et la retirer comme si elle était non avenue, afin de la*

klärung bezieht sich auf die Annahmeerklärung, die in den gesetzlich vorgesehenen Fällen vom Verbraucher zurückgenommen werden kann. Im Falle der Nichtausübung des Widerrufsrechts gilt der Vertrag zu dem Zeitpunkt als zustande gekommen, in dem die übereinstimmenden Willenserklärungen vorlagen[502]. Hierfür spricht auch Art. L 121-23 C. cons., nach dem « *au moment de la conclusion du contrat* » dem Verbraucher eine Vertragsausfertigung übergeben werden soll[503] und die Rechtsprechung der Cour de cassation aus dem Jahr 1992[504].

Den in diesem Abschnitt vorgestellten Widerrufsrechten sind also drei Merkmale gemeinsam: Wenn das Widerrufsrecht nicht ausgeübt wird, soll der Vertrag vom Zeitpunkt des Vertragsschlusses an wirksam sein, bei Ausübung des Widerrufsrechts soll der Vertrag *ex tunc* unwirksam sein und bis zum Ablauf der Widerrufsfrist darf der Vertrag nicht erfüllt werden. Die dogmatische Einordnung dieser vom Gesetzgeber gewählten rechtlichen Konstruktion ist umstritten.

Raymond spricht von einem Vertragsschluss unter der auflösenden Bedingung der Ausübung des Widerrufsrechts[505]. Er schließt das aus der im vorhergehenden Absatz angesprochenen Entscheidung der Cour de Cassation[506], nach der der Vertrag mit der Bestellung zustande kommt. Gegen diese Schlussfolgerung spricht indes, dass bei der Annahme einer auflösenden Bedingung der Vertrag zwar unmittelbar zustande kommt, aus ihm aber auch sofort Erfüllungsansprüche erwachsen. Die vorgestellten Bestimmungen haben jedoch gemein, dass die Geltendmachung von Ansprüchen gegen den Verbraucher ausdrücklich ausgeschlossen ist. Freilich könnte die Tatsache, dass ausdrücklich nur von den Ansprüchen des Unternehmers die Rede ist, so verstanden werden, dass die Erfüllungsansprüche von Anfang an bestünden, einseitig jedoch nicht geltend gemacht werden dürften[507]. Das fehlende Verbot der Geltendmachung des Anspruches des Verbrauchers kann aber nicht so verstanden werden, dass diese Ansprüche bestünden[508], weil dies eine dem Unternehmer gegenüber unbillige Regelung wäre. Dem Unternehmer ist es nicht verwehrt, vor Ablauf der Frist zu

---

priver de tout effet passé ou à venir »; vgl. *Brun*, Droit et patrimoine, mai 1998, 78 (82); dagegen *Christianos*, D. 1993, chron. 28 (30): Der Vertrag wird nur für die Zukunft unwirksam.

502 Etwa *J. Flour/Aubert/Savaux*, Obligations/1, 2000, n° 188; *Cas/Ferrier*, Droit de la consommation, 1986, n° 475.

503 So auch *Christianos*, D. 1993, chron. 28 (29 et s.).

504 Cour de cassation, 1re chambre civile, 10.6.1992, CCC, octobre 1992, 17, obs. *Raymond*.

505 *Raymond*, Droit civil, 1996, n° 228: « *condition résolutoire de l'exercice du droit de repentir* ».

506 Cour de cassation, 1re chambre civile, 10.6.1992, CCC, octobre 1992, 17, obs. *Raymond*.

507 Vgl. *J. Flour/Aubert/Savaux*, Obligations/1, 2000, n° 187.

508 Dafür allerdings *Christianos*, D. 1993, chron. 28 (29).

leisten. Der Kunde ist dann bis zum Ablauf der Frist in der Rolle eines *dépositaire*[509]. Bei Ablauf der Frist wird er Eigentümer und bei Ausübung des Widerrufsrechts muss er die Sache zurückgeben[510]. Außerdem fehlen – anders als beim fernabsatzrechtlichen Widerrufsrecht des Art. 121-20 C. cons. – Regelungen über die Rückabwicklung des bereits Geleisteten, was dafür spricht, dass bis zum Ablauf der Widerrufsfrist keine der beiden Seiten Ansprüche geltend machen kann. Daraus folgt wiederum, dass die Annahme einer auflösenden Bedingung die vom Gesetzgeber gewählte Konstruktion nicht zu erklären vermag.

Eine aufschiebende Bedingung ist als rechtliche Konstruktion ebenfalls ungeeignet, weil der Vertrag als von Anfang an geschlossen gelten soll. Ein weiterer Grund gegen eine Bedingung ergibt sich aus ihrer Funktionsweise. Nach Art. 1174 C. civ. führt eine Bedingung, die nur von dem Willen einer Partei abhängt, zur Nichtigkeit des Vereinbarung, die von ihr abhängt. Die dogmatische Einordnung des Widerrufsrechts, dessen Geltendmachung nur vom Willen des Verbrauchers abhängig ist, würde also wegen Art. 1174 C. civ. zur generellen Unwirksamkeit der mit einem Widerrufsrecht ausgestatteten Verbraucherverträge führen[511].

Malaurie/Aynès stellen auf die Ähnlichkeit der Widerrufsmöglichkeit zum vorvertraglichen *délai de réflexion*, wie in Art. L 312-10 C. cons. für Immobilienkredite und Art. L 444-8 al. 1 Code de l'éducation (*enseignement à distance*), ab[512]. Diese Annahme eines einseitigen Verkaufsversprechens, dass innerhalb einer bestimmten Frist vom Verbraucher angenommen werden kann, kann mit dem Argument abgelehnt werden, dass der vom Gesetzgeber gewollte Mechanismus genau umgekehrt ist: Wenn der Verbraucher nichts unternimmt, soll der Vertrag als geschlossen gelten und nicht andersherum die Annahme des einseitigen Versprechens erst den Vertrag zustande kommen lassen[513].

---

509 Art. 1927 et s. C. civ.; die Hafung ist in Art. 1147 C. civ. geregelt.

510 *Calais-Auloy*, D. 1973, chron. 266 (266); anders *Pizzio*, Code de la consommation, 1996, Art. 121-23 à 121-25, n° 10: der Kunde wird bei einer Lieferung innerhalb der Frist sofort Eigentümer und haftet entsprechend, vgl. die Haftung des *dépositaire* in Art. 1927 et s. C. civ.

511 *Ferrier*, Distribution, 2000, n° 418 Fn. 364 und *ders.*, D. 1980, 177 (186), hält den Einwand des Art. 1174 C. civ. hier nicht für hinderlich, weil das Widerrufsrecht der „*faculté de réméré*" des Art. 1659 C. civ. ähnlich sei und diese auch eine Möglichkeit darstellt, sich vom Vertrag zu lösen, die vom Willen einer Partei abhängt; hierzu *Christianos*, D. 1993, chron. 28 (29).

512 *Malaurie/Aynès*, Obligations, 1999, n° 427; zu den *délais de réflexion* im französischen Recht *Sinay-Cytermann*, in: *Centre de droit des obligations de l'Université Paris I* (éd.), Protection, 1996, p. 241-253 et s.

513 *Ferrier*, D. 1980, chron. 177 (185); *Christianos*, D. 1993, chron. 28 (29).

Mit der bereits angesprochenen Entscheidung des Kassationsgerichtshofs aus dem Jahr 1992[514] wird auch eine ältere Theorie hinfällig, die versucht hat, die Vorgänge mit einer eigenen Art und Weise des Vertragsschlusses zu erklären, nämlich als zweistufigen Vorgang mit einer Erklärung, die den Willen zum Ausdruck bringt, den Vertrag zu wollen (*engagement-volonté*) und einer Erklärung, nämlich die Ausübung oder Nichtausübung des Widerrufsrechts, die den Willen beinhaltet, rechtlich verpflichtet und berechtigt zu sein (*engagement-obligation*)[515]. Ein Rückgriff auf neue Mechanismen ist indes nicht notwendig, weil die allgemeinen Vertragsschlussregeln des Zivilrechts in der Lage sind, eine befriedigende Erklärung zu liefern.

Im deutschen Recht wird die Annahme eines sofortigen Vertragsschlusses mit der Möglichkeit, rückwirkend seine Willenserklärung zu beseitigen und die fehlende Möglichkeit der Geltendmachung von Ansprüchen aus dem Vertrag während der Schwebezeit als schwebende Unwirksamkeit bezeichnet[516]. Diese Konstruktion findet sich heute in den §§ 109, 130 Abs. 1 S. 2, 178 und 790 BGB. Sie wurde vor Inkrafttreten des Fernabsatzgesetzes auch für die verbraucherschützenden Widerrufsrechte aus dem Verbraucherkreditgesetz, dem Haustürwiderrufsgesetz, dem Teilzeitwohnrechtsgesetz und dem Fernunterrichtsschutzgesetz verwendet[517]. Der französischen Zivilrechtsdogmatik ist die schwebende Unwirksamkeit als eigenes Rechtsinstitut unbekannt[518]; dieses deutsche Rechtsinstitut vermag jedoch die Rechtsnatur der verbraucherschützenden Widerrufsrechte besser zu erklären als die vorhergehend dargestellten Lösungsansätze.

bb) Das Widerrufsrecht nach Leistungserbringung

Das *droit de rétractation*, das Art. L 121-20 C. cons. für im Fernabsatz geschlossene Verträge vorsieht, unterscheidet sich in seiner Konstruktion von den im vorhergehenden Abschnitt dargestellten Widerrufsrechten. In der Lehre werden alle verbraucherschützenden Widerrufsrechte hingegen überwiegend gleich

---

514 Cour de cassation, 1re chambre civile, 10.6.1992, CCC, octobre 1992, 17, obs. *Raymond*.

515 So *Rouhette*, in: Etudes *Rodière*, 1981, p. 247 (265); *Cornu*, in: *Association Henri Captant*, Protection, 1973, p. 131 (144); ähnlich *Calais-Auloy/Steinmetz*, Droit de la consommation, 2000, n° 114 und bereits *Calais-Auloy*, D. 1973, chron. 266 (266), die die Annahmeerklärung des Kunden dem vorvertraglichen Bereich zuordnen und so im Widerrufsrecht kein Abweichen vom Grundsatz der Bindungswirkung des Vertragsschlusses sehen; *Christanos*, D. 1993, chron. 28 (30), lehnt den zweistufigen Vertragsschluss zwar ab, ist aber für ein zweistufiges Wirksamwerden des Vertrages.

516 Palandt/*Heinrichs*, BGB, 2003, Überbl vor § 104, Rn. 31.

517 Siehe *Martis*, Verbraucherschutz, 1998, S. 65 f.

518 Obgleich es die Konstellation auch im französischen Recht gibt, Ferid/*Sonnenberger*, Französisches Zivilrecht, Band 1/, 1994, Rn. 1 F 954.

behandelt[519]. Jedenfalls beobachten lässt sich in der Literatur das Fehlen einer terminologischen Abgrenzung zwischen „*droit de rétractation*" und „*droit de repentir*"[520], die nach der Neuregelung des Fernabsatzrechts allerdings auch im Gesetz aufgegeben wurde. Das Rückgaberecht des alten Art. L 121-16 C. cons. wurde durch ein Widerrufsrecht im neuen Art. L 121-20 C. cons. ersetzt, das im Gesetz ebenfalls als „*droit de rétractation*" bezeichnet wird.

Der Gesetzgeber verbietet beim fernabsatzrechtlichen Widerrufsrecht nicht die Geltendmachung von Ansprüchen vor dem Ablauf der Widerrufsfrist. Diese beginnt vielmehr erst mit Lieferung der Ware an den Kunden an zu laufen. Das setzt voraus, dass der Erfüllungsanspruch des Kunden vorher geltend gemacht werden kann[521]. Ansonsten würde kein Erfüllungsanspruch des Kunden gegen den Unternehmer bestehen und die Lieferung der Ware nur aus Kulanzgründen erfolgen, beziehungsweise der Unternehmer wäre dazu gezwungen, ohne Leistungspflicht zu liefern, weil sonst die Vertragserfüllung nicht in Gang gesetzt würde. Auch die Erfüllung der Zahlungspflicht durch den Kunden vor Fristablauf ist gewollt. Art. L 121-21 C. cons. regelt nämlich die Rückabwicklung der Zahlungen – allerdings nicht der Gegenleistung. Der Vertrag kommt also bereits mit dem Austausch der Willenserklärungen zustande und zunächst unabhängig von einer späteren Ausübung des Widerrufsrechts[522]. Der Ablauf der Widerrufsfrist hat deshalb keine Auswirkung auf den Zustand des Vertrages. Wenn das Widerrufsrecht hingegen ausgeübt wird, gilt der Vertrag als nie zustande gekommen[523].

Auch für das fernabsatzrechtliche Widerrufsrecht ist die dogmatische Einordnung umstritten. *Raymond* nimmt – in Anlehnung an das oben bereits vorgestellte Urteil der Cour de cassation – eine auflösende Bedingung (*condition résolutoire*) an[524]. Gegen die Annahme einer Bedingung spricht der bereits im vorhergehenden Abschnitt dargestellte Art. 1174 C. civ., nach dem eine Bedingung, die nur von dem Willen einer Partei abhängt, zur Nichtigkeit der von ihr abhän-

---

519 Siehe etwa *Raymond*, Droit civil, 1996, n° 228; *Beauchard*, Distribution, 1996, p. 358, der das fernabsatzrechtliche Rückgaberecht des alten Art. L 121-16 C. cons. als eine weitere Anwendung des Widerrufsmechanismus betrachtet.

520 Das terminologische Durcheinander beklagt ausdrücklich *Brun*, Droit et patrimoine, mai 1998, 78 (79); vgl. *Detraz*, CCC, mai 2004, 7 (7).

521 Diese Besonderheit erkennt *Bizeul*, Télé-achat, 1998, p. 146.

522 Vgl. *Bizeul*, Télé-achat, 1998, p. 154; *Raymond*, Marketing, 1992, n° 745; *Grimaux*, Com. Com. électr., avril 2004, 14 (19).

523 *Raymond*, Marketing, 1992, n° 745.

524 *Raymond*, Droit civil, 1996, n° 228; 1992 spricht er etwas unklarer von einer « *vente sous condition de l'examen* », *ders.*, Marketing, 1992, n° 745; ebenso *Pizzio*, Code de la consommation, 1996, Art. 121-16, n° 4.

gigen Vereinbarung führt. Die herrschende Lehre lehnt es außerdem ab, ein wesentliches Element des Vertrages bedingt zu erklären, was für die den Vertrag begründenden Willenserklärungen der Fall ist[525].

Entscheidend für das Verständnis der gesetzlichen Konstruktion ist die Rechtsfolge einer Ausübung des Widerrufsrechts. Der Vertrag könnte einerseits für die Zukunft in ein Rückgewährschuldverhältnis umgewandelt und andererseits *ex tunc* beseitigt werden. Gegen die erste Lösung spricht, dass die Rückabwicklung des Fernabsatzvertrages im Gesetz nur teilweise geregelt ist. Art. L 121-20-1 C. cons. bestimmt, dass der Unternehmer dem Verbraucher den Kaufpreis unverzüglich zurückzuzahlen hat. Die Rückgabepflicht des Verbrauchers ist gesetzlich nicht geregelt. Der Gesetzgeber hat jedoch mit der Regelung der Rückzahlungspflicht des Unternehmers zum Ausdruck gebracht, dass die Rückgewähr spezialgesetzlich geregelt werden und keine Rückabwicklung über das Bereicherungsrecht erfolgen soll. Weil eine einseitige bereicherungsrechtliche Rückabwicklung nicht in Betracht kommt, muss es auch für die Rückgabepflicht des Verbrauchers einen eigenen gesetzlichen Anspruch geben, dessen Existenz aus Art. L 121-20-1 C. cons. abgeleitet werden kann. Das französische Modell entspricht jedoch nicht vollständig der im deutschen Recht bekannten Umwandlung in ein Rückgewährschuldverhältnis, weil die Unwirksamkeit des Vertrages von Anfang an im Falle der Ausübung des Widerrufsrechts in der Literatur betont wird[526]. Es besteht also kein Übergang vom ursprünglichen in das Rückgewährschuldverhältnis, sondern ein Bruch in dem Sinne, dass bei Ausübung des Widerrufsrechts die Leistungen aufgrund der Unwirksamkeit des Vertrages *ex tunc* rechtsgrundlos erbracht wurden. Für die Rückgewähr dieser Leistungen wird jedoch auf spezialgesetzliche Regelungen und nicht auf das subsidiäre[527] Bereicherungsrecht zurückgegriffen.

b) Widerruf im Internet-Fernabsatz

aa) Anwendbarkeit des Widerrufsrecht für Haustür-Geschäfte

Insbesondere vor der Umsetzung der Fernabsatzrichtlinie im Jahr 2001 wurde die Anwendbarkeit des siebentägigen Widerrufsrechts für Haustür- und ähnliche Geschäfte (*démarchage*) in Art. L 121-21 C. cons. diskutiert, weil hier im Unterschied zum alten Art. L 121-16 C. cons. nicht nur Kaufverträge, sondern unter anderem auch das Anbieten von Dienstleistungen umfasst sind.

---

525 Siehe sowohl gegen die aufschiebende als auch gegen die auflösende Bedingung *Bizeul*, Télé-achat, 1998, p. 156.

526 *Raymond*, Marketing, 1992, n° 745; *Detraz*, CCC, mai 2004, 7 (10).

527 Siehe *Voirin/Goubeaux*, Droit civil, 2001, n° 917, 919.

Mit „*démarchage*" sind solche Geschäfte bezeichnet, die zu Hause oder an der Arbeitsstelle einer natürlichen Person[528] vorgenommen werden. *Démarchage* ist danach eine Absatzform, bei der der Unternehmer ein Zusammentreffen mit dem Kunden herbeiführt, um ihm ein Geschäft anzubieten[529]. Dabei handelt es sich um Geschäfte, bei denen der Verkäufer oder Diensteanbieter anwesend ist. Die Verbindung zum Internet wird zwar, zumindest bei einer Einwahl von zu Hause aus, über das Telefon hergestellt. Die für ein Telefongespräch typische unmittelbare wechselseitige Kommunikation zwischen Unternehmer und Verbraucher findet aber gerade nicht statt[530]. Im Internet erfolgt der Abschluss eines Geschäfts sukzessive durch den Austausch von Nachrichten. Aus der Tatsache, dass keine gleichzeitige Anwesenheit der beiden Vertragsparteien gegeben ist, ergibt sich zudem zwingend, dass die besondere Interessenlage von Haustürgeschäften nicht gegeben ist. Das Argument, der Unternehmer würde – einer weiten Interpretation folgend[531] – über das Internet in den häuslichen, privaten Bereich des Kunden eindringen, ist zwar sachlich richtig, verkennt dabei aber, dass das alleine nicht ausreicht[532]; der Werbebrief erreicht den Kunden auch zu Hause. Daher macht es auch keinen Unterschied, ob die Verbindung zwischen Unternehmer und Kunde über eine Internetseite oder durch eine vom Unternehmer geschickte E-Mail zustande kommt. Der *Conseil d'Etat* bejaht in seinem Bericht die Anwendung der *démarchage*-Regeln für unverlangt zugesendete E-Mails, weil hier wie bei „klassischen" *démarchage*-Konstellationen die Initiative vom Unternehmer und nicht vom Verbraucher ausginge[533]. Die alleinige Abgrenzung nach dem Initiative-Kriterium umfasst aber nicht die Charakteristik eines *démarchage*-Geschäfts, weil sie den entscheidenden und den besonderen Schutz begründenden Aspekt der Überrumpelung außer Acht lässt, die den Verbraucher zu einer sofortigen Entscheidung drängt. Eine Überrumpelung ist bei Internet-Vertragsschlüssen gerade nicht anzutreffen. Es fehlt, wie

---

[528] Zur Erweiterung auf bestimmte juristische Personen durch die Rechtsprechung *Pizzio*, Code de la consommation, 1996, Art. 121-22, n° 7.

[529] *Pizzio*, Code de la consommation, 1996, Art. 121-22, n° 1.

[530] Deswegen ist das Internet auch keine dem Telefon ähnliche Technologie, *Bertrand/Piette-Coudol*, Internet, 1999, p. 47.

[531] Fraglich ist, ob überhaupt ein Eindringen in die Wohnung des Verbrauchers erfolgt. Letztendlich wird er es zwar hier lesen; es könnte aber auch auf den Server selbst abgestellt werden. Dann würde die Folgefrage aufgeworfen, ob dieser als „virtuelles Domizil" angesehen werden könnte (*Breese/Kaufman*, Internet, 2000, p. 144 wohl ablehnend, aber darauf hinweisend, dass mit „*domicile*" ein Ort gemeint ist, der nicht für den Geschäftsverkehr bestimmt ist, was für den E-Mail-Briefkasten zutreffen würde).

[532] So auch *Junker*, RIW 1999, 809 (812), für die Anwendbarkeit des deutschen Haustürwiderrufsgesetzes auf Internetgeschäfte.

[533] *Conseil d'Etat*, Internet, 1998, p. 63 et s.; ebenso schon *Itéanu*, Cahiers Lamy droit de l'informatique, juillet 1997, 1 (4), der für Internetseiten *démarchage* ablehnt, nicht jedoch bei E-Mails, die der Unternehmer an der Verbraucher schickt (Fn. 15).

schon dargestellt, an der gleichzeitigen körperlichen Anwesenheit von Unternehmer und Verbraucher. Der Hinweis des *Conseil d'Etat*, die strafbewehrten Regeln der Artikel L 121-21 et s. C. cons. wären eine angemessene Reaktion auf Spamming-Aktionen, mag rechtspolitisch zwar richtig sein, vermag aber nicht den Anwendungsbereich der Vorschrift auszudehnen[534]. Entscheidend für die Ablehnung der Anwendung der Regel über *démarchage* ist also die hinter den Regelungen stehende Interessenlage. Während der Verbraucher bei Haustürgeschäften vor der Ausübung von Druck geschützt werden soll, ist es bei Fernkäufen der Schutz vor oberflächlicher Information, die keine fundierte Kaufentscheidung zulassen[535]. Auf Internetgeschäfte sind die *démarchage*-Bestimmungen also nicht anwendbar[536].

bb) Das fernabsatzrechtliche Widerrufsrecht

Die Bestimmung des Art. L 121-20 C. cons. sieht ein siebentägiges Widerrufsrecht (*droit de rétractation*) vor. Die Frist wird von der Lieferung an gerechnet, wenn zu diesem Zeitpunkt die nachvertraglichen fernabsatzrechtlichen Informationspflichten des Art. L 121-19 C. cons. übermittelt wurden. Werden die Informationen gar nicht erbracht, beträgt die Frist drei Monate ab Lieferung. Bei Dienstleistungen wird gemäß Art. 121-20 al. 2 C. cons. statt auf den Lieferzeitpunkt auf die Annahme des Vertragsangebotes, also den Vertragsschluss, abgestellt.

Das Widerrufsrecht gilt für Verträge, die unter Abwesenden geschlossen wurden. Eine Abwicklung des Vertrages unter Abwesenden ist nicht erforderlich. Entscheidend für die rechtliche Beurteilung ist der Zeitpunkt des Vertragsabschlusses. Der Verbraucher bindet sich rechtlich, ohne die Gegenleistung hinreichend zu kennen. Er kann zwar die Annahme der Sache verweigern, wenn sie fehlerhaft ist, das ist bei Übergabe in der Regel aber nicht erkennbar. Der

---

534 *Conseil d'Etat*, Internet, 1998, p. 64; andererseits wird wegen der Strafvorschriften eine restriktive Ausdehnung des Anwendungsbereiches angemahnt, *Conseil d'Etat*, préc.

535 *Vivant* (éd.), Lamy droit de l'informatique et des réseaux 2001, 2001, n° 2866.

536 *Passa*, D. 2002, 555 (555 et s.); *Breese/Kaufman*, Internet, 2000, p. 142, allerdings einschränkend bejahend für *démarchage* per Telefon (p. 147, strafrechtliche Vorschriften wegen Analogieverbot nein, Widerrufsrecht ja). Zur Anwendbarkeit des deutschen Haustürwiderrufsgesetzes auf Internetgeschäfte *Drexl*, in: *ders./Kreuzer/Scheuing/Sieber* (Hrsg.), Informationszeitalter, 2000, S. 75 (101 ff.); *ders.*, in: *Lehmann* (Hrsg.), Electronic Commerce, 1999, S. 75 (89 f.); *Meents*, Verbraucherschutz, 1998, S. 114; *Ernst*, VuR 1997, 259 (261 f.); *Waldenberger*, BB 1996, 2365 (2367 f.); *Kaiser/Voigt*, K&R 1999, 445 (450); *Scheffler/Dressel*, CR 2000, 378 (381); *Dilger*, Verbraucherschutz im Internet, 2002, S. 158; *Nordhausen*, in: *Reich/Nordhausen*, Verbraucher und Recht, 2000, S. 1 (46 ff.); *Cichon*, CR 1998, 773 (774) war für eine analoge Anwendung des § 1 Abs. 1 HWiG.

Verbraucher ist aber nicht nur deswegen benachteiligt, weil er sich nicht über die Mängelfreiheit der Sache informieren kann, sondern auch nicht darüber, ob die Sache seinen Wünschen entspricht[537].

Um tatsächlich die selbstbestimmte Entscheidung des Verbrauchers im Nachhinein zu ermöglichen, muss das Widerrufsrecht von jeder Begründungspflicht des Verbrauchers frei sein[538]. Eine zum Teil geforderte Missbrauchsschranke[539] würde bereits eine zu starke Einschränkung bedeuten. Einem Unternehmen bleibt bei Missbrauchsfällen nur die Möglichkeit, in Zukunft keine Geschäfte mehr mit dem betreffenden Kunden abzuschließen[540]. Auf Unternehmerseite besteht die Gefahr der Sammlung von Daten über ausgeübte Widerrufsrechte und dadurch der Ablehnung von zukünftigen Bestellungen. Wenn das Datenschutzrecht beachtet wird, steht es dem Unternehmer frei, sich einen Erfahrungsschatz aufzubauen, genau wie der Verbraucher zukünftige Geschäfte von seinen bisherigen Erfahrungen mit dem Unternehmer abhängig macht. Die Nichtausübung des Widerrufsrechts bedeutet keine Genehmigung eines vorhandenen Mangels, der die Anwendbarkeit der Gewährleistungsrechte ausschließen würde[541]. Beide Rechtsinstrumente haben eine unabhängige Zielsetzung und stehen nebeneinander[542].

Art. L 121-20-2 C. civ. schließt in bestimmten Fällen die Ausübung des Widerrufsrechts aus. Im elektronischen Geschäftsverkehr sind der Ausschluss für entsiegelte Datenträger (n° 4) und der Ausschluss bei Beginn der Erbringung einer Dienstleistung vor Ablauf der Widerrufsfrist auf Verlangen des Verbrauchers (n° 1) von praktischer Bedeutung[543]. Das Widerrufsrecht kann nur seine verbraucherschützende Wirkung entfalten, wenn die Verbraucher von diesem Recht wissen. Deshalb legt das Gesetz bestimmte Informationspflichten fest[544], deren

---

537 Das Widerrufsrecht stellt nicht nur einen Gefallen des Gesetzgebers an den Verbraucher dar, wie *Detraz*, CCC, mai 2004, 7 (11), annimmt.

538 *Brun*, Droit et patrimoine, mai 1998, 78 (83).

539 *Starck/Roland/Boyer*, Obligations/2, 1998, n° 404; ablehnend *Brun*, Droit et patrimoine, mai 1998, 78 (83); *Brun* weist an gleicher Stelle darauf hin, das außerhalb des Verbraucherrechts Gerichte tatsächlich eine *faculté de dédit* auf diesem Weg beschränkt haben; siehe Cour de cassation, 3e chambre civile, 11 mai 1976, D. 1978, jurispr. 269, note *Taisne*.

540 *Raymond*, Marketing, 1992, n° 746.

541 *Passa*, D. 2002, 555 (560); a.A. *Calais-Auloy/Steinmetz*, Droit de la consommation, 2000, n° 106.

542 Siehe auch Erwägungsgrund 14 der Fernabsatzrichtlinie: „ ... Das Widerrufsrecht berührt nicht die im einzelstaatlichen Recht vorgesehenen Rechte des Verbrauchers, insbesondere bei Erhalt von beschädigten Erzeugnissen oder unzulänglichen Dienstleistungen ...“.

543 *Passa*, D. 2002, 555 (560).

544 Die *Christianos*, D. 1993, chron. 28 (31), als unzureichend erachtet.

Nichtbeachtung mit der oben beschriebenen Verlängerung der Widerrufsfrist sanktioniert wird.

Der Anspruch auf Rückgewähr der bereits erbrachten Leistungen nach Ausübung des Widerrufsrechts ergibt sich aus einem gesetzlichen Rückgewähranspruch, der für die Rückzahlungspflicht des Unternehmers ausdrücklich in Art. L 121-20-1 C. cons. geregelt ist und sich für den Rückgabeanspruch gegen den Verbraucher ebenfalls aus dieser Vorschrift ableiten lässt. Der Rückgabeanspruch des Unternehmers gegen den Verbraucher wird in Art. L 121-20-3 al. 3 C. cons., der die Rücksendekosten in bestimmten Fällen dem Unternehmer auferlegt, ebenfalls vorausgesetzt. Der Fall der Unmöglichkeit der Rückgewähr der Sache muss nach den allgemeinen Regeln gelöst werden. Gemäß Art. 1302 und 1303 C. civ. erlischt bei einem Verlust der geschuldeten Sache die an die Sache geknüpfte Verpflichtung – die Rückgabe der Ware – wenn der Untergang nicht durch den Schuldner verschuldet ist. Der Schuldner ist aber durch Art. 1303 C. civ. verpflichtet, etwaige Ersatzansprüche an den Gläubiger abzutreten. Wenn der Schuldner den Untergang zu vertreten hat oder die Sache zufällig zerstört wurde, ist der Schuldner verpflichtet, Ersatz zu leisten[545]. Die Pflicht zur Rückgewähr des Kaufpreises wird selbst nicht unmöglich und bleibt jedenfalls bestehen.

cc) Ergebnis

Im Internet ist das fernabsatzrechtliche Rückgaberecht des Art. L 121-20 C. cons. anwendbar. Der Verbraucher hat eine siebentägige Frist für die Ausübung des Widerrufs, die mit der Lieferung der Ware oder der Annahme des Angebotes bei Dienstleistungen beginnt, wenn die fernabsatzrechtlichen Informationspflichten des Art. L 121-19 C. cons. erfüllt sind. Die Frist beträgt jedoch unabhängig von der Informationserbringung höchstens drei Monate. Die Ausübung des Widerrufsrechts kann ohne Begründung durch den Verbraucher erfolgen. Eine Missbrauchsschranke gibt es als zusätzliche Anforderung nicht. Die Rücksendungskosten (*frais de retour*) können gem. Art. L 121-20 al. 1 C. cons. dem Verbraucher auferlegt werden.

---

545 *Morançais-Demeester*, RTD civ. 1993, 757 (759 et s.).

2. Widerruf im deutschen Recht

Mit dem Fernabsatzgesetz[546] wurden die Widerrufsregelungen der einzelnen Verbraucherschutzgesetze (§ 1 HWiG, § 7 VerbrKrG, § 5 TzWrG, § 3 FernAbsG) in § 361a BGB zusammengefasst, der im Zuge der Schuldrechtsmodernisierung durch § 355 bis § 357 BGB ersetzt wurde. § 355 Abs. 1 BGB gewährt selbst kein Widerrufsrecht, sondern regelt nur die Rechtsfolgen des spezialgesetzlich gewährten Rechts, sich vom Vertrag zu lösen. Die Trennung der Vorschriften in solche, die die Voraussetzungen für Widerrufsrechte und solche, die die Rechtsfolge regeln, wird dadurch durchbrochen, dass zusammen mit den Widerrufstatbeständen der einzelnen verbraucherschützenden Regelungen Abweichungen von den in § 355 BGB normierten Ausübungsvoraussetzungen geregelt sein können.

Für den Verbraucherschutz im Internet sind die Fernabsatzregeln von Bedeutung. § 312d Abs. 1 BGB gewährt ein Widerrufsrecht, das innerhalb von zwei Wochen dem Unternehmer gegenüber zu erklären ist, wobei es auf die Absendung der Erklärung ankommt (§ 355 Abs. 1 Satz 2 BGB). Für den Fristbeginn ist in Ergänzung zu § 355 Abs. 2 Satz 1 BGB nicht nur die Belehrung über das Widerrufsrecht erforderlich[547], sondern zusätzlich die Erfüllung der fernabsatzrechtlichen Informationspflichten sowie die Lieferung der Ware oder dem Vertragsschluss bei einer Dienstleistung (§ 312d Abs. 2 BGB). Im Internet-Fernabsatz kommt als zusätzliche Voraussetzung die Erfüllung der Pflichten im elektronischen Geschäftsverkehr hinzu (§ 312e Abs. 3 Satz 2 BGB). Das Widerrufsrecht beginnt also nicht, wenn keine Möglichkeiten zur Korrektur von Eingabefehlern eingeräumt und der Zugang der Bestellung nicht unverzüglich bestätigt wurde, sowie die AGB nicht zur Verfügung gestellt oder die Informationen nicht gegeben wurden.

Das Widerrufsrecht erlischt gem. § 355 Abs. 3 BGB sechs Monate nach Vertragsschluss. Diese Frist beginnt jedoch bei Warenlieferungen nicht vor dem Tag des Eingangs der Waren beim Empfänger (§ 355 Abs. 3 Satz 2 BGB). Es erlischt ebenfalls, wenn bei einer Dienstleistung vor Ablauf der Widerrufsfrist mit Genehmigung des Verbrauchers oder auf dessen Veranlassung mit der Leistungserbringung begonnen wurde. Das ist in den Fällen problematisch, in denen die Widerrufsfrist wegen Pflichtverletzungen des Unternehmers nicht zu laufen

---

[546] Verkündet als Art. 1 des Gesetzes über Fernabsatzverträge und andere Fragen des Verbraucherrechts sowie zur Umstellung von Vorschriften auf Euro vom 27. Juni 2000, BGBl. I S. 897; siehe oben § 4 II 1 c.

[547] Die Widerrufsbelehrung muss in der Vertragssprache erfolgen, LG Köln, Urteil vom 8.3.2002, WM 2002, 1928.

beginnt. Durch die Diensterbringung, auf die er nicht so lange warten möchte, verliert er sein Widerrufsrecht. Im elektronischen Geschäftsverkehr kommt die Vorschrift insbesondere bei den im Internet häufigen Verträgen zum Herunterladen von Dateien oder für Datenbankrecherchen zur Anwendung. Ein Widerrufsrecht besteht in diesen Fällen nicht, weil der Abruf der Dienstleistung in der Regel sofort und auf Veranlassung des Verbrauchers erfolgt. Das gilt jedenfalls dann, wenn wie bei Datenbanknutzungen der Dienstleistungscharakter der Leistung eindeutig feststeht. Unklar ist er beim Herunterladen von Dateien, was der BGH in entsprechender Anwendung der §§ 459 ff. BGB a.F. als Kaufvertrag angesehen hat[548].

Die Ausübung des Widerrufsrechts hat nach § 355 Abs. 1 Satz 1 BGB den Wegfall der Bindung an die Willenserklärung zur Folge[549]. Die Willenserklärung ist vom Vertragsschluss bis Fristablauf oder Widerruf „schwebend wirksam“[550]. Der Begriff ist allerdings deshalb problematisch, weil der Vertrag bei Ausübung des Widerrufsrechts nicht unwirksam wird, sondern sich in ein Rückgewährschuldverhältnis umwandelt. Dogmatisch besteht Ähnlichkeit zum gesetzlichen Rücktrittsrecht der §§ 346 ff. BGB[551], nach denen sich gem. § 357 Abs. 1 Satz 1 BGB auch die Rechtsfolgen eines ausgeübten Widerrufes richten[552]. Bei der Anfechtung wird zwar auch die Wirksamkeit der Willenserklärung beseitigt, jedoch mit der Folge, dass ein Vertragsverhältnis zwischen den Parteien als von Anfang an nicht bestanden gilt und sich die Rückabwicklung des Vertrages nach Bereicherungsrecht richtet[553]. Dies ist bei der Ausübung des Widerrufsrechts nicht der Fall. Die Konstruktion ist der einer Bedingung vergleichbar, bei der die an die Bedingung geknüpften Rechtsfolgen ebenfalls erst mit dem Eintritt der Bedingung und nicht rückwirkend eintreten (§ 159 BGB). Die Ausübung des Wider-

---

548 BGH, Urteil vom 22.12.1999, WM 2000, 485 (486); Palandt/*Putzo*, BGB, 2002, Vorbem. v. § 459, Rn. 13.

549 Noch zum alten § 361a BGB *Lorenz*, JuS 2000, 833 (835).

550 Gesetzentwurf der Bundesregierung, Entwurf eines Gesetzes über Fernabsatzverträge und andere Fragen des Verbraucherrechts sowie zur Umstellung von Vorschriften auf Euro, Begründung, BT-Drs. 14/2658 vom 9.2.2000, S. 15 (47); *Gaertner/Gierschmann*, DB 2000, 1601 (1604); *von Koppenfels*, WM 2001, 1360 (1362); Palandt/*Heinrichs*, BGB, 2003, Überbl vor § 104, Rn. 32a; kritisch zur Formulierung *Härting*, VuR 2001, 11 (11).

551 Darauf weist schon *Drexl*, Wirtschaftliche Selbstbestimmung, 1998, S. 478, zur Umsetzung der Fernabsatzrichtlinie hin.

552 Die terminologische Abgrenzung zum Rücktritt wird bei den verbraucherschützenden Widerrufsrechten nicht konsequent durchgehalten, weil die Rechtsfolge hier nicht die rückwirkende Beseitigung der Willenserklärungen und der Wegfall des Rechtsgrundes ist, sondern eine Rückabwicklung nach den Rückrittsregeln, vgl. *Coester-Waltjen*, Jura 2001, 819 (820); kritisch auch *J. Kohler*, JZ 2001, 325 (335).

553 Das verkennt *Härting*, VuR 2001, 11 (11), der einen Verweis auf § 142 Abs. 1 BGB bevorzugt hätte.

rufrechts geschieht gemäß § 355 Abs. 1 Satz 2 BGB in Textform oder durch Rücksendung der Sache. In der Vorgängerregelung wurde die Übermittlung auf einem dauerhaften Datenträger verlangt, was zu Unklarheiten darüber geführt hat, ob die vom Gesetzgeber gewollte[554] Ausübung des Widerrufsrechts mittels E-Mail möglich gewesen wäre[555]. Abweichend von § 355 Abs. 2 Satz 2 BGB ist im Fernabsatz gemäß § 312d Abs. 2 letzter Hs. BGB keine Unterschrift des Verbrauchers unter die Belehrung über das Widerrufsrecht notwendig, um die Frist beginnen zu lassen. Gemäß § 355 Abs. 2 Satz 4 BGB obliegt die Beweislast für den Fristbeginn dem Unternehmer. Eine Beweislastumkehr fordert auch Erwägungsgrund Nr. 22 der Fernabsatzrichtlinie, der dies allerdings nur mit dem fehlenden Verständnis der Verbrauchers für neue Technologien bezieht.

Problematisch ist das Bestehen des Widerrufsrechts beim Herunterladen von Programmen oder anderen Daten. Das Widerrufsrecht erlischt, wenn der Unternehmer mit der Ausführung der Dienstleistung vor Ablauf der Widerrufsfrist mit Zustimmung des Verbrauchers begonnen oder der Verbraucher die Dienstleistung selbst veranlasst hat (§ 312d Abs. 3 BGB). Die Voraussetzungen sind für das Herunterladen von Daten aus dem Internet erfüllt. Dies ist eine der Fallgruppen, vor deren Hintergrund die Bestimmung geschaffen wurde[556]. Die Wahl des Übertragungsmediums, ein Datenträger oder ein Herunterladen des gleichen Produktes dürfen keinen Ausschlag geben über die Anwendbarkeit des Widerrufsrechts[557]. Sinn und Zweck des fernabsatzrechtlichen Widerrufsrechts ist die nachträgliche Qualitätskontrolle der erworbenen Leistung. Dieses Bedürfnis besteht unabhängig von der Verkörperung der Software. Das Fernabsatzrecht ist daher auch für den Erwerb nichtkörperlicher Güter wie Computerprogramme anwendbar[558]. Für heruntergeladene Dateien kann das Widerrufsrecht noch aus einem anderen Grund nicht gegeben sein. Heruntergeladene Daten könnten nämlich im Sinne des § 312d Abs. 4 Nr. 1 BGB für eine Rücksendung nicht geeignet sein[559]. In der Tat würde der Verbraucher die vom Datenträger des Unterneh-

---

[554] Gesetzentwurf der Bundesregierung, Entwurf eines Gesetzes über Fernabsatzverträge und andere Fragen des Verbraucherrechts sowie zur Umstellung von Vorschriften auf Euro, Begründung, BT-Drs. 14/2658 vom 9.2.2000, S. 15 (40).

[555] Vgl. *Härting*, VuR 2001, 11 (11).

[556] Gesetzentwurf der Bundesregierung, Entwurf eines Gesetzes über Fernabsatzverträge und andere Fragen des Verbraucherrechts sowie zur Umstellung von Vorschriften auf Euro, Begründung, BT-Drs. 14/2658 vom 9.2.2000, S. 15 (43).

[557] *Meents*, CR 2000, 610 (613); *Härting*, VuR 2001, 11 (13).

[558] *Schmitt*, CR 2001, 838 (843).

[559] So *Ring*, Fernabsatzgesetz, 2000, Teil III, § 3 FernAbsG, Rn. 233; Palandt/*Heinrichs*, BGB-Ergänzungsband, 2002, § 312d, Rn. 10; durchaus für eine Rücksendung geeignet sind hingegen elektronische Bauteile, OLG Dresden, Urteil vom 23.8.2001, ZUM-RD 2002, 63 (= CR 2002, 180 [nur Leitsatz] m. Anm. *Steins*), ein nach Kundenwunsch zusammengesetztes

mers kopierten Daten nicht zurückübertragen, sondern lediglich auf seinem Datenträger löschen[560]. Dem könnte durch eine elektronische Versiegelung der Daten begegnet werden, die durch das Öffnen oder Kopieren der heruntergeladenen Datei verletzt wird. Eine solche Versiegelung im Sinne von § 312d Abs. 4 Nr. 2 BGB ist – entgegen der Ansicht der Bundesregierung[561] – auch möglich[562]. Sinn und Zweck des fernabsatzrechtlichen Widerrufsrechts wird allerdings nicht vollständig entsprochen, wenn der Verbraucher den erworbenen Gegenstand vor Ausübung des Widerrufsrechts nicht entsiegeln und also nicht untersuchen darf. Das Interesse des Unternehmers an einem Missbrauchs- und Urheberrechtsschutz überwiegt hier gegenüber dem Untersuchungsinteresse des Verbrauchers[563].

Die Kosten der Rücksendung der Ware trägt grundsätzlich der Unternehmer. Dem Verbraucher können für Bestellungen bis zu einem Betrag von 40 € die regelmäßigen Kosten der Rücksendung vertraglich auferlegt werden[564]. Die Regelung des § 357 Abs. 2 BGB gilt für alle verbraucherrechtlichen Widerrufsrechte. Um eine Missbrauchsgefahr zu vermeiden, nämlich dergestalt, dass der Verbraucher neben der gewünschten Ware andere schon mit dem Willen bestellt, sie später zurückzugeben, um insgesamt über den Betrag von € 40 zu kommen, wird eine Bezugnahme des Warenwertes auf die einzelnen Positionen der Bestellung und nicht den Gesamtwert vorgeschlagen[565]. Unter dem Begriff „Bestellung“ wird aber üblicherweise ein einheitlicher Bestellvorgang verstanden.

Notebook, BGH, Urteil vom 19.3.2003, MMR 2003, 463, oder Standardsoftware, LG Memmingen, Urteil vom 10.12.2003, JurPC Web-Dok. 116/2004, http://www.jurpc.de/rechtspr/20040116.htm.

560 *Härting*, FernAbsG, 2000, § 3, Rn. 74; *ders.*, VuR 2001, 11 (14); *Lorenz*, JuS 2000, 833 (840); für eine Rücksendbarkeit dagegen *B. Roth/Schulze*, RIW 1999, 924 (928); *Gaertner/Gierschmann*, DB 2000, 1601 (1603) lehnen für Standardsoftware einen Ausschluß des Widerrufsrechts ab; dass die Daten „Schaden nehmen“, so *Ende/Klein*, Internet, 2001, S. 194, wird wohl in der Regel nicht der Fall sein.

561 Gesetzentwurf der Bundesregierung, Entwurf eines Gesetzes über Fernabsatzverträge und andere Fragen des Verbraucherrechts sowie zur Umstellung von Vorschriften auf Euro, Begründung, BT-Drs. 14/2658 vom 9.2.2000, S. 15 (44).

562 *Schmitt*, CR 2001, 838 (844), mit der Anmerkung, dass zusätzlich sichergestellt werden müsste, dass bei einer versiegelten Rückgabe keine Kopie der Datei auf dem Rechner des Kunden verbleibt.

563 Siehe zu den Grenzen des § 312d Abs. 4 Nr. 2 BGB LG Frankfurt am Main, Urteil vom 18.12.2002, JurPC Web-Dok. 298/2003, http://www.jurpc.de/rechtspr/20030298.htm.

564 Zum Streit hierüber im Gesetzgebungsprozess siehe *H. Hoffmann*, Beilage zu NJW Heft 14/2001, 5 (11).

565 *Härting*, VuR 2001, 11 (14).

Wenn der empfangene Gegenstand verschlechtert oder untergegangen ist, hat der Schuldner gemäß § 346 II Nr. 3 BGB Wertersatz zu leisten. Die durch bestimmungsgemäße Ingebrauchnahme der Sache entstandene Verschlechterung bleibt hierbei ausdrücklich außer Betracht. Die Pflicht zum Wertersatz entfällt nach § 346 Abs. 3 BGB, wenn der Gläubiger den Mangel zu vertreten hat oder der Schaden bei ihm gleichfalls eingetreten wäre.

Mit dem Schuldrechtsmodernisierungsgesetz wurde das Widerrufsrecht innerhalb weniger Jahre zum zweiten Mal neu geregelt. Verbraucherunfreundlicher ist die neue Regelung durch die Verpflichtung des Verbrauchers in § 357 Abs. 3 BGB, für eine Verschlechterung, die sich aus einer bestimmungsgemäßen Ingebrauchnahme der Sache ergibt, Wertersatz leisten zu müssen[566]. Wenn der Verbraucher ordnungsgemäß über sein Widerrufsrecht belehrt wurde, entfällt gemäß § 357 Abs. 3 Satz 3 BGB auch die Befreiung von der Wertersatzpflicht in § 346 Abs. 3 Nr. 3 BGB bei Beachtung der Sorgfalt in eigenen Angelegenheiten. Diese Regelungen sind deswegen sehr problematisch, weil dem Verbraucher die freie Entscheidung über die Ausübung des Widerrufsrechts aus Sorge vor möglichen, von ihm nicht zu überblickenden Ersatzansprüchen genommen werden könnte. Der Verbraucher wird unter Umständen die Frist nicht ausschöpfen, um die Zeitspanne, in der die Sache verschlechtert werden könnte, möglichst kurz zu halten. Es ist zwar richtig, dass der Unternehmer oft gebrauchte Sachen zurückerhalten wird. Wenn das Widerrufsrecht aber als korrigierendes Schutzinstrument seine Wirkung behalten und nicht zu einer Obliegenheit der sofortigen Kontrolle werden soll, darf die Entscheidungsfreiheit des Verbrauchers nicht eingeschränkt werden. Wenn der Unternehmer einen Vertriebsweg wählt, der einen besonderen Schutz des Verbrauchers notwendig macht, so muss er die daraus entstehenden Nachteile in Kauf nehmen[567].

Die Widerrufsfrist wurde mit der Schuldrechtsreform unabhängig von der Belehrung[568] des Verbrauchers für alle verbraucherschützenden Widerrufsrechte in § 355 Abs. 3 Satz 1 BGB auf sechs Monate nach Vertragsschluss begrenzt[569]. Jedenfalls für Haustürgeschäfte verstieß diese Bestimmung gegen Gemeinschaftsrecht. Der EuGH hat im Dezember 2001 für das Widerrufsrecht in Art. 5 der Haustürrichtlinie festgestellt, dass das Widerrufsrecht bei fehlender Beleh-

---

[566] *J. Kohler*, JZ 2001, 325 (336).
[567] *Artz*, NJW 2001, Heft 36, S. XVIII.
[568] Die Widerrufsbelehrung muss darauf hinweisen, dass die Erklärung auch auf einem dauerhaften Datenträger und ohne Begründung abgegeben werden kann, notwendig ist ferner die vollständige Anschrift des Widerrufsempfängers in der Widerrufsbelehrung, OLG Bamberg, Urteil vom 19.7.2000, VuR 2002, 33, zum HWiG.
[569] Kritisch zum Anknüpfungspunkt des Fristbeginns und der Dauer, insb. bei Verbraucherkreditverträgen *Mankowski*, JZ 2001, 745 (746 ff. und 748).

rung nicht befristet werden darf[570]. In der Entscheidung ging es um die Widerrufbarkeit von als Haustürgeschäft geschlossenen Realkreditverträgen. Der EuGH hat in zwei Punkten die deutsche Regelung für gemeinschaftswidrig erklärt. Der alte § 5 Abs. 2 HWiG hat in den Fällen, in denen die Tatbestände des VerbrKrG und des HWiG anwendbar waren, das Verbraucherkreditrecht für anwendbar erklärt[571]. Die Haustürrichtlinie ist aber so auszulegen, dass sie auch in diesen Fällen anwendbar bleibt. Zweitens hat der EuGH die Beschränkung des Haustürwiderrufsrechts auf ein Jahr trotz fehlender Belehrung als unvereinbar mit der Richtlinie erklärt. Eine gemeinschaftskonforme Auslegung des § 355 Abs. 3 Satz 1 BGB kam wegen des entgegenstehenden Wortlautes nicht in Betracht[572], so dass eine erneue Gesetzesänderung notwendig wurde[573]. Diese Änderung musste dahingehend erfolgen, dass eine Befristung zumindest für Haustürgeschäfte bei fehlender Belehrung vollständig wegfällt, auch wenn im konkreten Fall nur ein einjähriges Widerrufsrecht als gemeinschaftsrechtswidrig angesehen wurde[574]. Der Gesetzgeber hat schnell reagiert und Anfang Juni 2002 das BGB an die europarechtlichen Vorgaben angepasst[575]. Zur Korrektur der Widerrufsfristenregelung wurde ein neuer § 355 Abs. 3 Satz 2 BGB eingefügt, nach dem das Widerrufsrecht dann nicht erlischt, wenn der Verbraucher nicht ordnungsgemäß über sein Widerrufsrecht belehrt worden ist. Weil die Frist nicht zu laufen beginnt, besteht das Widerrufsrecht unbefristet fort. Um die mit der Schuldrechtsreform erreichte Vereinfachung der unterschiedlichen verbraucher-

---

570 EuGH, Urteil vom 13.12.2001, Rs. C 481/99, „Heininger/Hypo-Vereinsbank", EuZW 2002, 84 m. Anm. *Reich/Rörig*, Rn. 47 f.

571 Der BGH hat in seiner Entscheidung in der „Heininger"-Rechtssache vom 9.4.2002 eine – inzwischen hinfällig gewordene – richtlinienkonforme Auslegung des § 5 Abs. 2 HWiG vorgenommen, BGH, Urteil vom 9.4.2002, ZIP 2002, 1075, „Heininger II", m. Anm. *P. Ulmer*; auf die Frage der Begrenzung des Haustürwiderrufsrechts kam es in dem vom BGH zu entscheidenden Fall nicht an, BGH, aaO., 1075 (1080); zu möglichen Auswirkungen der Entscheidung auf das französische Verbraucherkreditrecht, *Bernardeau*, JCP 2002, I 168, p. 1719 (1723).

572 Anders *Reich/Rörig*, EuZW 2002, 87 (88); *Staudinger*, ZGS 2002, 18.

573 *Kulke*, ZBB 2002, 33 (49); *J. Hoffmann*, ZIP 2002, 145 (151); *Habersack/Mayer*, WM 2002, 253 (258); *Reiter/Methner*, VuR 2002, 91 (93); *P. Ulmer*, Anmerkung zu BGH, Urteil vom 9.4.2002, ZIP 2002, 1080 (1082); im Ergebnis auch *Reich/Rörig*, EuZW 2002, 87 (89), weil mit einer richtlinienkonformen Auslegung die gemeinschaftsrechtliche Umsetzungspflicht nicht erfüllt werden kann.

574 Dagegen *Habersack/Mayer*, WM 2002, 253 (259) mit Verweis auf die Rechtsprechung des EuGH zur Geltung nationaler Ausschlußfristen für gemeinschaftsrechtlich begründete Ansprüche einzelner gegen den Staat und dem Vorschlag einer Fünfjahresfrist.

575 Gesetz zur Änderung des Rechts der Vertretung durch Rechtsanwälte vor den Oberlandesgerichten (OLG-Vertretungsänderungsgesetz – OLGVertrÄndG) vom 23. Juli 2002, BGBl. 2002, I 2850; hierzu *Meinhof*, NJW 2002, 2273; siehe *Wildemann*, VuR 2003, 90 (90 ff.), zur Vereinbarkeit der Neuregelung mit dem FernUSG.

rechtlichen Widerrufsfristen nicht aufzugeben, wurde auf eine Begrenzung des Widerrufsrechts für alle Widerrufsrechte verzichtet. Das gilt allerdings nur für das Fehlen der Widerrufsbelehrung, bei Nichterfüllung der fernabsatzrechtlichen Informationspflichten gilt weiterhin § 355 Abs. 3 Satz 1 BGB, um die Wertung der Fernabsatzrichtlinie, die auch dem Unternehmerinteresse nach Rechtsklarheit Rechnung trägt, nicht zu unterlaufen[576]. Um den Unternehmern bei der ordnungsgemäßen Belehrung Hilfestellung zu geben, wurde in die BGB-Informationspflichten-Verordnung ein Muster für eine ordnungsgemäße Widerrufs- bzw. Rückgabebelehrung eingefügt[577].

3. Rechtsvergleichende Betrachtung

Widerrufsrechte ergänzen das Informationsmodell. Sie sind gewissermaßen eine Hilfskonstruktion für den Fall, dass der Rahmen für eine selbstbestimmte Entscheidung vom Gesetzgeber im Vorfeld des Vertrages nicht geschaffen werden kann. Der Zeitpunkt, in dem endgültig vom Verbraucher über die Bindung an den Vertrag entschieden wird, wird bis zum Ablauf der Widerrufsfrist verschoben. Demgemäß muss die Ausübung des Rechts, sich vom Vertrag zu lösen, genauso selbstbestimmt erfolgen, wie es für die Willenserklärung selbst das Ziel ist. Bereits die Angabe von Gründen würde hier einschränkend wirken. Die in der Fernabsatzrichtlinie vorgesehenen Informationen über die Einzelheiten der Ausübung des Widerrufsrechts und die Adresse, bei der die Ausübung geltend gemacht werden kann, schaffen die tatsächlichen Voraussetzungen dafür, dass der Verbraucher nachträglich die Möglichkeit hat, sich vom Vertrag zu lösen.

Die Widerrufsfrist beträgt in Frankreich sieben Tage, wobei sich das Fristende auf den nächsten Werktag verlängert, wenn das Fristende auf einen Samstag, Sonntag oder Feiertag fällt, so dass der Verbraucher nicht tatsächlich weniger

---

[576] Begründung zu Art. 25 Abs. 1 Nr. 6 der Beschlußempfehlung zum Regierungsentwurf eines Gesetzes zur Änderung des Rechts der Vertretung durch Rechtsanwälte vor den Oberlandesgerichten, BT-Drs. 14/9266 vom 5.6.2002, S. 30 (45 f.); *Artz*, BKR 2002, 603 (605); mit der Umsetzung der Richtlinie über Finanzdienstleistungen im Fernabsatz (Richtlinie 2002/65/EG vom 23. September 2002 über den Fernabsatz von Finanzdienstleistungen an Verbraucher und zur Änderung der Richtlinie 90/619/EWG des Rates und der Richtlinien 97/7/EG und 98/27/EG, ABl. L 271/16 vom 9.10.2002) wird möglicherweise eine erneute Änderung notwendig, vgl. *Schmidt-Räntsch*, ZIP 2002, 1100 (1103).

[577] Durch die Zweite Verordnung zur Änderung der BGB-Informationspflichten-Verordnung vom 1. August 2002, BGBl. 2002, I 2958; die Verordnung wurde neu bekannt gemacht durch die Bekanntmachung der Neufassung der BGB-Informationspflichten-Verordnung vom 5. August 2002, BGBl. 2002, I 3002; geändert durch Art. 3 Gesetz zur Änderung der Vorschriften über Fernabsatzverträge bei Finanzdienstleistungen vom 2. Dezember 2004, BGBl. 2004, I 3102.

als sieben Tage zur Verfügung hat. Wenn die fernabsatzrechtlichen Informationspflichten nicht erfüllt werden, beträgt die Frist drei Monate ab Lieferung der Ware oder dem Abschluss des Vertrages. Im deutschen Fernabsatzrecht beträgt die reguläre Widerrufsfrist zwei Wochen. Sie beginnt erst mit der Erfüllung der Informationspflichten, der Belehrung über das Widerrufsrecht und der Lieferung der Ware beziehungsweise dem Vertragsschluss bei Dienstleistungen. Bei Internet-Verträgen müssen zusätzlich die Nebenpflichten des § 312e BGB erfüllt werden. Jedenfalls erlischt das Widerrufsrecht spätestens sechs Monate nach Vertragsschluss. Die zweiwöchige Frist in Deutschland gegenüber der siebentägigen in Frankreich gibt dem Verbraucher zwar eine längere Überlegungsfrist, bedeutet aber keine signifikante Erhöhung des Verbraucherschutzniveaus. Nach Art. 6 Abs. 1 FA-RL soll das Widerrufsrecht unabhängig von der Belehruung über das Widerrufsrecht nach drei Monaten erlöschen, bei Waren beginnend mit ihrem Eingang beim Verbraucher und bei Dienstleistungen mit Vertragsschluss. Diese Frist wurde in das französische Recht übernommen. Nach deutschem Recht betrug die Frist in der ursprünglichen Umsetzung in § 3 Abs. 1 Satz 3 Nr. 2 FernAbsG vier Monate und nun in § 355 Abs. 3 BGB sechs Monate. Diese lange Frist wird vor dem Hintergrund verständlich, dass in § 355 BGB eine für alle verbraucherschützenden Widerrufsrechte einheitliche Regelung geschaffen werden sollte.

Unterschiedlich sind auch die Kosten für die Rücksendung in Frankreich und Deutschland geregelt. Beide Rechtsordnungen ermöglichen es dem Unternehmer, die Rücksendungskosten auf den Verbraucher abzuwälzen, in Deutschland allerdings nur bis zu einem Bestellwert von 40 €. Die Verlagerung der Kosten auf den Verbraucher bei kleineren Bestellvolumen stellt streng genommen eine Beeinträchtigung dar, berücksichtigt aber andererseits in angemessener Weise die Interessen des Unternehmers. Wenn allerdings von der Annahme ausgegangen wird, dass die Mehrzahl der Geschäfte im Internet innerhalb des Rahmens von 40 € bleiben, würde das typischerweise eine Einschränkung des Widerrufsrechts bedeuten, die soweit gehen kann, dass der Unternehmer von der Nichtausübung des Widerrufsrechts ausgeht, weil die Rücksendekosten für den Verbraucher im Vergleich zum Warenwert zu hoch sind und er es vorzieht, die, wenn auch unerwünschte, Ware zu behalten. Die Prüfung der selbstbestimmten Entscheidung kann auch hier vorgenommen werden. Weil über diese Ausübungsmodalität des Widerrufsrechts schon vor Vertragsschluss informiert werden muss, kann der Verbraucher zwar vor Vertragsschluss in Unkenntnis der Ware nicht vollständig selbstbestimmt über den Fernabsatzvertrag selbst entscheiden, wohl aber darüber, ob er die nachträgliche selbstbestimmte Entscheidung (die Korrekturmöglichkeit) unter diesen Voraussetzungen annehmen möchte. Anderenfalls steht es ihm frei, mit diesem Anbieter keinen Vertrag abzuschließen. Nach deutschem Recht hat der Verbraucher bei Untergang oder Verschlechterung der Sache Ersatz zu leisten, wenn die Rückgabe nicht durch Verschulden des Gläubigers eingetreten ist. Nach französischem Recht entfällt die Pflicht zur Rückgewähr der Sache bzw. zur Ersatzleistung dann nicht, wenn der Schuldner den Untergang der Sache zu vertreten hat. Das Risiko der zufälligen, also von keinem der beiden Vertragspartner zu vertretenen Unmöglichkeit der Rückgewähr trägt nach französischem und nach deutschem Recht der Verbraucher; nach deutschem Recht allerdings mit der Einschränkung des § 346 Abs. 3 Nr. 2 BGB.

§ 9 Erfüllung des Vertrages

I. Die Leistung des Unternehmers

Bestimmte Dienste können vom Unternehmer direkt im Internet erbracht werden. Das kann neben der Zurverfügungstellung von Internetdiensten selbst das Angebot von Datenbankrecherchen sein, die Übertragung von Daten in Form von Bildern, Computerprogrammen, Musik- oder Textdokumenten. Die rechtliche Charakterisierung der einzelnen Verträge[1] hat für sich genommen keinen Einfluss auf das Verbraucherschutzniveau, denn sowohl die Regeln über den elektronischen Vertragsabschluss als auch die fernabsatzrechtlichen Regeln sind nicht an bestimmte Vertragstypen, sondern an die Art und Weise des Vertragsabschlusses gebunden.

Wenn die vom Unternehmer zu erbringende Leistung außerhalb des Internet erfolgt, ergeben sich keine Besonderheiten gegenüber Verbrauchergeschäften, die nicht im elektronischen Geschäftsverkehr abgeschlossen wurden[2]. Problematisch kann allerdings das Vorausleistungsrisiko sein, das im Internet-Fernabsatz deshalb eine besondere Rolle spielt, weil sich die Vertragspartner oft nicht kennen und sie die Zahlungsfähigkeit und -willigkeit des Vertragspartners nicht einschätzen können. Beide Vertragsparteien haben deshalb ein Interesse an der Vorleistung des anderen Teils, um sich abzusichern. Der Unternehmer wird üblicherweise auf Vorauskasse bestehen.

Art. L 121-20-3 al. 1 C. cons. legt – in Umsetzung von Art. 7 Abs. 1 FA-RL – fest, dass der Anbieter seine Leistung innerhalb von 30 Tagen vom Tag nach der Bestellung an zu erbringen hat, wenn nicht etwas anderes vereinbart ist. Daneben ist der Unternehmer gemäß Art. L 114-1 C. cons., der für jede Warenlieferung oder Dienstleistung gilt, verpflichtet, dem Verbraucher ein Datum anzugeben, bis zu dem die Erfüllung erfolgen soll. Wenn dieses Datum um mehr als sieben Tage überschritten ist und keine höhere Gewalt vorliegt, kann der Verbraucher durch eine Erklärung dem Unternehmer gegenüber zurücktreten. Der Vertrag gilt zu dem Zeitpunkt als aufgelöst, zu dem die Erklärung dem Unternehmer zugeht. Dabei handelt es sich um eine Ausnahme zu dem französischen Grundsatz, dass Willenserklärungen mit ihrer Erklärung und nicht erst mit

---

[1] Das hat für das deutsche Recht *Cichon*, Internetverträge, 2000, ausführlich untersucht.

[2] Siehe zum Gefahrübergang nach deutschem Recht ausführlich *Cichon/Pighin*, CR 2003, 435 (435 ff.).

Zugang wirksam werden. Das gilt für alle Verträge, bei denen ein Preis von mehr als 500 € vereinbart ist, Art. R-114-1[3].

Der deutsche Gesetzgeber hat eine Umsetzung des Art. 7 Abs. 1 FA-RL nicht für notwenig erachtet, weil die Bestimmung zum einen dispositiv und zum anderen nicht der Verzug als automatische Folge des Fristablaufs festgelegt ist[4]. Die Fälligkeit ist nach deutschem Recht im Zweifel bereits mit Vertragsschluss gegeben, § 271 Abs. 1 BGB. Für eine eigene Fälligkeitsregelung zum Schutz der Verbraucher bestand also keine Notwendigkeit.

II. Die Zahlung des Verbrauchers

Die unmittelbare Bestellung von Waren oder Dienstleistungen im Internet geht bei den Verbrauchern mit der Erwartung einher, entsprechend schnell die gewünschte Leistung zu erhalten. Für den Unternehmer stellt sich das Problem der Zahlungssicherheit. Wenn der Kunde unbekannt ist und damit seine Zahlungsfähigkeit und -bereitschaft, wird er in der Regel seine Leistung erst nach der Geldzahlung des Kunden erbringen. Um die Zeitspanne bis zur Leistungserbringung zu minimieren, muss die Zahlung durch den Kunden möglichst schnell, am besten über das Internet mit der Bestellung erbracht werden[5]. Aus der Sicht des Verbraucherschutzes sind zwei Fragen zu beantworten: zum einen die, welche rechtlichen Schwierigkeiten sich für die Verbraucher aus neuen Zahlungsverfahren, insbesondere solchen, die über das Internet abgewickelt werden, ergeben können, und zum anderen, ob die Verunsicherung und zurückhaltende Akzeptanz neuer Zahlungsverfahren – bei Verbrauchern und Unternehmern – tatsächlich begründet ist. Angst bei der Preisgabe der Kreditkartennummer im Internet und Unkenntnis über die Funktionsweise von neuartigem elektronischen Geld, verbunden mit der Anpreisung revolutionärer Verfahren im Internet, sind nur Beispiele für das mangelnde Vertrauen gegenüber der Zahlungsabwicklung im Internethandel. Genau wie der Unternehmer trägt auch der Verbraucher das Vorleistungsrisiko, wenn er seine Zahlung online veranlasst und der Unternehmer seine Leistung erst später erbringen soll.

1. Zahlungsverfahren im Fernabsatz

Zahlungen ist bei Fernabsatzgeschäften werden in der Regel bargeldlos abgewickelt. Nach französischem Recht muss die Zahlung mit Buchgeld grundsätzlich

---

[3] In Verbindung mit décret n° 2001-95 du 2 février 2001 portant adaptation de la valeur en euros de certains montants exprimés en francs, J.O. n° 29 du 3.2.2001, 1848.
[4] *Ring*, Fernabsatzgesetz, 2000, Teil III, Art. 7 FARL, Rn. 8.
[5] Vgl. *Espargnon*, JCP 1999, I 131, p. 787 (788).

nicht vom Gläubiger angenommen werden. Eine Überweisung kann er heute aber nicht mehr ablehnen, weil diese Verfahren als genauso sicher angesehen werden muss, wie die Übergabe von Bargeld[6]. Das hängt allerdings davon ab, auf welchen Zeitpunkt abstellt wird. Ein auf dem Konto des Gläubigers gutgeschriebener Betrag ist genauso sicher wie ihm übereignetes und übergebenes Bargeld[7], die Erteilung des Überweisungsauftrages kann diese Sicherheit hingegen nicht bieten. Die Pflicht zum Akzeptieren von Kartenzahlungen hängt von der Vereinbarung zwischen dem Händler und dem kartenführenden Kreditinstitut ab[8].

In Deutschland gelten bargeldlose Zahlungen grundsätzlich nicht als Zahlungen mit Erfüllungswirkung gem. § 362 Abs. 1 BGB. Die Banküberweisung erfolgt als Leistung an Erfüllung statt (§ 364 Abs. 1 BGB)[9], ebenso Zahlungen im elektronischen oder nicht elektronischen Lastschriftverfahren. Erfüllung tritt hier nicht schon mit der wirksamen Belastung des Schuldnerkontos, sondern erst mit der Gutschrift auf dem Gläubigerkonto ein[10]. Um Leistungen erfüllungshalber, bei deren Annahme die Erfüllungswirkung unmittelbar mit Bewirken der Leistung eintritt, handelt es sich dagegen bei Zahlungen mit Kreditkarte, bei *Electronic Cash* Zahlungen und bei Zahlungen mit elektronischem Geld[11]. Zahlungen per Scheck sind gem. § 364 Abs. 2 BGB als Zahlungen erfüllungshalber anzusehen, der Unternehmer ist aber zur Annahme von nicht garantierten Schecks nicht verpflichtet[12].

a) Bargeldloser Zahlungsverkehr (ohne elektronisches Geld)

Die Übertragung eines Geldbetrages von einem Konto auf ein anderes kann nicht von Gläubiger und Schuldner selbst vorgenommen werden. Lediglich die das Gläubigerkonto führende Bank kann dessen Konto belasten und dem Konto des Schuldners den Betrag gutschreiben. Es sind also ein oder mehrere Geldinstitute beteiligt. Die Anweisung der Bank, die Transaktion vorzunehmen, kann wiederum auf zwei verschiedenen Wegen erfolgen. Entweder weist der Schuldner seine Bank selbst an, die Übertragung des Geldes vorzunehmen oder er ermächtigt den Gläubiger, die Übertragung zu verlangen. Das erste Verfahren ist

---

[6] *J. Flour/Aubert/Y. Flour/Savaux*, Obligations/3, 2001, n° 113.
[7] *J. Flour/Aubert/Y. Flour/Savaux*, Obligations/3, 2001, n° 113.
[8] *J. Flour/Aubert/Y. Flour/Savaux*, Obligations/3, 2001, n° 113.
[9] Sehr str., siehe Palandt/*Heinrichs*, BGB, 2003, § 362, Rn. 9; *Wenzel*, in: MK-BGB, Band 2, 2001, § 362, Rn. 22. die Erfüllung tritt nach beiden Ansichten mit der Gutschrift des Bertrages auf dem Konto des Gläubigers ein, BGH, Urteil vom 28.10.1998, NJW 1999, 210 (210).
[10] Palandt/*Heinrichs*, BGB, 2003, § 362, Rn. 9b.
[11] Palandt/*Heinrichs*, BGB, 2003, § 364, Rn. 7.
[12] Palandt/*Heinrichs*, BGB, 2003, § 364, Rn. 6.

aus der Sicht des Gläubigers weniger wünschenswert als das zweite, weil er keine unmittelbare Kontrolle darüber hat, ob der Überweisungsauftrag erteilt wurde[13]. Beiden Verfahren ist der Nachteil gemein, dass die Zahlung nicht unmittelbar erfolgt und von der Solvenz des Schuldners abhängt. Ein weiteres Risiko neben der Insolvenz des Schuldners ist der Widerruf der Ermächtigung gegenüber dem Unternehmer. In diesem Punkt unterscheiden sich die verschiedenen Systeme.
Die Übertragung des Geldes vom Schuldnerkonto zum Gläubigerkonto kann nicht nur auf Veranlassung des Schuldners (Überweisungsauftrag), sondern auch des Gläubigers zustande kommen. In Deutschland werden diese Verfahren Lastschriftverfahren oder auch „umgekehrte Überweisung" genannt. Der Schuldner erteilt dem Gläubiger eine Lastschrift. Der Gläubiger reicht die Lastschrift bei seiner Bank ein, die ihm eine Gutschrift erteilt, die aufgrund ihrer Vorläufigkeit ein bedingtes abstraktes Schuldversprechen darstellt. Die Gläubigerbank gibt die Lastschrift über den Interbankenverkehr an die Schuldnerbank weiter. Diese belastet das Konto des Schuldners und löst die Lastschrift ein[14]. Es gibt zwei Abwicklungsformen des Lastschriftverfahrens, die sich nach der Widerrufsmöglichkeit für den Schuldner unterscheiden. Beim Abbuchungsverfahren erteilt der Schuldner seinem Kreditinstitut die generelle Weisung, Lastschriften einzulösen, die vom Gläubiger eingehen. Er hat dann bei der einzelnen Lastschrift kein Widerspruchsrecht mehr. Beim Einzugsermächtigungsverfahren erteilt der Schuldner der Bank keine Weisung zur Einlösung, die Belastung des Kontos mit der Lastschrift ist nur zulässig, wenn der Schuldner zustimmt. Die dem Gläubiger gegenüber gegebene Ermächtigung im Sinne des § 185 BGB erstreckt sich nur darauf, dass der Gläubiger allgemein am Lastschriftverfahren teilnehmen darf, soll aber keinen direkten Zugriff auf das Schuldnerkonto ermöglichen[15]. Beim Abbuchungsverfahren hat der Schuldner eine Widerspruchsmöglichkeit, die grundsätzlich unbefristet besteht[16], aber üblicherweise vertraglich auf sechs Wochen begrenzt ist.

Im Internet ist die Zahlung mit einer Kreditkarte verbreitet, bei der, anders als bei einer Zahlung mit EC-Karte, eine Identifikation über die 16-stellige Kartennummer möglich ist. Eine Überprüfung der Identität des Kartenverwenders findet nicht statt. In Frankreich wird die Mitteilung der Kartennummer als Erteilung eines Zahlungsauftrags (*mandat*) verstanden, die den Unternehmer ermäch-

---

[13] Vgl. *Espagnon*, DIT 1997, n° 4, 6 (8).
[14] Palandt/*Heinrichs*, BGB, 2003, § 676f, Rn. 26; *Kümpel*, Bank- und Kapitalmarktrecht, 2000, Rn. 4.336 ff.
[15] *Kümpel*, Bank- und Kapitalmarktrecht, 2000, Rn. 4.348, 4.394.
[16] Palandt/*Heinrichs*, BGB, 2003, § 676f, Rn. 30.

tigt, sich eine bestimmte Summe auszahlen zu lassen[17]. Das *mandat* ist dabei bis zur Tätigung der Zahlung grundsätzlich widerruflich. Das gilt gem. Art. L 132-2 CMF nicht für eine Zahlungsanweisung, die mit Hilfe einer Kreditkarte gegeben wird. Ausnahmen gelten nach Abs. 2 des Artikels für den Verlust und den Diebstahl der Karte. Von der Lehre wird die ungenaue Formulierung des Gesetzes mit dem Argument kritisiert, dass die Kartennummer alleine nur die Identität des Karteninhabers mitteilt[18], der Nachweis, dass der Berechtigte die Vollmacht gibt, jedoch erst mit seiner Unterschrift gegeben wird. Im Falle des Missbrauchs der Kartennummer kann der berechtigte Karteninhaber die Erteilung des Mandats bestreiten, die Beweislast für die ordnungsgemäße Erteilung des Mandats liegt beim Bevollmächtigten[19]. Art. L 132-2 CMF soll jedoch nur dann gelten, wenn die Karte tatsächlich für den Zahlungsvorgang verwendet wurde, etwa mit einem Lesegerät. Bei Eingabe einer Kennzahl dagegen soll die Zahlungsanweisung widerrufbar sein, was aber durch Vereinbarung ausgeschlossen werden kann[20]. Die für den Unternehmer vorteilhafte Besonderheit bei der Kreditkarte ist, dass die Kartengesellschaft dem Unternehmer die Zahlung bis zu einem bestimmen Betrag garantiert, wenn dieser sich von der Rechtmäßigkeit der Benutzung überzeugt hat[21]. Bei der Mitteilung der Kartennummer im Internet findet diese Kontrolle nicht statt, so dass die Zahlungsanweisung widerrufen werden kann und die Kartengesellschaft dem Unternehmer keine Zahlungsgarantie gibt.

Sowohl bei der Zahlung mit Hilfe einer Kreditkarte als auch mit einer Bankkarte und Geheimnummer handelt es sich trotz der Verwendung elektronischer Verfahren nicht um Online-Zahlungen in dem Sinne, dass ein unmittelbarer Geldtransfer erfolgt, sondern nur um die Verwendung des Internet als neuen Übertragungsweg für die Zahlungsanweisung[22]. Kartengestützte Verfahren können,

---

[17] *Lucas de Leyssac/Lacaze*, Com. Com. électr., février 2001, 13 (14); *Crédot/Bouteiller*, Droit et patrimoine, avril 1995, 32 (33).

[18] *Lucas de Leyssac/Lacaze*, Com. Com. électr., février 2001, 13 (14): genauso könnten etwa die Sozialversicherungsnummer oder Ausweisnummer verwendet werden.

[19] *Lucas de Leyssac/Lacaze*, Com. Com. électr., février 2001, 13 (15).

[20] Vgl. *Huet*, JCP 1991, I 3524, p. 287 (289), zu Art. 57-2 décret-loi du 30 octobre 1935 unifiant le droit en matière de chèques et relatif aux cartes de paiement, der als Art. L 132-2 in den Code monétaire et financier übernommen wurde.

[21] *Legeais*, Droit commercial, 2001, n° 707; *Darmstädter*, Juris-Classeur Commercial, Fasc. 531, 2000, n° 3.

[22] *Lucas de Leyssac/Lacaze*, Com. Com. électr., février 2001, 13 (16); *Bonneau*, Droit bancaire, 2001, n° 467; *Espargnon*, Revue de droit bancaire et bourse, janvier-février 1999, 7 (8); für das *télépaiement* per *Minitel* ebenso schon *Huet*, JCP 1991, I 3524, p. 287 (288).

wenn ein Kartenlesegerät vorhanden ist, für Zahlungen im elektronischen Geschäftsverkehr genauso wie nicht kartengestützte Verfahren eingesetzt werden[23].

b) Elektronisches Geld

Eine unmittelbare Verfügung ist neben der Zahlung mit Bargeld mit so genanntem elektronischen Geld[24] (E-Geld, *monnaie électronique*) möglich. Elektronische Einheiten, die jeweils einen bestimmten Gegenwert verkörpern, werden gegen die Einzahlung einer entsprechenden Geldmenge beim Anbieter auf einen Datenträger (*porte-monnaie électronique*) geladen[25]. Die Zahlung erfolgt durch die Übertragung von Einheiten vom Datenträger des Schuldners auf den Datenträger des Gläubigers. Der Summe an Einheiten in dem elektronischen Geldbeutel entspricht ein Anspruch gegen den Anbieter des Systems auf Gutschrift einer entsprechenden Menge Buchgeld oder Auszahlung von Bargeld[26]. Dabei ist unerheblich, ob die Einheiten kartengestützt oder softwaregestützt gespeichert sind[27] und ob die Übertragung der elektronischen Einheiten im Internet erfolgt oder außerhalb, etwa durch das Einstecken der deutschen „Geldkarte" in einen Automaten[28]. Immer, wenn die Zahlung mit E-Geld über ein Telekommunikationsnetz erfolgt, kann von Netzgeld gesprochen werden[29].

---

[23] *Deutsche Bundesbank*, Monatsbericht Juni 1999, 41 (42).

[24] Den rechtlichen Rahmen schafft die Richtlinie 2000/46/EG vom 18. September 2000 über die Aufnahme, Ausübung und Beaufsichtigung der Tätigkeit von E-Geld-Instituten, ABl. Nr. 275/39 vom 27.10.2000; siehe zu den bankrechtlichen Anforderungen an die Anbieter von elektronischem Geld ferner *Andries*, Bull. Banque de France, décembre 1999, 87 (90 et s.); *Bonneau*, Droit bancaire, 2001, n° 140; *Espagnon*, JCP 1999, I 131, p. 787 (792). Die rechtliche Konstruktion ist nicht neu: sie ist der des Reiseschecks ähnlich; *Mathias/Menais*, Cahiers Lamy droit de l'informatique et des réseaux, juin 2001, 11 (14), die noch weitere Erklärungsmöglichkeiten bieten. Zur rechtlichen Qualifikation von Reiseschecks siehe Cour de cassation, chambre commerciale, 16.1.1963, D. 1963, 517, note *Despax*.

[25] Ein struktureller Unterschied zwischen elektronischem Geld und elektronischen Geldbeutel besteht nicht, beides gehört zusammen. Insofern irrt *Espagnon*, JCP 1999, I 131, p. 787 (790), wenn er nur dem elektronischen Geld die Fähigkeit zuspricht, unmittelbar übertragen zu werden; möglicherweise ist die Ursache auch eine terminologische Unklarheit.

[26] *Lanskoy*, Bull. Banque de France, octobre 1999, 45 (54); weil sich der Wert der elektronischen Einheiten ausschließlich aus dem Anspruch ergibt, kann von ihnen nicht als einem immateriellen Gut gesprochen werden, *Lanskoy*, préc., 45 (56).

[27] *Europäische Zentralbank*, Bericht über elektronisches Geld, 1998, S. 8; *Deutsche Bundesbank*, Monatsbericht, Juni 1999, 41 (42).

[28] *Kümpel*, NJW 1999, 313 (314), unterscheidet dagegen zwischen Geldkarte und Netzgeld und stellt die Zahlung mit der Geldkarte in eine Kategorie wie die Zahlung mit Kreditkarte oder Eurocheque-Karte.

[29] *Europäische Zentralbank*, Bericht über elektronisches Geld, 1998, S. 8.

Das Verfahren weist einige Besonderheiten gegenüber den oben dargestellten Zahlungsverfahren auf. Die beim Anbieter (*émetteur*) eingezahlte Summe ist nicht für einen bestimmten Nutzer gutgeschrieben. Das rechtliche Verhältnis zwischen dem Geldkartenanbieter und dem Benutzer ist dem der Bank zu einem Kontoinhaber nicht vergleichbar. Die zweite Besonderheit besteht darin, dass bei einer Übertragung von elektronischen Einheiten die Zahlung unmittelbar vollzogen wird, anders als bei der Übergabe eines Schecks, wo die Übertragung der Geldmenge erst mit dem Einreichen des Schecks bei der Bank oder der Übermittlung der Kartenzahlung durch den Unternehmer geschieht. Die Übertragung selbst schließlich erfolgt ohne die Übertragung einer Geldmenge, wie es beim Buchgeld (und beim Bargeld) der Fall ist; die Geldmenge bleibt unverändert auf dem Konto des Anbieters des elektronischen Geldes[30]. Die Verwendung dieses Zahlungsverfahrens hat für den Unternehmer den Vorteil, dass die Zahlung unmittelbar erfolgt. Der Unternehmer ist nicht mehr von der tatsächlichen Zahlungsfähigkeit des Kunden abhängig, sondern nur noch von der des Anbieters[31].
In Deutschland existiert elektronisches Geld in Form der „Geldkarte", die 1997 aus der Pilotphase in den regulären Betrieb übergegangen ist[32]. In den letzten Jahren sind neue Anbieter hinzugekommen. Ein Verfahren ist das unter anderem von der Deutschen Bank und anderen großen Unternehmen geschaffene „paybox"-System[33]. Für den Erwerb elektronischer Geldeinheiten ist ein bei einer deutschen Bank geführtes Girokonto notwendig. Die Transaktionen werden mit Hilfe des Mobiltelefonnetzes veranlasst. Es fällt auf, dass es auch innerhalb des elektronischen Geldes bargeldähnliche und giralgeldähnliche Übertragungsverfahren gibt. Elektronische Geldeinheiten sind grundsätzlich beiden Systemen zugänglich.

Obwohl wie bei den Zahlungsverfahren, die zu einer Übertragung von Buchgeld vom Konto des Zahlenden auf das des Zahlungsempfängers führen, das elektronische Geld aus der Sicht des Nutzers eine Forderung darstellt, sind nach französischem Recht einige Besonderheiten der rechtlichen Konstruktion zu beachten. Mit der Emission von Einheiten elektronischen Geldes erhält der Empfänger eine Forderung, die allerdings nicht auf ihn als Gläubiger festgelegt ist (*titre anonyme*). Der Schuldner, also das emittierende E-Geld-Institut, verpflichtet

---

[30] *Lanskoy*, Bull. Banque de France, octobre 1999, 45 (54 et s.).
[31] *Lanskoy*, Bull. Banque de France, octobre 1999, 45 (55).
[32] *Deutsche Bundebank*, Monatsbericht Juni 1999, 41 (45).
[33] Zu Funktionsweise und Geschäftsbedingungen siehe die Internetseiten der paybox.net AG, http://www.paybox.de.

sich, an jede Person zu zahlen, die Inhaber des Schuldtitels ist[34]. Die Annahme einer normalen schuldrechtlichen Forderung hätte zur Folge, dass eine Abtretung der Forderung gem. Art. 1690 C. civ. Dritten gegenüber nur dann wirksam wäre, wenn die Übertragung in notarieller Form erfolgt wäre. In einer vertraglichen Vereinbarung kann die freie Übertragbarkeit festgelegt werden[35].

Von Bedeutung für die Eignung als Zahlungsmittel ist die Erfüllungswirkung der Übertragung elektronischer Geldeinheiten. Die ergibt sich erst dadurch, dass der Gläubiger die Abtretung einer Forderung – darum handelt es sich ja hier – als befreiende Leistung anerkennt, Art. 1275 C. civ. Der Wille zur Anerkennung muss bei einem Unternehmer, der elektronisches Geld akzeptiert, als Grundvoraussetzung für die Teilnahme an diesem System angenommen werden. Für die Befreiungserklärung ist eine stillschweigende Erklärung ausreichend[36]. In Deutschland werden Zahlungen mit elektronischem Geld als Zahlungen erfüllungshalber angesehen.

2. Gemeinsame rechtliche Probleme

a) Form

Auf den Zahlungsauftrag ist das französische Beweisrecht anwendbar; Art. 1341 C. civ. muss berücksichtigt werden[37], so dass Anweisungen über mehr als 800 € der Schriftform bedürfen. Das neue Beweisrecht macht die Erfüllung der Schriftform auch bei elektronischer Kommunikation möglich. Schon vor dem französischen Signaturgesetz vom 13. März 2000 wurden Verfahren wie etwa die Zahlung mit Karte und PIN (Persönliche Identifikationsnummer) verwendet[38]. Den beweisrechtlichen Formvorschriften wurde durch Beweismittelvereinbarungen genüge getan[39]. Weil die Identifizierungsverfahren mit Karte und Geheimnummer nicht den Anforderungen an eine rechtlich relevante elektronische Signatur entsprechen, behalten Beweismittelvereinbarungen weiterhin ihre Bedeutung. Ein persönlicher Code ist dann als Beweismittel anerkannt, wenn er in einer Beweismittelvereinbarung vorgesehen ist[40]. Die Beweismittelklausel

---

[34] Diese – eigenständige – rechtliche Konstruktion ist schon in einem Dekret aus dem Jahr 1795 anerkannt, siehe *Lanskoy*, Bull. Banque de France, octobre 1999, 45 (58) m. Fn. 47 u. 48; vgl. *Bonneau*, Droit bancaire, 2001, n° 468.
[35] *Lanskoy*, Bull. Banque de France, octobre 1999, 45 (58).
[36] *Lanskoy*, Bull. Banque de France, octobre 1999, 45 (59).
[37] *Espagnon*, JCP 1999, I 131, p. 787 (791); *Gavalda*, note sous Cour de cassation, 1re chambre civile, 8.11.1989, D. 1990, jurispr. 369 (370), « Société Credicas C. Mme. Cassan ».
[38] Vgl. *Lucas de Leyssac/Lacaze*, Com. Com. électr., février 2001, 13 (16).
[39] Siehe *Huet*, JCP 1991, I 3524, p. 287 (288), für das *télépaiement*.
[40] *Bonneau*, Droit bancaire, 2001, n° 370.

muss den Regeln über missbräuchliche Klauseln entsprechen[41]. Die in der Rechtsprechung lange anerkannten Vereinbarungen haben mit der Reform des Beweisrechts Eingang in den Code civil gefunden. Grundlegend für die beweisrechtliche Anerkennung von Zahlungskarten sind zwei am selben Tag ergangene parallele Entscheidungen der Cour de cassation aus dem Jahr 1997[42]. Die Gesellschaft *Credicas* hatte mit verschiedenen Personen Kreditverträge in der Art abgeschlossen, dass die Personen in bestimmten Geschäften unter Vorlage der Karte und Eingabe einer vierstelligen Geheimzahl der Gesellschaft eine Zahlungsanweisung geben konnten, dem Anbieter den Kaufpreis zu zahlen[43]. Die Zahlungsanweisung wurde von zwei Kundinnen im Nachhinein bestritten und es stellte sich die Frage nach dem Beweiswert der „Unterschrift" mit der Geheimnummer. Die in den Geschäftsbedingungen der Bank enthaltene Beweismittelvereinbarung, der der Kunde zustimmt, hat den Inhalt, dass der Bankkunde auf die Anwendung der gesetzlichen Formvorschriften verzichtet und im Voraus ausdrücklich akzeptiert, dass die Eingabe der Geheimnummer Beweis dafür ist, dass er die Anweisung zur Belastung seines Kontos ordnungsgemäß vorgenommen hat[44]. Die Zulässigkeit einer solchen Vereinbarung wurde von der Cour de cassation anerkannt. Im konkreten Fall war der Geldbetrag zwar kleiner als 5000 FF, so dass Art. 1341 C. civ. nicht einschlägig war, ein Beweis war jedoch dennoch notwendig. In Deutschland gibt es für Lastschriften und Zahlungsanweisungen keine besonderen Formvorschriften.

Vom Beweis der Zahlungsanweisung ist der Beweis der Zahlung selbst zu unterscheiden. Hier kann, wenn die Zahlung den Grenzwert überschreitet, ebenfalls Schriftform vorgeschrieben sein. Der Beweis erfolgt üblicherweise durch eine Quittung (*quittance*). Bei Zahlungen, die über das Internet erfolgen, wird nicht immer eine formwirksame Quittung ausgestellt, obwohl dies möglich wäre. Der Beweis der Zahlung kann jedoch auch durch andere geeignete Schriftstücke als *commencement de preuve* nachgewiesen werden[45]. Der Schuldner hat in Deutschland aus § 368 BGB Anspruch auf Erteilung einer schriftlichen Quittung. Gemäß § 126 Abs. 3 i.V.m. 126a BGB ist auch die elektronische Form

---

[41] Eingehend *Espagnon*, Revue de droit bancaire et bourse, janvier-février 1999, 10.

[42] Eine Entscheidung ist abgedruckt unter Cour de cassation, 1re chambre civile, 8.11.1989, D. 1990, jurispr. 369, note *Gavalda*, « Société Credicas C. Mme. Cassan », die andere heißt « Credicas C. Mme. Kalifa ».

[43] Vgl. *Gavalda*, note sous Cour de cassation, 1re chambre civile, 8.11.1989, D. 1990, jurispr. 369 (369), « Société Credicas C. Mme. Cassan ».

[44] Vgl. *Gavalda*, note sous Cour de cassation, 1re chambre civile, 8.11.1989, D. 1990, jurispr. 369 (370), « Société Credicas C. Mme. Cassan ».

[45] Cour de cassation, 1re chambre civile, 5.10.1976, Défrenois 1977, art. 31522, p. 1243 (1248), obs. *Aubert*; vgl. *J. Flour/Aubert/Y. Flour/Savaux*, Obligations/3, 2001, n° 139.

möglich, wobei eine qualifizierte elektronische Signatur verwendet werden muss[46].

b) Datenschutz und Datensicherheit

Allen Zahlungsverfahren, bei denen Informationen über das Internet übermittelt werden, ist das Problem der Sicherheit der Datenübertragung gemein[47]. Dabei geht es sowohl um die Vertraulichkeit der Daten als auch um die Integrität, das heißt, dass sie nicht von Dritten verändert wurden. Die Integrität lässt sich möglicherweise durch die Verwendung von Signaturverfahren herstellen, die schon zum Beweis notwendig sind. Die Vertraulichkeit der Daten kann durch geeignete Verschlüsselungsverfahren gewährleistet werden. Für elektronische Zahlungsverfahren wird dies durch eine Ausnahme im ansonsten restriktiven französischen Verschlüsselungsrecht[48] ermöglicht[49]: Art. 20 al. 1 et 2 des décret n° 98-101[50] bestimmt, dass bei der gemeinsamen Benutzung eines Verschlüsselungsverfahrens durch eine Gruppe keine Einzelgenehmigungen erforderlich sind.

Bei Systemen auf der Basis elektronischen Geldes, bei denen Kaufkraft in Form gespeicherter Werteinheiten direkt übermittelt wird, ist das Risiko von Verlust, und Missbrauch, das grundsätzlich vom Kartennutzer getragen wird, größer als bei den Anweisungsverfahren[51]. Für den Gläubiger ist es hingegen vorteilhafter, weil für ihn das Solvenzrisiko des Kunden nicht besteht.

c) Widerrufbarkeit der Zahlungsanweisung

Von Bedeutung für den Schutz des Verbrauchers vor Missbrauch, wie auch für den Unternehmer vor ausbleibender Zahlung, ist die Widerrufbarkeit einer Zahlungsanweisung[52]. Für den Überweisungsauftrag gilt die Widerrufbarkeit bis zur Ausführung durch die Bank, unabhängig davon, ob er schriftlich oder elektronisch erteilt wurde[53]. Lastschriftverfahren mit Bankkarte und Unterschrift oder PIN können nach der Ausgestaltung des verwendeten Systems das Konto des

---

[46] Vgl. Palandt/*Heinrichs*, BGB, 2003, § 368, Rn. 3.
[47] Vgl. *Lucas de Leyssac/Lacaze*, Com. Com. électr., février 2001, 13 (16).
[48] Siehe unten §10 I 2 b. bb.
[49] Siehe *Espagnon*, JCP 1999, I 131, p. 787 (793).
[50] Décret n° 98-101 du 24 février 1998 définissant les conditions dans lesquelles sont souscrites les déclarations et accordées les autorisations concernant les moyens et prestations de cryptologie, J.O. n° 47 du 25.2.1998, 2911.
[51] *Deutsche Bundebank*, Monatsbericht Juni 1999, 41 (50).
[52] Vgl. *Huet*, JCP 1991, I 3524, p. 287 (288).
[53] *Bonneau*, Droit bancaire, 2001, n° 471.

Kunden unwiderruflich belasten oder ihm eine Widerspruchsmöglichkeit einräumen, die für das Zahlungsrisiko des Unternehmers nachteilig ist. Systeme, die auf Bankkarten gestützt sind, können im Internet deshalb (noch) nicht verwendet werden, weil die Ausstattung der privaten Kunden mit Kartenlesegeräten fehlt.

Die Widerrufbarkeit von Kartenzahlungen im Internet steht für den Verbraucher in engem Zusammenhang mit dem Missbrauchsrisiko. Bei der missbräuchlichen Verwendung der über eine unsichere Internetverbindung übertragenen Kreditkartendaten soll der Karteninhaber nicht an die Handlung desjenigen, der die Karte missbräuchlich gebraucht, gebunden sein.

Der europäische Richtliniengeber hat den Mitgliedstaaten in Art. 8 FA-RL aufgegeben, die Gewährung einer Möglichkeit zum Widerruf missbräuchlich vorgenommener Zahlungen für Verbraucher zu schaffen[54]. In Art. 34 bis 38 der loi relatif à la sécurité quotidienne[55] sind Änderungen der Art. L 132-2 bis L 132-6 CMF vorgesehen, durch die dem Benutzer einer Karte Einspruchsrechte bei missbräuchlicher Verwendung seiner Karte zustehen und die Haftung auf das die Karte ausgebende Institut übertragen wird. Art. 39 ergänzt Art. L 141-4 CMF dergestalt, dass die Banque de France die Sicherheit von Zahlungsmittel gewährleistet. Die mit einer Zahlungskarte gegebene Zahlungsanweisung – das können sowohl Bankkarten als auch Kreditkarten sein – ist grundsätzlich gem. Art. L 132-2 CMF unwiderruflich[56]. Eine Ausnahme gilt für die Fälle, in denen die Karte verloren gegangen ist, gestohlen wurde oder die Karte oder die Kartendaten missbräuchlich verwendet wurden. Der Karteninhaber kann abhängig von seinem Verschulden am Ersatz des Schadens beteiligt werden (Art. L 132-3 CMF)[57]. Das gilt nicht bei einer missbräuchlichen Verwendung der Karte ohne physische Verwendung der Karte selbst (Art. L 132-4 CMF). Für den internettypischen Fall der missbräuchlichen Verwendung der Kartendaten ist eine vorgenommene Zahlung also vom Karteninhaber widerrufbar.

In Deutschland ist der Missbrauchschutz knapp in § 676h Satz 1 BGB geregelt, nach dem das Kreditinstitut für die Verwendung von Karten oder Kartendaten Aufwendungsersatz nur verlangen kann, wenn diese nicht von einem Dritten

---

[54] Vgl. *Gatsi*, D. affaires 1997, 1378 (1383 et s.).

[55] Loi n° 2001-1062 du 15 novembre 2001 relative à la sécurité quotidienne, J.O. n° 266 du 16.11.2001, 18215.

[56] Zur diesbezüglichen Änderung des Code monétaire et financier *Avena-Robardet*, D 2002, 186 (187 et s.).

[57] Vgl. *Blanchot*, Gaz. Pal., 23.1.2002, 4 (6); *Pansier/Charbonneau*, Petites affiches, 29.11.2001, 3 (8 et s.).

missbräuchlich verwendet wurden. Denn dann hat der Kartenaussteller für die an den Unternehmer erbrachten Leistungen keinen Aufwendungsersatzanspruch, weil es am Auftrag des Karteninhabers fehlt[58]. Der Kartenaussteller trägt bei der Geltendmachung des Aufwendungsersatzanspruches gegen den Karteninhaber die Beweislast für den erteilten Auftrag[59]. Der Erhalt der Nummer reicht für den Nachweis, dass der Karteninhaber selbst die Karte verwendet hat, nicht aus. Dieser Nachweis kann nur mit der herkömmlichen oder einer gleichwertigen elektronischen Signatur[60] des Karteninhabers geführt werden.

Das fernabsatzrechtliche Widerrufsrecht und die Regelung, dass eine Zahlungsanweisung unwiderruflich ist (Art. 57-1 und 57-2 loi du 30.10.1935, geändert durch loi du 31.12.1991) beeinträchtigen sich gegenseitig nicht. Wenn es ausgeübt wird, findet eine Rückabwicklung zwischen Kunde und Unternehmer statt. Eine Rückabwicklung der Transaktion kann von der Bank aufgrund der Ausübung des Widerrufsrechts nicht verlangt werden[61]. Bei der *démarchage* gilt, dass keine Zahlungsanweisung ausgeführt werden darf, solange die Widerrufsfrist läuft. Im elektronischen Geschäftsverkehr ist diese Vorschrift nicht anwendbar[62].

d) Grenzüberschreitende Zahlungen

Grenzüberschreitende Zahlungen sind notwendig, unterliegen aber besonderer staatlicher Kontrolle[63]. Für den Verbraucher ist dies in der Regel nicht von Bedeutung. Zu beachten sind vielmehr die Transaktionskosten, die gegebenenfalls zu dem Kaufpreis oder Entgelt für die im Ausland bestelle Leistung hinzukommen. Um das Funktionieren des Binnenmarktes gerade für Verbraucher und kleine und mittlere Unternehmen zu stärken, bestimmt die Verordnung (EG) 2560/2001[64], dass für elektronische Zahlungsvorgänge (ab 1. Juli 2002) und für Überweisungen (ab 1. Juli 2003) bis zu einem Betrag von 12.500 € von den Banken die gleichen Gebühren für inländische Transaktionen wie für Transaktionen innerhalb der Gemeinschaft erhoben werden müssen (Art. 3). Um den Banken grenzüberschreitende Zahlungen zu erleichtern, wird die Anwendung einheitlicher Standards für die Bankleitzahl und die Kontonummer festgeschrie-

---

[58] Palandt/*Sprau*, BGB, 2003, § 676h, Rn. 16.

[59] Palandt/*Sprau*, BGB, 2003, § 676h, Rn. 21.

[60] Zur elektronischen Signatur oben § 8 IV 1 a. bb. und 2 a. bb.

[61] So auch *Espagnon*, JCP 1999, I 131, p. 787 (792); *ders.*, Revue de droit bancaire et de la bourse, janvier-février 1999, 7 (13).

[62] Anders *Espagnon*, Revue de droit bancaire et bourse, janvier-février 1999, 7 (13).

[63] Siehe *Bonneau*, Droit bancaire, 2001, n° 473 et s.

[64] Verordnung (EG) 2560/2001 vom 19.12.2001 über grenzüberschreitende Zahlungen in Euro, ABl. Nr. L 344/13 vom 28.12.2001.

ben. Der Verordnung ist 1997 die Überweisungsrichtlinie vorausgegangen, die eine Mindestharmonisierung des der Überweisung zugrunde liegenden Vertragsrechts bewirkt hat. In Frankreich sind grenzüberschreitende Überweisungen innerhalb der Europäischen Union in Art. L 133-1 CMF geregelt, in Deutschland in §§ 676a bis 676g BGB.

Anders als bei Vertragsabschlüssen im Internet sind die Fragen des anwendbaren Rechts und des Gerichtsstandes bei Streitfällen im Zusammenhang mit der Kartennutzung selbst, etwa bei Missbrauch, in der Regel nicht problematisch, weil zwischen dem Zahlenden und dem Kreditinstitut, dass das Zahlungsmittel verwaltet, bereits eine vertragliche Beziehung besteht, in der diese Fragen geregelt sind[65].

3. Ergebnis

Nach einer Untersuchung aus dem Jahr 1999 betrug der Anteil der Kartenzahlungen am unbaren Zahlungsverkehr in Deutschland nur 4 %, während er in Frankreich bei fast 22 % lag. Dazu passt die mehr als doppelt so hohe Menge Bargeld, die in Deutschland pro Kopf in Umlauf ist. Es war zwar eine größere und im europäischen Vergleich überdurchschnittliche Kartenanzahl pro Kopf vorhanden, die aber in Deutschland zum großen Teil zur Bargeldabhebung an Geldautomaten genutzt wurde[66]. Die Steigerungsrate für Debitkartensysteme ist allerdings beachtlich[67]. Die Verbreitung elektronischen Geldes ist in beiden Ländern hinter den Erwartungen zurückgeblieben. Als Gründe hierfür werden die zu hohen Entgelte des Kreditgewerbes bei Zahlungen für den Handel, die mangelnde Information der möglichen Nutzer und eine Trägheit der Kunden bei der Änderung ihrer Zahlungsgewohnheiten angeführt[68]. Im Vergleich mit den Kosten für andere Zahlungssysteme (bei Kreditkarten sind 5 % des Zahlungsbetrages üblich) vermag der erste Grund weniger als die anderen beiden zu überzeugen.

Espagnon hält Selbstverpflichtungen der Kartenanbieter und Unternehmer und Verträge für geeigneter, die technische Entwicklung und grenzüberschreitende Aspekte zu berücksichtigen, als staatliche Regelungen[69]. Das Problem bei vertraglichen Vereinbarungen ist, dass zwar vertragliche Beziehung zwischen An-

---

[65] *Espargnon*, Revue de droit bancaire et de la bourse, janvier-février 1999, 7 (7).
[66] Statistik und Interpretation bei *Deutsche Bundebank*, Monatsbericht Juni 1999, 41 (43 f.).
[67] *Deutsche Bundebank*, Monatsbericht Juni 1999, 41 (46).
[68] *Deutsche Bundesbank*, Monatsbericht Juni 1999, 41 (45).
[69] *Espagnon*, JCP 1999, I 131, p. 787 (791, 794).

bieter von Zahlungsverfahren und Benutzer bestehen, aber nicht zwischen den Partnern des Vertrages, der Grundlage für die Zahlung ist[70].

Die Zurückhaltung der Verbraucher beim Einsatz von Zahlungsverfahren im Internet hat ihre Ursache in der Gefährdung personenbezogener Daten und der damit verbundenen Missbrauchsgefahr. Ein besonderer Fall ist der, dass der Missbrauch im selben Zahlungsvorgang realisiert wird, indem der Inhalt der Zahlungsanweisung verändert wird und so eine höhere Summe überwiesen oder an einen anderen Empfänger gezahlt wird. Die Missbrauchsfolgen sind für den Verbraucher geringer, wenn eine Widerrufsmöglichkeit für die Zahlungsanweisung besteht. Diese Verfahren sind freilich nachteilig für den Unternehmer, der erst später Zahlungssicherheit erhält. Elektronisches Geld kommt den Interessen beider Seiten entgegen, weil es sofortige, unwiderrufliche Zahlungswirkung hat und die Missbrauchsgefahr begrenzt ist. Das liegt daran, dass keine persönlichen Daten übertragen werden wie bei Zahlungsanweisungen an ein Kreditinstitut. Das Risikopotential des Missbrauchs ist zudem auf den vorausbezahlten Bestand an elektronischen Zahlungseinheiten begrenzt. Dem steht als Nachteil die Vorauszahlung gegenüber, so dass sich Netzgeld nach einer Einschätzung der Deutschen Bundesbank nur für kleinere Zahlungen durchsetzen wird[71].

Die Anonymisierung anderer elektronischer Verfahren ist problematisch, weil ein berechtigtes Interesse des Zahlungsempfängers und vor allem des an der Zahlung beteiligten Kreditinstitutes an der Kenntnis der Identität des Anweisenden besteht. Die Identifikationspflicht dient auch dem Missbrauchschutz des rechtmäßigen Kontoinhabers. Verfahren, die den Datenfluss beschränken, so dass nur die notwendige Datenmenge preisgegeben wird, der Zahlungsempfänger etwa im Gegensatz zum Kreditinstitut nicht über die Identität des Zahlenden informiert wird, verringern das Risiko des Missbrauchs durch den Empfänger der Daten, nicht aber die Gefahr der Interzeption durch Dritte, die die Daten auf dem Übertragungsweg abfangen. Der Nutzer ist aber dadurch geschützt, dass er eine nur durch die Angabe der Kreditkartennummer veranlasste Zahlung widerrufen kann. Abschreckend können die Verschärfung der strafrechtlichen Instrumentarien und die Anpassung der Tatbestände an neue Kriminalitätsformen wirken. In Deutschland sprechen sich einige Autoren für eine Anpassung des § 269 StGB aus[72]. So könnte das Verbrauchervertrauen gestärkt werden.

Wichtig ist daneben eine Information der Verbraucher über den Ablauf der Zahlung und die Widerrufsmöglichkeit der Zahlungsanweisung erforderlich, um ei-

---

[70] Vgl. *Espagnon*, JCP 1999, I 131 (p. 787 (793).
[71] *Deutsche Bundebank*, Monatsbericht Juni 1999, 41 (50 f., 55 ff.).
[72] Vgl. *Sieber/Nöding*, ZUM 2001, 199 (204).

ne selbstbestimmte Entscheidung auch über die elektronische Zahlung selbst treffen zu können. Art. 4 Abs. 1 lit. e FA-RL schreibt Informationen zu Einzelheiten hinsichtlich der Zahlung vor. Die Erfüllung dieser Informationen erschöpft sich in der Praxis in Hinweisen zur Abgabe der Zahlungsanweisung und erstreckt sich nicht auf die Rechte des Kunden bei missbräuchlicher Verwendung einzelner Zahlungsmittel.

III. Ergebnis

Die Leistungserbringung der beiden Vertragspartner ist bei Internetvertragsschlüssen grundsätzlich mit den gleichen Risiken behaftet, wie auf anderem Wege zustande gekommene Fernabsatzverträge. Weil der Leistungsaustausch nicht wie im Ladengeschäft gleichzeitig stattfindet, leistet eine Partei voraus und trägt das Risiko der Nichtleistung des anderen Teils. Daneben gibt es ein Risiko bei der Erbringung der Leistung über die Distanz hinweg. Bei Zahlungen realisiert es sich in Form der Gefahr des Missbrauchs der im Internet angegebenen Zahlungsdaten. Hier gibt es sowohl in Frankreich als auch in Deutschland gesetzliche Regelungen, die dem Kartennutzer das Missbrauchsrisiko abnehmen.

Eine neue Zahlungsform ist die des elektronischen Geldes, bei der das Missbrauchsrisiko zwar auf die vorausbezahlten Einheiten begrenzt ist, das Datenübertragungsrisiko aber gleichermaßen besteht.

Die unmittelbare Erfüllung durch den Unternehmer und die unmittelbare Zahlung durch den Verbraucher mit elektronischen Geldeinheiten, bei denen kein Widerruf der Zahlungsanweisung möglich ist, nähern sich für bestimmte Produkte und Dienstleistungen Internetgeschäfte im Hinblick auf die Vertragserfüllung Geschäften unter Anwesenden in einer Weise an, die der klassische Fernabsatz nicht leisten kann.

§ 10 Datenschutz

Weil die Vorgänge im Internet von den Benutzern nicht kontrolliert werden können, haben diese Zweifel an einem ausreichenden Schutz ihrer personenbezogenen Daten. Ein Missbrauch der Daten kann in verschiedener Form geschehen: durch die Verwendung von Adressen für E-Mail-Werbung, durch gezielte Versorgung mit Werbeinhalten und Unterbreitung von Angeboten aufgrund von Benutzerprofilen oder durch Finanztransaktionen mit ausgespähten Zahlungsdaten. Das Recht hat zwei Ansatzpunkte für den Schutz der informationellen Selbstbestimmung: zum einen die Regelung der Zulässigkeit der Erhebung, Verarbeitung und Weitergabe von personenbezogenen Daten und zum anderen die Schaffung von rechtlichen Rahmenbedingungen für technische Verfahren, die die Datensicherheit erhöhen können. Hierzu gehören die Regeln über Verschlüsselung und über elektronische Signaturen. Beim Vergleich des Datenschutzrechts in Frankreich und Deutschland erfolgt die Bewertung der Leistungsfähigkeit für den Verbraucherschutz am Maßstab der Realisierung des Schutzes der informationellen Selbstbestimmung, die, verbunden mit einer begleitenden Aufklärung und Information, das Verbrauchervertrauen stärken kann.

I. Französisches Datenschutzrecht

Persönliche Daten (*données personelles*) sind ein Teil der Privatsphäre (*vie privée*)[1]. Die Privatsphäre ist durch Art. 9 Abs. 1 Code civil geschützt[2]. Umfasst sind alle Bereiche der persönlichen und familiären Identität einer Person sowie im Zusammenhang mit ihrem Bild[3].

1. Schutz des Verbrauchers bei der bewussten Preisgabe personenbezogener Daten

a) Rechte gegenüber dem Adressaten der personenbezogenen Informationen

Damit der Verbraucher sein Recht auf informationelle Selbstbestimmung gegenüber dem Unternehmer geltend machen kann, muss er die Identität seines Gegenübers kennen. Mit der Mitteilung personenbezogener Daten sollen diese außerdem nicht so aus der Hand gegeben werden, dass jede Einflussmöglichkeit

---

[1] *Conseil d'Etat*, Internet, 1998, p. 25.
[2] Eingefügt durch loi n° 70-643 vom 17.7.1970: « *Chacun a droit au respect de sa vie privée.* »
[3] *Conseil d'Etat*, Internet, 1998, p. 25.

verloren geht. Der Verbraucher muss Kenntnis und Kontrolle über Verbleib und Verwendung der Daten behalten.

Das französische Datenschutzgesetz, die loi n° 78-17[4], bestimmt in Art. 32 al. 1 eine Pflicht zur Information über die Identität des Adressaten der Informationen. Art. 39 bis 43 des Gesetzes regeln das Recht, Zugang und Berichtigung der Daten zu verlangen. Dabei ist die Regelung so ausgestaltet, dass auch tatsächliche Beschränkungen der Ausübung des Rechts durch den Verbraucher beseitigt werden. Der Betroffene bekommt die Kosten, die der Datenverarbeitende für eine Anfrage erheben darf, zurückerstattet, wenn eine Änderung seiner Daten notwendig wird. Weiß der Verbraucher allerdings nicht genau, ob seine Daten unrichtig gespeichert sind, trägt er das finanzielle Risiko der Anfrage.

Weil trotz dieser Kontrollinstrumente immer ein Risiko mit der Weitergabe personenbezogener Daten verbunden ist, soll der Einzelne so wenige Informationen wie nötig herausgeben. Der Grundsatz der Zweckbindung, nachdem Daten nur für die Zwecke, zu denen sie verarbeitet wurden, genutzt werden und nicht länger als zur Erfüllung dieser Zwecke notwendig gespeichert werden sollen, findet sich in Art. 6 der Datenschutzrichtlinie 95/46/EG. Um die Notwendigkeit der Datenweitergabe einschätzen zu können, muss der Verbraucher über den Verwendungszweck der Daten, den zwingenden Charakter der Angabe bestimmter Informationen und die Folgen für den Verbraucher bei Nichtmitteilung dieser Daten informiert werden (Art. 32 al. 1 und Art. 39 al. 1 n° 2 loi n° 78-17). Die Informationen dürfen nur so lange gespeichert werden, wie es für den Verwendungszweck, dem der Verbraucher zugestimmt hat, notwendig ist. Darüber hinaus dürfen die Daten nur für statistische, historische oder wissenschaftliche Zwecke gespeichert oder verwendet werden (Art. 36 loi n° 78-17 i.V.m. Art. 4-1 loi n° 79-18[5]). Schwierig erscheint hier, vor allem aus der Sicht des Verbrauchers, die Einschätzung, ob einer der Archivierungszwecke tatsächlich gegeben ist oder eingehalten wird[6]. Das Gesetz schreibt ebenfalls vor, dass der Betroffene über die ihm zustehenden Rechte informiert werden muss (Art. 32 al. 1 loi n° 78-17). Das ist ein wichtiger Beitrag zur Etablierung der Regeln im Rechtsalltag und zur effektiven Wahrnehmung der Rechte.

---

[4] Siehe oben § 5 III 4.

[5] Loi n° 79-18 du 3 janvier 1989 sur les archives, J.O. n° 3 du 5.1.1979, 43. Zur Archivierung von Daten im elektronischen Geschäftsverkehr siehe *Caprioli*, Petites affiches, 18.8.1999, 4 (1re partie) et 19.8.1999, 7 (2[e] partie).

[6] So zweifelt *Boyer*, Cahiers français n° 295, mars-avril 2000, 74 (79), etwa die Vereinbarkeit der langen Speicherung von Zugangsdaten mit dem Datenschutzrecht an.

Die loi n° 78-17 ist auch im Bereich des Internet anwendbar. Die Verarbeitung der Daten durch die mit dem Internet verbundenen Rechner stellen „*traitements automatisés*" im Sinne von Art. 3 a.F. des Gesetzes dar. Auf der anderen Seite sind die neuen Arten von Informationen, die im Internet entstanden sind, wie die E-Mail-Adresse oder unter bestimmten Umständen die IP-Adresse[7] des Computers „*données nominatives*" (personenbezogene Daten), weil sie dazu geeignet sind, die Identifikation des Benutzers zu ermöglichen. Diskutiert wird auch, ob die elektronische Signatur selbst ein personenbezogenes Datum darstellt[8]. Differenziert werden muss bei der Einordnung von IP-Adressen, die von einem Zugangsprovider für die jeweilige Verbindungsdauer an unterschiedliche Nutzer vergeben werden. Hier ist zwar keine direkte, aber mit Hilfe der Kundendatenbank des Zugangsproviders eine indirekte Identifizierung möglich. Nicht mehr personenbezogen ist die IP-Adresse eines Computers in einem Internet-Café; hier werden die Benutzungsdaten in der Regel nicht protokolliert[9]. An der Personenbezogenheit fehlt es auch bei anonymen E-Mail-Adressen, bei denen dem Anbieter des Dienstes die wahre Identität nicht bekannt ist, er sie also auch nicht weitergeben kann.

Vor der Inbetriebnahme eines automatisierten Datenverarbeitungssystems muss eine Mitteilung an die CNIL erfolgen (Art. 23, 24 loi n° 78-17). Eine Evaluation von 100 französischen Internetseiten, die Fernabsatzangebote enthielten, hat indes ergeben, dass 1999 nur 45% der Seiten der CNIL angezeigt wurden[10]. Darüber hinausgehend ist die CNIL mit bestimmten Kontrollinstrumentarien ausgestattet, die mit der Änderung des Gesetzes im Rahmen der Umsetzung der EG-Datenschutzrichtlinie erheblich erweitert werden sollen.

Die EG-Datenschutzrichtlinie von 1995 entspricht in einigen Bereichen dem französischen Recht, macht aber auch Änderungen notwendig. Die Richtlinie schützt Personen in Bezug auf ihre „*données à caractère personnelles*", während die loi n° 78-17 in ihrer alten Fassung von „*données nominatives*" spricht. Dabei handelt es sich nicht nur um eine Frage der Begrifflichkeit; die Definitionen weichen in ihrem Anknüpfungspunkt voneinander ab. Daten im Sinne der

---

[7] *Dinant*, in: *Montero* (éd.), Technologies de l'information, 1999, 271 (290 et s.); vgl. *Davio*, in: *Montero* (éd.), préc., p. 295 (307 et s., 305 et s.); *Gundermann*, K&R 2000, 225 (226 f.); *Rasmussen*, CR 2002, 36 (37).

[8] *Andrieu*, Légicom n° 21/22, 2000, 155 (160).

[9] Vgl. *CNIL*, Vos traces sur Internet, 1998, p. 29 et s, abrufbar unter http://www.etudiants.ch/upload/documents/Admin/etufile_437_vos_traces_sur_internet.pdf.

[10] *CNIL*, Protection des données personnelles et de la vie privée, e-commerce en France, 2000, p. 6, http://www.cnil.fr/fileadmin/documents/approfondir/rapports/100sites.pdf. Im 20e rapport d'activité 1999, 2000, p. 104, ist mit Bezug auf diese Studie als Wert 46 % angegeben.

Richtlinie sind solche, die sich auf eine Person beziehen, die direkt oder indirekt identifiziert werden kann und Daten im Sinne des Gesetzes diejenigen, die eine direkte oder indirekte Identifikation ermöglichen. Daten, die isoliert betrachtet in den Anwendungsbereich der Richtlinie fallen, können auch selbst indirekt zur Identifizierung der betroffenen Person beitragen und sind deshalb *données nominatives* im Sinne der loi n° 78-17 a.F., so dass die Anwendungsbereiche nicht aufgrund der unterschiedlichen Definitionen voneinander abweichen. Mit der Datenschutznovelle wurde die Begrifflichkeit der europäischen angeglichen und auch von „*traitement de données à caractère personnel*“ gesprochen[11]. Die Anwendung der Bestimmungen auf das Internet wird bejaht[12].

Die Evaluation der CNIL aus dem Jahre 2000[13] kam zwar zum Ergebnis, dass fast alle Betreiber von Internetseiten die Besucher über ihr Recht informieren, die Weitergabe der Daten an Dritte zu untersagen und dass etwas mehr als zwei Drittel der Betreiber ausdrücklich auf die loi n° 78-17 verweisen. Dem stehen jedoch Mängel in der Erfüllung der Datenschutzvorschriften gegenüber. Weniger als die Hälfte hat eine postalische Adresse zur Identifikation des Betreibers angegeben und auf der Hälfte der Seiten war nicht angegeben, wo das Auskunfts- und Berichtigungsrecht geltend gemacht werden kann. Dieses letzte Phänomen wird in der Studie damit erklärt, dass in Art. 10 der RL 95/46/EG nicht ausdrücklich die Angabe des Ortes, an dem das Zugangsrecht geltend gemacht werden kann, vorgeschrieben wird[14]. In der Tat ist es auch nicht eindeutig, ob sich eine Pflicht zur Angabe einer postalischen Adresse aus der Verpflichtung des für die Verarbeitung der Daten Verantwortlichen ergibt, seine Identität preiszugeben (Art. 10 lit. a)[15].

b) Rechte bei der Weitergabe der Daten an Dritte

Die Weitergabe von personenbezogenen Daten an dritte Personen durch diejenige Person, der die Daten mitgeteilt wurden, ist auch in der neuen Fassung der

---

[11] Loi n° 2004-801 du 6 août 2004 relative à la protection des personnes physiques à l'égard des traitements de données à charactère personnel et modifiant la loi n° 78-17 du 6 janvier 1978 relative à l'informatique, aux fichiers et aux libertés, J.O. n° 182 du 7.8,2004, 14063; vgl. *Dupuis*, Personnes et famille, décembre 2001, 6 (7).

[12] *Robert*, Petites affiches, 10.11.1999, 55 (56): Anwendbarkeit bei allen Diensten im Internet; *Frayssinet*, Expertises 2000, 253 (254).

[13] *CNIL*, Protection des données personnelles et de la vie privée, e-commerce en France, 2000, http://www.cnil.fr/fileadmin/documents/approfondir/rapports/100sites.pdf.

[14] Siehe *CNIL*, Protection des données personnelles et de la vie privée, e-commerce en France, 2000, p. 7; http://www.cnil.fr/fileadmin/documents/approfondir/rapports/100sites.pdf; ebenso im 20ᵉ rapport d'activité 1999, 2000, p. 103.

[15] Vgl. *Ehmann/Helfrich*, EG-Datenschutzrichtlinie, 1999, Art. 10, Rn. 21.

loi n° 78-17 nicht ausdrücklich geregelt. Art. 32 al. 1 des Gesetzes sieht jedoch vor, dass der Betroffene darüber informiert werden muss, wem seine Daten zugänglich gemacht werden. Eine nachträgliche Weitergabe an Dritte kann nicht stattfinden, ohne gegen diese Bestimmung zu verstoßen und eröffnet den Anwendungsbereich strafrechtlicher Sanktionen. Fraglich ist, wie die Weitergabe der Daten zu beurteilen ist; eine Zustimmung für die Weitergabe wird – über die bloße Information der Betroffenen hinaus – nicht ausdrücklich verlangt. Eine konkludente Einwilligung im Moment der Mitteilung der personenbezogenen Daten kann nur so weit angenommen werden, wie die Informationen über die Verwendung reichen. Die Veränderung oder Löschung von Daten auf Veranlassung des Berechtigten muss Dritten, denen die Daten weitergegeben wurden, angezeigt werden, Art. 40 loi n° 78-17. Die Datenschutzrichtlinie der EG sieht dagegen in Art. 14 ein Widerspruchsrecht gegen die Weitergabe der Daten an Dritte vor, das auch von der CNIL gefördert wird[16] und sich nun in Art. 38 loi n° 78-17 findet[17].

2. Schutz des Verbrauchers bei der unbewussten Preisgabe personenbezogener Daten

Schützenswerter als vor dem Missbrauch bewusst weitergegebener Daten ist der Internetbenutzer vor der von ihm nicht oder nur schwer zu bemerkenden Ausspähung personenbezogener Daten[18], bei der grundsätzlich von einer Verletzung der informationellen Selbstbestimmung durch den Datensammler ausgegangen werden kann.

a) Abgrenzung: tatsächliche und rechtliche Schutzinstrumente

Insbesondere zum Schutz vor einer ungewollten Weitergabe personenbezogener Daten kann Sicherheit – wenn man davon ausgeht, das lauteres Verhalten nicht von allen Teilnehmern zu erwarten ist – nur durch technische Schutzmechanismen erreicht werden. Um Daten bei der Übermittlung zu schützen, können sie verschlüsselt werden. Der ungewollte Zugang zu Daten im eigenen Computersystem kann durch Proxy-Server oder *firewalls* erschwert werden, die unter anderem die Funktion erfüllen, nur bestimmten fremden Benutzern den Zugang

---

[16] Vgl. *Boyer*, Cahiers français n° 295, mars-avril 2000, 74 (77).

[17] Loi n° 2004-801 du 6 août 2004 relative à la protection des personnes physiques à l'égard des traitements de données à charactère personnel et modifiant la loi n° 78-17 du 6 janvier 1978 relative à l'informatique, aux fichiers et aux libertés, J.O. n° 182 du 7.8,2004, 14063.

[18] So auch *Boyer*, Cahiers français n° 295, 2000, 74 (75); *Dupuis*, Personnes et famille, décembre 2001, 6 (7); siehe zu den „Spuren", die im Internet hinterlassen werden *Frayssinet*, Droit et patrimoine, mai 2001, 76 (78 et s.).

zum eigenen System zu gestatten[19]. Der Internetnutzer kann seine wahre Identität durch die Verwendung anonymer E-Mail-Adressen verbergen[20]. Dem steht allerdings im Geschäftsverkehr das Interesse des Unternehmers und auch des Kunden entgegen, den anderen Vertragspartner zu kennen.

b) Rechtliche Schutzinstrumente

Dem Recht stehen eigene Schutzmechanismen zur Verfügung. Daneben kann es die Rahmenbedingungen dafür schaffen, dass technische Verfahren, wie Verschlüsselung, eingesetzt werden können.

aa) *Secret de correspondance*

E-Mails sind durch das Briefgeheimnis (*secret de correspondance*) geschützt, wenn es sich um private Korrespondenz handelt[21]. Das ist nach einem *circulaire* des Kultur- und Kommunikationsministeriums von 1988 der Fall, wenn die Nachricht an eine oder mehrere individualisierte und bestimmte Personen versendet wird[22]. Das Briefgeheimnis wird durch Art. 1 des Gesetzes über das Fernmeldegeheimnis von 1991[23] gewährt. Verstöße sind nach Art. 226-15 al. 2 C. pén. strafbar[24]. Unter den Begriff « *par voie des télécommunications* » fallen auch E-Mail-Nachrichten: Der Begriff ist weit definiert in Art. L 32 n° 1 des CPT a.F.: « *On entend par télécommunication toute transmission, émission ou réception de signes, signaux, d'écrits, d'images, de sons ou de renseignements de toute nature par fil, optique, radioélectricité ou autres systèmes électromagnétiques* »[25]. Die persönlichen Daten des Verwenders einer individuellen elekt-

---

[19] Kurze Darstellung der Funktionsweise bei *Cadoux*, Petites affiches, 10.11.1999, 47 (48 et s.).

[20] So *Cadoux*, Petites affiches, 10.11.1999, 47 (49).

[21] Vgl. CA Paris, 11e chambre A, 17.12.2001, JCP 2002, II 10087, note *Devèze/Vivant*; in Frankreich ist das Brief- oder Fernmeldegeheimnis nicht nur ein Recht gegen den Staat, sondern auch gegen andere Bürger, vgl. *Peltier*, Secret des correspondances, 1998, p. 67.

[22] Ministère de la culture et de la communication, Circulaire du 17 février 1988 prise en application de l'article 43 de la loi n° 86-1067 du 30 septembre 1986 relative à la liberté de communication, concernant le régime déclaratif applicable à certains services de communication audiovisuelle, J.O. n° 58 du 9.3.1988, 3149 (3149).

[23] Loi n° 91-646 du 10 juillet 1991 relative au secret des correspondances émises par la voie des télécommunications, J.O. n° 162 du 13.7.1991, 9167.

[24] Art. R 226-1 bis 226-12 Nouveau code pénal konkretisieren die in Art. L 226-15 al. 2 angesprochenen « *appareils conçus pour réaliser de telles interceptions* » und beschränken ihre Verwendbarkeit.

[25] So auch im 9e rapport d'activité der *Commission nationale de contrôle des interceptions de sécurité* (CNCIS): elektronische Post fällt in den Anwendungsbereich der loi n° 91-646.

ronischen Post werden genauso geschützt wie bei einer Versendung auf herkömmlichem Postwege[26].

bb) Rechtsrahmen für Verschlüsselungstechnik

Verschlüsselungssysteme werden in Art. 28 Abs. 1 der loi n° 90-1170 du 29 décembre 1990[27] definiert als „alle Leistungen, die dazu dienen, Informationen oder Signale mit Hilfe geheimer Vereinbarungen für Dritte unlesbar zu machen oder den umgekehrten Vorgang durchzuführen durch materielle Verfahren oder Programme, die diesem Zweck gewidmet sind“[28]. Bei diesen Systemen handelt sich um ein technisches Schutzinstrument. Weil die Verwendung von Verschlüsselungstechniken unter bestimmten Voraussetzungen als Gefahr für die staatliche Sicherheit angesehen wurde und wird, ist ihre Verwendung einer staatlichen Regulierung unterworfen. Die Effektivität angebotener Verschlüsselungstechniken hängt von der staatlichen Freigabe ab.

Verschlüsselungen wurden seit dem Auftreten der ersten Verschlüsselungsmaschinen vor dem zweiten Weltkrieg in Frankreich im Hinblick auf Gefährdungen der staatlichen Sicherheit betrachtet. Ein décret-loi von 1939[29] hat Verschlüsselungsmaschinen als militärisches Material klassifiziert. Seit den siebziger Jahren des zwanzigsten Jahrhunderts hat sich die Sichtweise langsam gewandelt. Mit Dekreten von 1973[30] und 1986[31] wurden die Verschlüsselungsmechanismen neu klassifiziert und die Zulassungsverfahren verändert. Erst in den neunziger Jahren, mit der Einführung der loi n° 90-1170 im Jahr 1990, wurden die Beschränkungen deutlich gelockert. Ein Sinneswandel hat sich vollzogen: Verschlüsselungstechniken stellen nicht mehr primär potentielle Gefahren für die Staatssicherheit dar, sondern sind notwendige Helfer, um die Sicherheit bei elektronischen Transaktionen zu gewährleisten[32]. Informationen sollen nicht mehr nur im

---

[26] *Conseil d'Etat*, Internet, 1998, p. 30 ; CA Angers, chambre correctionnelle, 10.6.2003, Com. Com. électr., janvier 2004, 40, note *Lepage*: « *Le courrier électronique est assimilable à une correspondance privée.* ».

[27] Loi n° 90-1170 du 29 décembre 1990 sur la réglementation des télécommunications, J.O. n° 303 du30.12.1990, 16439.

[28] « ... *toutes prestations visant à transformer à l'aide de conventions secrètes des informations ou signaux inintelligibles pour des tiers ou à réaliser l'opération inverse grâce à des moyens matériels ou logiciels conçus à cet effet.* »

[29] Art. 1, A, 1 § 7 décret du 18 août 1939 relatif à l'application de l'art. 1er du décret du 18 avr. 1939 fixant le régime des materiels de guerre, armes et munitions, D. 1939, lois et décrets, 341.

[30] Décret n° 73-364 du 12 mars 1973, J.O. n° 76 du 30.3.1973, 3516.

[31] Décret n° 86-250 du 18 février 1986, J.O. n° 48 du 26.2.1986, 3019.

[32] Vgl. *Bochurberg*, Internet, 2001, n° 1117, p. 154.

öffentlichen Interesse, sondern auch zu Gunsten individueller Privatinteressen geschützt werden[33]. Dabei wird der Aspekt öffentlicher Sicherheit jedoch nicht gänzlich aufgegeben. Es geht gleichwohl nicht mehr primär um die Verhinderung militärischer Interzeptionen, sondern darum, dass die Strafverfolgungsbehörden die Möglichkeit behalten wollen, Überwachungen von Kommunikation in bestimmten Fällen ohne die Kenntnis des Betroffenen vornehmen zu können[34]. Dazu ist es notwendig, dass die Behörden in der Lage sind, die vom Betroffenen verwendeten Verschlüsselungssysteme zu entschlüsseln. Der heutige rechtliche Rahmen wird gebildet durch die loi n° 90-1170 in der durch Gesetz vom 26. Juli 1996[35] geänderten Fassung. Die gesetzlichen Regelungen werden ergänzt durch vier décrets[36], die Ausführungsfragen regeln. Es soll ein Ausgleich geschaffen werden zwischen den Interessen nach Vertraulichkeit durch Verschlüsselung und den Strafverfolgungs- und Verteidigungsinteressen des Staates.

Das Verschlüsselungsregime sieht eine Vielzahl verschiedener Fallgruppen vor, die sich jeweils nach zwei Parametern bilden. Zum einen wird unterschieden nach der Verwendung des Verschlüsselungssystems. Insoweit gibt es unterschiedliche Anforderungen an Benutzung, Vertrieb/Zurverfügungstellung, Export und Import von Verschlüsselungssystemen. Zum anderen ist der Grad der staatlichen Regulierung von der Leistungsfähigkeit des Verschlüsselungssystems abhängig. Es wird unterschieden zwischen Verfahren, die nur der Authentifizierung und Feststellung der Integrität von Dokumenten dienen und elektronische Signaturen ermöglichen und Verfahren, die eine vertrauliche Übermittlung von Daten ermöglichen. Hier lassen sich drei Gruppen ausmachen: einerseits die

---

[33] *Guerrier/Monget*, Sécurité des télécommunications, 2000, p. 51.

[34] Siehe *Conseil d'Etat*, Internet, 1998, p. 97. Diese Eingriffe in die Kommunikationsfreiheit können nur in den Schranken der loi n° 91-646 du 10 juillet 1991 relative au secret des correspondances émises par la voie des télécommunications, J.O. n° 162 du 13.7.1991, 9167, stattfinden.

[35] Loi n° 96-659 du 26 juillet 1996 de réglementation des télécommunications, J.O. n° 174 du 27.7.1996, 11384.

[36] Décret n° 98-101 du 24 février 1998 définissant les conditions dans lesquelles sont souscrites les déclarations et accordées les autorisations concernant les moyens et prestations de cryptologie, J.O. n° 47 du 25.2.1998, 2911; décret n° 98-102 du 25 février 1998, définissant les conditions dans lesquelles sont agréés les organismes gérant pour le compte d'autrui des conventions secrètes de cryptologie en application de l'article 28 de la loi n° 90-1170 du 29 décembre 1990 sur la réglementantion des télécommunications, J.O. n° 47 du 25.2.1998, 2915; décret n° 99-199 du 17 mars 1999 définissant les catégories de moyen de prestation de cryptologie pour lesquelles la procédure de déclaration préalable est substituée à celle de l'autorisation, J.O. n° 66 du 19.3.1999, 4050; décret n° 99-200 du 17 mars 1999 définissant les catégories de moyen et de prestation de cryptologie dispensées de toute formalité préalable, J.O. n° 66 du 19.3.1999, 4051.

Verfahren, bei denen die Verschlüsselungstiefe unter einer bestimmten Anzahl von *Bits* liegt und andererseits die anderen Verfahren einmal mit der Weitergabe der Schlüssel an eine dritte Stelle, den „*tiers de séquestre*" und zum anderen ohne eine Weitergabe der Schlüssel an diese Stelle[37]. Weil die staatliche Regulierung bei den Be- und Vertreibern von Verschlüsselungsinstrumenten ansetzt, ist die Einschränkung für den Benutzer verhältnismäßig gering. Der Verwaltungsaufwand liegt bei den Anbietern, die eine vorherige Deklaration der Instrumente, die vertrieben werden sollen, vornehmen müssen. Für bloße Signaturverfahren ist ein vereinfachtes Anzeigeverfahren vorgesehen. Ohne Autorisation oder Deklaration kann er sowohl die Authentifizierungsverfahren verwenden als auch die Verschlüsselungssysteme, die nicht über einer bestimmten Verschlüsselungstiefe liegen. Darüber hinaus ist die Benutzung frei möglich, wenn die Schlüssel an einen „*tiers de séquestre*" weitergegeben werden, der gegebenenfalls jederzeit die Schlüssel an staatliche Stellen herausgeben muss. Zuständig für die Erteilung von Genehmigungen und Adressat für Anzeigen ist der *Service central de la sécurité des systèmes d'information* (SCSSI), der dem Premierminister untergeordnet ist.

Von Bedeutung für die Bewertung des Schutzes für den Verbraucher sind vornehmlich die tatsächlichen Fragen, ob der Verbraucher ausreichend darüber informiert ist, welche Verfahren er verwenden darf und woher er diese Verfahren unter Einhaltung der gesetzlichen Bestimmungen bekommt. Die Schranke der frei zugänglichen Verschlüsselungstiefen müsste so gesetzt sein, dass für den Verbraucher im Internet ausreichend sichere Verfahren zur Verfügung stehen[38]. *Bochurberg* sieht die Entwicklung des elektronischen Geschäftsverkehrs durch die rechtlichen Einschränkungen nicht gefährdet[39]. Dagegen sieht der *Conseil d'Etat* in seinem Bericht über das Internet von 1998 durchaus Schwächen der derzeitigen Regelung. Insbesondere die Hinterlegung der Verschlüsselungs-Schlüssel beim „*tiers de séquestre*" für höherwertige Verschlüsselungsfragen sei eine starke Einschränkung und führe zu zusätzlichen Kosten vor allem für Unternehmen[40], wenn davon ausgegangen werde, dass für Verbraucher in der Regel einfachere Verfahren ausreichend sind. Zudem gebe es nur sehr wenige Personen, die die Aufgabe des *tiers de séquestre* übernehmen wollen oder können, denn eine Voraussetzung sei eine Einstufung der Personen in den Status „*secret défense*". Insbesondere diese hohe Anforderung sieht der *Conseil d'Etat* als überflüssig an. Um eine breitere Akzeptanz des bestehenden Systems zu errei-

---

[37] Übersichtlich das Schaubild bei *Bochurberg*, Internet, 2001, n° 1120, p. 155.

[38] Für eine Anpassung entsprechend der technischen Entwicklung *Conseil d'Etat*, Internet, 1998, p. 100 et s.

[39] *Bochurberg*, Internet, 2001, n° 1119, p. 155.

[40] *Conseil d'Etat*, Internet, 1998, p. 100.

chen, müssten die Anforderungen an die Akkreditierung von „*tiers de séquestre*" gesenkt werden[41]. Der *Conseil d'Etat* weist allerdings darauf hin, dass Frankreich, das im internationalen Vergleich mit einer derartigen Regelung alleine dasteht, langfristig nicht an der Anforderung des Dritten festhalten kann, wenn es nicht wirtschaftliche Nachteile in Kauf nehmen möchte[42]. Zudem hält er es für ausreichend, wenn der Benutzer den Schlüssel selbst verwaltet und im gegebenen Fall von der Justiz unter Androhung entsprechend hoher Strafen zur Herausgabe gezwungen werden kann und die Verwaltung der Schlüssel durch eine dritte Person nur eine freiwillige Möglichkeit für die Verwender ist[43]. Problematisch wäre bei diesem System allerdings die vom französischen Gesetzgeber als notwendig erachtete Möglichkeit der unbemerkten Kontrolle der Kommunikation.

Das Verfahren mit der dritten Person des *tiers de sequestre*, der den Kryptographieschlüssel kennt, ist dem in der Signaturrichtlinie vorgesehenen Verfahren für elektronische Signaturen ähnlich, bei dem das der Signatur zugrunde liegende Zertifikat vom Zertifizierungsdiensteanbieter bereitgestellt wird[44]. Das Verschlüsselungsrecht wird von der Signaturrichtlinie aber nicht berührt. Zum einen ist die Zielsetzung der Signierung und Verschlüsselung von Daten unterschiedlich und voneinander unabhängig. Mit der elektronischen Signatur soll die unbemerkte Veränderung der signierten Daten sichergestellt werden, mit der Verschlüsselung soll Dritten die Lesbarkeit der Daten verwehrt werden. Zum anderen ist die Aufgabe des *tiers de sequestre* eine andere als die des Zertifizierungsdiensteanbieters. Der Zertifizierungsdiensteanbieter garantiert als dritte Stelle die Authentizität der Signatur. Der Zweck der Signatur könnte ohne diese Garantie zwischen Absender und Adressat einer Erklärung nicht erreicht werden. Die Verschlüsselung dagegen ist auch ohne Beteiligung eines Dritten möglich. Der *tiers de sequestre* soll dem Staat in bestimmten Fällen die Entschlüsselung ermöglichen.

Die loi pour la confiance dans l'économie numérique[45] liberalisiert das Verschlüsselungsrecht. Nach Art. 30 al. 1 LEN ist der Gebrauch von Verschlüsselungsmitteln frei. Das gleiche gilt grundsätzlich für das Angebot und den Import aus einem anderen Mitgliedstaat der Europäischen Union, wenn der Zweck nur darin besteht, die Authentizität und Integrität von Daten sicherzustellen, wie bei der elektronischen Signatur. Das war jedoch schon nach altem Recht möglich.

---

[41] *Conseil d'Etat*, Internet, 1998, p. 101 et s.
[42] *Conseil d'Etat*, Internet, 1998, p. 99 et s.
[43] *Conseil d'Etat*, Internet, 1998, p. 102.
[44] Siehe oben § 4 II 2 a. aa.
[45] Siehe oben § 5 III 5 b.

Eine Freigabe des Angebots von Verschlüsselungssystemen (*fourniture de moyens de cryptologie*), die die Lesbarkeit von Dokumenten verhindern und damit die Vertraulichkeit der Kommunikation schützen, ist nicht erfolgt. Diese Mittel müssen dem Premierminister angezeigt werden. Das gleiche gilt für das Angebot von Verschlüsselungsdiensten (*fourniture de prestations de cryptologie*) gemäß Art. 31 et s. LEN. Der französische Gesetzgeber hat sich also auch mit diesem neuen Gesetz nicht von dem Grundgedanken der Beeinträchtigung der nationalen Sicherheit durch die Verschlüsselung von Daten verabschiedet.

cc) Recht auf Anonymität

Die Gefahr des Ausspähens von personenbezogenen Daten würde dann nicht bestehen, wenn die Teilnehmer des Internet anonym handeln würden. Eine Zwischenstufe zwischen der vollständigen Identifikation, bei der das Handeln einer bestimmten physischen Person zugeordnet werden kann und dem Fehlen jeglicher individueller Zuordnung ist eine relative Identifikation, bei der nicht die physische Person erkannt wird, sondern das Handeln einem bestimmten Akteur im virtuellen Raum des Internet zugeordnet werden kann[46]. Beispiele sind etwa die Wiedererkennung der IP-Adresse oder der Kennnummer eines Cookies. So kann erkannt werden, ob ein Nutzer schon einmal einen Internetdienst in Anspruch genommen hat, ohne die Identität des Nutzers zu kennen. Die relative Identifikation ist weniger gefährlich für den Internet-Nutzer; das Verknüpfen verschiedener Handlungen im Internet kann gleichwohl unerwünscht sein. Die für eine relative Identifikation notwendigen Daten sind vom Unternehmer leichter zu beschaffen als die für eine absolute Identifikation.

Es gibt verschiedene Möglichkeiten, die eigene Identität im Internet zu verdecken. E-Mail-Nachrichten können über einen E-Mail-Anbieter verschickt werden, der eine E-Mail-Adresse, die keine Aussage über die tatsächliche Identität gibt, zur Verfügung stellt. Die Sicherheit des Verfahrens hängt davon ab, ob der Betreiber des E-Mail-Dienstes selbst die Identität des Nutzers kennt und unter welchen Umständen er in diesem Fall zur Preisgabe der Daten bewegt werden kann[47]. Für den privaten Benutzer schwieriger zu erreichen ist die Nichtübertragung von Informationen wie etwa der IP-Adresse; die relative Identifikation kann aber durch die Ablehnung von Cookies erschwert werden.

Behandelt werden sollen hier nicht die tatsächlichen Möglichkeiten, Anonymität herbeizuführen, sondern die Frage danach, ob Anonymität rechtlich durchgesetzt

---

[46] Die Unterscheidung zwischen „*identification traditionnelle*“ und „*identification innovante*“ macht *Davio*, in: *Montero* (éd.), Technologies de l'information, 1999, p. 295 (304 et s.).

[47] Siehe *Davio*, in: *Montero* (éd.), Technologies de l'information, 1999, p. 295 (309 et s.).

werden kann oder ob vielleicht sogar ein subjektives Recht auf Anonymität besteht[48]. Wirtschaftliche Transaktionen wären im Internet nicht möglich, wenn die Identität der Vertragspartner nicht zu ermitteln wäre. Denn grundsätzlich hat jemand, der eine schuldrechtliche Bindung eingeht, eine Verantwortung (*obligation de rendre compte*) dem Vertragspartner gegenüber. Die Rechtsdurchsetzung kann nur in Kenntnis der Identität des Verantwortlichen geschehen[49]. Die CNIL weist darüber hinaus auf die Gefahr hin, dass das Internet zu einem Raum des organisierten Verbrechens werden könnte[50]. Konzentriert auf das Vertragsrecht lässt sich feststellen, dass der Beweggrund für den Benutzer, seine Anonymität zu bewahren, der Schutz seiner Privatsphäre ist[51]. Dem steht das Interesse des Vertragspartners nach der Offenlegung der Identität gegenüber. Die Zivilrechtsordnungen treffen Aussagen darüber, in welchen Fällen die wahre Identität des Vertragspartners verborgen bleiben kann. Im französischen Recht ist die Stellvertretung möglich, ohne den Namen des Vertretenen zu nennen, allerdings in der Regel mit der Vereinbarung, diesen später zu offenbaren[52]. Die deutsche Figur des „Geschäfts für den, den es angeht" gibt es im französischen Recht nicht[53].

Die CNIL möchte jedem Benutzer des Internet das Recht garantieren, eine kommerzielle Seite ohne Angabe des Namens oder der E-Mail-Adresse zu konsultieren[54]. *Huet* beklagt ebenfalls die Tatsache, dass der Verbraucher viele Geschäfte im wirklichen Leben ohne Angabe seines Namens abwickeln könne, dies im Internet aber nicht der Fall sei[55]. Die Notwendigkeit eines solchen Rechts ist indes zweifelhaft. Denn im Unterschied zu Geschäften unter Anwesenden, bei denen, wenn nicht der Name, so doch die Person des Kunden wahrgenommen wird, das Risiko, keine Gegenleistung zu erhalten, kalkulierbar ist, handelt es sich bei in Internet geschlossenen Verträgen um Geschäfte unter Abwesenden. Der Nutzer oder enger gefasst der Verbraucher kann, wenn er zur Eingabe von Daten aufgefordert wird, selber entscheiden, ob er mit dem sich hinter der Seite verbergenden Unternehmen Geschäftsbeziehungen aufbauen möchte oder nicht. Der Unternehmer muss andersherum das Recht haben, die Identität des Kunden

---

[48] Diese Frage wirft *Cadoux*, Petites affiches, 10.11.1995, 47 (47), auf.

[49] *Davio*, in: *Montero* (éd.), Technologies de l'information, 1999, p. 295 (297).

[50] *CNIL*, 17ème rapport d'activité 1996, 1997, p. 66.

[51] Hierzu und zur Sicherung der Meinungsäußerungsfreiheit als weitere Rechtfertigung für Anonymität siehe *Davio*, in: *Montero* (éd.), Technologies de l'information, 1999, p. 295 (311 et s.).

[52] *Starck/Roland/Boyer*, Obligations/2, 1998, n° 285; Ferid/*Sonnenberger*, Das französische Zivilrecht, Band 1/1, 1994, Rn. 1 F 1026.

[53] Vgl. *Kleinschmidt*, ZEuP 9 (2001), 696 (705 ff.).

[54] *CNIL*, 18e rapport d'activité 1997, 1998, p. 117.

[55] *Huet*, Revue de jurisprudence commerciale, janvier 2001, 17 (27).

abzufragen, bevor er Zugang zu seinen Geschäftsräumen gewährt. Auch wenn davon in realen Verkaufsräumen wie im Kaufhaus oder Supermarkt nicht Gebrauch gemacht wird, besteht jedenfalls die Möglichkeit zur Identitätsermittlung, die durch ein Recht auf Anonymität im Internet verhindert würde. Der *Conseil d'Etat* ist für die Ermöglichung des pseudonymisierten Handelns im Internet, wenn die Aufdeckung zu polizeilichen oder justiziellen Zwecken nicht verhindert wird[56].

Der Benutzer des Internet möchte in bestimmten Fällen seine Identität nicht jedem Betreiber von besuchten Internetseiten oder von Servern, über die seine Verbindungen zustande kommen, preisgeben. Die Schaffung eines eigenen Rechts auf Anonymität ist dafür jedoch nicht notwendig. Die rechtlichen Grenzen der Fälle, in denen ein anonymes Auftreten oder das Auftreten unter einem Pseudonym möglich sind, bestimmen sich nach vertragsrechtlichen Parametern einerseits und datenschutzrechtlichen Regelungen andererseits. Zum Abschluss eines Vertrages ist die eindeutige Bestimmung des Vertragspartners notwendig. Im Internet sind in der Regel keine Bargeschäfte mit unmittelbarem Leistungsaustausch möglich, bei dem die Vertragspartner sich gegenüberstehen und eine darüber hinausgehende Identifikation, etwa durch Angabe eines Namens nicht notwendig ist. Eine Ausnahme gilt für Verträge über online zu erbringende Leistungen, die ebenfalls online mit elektronischem Geld bezahlt werden.

Wenn eine Person seine Identität bei einem Geschäft nicht aufdecken möchte, besteht die Möglichkeit, einen *prête-nom* einzuschalten, der als Strohmann für sich selbst und zunächst auf eigene Rechung das Geschäft abschließt[57]. Voraussetzungen für diese Formen der Anonymisierung ist die Einschaltung eines Stellvertreters. Das wird für Verbrauchergeschäfte in der Regel nicht geschehen. Der Aufwand ist für den einzelnen Verbraucher zu hoch und außerdem wäre ein Strohmann selbst den rechtlichen und wirtschaftlichen Risiken ausgesetzt, die der Verbraucher tragen müsste.

3. Ergebnis

Die Rechte, die das französische Datenschutzrecht den Betroffenen gewährt, entsprachen vor der Verabschiedung des neuen Datenschutzgesetzes zur Umsetzung der EG-Datenschutzrichtlinie nur unvollständig den europäischen Vorgaben. Bemerkenswert sind die schon nach der alten Gesetzeslage weit gehenden

---

[56] *Conseil d'Etat*, Internet, 1998, p. 47.

[57] *Kleinschmidt*, ZEuP 9 (2001), 697 (707 f.); angewendet werden die Grundsätze des Scheingeschäfts (*simulation*), *Malaurie/Aynès/Gautier*, Contrats spéciaux, 2001, n° 534 und *Malaurie/Aynès*, Obligations/2, 2001, n° 369.

Kompetenzen der Datenschutzbehörde CNIL, die mit der Neufassung des Datenschutzrechts noch erweitert wurden. Die Pflicht zur Anzeige von Datenverarbeitungstätigkeiten, die eine Vorabkontrolle der verantwortlichen Stellen ermöglichen soll, hat sich in der Praxis allerdings nicht in dem gewünschten Umfang durchgesetzt, wie die oben angesprochene Studie der CNIL aus dem Jahr 1999 zeigt. Ein wesentlicher Ansatzpunkt für den Schutz personenbezogener Daten bei ihrer elektronischen Übermittlung, nämlich die Verschlüsselung, wird durch die in den letzten Jahren zwar gelockerte, aber noch restriktiv gehandhabte Zulassung von Verschlüsselungsprogrammen behindert. Durch die Neuregelung des Verschlüsselungsrechts in der LEN erfolgte ebenfalls keine vollständige Freigabe. In der französischen Literatur wird ein Recht des Internetnutzers auf Anonymität diskutiert. Ein solches Recht schützt zwar auch die personenbezogenen Daten der Nutzer, kann es aber in vertraglichen Beziehungen nicht geben.

II. Deutsches Datenschutzrecht

Die im Internet geltenden Datenschutzbestimmungen finden sich anders als in Frankreich nicht in einem Gesetz, sondern in drei Texten, deren Anwendungsbereiche das Internet berühren. Nach einer Vorstellung der Bestimmungen für das Internet wird die Datenschutzsituation für den Fernabsatz im Internet untersucht.

1. Die Trias datenschutzrechtlicher Regelungen

Am 23. Mai 2001 trat das neue Bundesdatenschutzgesetz[58] in Kraft, mit dem – mit zweieinhalbjähriger Verspätung – die EG-Datenschutzrichtlinie umgesetzt worden ist. Das Bundesdatenschutzgesetz ist für die Erhebung, Verarbeitung und Nutzung personenbezogener Daten anwendbar, unabhängig davon, in welchem Bereich die Daten erhoben werden. Daneben gibt es bereichsspezifische, spezialgesetzliche Regelungen. Für das Internet von Bedeutung sind das Telekommunikationsgesetz (TKG)[59] und das Teledienstedatenschutzgesetz (TDDSG)[60].

---

[58] Gesetz zur Änderung des Bundesdatenschutzgesetzes und anderer Gesetze vom 18. Mai 2001, BGBl. 2001, I 904.

[59] Telekommunikationsgesetz (TKG) vom 22. Juni 2004, BGBl. 2004, I 1190, mit dem die Telekommunikations-Datenschutzverordnung (TDSV) vom 18. Dezember 2000, BGBl. 2000, I 1746, abgelöst wurde. Siehe zur Entstehungsgeschichte dieser Vorgängerregelung *Königshoven*, TDSV, 2002, vor §§ 1 ff., Rn. 1 ff.

[60] Gesetz über den Datenschutz bei Telediensten (Teledienstedatenschutzgesetz – TDDSG) vom 22. Juli 1997, BGBl. 1997, I 1870; zuletzt geändert durch Art. 3 des Gesetzes über rechtliche Rahmenbedingungen für den elektronischen Geschäftsverkehr (Elektronischer-Geschäftsverkehr-Gesetz – EGG) vom 14. Dezember 2001, BGBl. 2001, I 3721 vom 20.12.2001.

a) Telekommunikationsdienste

Telekommunikation ist nach der Definition in § 3 Nr. 22 TKG der technische Vorgang des Sendens und Empfangens von Nachrichten jeder Art. Es geht nur um die Übertragungsebene, den Datentransport. Hierher gehört das Bereitstellen von Leitungen und Netzknoten, aber auch auf einer höheren Ebene angesiedelte Dienste wie E-Mail oder Internet-Telefondienste[61]. Die Dienste dieser Ebene sind durch das Telekommunikationsgesetz (TKG) geregelt, dass in §§ 91 bis 107 datenschutzrechtliche Bestimmungen enthält.

b) Tele- und Mediendienste

Teledienste und Mediendienste sind dagegen Informations- und Kommunikationsdienste auf der darüber liegenden inhaltlichen Ebene. Während Teledienste zur individuellen Nutzung bestimmt sind, sind Mediendienste an die Allgemeinheit gerichtet, § 2 Abs. 1 MDStV. Ob ein Internetangebot zur individuellen oder zur öffentlichen Nutzung bestimmt ist, kann im Einzelfall nicht immer leicht abgegrenzt werden. Bei Telediensten steht der einzelne Nutzer als Adressat des Angebotes im Vordergrund. Die Informationsangebote sind in der Regel nicht redaktionell bearbeitet, wie etwa bei der Datenbanknutzung, während bei einem Mediendienst die redaktionelle Gestaltung des an die Allgemeinheit gerichteten Angebotes zur Meinungsbildung im Vordergrund steht[62]. Fernabsatzangebote im Internet gehören zu den Telediensten[63], weil das Angebot im Internet zwar für alle abrufbar ist, durch den Abruf des Angebotes aber eine individuelle Beziehung zwischen Anbieter und Nutzer aufgebaut wird, die auch mit der Erhebung personenbezogener Daten des potentiellen Nutzers einhergehen kann. Bei Teleshopping-Angeboten, die gem. § 2 Abs. 2 Nr. 1 MDStV in den Anwendungsbereich des MDStV fallen und als „Verteildienste in Form von direkten Angeboten an die Öffentlichkeit für den Absatz von Waren oder Erbringung von Dienstleistungen … gegen Entgelt“ definiert sind, fehlt diese Möglichkeit der individuellen Reaktion auf das allgemein zugängliche Angebot innerhalb des Dienstes selbst[64]. Die Möglichkeit der wechselseitigen individuellen Kommunikation über das Internet bedeutet dagegen nicht, dass alle Internetdienste als Teledienste einzuordnen sind. Das ist dann nicht der Fall, wenn eine individuelle Reaktion

---

[61] *Schaar*, RDV 2002, 4 (5); *Tettenborn*, in: *Engel-Flechsig/Maennel/Tettenborn* (Hrsg.), IuKDG, 2001, § 2 TDG, Rn. 67, die elektronische Post selbst ist kein Teledienst, das Zurverfügungstellen der Möglichkeit, E-Mails zu versenden, dagegen schon.
[62] *Schaar/Möller*, RDV 2002, 39 (39).
[63] *Schaar*, RDV 2002, 4 (7); vgl. *Enzmann/Rossnagel*, CR 2002, 141 (141 ff.).
[64] Vgl. *Tettenborn*, in: *Engel-Flechsig/Maennel/Tettenborn* (Hrsg.), IuKDG, 2001, § 2 MDStV, Rn. 34.

auf den öffentlichen Inhalt nicht vorgesehen ist, beispielsweise bei elektronischen Tageszeitungen oder Zeitschriften. Dabei können innerhalb eines Internetangebotes tele- und mediendienstliche Elemente miteinander verbunden sein[65]. Während beim Beispiel der elektronischen Tageszeitung die Veröffentlichung der Artikel ein Mediendienst ist, stellt das Angebot der Bestellung bestimmter Artikel aus dem Archiv einen Teledienst dar. Die Änderungen des TDDSG sind auch in die Novelle des MDStV eingegangen, die am 1. Juli 2002 in Kraft getreten ist[66], weil sich Bund und Länder darüber einig sind, dass es wichtig ist, die Regelungen abzustimmen[67].

Das TKG gilt also nur für personenbezogene Daten, die im Rahmen von Telediensten erhoben werden und das TDDSG bzw. der MDStV für personenbezogene Daten, die bei der Erbringung des Tele- oder Mediendienstes erhoben werden. Für Fernabsatzangebote im Internet sowie für elektronische Bankgeschäfte gilt das TDDSG, weil es sich um Teledienste handelt.

c) Nicht tele- oder mediendienstspezifische Angebote

Von den teledienstspezifischen Daten sind solche Daten abzugrenzen, die zwar im Rahmen von Telediensten übermittelt wurden, aber nicht teledienstspezifisch sind, wie etwa Daten für Fernabsatzverträge, die über das Internet abgeschlossen werden[68]. Das TDDSG gilt nur für die personenbezogenen Daten des Nutzers, die sich auf den elektronischen Kommunikationsvorgang beziehen, wie etwa besondere Zugangskennungen, Angaben zur technischen Ausstattung oder Datum und Uhrzeit der Inanspruchnahme des Dienstes[69]. Während die Daten, die im Zusammenhang mit dem Vertrag selbst zugänglich werden, dem BDSG unterliegen, regelt das TDDSG die Behandlung der Daten, die mit der Nutzung des Internet für den Vertragsschluss seine Abwicklung im Zusammenhang stehen[70]. Das ergibt sich daraus, dass das Gesetz nur von Bestandsdaten (§ 5 TDDSG) und Nutzungsdaten (§ 6 TDDSG) spricht und in Ermangelung einer spezialge-

---

[65] *Schaar/Möller*, RDV 2002, 39 (39).

[66] Staatsvertrag über Mediendienste vom 20. Januar 1997 bis 12. Februar 1997, zuletzt geändert durch den sechsten Rundfunkänderungsstaatsvertrag vom 20.12.2001.

[67] Siehe Bericht der Bundesregierung über die Erfahrungen und Entwicklungen bei den neuen Informations- und Kommunikationsdiensten im Zusammenhang mit der Umsetzung des Informations- und Kommunikationsdienste-Gesetzes (IuKDG), BT-Drs. 14/1191 vom 18.6.1999, S. 32; vgl. *Schaar*, RDV 2002, 4 (4).

[68] *Schaar*, RDV 2002, 4 (7).

[69] *Schaar*, RDV 2002, 4 (7).

[70] *Enzmann/Rossnagel*, CR 2002, 141 (142).

setzlichen Regelung für andere Inhaltsdaten, die nicht Nutzungsdaten sind, das BDSG gilt[71].

2. Datenschutz im Internet-Fernabsatz

a) Zulässigkeit der Datenverarbeitung

aa) Gesetzliche Erlaubnistatbestände

Aus dem allgemeinen Persönlichkeitsrecht, das aus Art. 2 Abs. 1 i.V.m. Art. 1 Abs. 1 GG hergeleitet wird[72], ergibt sich das Recht auf informationelle Selbstbestimmung[73]. Durch das Datenschutzrecht soll der Einzelne davor geschützt werden, durch die Verarbeitung personenbezogener Daten in seinem Persönlichkeitsrecht beeinträchtigt zu werden (§ 1 BDSG). Die Erhebung, Verarbeitung und Nutzung personenbezogener Daten ist grundsätzlich unzulässig, wenn keine gesetzlichen Erlaubnistatbestände einschlägig sind oder der Betroffene eingewilligt hat. In den Fällen, in denen Daten erhoben und verarbeitet werden sollen, müssen die Grundsätze der Datenvermeidung und Datensparsamkeit beachtet werden, nach denen nur die für den jeweiligen Zweck notwendigen Daten erhoben werden sollen, um nicht unnötig viele personenbezogene Daten zu erheben. Die Zweckbindung ist gemeinschaftsrechtlich in Art. 6 RL 95/46/EG geregelt und findet sich in den gesetzlichen Erlaubnistatbeständen wieder. Der Grundsatz der Datensparsamkeit findet sich in § 3a BDSG.

Für die nichtteledienstspezifischen Daten, die im Zusammenhang mit dem sich anbahnenden Vertragsverhältnis zwischen Anbieter und Verbraucher erhoben werden, gilt nach dem BDSG, dass die Daten für eigene Geschäftszwecke ohne Einwilligung erhoben und verarbeitet werden dürfen, wenn es der Zweckbestimmung eines Vertragsverhältnisses oder vertragsähnlichen Verhältnisses mit dem Betroffenen, in unserem Fall dem Verbraucher, dient oder es zur Wahrung berechtigter Interessen des Unternehmers erforderlich ist und kein Grund zur Annahme besteht, dass ein Interesse des Betroffenen am Ausschluss der Verarbeitung oder Nutzung überwiegt (§ 28 Abs. 1 Nr. 2 BDSG). Der Unternehmer

---

[71] Vgl. *Engel-Flechsig*, in: *ders./Maennel/Tettenborn* (Hrsg.), IuKDG, 2001, Einf. TDDSG, Rn. 32.

[72] Ständige Rechtsprechung, siehe BVerfG, Urteil vom 5.6.1973, BVerfGE 35, 202 (219), „Lebach"; Urteil vom 15.12.1983, BVerfGE 65, 1 (43), „Volkszählung"; Urteil vom 26.6.1990, BVerfGE 82, 236 (269), „Schubart"; Urteil vom 26.4.1994, BVerfGE 90, 263 (270), „Ehelichkeitsanfechtung"; aus der Zivilrechtsprechung BGH, Urteil vom 15.11.1994, JZ 1995, 360 (361).

[73] BVerfG, Urteil vom 15.12.1983, BVerfGE 65, 1 (43 f.), „Volkszählung"; siehe *H. Dreier*, in: *ders.* (Hrsg.), Grundgesetz, Band 1, 1996, Art. 2 I, Rn. 52.

darf nach der ersten Alternative die für den Vertragsschluss und die Abwicklung des Vertrages erforderlichen Daten erheben. Eine darüber hinausgehende Erhebung und Verwendung, etwa für Marketingzwecke, die ja auch dem „eigenen Geschäftszweck" zugeordnet werden könnten, ist nicht zulässig und lässt sich auch nicht unter die zweite dargestellte Alternative fassen[74]. § 28 Abs. 3 Nr. 3 BDSG ordnet Werbung sowie Markt- und Meinungsforschung ausdrücklich den „anderen" Zwecken zu, die über den eigenen Geschäftszweck hinausgehen. Zu diesen Zwecken dürfen die in § 28 Abs. 3 Nr. 3 BDSG aufgezählten Daten[75] übermittelt und verwendet werden – die Erhebung hat in der Regel für das Vertragsverhältnis stattgefunden –, wenn kein Grund zu der Annahme besteht, dass der Betroffene ein schutzwürdiges Interesse an dem Ausschluss der Übermittlung oder Nutzung hat. Der Betroffene hat gem. § 28 Abs. 4 die Möglichkeit, der Nutzung seiner Daten für Werbezwecke oder zur Markt- und Meinungsforschung zu widersprechen. Insoweit besteht eine Opt-Out-Lösung. Wenn der Betroffene der Nutzung widerspricht, dürfen die Daten nicht übertragen oder für diese Zwecke genutzt werden. Wenn einem Dritten, dem die Daten übermittelt wurden, gegenüber widersprochen wird, hat dieser die Daten für diese Zwecke zu sperren.

Die Regelung ist datenschutzrechtlich bedenklich. Es widerspricht dem Grundsatz des Schutzes der informationellen Selbstbestimmung, dass für Daten, die zu Marketingzwecken verwendet werden sollen, eine Opt-Out-Regel gelten soll. Gerade im Werbebereich kann die Verwendung personenbezogener Daten weitere nachteilige Situationen für die Betroffenen nach sich ziehen. Die Verwendung der personenbezogenen Daten zur Auswahl und Adressierung von Werbebotschaften kann einen weiteren Eingriff in die Privatsphäre des Betroffenen zur Folge haben, etwa wenn E-Mail-Nachrichten – erlaubt oder unerlaubt – versendet werden. Auf die E-Mail-Werbung bezogen erscheint die Regelung zudem widersprüchlich zu dem in Deutschland angewendeten Opt-In-Grundsatz für die Zulässigkeit dieser Werbeform: Die Erhebung der Daten ist zulässig, jedoch nicht ihre Verwendung in der E-Mail. Die datenschutzrechtliche Regelung verliert dadurch freilich nicht ihre Bedeutung, weil es Werbeformen, wie etwa Briefwerbung, gibt, die auch ohne ein Opt-In wettbewerbsrechtlich zulässig sind. Für die teledienstspezifischen Bestands- und Nutzungsdaten gibt es in § 6

---

[74] Anders dagegen ein Teil der Literatur zur alten Rechtslage, die den speziellen Erlaubnistatbestand für Daten zu Werbezwecken nicht kannte: *Wuermeling*, CR 2001, 303 (304); überwiegend wird die Interessenabwägung jedoch mit strengen Maßstäben zugunsten der Betroffenen vorgenommen: *Büllesbach*, CR 2000, 11 (14); *Podlech/Pfeifer*, RDV 1998, 139 (148).

[75] Listenmäßig oder sonst zusammengefasste Daten über Angehörige einer Personengruppe, die sich auf eine Angabe über die Zugehörigkeit des Betroffenen zu dieser Personengruppe, Berufs-, Branchen- oder Geschäftsbezeichnung, Namen, Titel, akademische Grade, Anschrift und Geburtsjahr beschränken.

Abs. 3 TDDSG eine Sonderregelung, nach der für Zwecke der Werbung Nutzungsprofile zwar erstellt werden dürfen, wenn der Benutzer nicht wie im Sinne eines Opt-Out widerspricht, allerdings nur unter Verwendung eines Pseudonyms. Für die nicht pseudonymisierte Verwendung der Daten ist abweichend von der allgemeinen Regel im BDSG eine Einwilligung des Betroffenen erforderlich[76]. Das gilt ebenfalls für die in § 5 TDDSG geregelten Bestandsdaten[77].

bb) Einwilligung des Betroffenen

Neben den gesetzlichen Erlaubnistatbeständen kommt der Einwilligung eine besondere Rolle zu. Sie ist, das bestimmt § 4a BDSG, der neu eingefügt wurde, um Art. 2 lit. h der Richtlinie umzusetzen, nur wirksam, wenn sie auf der freien Entscheidung des Betroffenen beruht. Dazu muss der Einwilligung eine Information über die Folgen sowohl einer positiven als auch einer negativen Entscheidung vorausgehen, was auch die Information über sein Recht zum jederzeitigen Widerruf der Einwilligung umfasst[78]. Die nach Art. 6 RL 95/46/EG notwendige Zweckbestimmung für die Datenerhebung oder -verarbeitung muss vor Beginn der Maßnahme erfolgen. Eine nachträgliche Einwilligung in eine zweckfremde Verwendung ist nicht möglich. Die Verletzung des Zweckbindungsgrundsatzes kann durch die Einwilligung der betroffenen Person nicht geheilt werden[79].

Schwierigkeiten kann die Abgabe der Einwilligung im Internet deshalb machen, weil das Gesetz (§ 4a Abs. 1 Satz 3 BDSG) hierfür Schriftform verlangt. Die kann zwar gemäß § 126 Abs. 3 BGB durch die elektronische Form ersetzt werden[80], die dafür erforderliche qualifizierte elektronische Signatur stellt allerdings Anforderungen, die so hoch sind, dass die Einwilligung im Einzelfall einen zu hohen Aufwand erfordern würde und die Datenverarbeitung nicht stattfinden könnte.

Im Anwendungsbereich des TDDSG ist durch § 3 Abs. 3 i.V.m. § 4 Abs. 2 TDDSG eine Vereinfachung gegenüber § 4a BDSG vorgesehen. Die Einwilligung kann elektronisch erklärt werden, wenn folgende Voraussetzungen erfüllt sind: Der Diensteanbieter muss sicherstellen, dass die Einwilligung nur durch eine eindeutige und bewusste Handlung des Nutzers erfolgen kann, die Einwilli-

---

[76] Ein Rückgriff auf den allgemeinen Erlaubnistatbestand in § 28 BDSG ist nicht möglich, *Schaar*, RDV 2002, 4 (12).
[77] *Schaar*, MMR 2001, 655 (645 f.).
[78] Vgl. *Enzmann/Rossnagel*, CR 2002, 141 (142).
[79] *Brühann*, in: *Grabitz/Hilf* (Hrsg.), Recht der Europäischen Union, Band 3, A 30, 1999, Art. 6, Rn. 11; *Ehmann/Helfrich*, EG-Datenschutzrichtlinie, 1999, Art. 6, Rn. 10.
[80] *Schaar*, RDV 2002, 4 (11).

gung protokolliert wird und ihr Inhalt jederzeit vom Nutzer abgerufen werden kann[81]. Die Übermittlung der elektronischen Form ist nicht festgelegt, sie kann sowohl in einer E-Mail oder auf einer Internetseite abgegeben werden. Die in der Vorgängerregelung enthaltene zusätzliche Bedingung, dass der Urheber zu erkennen sein musste und die Erklärung nicht unerkannt verändert werden konnte, fehlt im TDDSG. Die Erfüllung dieser Voraussetzung wäre praktisch nur mit einer qualifizierten elektronischen Signatur möglich gewesen[82]. Mit der neuen Regelung werden die Anforderung an die Einwilligung an die tatsächlichen Erfordernisse des elektronischen Geschäftsverkehrs angepasst[83]. Die vereinfachte elektronische Einwilligung kann nur im Anwendungsbereich des TDDSG verwendet werden, wenn also, nach der oben gemachten Abgrenzung, das Verhältnis zwischen Diensteanbieter und Nutzer betroffen ist und Bestands- oder Nutzungsdaten Gegenstand der Untersuchung sind. Für Daten im Zusammenhang mit dem Abschluss elektronischer Fernabsatzverträge muss also auf die Regelung des BDSG zurückgegriffen werden, die keine erleichterte Form der elektronischen Einwilligung vorsieht[84]. Denkbar wäre es, im Internet abzugebende Einwilligungen im Sinne des § 4a Abs. 1 Satz 3 BDSG als „besondere Umstände" anzusehen, bei denen eine besondere Form angemessen ist. Das ist jedoch nach Ansicht der Datenschutzbehörden nicht nur deshalb der Fall, weil das Internet verwendet wird, es müssten vielmehr andere besondere Umstände hinzutreten, wie etwa Eilbedürftigkeit oder Unzumutbarkeit[85]. Die Datenschutzrichtlinie selbst verlangt in Art. 7 lit. a nicht ausdrücklich eine Einwilligung in schriftlicher Form, sondern nur, dass die Einwilligung „ohne jeden Zweifel" gegeben worden sein muss. Dies wird bei einer schriftlichen Einwilligung regelmäßig der Fall sein, ist aber auch bei einer elektronisch erklärten Einwilligung denkbar[86]. Die Richtlinie gewährt den Spielraum, der für eine Auslegung des deutschen Rechts zugunsten der Zulässigkeit elektronischer Einwilligungen notwendig wäre.

---

[81] Fraglich ist, in welcher Form die Einwilligung abrufbar sein muss: *Schaar*, RDV 2002, 4 (11), schlägt vor, dass nur der Text vorgehalten werden muss, nicht die individuelle Einwilligung, weil das neue Datenschutzprobleme hervorbringen würde. Dabei kann der Betroffene allerdings nicht überprüfen, ob er selbst die Einwilligung bereits abgegeben hat oder nicht, was auch *Schaar*, aaO., selbst als notwendig ansieht.

[82] Vgl. *Schaar*, RDV 2002, 4 (10); *Gundermann*, K&R 2000, 225 (229 f.).

[83] *Gola/Klug*, NJW 2001, 3747 (3749); *Rasmussen*, DuD 2002. 406 (408).

[84] *Schaar*, RDV 2002, 4 (10).

[85] *Schaar*, RDV 2002, 4 (11); *ders.*, MMR 2001, 644 (647).

[86] *Ehmann/Helfrich*, EG-Datenschutzrichtlinie, 1999, Art. 7, Rn. 8 f.

Eine Einwilligung durch die Zustimmung zu allgemeinen Geschäftsbedingungen muss an §§ 4 und 4a BDSG und am AGB-Recht gemessen werden[87]. Datenverarbeitung aufgrund unwirksamer Einwilligung ist wettbewerbswidrig nach § 1 UWG a.F.[88] Zum gleichen Ergebnis führt die Anwendung von § 3 in Verbindung mit § 4 Nr. 11 UWG n.F.

cc) Sonderfall: Datenschutzrechtliche Zulässigkeit von Cookies

Ein besonderes Problem bildet die datenschutzrechtliche Zulässigkeit von Cookies. Dabei handelt es sich um Dateien, die von dem Server des Anbieters einer Internetseite erzeugt werden und auf dem Rechner des Nutzers gespeichert werden. Mit ihrer Hilfe kann der Anbieter erkennen, ob der Nutzer seine Internetseite schon einmal besucht hat. Zusätzlich können in der Cookie-Datei Einstellungen gespeichert werden, die der Nutzer auf der Internetseite vorgenommen hat oder Präferenzen des Nutzers, die sich aus seiner Auswahl beim letzten Besuch der Internetseite ergeben. Es gibt auch Cookies, die nur innerhalb eines Besuchs verwendet werden, um die Identität des Nutzers etwa beim Wechsel in einen mit einem Kennwort geschützten Bereich sicherzustellen oder um den elektronischen Warenkorb zu verwalten. Cookies sind vorteilhaft für den Nutzer, weil er Einstellungen innerhalb eines Internetangebotes nicht bei jedem Besuch erneut vornehmen muss. Sie können dann nachteilig sein, wenn durch sie mehr Informationen preisgegeben werden, als der Nutzer möchte und ohne dass er Kenntnis davon hat, weil der Informationsaustausch zwischen seinem Rechner und dem Server des Anbieters im Verborgenen stattfindet. Die Cookie-Datei wird bei jedem erneuten Besuch der Internetseite abgefragt.

Damit bereits das Ablegen eines Cookies auf der Festplatte des Nutzers datenschutzrechtlich erfasst werden könnte und der Anbieter den Nutzer insbesondere vorher unterrichten muss, müsste es sich hierbei um eine Erhebung von personenbezogenen Daten handeln. Die Datenbeschaffung betrifft die Vorphase der sich anschließenden eigentlichen Datenverarbeitung. Beschaffung setzt voraus, dass die Daten in den Machtbereich des Anbieters gelangen. Die Cookie-Datei wird aber auf der Festplatte des Nutzers gespeichert, die nicht zum Machtbereich des Anbieters gehört. Die Datenerhebung erfolgt nicht mit dem Platzieren des Cookies, sondern mit dem automatischen Abruf beim erneuten Besuch der Internetseite des Anbieters. Das Speichern der Cookies ist eine Vorbereitungs-

---

[87] OLG Köln, Urteil vom 11.1.2002, RDV 2002, 237; das LG München I, Urteil vom 1.2.2001, RDV 2001, 187, hat eine Einwilligungsklausel zur Datenweitergabe im Rahmen eines Pay-Back-Verfahren in AGB als unzulässig angesehen; *K. von Lewinski*, DuD 2002, 395 (399).

[88] LG München I, Urteil vom 1.2.2001, RDV 2001, 187.

handlung für die Datenerhebung. Weil aber die Datenerhebung vom Nutzer selbst nicht beeinflusst werden kann, müssen die datenschutzrechtlichen Bestimmungen auch schon für diese Vorbereitungshandlung einschlägig sein[89]. Das ist jedoch nur der Fall, wenn die Daten, die im Cookie abgelegt sind, personenbezogen sind. Personenbezogene Daten sind Daten über persönliche oder sachliche Verhältnisse einer bestimmten oder bestimmbaren Person (§ 1 Abs. 2 TDDSG i.V.m. § 3 Abs. 1 BDSG).

Das Speichern von Cookies ist dann als datenschutzrechtlich relevant anzusehen, wenn es die Bestimmung von Nutzerdaten, also die Zuordnung der gespeicherten Informationen zu einer bestimmten Person ermöglicht. Wenn solche Verknüpfungen ausgeschlossen sind, liegt mit dem Speichern keine datenschutzrechtlich relevante Handlung vor[90]. Die Möglichkeit der Identifizierung des Nutzers hängt von der im Cookie gespeicherten Information ab. Eindeutig ist der Personenbezug, wenn Name oder E-Mail-Adresse des Nutzers gespeichert werden. Bei der Speicherung der IP-Adresse kommt es darauf an, ob eine dynamische oder eine feste IP-Adresse verwendet wird. Nur im letzten Fall ist eine Identifizierung des Nutzers denkbar, wenn der Rechner nur oder überwiegend von einer Person benutzt wird. Eine dynamische IP-Adresse könnte mit dritten Daten des Zugangsproviders zwar zugeordnet werden. Das würde aber – abgesehen von der rechtlichen Beurteilung der Weitergabe solcher Daten – einen so großen Aufwand erfordern, dass die Daten als anonymisiert im Sinne des § 3 Abs. 6 BDSG gelten können und datenschutzrechtlich irrelevant einzustufen sind[91]. Ein dritter Fall ist die Individualisierung des Cookies durch eine zufällige Zahlenfolge. Die Zuordnung zur Identität des Nutzers, auf dessen Rechner dieser Cookie gespeichert ist, ist nicht aus sich heraus, sondern nur möglich, wenn sich der Nutzer selbst beim Besuch der Internetseite identifiziert, etwa, wenn er bei der Vornahme einer Bestellung seinen Namen und Anschrift eingibt. Dann können die im Cookie angesammelten Daten personalisiert werden. Wenn so eine Verknüpfung möglich und vorgesehen ist, müssen auch diese Cookies datenschutzrechtlichen Bestimmungen entsprechen.

Das TDDSG erlaubt in § 6 Abs. 1 die Erhebung und Verarbeitung von Nutzungsdaten, wenn dies erforderlich ist, um die Inanspruchnahme des Dienstes zu ermöglichen. Das können auch Daten über die vom Nutzer vorgenommenen Einstellungen sein. Weil diese Daten für die Abrechnung nicht erforderlich sind, müssen sie gem. § 6 Abs. 4 TDDSG mit Beendigung des Nutzungsvorganges

---

[89] *Ihde*, CR 2000, 413 (415); *Dix*, in: *Roßnagel* (Hrsg.), Multimedia-Dienste, 2001, § 5 TDDSG, Rn. 41.

[90] *Ihde*, CR 2000, 413 (416); *Meyer*, WRP 2002, 1028 (1029).

[91] *Ihde*, CR 2000, 413 (416); *Meyer*. WRP 2002, 1028 (1030 f.).

gelöscht werden. Unter diesen Voraussetzungen ist keine Einwilligung des Nutzers erforderlich. Cookies, die über den einzelnen Besuch hinaus bestehen bleiben, bedürfen der Einwilligung des Nutzers[92]. Die Benachrichtigung als Voraussetzung für die Einwilligung muss erfolgen, bevor der Cookie gespeichert wird. Dafür ist es nicht ausreichend, dass das Internetprogramm des Nutzers diese Informationen gibt, sie müssen von den Anbietern gegeben werden. Das Akzeptieren eines Cookies in einem Fenster des Internetbrowsers stellt ebenfalls keine Einwilligung dar, die dem Anbieter gegenüber erklärt wird.

b) Information des Betroffenen

Der Betroffene kann seine Datenschutzrechte nur geltend machen, wenn er den Verantwortlichen für die Datenerhebung, -verarbeitung oder -nutzung kennt. Der Anbieter muss den Nutzer umfassend über die Verarbeitung seiner personenbezogenen Daten und seine Rechte gegenüber dem Anbieter informieren, um sein Recht auf informationelle Selbstbestimmung zu gewährleisten[93]. Der Information kommt hier ein ebenso großer Stellenwert zu wie im Vertragsrecht, wo die Information wesentlich dazu beiträgt, die wirtschaftliche Selbstbestimmung des Verbrauchers zu gewährleisten. Zur Erlangung der datenschutzrechtlichen Einwilligung ist gem. § 4a Abs.1 Satz 2 BDSG auf den Zweck der Datenerhebung und -verarbeitung und auf die Folgen der Verweigerung der Einwilligung hinzuweisen. Dabei kommt diesen Informationen auch eine Warnfunktion zu[94]. Die Informationspflicht besteht aber auch in den Fällen, in denen keine Einwilligung vom Betroffenen benötigt wird, § 4 Abs. 3 BDSG. Deshalb gibt es sowohl auf der Ebene der Telekommunikationsdienste als auch auf der Ebene der Tele- und Mediendienste eine Pflicht zur Information über die Identität des Anbieters.

Die Anbieterkennzeichnung für Teledienste hat nicht nur einen datenschutzrechtlichen Hintergrund, sondern ist auch in anderen Bereichen von Bedeutung, etwa um die Verantwortlichkeit des Anbieters einzufordern[95]. Deshalb sind die Informationspflichten allgemein in § 6 TDG geregelt[96]. Die Informationspflichten nach § 6 bestehen nur, wenn der Dienst geschäftsmäßig angeboten wird. Dabei kommt es auf eine gewisse Dauer der Tätigkeit an. Gewinnerzielungsabsicht

---

[92] *Ihde*, CR 2000, 413 (418); vgl. *Eichler*, K&R 1999, 76 (80).
[93] *Enzmann/Rossnagel*, CR 2002, 141 (142).
[94] *Wuermeling*, CR 2001, 303 (305).
[95] So können schon im Vorfeld eines Vertragsschlusses Ansprüche etwa aus *culpa in contrahendo* entstehen, *Maennel*, in: *Engel-Flechsig/Maennel/Tettenborn* (Hrsg.), IuKDG, 2001, § 6 TDG, Rn. 2.
[96] Siehe oben § 8 I 1 a.

ist nicht erforderlich[97], anders dagegen bei § 7 TDG, der von kommerzieller Kommunikation spricht. Datenschutzrechtlich von Bedeutung ist § 6 TDG, wobei eine Datenverarbeitung geschäftsmäßig ist, wenn sie für eine gewisse Dauer und auf Wiederkehr angelegt erfolgt[98].

Das BDSG selbst enthält in § 33 Abs. 1 eine Pflicht zur Information über die Identität der datenschutzrechtlich verantwortlichen Stelle[99]. Der Betroffene muss bei der erstmaligen Speicherung personenbezogener Daten ohne seine Kenntnis unter anderem über die Identität der betroffenen Stelle unterrichtet werden. Die Benachrichtigungspflicht kann in bestimmten Fällen entfallen, insbesondere, wenn der Betroffene auf andere Weise Kenntnis von der Speicherung oder der Übermittlung erlangt hat (§ 33 Abs. 2 Nr. 1 BDSG). Die anderweitige Kenntniserlangung muss sich sinnvollerweise auch auf die Identität der verantwortlichen Stelle erstrecken, damit der Betroffene einen Ansprechpartner hat, um seine Rechte geltend zu machen. Die Information auf der Internetseite muss vollständig und verständlich sein, so dass davon ausgegangen werden kann, dass der Nutzer sie üblicherweise zur Kenntnis nimmt, wenn er das Internetangebot aufruft. Dabei muss nicht die Information selbst auf der Angebotsseite stehen. Ein Hinweis genügt, dieser muss allerdings deutlich lesbar sein und darf nicht etwa auf der Seite so versteckt sein, dass er nur durch Verschieben des sichtbaren Bildausschnittes zu erkennen ist. Ein allgemeiner Hinweis auf Nutzungsbedingungen oder allgemeine Geschäftsbedingungen reicht nicht aus[100].

Das Gesetz bestimmt nicht, zu welchem Zeitpunkt die Information erbracht werden muss. Im Interesse des Schutzes der informationellen Selbstbestimmung des Betroffenen sollte die Information erfolgen, bevor die Datenerhebung stattfindet, um dem Betroffenen die Möglichkeit zu geben, den Kontakt mit dem Anbieter abzubrechen, bevor eine Datenübertragung stattfindet. Eine vorherige Information wird jedoch nicht immer möglich sein. Die ersten personenbezogenen Daten werden im Internet bereits mit dem Aufrufen einer Internetseite dadurch übertragen, dass dem Rechner des Anbieters die IP-Adresse des Rechners des Nutzers mitgeteilt wird, die in bestimmten Fällen ein personenbezogenes Datum sein kann[101]. In diesem Fall sollte die Information unmittelbar nachgeholt werden und spätestes dann erfolgen, wenn der Nutzer zur Angabe personenbe-

---

[97] *Maennel*, in: *Engel-Flechsig/Maennel/Tettenborn* (Hrsg.), IuKDG, 2001, § 6 TDG, Rn. 9.
[98] *Schaar*, RDV 2002, 4 (8), der die ähnliche Formulierung im alten § 1 Abs. 2 Nr. 3 BDSG zur Auslegung heranzieht.
[99] § 3 Abs. 7 BDSG: „Verantwortliche Stelle ist jede Person oder Stelle, die personenbezogene Daten für sich selbst erhebt, verarbeitet oder nutzt oder dies durch andere im Auftrag vornehmen lässt."
[100] Vgl. *Schaar/Möller*, RDV 2002, 39 (41 f.), zur Informationspflicht in § 4 Abs. 1 TDDSG.
[101] Siehe oben § 10 I 1 a.

zogener Daten aufgefordert wird[102]. Unbefriedigend an der Regelung des § 33 BDSG ist, dass der Betroffene zwar über die Speicherung, die Art der Daten, die Zweckbestimmung der Erhebung, Verarbeitung oder Nutzung und der Identität der für die Datenverarbeitung verantwortlichen Stelle informiert werden muss, aber nicht über seine Rechte gegenüber der verantwortlichen Stelle zur Löschung, Berichtigung und Sperrung der Daten. Die Benachrichtigung kann entfallen, wenn der Betroffene auf andere Weise Kenntnis von der Speicherung oder der Übermittlung erlangt hat (§ 33 Abs. 2 Nr. 1 BDSG). Fraglich ist, welche Anforderungen an eine anderweitige Kenntnis zu stellen sind. Aus der Gesetzesformulierung als Ausnahmetatbestand ergibt sich, dass die verantwortliche Stelle beweispflichtig für die anderweitige Kenntnis des Betroffenen ist. Dabei muss positive Kenntnis vorhanden sein, es reicht nicht aus, dass der Betroffene mit der Verarbeitung und Nutzung der Daten rechnen konnte[103]. Eine weitere Schwäche der gesetzlichen Formulierung ist, dass dem Wortlaut nach nur bei der erstmaligen Speicherung personenbezogener Daten für eigene Zwecke ohne Kenntnis des Betroffenen eine Benachrichtigung erfolgen muss und in den Fällen der Speicherung zum Zwecke der Übermittlung vor der erstmaligen Übermittlung. Unklar ist die Behandlung der Fälle, in denen eine nachträgliche Veränderung der Zweckbestimmung stattfindet. Eine Zweckänderung bedeutet keine neue Speicherung. Trotzdem wird dem Sinn und Zweck der Information, nämlich es dem Betroffenen zu ermöglichen, seine informationelle Selbstbestimmung auszuüben, nur Rechung getragen, wenn in diesen Fällen unverzüglich eine Nachinformation erfolgt[104].

Das TDDSG konkretisiert die Pflicht des Anbieters zur Unterrichtung des Nutzers für die Erhebung und Verarbeitung von teledienstbezogenen Bestands- und Nutzungsdaten. Gemäß § 4 Abs. 1 TDDSG muss der Diensteanbieter zu Beginn der Nutzung des Teledienstes über Art, Umfang und Zweck der Erhebung, Verarbeitung und Nutzung personenbezogener Daten, sowie über die Verwendung der Daten in Drittstaaten unterrichten. Der Inhalt der Unterrichtung muss für den Nutzer jederzeit abrufbar sein. Die oben dargestellten Grundsätze für die deutliche Kenntlichmachung der Informationen oder das Anbringen eines Links gelten auch hier. Zusätzlich muss die Unterrichtung nach dem TDDSG jederzeit abrufbar sein. Wenn der Text der Unterrichtung nicht auf dem Rechner des Nutzers gespeichert wird, muss sichergestellt sein, dass jeder Nutzer die Textversion abrufen kann, auf deren Grundlage er die Einwilligung erteilt hat, auch wenn es

---

[102] Vgl. *Schaar/Möller*, RDV 2002, 39 (41).
[103] So aber *Wuermeling*, CR 2001, 303 (305).
[104] Für eine Nachinformation auf wohl freiwilliger Basis *Wuermeling*, CR 2001, 303 (305).

Nachfolgeversionen gibt[105]. Cookies fallen als teledienstspezifisches Phänomen in den Anwendungsbereich des TDDSG.

c) Rechte des Nutzers

Der Nutzer hat ein Auskunftsrecht und Rechte auf Berichtigung, Sperrung und Löschung seiner personenbezogenen Daten. Bei einem Verstoß gegen Datenschutzrecht hat er einen Schadensersatzanspruch.

aa) Rechte auf Auskunft, Berichtigung, Sperrung und Löschung

Der Betroffenen kann von der Daten verarbeitenden Stelle Auskunft darüber verlangen, welche personenbezogenen Daten von ihm gespeichert sind. Der Anspruch erstreckt sich auch darauf, an wen die Daten weitergegeben und zu welchen Zwecken sie verwendet werden (§ 34 BDSG). Problematisch ist dabei die Beschränkung in § 34 Abs. 4, nach der der Auskunftsanspruch in bestimmten Fällen nicht gegeben ist, in denen auch eine Benachrichtigung des Betroffenen nach § 33 BDSG nicht notwendig wäre. Die Rechte auf Berichtigung unrichtiger gespeicherter personenbezogener Daten und die Löschung oder Sperrung der Daten sind in § 35 BDSG geregelt. Auch hier ist die als Regel formulierte Möglichkeit, die Selbstbestimmung über die eigenen personenbezogenen Daten auszuüben, durch zahlreiche Ausnahmen nahezu umgedreht. Für alle Betroffenenrechte stellt sich das Problem der unzureichenden Information der Betroffenen und der Unübersichtlichkeit der gesetzlichen Regelungen[106].

bb) Schadensersatzanspruch

§ 7 BDSG gibt dem Betroffenen bei einer Verletzung datenschutzrechtlicher Vorschriften einen Schadensersatzanspruch des Betroffenen gegen die verantwortliche Stelle[107].

cc) Recht auf Anonymität und Verschlüsselung

Die Kenntnis der Identität des Vertragspartners ist grundsätzlich für den Vertragsabschluss erforderlich. Wie oben schon ausgeführt wurde[108], kann es für

---

[105] *Schaar/Möller*, RDV 2002, 39 (42).

[106] *Roßnagel/Pfitzmann/Garstka*, Modernisierung des Datenschutzrechts, 2002, S. 169, http://www.staat-modern.de/Anlage/original_549072/Modernisierung-des-Datenschutzrechts.pdf.

[107] Zur Ersatzfähigkeit immaterieller Schäden siehe *Niedermeier/Schröcker*, RDV 2002, 217 (222 ff.).

den Vertragsabschluss selbst kein Recht auf Anonymität oder Pseudonymität geben, weil beide Vertragspartner ein berechtigtes Interesse an der Kenntnis der Identität des Vertragspartners haben. Der Unternehmer kann gleichwohl auf die Mitteilung der Identität des Kunden verzichten – dem Verbraucher ist das aufgrund der Unabdingbarkeit der Informationspflichten nicht möglich und auch nicht anzuraten –, wenn er sich anderweitig über die Zuverlässigkeit seines Vertragspartners informieren kann. Das kann etwa dadurch geschehen, dass der Nutzer sich ein Pseudonym von einer Stelle geben lässt, die seine wahre Identität kennt[109] und eine vorherige Vertrauens- und Zahlungsfähigkeitsprüfung vorgenommen hat. Entsprechend den Gütesiegeln für Internetanbieter vertraut der Anbieter dem Pseudonymisierungsanbieter und verzichtet auf die Aufdeckung der Identität seiner Kunden im Einzelfall. Im Falle eines Rechtsstreits sollte das System so ausgestaltet sein, dass eine Weitergabe der personenbezogenen Daten des Nutzers an den Unternehmer möglich ist[110]. Bei der Vergabe eines qualifizierten Zertifikates für eine elektronische Signatur ist diese Möglichkeit vorgesehen. Gemäß § 5 Abs. 3 SigG kann in das Zertifikat ein Pseudonym eingefügt werden, dass nur in den Fällen des Art. 14 Abs. 2 SigG für die Verfolgung von Straftaten, zur Abwehr von Gefahren für die öffentliche Sicherheit und Ordnung und auf Anordnung von Gerichten im Rahmen anhängiger Verfahren[111] aufgedeckt werden darf. Für die Erstellung von Nutzungsprofilen ist die Individualisierung des Nutzers nicht notwendig. Eine relative Identifizierung unter Verwendung eines Pseudonyms trägt sowohl dem Interesse des Nutzes am Schutz seiner Daten und dem Interesse des Anbieters an der zielgerichteten Ansprache potenzieller Kunden Rechnung. Es ist aber zu bedenken, dass alle in einem pseudonymisierten Nutzerprofil gesammelten Daten personalisiert werden, wenn der Nutzer einmal seine personenbezogenen Daten preisgibt. Dem trägt § 6 Abs. 3 TDDSG Rechnung, nach dem der Nutzer auch der Erstellung pseudonymisierter Nutzungsprofile widersprechen kann[112].

Die Verwendung von Verschlüsselungsverfahren ist in Deutschland nicht reglementiert. Lediglich der Export von Verschlüsselungstechniken ist eingeschränkt, weil sie nicht nur zu zivilen, sondern auch zu militärischen Zwecken eingesetzt werden können. Über die Ausfuhr dieser Dual-Use-Güter entscheidet das Bundesamt für Wirtschaft und Ausfuhrkontrolle (BAFA). Auf Gemein-

---

108 Siehe oben § 10 I 2 a. cc.
109 Vgl. *Rasmussen*, CR 2002, 36 (39 f.).
110 Vgl. *Enzmann/Roßnagel*, CR 2002, 141 (143), die so ein System vorschlagen; *Roßnagel/Scholz*, MMR 2000, 721 (724).
111 *Hopp/Grünvogel*, DuD 2002, 79 (80).
112 Vgl. *Schaar*, RDV 2002, 4 (14); zur Problematik der Einordnung pseudonymisierter Daten als personenbezogen *Roßnagel/Scholz*, MMR 2000, 721 (725 ff.).

schaftsebene regeln die Verordnungen (EG) 1334/2000 und (EG) 458/2001[113] die Ausfuhr von so genannten Dual-Use-Gütern, zu denen auch Verschlüsselungstechniken und -verfahren gehören[114]. Die Telekommunikations-Überwachungs-Verordnung[115] verpflichtet die Telekommunikationsanbieter – auf eigene Kosten – die technischen Möglichkeiten zu schaffen, um im Fall einer berechtigten Überwachung der Kommunikation Daten über die Verbindung und den Inhalt selbst zur Verfügung zu stellen. Eine Entschlüsselung verschlüsselter Botschaften wird nicht verlangt.

3. Ergebnis

Das deutsche Datenschutzrecht bietet natürlichen Personen auch im Internet grundsätzlich einen guten Schutz vor ungewollter oder missbräuchlicher Verwendung personenbezogener Daten, durch die das Recht auf informationelle Selbstbestimmung beeinträchtigt werden könnte. So ist im neuen TDDSG auf für im Rahmen von Telediensten erhobenen Daten eine Verwendung zu Marketing- und Werbezwecken nur mit vorheriger Einwilligung möglich. Hier besteht eine Schutzlücke im BDSG, das für alle geschäftsbezogenen Daten im elektronischen Geschäftsverkehr anwendbar ist. Denn der Betroffene hat nur ein Widerrufs-, aber kein vorheriges Einwilligungsrecht. Die Ausnahmen vom Grundsatz der vorherigen Einwilligung sollten auf das notwendige Maß beschränkt werden[116]. Das gleiche gilt für das Auskunftsrecht und die übrigen Rechte der betroffenen Personen[117]. Hier sollte als Grundsatz das Opt-In-Prinzip gelten und der weite Ausnahmen begründende Begriff des „berechtigten Interesses" präzisiert werden, so dass Ausnahmen nur erlaubt sind, wenn dies zum Schutz oder

---

[113] Verordnung (EG) Nr. 1334/2000 vom 22. Juni 2000 über eine Gemeinschaftsregelung für die Kontrolle der Ausfuhr von Gütern und Technologien mit doppeltem Verwendungszweck, ABl. Nr. L 159/1 vom 30.6.2000, in der Fassung der Verordnung (EG) Nr. 458/2001 vom 6. März 2001 zur Änderung der Verordnung (EG) Nr. 1334/2000 im Hinblick auf die Liste der Güter und Technologien mit doppeltem Verwendungszweck (Ausfuhr), ABl. Nr. L 65/19 vom 7.3.2001, Anhang 1, Kategorie 5, Teil 2 (S. 142); ausgenommen sind allerdings Güter, die über Direkthandel, Versandhandel und Verkauf über elektronische Medien frei erhältlich sind und festgelegte Funktionen erfüllen. Ausgenommen sind ebenfalls Verfahren, die der Authentisierung oder digitalen Signatur dienen, Anmerkung zu 5A002 (S. 143).

[114] Zur gemeinschaftsrechtlichen und zur deutschen Exportkontrolle nach der Neuregelung der Dual-Use-Verordnung *Schuppert*, CR 2001, 429.

[115] Verordnung über die technische und organisatorische Umsetzung von Maßnahmen zur Überwachung der Telekommunikation (Telekommunikations-Überwachungsverordnung – TKÜV) vom 22. Januar 2002, BGBl. 2001, I 458.

[116] So auch das Gutachten von *Roßnagel/Pfitzmann/Garstka*, Modernisierung des Datenschutzrechts, 2002, S. 16, http://www.dud.de/dud/documents/modernisierung-dsrecht.pdf.

[117] *Roßnagel/Pfitzmann/Garstka*, Modernisierung des Datenschutzrechts, 2002, S. 18, 169 f., http://www.dud.de/dud/documents/modernisierung-dsrecht.pdf.

zur Verfolgung eigener Rechte oder Rechter Dritter notwendig ist oder wenn es erforderlich ist, um eine Gefahr für Leben, Gesundheit oder sonstige wichtige Rechtsgüter der betroffenen Personen zu beseitigen und die Personen nicht selbst einwilligen können oder wenn der Verarbeiter mit der Datenverarbeitung eigene gesetzliche Verpflichtungen erfüllen muss[118].

III. Rechtsvergleichende Betrachtung

Das Vertrauen der Verbraucher in den Datenschutz kann durch die Information des Einzelnen über seine Rechte und durch die effektive Kontrolle der CNIL in Frankreich besser gewährleistet werden als in Deutschland. Die Datenschutzbehörden in Deutschland können diesen Standard vielleicht schon aufgrund der föderalen Zuständigkeitsvereilungen nicht erreichen. Fraglich ist, ob Gütesiegel für Produkte und Datenverarbeitungsprozesse Abhilfe schaffen können. § 9a BDSG sieht das vor, eine erforderliche Ausführungsbestimmung existiert jedoch nicht. Die präventive Kontrolle und Notifizierungspflicht der CNIL macht zusätzliche private Gütesiegel für den Datenschutz in Frankreich überflüssig. Eine wirksam arbeitende staatliche Kontrolle kann Objektivität eher glaubwürdig machen als vom Unternehmen beauftragte private Zertifizierungsstellen. Bei mehreren Zertifizierungsanbietern stellt sich außerdem das Problem für den Verbraucher, die einzelnen Prüfkriterien vergleichen zu müssen, um die Güte des Gütesiegels selbst beurteilen zu können[119].

Sowohl das französische als auch das deutsche Datenschutzrecht sehen bei Verstößen strafrechtliche Sanktionen vor. Art. 50 loi n° 78-17 i.V.m. Art. 226-16 bis 226-24 C. pén. bildet die Grundlage für Freiheits- und Geldstrafen bei datenschutzrechtlichen Tatbeständen. Das BDSG enthält in § 43 Bußgeldvorschriften und in § 44 einen Straftatbestand für Tatbestände aus § 43 Abs. 2, die vorsätzlich oder mit Bereicherungs- oder Schädigungsabsicht begangen werden. Während Ordnungswidrigkeiten nur zu Geldbußen führen, kann in diesen Fällen Freiheits- oder Geldstrafe verhängt werden. Das TDDSG hat in § 9 Abs. 1 eigene Bußgeldvorschriften, nach denen Bußgelder bis zu 50.000 € verhängt werden können[120]. Daneben kann ein wettbewerbsrechtlicher Unterlassungs- und Schadensersatzanspruch bestehen, wegen eines Wettbewerbsvorteils durch Rechtsbruch. Der einzelne hat zur Durchsetzung seiner Rechte die Möglichkeit der öffentlich-rechtlichen Durchsetzung auf dem Behörden- und Verwaltungsrechtweg. Das vom Schutz der Bürger durch Datenerhebung staatlicher Stellen geprägte Datenschutzrecht erklärt die strafrechtlichen Sanktions- und öffentlich-

---

118 *Roßnagel*, RDV 2002, 61 (64).
119 Siehe unten § 18.
120 Hierzu *Rasmussen*, CR 2002, 36 (44).

rechtlichen Rechtsschutzmöglichkeiten. Der zunehmenden Bedeutung des Datenschutzes im Verhältnis zwischen Privatpersonen, wie gerade zwischen Verbrauchern und Unternehmern, könnte allerdings durch privatrechtliche Rechtsfolgen besser Rechnung getragen werden. Das deutsche Recht sieht bei Verletzungen des allgemeinen Persönlichkeitsrechts Ansprüche des Betroffenen auf Schadensersatz aus § 823 Abs. 1 BGB und § 823 Abs. 2 BGB in Verbindung mit den Bestimmungen des BDSG[121] sowie auf Unterlassung aus § 1004 Abs. 1 BGB analog[122] vor. Darüber hinaus wäre es denkbar, mit der Einwilligung in eine Datenerhebung oder -verarbeitung den Abschluss eines Vertrages zwischen dem Betroffenen anzunehmen, dessen Verletzung Ansprüche wegen Vertragsverletzung dieses Vertrages und des Geschäftes, zu dessen Zweck die Daten erhoben wurden, begründen könnte.

---

[121] Palandt/*Thomas*, BGB, 2003, § 823, Rn. 145.
[122] Palandt/*Bassenge*, BGB, 2003, § 1004, Rn. 4.

§ 11 Schlussfolgerungen zu den Zielen des Verbraucherschutzes

In diesem Abschnitt sollen die Ergebnisse aus der Untersuchung der einzelnen, für den individuellen Verbraucherschutz im Internet bedeutenden Themen aus dem Blickwinkel der mit dem Verbraucherschutz verfolgten Ziele zusammengeführt werden. So ist zu klären, ob die wirtschaftliche Selbstbestimmung der Verbraucher durch das Verbraucherprivatrecht gewährleistet ist (unten I.) und ob die beiden rechtspolitischen Ziele der effektiven Durchsetzung des Verbraucherschutzes (unten II.) und der Stärkung des Vertrauens der Verbraucher in den elektronischen Geschäftsverkehr (unten III.) verwirklicht sind.

I. Wirtschaftliche Selbstbestimmung

Die Theorie der wirtschaftlichen Selbstbestimmung leistet zweierlei. Zum einen ist sie Begründung für verbraucherschützende Bestimmungen, zum anderen Begrenzung. Der zweite Aspekt ergibt sich aus dem Gedanken, dass das Ziel die Gewährleistung der materiellen Vertragsfreiheit ist. Grundsätzlich fallen formelle und materielle Vertragsfreiheit zusammen. Nur die wenigen Situationen, in denen die formelle Vertragsfreiheit für eine Vertragspartei die materielle Vertragsfreiheit nicht gewährleisten kann, ist durch verbraucherschützende Regeln ein Abweichen von der formellen Vertragsfreiheit zulässig, um wieder eine Übereinstimmung zu erreichen. Bei weitergehenden Einschränkungen ist die materielle Vertragsfreiheit der anderen Vertragspartei beeinträchtigt.

Für eine selbstbestimmte Entscheidung einer Person und damit auch des Verbrauchers ist wiederum zweierlei notwendig. Der Verbraucher muss eine ausreichende Entscheidungsgrundlage haben, die sich aus Informationen über die für die Vertragsentscheidung wichtigen Umstände zusammensetzt, und er muss die Gelegenheit haben, auf dieser Grundlage zu einer Entscheidung zu kommen, indem die Informationen bewertet und die Vor- und Nachteile eines Vertragsschlusses abgewogen werden[1].

Bei Fernabsatzverträgen im Internet ist das Problem nicht der Vorgang der Entscheidungsfindung, hierfür steht dem Verbraucher genügend Zeit zur Verfügung (bei Sorge um hohe Verbindungskosten kann der Vorgang zu einem späteren Zeitpunkt neu begonnen werden), sondern die Erlangung der Informationen über den Vertragspartner, den Vertragsgegenstand und über die Art und Weise des Vertragsschlusses und der Erfüllung. Das hat zwei Gründe. Der Verbraucher hat erstens noch zu wenig Erfahrung mit den Modalitäten eines Online-Vertragsschlusses. Der Einkauf in einem Supermarkt ist auch mit einer Vielzahl

---

[1] Vgl. *Paulus/Zenker*, JuS 2001, 1 (6).

rechtlicher Probleme verbunden, die den Verbraucher nur deswegen nicht beeinträchtigen, weil er diese Art des Vertragsschlusses täglich vornimmt. Der zweite Grund ist, dass der Verbraucher auf den Informationskanal des Internet beschränkt ist, der digitale Informationen entpersonalisiert übermittelt. Trotz der Multimedialität wird nur ein virtuelles Abbild geschaffen, bei dem die Fähigkeiten der Menschen zur Bewertung der Wirklichkeit sowie der gefühlsmäßigen Beurteilung von Personen oder Gegenständen versagen.

Die Kenntnis der Identität des Vertragspartners ist für beide Seiten wichtig. Denn wenn der Unternehmer die Identität des Verbrauchers nicht kennt, ist seine wirtschaftliche Selbstbestimmung beeinträchtigt. Ein Recht des Verbrauchers auf Anonymität kann es nicht geben. Abstufungen sind dann denkbar, wenn nur bestimmte Informationen für den Vertragsschluss notwendig sind und der Unternehmer auf weitergehende Angaben des Kunden verzichtet. Wenn der Verbraucher nur weniger Informationen zu geben bereit ist, muss er vom Vertragsabschluss mit diesem Unternehmer Abstand nehmen.

Informationen können auf zwei Wegen übermittelt werden, durch Werbung und im Rahmen der Erfüllung der gesetzlichen Informationspflichten. Die Erkennbarkeit von Werbung, die wichtig für die Bewertung der Werbeaussagen ist, ist auch im Internet vorgeschrieben und kann hier genauso wie in anderen Medien garantiert werden. Bei der Anzeige eines kontextabhängigen Werbebanners ist die Erkennbarkeit gegeben, wohingegen ein an einer der Anfangspositionen angezeigter Link in der Trefferliste nicht als gezielte Werbemaßnahme erkennbar ist. Die Verweisung in der Trefferliste enthält aber auch keine Werbeaussagen, entscheidend ist die Erkennbarkeit der Seite als Werbung, auf die verwiesen wird. Die Verbraucherbilder, die vor allem im Wettbewerbsrecht bei der Beurteilung der Lauterkeit von Werbung verwendet werden, unterschieden sich in Deutschland und Frankreich. Der deutsche Ansatz war von einem höheren Grad an Unselbständigkeit geprägt als der französische. Das ist interessant, weil sich in Frankreich die Annahme der generellen Unterlegenheit des Verbrauchers, die im Übrigen auch in der Sprachengesetzgebung zum Ausdruck kommt, und eine ihm zugestandene große Selbständigkeit zu widersprechen scheinen. In den letzten Jahren hat sich die deutsche Rechtsprechung allerdings zunehmend dem europäischen Verbraucherleitbild angenähert und dieses inzwischen vollständig übernommen.

Sachliche Information über wesentliche Umstände sollen die gesetzlichen Informationspflichten des Fernabsatzrechts und der Regelungen über den elektronischen Vertragsschluss gewährleisten. Die Anforderungen an die Art und Weise der Informationserbringung sind in Frankreich und Deutschland hinsichtlich Verständlichkeit und Erreichbarkeit der Information hoch gesteckt. Die Informationspflichtenkataloge sind jedoch nicht in der Lage, alle für die Vertragsentscheidung notwendigen Informationen sicherzustellen. Insbesondere ist keine Information darüber möglich, ob der Unternehmer wahrheitsgemäß informiert und ob er allgemein vertrauenswürdig ist. Die Vertrauenseinschätzung ist kein rationaler, sondern ein emotionaler Vorgang. Ihr Ergebnis ist allerdings ein Faktor bei der rationalen Entscheidungsfindung.

Das fernabsatzrechtliche Widerrufsrecht kompensiert die fehlende Möglichkeit der Begutachtung des Vertragsgegenstandes vor Vertragsschluss.

Ein besonderer Fall der Informationsnotwendigkeit ist die Kenntnis der Vertragsklauseln selbst. In Frankreich und Deutschland gibt es Bestimmungen, die Verbraucher vor missbräuchlichen Klauseln schützen sollen. Während die Beurteilung des Inhalts der Vertragsklauseln durch den Vertragsabschluss im Internet nicht beeinträchtigt ist, müssen die Grundsätze zur Einbeziehung der Klauseln in den Vertrag für das Internet neu ausgelegt werden. Dieser Aspekt ist nur in der deutschen Literatur problematisiert; in Frankreich wird die Einbeziehung anhand allgemeiner Vertragsschlussprinzipien geprüft. Im Ergebnis ist in beiden Ländern ein deutlicher Hinweis und gut lesbare Darstellung der allgemeinen Geschäftsbedingungen notwendig.

Formvorschriften bilden eine Ausnahme zur formalen Vertragsfreiheit; zum Teil haben sie die Aufgabe, die selbstbestimmte Entscheidung einer Vertragspartei zu schützen. Das Erfordernis der Formerfüllung hat Warnfunktion und soll die Bedeutung des Vertragsschlusses verdeutlichen. Die im Zusammenhang mit dem Internet geführte Anpassung der Formvorschriften dient nicht der Beseitigung eines spezifischen Verbraucherschutzdefizits im Internet, sondern der Anpassung an die neue Technik, so dass mit neuen Formen die Funktionen der Formerfordernisse auch im Internet erfüllt werden können. Die insbesondere in Frankreich eigenständig bestehenden beweisrechtlichen Formvorschriften sind nicht unmittelbar für die wirtschaftliche Selbstbestimmung von Bedeutung; sie dienen lediglich dazu, nach Vertragsschluss Beweis führen zu können, was der effektiven Durchsetzung des Verbraucherschutzes dient.

Neue Instrumente des privatrechtlichen Verbraucherschutzes sind die Verpflichtung, Möglichkeiten zur Korrektur von Eingabefehlern zu geben sowie das Bestätigungserfordernis bei elektronischen Vertragsschlüssen. Hierbei handelt es sich nicht um einen neuen Mechanismus, der die zivilrechtlichen Grundsätze ersetzt. Die Bestätigung des Eingangs der Bestellung des Verbrauchers stellt in erster Linie einen beweisrechtlichen Vorteil dar, um sowohl Zeitpunkt als auch Inhalt des Vertragsschlusses nachweisen zu können.

Zwischen der wirtschaftlichen und der informationellen Selbstbestimmung gibt es Parallelen. In beiden Fällen ist zur Disposition über eigene Rechtsgüter, im einen Fall wirtschaftlicher, im anderen Fall persönlicher Art, eine selbstbestimmte Entscheidung notwendig[2]. Auch im Bereich des Datenschutzrechts ist eine ausreichende Informationsgrundlage und eine freie Entscheidungsfindung, die durch ein Formerfordernis für die Einverständniserklärung gewährleistet werden soll, notwendige Voraussetzung für eine wirksame Erklärung. Hier stellen sich die gleichen Probleme wie für die Abgabe einer Willenserklärung im Internet, wie etwa die Zulässigkeit einer Einwilligung mit AGB, die Sprachenfrage usw. Um diesen Ähnlichkeiten Rechnung zu tragen, ist im Verhältnis zwischen privaten, also nicht öffentlichen Datenverarbeitern eine stärkere Betonung der Einwilligung als Instrument der informationellen Selbstbestimmung notwendig[3]. Die fehlende Gewährleistung der informationellen Selbstbestimmung kann sich negativ auf die wirtschaftliche Selbstbestimmung auswirken. Die wirtschaftliche Selbstbestimmung kann mittelbar betroffen sein, wenn durch den Datenschutz ungewollt Informationen übermittelt werden. Dagegen spricht, dass sich die wirtschaftliche Selbstbestimmung auf den Zeitpunkt des Vertragsschlusses konzentriert und auf diesen Punkt bezogen beurteilt wird. Der Unternehmer kann sich seinen Informationsvorsprung indes dadurch zunutze machen, dass er den Verbraucher zielgerichtet und bedürfnisorientiert anspricht.

Abschließend kann festgestellt werden, dass das Verbraucherprivatrecht sowohl in Frankreich als auch in Deutschland die wirtschaftliche Selbstbestimmung der Verbraucher hinreichend gewährleistet[4]. Defizite bestehen dagegen beim Schutz der informationellen Selbstbestimmung, die stärker an einer vertraglichen Beziehung zwischen dem Betroffenen und dem Datenverarbeiter orientiert werden sollte.

II. Effektiver Verbraucherschutz

Für den privatrechtlichen Verbraucherschutz ist es nicht ausreichend, materielle Schutzmechanismen bereitzustellen. Die dem Verbraucher zustehenden Rechte müssen auch tatsächlich durchsetzbar sein. Maßnahmen, die der Effektivität des Verbraucherschutzes dienen, finden sich im materiellen Recht und im Verfahrensrecht. Im materiellen Recht können zwei Gruppen effektivitätssteigernder

---

[2] *Boehme-Neßler*, K&R 2002, 217 (222).

[3] Siehe *Boehme-Neßler*, K&R 2002, 217 (222).

[4] Das Ergebnis der Untersuchung von *Brenner*, Verbraucherschützende EG-Richtlinien, 2000, S. 32 f., nach der das französische Recht grundsätzlich eine höhere Schutzintensität aufweist als das deutsche Recht und das bewusste Verstöße gegen Schutzbestimmungen so gut wie nie vorkommen sollen, kann durch die vorliegende Untersuchung nicht bestätigt werden.

Maßnahmen unterschieden werden: Zum einen die Stärkung der Kenntnis der Verbraucher über ihre Rechte und zum anderen die Durchsetzung dieser Rechte gegenüber den verpflichteten Unternehmen.

Im materiellen Recht gibt es Vorschriften, die nicht in erster Linie die wirtschaftliche Selbstbestimmung des Verbrauchers verbessern, sondern den Verbraucher nach Abschluss des Vertrages schützen wollen. Hierzu gehören die in Frankreich und Deutschland in Umsetzung der Fernabsatzrichtlinie erlassenen nachvertraglichen Informationspflichten. Dem Verbraucher werden spätestens mit Erbringung der Leistung zusammengefasst die Informationen zur Verfügung gestellt, die er für die Ausübung seiner vertraglichen Rechte benötigt. Diese Regeln, die gerade im Internet dem durch den grenzüberschreitenden Charakter über seine Rechtsposition verunsicherten Verbraucher dienen, können ihm bei der Wahrnehmung seiner Rechte helfen. Der zusätzliche Aufwand für den Unternehmer zur Übermittlung der nachträglichen Informationen ist relativ gering, so dass eine Beeinträchtigung des elektronischen Geschäftsverkehrs hierdurch nicht zu befürchten ist[5]. Die Informationen müssen zwar für Verbraucher in verschiedenen Ländern in verschiedenen Sprachen zur Verfügung gestellt werden, sie sind aber größtenteils schon vor Vertragsschluss erbracht worden und müssen nur neu zusammengestellt und übermittelt werden.

Das materielle Recht kann den Verbraucher nur dann effektiv schützen, wenn dieser seine Rechte kennt. Der leichte Zugang zum Recht, der sowohl das Auffinden der relevanten Vorschriften als auch das Verstehen der einzelnen Bestimmungen meint, war ein maßgeblicher Grund für den französischen Gesetzgeber, den Code de la consommation zu schaffen. Der Erfolg beschränkt sich hier auf die Auffindbarkeit; Reformvorschläge zur Verbesserung der Verständlichkeit der Vorschriften selbst wurden leider nicht umgesetzt. Die Komplexität der Rechtsbestimmungen und die Abhängigkeit der Auslegung des Rechts von Lehre und Rechtsprechung machen es für juristische Laien ohnehin sehr schwierig, ihre Rechtsposition nur anhand des Gesetzestextes zu bestimmen. Weil eine Änderung dieser Situation illusorisch erscheint, wird Abhilfe mit der Aufklärung durch staatliche Stellen oder Verbraucherverbände einerseits und Informationspflichten im Vertragsrecht andererseits, die dem Verbraucher seine für den konkreten Vertrag relevanten Rechte aufbereitet präsentieren, verfolgt.

---

[5] Möglicherweise aber dadurch, das überhaupt verschiedene Rechtsordnungen berücksichtigt werden müssen, siehe unten § 15.

Der Gesetzesentwurf in Frankreich für eine loi relatif à l'accès au droit et à la justice[6] sieht in den Artikeln 47 bis 60 Maßnahmen vor, um den Bürgern den Zugang zum Recht zu erleichtern. Das soll dem Einzelnen die Kenntnis seiner Rechte und deren Durchsetzung außerhalb gerichtlicher Verfahren ermöglichen. Dazu soll in jedem Departement ein Conseil de l'accès au droit eingerichtet werden, der allgemein über die Rechte der Bürger informieren und Hilfe bei der Rechtsdurchsetzung und Rechtsberatung geben soll (Art. 48). Die Europäische Kommission verfolgt ebenfalls Maßnahmen zur Verbesserung der Information der Bürger und der Möglichkeiten zur Geltendmachung von Rechten auf gerichtlichem und außergerichtlichem Wege[7].

Die Unternehmer müssen die verbraucherschützenden Rechtsvorschriften beachten und befolgen. Das kann durch geeignete Sanktionen sichergestellt werden. Frankreich und Deutschland bedienen sich hier teilweise unterschiedlicher Mittel. Das in beiden Ländern zum öffentlichen Recht gehörende Datenschutzrecht ist durch ordnungswidrigkeitsrechtliche und strafrechtliche Sanktionen abgesichert. Im Vertragsrecht haben Verstöße gegen verbraucherschützende Vorschriften in Deutschland nur Rechtsfolgen im Rahmen des bürgerlichen Rechts (Schadensersatzansprüche, Verlängerung der Widerrufsfristen). Der französische Gesetzgeber setzt dagegen überwiegend auf wirtschaftsstrafrechtliche Sanktionen[8]. Das entspricht der französischen Tradition auch in anderen Bereichen des Wirtschaftsprivatrechts, während aus deutscher zivilrechtsdogmatischer Sicht dies als Systembruch anmutet. Ein Effizienzvergleich beider Sanktionensysteme ist nur schwer möglich. Ein Vorteil des deutschen Systems liegt darin, dass die Rechtsfolgen dem betroffenen Verbraucher selbst zugute kommen. Das Strafrecht kann, wie die in beiden Ländern bestehende Verbandsklagemöglichkeit für Verbraucherverbände, nur Rechtsdurchsetzung im Interesse der Allgemeinheit oder der Verbraucher insgesamt leisten. Die Rechtsstellung des benachteiligten Verbrauchers wird dadurch nicht verbessert.

Zum effektiven Verbraucherschutz gehört neben der Gestaltung des materiellen Rechts die Möglichkeit für den Verbraucher, seine Rechte gerichtlich geltend zu machen und durchzusetzen. Sowohl das materielle Recht als auch das Verfahrensrecht berührt die Beweisbarkeit der dem Verbraucher günstigen Tatsachen.

---

[6] Sénat, Projet de loi relatif à l'accès au droit et à la justice, n° 257 (2001-2002), déposé le 20 février 2002, http://www.senat.fr/leg/pjl01-257.html.

[7] Kommission der Europäischen Gemeinschaften, Mitteilung der Kommission, Anzeiger der Fortschritte bei der Schaffung eines „Raums der Freiheit, der Sicherheit und des Rechts" in der Europäischen Union, Halbjährliche Aktualisierung (1. Halbjahr 2001) vom 23.5.2001, KOM (2001) 278 endg., S. 16 f.

[8] Zur Einführung von zivilrechtlichen Sanktionen im Wettbewerbsrecht *Fasquelle*, Gaz. Pal., 9.11.2001, 51 (53 ff.).

Im französischen Recht wird für Verbrauchergeschäfte ab einem bestimmten Geschäftsvolumen ein schriftlicher oder elektronischer Beweis vorgeschrieben. Entsprechendes ist in Deutschland nicht der Fall. Jedenfalls ist hier die elektronische Form beweisrechtlich anerkannt.

Die gerichtliche Durchsetzung seiner Ansprüche ist für den Verbraucher in den Fällen problematisch, in denen der Wert des Anspruches ein gerichtliches Verfahren nicht rechtfertigt. Dies gilt in besonderem Maße für Fälle mit grenzüberschreitendem Bezug (unten § 13). Zur Lösung dieses Problems muss über alternative Formen der Streitbeilegung nachgedacht werden (unten § 17).

III. Vertrauen der Verbraucher in den elektronischen Geschäftsverkehr

Ein rechtspolitisches Ziel ist die Schaffung von Vertrauen in Bezug auf alle Aspekte, die aus Sicht des Verbrauchers für die Teilnahme am elektronischen Geschäftsverkehr von Bedeutung sind. Neben den in den beiden vorhergehenden Abschnitten beschriebenen Bereichen des privatrechtlichen Verbraucherschutzrechts, des Wettbewerbsrechts und des Verfahrensrechts ist dem Verbraucher der Schutz der eigenen Persönlichkeit und seiner eigenen Privatsphäre wichtig und muss daher Gegenstand seines Vertrauens sein.

Vertrauen in den Schutz der eigenen Persönlichkeit und Privatsphäre besteht, wenn die Rechtsordnung wirksame Schutzmechanismen bereitstellt. Der Schutz der eigenen Persönlichkeit und der Privatsphäre im elektronischen Geschäftsverkehr umfasst den Schutz der informationellen Selbstbestimmung sowie den Schutz vor unverlangt zugesandter E-Mail-Werbung.

Die informationelle Selbstbestimmung wird durch das Datenschutzrecht gewährleistet. Die Verschlüsselung als wirksames Mittel zur Verhinderung der ungewollten Preisgabe persönlicher Daten wird in Frankreich durch ein trotz einer Liberalisierung in den letzten Jahren und eine weitergehende Freigabe durch die LEN immer noch nur restriktiv zugelassen. Derartige Beschränkungen gibt es im deutschen Recht nicht. Zum Schutz vor unerwünschter E-Mail-Werbung finden sich Instrumente in verschiedenen Rechtsbereichen, in Frankreich in den wettbewerbsrechtlichen Regeln des Code de la consommation, in Deutschland einerseits im Recht des unlauteren Wettbewerbs und andererseits anknüpfend an eine Verletzung des allgemeinen Persönlichkeitsrechts im Deliktsrecht. Rechtsfolge sind in Deutschland Unterlassungs- und Schadensersatzansprüche, in Frankreich zusätzlich strafrechtliche Sanktionen.

Zum Schutz der Privatsphäre des Verbrauchers vor unverlangter E-Mail-Werbung galt in Frankreich bis zum Inkrafttreten der LEN das Opt-Out-Prinzip nach den vor der Richtlinie 2002/58/EG geltenden gemeinschaftsrechtlichen Vorgaben. Der Verbraucher musste also nicht jedem einzelnen Unternehmer widersprechen, sondern konnte sich einmalig in eine Liste eintragen, die von den Unternehmern zu beachten war. Dieses System hatte zwei Schwachstellen: Die Verbraucher wußten zum Teil nicht um die Möglichkeit des Opt-Out und wie eine Eintragung in die Liste erfolgen konnte und zweitens war die Beachtung durch alle Unternehmer, vor allem aus anderen Staaten nicht sichergestellt. Die Regelung im Entwurf für eine loi sur la société de l'information sah vor, dass jeder Unternehmer, der unangeforderte E-Mail-Werbung versendet, darüber informieren muss, wie ein Eintrag in eine so genannte Robinson-Liste stattfinden kann. Selbst unter der Annahme der Funktionsfähigkeit dieses Systems ist im Hinblick auf die Schwere des Eingriffs in die Privatsphäre des Adressaten durch die auf Grund der geringen Kosten für die Unternehmen hohen Anzahl von E-Mails ein Opt-In-System, wie es von der Rechtsprechung in Deutschland vertreten wird, vorzuziehen. Dies ist auch der Weg, den der europäische Richtliniengeber mit der neuen Datenschutzrichtlinie für elektronische Kommunikation eingeschlagen hat, die bis Ende Oktober 2003 von den Mitgliedstaaten umgesetzt werden musste. In der loi pour la confiance dans l'économie numérique (LEN), dem Nachfolgeentwurf des proj. LSI ist diese neue Regelung bereits aufgegriffen, so dass nun auch in Frankreich der Opt-In-Grundsatz angewendet wird.

Zur wirksamen Vermeidung unangeforderter Werbesendungen kann einen Schritt vorher bei der Sammlung der E-Mail-Adressen angesetzt werden. Sowohl nach französischem als auch nach deutschem Recht muss der Betroffene grundsätzlich in die Verwendung seiner personenbezogenen Daten zu einem bestimmten Zweck einwilligen. Im neuen BDSG findet sich für die Verwendung von personenbezogenen Daten zu Marketingzwecken eine Ausnahme. Die Verwendung der Daten für diese Zwecke ist grundsätzlich zulässig, wenn die betroffene Person nicht widerspricht. Hier besteht Änderungsbedarf zugunsten eines besseren Schutzes der informationellen Selbstbestimmung der Betroffen.

Das privatrechtliche Verbraucherschutzrecht kann nicht alle für die Vertragsentscheidung unmittelbar bedeutsamen Aspekte aufgreifen. Das Informationsdefizit des Verbrauchers kann durch die Informationspflichten nur zum Teil ausgeglichen werden. Die Lauterkeit des Vertragspartners und seine Persönlichkeit können nicht durch Informationspflichten, die zudem vom Unternehmer selbst erfüllt werden, dem Verbraucher kenntlich gemacht werden[9]. Einerseits ist eine

---

[9] Vgl. *Fuhrmann*, Vertrauen, 2001, S., 40 f.

persönliche Einschätzung erforderlich, die am besten im persönlichen Kontakt erfolgt. Andererseits sind Informationen notwendig, die über das konkrete Vertragsverhältnis hinausgehen. In diesem Bereich können also die konventionellen Instrumente des Verbraucherrechts nicht zur Vertrauensbildung beitragen.

Ein Lösungsansatz zur Verbesserung des Vertrauens der Verbraucher in Internetanbieter können Gütesiegel sein, die für Internetangebote und Anbieter vergeben werden (unten § 18).

Teil 4: Grenzüberschreitende Bezüge

Nachdem im dritten Teil das Verbraucherschutzniveau des französischen und des deutschen Rechts untersucht wurde, stellt sich nun die Frage, wann der Schutz dieser Rechtsordnungen dem Verbraucher bei grenzüberschreitenden Beziehungen zwischen Unternehmern und Verbrauchern zugute kommt. Neben der kollisionsrechtlichen Bestimmung des anwendbaren Rechts (§ 11) steht die Ermittlung der internationalen gerichtlichen Zuständigkeit (§ 12). Die Antworten auf beide Fragen haben einerseits Auswirkungen auf den individuellen Verbraucherschutz (§ 13). Andererseits beeinflussen sie auch in entscheidendem Maße eine ganz andere Zielsetzung, nämlich die Verwirklichung des europäischen Binnenmarkts (§ 14).

§ 12 Kollisionsrecht

I. Internationales Einheitsrecht: Das UN-Kaufrechtsübereinkommen

Kollisionsrecht zur Bestimmung des anwendbaren nationalen Rechts ist dann nicht notwendig, wenn die beteiligten Rechtsordnungen auf dieselben sachrechtlichen Regelungen zurückgreifen.

Das Wiener UN-Übereinkommen über Verträge über den internationalen Warenkauf vom 11. April 1980[1] (CISG) ist in Frankreich am 1. Januar 1988 in Kraft getreten, in Deutschland am 1. Januar 1991. Es gilt in über 40 Staaten und ist auf Kaufverträge über Waren[2] anwendbar, wenn die Parteien ihre Niederlassungen[3] in verschiedenen Staaten haben, die entweder beide Vertragsstaaten des Übereinkommens sind oder wenn die Regeln des internationalen Vertragsrechts

---

[1] United Nations Convention on Contracts for the International Sale of Goods (CISG) vom 11. April 1980; in Deutschland veröffentlicht im BGBl. 1989, II 588; in Frankreich veröffentlicht durch décret n° 87-1034 du 22 décembre 1987 portant publication de la Convention des Nations Unies sur les contrats de vente internationale de marchandises, faite à Vienne le 11 avril 1980, J.O. n° 300 du 27.12.1987, 15241. Für Deutschland im Verhältnis unter anderem zu Frankreich am 1.1.1991 in Kraft getreten (Bek. v. 23.10.1990, BGBl. II, S. 1477); siehe zur Konvention *Plantard*, J.D.I. (Clunet) 115 (1988), 311.

[2] Auch Software fällt unter den Warenbegriff, *F. Diedrich*, RIW 1993, 441 (452), *K. Diedrich*, CR 2002, 473 (478), für Standardsoftware; *Endler/Daub*, CR 1993, 601 (603); *Schmitt*, CR 2001, 145 (152).

[3] Zum Begriff der Niederlassung siehe Art. 10 des Übereinkommens und *Magnus*, in: Staudinger, BGB, Wiener UN-Kaufrecht (CISG), 1999, Art. 1 CISG, Rn. 62 ff.

zur Anwendung des Rechts eines Vertragsstaates führen[4]. Die Anwendbarkeit macht gerade im Internet Schwierigkeiten, wenn es um die Frage der Einbeziehung von Verträgen über Dateien oder Computerprogramme geht. Dabei ist der Warenbegriff das entscheidende Kriterium, weil der geschlossene Vertrag als Kaufvertrag qualifiziert werden kann, wenn es sich bei den zu übertragenden Gegenständen um Waren im Sinne der CISG handelt[5]. Computerprogramme werden dann als Waren angesehen, wenn sie standardisiert sind und nicht speziell für den Besteller angefertigt wurden. Dieses Verständnis, das sich an den Fällen der Veräußerung von Computerprogrammen auf körperlichen Trägern entwickelt hat, gilt ebenso für die Übermittlung von Standardprogrammen im Internet; in der CISG wird auch sonst nicht danach unterschieden, wie der Vertragsgegenstand den Käufer erreicht[6]. Andere Dateien, die nicht Bestandteil von ausführbaren Programmen sind, können ebenfalls als Waren behandelt werden, wenn sie, wie im Regelfall, einer Vielzahl von Nutzern zum Abruf zur Verfügung gestellt und nicht individuell hergestellt werden.

Vom sachlichen Anwendungsbereich der Vorschrift sind gemäß Art. 2 lit. a CISG Käufe von Waren ausgenommen, die „für den persönlichen Gebrauch oder den Gebrauch in der Familie oder im Haushalt" bestimmt sind. Das entspricht dem Kriterium, das dem Verbraucherbegriff zugrunde liegt. Das Übereinkommen ist in den Fällen dennoch anwendbar, in denen der Verkäufer „vor oder bei Vertragsschluss weder wusste noch wissen musste, dass die Ware für einen solchen Gebrauch gekauft wurde" (Art. 2 lit. a CISG)[7]. Die Erkennbarkeit als Verbrauchergeschäft fehlt etwa dann, wenn ein Angestellter eines Unternehmens über die E-Mail-Adresse eines Unternehmens bestellt, dabei aber für den privaten Gebrauch handelt[8]. Auch in diesen Fällen wird allerdings die Art der bestellten Ware oder Dienstleistung häufig auf den privaten Verwendungszweck hinweisen[9]. Für die Anwendung des UN-Kaufrechts auf Verbraucherverträge bleiben nur die Fälle übrig, bei denen die deutsche Verbraucherdefinition

---

[4] Einige Staaten haben von der in Art. 95 des Übereinkommens vorgesehenen Möglichkeit Gebrauch gemacht, im Hinblick auf die Bestimmung Art. 1 Abs. 1 lit. b CISG einen Vorbehalt zu erklären, so dass internationales Privatrecht nicht zur Anwendbarkeit des CISG führen kann; Frankreich ist nicht darunter. Deutschland hat seinen Vorbehalt unter der Bedingung erklärt, dass der Vertragsstaat, auf den verwiesen wird, den Vorbehalt ebenfalls erklärt hat; Übersicht bei *Jayme/Hausmann*, Internationales Privat- und Verfahrensrecht, Textausgabe, 2000, Nr. 48, Fn. 17.

[5] *Magnus*, in: Staudinger, BGB, Wiener UN-Kaufrecht (CISG), 1999, Art. 1 CISG, Rn. 13.

[6] *Magnus*, in: Staudinger, BGB, Wiener UN-Kaufrecht (CISG), 1999, Art. 1 CISG, Rn. 44; ebenso *Herber*, in: *von Caemmerer/Schlechtriem* (Hrsg.), CISG, 1995, Art. 2, Rn. 21.

[7] Zur Anwendbarkeit der CISG auf Verbrauchergeschäfte *Ernst*, VuR 1997, 259 (259).

[8] Beispiel nach *Mankowski*, RabelsZ 63 (1999), 203 (231 f.).

[9] Vgl. *Herber*, in: *von Caemmerer/Schlechtriem* (Hrsg.), CISG, 1995, Art. 2, Rn. 10.

anwendbar ist, der Abnehmer also zwar nicht für seine gewerbliche oder selbständige berufliche Tätigkeit handelt, aber Leistungen in Anspruch nimmt, die nicht für den privaten Gebrauch im Sinne der CISG bestimmt sind. Hierunter fallen die Leistungen, die der Verbraucher für eine nicht selbständige berufliche Tätigkeit erwirbt.

II. Europäisches Kollisionsrecht

Das internationale Vertragsrecht ist durch das EVÜ gemeinschaftsweit vereinheitlicht (unten 1.). Die verbraucherschützenden Richtlinien enthalten darüber hinaus eigene kollisionsrechtliche Bestimmungen (unten 2.). Für das Wettbewerbsrecht ist im Internet die Anknüpfung an den Marktort durch das Herkunftslandprinzip verdrängt (unten 3.). In der EG-Datenschutzrichtlinie wird das anwendbare Recht ebenfalls abhängig von der Niederlassung des Datenverarbeiters bestimmt (unten 4.).

1. EVÜ

Im internationalen Vertragsrecht geht es um die Frage, welches nationale Recht auf einen Vertrag anzuwenden ist. Das ist für den Verbraucher von Bedeutung, weil er sich entweder auf ein Schutzniveau einer ihm bekannten Rechtsordnung – in der Regel die seines Aufenthalts- oder Wohnsitzstaates – verlassen möchte oder weil er im anderen Fall weiß, dass er sich dem Risiko einer unbekannten Rechtsordnung aussetzt. Der Unternehmer hat ebenfalls das Interesse, sich in einer bekannten Rechtsordnung zu bewegen. Anders als der Verbraucher, der in Einzelfällen tätig wird, hat der Unternehmer möglicherweise ein Interesse daran, Vorkehrungen zu treffen, um eine für ihn günstige (und den Verbraucher ungünstige) Rechtsordnung zur Anwendung zu bringen[10]. Das kann etwa durch die Einfügung von Rechtswahlklauseln in seine allgemeinen Geschäftsbedingungen geschehen. Ist dies nicht möglich, so möchte er vor Aufnahme seiner Geschäftstätigkeit wissen, welchen Rechtsordnungen er unterworfen sein kann, um eine Risikoabwägung vorzunehmen. Daneben hat er ein wirtschaftliches Interesse daran, für Angebote an Verbraucher in verschiedenen Staaten nur eine einheitliche Internetseite gestalten zu müssen[11].

---

[10] Siehe auch *P. Lagarde*, Rev. crit. dr. int. privé 1991, 287 (313).

[11] Zur Frage, ob der Unternehmer umgekehrt durch die Verpflichtung zur Gestaltung mehrerer Internetseiten von der Teilnahme am elektronischen Geschäftsverkehr abgehalten wird siehe unten § 15 I am Ende.

In Frankreich ist das Römische EWG-Übereinkommen über das auf vertragliche Schuldverhältnisse anzuwendende Recht (EVÜ)[12] (*Convention de Rome du 19 juin 1980 sur la loi applicable aux obligations contractuelles*[13]) unmittelbar anwendbar[14]. Frankreich hat das Abkommen ohne Vorbehalte ratifiziert und keine Ausführungsbestimmungen erlassen[15].

In Deutschland wurden die Bestimmungen der Art. 1 bis 21 EVÜ durch ein Änderungsgesetz vom 25.7.1986[16] in das EGBGB als neue Art. 27 bis 37 eingefügt; zum Teil wurden Regelungen wegen ihrer übergeordneten Bedeutung an anderen Stellen eingesetzt[17]. Das neue Kollisionsrecht trat am 1.9.1986 in Kraft. Ebenfalls am 25.7.1986 wurde das Zustimmungsgesetz für das EVÜ verabschiedet[18]. Für das EVÜ selbst wird im Zustimmungsgesetz die unmittelbare innerstaatliche Anwendbarkeit ausdrücklich ausgeschlossen[19]. Das Übereinkom-

---

[12] ABl. Nr. L 266/1 vom 9.10.1980 (BGBl. 1986 II S. 810). Die Vorarbeiten reichten bis in die sechziger Jahre zurück. Von einem allgemeinen Vorhaben zur Vereinheitlichung des Kollisionsrechts gelangte man zu einer Konkretisierung der Vorarbeiten im Bereich der Schuldverhältnisse (Literaturübersicht der Aufsätze zum Vorentwurf bei *Gaudemet-Tallon*, RTD eur. 1981, 215 [217] Fn. 3.), um den Anwendungsbereich schließlich auf vertragliche Schuldverhältnisse zu beschränken. Gründe für die Vereinheitlichung waren wirtschaftliche Bedürfnisse und die Verhinderung des „*forum shopping*" (Regierungsentwurf, Denkschrift zum Übereinkommen, BT-Drs. 10/503 vom 20.10.1983, S. 21 [21]; *P. Lagarde*, Rev. crit. dr. int. privé, 80 (1991), 287 [290]; zur Entstehungsgeschichte im Einzelnen Denkschrift zum Übereinkommen, BT-Drs. 10/503 vom 20.10.1983, S. 21; *Giuliano/P. Lagarde*, Bericht, 1980, BT-Drs. 10/503 vom 20.10.1983, S. 33 (36 ff.); *Martiny*, in: *Reithmann/Martiny* (Hrsg.), Vertragsrecht, 1997, Rn. 2; *Foyer*, J.D.I. (Clunet) 118 (1991), 601 (601 et s.).

[13] In Frankreich in Kraft getreten 1.4.1991, décret n° 91-242 du 28 février 1991 portant publication de la convention sur la loi applicable aux obligations contractuelles (ensemble un protocol et deux déclarations communes), signée à Rome le 19 juin 1980, J.O. n° 54 du 3.3.1991, 3072.

[14] In der Normenhierachie steht es über dem formellen Gesetz und unter der Verfassung, Art. 55 der Verfassung von 1958; siehe *Gutmann*, Droit international privé, 2000, n° 16.

[15] Veröffentlichung durch décret n° 91-242 du 28 février 1991 portant publication de la convention sur la loi applicable aux obligations contractuelles (ensemble un protocole et deux déclarations communes), signée à Rome le 19 juin 1980, J.O. n° 54 du 3.3.1991, 3072; Inkrafttreten am 1.4.1991; *Jayme/C. Kohler*, IPRax 1985, 65 (69).

[16] BGBl. 1986 I 1142.

[17] Art. 3 Abs. 1 S. 1; Art. 6 S. 1; Art. 11 Abs. 1-4; Art. 12 Abs. 1 S. 1 EGBGB; *Martiny*, in: *Reithmann/Martiny* (Hrsg.), Vertragsrecht, 1996, Rn. 13.

[18] BGBl. 1986 II 809. Zur Entstehungsgeschichte beider Gesetze ausführlich *Martiny*, in: *Reithmann/Martiny* (Hrsg.), Vertragsrecht, 1996, Rn. 3.

[19] Art. 1 Abs. 2 des Gesetzes lautet: „Die Zustimmung erfolgt mit der Maßgabe, dass die in den Artikeln 1 bis 21 des Übereinkommens enthaltenen Vorschriften innerstaatlich keine unmittelbare Anwendung finden." Zur kritischen Auseinandersetzung mit der „Kopiermethode" *Martiny*, in: *Reithmann/Martiny* (Hrsg.), Vertragsrecht, 1996, Rn. 13 f.

men wurde nicht wortgetreu, sondern mit verschiedenen Umstellungen, kleinen Änderungen und Auslassungen in die Art. 27 ff. EGBGB übernommen[20]. Art. 36 EGBGB schreibt eine in den Vertragsstaaten einheitliche Auslegung und Anwendung der Bestimmungen vor. Der durch Art. 1 Abs. 2 des Zustimmungsgesetzes und die Umsetzung im EGBGB entstandene Dualismus wird so für Auslegung und Anwendung wieder aufgehoben[21]. Aus diesem Grund wurde trotz der unterschiedlichen Einbeziehung in die nationalen Rechtsordnungen mit dem EVÜ ein europäisches internationales Vertragsrecht geschaffen.

Die Europäische Kommission hat im Januar 2003 ein Grünbuch über die Umwandlung des EVÜ in ein Gemeinschaftsinstrument sowie über seine Aktualisierung vorgelegt[22]. Neben der Frage, in welcher Form die Konvention Bestandteil des Gemeinschaftsrechts werden könnte – wobei sich die Verordnungsform anbietet[23] –, werden die Regelungen auch inhaltlich zur Disposition gestellt. Für den Verbrauchergerichtsstand in Art. 5 EVÜ werden verschiedene Möglichkeiten vorgestellt, die von einer Ausweitung des sachlichen und persönlichen Anwendungsbereichs der gegenwärtigen Regelung (Variante ii[24]) über eine Angleichung an Art. 15 Abs. 1 lit. c EuGVVO (Variante vi[25]) bis zur Einführung der Rechtswahl innerhalb der mitgliedstaatlichen Rechtsordnungen (Variante viii[26]) reichen.

---

[20] Übersicht bei *C. Kohler*, EuR 19 (1984), 155 (156). Fn. 3.

[21] *Martiny*, in: *Reithmann/Martiny* (Hrsg.), Vertragsrecht, 1996, Rn. 13, 16 ff.

[22] Kommission der Europäischen Gemeinschaften, Grünbuch über die Umwandlung des Übereinkommens von Rom aus dem Jahr 1980 über das auf vertragliche Schuldverhältnisse anzuwendende Recht in ein Gemeinschaftsinstrument sowie über seine Aktualisierung vom 14.1.2003, KOM (2002) 654 endg.

[23] Kommission der Europäischen Gemeinschaften, Grünbuch über die Umwandlung des Übereinkommens von Rom aus dem Jahr 1980 über das auf vertragliche Schuldverhältnisse anzuwendende Recht in ein Gemeinschaftsinstrument sowie über seine Aktualisierung vom 14.1.2003, KOM (2002) 654 endg., S. 19.

[24] Kommission der Europäischen Gemeinschaften, Grünbuch über die Umwandlung des Übereinkommens von Rom aus dem Jahr 1980 über das auf vertragliche Schuldverhältnisse anzuwendende Recht in ein Gemeinschaftsinstrument sowie über seine Aktualisierung vom 14.1.2003, KOM (2002) 654 endg., S. 36.

[25] Kommission der Europäischen Gemeinschaften, Grünbuch über die Umwandlung des Übereinkommens von Rom aus dem Jahr 1980 über das auf vertragliche Schuldverhältnisse anzuwendende Recht in ein Gemeinschaftsinstrument sowie über seine Aktualisierung vom 14.1.2003, KOM (2002) 654 endg., S. 37 f.

[26] Kommission der Europäischen Gemeinschaften, Grünbuch über die Umwandlung des Übereinkommens von Rom aus dem Jahr 1980 über das auf vertragliche Schuldverhältnisse anzuwendende Recht in ein Gemeinschaftsinstrument sowie über seine Aktualisierung vom 14.1.2003, KOM (2002) 654 endg., S. 38 f.; siehe unten § 15 II.

a) Anwendbarkeit des EVÜ

Der sachliche Anwendungsbereich des EVÜ umfasst vertragliche Schuldverhältnisse. Von diesem Grundsatz des Art. 1 Abs. 1 EVÜ machen Art. 1 Abs. 2 und 3 EVÜ Ausnahmen für bestimmte Rechtsgebiete[27]. Das EVÜ ist nur dann anwendbar, wenn der Sachverhalt eine Verbindung zum Recht verschiedener Staaten aufweist. Umstritten ist, ob es sich hierbei tatsächlich um eine Einschränkung des sachlichen Anwendungsbereiches handelt[28], oder ob die Vorschriften auch bei Sachverhalten ohne Auslandsbezug anwendbar sein sollen und hier wegen der Offensichtlichkeit des Ergebnisses lediglich die Prüfung entfällt. Der Wortlaut des Art. 1 Abs. 1 EVÜ lässt indes wenig Raum für die zweite Ansicht. Dabei kommt es auf den gewöhnlichen Aufenthaltsort der Parteien ebenso wenig an wie auf deren Staatsangehörigkeit oder Sitz; ausschlaggebend ist nur, dass das Gericht eines Vertragsstaates angerufen wurde[29]. Unerheblich ist ebenfalls, auf das Recht welchen Landes das EVÜ verweisen würde[30]. Es obliegt dem Richter auf der Grundlage der nationalen Rechtsordnung zu bestimmen, ob die Voraussetzung eines „internationalen Vertrages“ vorliegt[31].

Das Übereinkommen hat die freie Rechtswahl zum Grundsatz. Die Vertragspartner können das auf den Vertrag anwendbare Recht vertraglich vereinbaren (Art. 3 EVÜ). Das wird in der Regel durch allgemeine Geschäftsbedingungen geschehen, was grundsätzlich möglich ist[32]. Nur in den Fällen, in denen die Parteien keine Rechtswahl getroffen haben, soll das Recht des Staates anwendbar sein, mit dem der Vertrag die engste Verbindung aufweist. Diese Verbindung wird zu dem Ort vermutet, an dem die Partei, die die charakteristische Leistung

---

[27] Schieds- und Gerichtsstandsvereinbarungen wurden wegen Uneinigkeiten aus dem Übereinkommen ausgeklammert (siehe *Giuliano/P. Lagarde*, Bericht, 1980, BT-Drs. 10/503 vom 20.10.1983, S. 33 [43 f.]), zudem decken anderen Konventionen dieser Regelungsbereiche ab. Die Konventionen von Genf 1927 und 1951 und die Konvention von New York 1958 regeln den Bereich der Schiedsgerichtsbarkeit und Art. 17 des EuGVÜ die Wahl des Gerichtsstandes; vgl. *P. Lagarde*, Rev. crit. dr. int. privé 1991, 287 (296).

[28] So *Martiny*, in: *Reithmann/Martiny* (Hrsg.), Vertragsrecht, 1996, Rn. 6; *P. Lagarde*, Rev. crit. dr. int. privé 1991, 287 (293); zur Schwierigkeit der Beurteilung des Vorliegens eines internationalen Vertrages, *Gaudemet-Tallon*, RTD eur., 1981, 215 (232 f.).

[29] *Carlier*, Litiges transfrontières, 1993, n° 99; *van Overstraeten*, R.D.A.I. 1998, 373 (386).

[30] *Martiny*, in: *Reithmann/Martiny* (Hrsg.), Internationales Vertragsrecht, 1996, Rn. 6; *Gaudemet-Tallon*, RTD eur. 1981, 215 (228 et s.), das EVÜ hat deshalb den Charakter einer *« loi uniforme de droit international privé »*.

[31] Für Frankreich *Foyer*, J.D.I. (Clunet) 118 (1991), 601 (604) mit Rechtsprechungsnachweisen (Fn. 20).

[32] Palandt/*Heldrich*, BGB, 2003, Art. 27 EGBGB, Rn. 8.

zu erbringen hat, ihren gewöhnlichen Aufenthalt, ihre Niederlassung oder Hauptverwaltung hat[33].

b) Verbraucherkollisionsrecht

aa) Anwendbarkeit

Art. 5 EVÜ enthält besondere kollisionsrechtliche Regelungen für bestimme Arten von Verbraucherverträgen, weil die allgemeinen Regeln der Art. 3 und 4 EVÜ zu nachteiligen Ergebnissen für die Verbraucher führen würden[34].

Ausnahmen vom Anwendungsbereich bestimmt Abs. 4 lit. b EVÜ für Verträge über die Erbringung von Dienstleistungen, wenn die dem Verbraucher geschuldeten Dienstleistungen ausschließlich in einem anderen als dem Staat erbracht werden müssen, in dem der Verbraucher seinen gewöhnlichen Aufenthalt hat. Bei dieser Fallgruppe weist der Vertrag engere Beziehungen zum Aufenthaltsstaat des Anbieters auf. Der Verbraucher kann redlicherweise nicht von der Anwendung des Rechts seines Heimatstaates ausgehen, selbst wenn eine Werbetätigkeit des Anbieters hier erfolgt ist[35]. Diese Ausnahmen können besonders im elektronischen Geschäftsverkehr Bedeutung gewinnen, wenn Dienstleistungen nur im Internet erbracht werden sollen, etwa durch das Zugänglichmachen von Informationen. Hier stellt sich die Frage, auf welchen Ort abzustellen ist: den Server des Unternehmers im Ausland, wo die Dienstleistung erbracht wird oder den Rechner am gewöhnlichen Aufenthaltsort des Verbrauchers, an dem die Dienstleistung oder das Ergebnis der Dienstleistung in Anspruch genommen wird. Wenn der Erfüllungsort handlungsbezogen verstanden wird, erscheint die erste Möglichkeit die richtige zu sein. Die Anwendbarkeit des Art. 5 EVÜ würde allerdings von der – aus der Sicht des Kunden – zufälligen Wahl des Server-Standorts abhängen[36]. Das spricht für eine andere Lösung, die durch ein enges Verständnis des Art. 5 Abs. 4 lit. b EVÜ erreicht werden kann. Die Regelung ist nur dann einschlägig, wenn überhaupt keine Verbindung zum Aufenthaltsort des Verbrauchers besteht oder, andersherum formuliert, Art. 5 ist immer dann anwendbar, wenn auch nur eine geringe Verbindung zum Staat des Verbrauchers

---

[33] *Carlier*, Litiges transfrontières, 1993, n° 99; *Kronke*, in: *Boele-Woelki/Kessedjian* (éd.), Internet, 1998, p. 65 (74); Schwierigkeiten bei der Bestimmung der charakteristischen Leistung sieht *Kronke*, préc., p. 65 (75), für neue über das Internet abgewickelte Vertragsformen, die erst durch die technischen Möglichkeiten denkbar werden.

[34] *P. Lagarde*, in: Etudes *Ghestin*, 2001, p. 511 (513); zum Verbraucherbegriff im EVÜ siehe oben § 2 II 1 a.

[35] *Giuliano/P. Lagarde*, Bericht, 1980, BT-Drs. 10/503 vom 20.10.1983, S. 33 (57); kritisch zum letzten Aspekt *Morse*, Int.C.L.Q. 41 (1992), 1 (5).

[36] *Mankowski*, RabelsZ 63 (1999), 203 (254).

besteht[37]. Diese kann im Abrufen der Informationen vom Aufenthaltsstaat aus gesehen werden[38].

bb) Einschränkung der Rechtswahl

Art. 5 EVÜ schränkt in bestimmten Fällen die Rechtswahlmöglichkeiten der Parteien ein. Absatz 2 garantiert dem Verbraucher auch bei einer im Vertrag enthaltenen und für ihn wohl in der Regel nachteiligen Rechtswahlklausel die Anwendbarkeit der zwingenden Verbraucherschutzvorschriften des Staates, in dem er seinen gewöhnlichen Aufenthalt hat. Verbraucherschutzregeln gehören in Frankreich und Deutschland zu den *lois de police* bzw. zum zwingenden Recht[39]. Der Vorschrift liegt der Gedanke zugrunde, dass der Verbraucher mit dem Recht seines Aufenthaltsstaates in der Regel am meisten vertraut ist[40]. Selbst wenn ein anderes Recht als das des Verbraucherstaates gewählt wird und das Verbraucherschutzniveau in diesem Staat schlechter ist, als im Aufenthaltsstaat des Verbrauchers, bleiben dem Verbraucher elementare Schutzinstrumente erhalten, die in der Regel als zwingendes Recht ausgestaltet sind. Die Regelung gewinnt in den Fällen besondere Bedeutung, in denen das Recht eines Staates, der nicht Mitglied der EU ist und in dem so nicht die gemeinschaftsrechtlichen Verbraucherschutzmaßstäbe gelten, ausgewählt wird. Das ist nach Art. 2 EVÜ möglich und zwar auch in den Fällen, in denen der Unternehmer selbst nicht in einem Drittstaat ansässig ist.

Art. 5 Abs. 2 EVÜ ist nur in drei aufgezählten Fallkonstellationen anwendbar. Der erste Anwendungsfall erfordert ein „ausdrückliches Angebot oder eine Werbung" in dem Staat, in dem der Verbraucher seinen gewöhnlichen Aufenthalt hat, das dem Vertragsabschluss vorausgegangen ist und die Vornahme der „zum Abschluss des Vertrages erforderlichen Rechtshandlung" durch den Verbraucher in diesem Staat. Der zweite Anwendungsfall ist gegeben, wenn der Vertragspartner die Bestellung selbst oder durch einen Vertreter im Aufenthaltsstaat des Verbrauchers entgegengenommen hat. Schließlich kommt dem Verbraucher die Regelung des Art. 5 Abs. 2 EVÜ dann zugute, wenn er zum Warenkauf zwar ins Ausland gereist ist, die Reise vom Verkäufer aber „mit dem Ziel herbeigeführt worden ist, den Verbraucher zum Vertragsabschluss zu veranlassen." In den drei Fallgruppen kommt die Intention zum Ausdruck, den passiven Verbraucher zu schützen. Nicht geschützt werden soll dagegen der aktive

---

37 *Lorenz*, in : FS *Kegel*, 1987, S. 303 (320).

38 *Mankowski*, RabelsZ 63 (1999), 203 (255).

39 Siehe *Houx*, Petites affiches, 1.3.2001, 6 (8); *Cachard*, Marché électronique, 2002, n° 268; *Gruber*, DB 1999, 1437 (1438 ff.), für die einzelnen deutschen Verbraucherschutzregeln.

40 *De Matos*, REDC 2000, 151 (163); *Normand/Balate*, Cah. dr. eur. 26 (1990), 272 (314).

Verbraucher, der selbst auf den Unternehmer zugeht. Denn in diesem Fall stellt er freiwillig und bewusst das eigene Recht zur Disposition[41]. Für den elektronischen Geschäftsverkehr sind die ersten beiden Fallgruppen von Bedeutung.

(1) Erste Fallgruppe: Ausdrückliches Angebot im Verbraucherstaat

Die erste Fallgruppe ist gegeben, wenn zwei Voraussetzungen erfüllt sind. Der Anbieter muss ein Angebot oder Werbung im Verbraucherstaat abgegeben haben und in diesem Staat muss die zum Abschluss eines Vertrages erforderliche Rechtshandlung vorgenommen werden.

(a) Abgabe des Angebots im Verbraucherstaat

Fraglich ist, wann der Anbieter sein Angebot oder seine Werbung im Verbraucherstaat abgegeben hat. Für die traditionellen Medien haben sich drei Ansichten herausgebildet. Nach dem Bericht von *Giuliano/Lagarde* ist es erforderlich, dass Verbraucher zielgerichtet in dem Staat angesprochen werden sollen. So soll die Werbung eines französischen Unternehmers in einer deutschen Zeitschrift unter den Anwendungsbereich fallen, nicht jedoch die Werbung eines amerikanischen Unternehmers in einer amerikanischen Zeitschrift, und zwar selbst dann nicht, wenn sie in Deutschland verkauft wird[42]. Diese Ansicht findet sich auch in der Literatur[43]. Insbesondere Fernabsatzgeschäfte und Haustürgeschäfte sind vom Anwendungsbereich umfasst[44]. Eine andere Ansicht lässt es ausreichen, wenn das Verbraucherland von der Werbung oder dem Angebot betroffen ist. Das ist schon dann der Fall, wenn in dem Land die Möglichkeit der Kenntnisnahme besteht[45]. Auf das Internet angewendet würde diese Sichtweise automatisch eine weltweite Ausrichtung des Angebots bedeuten. Eine differenzierende Ansicht unterscheidet nach der Art des verwendeten Mediums. Bei gebietsbezogenen Medien, wie etwa einer Lokalzeitung, soll Zielgerichtetheit erforderlich sein. Wenn die Zeitung im Ausland gelesen wird, so gilt die Werbung nicht als in diesem Land abgegeben. Bei gebietsneutralen oder internationalen Medien

---

[41] Siehe *P. Lagarde*, in: Etudes *Ghestin*, 2001, p. 511 (514); *Houx*, Petites affiches, 1.3.2001, 6 (12 et s.); aus diesem Grund ist das zwingende Verbraucherrecht auch nicht über Art. 7 Abs. 1 EVÜ auf den aktiven Verbraucher anwendbar, *ders.*, préc., 6 (11 et s.); Art. 7 Abs. 2 EVÜ geht dagegen Art. 5 vor, *Junker*, IPRax 2000, 65 (71).

[42] *Giuliano/P. Lagarde*, Bericht, 1980, BT-Drs. 10/503 vom 20.10.1983, S. 33 (56).

[43] *Mankowski*, RIW 1993, 453 (458); *ders.*, RabelsZ 63 (1999), 203 (234);

[44] *Gaudemet-Tallon*, RTD eur., 1981, 215 (254); *Lesguillons*, Lamy Contrats Internationaux, div. 2, 1999, art. 182, n° 1.

[45] *Martiny*, in: MK-BGB, Band 10, 1998, Art. 29 EGBGB, Rn. 20; *Magnus*, in: Staudinger, BGB, 2002, Art. 29 EGBGB, Rn. 70; *Lüderitz*, in: FS *Riesenfeld*, 1983, S. 147 (158).

dagegen ist das gesamte Verbreitungsgebiet Ort der Werbung, auch wenn der Anbieter hierauf keinen Einfluss hat[46].

Das Internet kann im Sinne der zuletzt vorgestellten Differenzierung eindeutig als internationales, gebietsneutrales Medium eingeordnet werden. Dies gilt zunächst unabhängig davon, ob die Leistung, die über dieses Medium angeboten wird, auch gebietsneutral ist, oder ihrer Art nach einen begrenztes Absatzgebiet hat. Damit verbleibt die Entscheidung zwischen dem Erfordernis der Zielgerichtetheit von Angebot oder Werbung oder der bloßen Betroffenheit. In dieses Raster lassen sich auch die in Bezug auf die Internetproblematik geäußerten Meinungen einordnen. Die Diskussion zu Art. 5 EVÜ bzw. Art. 29 EGBGB, stellt sich wie folgt dar. Es wird vertreten, dass die Werbung im Internet weltweit, und damit auch im Aufenthaltsstaat des Verbrauchers, präsent sei[47]. Diese Ansicht lehnt sich an das Betroffenheitserfordernis an. Sie wird mit dem Argument der Effektivität des Verbraucherschutzes untermauert: Ein Verbraucher könne nicht wissen, ob ihn die Werbung zufällig oder bestimmungsgemäß erreicht habe[48]. Andererseits wird von einigen Autoren auch hier Zielgerichtetheit verlangt[49]. Richtigerweise ist zu verlangen, dass der Unternehmer einen spezifischen Bezug zum Aufenthaltsstaat des Verbrauchers herstellt. Art. 5 EVÜ beruht auf dem Gedanken, dass der Anbieter, der sich bewusst auf das Recht des Verbraucherlandes einlässt, auch das Recht des Verbraucherstaates in Kauf nehmen muss. Ein Verzicht auf das Erfordernis der Zielgerichtetheit ist zudem rechtspolitisch problematisch. So ist es fraglich, ob es einem Unternehmer zugemutet werden kann, sich auf alle nationale Rechtsordnungen von Verbrauchern einstellen zu müssen, wenn er eine – immer weltweit abrufbare[50] – Internetseite unterhält[51]. Das würde für den Unternehmer zu unabsehbaren Risiken führen und großen Aufwand bedeuten[52]. In der Praxis scheint die Mehrzahl der Unternehmer in einer Nutzen-Risiko-Abwägung trotz der noch bestehenden rechtlichen Diskussion und der tatsächlichen Schwierigkeiten zu dem Ergebnis zu kommen, im

---

[46] *von Hoffmann*, in: *Soergel*, BGB, Band 10, 1996, Art. 29 EGBGB, Rn. 18.

[47] *Gravisse*, Petites affiches, 20.1.1999, 14 (18); *Kronke*, RIW 1996, 985 (988); im Ergebnis auch *Ernst*, VuR 1997, 259 (260).

[48] *Martiny*, in: MK-BGB, Band 10, 1998, Art. 29 EGBGB, Rn. 20.

[49] So *Mehrings*, CR 1998, 613 (618 f.), der zwar eine weltweite Präsenz annimmt, aber durch Hinweise bewusst den Zielbereich der Verbreitung einschränken kann; *Pfeiffer*, NJW 1997, 1207 (1214), grenzt danach ab, in welchen Staaten der Anbieter mit einem Empfang rechnen konnte.

[50] Wirksame technische Möglichkeiten der Verbreitungsbegrenzung gibt es nicht, siehe die Auseinandersetzung mit diesem Problem bei *Mankowski*, RabelsZ 63 (1999), 203 (243 f.).

[51] *Mankowski*, MMR-Beilage 7/2000, 22 (22).

[52] Vgl. *Borges*, ZIP 1999, 565 (569); *van Overstraeten*, R.D.A.I. 1998, 373 (389).

Internet anzubieten[53]. Dies liegt möglicherweise auch daran, dass die sich aus den rechtlichen Problemen ergebenden wirtschaftlichen Risiken nicht hinreichend bekannt sind, um angemessen berücksichtigt zu werden.

Mankowski baut ebenfalls auf der Ansicht der Zielgerichtetheit auf[54], lässt aber tatsächlich die bloße Empfangsmöglichkeit im Verbraucherstaat ausreichen, indem er Angebote im Internet als „an die ganze Welt adressiert" bezeichnet[55]. Die Zielgerichtetheit verliert so ihre einschränkende Wirkung. Zur Begründung werden die Vorteile angeführt, die das Internet für Anbieter im Marketing bietet. Die Möglichkeit, bestimmte Zielgruppen anzusprechen, die hohe „Zielgruppengenauigkeit" des Internet, bietet dem Anbieter Vorteile. Den Anbieter deshalb daran festzuhalten, dass er auf den Verbraucher zugegangen sei[56], erscheint allerdings nicht zwingend. Denn gerade die Möglichkeit, einzelne Zielgruppen gezielt anzusprechen, ist ein Argument gegen die Annahme, dass alle Nutzer im gesamten Verbreitungsgebiet angesprochen werden sollen.

Wenn der Unternehmer mit Verbrauchern Verträge schließt, an die er bei der Verbreitung seines Angebots nicht gedacht hat[57], bedeutet das nicht im Umkehrschluss eine gezielte Ausrichtung seines Angebots auf diese Verbraucher. Am oben wiedergegebenen Zeitschriftenbeispiel von *Giuliano/Lagarde*[58] wird deutlich, dass sich Verbreitungsgebiet und Zielgebiet nicht decken. Dies ist auch der Gedanke, den *Cachard* seinem Ansatz der „*focalisation*" zugrunde legt. Gemeint ist die Bestimmung des anwendbaren Rechts abhängig von dem Willen des Anbieters, die aber nicht ausschließt, dass das Internetangebot auch vereinzelt von Drittstaaten aus abgerufen werden kann[59]. Die Theorie soll unter anderem dazu dienen, die Anwendung von Rechtsordnungen zu verhindern, deren Länder nicht angesprochen werden sollten[60].

Ein Anbieter muss sein Angebot oder seine Werbung also auch im Internet zielgerichtet im Verbraucherstaat abgeben[61]. Die bloße Zugänglichkeit des Mediums ist nicht ausreichend. Zu klären bleibt die Frage, anhand welcher Kriterien die

---

53 *Mankowski*, RabelsZ 63 (1999), 203 (235).
54 *Mankowski*, RabelsZ 63 (1999), 203 (235).
55 *Mankowski*, RabelsZ 63 (1999), 203 (235).
56 *Mankowski*, RabelsZ 63 (1999), 203 (238).
57 *Mankowski*, RabelsZ 63 (1999), 203 (239).
58 Siehe oben § 12 II 1 a. aa. (1) (a).
59 *Cachard*, Marché électronique, 2002, n° 108 et s.
60 *Cachard*, Marché électronique, 2002, n° 110.
61 *Borges*, ZIP 1999, 565 (569).

Ausrichtung der Werbung auf bestimmten Staaten ermittelt werden kann[62]. Zur Abgrenzung werden verschiedene Kriterien vorgeschlagen[63]. Die Sprache kann, wenn es sich nicht um die Weltsprache Englisch handelt[64], einen Hinweis darauf geben, dass die Werbung auf einen bestimmten Markt zugeschnitten ist[65]. Ähnliches gilt für Währungsangaben oder Maßeinheiten für Gewicht, Längen und Menge oder sonstige länderspezifische Angaben im Zusammenhang mit dem beworbenen oder angebotenen Geschäft[66]. Dabei muss die eigentliche Werbeaussage im Zusammenhang mit der Internetseite gesehen werden, in die sie eingebunden ist. Die Länderkennung der Internetadresse dagegen ist kein zuverlässiges Kriterium[67], weil es zum einen Endungen gibt, die nicht länderspezifisch sind, wie etwa „.com", „.org" oder „.net" und zum anderen allenfalls Aussagen gemacht werden können über den Host-Provider, nicht jedoch über den Content-Provider als Anbieter im Sinne des 5 EVÜ.

Mit Hilfe dieser Kriterien kann in einer Gesamtbetrachtung ermittelt werden, in welchen Ländern das Angebot oder die Werbung als abgegeben gelten kann. Ausschlaggebend soll dabei nicht die Sichtweise des Anbieters sein[68], sondern die des Verbrauchers[69]. Das entspricht dem Gedanken des Art. 5 EVÜ. Der Verbraucher muss sich dann einer fremden Rechtsordnung ausgesetzt sehen, wenn er sich (aus seiner Sicht) aus seinem Heimatstaat herausbegibt. Das Abstellen auf die Verbrauchersicht widerspricht nicht der Theorie der Zielgerichtetheit. Denn der Verbraucher kann durchaus erkennen, ob er sich untypischerweise von einem Angebot angesprochen fühlt, weil er etwa zufällig die fremde Sprache spricht oder ob er das Angebot bestimmungsgemäß abruft.

---

62 Dabei kann die Werbung durchaus auch gleichzeitig auf verschiedene Staaten gerichtet sein, *Borges*, ZIP 1999, 565 (570).

63 *Mankowski*, RabelsZ 63 (1999), 203 (244 ff.), diskutiert die Abgrenzungskriterien nicht im Zusammenhang mit der Bestimmung der Zielgerichtetheit, die bei ihm ja immer gegeben ist, sondern mit der Möglichkeit des Unternehmers, sein Vertragsangebot (konkludent) einzuschränken.

64 *Rüßmann*, K&R 1998, 129 (134); *Borges*, ZIP 1999, 565 (570).

65 *Rüßmann*, K&R 1998, 129 (134); *Borges*, ZIP 1999, 565 (570); ausführlich *Mankowski*, RabelsZ 63 (1999), 203 (246).

66 *Borges*, ZIP 1999, 565 (570).

67 *Pfeiffer*, NJW 1997, 1207 (1214); *Borges*, ZIP 1999, 565 (570); *Drexl*, RIDE 2002, 405 (437).

68 So aber *Pfeiffer*, NJW 1997, 1207 (1214); *Cachard*, Marché électronique, 2002, n° 303 et s.

69 Der Verbraucher fühlt sich gerade nicht in allen Fällen „individuell angesprochen", wie *Mankowki*, RabelsZ 63 (1999), 203 (239), feststellt und *Junker*, RIW 1999, 809 (816), mit Verweis hierauf hervorhebt, sondern nur dann, wenn er aufgrund der inhaltlichen Merkmale sich als Adressat angesprochen fühlen darf.

(b) Rechtsgeschäftliche Handlung des Verbrauchers

Die zweite, für das Internet nicht unproblematische Frage geht dahin, wo der Verbraucher die rechtsgeschäftlich relevante Handlung vorgenommen hat, wenn er im Internet eine Willenserklärung abgibt, wobei sowohl sein Aufenthaltsort als auch der Ort, an dem die Willenserklärung zugeht, in Betracht kommen[70]. Nach dem Bericht von *Giuliano/Lagarde* ist mit „erforderlicher Rechtshandlung" die „Abgabe einer ... Willensbekundung auf ein Angebot oder eine Werbung hin" gemeint[71]. Die Schwierigkeiten der Bestimmung des relevanten Ortes bei über das Internet geschlossenen Geschäften[72] werden von einigen Autoren nicht durch Auslegung des Art. 5 EVÜ zu lösen versucht, sondern mit Hilfe allgemeiner Überlegungen, wie der, dass jedenfalls dem Verbraucher bekannte Schutzregelungen Anwendung finden müssten[73]. *Kronke* schlägt eine differenzierende Lösung abhängig von der Kenntnis des Unternehmers über den Aufenthaltsort des Verbrauchers vor[74]. Für die Fälle, in denen sich der Verbraucher zufällig im Ausland befindet, während er die Willenserklärung absendet, empfiehlt sich eine teleologische Reduktion der Vorschrift zu seinen Gunsten[75], wobei insbesondere das Internet die Nachweisbarkeit des Sendeortes ohnehin schwierig macht[76].

Die Anwendbarkeit des Art. 5 EVÜ könnte für Rechtsgeschäfte, bei denen der Verbraucher im Internet handelt, grundsätzlich ausgeschlossen sein, weil der Verbraucher nicht der passive ist, an den in der Vorschrift gedacht wurde. Die Informationen werden von ihm nicht in ihrer Gesamtheit übernommen, sondern individuell ausgewählt[77]. Diese Interaktivität im Internet erschwert die Einordnung des Verbrauchers als passiv oder aktiv[78]. *De Matos* unterscheidet – inhaltlich wohl ähnlich – im Zusammenhang mit dem EuGVÜ zwischen „*consommateur statique*" und „*consommateur mobile*"[79] und hält hier eine unterschiedliche

---

[70] Die Bestellung wird nach deutschem Recht dort entgegengenommen, wo sie der anderen Partei zugeht, BGH, Urteil vom 19.3.1997, BGHZ 135, 124 (132), zu Art. 29 Abs. 1 Nr. 2 EGBGB.

[71] *Giuliano/P. Lagarde*, Bericht, 1980, BT-Drs. 10/503 vom 20.10.1983, S. 33 (56).

[72] *Lesguillons*, Lamy Contrats Internationaux, div. 2, 2000, art. 196.

[73] Vgl. *Waldenberger*, BB 1996, 2365 (2371).

[74] *Kronke*, RIW 1996, 985 (993); Missbrauchsmöglichkeiten zuungunsten der Verbrauches sieht hierbei Arnold, CR 1997, 526 (527, Fn. 9).

[75] *Borges*, ZIP 1999, 565 (571); ausführlich *Mankowski*, RabelsZ 63 (1999), 203 (251 f.).

[76] Dieses tatsächliche Hindernis sehen *Borges*, ZIP 1999, 565 (571) und *Mankowski*, RabelsZ 63 (1999), 203 (252).

[77] *Von Hinden*, Persönlichkeitsverletzungen, 1999, S. 13 f.

[78] *Cachard*, Marché électronique, 2002, n° 286.

[79] *De Matos*, REDC 2000, 151 (159).

Behandlung für nicht gerechtfertigt, weil die wirtschaftlich schwächere Position im Vergleich zum Unternehmer in beiden Fällen gegeben sei[80]. *Junker* kommt zum gleichen Ergebnis, indem er darauf abstellt, dass der Verbraucher „physisch" in seinem Aufenthaltsstaat verbleibt und zudem zwar selbst tätig wird, aber dabei nur erfolgreich ist, wenn der Unternehmer zuvor seine Angebote im Internet zugänglich gemacht hat[81]. Darauf, dass das Verbraucherverhalten immer eine Reaktion auf ein vorhergehendes Angebot auf der Internetseite ist, weist auch *Mankowski* hin[82]. Eine gewisse Aktivität des Verbrauchers findet sich zudem auch bei herkömmlichen Medien; der Verbraucher wählt auch hier aktiv aus[83].

(2) Zweite Fallgruppe: Entgegennahme der Bestellung im Verbraucherstaat

Auch die Fallgruppe des Art. 5 Abs. 2 2. Spiegelstrich EVÜ, nach der das Recht des Verbraucherstaates anwendbar ist, wenn der Unternehmer die Willenserklärung des Verbrauchers in dessen Vertragsstaat entgegengenommen hat, kann als für Internetgeschäfte anwendbar verstanden werden. Die Möglichkeit, eine Internetseite in einem Staat abzurufen und von diesem Staat aus eine Bestellung über diese Internetseite abzugeben, könnte so verstanden werden, dass der Vertragspartner im Staat des Verbrauchers die Bestellung zwar nicht körperlich, aber durch seinen Internetauftritt entgegengenommen hat[84]. Andererseits ist die virtuelle Präsenz im Internet möglicherweise nicht ausreichend[85]. Für das Erfordernis der körperlichen Anwesenheit zur Entgegennahme einer Bestellung kann ein Vergleich mit der telefonischen Annahme herangezogen werden, bei der eine Annahme im Verbraucherstaat verneint wird[86], Art. 5 Abs. 2 2. Spiegelstrich EVÜ also auch nicht anwendbar ist[87]. Die Analogie zum Telefon wird dann problematisch, wenn der ausländische Unternehmer von einem Server im Verbraucherstaat aus handelt, sein Kommunikationsanschluss sich also auch technisch im Inland befindet. Das entscheidende Kriterium kann aber nicht der

---

[80] *De Matos*, REDC 2000, 151 (159).

[81] *Junker*, RIW 1999, 809 (815); dabei muss nach deutschem Recht keine Willenserklärung vorliegen, ausreichend ist eine *invitatio ad offerendum*, BGH, Urteil vom 26.10.1993, BGHZ 123, 380 (389); *Martiny*, in: MK-BGB, Band 10, 1998, Art. 29, Rn. 19.

[82] *Mankowski*, RabelsZ 63 (1999), 203 (241 f.).

[83] *Mankowski*, RabelsZ 63 (1999), 203 (240).

[84] So *Arnold*, CR 1997, 526 (527); *Waldenberger*, BB 1996, 2365 (2371).

[85] So *Mankowski*, RabelsZ 63 (1999), 203 (253).

[86] *Borges*, ZIP 1999, 565 (567).

[87] So jedenfalls die Meinung zu Art. 29 Abs. 1 Nr. 3 EGBGB: *Borges*, ZIP 1999, 565 (567); vgl. *von Hoffmann*, in: *Soergel*, BGB, Band 10, 1996, Art. 29 EGBGB, Rn. 20.

für den Nutzer nicht erkennbare Serverstandort sein[88]. Abzustellen ist auf die Sicht des Verbrauchers, die davon abhängt, ob der virtuelle Standort des Unternehmers im Internet im Verbraucherstaat oder im Ausland liegt. Nur im ersten Fall wäre die Fallgruppe des Art. 5 Abs. 2 2. Spiegelstrich EVÜ zu bejahen. Regelmäßig ist dann aber schon die Fallgruppe des ersten Spiegelstrichs einschlägig, so dass die Fallgruppe des zweiten Spiegelstrichs keine eigenständige Rolle als Anknüpfungspunkt bei Internetgeschäften spielt.

cc) Kollisionsnorm bei fehlender Rechtswahl

Für die Fälle des Art. 5 Abs. 2, in denen keine Rechtswahl vorgenommen wurde, enthält Art. 5 Abs. 3 EVÜ eine Kollisionsnorm, die – insgesamt und nicht nur wie Abs. 2 hinsichtlich des zwingenden Rechts – auf das Recht des Staates verweist, in dem der Verbraucher seinen gewöhnlichen Aufenthalt hat. Die Anwendung des „eigenen" Rechts bedeutet für den Verbraucher indes nicht unbedingt das höchstmögliche Schutzniveau[89]. Vom Einzelfall losgelöst ist mit diesem System den Verbraucherinteressen dennoch besser gedient, weil der Verbraucher das Recht des eigenen Staates in der Regel besser kennt als das eines dritten Staates. Das dort geltende höhere Schutzniveau würde ihm so möglicherweise gar nicht zugute kommen.

c) Ergebnis

Das internationale Vertragsrecht nach dem EVÜ erklärt bei Verbraucherverträgen, bei denen keine Rechtswahl vereinbart wurde, das Recht des Staates für anwendbar, in dem der Verbraucher seinen gewöhnlichen Aufenthalt hat. Wenn eine Rechtswahl vereinbart wurde, ist in bestimmten Fällen das zwingende Verbraucherschutzrecht des Verbraucherstaates anwendbar. Im Internet kommt vor allem die erste Fallgruppe des Art. 5 Abs. 2 EVÜ in Betracht. Im weltweiten Medium Internet ist die Begrenzung der Reichweite des Angebots gleichzeitig wichtig und problematisch. Obwohl eine Internetseite weltweit abrufbar ist, werden die Länder, auf die das Angebot zielgerichtet abgegeben wird, in einer Gesamtschau verschiedener Kriterien bestimmt. Die zweite Voraussetzung dieser Fallgruppe, ob der Verbraucher die Willenserklärung in seinem Heimatstaat abgegeben hat und die zweite Fallgruppe, die Annahme der Bestellung durch den Unternehmer im Verbraucherstaat, hängen beide vom gleichen Problem ab, nämlich von der Bestimmung des Ortes, an dem im Internet eine Handlung vor-

---

[88] Gegen eine Relevanz des Serverstandortes *Borges*, ZIP 1999, 565 (567); *Mankowski*, RabelsZ 63 (1999), 203 (253), demzufolge ein wichtiger Ausgangspunkt die Adresse ist, an die der Verbraucher seine (elektronische) Nachricht gesandt hat.

[89] *De Matos*, REDC 2000, 151 (162 et s.)

genommen wird. Eine Anknüpfung an den physischen Aufenthaltsort der handelnden Person würde die Antwort nur noch von dem tatsächlichen Problem der Bestimmung des Aufenthaltsortes von Verbraucher bzw. Unternehmer abhängig machen, wird jedoch insbesondere bei der zweiten Fallgruppe den Eigenarten des Internet nicht gerecht. Sinn und Zweck des Art. 5 EVÜ, nämlich den passiven Verbraucher zu schützen, kann es entsprechen, wenn ein Unternehmer, der im Verbraucherstaat seine Bestellseite zugänglich macht, so behandelt wird, als wenn er in diesem Staat die Bestellung entgegennehmen würde. Dann würde aber Übereinstimmung bestehen mit der ersten Fallgruppe, die an die Ausrichtung des Angebots an bestimmte Staaten anknüpft. Diese Konvergenz ist internettypisch, weil das Kommunikationsmittel gleichzeitig die Übermittlung der Werbung und den Austausch von Willenserklärungen zum Vertragsschluss ermöglicht. Aus diesem Grund fällt es leicht, im Interesse klarer Gesetzesanwendung die Bestimmung des Ortes, an dem eine Willenserklärung abgegeben wird, von dem Aufenthaltsort des Erklärenden im Moment der Erklärung abhängig zu machen.

2. Kollisionsrecht in EG-Richtlinien

In gemeinschaftsrechtlichen Richtlinien finden sich kollisionsrechtliche Bestimmungen, die die nationalen Kollisionsregeln angleichen. Die verbraucherschützenden Richtlinien im Verbrauchervertragsrecht verlangen die Sicherstellung der gemeinschaftsrechtlichen Schutzstandards bei Drittstaatenbezug. Der Einfluss des Herkunftslandprinzips in der Richtlinie über den elektronischen Geschäftsverkehr auf das nationale Kollisionsrecht wird im Zusammenhang mit seinem Hauptanwendungsfall grenzüberschreitender wettbewerbsrechtlicher Fragestellungen behandelt[90].

Die verbraucherschützenden gemeinschaftsrechtlichen Richtlinien enthalten Bestimmungen, die die Umgehung der in ihr enthaltenen Grundsätze schützen sollen. Die Bestimmungen können in zwei Gruppen unterteilt werden. In der Klauselrichtlinie (Art. 6 Abs. 2)[91], der Fernabsatzrichtlinie[92] (Art. 12 Abs. 2), der Richtlinie über Finanzdienstleistungen im Fernabsatz (Art. 12 Abs. 2)[93] und der

---

[90] Siehe unten § 12 II 3 b.

[91] Eine Umsetzung in nationales Recht hielt *Jayme*, in: FS *Trinkner*, 1995, S. 575 (576, 583), nicht für notwendig.

[92] Zur Einordnung der Norm als Rechtsetzungsauftrag vgl. *Arnold*, CR 1997, 526 (527); zum Umsetzungsbedarf in Deutschland *Thorn*, IPRax 1999, 1 (7 ff.).

[93] Zusätzlich zum Erfordernis der Verbindung zu einem Mitgliedstaat verlangte Art. 11 Abs. 3 des Geänderten Vorschlags der Richtlinie über den Fernabsatz von Finanzdienstleistungen an Verbraucher vom 23.7.1999, KOM (1999) 385. endg., dass sich der Verbraucherwohnsitz in einem der Mitgliedstaaten der Gemeinschaft befindet. Ein Grund für dieses zusätzliche Erfor-

Verbrauchsgüterkaufrichtlinie (Art. 7 Abs. 2) werden die Grundsätze der Richtlinie vor der Umgehung durch die Wahl des Rechts eines Drittstaates geschützt. Wenn durch Rechtswahl das Recht eines Drittstaates bestimmt ist und der Vertrag eine enge Beziehung zu einem oder mehreren Mitgliedstaaten der Europäischen Gemeinschaft aufweist, darf den Verbrauchern der in der jeweiligen Richtlinie gewährte Schutz nicht vorenthalten werden[94]. Art. 9 der Timesharing-Richtlinie garantiert dem Verbraucher die Standards der Richtlinie unabhängig davon, ob das Recht eines Drittstaates durch Rechtswahl oder durch die Anwendung von Kollisionsrecht (Art. 5 Abs. 3 EVÜ) anzuwenden ist. Diese Unterscheidung war vom europäischen Richtliniengeber möglicherweise nicht gewollt[95].

Die Richtlinienbestimmungen zielen auf die Einführung einseitiger Kollisionsnormen in die nationalen Rechtsordnungen ab, die in bestimmten Fällen das Recht der Europäischen Gemeinschaft zur Anwendung bringen sollen. Die allgemeine gemeinschaftsrechtliche Kollisionsnorm für Verbraucherverträge (Art. 5 EVÜ) ist dagegen eine allseitige Kollisionsnorm, die auch auf das Recht eines Drittstaates verweisen kann[96]. Der Vergleich und das Nebeneinander dieser beiden Instrumente gibt Anlass zu einer kritischen Überlegung: Art. 5 Abs. 2 EVÜ verweist im Rahmen seines Anwendungsbereiches auf zwingendes Verbraucherschutzrecht. Hierzu gehören die meisten Bestimmungen der verbraucherschützenden Richtlinien. Sie sollen aber nur in bestimmten Fällen anwendbar sein, denen gemein ist, dass der Verbraucher „passiv“ ist. Die Selbstverantwortlichkeit, die dem aktiven Verbraucher im EVÜ unterstellt wird, wird in den Richtlinienbestimmungen aufgegeben und auch dem aktiven Verbraucher der Schutzstandard der Gemeinschaft „aufgedrängt“[97].

---

dernis könnte eine Anlehnung an das Bild des passiven Verbrauchers in Art. 5 EVÜ gewesen sein, *Jayme/C. Kohler*, IPRax 2000, 454 (456).

[94] Das nimmt *Staudinger*, NJW 2001, 1974 (1976 f.) als ungeschriebenen Grundsatz auch für die Haustürrichtlinie an, indem er eine Entscheidung des EuGH zur Handelsvertreterrichtlinie (Richtlinie 86/653/EWG vom 18. Dezember 1986 zur Koordinierung der Rechtsvorschriften der Mitgliedstaaten betreffend die selbständigen Handelsvertreter, ABl. Nr. L 382/17 vom 31.12.1986; EuGH, Urteil vom 9.11.2000, Rs. C-381/98, Slg. 2000, I-9305, „Ingmar“, heranzieht; ebenso für die Haustür- und die Verbraucherkreditrichtlinie *Bitterich*, VuR 2002, 155 (163); vgl. auch *C. Kohler*, ZEuS 4 (2001), 575 (585); Anwendungsbeispiele zu den Kollisionsregelungen bei *Nemeth*, Kollisionsrechtlicher Verbraucherschutz, 2000, S. 88 ff.

[95] *Jayme*, in: FS *Trinkner*, 1995, S. 575 (577 f.), am Beispiel der Richtlinie über mißbräuchliche Klauseln.

[96] *Jayme*, in: FS Trinkner, 1995, S. 575 (582 f.), sieht eine Gefahr für die Stimmigkeit des europäischen Kollisionsrechtssystems.

[97] So zur Klauselrichtlinie *Jayme*, in: FS *Trinkner*, 1995, S. 575 (579).

Der Schutzmechanismus funktioniert freilich nur, wenn ein Gericht in einem Mitgliedstaat der Europäischen Gemeinschaft angerufen wird. Das muss, insbesondere wenn der Unternehmer in einem Drittstaat beheimatet ist, nicht unbedingt der Fall sein. Der Schutz könnte durch einen besonderen Gerichtsstand gewährleistet werden, der die Zulässigkeit einer der mitgliedstaatlichen Gerichtsbarkeiten zulässt[98]. Damit könnte jedoch nur verhindert werden, dass ein mitgliedstaatliches Gericht sich selbst für unzuständig und das Gericht eines Drittstaates für zuständig erklärt. Wenn in einem Drittstaat vor einem Gericht geklagt wird, dass sich für zuständig erklärt, würde ein ebenfalls einschlägiger gemeinschaftsrechtlicher Schutzgerichtsstand für dieses Verfahren nicht zum Tragen kommen, es bedürfte einer globalen Zuständigkeitsregelung.

Art. 20 EVÜ bestimmt ausdrücklich den Vorrang des Gemeinschaftsrechts vor dem Völkerrecht, so dass dem nationalen Gesetzgeber ein „opting-out“ von den kollisionsrechtlichen Bestimmungen der Richtlinien verboten ist[99].

Die kollisionsrechtlichen Bestimmungen der einzelnen Richtlinien wurden in Frankreich nicht in einer Bestimmung, sondern gesetzessystematisch zusammen mit dem jeweiligen Sachrecht geregelt. So bestimmt Art. L 135-1 C. cons. in Umsetzung des Art. 2 Abs. 2 der Klauselrichtlinie, dass das französische Recht über missbräuchliche Klauseln (Art. L 132-1 C. cons.) auf Verträge anwendbar ist, die dem Recht eines Drittstaates unterliegen und bei denen der Verbraucher den Wohnsitz in einem Mitgliedstaat der Europäischen Union hat und der Vertrag dort angeboten, geschlossen oder ausgeführt wurde[100]. Unabhängig von der Bestimmung des anwendbaren Rechts genießt der Verbraucher also Mindestschutzstandards, wenn er seinen Wohnsitz in einem Mitgliedsstaat hat[101], so dass die schwierige Bestimmung des anwendbaren Rechts für ihn an Bedeutung verliert.

In Deutschland wurden die verschiedenen Bestimmungen mit der Umsetzung der Fernabsatzrichtlinie in einer Bestimmung im Internationalen Privatrecht –

---

[98] Siehe *Jayme*, in: FS *Trinkner*, 1995, S. 575 (581).

[99] Hierzu *Micklitz/Reich*, BB 1999, 2093 (2098); *Borges*, ZIP 1999, 565 (572); deswegen durfte *Micklitz/Reich*, aaO., zufolge auch § 12 des deutschen AGBG nicht über den Anknüpfungspunkt der Richtlinien-Bestimmung hinausgehen; kritisch zu § 12 AGBG *Kronke*, RIW 1996, 985 (992); *Reich*, EuZW 1997, 581 (587); *Sonnenberger*, ZEuP 4 (1996), 382 (397).

[100] Die Bestimmung wurde durch Art. 6 der loi n° 95-96 du 1er février 1995 concernant les clauses abusives et la présentation des contrats et régissant diverses activités d'ordre économique et commercial, J.O. n° 28 du 2.2.1995, 1755, eingefügt; siehe *Calais-Auloy/Steinmetz*, Droit de la consommation, 2000, n° 181.

[101] *Brulard/Fernandez/Amouzou*, Petites affiches, 8.2.2002, 4 (9).

Art. 29a EGBGB[102] – umgesetzt und die vorher schon in den Spezialgesetzen bestehenden Regelungen aufgehoben[103]. Eine unübersichtliche Zersplitterung sollte und konnte so vermieden werden[104].

Wenn Art. 5 EVÜ und Richtlinienkollisionsrecht nebeneinander anwendbar sind, überlagert Art. 5 die Richtlinienbestimmungen, weil er dem Verbraucher das Verbraucherschutzrecht seines Heimatstaates und nicht nur den europäischen Mindeststandard wie die Regelungen in den Richtlinien gewährt. Eine eigenständige Bedeutung kommt den Richtlinienbestimmungen nur zu, wo das EVÜ nicht anwendbar ist. In Betracht kommen nur Fälle mit Drittstaatenbezug, denn die Regelungen schützen alle europäischen Verbraucher vor dem Verlust des gemeinschaftsrechtlichen Mindestschutzes. Der aktive Verbraucher, der nicht unter die Fallgruppen des Art. 5 Abs. 2 EVÜ fällt, ist nur durch die Richtlinienbestimmungen geschützt. Für den passiven Verbraucher ist das EVÜ auch anwendbar, wenn der Anbieter in einem Drittstaat niedergelassen ist. Den Richtlinienbestimmungen kommt hier eine eigenständige Bedeutung zu, wenn ein Gericht in einem Drittstaat angerufen wird, dass das EVÜ nicht anwendet.

3. Internationales Wettbewerbsrecht

Das Wettbewerbsrecht ist in Frankreich neben strafrechtlichen Sanktionen auch durch außervertragliche Unterlassungs- und Schadensersatzansprüche geprägt. Ebenso ist es im deutschen Wettbewerbsrecht, in dem strafrechtliche Rechtsfolgen zwar in bestimmten Fällen vorgesehen sind, in der Praxis aber keine Bedeutung spielen. Das Kollisionsrecht für außervertragliche Ansprüche ist gemeinschaftsweit noch nicht vereinheitlicht. Die Europäische Kommission hat allerdings einen Vorschlag für eine Verordnung über das auf außervertragliche Schuldverhältnisse anzuwendende Recht vorgelegt, der in Anlehnung an das für vertragliche Schuldverhältnisse geltende Römische EVÜ als Vorschlag zu einer Rom-II-Verordnung bezeichnet wird (unten c.). Gegenwärtig muss das anwendbare Recht noch nach nationalem Kollisionsrecht bestimmt werden (unten a.). Im Bereich des elektronischen Geschäftsverkehrs werden diese Regelungen jedoch durch das Herkunftslandprinzip der Richtlinie für den elektronischen Geschäftsverkehr überlagert (unten b.).

---

[102] *Staudinger*, RIW 2000, 416; zur Entwurfsfassung *ders.*, IPRax 1999, 414; *Wagner*, IPRax 2000, 249 (253 ff.).

[103] Zur analogen Anwendung auf Verbraucherschutzregelungen, die auf Richtlinien ohne entsprechenden Rechtsetzungsauftrag beruhen, *Bitterich*, VuR 2002, 155 (155 ff.).

[104] Vgl. *A. Staudinger*, RIW 2000, 416 (421).

a) Die Grundsätze des nationalen Kollisionsrechts

aa) Frankreich

Das Kollisionsrecht für außervertragliche Haftung (*responsabilité extracontractuelle*) ist in Frankreich nicht gesetzlich geregelt, sondern wurde von der Rechtsprechung entwickelt. Anwendung findet es im Bereich des Wettbewerbsrechts in den Fällen, in denen die Einstellung einer irreführenden Werbung oder Schadensersatz geltend gemacht wird[105]. Grundsätzlich ist das Recht des Ortes einschlägig, an dem der Tatbestand verwirklicht wurde[106]. Den Anwendungsbereich des französischen Deliktsrechts bestimmt Art. 3 al. 1 C. civ. Die Rechtsgrundlage für die Anwendung ausländischen Rechts in den Fällen, in denen keine Anknüpfung an französisches Recht besteht, ist streitig. Bei einem Auseinanderfallen von Handlungsort (*lieu de l'acte générateur, lieu du fait générateur, lieu du dommage*) und Erfolgsort (*lieu du préjudice, lieu du fait conséquence, lieu du faute*) bevorzugt ein Großteil der Lehre den Erfolgsort[107]. Für ihn spricht, zumindest in den „klassischen" Fällen des Deliktsrechts, die leichtere Ermittelbarkeit und der Opferschutz und grundsätzlich der kompensatorische Charakter des Deliktsrechts[108]. Andererseits kann eingewendet werden, der Handelnde müsse nach dem Recht beurteilt werden, das er kennen könne[109] und das auch Präventivfunktion erfüllt. Im Hinblick auf die weltweite, vom Anbieter nicht zu beeinflussende Abrufbarkeit im Internet spricht sich *Audit* dafür aus, die Anwendbarkeit französischen Rechts und die Zuständigkeit der französischen Gerichtsbarkeit von qualitativen (Schwere der Beeinträchtigung) und quantitativen (Anzahl der Abrufe in Frankreich) Kriterien abhängig zu machen[110]. Einigen Autoren zu-

---

[105] *Carlier*, Litiges transfrontières, 1993, n° 123.

[106] Siehe nur Cour de cassation, 1re chambre civile, 1.6.1976, D. 1977, jurispr. 257, note *Monéger* (= J.D.I. [Clunet] 104 [1977], 91, note *Audit*); die Anknüpfung wird – nicht offensichtlich – aus Art. 3 al. 1 C. civ. abgeleitet, *Audit*, Droit international privé, 2000, n° 775; *van Overstraeten*, R.D.A.I. 1998, 373 (391); ausführlich zur Anknüpfung bei Persönlichkeitsverletzungen *Decker*, Protection de la vie privée, thèse Université Paris II, 2000, p. 648 et s., http://www.u-paris2.fr/html/recherche/Theses%20en%20ligne/DR0013.pdf.

[107] *Loussouarn/Bourel*, Droit international privé, 1999, n° 401; einschränkend *Lerebours-Pigeonnière/Loussouarn*, Droit international privé, 1970, n° 354 ter.: notwendig sei, dass die Handlung am Handlungsort als Delikt angesehen wird; *Holleaux/Foyer/de La Pradelle*, Droit international privé, 1987, n° 1418 et s.; für den Handlungsort *Carlier*, Litiges transfrontières, 1993, n° 123, für den das eigentliche Kriterium die engste Verbindung zum Tatbestand ist, was am Handlungsort vermutet wird.

[108] *Loussouarn/Bourel*, Droit international privé, 1999, n° 401.

[109] Vgl. *Loussouarn/Bourel*, Droit international privé, 1999, n° 401.

[110] *Audit*, Droit international privé, 2000, n° 777.

folge wird das französische Recht bevorzugt, wenn entweder der Handlungs- oder der Erfolgsort in Frankreich verwirklicht ist[111].

Nach deutschem Recht hat die klagende Partei gemäß Art. 40 Abs. 2 Satz 2 EGBGB die Möglichkeit, zwischen dem Recht des Handlungs- und des Erfolgsorts zu wählen. Die französischen Gerichte erkennen ein Wahlrecht nur eingeschränkt an, weil das Kollisionsrecht eine Vorhersehbarkeit des anwendbaren Rechts ermöglichen soll[112]. Das Gericht entscheidet danach, ob der Fall eine engere Bindung zum Handlungsort oder zum Erfolgsort hat[113]. Dabei ist nach Ansicht der Cour d'appel zunächst eine Anknüpfung an den Erfolgsort anzunehmen, weil das Deliktsrecht auf den Ersatz eines entstandenen Schadens gerichtet ist[114]. Im Wege einer Gesamtwürdigung kann aber auch das Recht des Handlungsortes vom Gericht angewendet werden[115].

Bei wettbewerbsrechtlichen Fragestellungen tendiert die Rechtsprechung zu einer alleinigen Anknüpfung an den Erfolgsort[116]. In der Entscheidung der Cour de cassation aus dem Jahre 1997 „Gordon and Breach"[117] hat die Cour bei dem in Frage stehenden Schadensersatzanspruch wegen unlauteren Wettbewerbs für eine Verbreitung von Zeitschriften in Frankreich durch einen amerikanischen Verlag sowohl den Handlungs- als auch den Erfolgsort in Frankreich angenommen. Ausschlaggebend war also das Recht des betroffenen Marktes[118]. Auch die französische Literatur tendiert in Wettbewerbsfällen vermehrt zur Marktortan-

---

[111] *Audit*, Droit international privé, 2000, n° 777; *Loussouarn/Bourel*, Droit international privé, 1999, n° 401.

[112] Cour d'appel de Paris, 16.1.1997, J.D.I. (Clunet) 124 (1997), 986 (990), note *Légier*, bestätigt durch die Cour de cassation, 1re chambre civile, 11.5.1999, Rev. Crit. DIP, avril-juin 2000, 199, note *Bischoff*; *von Hein*, ZEuP 9 (2001), 150 (155).

[113] *Carlier*, Litiges transfrontières, 1993, n° 123.

[114] Cour d'appel de Paris, 16.1.1997, J.D.I. (Clunet) 124 (1997), 986 (991), note *Légier*; *von Hein*, ZEuP 9 (2001), 150 (156); *Junker/Schramm*, IPRax 2001, 482 (484).

[115] *Von Hein*, ZEuP 9 (2001), 150 (156); *Légier*, note sous Cour de cassation, 1re chambre civile, 11.5.1999, J.D.I. (Clunet) 126 (1999), 1050 (1055), für den allerdings keine Grundannahme für den Erfolgsort besteht, sondern beide Anknüpfungsmöglichkeiten zunächst gleichwertig sind.

[116] *Sonnenberger*, Französisches Handels- und Wirtschaftsrecht, 1991, Rn. VIII 61.

[117] Cour de cassation, 1re chambre civile, 14.1.1997, D. 1997, jurispr. 177, note *Santa-Croce*, „Gordon and Breach"; Instanzurteil Cour d'appel de Paris, 4e chambre A, 11.5.1994, J.D.I. (Clunet) 122 (1995), 952, note *Edelman*; und nach der Rückverweisung durch die Cour de cassation Cour d'appel de Paris, 1re chambre G, 21.1.2000, D. 2002, 1389, obs. *Audit*.

[118] *Audit*, D. 1999, somm. 295; *von Hein*, ZEuP 9 (2001), 150 (154); *Krasser*, Frankreich, 1967, S. 143.

knüpfung[119]. In werberechtlichen Fällen kann das Recht des Staates, in dem die Werbung abgesendet wird oder das Recht, in dem der Verbraucher angesprochen wird, ausgewählt werden[120]. Für wettbewerbswidrige Hyperlinks auf Konkurrentenseiten hat die Cour d'appel de Paris entschieden, dass das Recht des Landes gilt, in dem der Link gesetzt wurde[121]. Das entspricht dem Gedanken des Herkunftslandprinzips.

bb) Deutschland

Für grenzüberschreitende Ansprüche aus unerlaubter Handlung gilt gemäß Art. 40 Abs. 1 Satz 1 EGBGB grundsätzlich das Recht des Handlungsorts[122]. Der Handlungsort ist der Ort, an dem die für die Rechtsgutsverletzung maßgebliche Ursache gesetzt wurde bzw. bei Unterlassungsdelikten der Ort, an dem der Schädiger hätte handeln müssen[123]. Voraussetzung, Inhalt und Umfang der Ansprüche richten sich nach dem Recht des Staates, in dem der haftungsbegründende Tatbestand verwirklicht wurde. Ob ein Geschehen überhaupt als unerlaubte Handlung zu qualifizieren ist und infolgedessen die entsprechende Kollisionsnorm einschlägig ist, entscheidet das deutsche Recht[124]. Das gilt auch für Tatbestände, die nach französischem Recht strafbewehrt sind. Zum Tatbestand gehört in der Regel sowohl die Handlung als auch der Erfolg[125]. Der Verletzte hat gemäß Art. 40 Abs. 1 Satz 2 EGBGB die Möglichkeit, das Recht des Erfolgsorts zu wählen, also den Ort, an dem die Rechtsgutsverletzung eingetreten ist. Von dem Wahlrecht kann er nach den Maßgaben des Satz 3 Gebrauch machen. Wenn von dem Wahlrecht kein Gebrauch gemacht wird, gilt Satz 1; das Günstigkeitsprinzip findet keine Anwendung.

Für die Ersatzpflicht bei Wettbewerbsverstößen wird an den Marktort als dem Ort angeknüpft, an dem die wettbewerblichen Interessen der Konkurrenten auf-

---

119 *Edelman*, note sous Cour d'appel de Paris, 4e chambre A, 11.5.1994, J.D.I. (Clunet) 122 (1995), 958 (960); *Santa-Croce*, note sous Cour de cassation, 1re chambre civile, 14.1.1997, D. 1997, jurispr. 177 (178).

120 *Carlier*, Litiges transfrontières, 1993, n° 123.

121 Cour d'appel de Paris, 11.5.1994, D. 1994, inf. rap. 162.

122 Zur Vereinbarkeit des Tatortgrundsatzes in Art. 40 Abs. 1 EGBGB mit gemeinschaftsrechtlichen Grundsätzen *Schaub*, RabelsZ 66 (2002), 18 (37 ff.).

123 Palandt/*Heldrich*, BGB, 2003, Art. 40 EGBGB, Rn. 3.

124 Palandt/*Heldrich*, BGB, 2003, Art. 40 EGBGB, Rn. 3.

125 Nicht von Bedeutung ist dagegen, an welchem Ort der Schaden eingetreten ist, weil Schadensfolgen nicht zum Deliktstatbestand gehören, *Baumbach/Hefermehl*, Wettbewerbsrecht, 2001, Einl. UWG, Rn. 176.

einander treffen[126]. Ein Ausweichen auf den Erfolgsort gem. Art. 40 Abs. 1 Satz 2 EGBGB ist nicht möglich, weil der Marktort auch der Ort ist, an dem der tatbestandliche Erfolg eintritt[127]. Die so bestehende Einheitsanknüpfung verhindert kollisionsbedingte Wettbewerbsverzerrungen dadurch, dass einer der Wettbewerbsteilnehmer durch die Wahl oder die Anwendbarkeit eines anderen Rechts anderen rechtlichen Rahmenbedingungen unterliegen würde[128]. Das Recht des Marktorts gilt allerdings nur für den auf diesem Markt erlittenen Schaden[129]. Der Grundsatz ist auch für wettbewerbswidriges Handeln anwendbar, das im Internet vorgenommen wird. Fraglich ist, welcher Markt hier berührt ist.

Bei Werbung im Internet ist der Marktort überall dort, wo die Werbung bestimmungsgemäß abgerufen werden kann[130]. Der Standort des Servers ist unbeachtlich[131]. Fraglich ist, wie die Ausrichtung einer Werbemaßnahme im Internet ermittelt werden kann. Hier kehrt das Problem des Art. 5 Abs. 2 EVÜ wieder, das oben diskutiert wurde[132]. Genau wie dort muss für die Bestimmung des Marktorts eine Gesamtschau verschiedener Aspekte vorgenommen werden wie Sprache, Zahlungsmodalitäten und Hinweise, die sich aus der Art der angebotenen Leistung ergeben[133]. Für verderbliche Ware zum Bespiel ist der Lieferradius begrenzt. *Disclaimer* auf den Internetseiten der Unternehmer können ebenfalls Indizwirkung für die Reichweite des Angebotes haben, allerdings nur, wenn der

---

[126] BGH, Urteil vom 15.11.1990, BGHZ 113, 11 (15), „Kauf im Ausland"; Urteil vom 14.5.1998, NJW 1998, 2531 (2532) (im Wettbewerbsrecht ist der Begehungsort nur der Ort, an dem die wettbewerblichen Interessen aufeinandertreffen, das ist in der Regel am Marktort der Fall, an dem das beanstandete Verhalten auf die Entschließung der Kunden eingewirkt hat); *Sack*, WRP 2000, 269 (272); Palandt/*Heldrich*, BGB, 2003, Art. 40 EGBGB, Rn. 11; *Baumbach/Hefermehl*, Wettbewerbsrecht, 2001, Einl. UWG, Rn. 183; *Mankowski*, GRUR Int. 1999, 909 (910), sieht die Einordnung des Marktortes als Handlungsort als „Kunstmittel": Es wäre sinngerechter, den Marktort als Erfolgsort anzusehen, das würde aber mit der gesetzlichen Konzeption des Art. 40 EGBGB nicht vereinbar sein.

[127] „Handlungs- und Erfolgsort fallen bei Werbemaßnahmen zusammen", *Sack*, WRP 2000, 269 (272).

[128] *Mankowski*, GRUR Int. 1999, 909 (909).

[129] Den Marktort kann man als den Erfolgsort eines Wettbewerbsdeliktes verstehen, *Mankowski*, CR 2000, 763 (764).

[130] *Baumbach/Hefermehl*, Wettbewerbsrecht, 2001, Einl. UWG, Rn. 187; *Sack*, WRP 2000, 269 (277 f.).

[131] *Dieselhorst*, ZUM 1998, 293 (294); *Hoeren*, WRP 1997, 993 (998); *Mankowski*, GRUR Int. 1999, 909 (910); *Baumbach/Hefermehl*, Wettbewerbsrecht, 2001, Einl. UWG, Rn. 187; *Kronke*, in: *Boele-Woelki/Kessedjian*, Internet, 1998, p. 65 (69).

[132] Siehe oben § 12 II 1 b.

[133] Vgl. OLG Bremen, Urteil vom 17.2.2000, CR 2000, 770 (772); *Mankowski*, CR 2000, 763 (764 f.).

Unternehmer sich selbst auch dementsprechend verhält[134]. Deutsches Werberecht ist also dann anwendbar, wenn die Internetseite in Deutschland abrufbar ist und die Werbung sich auch an Kunden auf dem deutschen Markt wendet[135]. Nach dem Marktortprinzip kommt bei unaufgeforderter E-Mail-Werbung das Recht des Wohnsitzlandes des Adressaten zur Anwendung[136]. Hier ist allerdings gerade die Bestimmung des Wohnsitzes nur aufgrund der E-Mail-Adresse schwierig, weil nicht alle Top-Level-Domains eine Länderzuordnung ermöglichen und E-Mail-Nutzer außerdem ein E-Mail-Konto bei einem ausländischen Provider unterhalten können.

Die Marktort-Regel hat zur Folge, dass für einen inländischen Unternehmer, der auf einem ausländischen Markt tätig ist, das ausländische Recht gilt. Die Unternehmen haben in diesem Fall auch nicht die Verpflichtung, ihr Verhalten an den im Inland geltenden Regeln zu orientieren[137]. Eine Ausnahme bildet der deutsche *ordre public*[138]. Dabei finden nicht bestimmte zwingende Regeln unmittelbar Anwendung, sondern es muss untersucht werden ob das Ergebnis der Anwendung des ausländischen Rechts mit wesentlichen Grundsätzen des deutschen Rechts unvereinbar ist[139]. Der Grundsatz, dass jedes Land Marktort für Wettbewerbshandlungen im Internet ist, bedeutet nicht nur, dass der Wettbewerber sich dem Wettbewerbsrecht jeden Landes ausgesetzt sieht, sondern immer auch, dass er das deutsche Wettbewerbsrecht beachten muss[140].

b) Herkunftslandprinzip

Für den elektronischen Geschäftsverkehr innerhalb der Europäischen Union haben nicht nur die oben dargestellten nationalen kollisionsrechtlichen Grundsätze, sondern auch das Herkunftslandprinzip in Art. 3 Abs. 1 EC-RL Einfluss auf die

---

[134] KG Berlin, Beschluß vom 20.12.2001, GRUR Int. 2002, 448 (449 f.); OLG Frankfurt am Main, Beschluß vom 3.12.1998, K&R 1999, 138 m. zust. Anm. *Mankowski* (betriebsinterne Weisung, aber kein Disclaimer auf der Internetseite).

[135] Vgl. OLG Hamburg, Urteil vom 7.11.2002, JurPC Web-Dok. 145/2003, http://www.jurpc.de/rechtspr/20030145.htm.

[136] Wohl ebenso *Mankowski*, GRUR Int 1999, 995 (1001), der auf das Recht der angeschriebenen E-Mail-Adresse verweist.

[137] Vgl. BGH, Urteil vom 20.12.1963, BGHZ 40, 391 (395 ff.), „Stahlexport"; Palandt/*Heldrich*, BGB, 2002, Art. 40 EGBGB, Rn. 11; anders früher der BGH, Urteil vom 15.1.1957, GRUR 1957, 231, „Pertussin I" und Urteil vom 15.1.1957, GRUR 1957, 352, „Pertussin II"; vgl. *Baumbach/Hefermehl*, Wettbewerbsrecht, 2001, Einl. UWG, Rn. 175.

[138] *Baumbach/Hefermehl*, Wettbewerbsrecht, 2001, Einl. UWG, Rn. 176.

[139] *Baumbach/Hefermehl*, Wettbewerbsrecht, 2001, Einl. UWG, Rn. 189.

[140] Vgl. *Hoeren*, WRP 1997, 993 (998), sofern das Angebot nicht ausschließlich auf ausländische Märkte beschränkt ist; *Baumbach/Hefermehl*, Wettbewerbsrecht, 2001, Einl. UWG, Rn. 187.

Ermittlung des anwendbaren Rechts (unten aa.). Sowohl der deutsche (unten bb.) als auch der französische Gesetzgeber (unten cc.) ist seiner Umsetzungspflicht nachgekommen.

aa) Richtlinie für den elektronischen Geschäftsverkehr

Nach der Richtlinie über den elektronischen Geschäftsverkehr ist für die Regelungsbereiche, die in den koordinierten Bereich fallen, das Rechts des Herkunftslandes anwendbar. Art. 3 Abs. 1 EC-RL bestimmt, dass die Dienste der Informationsgesellschaft den Regeln des Mitgliedstaates entsprechen müssen, in dem der Diensteanbieter niedergelassen ist. Dieses Prinzip ist im Gemeinschaftsrecht nicht neu. Dem Verbot der Beeinträchtigung der Grundfreiheiten lässt sich ein primärrechtliches Herkunftslandprinzip entnehmen. Es findet sich im Sekundärrecht etwa in der Fernsehrichtlinie[141], in der Kabel- und Satellitenrichtlinie[142] und auch in der Datenschutzrichtlinie 95/46/EG, die in einem eigenen Abschnitt behandelt wird[143]. Die Besonderheit der Regelung in der Richtlinie über den elektronischen Geschäftsverkehr ist der breite Anwendungsbereich, der auch Rechtsgebiete umfasst, die noch nicht harmonisiert sind[144]. Um einen koordinierten Bereich im Wortsinne handelt es sich dabei nicht[145]. Das ist einer der Kritikpunkte, die gegen das Herkunftslandprinzip angeführt werden, weil eine Angleichung der unterschiedlichen nationalen Regelungen bei einem kleinsten gemeinsamen Nenner befürchtet wird[146].

Auf einige Bereiche soll das Herkunftslandprinzip keine Anwendung finden. Darunter fallen (Art. 3 Abs. 3 EC-RL i.V.m. Anhang) unter anderem vertragliche Schuldverhältnisse in Bezug auf Verbraucherverträge, die Freiheit der Rechtswahl für Vertragsparteien und die Zulässigkeit nicht angeforderter kom-

---

[141] Hier als Sendelandprinzip bezeichnet, Art. 2 der Richtlinie 89/552/EWG vom 3.10.1989 zur Koordinierung bestimmter Rechts- und Verwaltungsvorschriften der Mitgliedstaaten über die Ausübung der Fernsehtätigkeit, ABl. Nr. 298/23 vom 17.10.1989, geändert durch die Richtlinie 97/36/EG vom 30.6.1997 zur Änderung der Richtlinie 89/552/EWG des Rates zur Koordinierung bestimmter Rechts- und Verwaltungsvorschriften der Mitgliedstaaten über die Ausübung der Fernsehtätigkeit, ABl. Nr. L 202/60 vom 30.7.1997.

[142] Art. 1 Abs. 2 lit. b der Richtlinie 93/83/EWG vom 27.9.1993 zur Koordinierung bestimmter urheber- und leistungsschutzrechtlicher Vorschriften betreffend Satellitenrundfunk und Kabelverbreitung, ABl. Nr. L 248/15 vom 6.10.1993.

[143] Siehe unten § 12 II 4 a.

[144] Kritisch *Dethloff*, Europäisierung, 2001, S. 55.

[145] *Ohly*, GRUR Int. 2001, 899 (900).

[146] *Fritze/Holzbach*, WRP 2000, 872 (875); *Henning-Bodewig*, GRUR Int. 2002, 389 (395); *Lurger/Vallant*, RIW 2002, 188 (194); vgl. allerdings die Überlegungen bei *Kieninger*, Wettbewerb der Privatrechtsordnungen, 2002, S. 324 ff.

merzieller Kommunikation mittels elektronischer Post. Als wesentlicher Anwendungsbereich verbleiben Werbe- und lauterkeitsrechtliche Regelungen[147].

Die rechtliche Einordnung des Herkunftslandprinzips, insbesondere sein Verhältnis zu den Regeln des Internationalen Privatrechts, ist umstritten. Die Richtlinie selbst möchte durch das Herkunftslandprinzip das Internationale Privatrecht nicht beeinflussen[148]. In Erwägungsgrund 23 und Art. 1 Abs. 4 EC-RL wird festgestellt, dass die Richtlinie nicht darauf abzielt, zusätzliche Regeln hinsichtlich des anwendbaren Rechts zu schaffen. Eine – im deutschen Schrifttum verbreitete – Auffassung sieht Art. 3 Abs. 1 EC-RL trotz des dann entstehenden Widerspruchs als Kollisionsnorm[149] und als Aufforderung an die Mitgliedstaaten, ihr Kollisionsrecht zu ändern oder richtlinienkonform auszulegen[150]. Einige Argumente sprechen gegen dieses kollisionsrechtliche Verständnis. Insbesondere kann es nicht überzeugen, die ausdrückliche Absicht, kein Kollisionsrecht zu schaffen, zu übergehen[151]. Die Reichweite des Herkunftslandprinzips geht zudem über den vom Internationalen Privatrecht erfassten Bereich hinaus und bezieht auch verwaltungs- und strafrechtliche Regelungen mit ein[152]. *Fezer/Koos* sehen das Herkunftslandprinzip als sachrechtliches Korrektiv: Durch nationales Kollisionsrecht wird das anwendbare Recht ermittelt; in einem zweiten Schritt verbietet Art. 3 Abs. 2 EC-RL dem Gericht, dieses Recht anzuwenden, wenn es den Anbieter anders als nach dem nationalen Recht seines Herkunftslandes beurteilt[153]. *Ohly* schlägt einen Mittelweg ein und verweist als Ausgangspunkt auf den Gedanken hinter Art. 3 Abs. 1 EC-RL, nämlich die Funktion des Binnenmarktes zu fördern. Dazu ist es nicht notwendig, das anwendbare Recht zu regeln, es soll vielmehr nur dort ein Korrektiv geschaffen werden, wo besonders strenges nationales Sachrecht das Funktionieren des Bin-

---

[147] *Drexl*, RIDE 2002, 405 (432), bezweifelt, dass das befürchtete „*race to the bottom*“ bei dieser begrenzten Tragweite des Herkunftslandprinzips überhaupt eintreten wird.

[148] Für *Dethloff*, Europäisierung, 2001, S. 285, ist das Herkunftsland dagegen für Wettbewerb, der auf mehrere europäsiche Staaten ausgerichtet ist, die dem Marktort vorzuziehende Anknüpfung.

[149] *Mankowski*, IPRax 2002, 257 (266); vgl. (zum Entwurf der EC-RL) *Dethloff*, JZ 2000, 179 (181 f.); gegen ein kollisionsrechtliches Verständnis *Fezer/Koos*, IPRax 2000, 349 (352 f.).

[150] *Mankowski*, GRUR Int. 1999, 909 (912f.) (Kollisionsnorm); *Ahrens*, CR 2000, 835 (837); *Spindler*, MMR 1999, 199 (206) (keine besondere kollisionsrechtliche Norm); aus der französischen Literatur *Munoz*, Petites affiches, 12.12.2000, 18 (19).

[151] Dadurch würde dem Richtliniengeber „ein erhebliches Maß an Unverständnis unterstellt“, *Ohly*, GRUR Int. 2001, 899 (901).

[152] Vgl. *Ahrens*, CR 2000, 835 (837); *Munoz*, Petites affiches, 12.12.2000, 18 (19); zum Verhältnis von Herkunftslandprinzip und internationalem Strafrecht: *Spindler*, RIW 2002, 183 (186).

[153] *Fezer/Koos*, IPRax 2000, 349 (352); ebenso *Ahrens*, CR 2000, 835 (837 f.); siehe zu beiden *Ohly*, GRUR Int. 2001, 899 (901 f.);

nenmarktes behindern kann, indem es den freien Verkehr von Diensten der Informationsgesellschaft einschränkt[154]. Auffallend ist die Ähnlichkeit von Art. 3 Abs. 2 EC-RL und den primärrechtlichen Grundfreiheiten. Die Parallele setzt sich in Art. 3 Abs. 4 EC-RL fort, nach dem den Mitgliedstaaten bei zwingenden Erfordernissen im Einzelfall ein Abweichen vom Beschränkungsverbot des Abs. 2 und dem Herkunftslandprinzip erlaubt ist. In diesem Sinne verstanden, steht das Herkunftslandprinzip nicht gegen die Anwendung eines kollisionsrechtlich ermittelten günstigeren Rechts[155]. Folgt man dieser Ansicht, muss das kollisionsrechtlich ermittele Recht mit dem Recht des Herkunftslandes verglichen werden. Wenn das Recht des Herkunftslandes günstiger ist, so ist dieses anzuwenden[156]. Wenn der betroffene Rechtsbereich gemeinschaftsrechtlich vollständig harmonisiert ist, muss kein Günstigkeitsvergleich mit dem Recht des Herkunftslandes stattfinden. Einer fehlerhaften Umsetzung einer Richtlinie muss mit den gemeinschaftsrechtlichen Mitteln, also mit der richtlinienkonformen Auslegung nationalen Rechts begegnet werden. Horizontale Direktwirkung zwischen Privaten entfaltet die Richtlinie allerdings nicht[157]. Soweit das Sachrecht noch nicht harmonisiert ist oder eine Richtlinie nur einen Mindeststandard festlegt, muss ein Günstigkeitsvergleich mit dem Recht des Herkunftslandes vorgenommen und gegebenenfalls dieses Recht angewendet werden[158]. Nur in diesem Fall entfaltet das Herkunftslandprinzip eine kollisionsrechtliche Wirkung[159], weil es mit dem Herkunftsland das Anknüpfungskriterium für die Auswahl des Sachrechts bietet.

Das binnenmarktfunktionale Verständnis des Herkunftslandprinzips wird der Intention des Gemeinschaftsgesetzgebers am ehesten gerecht und berücksichtigt auch die gemeinschaftsrechtlichen Grundsätze der Subsidiarität und der Verhältnismäßigkeit, weil eine Korrektur der Anwendung des kollisionsrechtlich ermittelten Rechts nur in den Fällen vorgenommen wird, in denen der freie Verkehr von Diensten der Informationsgesellschaft durch nachteiligeres nationales Recht gefährdet ist. Ein Vorteil dieser Sichtweise ist auch die kollisionsrechtlich gleiche Behandlung von Anbietern aus Drittstaaten mit Anbietern aus einem der Mitgliedsstaaten der Gemeinschaft. Die Berufung auf das – mildere – Recht des

---

[154] *Ohly*, GRUR Int. 2001, 899 (902).
[155] *Ohly*, GRUR Int. 2001, 899 (902).
[156] Ebenso *Landfermann*, in: FS MPI für Privatrecht, 2001, S. 503 (512); auf den hohen und kosteninensiven Prüfungsaufwand weist *Bodewig*, GRUR Int. 2000, 475 (480), hin.
[157] *Oppermann*, Europarecht, 1999, Rn. 558 ff.; *Streinz*, Europarecht, 2001, Rn. 399 ff.
[158] Vgl. zum Entwurf des TDG *Mankowski*, CR 2001, 630 (633 ff.).
[159] Vgl. *Ohly*, GRUR Int. 2001, 899 (902); *Spindler*, RabelsZ 66 (2002), 633 (708).

Herkunftslandes bleibt wie bei den Grundfreiheiten den Anbietern vorbehalten, die in einem der Mitgliedstaaten niedergelassen sind[160].

bb) Umsetzung in deutsches Recht

Die im vorhergehenden Absatz dargestellte Günstigkeitsvergleichslösung wurde im Regierungsvorschlag für das EGG verfolgt[161]. Das durch die Anwendung des deutschen internationalen Privatrechts herbeigeführte Ergebnis sollte nur dann korrigiert werden, wenn sich für in Deutschland ansässige Diensteanbieter eine schlechtere Lösung als die des deutschen Rechts ergeben würde und für Diensteanbieter, die in einem anderen Mitgliedstaat der Europäischen Union ansässig sind, eine Beschränkung des freien Dienstleistungsverkehrs, also auch eine Verschlechterung gegenüber ihrem Heimatrecht. Der Richter müsste also durch einen Günstigkeitsvergleich die Lösungen bei Anwendung des durch das nationale Kollisionsrecht ermittelten Rechts und des deutschen bzw. des ausländischen Rechts vergleichen.

---

[160] *Ohly*, GRUR Int. 2001, 899 (902); siehe auch *Ahrens*, CR 2000, 835 (838); dabei ist die Günstigkeit des Herkunftslandrechts keine zu beweisende Tatsache, wie *Ahrens*, aaO., annimmt, sondern von Amts wegen zu ermitteln, vgl. *Ohly*, aaO., 903.

[161] Der Text des § 4 TDG im Gesetzentwurf der Bundesregierung, Entwurf eines Gesetzes über rechtliche Rahmenbedingungen für den elektronischen Geschäftsverlehr (Elektronischer-Geschäftsverkehr-Gesetz – EGG), BT-Drs. 14/6098 vom 17.5.2001, lautet:
„(1) In der Bundesrepublik Deutschland niedergelassene Diensteanbieter und ihre Teledienste unterliegen den innerstaatlichen Normen auch dann, wenn die Teledienste in einem anderen Staat innerhalb des Anwendungsbereichs der Richtlinie 2000/31/EG … geschäftsmäßig angeboten oder erbracht werden, soweit sich nicht aus den Regeln des internationalen Privatrechts etwas anderes ergibt. Auf solche Teledienste ist das nach den Regeln des internationalen Privatrechts maßgebliche Recht eines anderen Staates jedoch nicht anwendbar, soweit dadurch der freie Dienstleistungsverkehr über die Anforderungen des deutschen Rechts hinausgehend eingeschränkt werden würde.
(2) Der freie Dienstleistungsverkehr von Telediensten, die in der Bundesrepublik Deutschland von Diensteanbietern geschäftsmäßig angeboten oder erbracht werden, die in einem anderen Staat innerhalb des Anwendungsbereichs der Richtlinie 2000/31/EG niedergelassen sind, wird nicht eingeschränkt. Auf solche Teledienste sind die nach den Regeln des internationalen Privatrechts maßgeblichen Normen nicht anwendbar, soweit dadurch der freie Dienstleistungsverkehr über die Anforderungen des Rechts des Niederlassungsstaates hiinausgehend eingeschränkt werden würde. Absatz 5 bleibt unberührt."

In der verabschiedeten Fassung des EGG[162] wurde diese Lösung zugunsten einer Regelung aufgegeben, die die Behinderung der Dienstleistungsfreiheit des in einem anderen Mitgliedstaat niedergelassenen Diensteanbieters ausschließt[163]. Für den in Deutschland niedergelassenen Diensteanbieter gilt das deutsche Recht. § 4 Abs.1 TDG ist also eine einseitige Kollisionsnorm[164]. Die Frage, ob für in Deutschland niedergelassene Anbieter auch das deutsche Kollisionsrecht anwendbar ist, wird durch § 4 Abs. 1 TDG nicht aufgelöst. Die Formulierung „deutsches Recht" kann entweder so verstanden werden, dass Kollisionsnormen mit umfasst sind, als auch so, dass nur deutsches Sachrecht gemeint ist[165]. Der Schutz vor einer Beschränkung des freien Dienstleistungsverkehrs in Deutschland niedergelassener Anbieter durch ausländisches Recht kann durch das TDG selbst nicht geregelt werden, ist aber gewährleistet, wenn die anderen Mitgliedstaaten das Herkunftslandprinzip gemeinschaftsrechtskonform umgesetzt haben. Dann leistet das ausländische Recht, auf das mit deutschem Kollisionsrecht eventuell verwiesen wird, den Schutz deutscher Anbieter vor der Anwendung des nachteiligen inländischen Rechts. In Frankreich würde etwa, wie sich aus dem folgenden Abschnitt ergibt, nach dem Umsetzungsentwurf auf das deutsche Recht zurückverwiesen. Es ist aber auch denkbar, dass das ausländische Recht für ausländische Anbieter einen Günstigkeitsvergleich vorsieht, so dass das deutsche Gericht dann zunächst das ausländische Recht anwenden müsste, um in einem Vergleich mit dem deutschen Recht festzustellen, inwieweit der in Deutschland niedergelassene Diensteanbieter schlechter gestellt ist. Eine derartige Lösung würde zu hohen Rechtsdurchsetzungskosten und Rechtsunsicherheit führen. Sinn und Zweck des gemeinschaftsrechtlichen Herkunftslandprinzips, nämlich die Förderung des Binnenmarkts können so nicht erreicht werden[166]. Aus diesen Gründen ist die Auslegung, dass nur deutsches Sachrecht anwendbar ist, zu bevorzugen[167]. Ein klarstellender Änderungsvorschlag konnte sich im Gesetzgebungsvefahren nicht durchsetzen[168].

---

[162] Die Änderungen im Herkunftslandprinzip haben sich durch Beschlussempfehlung und Bericht des Ausschusses für Wirtschaft und Technologie zu dem Gesetzentwurf der Bundesregierung – Drucksache 14/6098 – Entwurf eines Gesetzes über rechtliche Rahmenbedingungen für den elektronischen Geschäftsverkehr (Elektronischer-Geschäftsverkehr-Gesetz – EGG), BT-Drs. 14/7345 vom 7.11.2001, S. 5 f., ergeben; zustimmend *Lurger/Vallant*, RIW 2002, 188 (199).

[163] Zu den Gründen *Sack*, WRP 2002, 271 (280).

[164] *Tettenborn*, in: *Moritz/T. Dreier* (Hrsg.), E-Commerce, 2002, S. 481 (491).

[165] Siehe *Spindler*, RIW 2002, 183 (186).

[166] Ebenso *Spindler*, RabelsZ 66 (2002), 633 (657).

[167] *Spindler*, RabelsZ 66 (2002), 633 (655).

[168] Änderungsantrag der Abgeordneten Dr. Martina Krogmann und der Fraktion der CDU/CSU zu der zweiten Beratung des Gesetzentwurfs der Bundesregierung – Drucksachen 14/6098, 14/7345 – Entwurf eines Gesetzes über rechtliche Rahmenbedingungen für den elek-

Für ausländische Diensteanbieter wird in § 4 Abs. 2 TDG das Günstigkeitsprinzip beibehalten, denn die Anwendbarkeit deutschen Rechts muss zunächst nach deutschem Kollisionsrecht ermittelt werden[169]. Diese Gesetzesfassung entspricht dem im vorhergehenden Abschnitt dargestellten binnenmarktfunktionalen Verständnis des Herkunftslandprinzips in der Richtlinie über den elektronischen Geschäftsverkehr.

cc) Umsetzung in französisches Recht

Art. 16 LEN regelt das Herkunftslandsprinzip im französischen Recht. Aktivitäten des *commerce électronique* im Sinne des Art. 14 LEN[170], können gemäß Art. 16 al. 1 LEN in Frankreich frei ausgeübt werden, wenn der Anbieter in einem anderen Mitgliedstaat ansässig ist. Das gilt – entsprechend den Ausnahmen in Art. 3 Abs. 3 EC-RL i.V.m. dem Anhang – unter anderem nicht für die Regelungen über unaufgeforderte Werbesendungen. Auf die Aktivitäten des commerce électronique ist gem. Art. 16 al. 2 LEN das Recht des Landes anwendbar, in dem der Anbieter niedergelassen ist, es sei denn, dass beide Vertragsparteien übereinstimmend von diesem Grundsatz abweichen. Art. 16 al. 2 LEN ist jedoch gemäß alinéa 2 n° 1 nicht anwendbar, wenn dem Verbraucher, der in Frankreich seinen gewöhnlichen Aufenthaltsort hat, der Schutz der zwingenden Bestimmungen des französischen Rechts zu vertraglichen Schuldverhältnissen entzogen wird. Hierzu gehören gemäß Art. 16 al. 2 n° 1 LEN alle Bestimmungen, die sich auf Vertragselemente beziehen, einschließlich derer, die die Rechte der Verbraucher bestimmen, die einen bedeutenden Einfluss auf die Vertragsschlussentscheidung haben. Die Ermächtigung, zum Schutz bestimmter Rechtsgüter Maßnahmen im Sinne des Art. 3 Abs. 4 EC-RL zu ergreifen, soll gemäß Art. 18 LEN durch ein décret en Conseil d'Etat ausgestaltet werden[171].

Die Anwendung des französischen Rechts für in Frankreich niedergelassene Diensteanbieter ist nicht eigenständig geregelt. Sie ergibt sich aus Art. 16 al. 2 LEN, der sowohl für in Frankreich wie für in einem anderen Mitgliedsstaat niedergelassene Anbieter das Recht des Niederlassungsstaates für anwendbar erklärt. Im Gesetzgebungsverfahren wurden verschiedene Umsetzungsmöglichkeiten für das Herkunftslandprinzip diskutiert. Der ursprüngliche Gesetzesvor-

---

tronischen Geschäftsverkehr (Elektronischer-Geschäftsverkehr-Gesetz – EGG), BT-Drs. 14/7370 vom 7.11.2001, S. 1 f.

[169] *Spindler*, RabelsZ 66 (2002), 633 (659 f.); Absatz 2 ist gerade keine Verweisungsnorm in das Recht des Niederlassungsstaates, *ders.*, RIW 2002, 183 (185).

[170] Art. 14 al. 1 LEN : « *Le commerce électronique est l'activité économique par laquelle une personne propose ou assure à distance et par voie électronique la fourniture de biens ou de services.* »

[171] Siehe *Verbiest*, Com. Com. électr., février 2003, 9 (14).

schlag vom 15. Januar 2003[172] enthielt in Art. 7 al. 1 die Bestimmung, dass die Erbringung von Diensten für Anbieter, die nicht in Frankreich niedergelassen sind, in Frankreich frei ist; Art. 7 al. 2 entsprach der nun geltenden Regelung. In Art. 7 al. 1 proj. LEN vom 26. Februar 2003[173] nach den Änderungen durch die Nationalversammlung wurde das französische Recht für in Frankreich niedergelassene Anbieter zusätzlich positiv für anwendbar erklärt. Die Bestimmung war allerdings deshalb überflüssig, weil Art. 7 al. 2 proj. LEN bereits als allseitig anwendbare Rechtsanwendungsregel ausgestaltet war.

Art. 16 LEN bestimmt nicht nur, dass der freie Dienstleistungsverkehr für im Ausland niedergelassene Diensteanbieter nicht durch französisches Recht eingeschränkt werden darf, sondern auch, dass für diese Diensteanbieter das Recht ihres Heimatstaates anwendbar ist. Demnach können die französischen Gerichte unmittelbar das Recht des Herkunftslandes anwenden und müssen nicht erst französisches Recht anwenden und dann einen Günstigkeitsvergleich anstellen, wie es in Deutschland § 4 Abs. 2 TDG vorsieht. Obwohl sich die deutsche Lösung enger an der Richtlinie orientiert, scheint der im französischen Gesetzesprojekt eingeschlagene Weg der praktikablere und für die Anbieter vorhersehbarere Weg zu sein.

c) Rom II

Das Internationale Wettbewerbsrecht ist gemeinschaftsrechtlich nicht vereinheitlicht. In Frankreich wie in Deutschland gilt auch für das Internet das Marktortprinzip. Das ist auch die Anknüpfung, die in Art. 5 des Vorschlags für eine Verordnung über das auf außervertragliche Schuldverhältnisse anzuwendende Recht („Rom II")[174] gemacht wird[175]. Die Verordnung ist nach ihrem Inkrafttreten un-

---

[172] Projet de loi pour la confiance dans l'économie numérique du 21 janvier 2003, abrufbar unter http://www.assemblee-nationale.fr/12/pdf/projets/pl0528.pdf.

[173] Projet de loi adopté par l'Assemblée nationale en première lecture pour la confiance dans l'économie numérique du 26 févirer 2003, abrufbar unter http://www.assemblee-nationale.fr/12/pdf/ta/ta0089.pdf.

[174] Kommission der Europäischen Gemeinschaften, Vorschlag für eine Verordnung des Europäischen Parlaments und des Rates über das auf außervertagliche Schuldverhältnisse anzuwendende Recht (Rom II) vom 22.7.2003, KOM 2003 (427) endg.; siehe *Verbiest*, Com. Com. électr., novembre 2003, 10 (11); *Leible/Engel*, EuZW 2004, 7 (7 ff.).

[175] „Artikel 5 - Unlauterer Wettbewerb:
1. Auf außervertragliche Schuldverhältnisse, die aus einem unlauteren Wettbewerbsverhalten entstanden sind, ist das Recht des Staates anzuwenden, in dessen Gebiet die Wettbewerbsbeziehungen oder die kollektiven Interessen der Verbraucher unmittelbar und wesentlich beeinträchtigt worden sind oder beeinträchtigt werden könnten.
2. Beeinträchtigt ein unlauteres Wettbewerbsverhalten ausschließlich die Interessen eines bestimmten Wettbewerbers, ist Artikel 3 Absätze 2 und 3 anwendbar."; vgl. Art. 6 des Vorent-

mittelbar anwendbares Gemeinschaftsrecht, dessen Bestimmungen Vorrang vor den nationalen Vorschriften zur Umsetzung von Richtlinien haben. Das Herkunftslandprinzip in Art. 3 EC-RL würde durch die Verordnung überlagert[176]. Art. 23 des Verordnungsvorschlages regelt indes das Verhältnis der Rom-II-Verordnung zu anderen gemeinschaftsrechtlichen Bestimmungen. Art. 23 Nr. 2 bestimmt, dass die Verordnung Gemeinschaftsrechtsakte nicht berühren soll, nach denen in besonderen, koordinierten Bereichen das Herkunftslandprinzip gilt. Das Herkunftslandprinzip der Richtlinie über den elektronischen Geschäftsverkehr ist von dieser Ausnahme umfasst, so dass auch die nationalen Umsetzungsvorschriften des Herkunftslandprinzips nicht im Widerspruch zur geplanten Rom-II-Verordnung stehen würden, wenn sie in ihrem Anwendungsbereich nicht über den koordinierten Bereich der Richtlinie über den elektronischen Geschäftsverkehr hinausgehen[177]. Die Hamburg Group for Private International Law schlägt in ihren Anmerkungen zum Verordnungsentwurf die Ergänzung des Art. 5 dahingehend vor, dass für Fälle mit ausschließlich innergemeinschaftlichem Bezug das Marktortprinzip zugunsten des Herkunftslandprinzips aufgegeben wird[178]. Der Vorteil wäre eine Vereinfachung der rechtlichen Rahmenbedingungen für die Anbieter. Wie in den Anmerkungen der Hamburg Group selbst festgestellt wird, greift der Änderungsvorschlag aber in bisher nicht harmonisierten Bereichen der Rechtsangleichung vor, die eigentlich eine Voraussetzung für die Einführung des Herkunftslandprinzips darstellt[179].

4. Internationales Datenschutzrecht

a) Kollisionsrecht in der Datenschutzrichtlinie

Gemäß Art. 4 Abs. 1 lit. a der EG-Datenschutzrichtlinie 95/46/EG wendet jeder Mitgliedstaat sein in Umsetzung der Richtlinie erlassenes Datenschutzrecht auf die Vorgänge an, die ein in seinem Hoheitsgebiet niedergelassener Datenverarbeiter durchführt. Das gilt unabhängig davon, in welchem Mitgliedstaat sich die Tätigkeiten auswirken oder ausgeführt werden[180]. Wenn der Verantwortliche für die Datenverarbeitung keine Niederlassung in einem Mitgliedstaat der Europäischen Union hat, findet gemäß Art. 4 Abs. 1 lit. c RL 95/46/EG das Recht des

---

wurfs, Anhörung über einen Vorentwurf eines Vorschlags für eine Verordnung des Rates über das auf außervertragliche Schuldverhältnisse anzuwendende Recht, 2002, abrufbar unter http://europa.eu.int/comm/justice_home/unit/civil/consultation/index_de.htm.

[176] Vgl. *Mankowski*, ZVglRWiss 100 (2001), 137 (176 f.), zum Entwurf der Rom-II-Verordnung vom 21.6.1999; *Nickels*, DB 2001, 1919 (1922).

[177] *Leible/Engel*, EuZW 2004, 7 (17).

[178] *Hamburg Group for Private International Law*, RabelsZ 67 (2003), 1 (19).

[179] *Hamburg Group for Private International Law*, RabelsZ 67 (2003), 1 (20).

[180] Vgl. *Ehmann/Helfrich*, EG-Datenschutzrichtlinie, 1999, Art. 4 ff.

Mitgliedstaates Anwendung, in dessen Hoheitsgebiet sich Mittel zur Datenverarbeitung befinden. Die Datenschutzrichtlinie kombiniert also das Herkunftsland für innergemeinschaftliche Fälle mit dem Territorialitätsprinzip für Fälle mit Drittstaatenbezug.

b) Kollisionsrecht im Bundesdatenschutzgesetz

Die internationale Anwendbarkeit des deutschen Datenschutzrechts ergibt sich aus § 1 Abs. 5 BDSG, der auch für das TDDSG und die datenschutzrechtlichen Bestimmungen im TKG gilt, denen eigene Kollisionsregeln fehlen. Satz 1 regelt die Fälle, in denen die verantwortliche Stelle in einem Mitgliedstaat der Europäischen Union „belegen" ist, die Sätze 2 bis 4 die Anwendbarkeit deutschen Rechts auf nur in Drittstaaten niedergelassene verantwortliche Stellen.

Für verantwortliche Stellen, die in einem Mitgliedstaat der Europäischen Union niedergelassen sind, gilt gemäß § 1 Abs. 4 Satz 1 BDSG eine Art Herkunftslandprinzip. Auf den Handlungsort der Datenerhebung oder -verarbeitung kommt es nicht an. Eine gewisse Nähe zum Handlungsort wird dadurch hergestellt, dass das deutsche Recht gemäß Satz 1 letzte Halbsatz auf die Fälle Anwendung findet, in denen die verantwortliche Stelle zwar in einem anderen Mitgliedstaat belegen ist, aber gleichwohl eine Niederlassung in Deutschland hat. Für die Bestimmung der Anwendbarkeit deutschen Datenschutzrechts innerhalb der Europäischen Union können vier Fälle unterschieden werden[181]: 1) Eine in einem anderen Mitgliedstaat ansässige Stelle wird auf deutschem Territorium aktiv und hat hier eine Niederlassung. In diesem Fall ist das BDSG gem. § 1 Abs. 5 Satz 1 letzter Hs. BDSG anwendbar. 2) Die Stelle hat keine Niederlassung auf deutschem Territorium, mit der Folge, dass nicht das BDSG sondern das Recht des Staates, in dem sich die Niederlassung der verantwortlichen Stelle befindet, anwendbar ist (§ 1 Abs. 5 Satz 1 BDSG). 3) Eine in Deutschland ansässige verantwortliche Stelle handelt in einem anderen Mitgliedstaat, in dem sie ebenfalls eine Niederlassung hat. In diesem Fall ist das BDSG nach dem Territorialitätsprinzip nicht anwendbar, eine abweichende Geltungsanordnung gibt es nicht. 4) Eine Niederlassung in dem anderen Mitgliedstaat besteht im Gegensatz zur vorherigen Fallgruppe nicht. Nach dem (korrekt umgesetzten) Datenschutzrecht des Landes, in dem die Aktivität stattfindet, ist dortiges Recht nicht anwendbar. Eine positive Geltungsanordnung für diesen Fall gibt es im BDSG aber nicht. Das hat zur Folge, dass das ausländische Recht aufgrund des Herkunftslandprinzips nicht anwendbar ist, das deutsche Recht seinem Wortlaut nach aber ebenfalls nicht angewendet werden kann. Diese Regelungslücke muss durch richtlinienkonforme Auslegung dahingehend geschlossen werden, dass

---

[181] *Dammann*, RDV 2002. 70 (72).

auf diese Fälle das BDSG anwendbar ist[182], um nicht gegen Art. 4 Abs. 1 der Datenschutzrichtlinie zu verstoßen.

Wenn die verantwortliche Stelle nicht in einem Mitgliedstaat der Europäischen Union belegen ist, findet das deutsche Recht Anwendung, wenn der Ort der Erhebung, Verarbeitung oder Datennutzung in Deutschland liegt. Anders als innerhalb der EU kann in diesen Fällen nicht davon ausgegangen werden, dass in den Drittstaaten ein hinreichendes Datenschutzniveau vorliegt[183]. Außerdem muss die verantwortliche Stelle Angaben über im Inland ansässige Vertreter machen. § 1 Abs. 5 Satz 2 BDSG weicht von der Vorgaben in Art. 4 Abs. 1 lit. c Datenschutzrichtlinie ab. In der Richtlinie wird für die Eröffnung des Anwendungsbereichs verlangt, dass der Verantwortliche auf in einem Mitgliedstaat angesiedelte Mittel zur Verarbeitung personenbezogener Daten zurückgreift. Das führt zu Diskussionen darüber, ob etwa ein Server oder gar der PC des Nutzers für die Anwendbarkeit des europäischen Datenschutzrechts ausreicht oder nicht. Die deutsche Regelung verzichtet auf dieses Kriterium und will jede Erhebung, Verarbeitung oder Nutzung von personenbezogenen Daten im Inland umfassen. Das Lokalisationsproblem wird dadurch freilich nicht beseitigt, denn es muss festgestellt werden, wo die Datenerhebung oder Verarbeitung stattfindet. Das ist insbesondere für die Datenerhebung schwierig[184]. Problematisch bleibt die Rechtsdurchsetzung dennoch, weil eine Durchsetzung von Ansprüchen nur mit Hilfe der ausländischen Gerichte des Heimatstaates möglich ist, die nicht an den deutschen Rechtsanwendungsbefehl gebunden sind[185].

c) Kollisionsrecht im französischen Datenschutzgesetz

In Frankreich bestimmt Art. 5 der im August 2004 novellierten loi n° 78-17[186] die internationale Anwendbarkeit des Gesetzes. Zum gegenwärtigen Zeitpunkt enthält das Gesetz keine eigene Kollisionsnorm. In Umsetzung der EG-Datenschutzrichtlinie[187] sind Verarbeitungen personenbezogener Daten dem Gesetz unterstellt, wenn der Verantwortliche auf dem französischen Territorium

---

182 *Dammann*, RDV 2002. 70 (72).
183 *Mole*, Gaz. Pal., 14.10.2001, 4 (11).
184 *Dieselhorst*, ZUM 1998, 293 (296); *Dammann*, RDV 2002, 70 (74), der beim Ausfüllen von Formularen auf einer Internetseite die Datenerhebung nicht am Aufenthaltsort des Nutzers sieht, weil dieser freiwillig und unabhängig vom Einfluß des Anbieters über die Mitteilung seiner Daten entscheiden kann.
185 *Dammann*, RDV 2002. 70 (77).
186 Loi n° 2004-801 du 6 août 2004 relative à la protection des personnes physiques à l'égard des traitements de données à charactère personnel et modifiant la loi n° 78-17 du 6 janvier 1978 relative à l'informatique, aux fichiers et aux libertés, J.O. n° 182 du 7.8,2004, 14063.
187 Vgl. *Mole*, Gaz. Pal., 14.10.2001, 4 (11).

ansässig ist oder wenn er, ohne in einem Mitgliedstaat der EU ansässig zu sein, Mittel verwendet, die sich auf französischem Territorium befinden[188]. Die Ansässigkeit im Sinne der ersten Alternative wird angenommen, wenn sich der Verantwortliche in Frankreich unter welcher Rechtsform auch immer niedergelassen hat. Für Verarbeiter aus Drittstaaten gilt eine Ausnahme nur dann, wenn die Mittel nur zur Durchleitung durch die EU verwendet werden.

Wenn ein in einem anderen Mitgliedstaat niedergelassener Datenverarbeiter Mittel verwendet, die auf französischem Territorium liegen, kommt französisches Recht nicht zur Anwendung, wenn keine Niederlassung in Frankreich besteht. Für Unionsangehörige wird die Anwendbarkeit des französischen Datenschutzrechts beschränkt. In einer datenschutzrechtlich harmonisierten Europäischen Union kann sich jeder Verantwortliche mit dem eigenen Recht und den in diesem Land bestehenden Aufsichtsbehörden auseinandersetzen, ohne dass die Betroffenen in anderen Mitgliedstaaten dadurch rechtlich beeinträchtigt werden.

Die Kompetenzen der CNIL gehen nach dem novellierten Datenschutzgesetz weiter als der Anwendungsbereich des materiellen französischen Datenschutzrechts. Art. 48 des Entwurfs für das neue Datenschutzrecht sieht vor, dass der CNIL Kontroll- und eingeschränkte Sanktionsbefugnisse bei Datenerhebung oder -verarbeitung auf französischem Territorium auch dann verbleiben, wenn die verantwortliche Stelle nicht in Frankreich ansässig ist[189]. Konsequenterweise muss die CNIL in diesen Fällen das Datenschutzrecht des anderen Mitgliedstaates anwenden, so wie die Gerichte in bestimmten Fällen ausländisches Recht anzuwenden haben[190].

d) Die Wahrung des europäischen Schutzstandards bei Datenverkehr mit Drittstaaten

Innerhalb der Europäischen Union ist durch die Datenschutzrichtlinien der Gemeinschaft ein einheitliches und grundsätzlich angemessenes Schutzniveau geschaffen worden. Die sich daraus für den Verbraucher ergebende Sicherheit gibt es hingegen nicht automatisch, wenn Daten an Personen weitergegeben werden, die dem Recht von Staaten unterliegen, die nicht Mitglied der Europäischen Union sind und auch keine Mittel zur Datenverarbeitung im Sinne des Art. 4 Abs. 1 lit. c RL 95/46/EG in einem Mitgliedstaat der Europäischen Union haben. Hier

---

[188] Hierzu *Mole*, Gaz. Pal., 14.10.2001, 4 (11).
[189] Vgl. *Costes*, Lamy droit de l'informatique et des réseaux, bull. d'actualité, octobre 2001, 1 (6).
[190] *Mole*, Gaz. Pal., 14.10.2001, 4 (11).

kommt es auf die jeweilige Datenschutzgesetzgebung und -rechtsprechung des Drittstaates an[191].

Art. 25 der EG-Datenschutzrichtlinie 95/46/EG bestimmt, dass die Mitgliedstaaten dafür Sorge zu tragen haben, dass Daten nur in solche Drittländer übermittelt werden sollen, die ein angemessenes Schutzniveau gewährleisten. Die Angemessenheit wird gem. Art. 25 Abs. 2 der Richtlinie in einer Gesamtschau aller datenschutzrechtlichen Aspekte ermittelt. Die Einzelfallentscheidungen, die von den Mitgliedstaaten getroffen werden, sollen durch einen in Art. 25 Abs. 3 vorgesehenen Informationsverfahren mit der Kommission abgeglichen werden. Dabei haben Entscheidungen der Kommission bindende Wirkung für die Mitgliedstaaten, sowohl für die Verneinung (Art. 25 Abs. 4) als auch für die Bejahung eines angemessenen Schutzniveaus (Art. 25 Abs. 6). Gemäß Art. 25 Abs. 6 kann die Kommission für Datenexporte in bestimmte Drittländer die Angemessenheit des Schutzniveaus allgemein feststellen. Das ist bis jetzt für vier Länder geschehen: Ungarn[192], die Schweiz[193], Kanada[194] und die Vereinigten Staaten von Amerika. Während das ungarische, schweizerische und kanadische Datenschutzrecht als dem europäischen Standard entsprechend erachtet wurden und Datentransfers so uneingeschränkt möglich sind, gilt die Freigabe für die Vereinigten Staaten nur eingeschränkt[195]. Hier gibt es kein einheitliches Datenschutzrecht auf Bundesebene, sondern nur einzelne bundesstaatliche Teilregelungen. Überwiegend wird eine Konzeption der Selbstregulierung verfolgt[196]. Das US-Handelsministerium hat – in Zusammenarbeit mit der Europäischen Kommission – datenschutzrechtliche Grundsätze entwickelt, die als „*Safe Harbour*" be-

---

[191] Einen kurzen Überblick über den Datenschutz verschiedener Länder gibt *Cadoux*, Rev. fr. adm. publ. n° 89, janvier-mars 1999, 83 (84 et s.); *Büllesbach*, RDV 2002, 55 (57, 59).

[192] Entscheidung der Kommission (2000/519/EG) vom 26. Juli 2000 gemäß der Richtlinie 95/46/EG des Europäischen Parlaments und des Rates über die Angemessenheit des Schutzes personenbezogener Daten in Ungarn, ABl. Nr. L 215/4 vom 25.8.2000.

[193] Entscheidung der Kommission (2000/518/EG) vom 26. Juli 2000 gemäß der Richtlinie 95/46/EG des Europäischen Parlaments und des Rates über die Angemessenheit des Schutzes personenbezogener Daten in der Schweiz, ABl. Nr. L 215/1 vom 25.8.2000.

[194] Entscheidung der Kommission (2002/2/EG) vom 20. Dezember 2001 gemäß der Richtlinie 95/46/EG des Europäischen Parlaments und des Rates über die Angemessenheit des Datenschutzes, den das kanadische Personal Information Protection and Electronic Documents Act bietet, ABl. Nr. L 2/13 vom 4.1.2002.

[195] Entscheidung der Kommission (2000/520/EG) vom 26. Juli 2000 gemäß der Richtlinie 95/46/EG des Europäischen Parlaments und des Rates über die Angemessenheit des von den Grundsätzen des „sicheren Hafens" und der diesbezüglichen „Häufig gestellten Fragen" (FAQ) gewährleisteten Schutzes, vorgelegt vom Handelsministerium der USA, ABl. Nr. L 215/7 vom 25.8.2000.

[196] Vgl. *Mallet-Poujol*, Légipresse n° 180, avril 2001, II 35 (37).

zeichnet werden[197]. Amerikanische Unternehmen können sich der US-Behörde gegenüber diesen Grundsätzen verpflichten. Nur für diese Unternehmen oder Organisationen gilt die Feststellung des angemessenen Schutzniveaus (Art. 1 Abs. 2 Entscheidung 2000/520/EG)[198]. Als Beschwerdeinstanz bei Nichteinhaltung der Datenschutzbestimmungen steht dem EU-Bürger zunächst eine unabhängige Stelle zur Streitbeilegung zur Verfügung, die von dem Unternehmen bei der Anerkennung der „*Safe Harbour*"-Grundsätze notifiziert werden muss. Darüber hinaus besteht die Möglichkeit der Klage vor einem US-amerikanischen Gericht. Diese Rechtsschutzmöglichkeit wird zum Teil als ungenügend angesehen[199].

Daten dürfen auch in Staaten exportiert werden, in denen kein angemessenes Schutzniveau im Sinne des Art. 25 Abs. 2 festgestellt wurde. Das ist gem. Art. 26 Abs. 1 der Richtlinie der Fall, wenn der Betroffene ausdrücklich eingewilligt hat oder bestimmte Konstellationen individuellen oder öffentlichen Interesses bestehen. Die Mitgliedstaaten können darüber hinaus den Datenexport genehmigen, wenn ausreichende Grundsätze des Datenschutzes und des Schutzes der Privatsphäre und von Grundrechten garantiert werden, was insbesondere durch die Einbeziehung entsprechender Klauseln in Verträge geschehen kann (Art. 26 Abs. 2)[200]. Die Garantien müssen nicht dem durch die Richtlinie vorgegebenen Standard, sondern lediglich einem angemessenes Schutzniveau im Sinne des Art. 25 Abs. 1 – das auf die datenschutzrechtliche Gesamtsituation des Landes bezogen ist[201] – entsprechen[202]. Neben der materiellen Ausgestaltung der Klauseln, die durch die Standardvertragsklauseln nach Abs. 4 festgestellt werden kann, ist insbesondere die Drittwirkung der Klauseln zu beachten, die nicht in jeder Zivilrechtsordnung anerkannt ist. Denn nur, wenn sich der Betroffene gegenüber seinem Vertragspartner auf die Bestimmungen berufen kann, liegt eine angemessene Garantie vor.

---

[197] Herausgegeben vom US-Handelsministerium am 21.7.2000, abgedruckt als Anhang I der Entscheidung 2000/520/EG, ABl. Nr. L 215/10 vom 25.8.2000.

[198] Siehe *Drouard*, Expertises 2000, 207; ausführlich *Frayssinet*, Com. Com électr., mars 2001, 10, und aus amerikanischer Sicht *Rule*, Rev. fr. adm. publ. n° 89, janvier-mars 1999, 95.

[199] Vgl. *Mallet-Poujol*, Légipresse n° 180, avril 2001, II 35 (37), mit Hinweis auf die ebenfalls kritische Haltung des Europäischen Parlaments.

[200] Vertragsklauseln werden in der Richtlinie als besonders geeignete Form einer Garantie angesehen, *Ehmann/Helfrich*, EG-Datenschutzrichtlinie, 1999, Art. 26, Rn. 20, sind jedoch nicht die einzige Möglichkeit.

[201] Vgl. *Ehmann/Helfrich*, EG-Datenschutzrichtlinie, 1999, Art. 25, Rn. 2: das angemessene Schutzniveau wird in der Regel durch staatliche Stellen kontrolliert.

[202] So *Ehmann/Helfrich*, EG-Datenschutzrichtlinie, 1999, Art. 26, Rn. 22 f.

Die Mitgliedstaaten müssen solche Vertragsklauseln als angemessen anerkennen, die von der Kommission als Standardvertragsklauseln im Sinne des Art. 26 Abs. 4 beschlossen wurden[203]. Das ist mit einer Entscheidung vom 18.6.2001[204] geschehen. Die Standardvertragsklauseln, die von den Unternehmen freiwillig verwendet werden können, sind im Anhang der Entscheidung aufgeführt[205]. Sie enthalten eine rechtlich durchsetzbare Garantie, nach der sich sowohl der Versender als auch der Empfänger der Daten verpflichten, die Daten grundsätzlichen Datenschutzbestimmungen gemäß zu verarbeiten. Außerdem wird mit ihnen vereinbart, dass betroffene Personen ihre Rechte nach dem Vertrag geltend machen können[206]. Zwei Konstellationen müssen unterschieden werden. In der ersten schließt der Verbraucher einen Vertrag mit einem in der EU ansässigen Unternehmer, der die Daten an eine in einem Drittstaat ansässige Person weitergeben möchte. In der zweiten Konstellation schließt der Verbraucher einen Vertrag direkt mit einem in einem Drittstaat ansässigen Unternehmer ab. Hier ist der Datenexport der Kontrolle der Datenschutzbehörden entzogen, es kommt nur auf die Einwilligung des Verbrauchers an[207]. Bei der ersten Fallgruppe werden die Datenschutzgarantien im Sinne des Art. 26 Abs. 2 der Richtlinie zwischen dem für die Verarbeitung der Daten Verantwortlichen, dem Datenexporteur, und dem Empfänger der Daten im Drittstaat gegeben. Denn der Verantwortliche muss der nationalen Datenschutzbehörde ausreichende Garantien vorweisen können. Die Einwilligung des Verbrauchers findet dagegen im Verhältnis zwischen dem Unternehmer in der europäischen Gemeinschaft und dem Verbraucher statt und kann zu einer Zulassung des Datenexportes nach Art. 26 Abs. 1 lit. a führen. Weil die Einwilligung des Verbrauchers hier und in der zweiten Fallgruppe von besonderer Bedeutung für den Schutz seiner Privatsphäre ist, muss besonderer Wert auf die Qualität der Einwilligung gelegt werden. In der Regel wird die Einwilligung durch Allgemeine Geschäftsbedingungen erklärt werden. Eine In-

---

[203] Die Mitgliedstaaten sollen so vor gleichlautenden Einzelfallprüfungen bewahrt werden, *Ehmann/Helfrich*, EG-Datenschutzrichtlinie, 1999, Art. 26, Rn. 34.

[204] Entscheidung der Kommission (2001/498/EG) vom 15. Juni 2001 hinsichtlich Standardvertragsklauseln über die Übermittlung personenbezogener Daten in Drittländer nach der Richtlinie 95/46/EG, ABl. Nr. L 181/19 vom 4.7.2001; Standardvertragsklauseln für die Übermittlung von Daten an Auftragsverarbeiter in Drittländern hat die Kommission am 27.12.2001 beschlossen, Entscheidung der Kommission (2002/16/EG) vom 27.12.2001 hinsichtlich Standardvertragsklauseln für die Übermittlung personenbezogener Daten an Auftragsverarbeiter in Drittländern nach der Richtlinie 95/46/EG, ABl. Nr. L 6/52 vom 10.1.2002.

[205] Zu den einzelnen Klauseln siehe *Räther/Seitz*, MMR 2002, 520 (523 ff.).

[206] Klausel 3 der Standardvertragsklauseln vom 15.6.2001 bestimmt, dass es sich um Bestimmungen zugunsten Dritter handelt, nämlich zugunsten der Personen, auf die sich die Daten beziehen.

[207] Siehe im Einzelnen zur Gestaltung solcher Verträge *Huet*, Com. Com. électr., mai 2001, 8 (8 et s.).

haltskontrolle der AGB sollte auch datenschutzrechtliche Aspekte mit einbeziehen.

In Deutschland ist der Transfer von Daten in Drittländer abhängig vom angemessenen Schutzniveau im Zielstaat in § 4b und 4c BDSG in Übereinstimmung mit der Datenschutzrichtlinie geregelt.

In das französische Datenschutzgesetz n° 78-17 wurden durch die Gesetzesnovelle[208] Regelungen eingefügt, die Art. 25 und 26 der Datenschutzrichtlinie umsetzen. So bestimmt Art. 68 loi n° 78-17, dass Daten von einem für die Datenverarbeitung Verantwortlichen nur dann in ein Land, das nicht der Europäischen Union angehört, weitergegeben werden dürfen, wenn der Staat einen ausreichenden Schutz der Privatsphäre und der personenbezogenen Daten gewährleistet. Daten können nach dem neuen Art. 69 loi n° 78-17 in bestimmten Fällen auch dann in Drittstaaten exportiert werden, wenn das Land nicht als sicher gilt. Das geht immer dann, wenn der Betroffene eingewilligt hat. Daneben ist es möglich, wenn es etwa zum Schutz des Lebens der betroffenen Person notwendig ist oder im öffentlichen Interesse liegt. Die CNIL kann durch eine eigene Entscheidung oder durch ein décret en Conseil d'État den Datenexport gestatten, muss in diesem Fall aber die Kommission der Europäischen Gemeinschaften über die Ausnahme informieren (Art. 69 Abs. 3). Der Informationsaustausch mit der Kommission ist auch in Art. 70 loi n° 78-17 behandelt. Die CNIL soll die Kommission sowohl informieren, wenn eine Datenübermittlung in unsichere Drittstaaten stattgefunden hat, als auch dann, wenn ein Land nach eigener Einschätzung der CNIL kein ausreichendes Schutzniveau gewährleistet. Wenn eine Deklaration einer Datenverarbeitung (nach den neuen Art. 23 oder 24) die Übermittlung von Daten in ein als nicht sicher geltendes Drittland beinhaltet, dann wird mit der Empfangsbestätigung der Deklaration ein Verbot des Datenexportes in diese Länder ausgesprochen (Art. 70 Abs. 2).

III. Internationales Strafrecht

Von der europäischen Rechtsangleichung unberührt ist das internationale Strafrecht der Mitgliedstaaten. Das ist insbesondere für die Anwendbarkeit des französischen Wirtschaftsstrafrechts von Bedeutung. Im Anwendungsbereich der Richtlinie für den elektronischen Geschäftsverkehr wird auch das internationale Strafrecht vom Herkunftslandprinzip überlagert. Das internationale Strafrecht der Mitgliedstaaten ist hingegen auf die strafrechtlichen Sanktionen im Verbrau-

---

[208] Loi n° 2004-801 du 6 août 2004 relative à la protection des personnes physiques à l'égard des traitements de données à charactère personnel et modifiant la loi n° 78-17 du 6 janvier 1978 relative à l'informatique, aux fichiers et aux libertés, J.O. n° 182 du 7.8,2004, 14063.

chervertragsrecht anwendbar, weil für diesen Bereich das Herkunftslandprinzip der Richtlinie für den elektronischen Geschäftsverkehr nicht anwendbar ist[209].

1. Frankreich

Das französische Strafrecht ist anwendbar, wenn eine Verletzung auf dem Territorium Frankreichs verübt wird (Art. 113-2 C. pén.), wenn es von einem Franzosen verübt wird (Art. 113-6 C. pén.) oder wenn das Opfer die französische Staatsbürgerschaft hat (Art. 113-7 C. pén.). Für die Anknüpfung bei im Internet verwirklichten Delikten ist der letzte Anknüpfungspunkt von besonderer Bedeutung. Ausländische Unternehmer müssen danach damit rechnen, dem französischen Strafrecht zu unterliegen, wenn französische Verbraucher betroffen sind. Denkbar ist auch eine Anknüpfung nach dem ersten Kriterium, dem so genannten Territorialitätsprinzip. Art. 113-2 al. 2 C. pén. besagt, dass eine Verletzung dann als auf französischem Staatsgebiet verwirklicht gilt, wenn eines der Tatbestandsmerkmale („*un de ses [de l'infraction] faits constitutifs*") im französischen Hoheitsgebiet stattgefunden hat. Fraglich ist, ob das bei im Internet verwirklichten Tatbeständen schon deshalb der Fall ist[210], weil sich der getäuschte oder auch nur zu schützende Verbraucher in Frankreich befindet[211]. Strafrechtliche Bestimmungen sind jedenfalls dann anwendbar, wenn die Informationen in Frankreich abgerufen werden können[212], und dieser Abruf in Frankreich auch stattfindet[213]. Verletzungen beispielsweise gegen die strafrechtlich bewehrte loi n° 94-665 zum Gebrauch der französischen Sprache unterliegen danach dem französischen Strafrecht, wenn die Aktivität des Anbieters auf den französischen Markt gerichtet ist oder er seine Ware in Frankreich tatsächlich absetzt[214]. In einer Entscheidung des Tribunal de police de Paris wurde die University of Georgia angeklagt, weil sie ein auf einem französischen Server gespeichertes Angebot nur in englischer Sprache verfasst hat. Das Gericht hat materiell-rechtlich nicht entschieden, weil es das Verfahren als unzulässig angesehen hat[215]. Auf den ersten Blick kann angenommen werden, dass auf den physikalischen Speicherort abgestellt wurde, ausschlaggebend war aber wohl die französische Zielgruppe des

---

[209] Siehe oben § 12 II 3 b. aa.

[210] *Varille*, Cahiers Lamy droit de l'informatique, décembre 1997, 12 (12), nennt nur diesen Anknüpfungspunkt.

[211] *Wilhelm/Kostic*, Revue Lamy droit des affaires, décembre 1998, 3 (5), wollen einem in Frankreich ansässigen Internet-Nutzer als Opfer die Wahl lassen, französisches Strafrecht einzubringen.

[212] *Ader*, Légipresse n° 142, juin 1997, 65 (69); *Gravisse*, Petites affiches, 20.1.1999, 14 (17); vgl. ausführlich *Cachard*, Marché électronique, 2002, n° 355 et s.

[213] *Véret/Athéa*, Gaz. Pal., 14.10.2001, 40 (40).

[214] *Gravisse*, Petites affiches, 20.1.1999, 14 (17).

[215] Tribunal de police de Paris, 19.6.1997, Petites affiches, 6.10.1997, 11, note *Dreyfus-Weill*.

Angebots[216]. Um den internationalen Anwendungsbereich im Internet abzustecken, schlägt *Gioux* eine Ergänzung der loi Toubon vor[217].

2. Deutschland

Der Anwendungsbereich des deutschen Strafrechts ist für den elektronischen Geschäftsverkehr viel kleiner als der des französischen Strafrechts. Strafrechtliche Sanktionen im Verbrauchervertragsrecht gibt es nicht[218]; schwerwiegende Verstöße gegen das Datenschutzrecht sind aber nach § 44 BDSG unter Strafe gestellt. Wie in Frankreich ist das deutsche internationale Strafrecht vom Territorialitätsprinzip bestimmt. Gemäß §§ 3 bis 7 StGB gilt das deutsche Strafrecht für Taten, die auf deutschem Staatsgebiet begangen wurden (§ 3 i.V.m. § 9 StGB), von einem deutschen Staatsbürger (§ 7 Abs. 2 StGB) oder an einem deutschen Staatsbürger (§ 7 Abs. 1 StGB) verübt wurden. Im Ordnungswidrigkeitsrecht fehlt die Anknüpfung an die Nationalität von Täter oder Opfer, der einzige Anknüpfungspunkt ist der Tatort (§ 5 OWiG).

IV. Ergebnis

Die Bestimmung des anwendbaren Rechts für Unternehmer-Verbraucher-Beziehungen im Internet stellt sich wie folgt dar: Grundsätzlich gilt für den elektronischen Geschäftsverkehrs im Sinne der Richtlinie für den elektronischen Geschäftsverkehr das Herkunftslandprinzip, nach dem im Ergebnis das Recht des Mitgliedstaates anwendbar ist, in dem der Anbieter seine Niederlassung hat. Zur Erreichung dieses Ziels gehen der deutsche und der französische Gesetzgeber allerdings unterschiedliche Wege. Nach deutschem Recht ist für im Inland niedergelassene Anbieter ausdrücklich das deutsche Recht anwendbar. Für im Ausland niedergelassene Anbieter muss jedenfalls ein Günstigkeitsvergleich erfolgen. In Frankreich wird für die nicht in Frankreich niedergelassenen Anbieter direkt auf das Recht des Herkunftslandes verwiesen. Während diese Lösung einfacher ist als die deutsche, vertraut der französische Gesetzgeber den Schutz der im eigenen Staat niedergelassenen Diensteanbieter unmittelbar der nach allgemeinem Kollisionsrecht zu ermittelnden Rechtsordnung an.

---

[216] So auch *Véret/Athéa*, Gaz. Pal., 14.10.2001, 40 (41).
[217] Gioux, DIT 1998, n° 2, 34 (40): Anfügung eines neuen Art. 2 al. 4 « *Les dispositions du présent article ne sont pas applicables aux services en ligne à vocation commerciale, publicitaire ou promotionnelle interconnectés à l'Internet : - dont l'exploitation est assurée par des personnes morales de nationalité étrangère ; ou bien, - dont le contenu s'adresse à des non francophones.* »
[218] Siehe *Spindler*, RabelsZ 66 (2002), 633 (681 f.).

Ausgenommen vom Anwendungsbereich des Herkunftslandprinzips sind das Vertragsrecht, die Regelung unverlangt zugesendeter E-Mail-Werbung und das Datenschutzrecht. Das internationale Vertragsrecht ist gemeinschaftsweit durch das EVÜ vereinheitlicht; es wird im Internet in den meisten Fällen zur Anwendbarkeit des Rechts des Verbraucherstaates führen. Für die unaufgeforderte E-Mail-Werbung kommt es nach dem französischen wie dem deutschen internationalen Wettbewerbsrecht auf den Ort des Adressaten der E-Mail an, so dass – im Ergebnis wie im Vertragsrecht – für deutsche Verbraucher deutsches Recht und für französische Verbraucher französisches Recht anwendbar ist. Mit der Umsetzung der Datenschutzrichtlinie für elektronische Kommunikation, die die Zulässigkeit von E-Mail-Werbung angleicht, verliert die kollisionsrechtliche Frage in diesem Bereich ihre Bedeutung. Das Datenschutzrecht fällt zwar nicht in den Anwendungsbereich des Herkunftslandprinzips der Richtlinie für den elektronischen Geschäftsverkehr, implementiert aber in der EG-Datenschutzrichtlinie für innergemeinschaftliche Sachverhalte ein eigenes Herkunftslandprinzip, so dass die Anbieter auch hier nur das Recht des Mitgliedstaates beachten müssen, in dem sie niedergelassen sind.

§ 13 Internationales Zivilprozessrecht

Parallel zur Frage des anwendbaren Rechts stellt sich bei grenzüberschreitenden Sachverhalten die Frage nach der internationalen gerichtlichen Zuständigkeit für den Fall, dass eine gerichtliche Durchsetzung von Ansprüchen notwendig wird.

I. Europäisches Recht der internationalen Zuständigkeit

Die Zuständigkeitsbestimmung ist zunächst ein Problem der rechtlichen Qualifikation, im Anschluss daran aber auch ein Problem des tatsächlichen Zugangs für den Verbraucher zu einer ausländischen Gerichtsbarkeit. Nicht nur aus diesem Grund wird die Geeignetheit gerichtlicher Streitbeilegungsverfahren für Verbraucherstreitigkeiten im elektronischen Geschäftsverkehr generell in Frage gestellt. Kommt es zu einem grenzüberschreitenden Rechtsstreit, muss das angerufene Gericht zunächst über die internationale Zuständigkeit entscheiden. Für die Gerichte der Mitgliedstaaten der Europäischen Gemeinschaft ist die Verordnung (EG) 44/2001[1] (EuGVVO) seit ihrem Inkrafttreten am 1. März 2002[2] die anzuwendende Regelung. Die Verordnung ersetzt das Europäische Gerichtsstands- und Vollstreckungsübereinkommen (EuGVÜ)[3] in allen Mitgliedstaaten bis auf Dänemark (vgl. Art. 68 Abs. 1 und Art. 1 Abs. 3 der Verordnung)[4].

Die EuGVVO ist, wie vorher das EuGVÜ, anwendbar für Zivil- und Handelssachen, unabhängig von der Art der Gerichtsbarkeit (Art. 1 Abs. 1), wobei Ausnahmen für einzelne Rechtsgebiete gemacht werden. Es werden also auch die zivilrechtlichen Adhäsionsverfahren im Strafprozess mit umfasst[5], denen im französischen System eine viel größere Bedeutung zukommt als in Deutschland. Der persönliche Anwendungsbereich ist nicht auf Angehörige oder Bewohner

---

[1] Verordnung (EG) Nr. 44/2001 vom 22. Dezember 2000 über die gerichtliche Zuständigkeit und die Anerkennung und Vollstreckung von Entscheidungen in Zivil- und Handelssachen, ABl. Nr. L 12/1 vom 16.1.2001; siehe *Bruneau*, JCP 2001, I 304, p. 533; zum Entwurf eingehend *de Matos*, REDC 2000, 151 (179 ff.).

[2] Art. 76 der Verordnung.

[3] Brüsseler EWG-Übereinkommen über die gerichtliche Zuständigkeit und die Vollstreckung gerichtlicher Entscheidungen in Zivil- und Handelssachen vom 27. September 1968, in der Form des 3. Beitrittsübereinkommens vom 26. Mai 1989; zum Inkrafttreten in den ursprünglichen und später hinzugekommenen Vertragsstaaten *Lesguillons*, Lamy Contrats internationaux, div. 11, 2000, art. 652.

[4] Siehe *Micklitz/Rott*, EuZW 2001, 325 (326).

[5] *Schlosser*, EuGVÜ, 1996, Art. 1, Rn. 4; vgl. EuGH, Urteil vom 21.4.1993, Rs. C 172/91, Slg. 1993, I 1963, „Sonntag ./. Waidmann u.a.“: eine Schadensersatzklage vor einem (italienischen) Strafgericht ist mit umfasst.

der Vertragsstaaten beschränkt[6], der Beklagte muss aber für die meisten Zuständigkeitsregeln seinen Wohnsitz in einem der Vertragsstaaten haben[7], sonst gilt die Verweisung des Art. 4 Abs. 1 EuGVVO auf das nationale Recht des internationalen Zuständigkeit[8]. Grundsätzlich sind die Gerichte des Staates zuständig, in dem der Beklagte seinen Wohnsitz hat (Art. 2 Abs. 1 EuGVVO).

Für Verbraucherstreitigkeiten gelten die besonderen Zuständigkeitsregeln der Art. 15 bis 17 EuGVVO. Wenn der Anwendungsbereich eröffnet ist, können Klagen gegen den Verbraucher – konform mit der allgemeinen Zuständigkeitsregel in Art. 1 Abs. 1 EuGVVO – nur vor den Gerichten des Staates erhoben werden, in dem der Verbraucher seinen Wohnsitz hat (Art. 16 Abs. 2 EuGVVO). Der Verbraucher hat dagegen bei eigenen Klagen gemäß Art. 16 Abs. 1 EuGVVO die Möglichkeit, entweder vor den Gerichten des Staates, in denen der Vertragspartner den Wohnsitz hat oder an dem Gericht des Ortes, an dem er seinen Wohnsitz hat, Klage zu erheben. Die Verordnung durchbricht also bei Verbraucherklagen den Grundsatz, dass die Gerichtsbarkeit des Beklagten zuständig ist[9]. Aufgrund dieses Ausnahmecharakters hat der EuGH den Verbraucherbegriff im EuGVÜ eng ausgelegt[10]. Diese Rechtsprechung ist auf die EuGVVO übertragbar[11].

II. Der Verbrauchergerichtsstand im EuGVÜ

Der besondere Verbrauchergerichtsstand ist nur in bestimmten Fällen anwendbar. Hier ergeben sich in der EuGVVO wichtige Änderungen zu der Vorgängerregelung in Art. 13 EuGVÜ. Die Fallgruppen in Art. 13 EuGVÜ deckten sich mit denen des EVÜ zur Regelung des anwendbaren Rechts. Für im Internet geschlossene Verträge war die Fallgruppe des Art. 13 Abs. 1 Nr. 3 EuGVÜ einschlägig. Der Abschnitt war für Verträge über die Lieferung beweglicher Sachen oder über Dienstleistungen anwendbar, wenn dem Vertragsschluss in dem Staat des Wohnsitzes des Verbrauchers ein ausdrückliches Angebot oder eine Wer-

---

[6] *Schlosser*, EuGVÜ, 1996, Art. 4, Rn. 1.

[7] Entscheidend ist der gewöhnliche Aufenthaltsort oder die Niederlassung des Anbieters; *Junker*, RIW 1999, 809 (818).

[8] In Deutschland ergibt sich die internationale Zuständigkeit deutscher Gerichte in den Fällen, in denen das EuGVÜ nicht anwendbar ist, aus der örtlichen Zuständigkeit (§§ 12-37 ZPO), siehe Thomas/*Putzo*, ZPO, 2002, Vorbem § 1, Rn. 6.

[9] Aus praktischen Gründen wird es *de Matos*, REDC 2000, 151 (159), zufolge allerdings für den Verbraucher oft vorteilhafter sein, im Unternehmerstaat zu klagen (Notwendigkeit einer Vollstreckbarkeitserklärung für das ausländische Urteil [*jugement d'exequatur*]).

[10] EuGH, Urteil vom 19.1.1993, Rs. C-89/91, Slg. 1993, I 139, Rn. 15 ff., „Shearson Lehmann Hutton"; zustimmend *Wilderspin*, REDC 2002, 5 (16).

[11] Vgl. *Micklitz/Rott*, EuZW 2001, 325 (327).

bung vorausgegangen war und der Verbraucher die zum Abschluss des Vertrages erforderliche Rechtshandlung in diesem Staat vorgenommen hat. Bezogen auf das Internet war die Frage problematisch, wann ein Anbieter über das grundsätzlich weltweit zugängliche Internet gerade im Staat des Verbrauchers ein Angebot abgegeben oder geworben hat[12]. Außerdem ist die Lokalisierung der im Internet vorgenommenen Rechtshandlung des Verbrauchers nicht eindeutig. Die hiermit verbundenen Auslegungsfragen entsprechen denen im Zusammenhang mit der gleichlautenden ersten Fallgruppe des Art. 5 Abs. 2 EVÜ[13].

III. Die Neuregelung des Verbrauchergerichtsstands in der EuGVVO

In Art. 15 Abs. 1 lit. c EuGVVO wurde zum einen der sachliche Anwendungsbereich auf alle Verträge ausgeweitet[14] und zum anderen der Anknüpfungstatbestand neu gefasst. Der besondere Verbrauchergerichtsstand ist nun anwendbar, wenn der andere Vertragspartner in dem Mitgliedstaat, in dem der Verbraucher seinen Wohnsitz hat, entweder eine berufliche oder gewerbliche Tätigkeit ausübt oder eine solche auf irgend einem Wege unter anderem auf diesen Mitgliedstaat ausrichtet und der Vertrag in den Bereich dieser Tätigkeit fällt.

Mit der neuen Fassung soll insbesondere dem elektronische Geschäftsverkehr besser Rechnung getragen werden[15]. Die neue Regelung knüpft jedoch gerade an das Merkmal der Ausrichtung an, deren Bestimmung unter dem EuGVÜ Schwierigkeiten gemacht hat. Die Ausrichtung bezieht sich aber nicht auf Werbung oder ein konkretes Angebot im Zusammenhang mit dem konkreten Vertragsschluss, sondern auf jede Form der beruflichen oder gewerblichen Tätigkeit[16], sofern der Verbrauchervertrag in den Bereich dieser Tätigkeit fällt. Darunter fallen auch zielgerichtete einzelne oder gelegentliche Angebote[17]. Wenn der Kontakt mit dem Verbraucherstaat nur über die Abrufbarkeit der Internetseite in diesem Land besteht, stellt sich die Frage, ob die Internetseite insgesamt zum Abruf in dem Verbraucherstaat bestimmt war, genauso wie nach der alten Rechtslage[18]. Der Anwendungsbereich ist deswegen weiter, weil Angebote zwar auf bestimmte Länder beschränkt werden können, die Ausrichtung der Geschäftstätigkeit sich aber dennoch auf weitere Staaten ausdehnen kann. Das Ob-

---

[12] Zur Ausrichtung von Werbung *de Bra*, Verbraucherschutz, 1992, S. 155 ff.
[13] Siehe hierzu oben § 12 II 1 b.
[14] Vgl. *Hüßtege*, in: *Thomas/Putzo*, ZPO, 2002, Art. 15 EuGVVO, Rn. 5.
[15] *Drexl*, in: *Lehmann* (Hrsg.), Electronic Business, 2002, S. 473 (520); *Micklitz/Rott*, EuZW 2001, 325 (331); zum Entwurf *Spindler*, MMR 2000, 18 (23).
[16] *Drexl*, in: *Lehmann* (Hrsg.), Electronic Business, 2002, S. 473 (520).
[17] Anders *Schlosser*, EU-Zivilprozessrecht, 2003, Art. 15 EuGVVO, Rn. 8a.
[18] Vgl. *Kropholler*, Europäisches Zivilprozeßrecht, 2002, Art. 15, Rn. 24.

jekt, dessen Ausrichtung zu prüfen ist, ist also ein anderes als in Art. 13 EuGVÜ. Zur Beurteilung der Ausrichtung wird in der Literatur zwischen aktiven und passiven Internetseiten unterschieden[19]. Die Abgrenzung soll danach erfolgen, ob der Unternehmer seine Leistungen ausdrücklich unter Ausschluss des Wohnsitzstaates des Verbrauchers bewirbt[20]. Für eine aktive Internetseite wird darüber hinaus – und das ist angesichts der beschränkten Wirkung von *Disclaimern*[21] die bessere Abgrenzung – verlangt, dass eine Interaktion möglich ist und der Verbraucher im Internet die Bestellung aufgeben kann. Auf die Bestellung kommt es nach der neuen Rechtslage aber gerade nicht mehr an. Die Unterscheidung zwischen aktiven und passiven Internetseiten ist deshalb kein geeigneter Anhaltspunkt für die Bestimmung der Ausrichtung einer Internetseite[22]. Es muss vielmehr wie bisher anhand verschiedener Indizien der Bereich der Ausrichtung bestimmt werden.

Die zweite Voraussetzung, deren Bestimmung im Internet schwierig war, nämlich der Ort, an dem der Verbraucher die Bestellung vorgenommen hat, ist vollständig weggefallen. Es kommt nicht darauf an, wo der Vertrag vom Verbraucher geschlossen wird, sondern nur darauf, dass der Verbraucher in seinem Wohnsitzstaat zum Vertragsabschluss animiert wird[23].

Auf eine Kausalität zwischen der Aktivität des Unternehmers im Verbraucherstaat und der Bestellung des Verbrauchers kommt es in der EuGVVO nicht mehr an[24]. Schon nach der alten Rechtslage wurde zum Teil ein ursächlicher Zusammenhang zwischen der Werbung und dem Vertragsschluss des Kunden abgelehnt und sogar ein unmittelbarer Bezug der Werbung zum konkreten Vertrag für nicht notwendig erachtet[25]. Die EuGVVO verlangt nur, dass der Vertrag in den Bereich der Geschäftstätigkeit fällt, die das Unternehmen auf den Verbraucherwohnsitzstaat ausrichtet. Der Begriff der Geschäftstätigkeit ist dabei weit zu verstehen.

---

[19] *Micklitz/Rott*, EuZW 2001, 325 (331); vgl. *Glatt*, Vertragsschluss im Internet, 2002, S. 174 f.; *Munoz*, Cahiers Lamy droit de l'informatique et des réseaux, novembre 2001, 13 (13 et s.).
[20] *Hüßtege*, in: *Thomas/Putzo*, ZPO, 2002, Art. 15 EuGVVO, Rn. 8.
[21] *Mitrani*, [2001] Int.T.L.R., 50 (53), zweifelt die Wriksamkeit von nicht auf französisch verfassten *Disclaimern* in Frankreich wegen der französischen Sprachgesetzgebung an.
[22] Im Ergebnis ebenso *Wilderspin*, REDC 2002, 5 (18); anders *Wernicke/Hoppe*, MMR 2002, 643 (646).
[23] *Hüßtege*, in: *Thomas/Putzo*, ZPO, 2002, Art. 15 EuGVVO, Rn. 8; *Junker*, RIW 2002, 569 (574).
[24] *Glatt*, Vertragsschluss im Internet, 2002, S. 176, der aber eine gewisse zeitliche Nähe verlangt; kritisch *Bruneau*, JCP 2001, I 304, p. 533 (538), und *Drexl*, RIDE 2002, 405 (441).
[25] *Spindler*, MMR 2000, 18 (19).

Hinter den Tatbestandsmerkmalen im EuGVÜ und im EVÜ steht der Gedanke, nur den so genannten passiven Verbraucher zu schützen, der in seinem Heimatstaat angesprochen wird und nicht den aktiven Verbraucher, der von sich aus auf Anbieter außerhalb seines Heimatstaates zugeht und so bewusst auf die Anwendbarkeit der eigenen bekannten Rechtsordnung verzichtet[26]. Dieser Gedanke findet sich auch im überarbeiteten Vorschlag der *Hague Conference on Private International Law* vom Juni 2001, nach dem die Anwendbarkeit des Verbrauchergerichtsstands ausgeschlossen ist, wenn der Verbraucher die zum Vertragsschluss notwendigen Handlungen außerhalb seines Verbraucherstaates vornimmt[27]. Nach der EuGVVO wird dagegen auch der Verbraucher geschützt, der auf einen Anbieter in einem anderen Mitgliedstaat zugegangen ist, um ein Geschäft abzuschließen, wenn dieser Anbieter zufällig seine Geschäftstätigkeit auch auf den Verbraucherstaat ausgerichtet hat. Das gilt selbst dann, wenn der Verbraucher hiervon keine Kenntnis hatte.

Neu in der EuGVVO ist auch der vertragsrechtliche besondere Gerichtsstand in Art. 5 Nr. 1 lit. a am Erfüllungsort der Verpflichtung. Die Definition des Erfüllungsortes ist nicht mehr vom nationalen materiellen Recht abhängig[28], sondern autonom. Wenn der Lieferort immer der Ort ist, an dem die Sache geliefert wurde oder hätte geliefert werden müssen (Art. 5 Nr. 1 lit. b EuGVVO), dann ist daneben kein zusätzlicher Verbrauchergerichtsstand notwendig[29]. Der Verordnungsgeber hat trotzdem den Verbrauchergerichtsstand beibehalten und in Teilen modifiziert.

---

[26] Siehe hierzu oben die Ausführungen zum EVÜ.

[27] Hague Conference on Private International Law, Commission II, nineteenth session, Summary of the Outcome of the Discussion in Commission II of the First Part of the Diplomatic Conference 6 – 20 June 2001, Interim Text, June 2001 (abrufbar unter ftp://ftp.hcch.net/doc/jdgm2001draft_e.doc), Art. 7: „*Contracts concluded by consumers*
... 2. Subject to paragraphs [5-7], a consumer may bring [proceedings][an action in contract] in the courts of the State in which the consumer is habitually resident if the claim relates to a contract which arises out of activities, including promotion or negotiation of contracts, which the other party conducted in that State, or directed to that State, [unless [that party establishes that] –
a) the consumer took the steps necessary for the conclusion of the contract in another State;[and
b) the goods or services were supplied to the consumer while the consumer was present in the other State.]] ...“; zu den Gründen, die ursprünglich vorgesehene Regelung der EuGVVO weiter zu verfolgen und den Alternativvorschlägen siehe *Wellbery/Pichler*, CRi 2001, 129 (133 f.).

[28] Zustimmend *Buchner*, EWS 2000, 147 (149); *Jayme/C. Kohler* IPRax 1999, 401 (405).

[29] So *Buchner*, EWS 2000, 147 (150).

IV. Ergebnis

Durch die Neufassung des internationalen Zuständigkeitsrechts für Verbraucherverträge wird der Verbrauchergerichtsstand erheblich ausgedehnt und erreicht einen Umfang, der über das zum Schutz der Verbraucher notwendige Maß hinausgeht. Das Recht der internationalen Zuständigkeit kann nicht einseitig aus der Sicht des Verbrauchers gesehen werden; Unternehmer und Verbraucher haben gleichermaßen ein berechtigtes Interesse daran, Prozesse im Ausland zu vermeiden[30]. Das gilt insbesondere für kleine und mittlere Unternehmen[31], denen es wirtschaftlich nicht viel leichter fällt als Verbrauchern, sich auf fremde Rechtsordnungen und Prozesse vor ausländischen Gerichten einzustellen[32]. Verfahren der außergerichtlichen Streitbeilegung, die in § 18 dieser Arbeit behandelt werden, können hier Abhilfe schaffen.

---

[30] Deswegen ist *Wilderspin*, REDC 2002, 5 (26), nicht zuzustimmen, wenn er die neue Regelung im Intersse der Verbraucher und Unternehmer sieht.

[31] *Drexl*, in: *Lehmann* (Hrsg.), Electronic Business, 2002, S. 473 (519).

[32] *Cachard*, Marché électronique, 2002, n° 659, sieht die Interessen der Unternehmer dagegen als nicht benachteiligt an, weil sie sich über das Herkunftsland des Verbrauchers informieren können; vgl. hierzu unten § 15 I im Zusammenhang mit der Bestimmung des anwendbaren Rechts.

§ 14 Ergebnis für den individuellen Verbraucherschutz

Bei grenzüberschreitenden Geschäften kommen zu den innerhalb einer Rechtsordnung stehenden Aspekten, die im dritten Teil dieser Arbeit untersucht wurden, die beiden Gesichtspunkte des anwendbaren Rechts (unten I.) und des zuständigen Gerichtsstandes (unten II.) hinzu, die in eine Gesamtbewertung des individuellen Verbraucherschutzes mit einfließen. Die Bewertungsmaßstäbe sind auch hier die wirtschaftliche Selbstbestimmung, die Effektivität des Verbraucherschutzes und das Verbrauchervertrauen.

I. Anwendbares Recht

Die Kenntnis des anwendbaren Rechts ist Voraussetzung für eine selbstbestimmte Entscheidung des Verbrauchers, weil der auf den Vertrag anwendbare rechtliche Rahmen einen wesentlichen Teil der Informationsgrundlage für die Entscheidung darstellt. Wenn die im Einzelfall anwendbare Rechtsordung sachrechtlich die wirtschaftliche Selbstbestimmung gewährleistet, ist es für dieses Bewertungskriterium grundsätzlich unerheblich, ob es sich um die eigene oder eine fremde Rechtsordnung handelt. Etwas anderes kann sich daraus ergeben, dass der Verbraucher in der Regel tatsächlich nur unzureichende Kenntnis des fremden Sachrechts hat und hierdurch seine Entscheidungsgrundlage unvollständig ist. Die Anwendbarkeit des Rechts des Verbraucherlandes stellt, auch wenn er verbraucherprivatrechtlich nicht notwendig sein sollte, jedenfalls einen Faktor dar, der das Vertrauen der Verbraucher in den elektronischen Geschäftsverkehr stärkt.

Für den Verbraucherschutz kann zwischen zwei kollisionsrechtlichen Bereichen unterschieden werden: dem vertragsrechtlichen Bereich, in dem das Recht des Verbraucherstaates anwendbar ist und dem lauterkeits- und datenschutzrechtlichen Bereich, in dem über das Herkunftslandprinzip das Recht des Unternehmerstaats gilt.

In der Mehrzahl der Fälle, in denen eine Rechtswahl getroffen wurde, hängt die Anwendung des Vertragsrechts des Verbraucherstaates davon ab, ob das Angebot auf sein Land ausgerichtet wurde. Hierbei ist die Sichtweise des Verbrauchers ausschlaggebend. Wie an anderen Stellen, in denen eine Wertung aus Sicht des Verbrauchers vorgenommen werden soll, ist das Verbraucherbild entscheidend. Die unterschiedlichen Verbraucherbilder in den Mitgliedstaaten der Europäischen Union spielen, anders als bei der Beurteilung der Irreführung im Werberecht, bei der Auslegung des Art. 5 EVÜ / Art. 29 EGBGB keine Rolle, weil die Auslegung gemeinschaftsrechtlich einheitlich durch den EuGH erfolgt, der auf der Grundlage seines eigenen Verbraucherbildes entscheidet.

Die Regelung ist für den Verbraucher also rechtlich vorteilhaft, wenn er nicht aktiv auf einen Anbieter in einem anderen Mitgliedsstaat zugeht und damit bewusst auf die eigene Rechtsordnung verzichtet. Tatsächlich verbleibt eine – das Verbrauchervertrauen beeinträchtigende – Unsicherheit darüber, ob das eigene zwingende Verbraucherrecht tatsächlich Anwendung findet, weil in Zweifelsfällen der Verbraucher nicht *a priori* entscheiden kann, ob das Internetangebot auch auf seinen Wohnsitzstaat ausgerichtet war oder nicht.

Selbst bei anders lautender Rechtswahl und fehlendem Bezug zum Verbraucherstaat bleiben dem Verbraucher die Schutzbestimmungen der verbraucherschützenden Richtlinien durch das in den Richtlinien selbst enthaltene und in die mitgliedstaatlichen Rechtsordnungen umgesetzte Kollisionsrecht erhalten. Diese Regelungen, die allen Verbrauchern gleichermaßen zugute kommen, scheinen die Entscheidung des EVÜ, nur den passiven Verbraucher zu schützen, zu überlagern. Der Unterschied ist aber folgender: Das EVÜ garantiert dem passiven Verbraucher den durch die zwingenden Bestimmungen des nationalen Rechts des Verbraucherstaates gewährten Verbraucherschutz, das richtlinienimmanente Kollisionsrecht dagegen nur den auf gemeinschaftsrechtlicher Ebene in der Richtlinie vorgeschriebenen Mindeststandard in Fällen, in denen das Recht eines Drittstaates auf den Vertrag anwendbar ist. Diese Bestimmungen schützen alle europäischen Verbraucher vor dem Verlust der gemeinschaftsrechtlichen Mindeststandards, jene des EVÜ darüber hinaus den nationalen Verbraucher vor dem Verlust des eigenen nationalen Verbraucherrechts auch gegenüber anderen mitgliedstaatlichen Rechtsordnungen.

Unter der Voraussetzung, dass ein Gericht in einem Mitgliedstaat der Europäischen Gemeinschaft zuständig ist und dessen Kollisionsrecht anwendbar ist, genießt ein europäischer Verbraucher also bei Geschäften auch mit Unternehmern, die in Drittstaaten ansässig sind, den Schutzstandard der Richtlinien, wenn er aktiv auf den Anbieter zugeht und darüber hinaus den eigenen nationalen Schutzstandard, wenn der Anbieter auf ihn in seinem Heimatstaat zukommt.

Für das Werberecht gilt auch bei Verbrauchergeschäften das Herkunftslandprinzip der Richtlinie für den elektronischen Geschäftsverkehr, nach dem das Recht des Mitgliedstaates gilt, an dem der Unternehmer niedergelassen ist. Die EG-Datenschutzrichtlinie stellt für innergemeinschaftliche Sachverhalte ebenfalls ein Herkunftslandprinzip auf, während für Fälle mit Drittstaatenbezug das Territorialitätsprinzip gilt. Für den Verbraucher ist das Herkunftslandprinzip deshalb nicht nachteilig, weil der für ihn im elektronischen Geschäftsverkehr bedeutende Bereich des Werberechts durch die Richtlinie über irreführende und vergleichende Werbung gemeinschaftsrechtlich weitgehend harmonisiert ist und in Zukunft durch die als Vorschlag vorliegende Verordnung über verkaufsfördernde

Maßnahmen[1] und eine im Grünbuch für den Verbraucherschutz in der Europäischen Union[2] angedachte Harmonisierung des Lauterkeitsrechts weiter angeglichen wird. Das gleiche gilt für das Datenschutzrecht mit der EG-Datenschutzrichtlinie 95/46/EG und der bereichsspezifischen Datenschutzrichtlinie für elektronische Kommunikation[3].

Nach dem Marktortprinzip, dass die Anknüpfung für das anwendbare Recht bei E-Mail-Werbung darstellt, ist das Recht des Landes anwendbar, in dem die Werbenachricht empfangen wird, weil hier die wettbewerbsrechtliche Interessenkollision stattfindet. Für den deutschen Verbraucher gilt, auch gegenüber französischen Werbenden, das deutsche Recht und umgekehrt. Das ist auch im Interesse des Verbraucherschutzes: es ist dem Verbraucher nicht zuzumuten, bei jeder Werbenachricht das Herkunftsland zu ermitteln, um dann über deren Zulässigkeit zu urteilen.

Die Defizite aus verbraucherschützender Sicht ziehen nicht die Forderung nach einer Änderung des Kollisionsrechts nach sich. Wichtig ist im Sinne einer selbstbestimmten Entscheidung des Verbrauchers eine Sensibilisierung für diese Probleme. Wünschenswert wäre eine Aufnahme der Information über die Ermittlung des anwendbaren Rechts in den Informationspflichtenkatalog. So ist der wirtschaftlichen Selbstbestimmung Genüge getan. Eine auch vom Vertrauen der Verbraucher getragene Lösung des anwendbaren Rechts stellt höhere Anforderungen im Sinne der Anwendbarkeit des Rechts des Verbraucherlandes, solange der Verbraucher sich über eine anwendbare fremde Rechtsordnung nicht hinreichend informiert fühlt.

II. Internationale Zuständigkeit

Fraglich ist, wie sich das Recht der internationalen Zuständigkeit auf die wirtschaftliche Selbstbestimmung auswirkt. Die Durchsetzbarkeit von Rechten aus einem Vertrag entscheidet über den wirtschaftlichen Wert dieser Ansprüche. Für die Folgenabschätzung eines Vertragsschlusses müssen die Rechtsdurchsetzungsmöglichkeiten bekannt sein. Deswegen gebietet die wirtschaftliche Selbstbestimmung entweder die Information des Verbrauchers über die zuständige Gerichtsbarkeit oder die Anwendbarkeit der Gerichtsbarkeit des Verbraucherstaa-

---

[1] Kommission der Europäischen Gemeinschaften, Mitteilung der Kommission Verkaufsförderung im Binnenmarkt, Vorschlag für eine Verordnung des Europäischen Parlaments und der Rates über Verkaufsförderung im Binnenmarkt vom 15.1.2002, KOM(2001) 546 endg./2.

[2] Kommission der Europäischen Gemeinschaften, Grünbuch zum Verbraucherschutz in der Europäischen Union vom 2.10.2001, KOM (2001), 531 endg.

[3] Siehe oben § 4 II 4.

tes, von dem der Verbraucher ohne abweichende Informationen in der Regel ausgeht. Nur am Maßstab der wirtschaftlichen Selbstbestimmung gemessen, wäre ein besonderer Verbrauchergerichtsstand also nicht notwendig. Als Folge der Informationslösung wäre indes eine Zurückhaltung der Verbraucher bei grenzüberschreitenden Geschäften zu befürchten, vor allem, wenn die im Ausland angebotenen Leistungen im Inland ebenfalls erhältlich sind. Hierbei handelt es sich nicht um ein verbraucherprivatrechtliches, sondern um ein rechtspolitisches Problem, das nicht nur für die Verwirklichung des Binnenmarktes, sondern auch für den individuellen Verbraucher nicht wünschenswert ist, weil ihm durch das Hindernis der Rechtsdurchsetzung tatsächlich die ausländischen Märkte zur Befriedigung seiner wirtschaftlichen Bedürfnisse nur eingeschränkt zur Verfügung stehen.

Der neue Verbrauchergerichtsstand in der EuGVVO, der dem Verbraucher immer dann den Gerichtsstand seines Heimatstaates eröffnet, wenn irgendeine, vom konkreten Geschäft unabhängige, Werbeaktivität des Unternehmers auf den Verbraucherstaat ausgerichtet war. Die Regelung geht über das für eine selbstbestimmte Entscheidung des Verbrauchers notwendige Maß hinaus. Die in der Vorgängerregelung des EuGVÜ vorgenommene Abgrenzung zwischen aktiven und passiven Verbrauchern hat eine richtige Trennlinie gezogen. Der aktive Verbraucher wusste selbst, dass er sich der eigenen Jurisdiktion begibt und hatte auch ohne besondere Information durch den Unternehmer kein Informationsdefizit hinsichtlich der Rechtsdurchsetzungsmöglichkeiten.

Die rechtspolitischen Gesichtspunkte der Effektivität des Verbraucherschutzes und des Vertrauens des Verbrauchers in den grenzüberschreitenden Geschäftsverkehr sind durch den verbraucherfreundlichen Gerichtsstand erfüllt. Die rechtspolitische Sicht kann aber nicht einseitig vom Verbraucherstandpunkt aus vorgenommen werden, sondern muss auch die Interessen des Unternehmers und übergeordnete Ziele wie die Verwirklichung des europäischen Binnenmarktes im Auge haben[4].

Das Problem der grenzüberschreitenden Rechtsdurchsetzung liegt nicht in erster Linie im Gerichtsstand, sondern in den Kosten der gerichtlichen Durchsetzung der Verbraucheransprüche. Bei den typischerweise kleinen Anspruchshöhen sind Gerichtsverfahren wirtschaftlich nicht sinnvoll. Dieser bereits für das nationale Recht geltende Befund[5] wird durch die zusätzlichen Kosten bei ausländischen Gerichtsverfahren wie höhere Kommunikationskosten, Reisekosten, Kosten für Übersetzungen, noch verstärkt. Aus diesem Grund stellt sich gerade bei

---

[4] Hierzu unten § 14.
[5] Siehe oben § 11.

grenzüberschreitenden Verträgen die Frage nach Alternativen zur gerichtlichen Rechtsdurchsetzung (unten § 17).

§ 15 Auswirkungen auf den Binnenmarkt

Ein wesentliches Ziel der Europäischen Union ist die Förderung des Binnenmarktes durch den Abbau der Behinderungen des innergemeinschaftlichen Handels (Art. 3 Abs. 1 EG). Für die Marktteilnehmer müssen Anreize geschaffen werden, innerhalb der Europäischen Union grenzüberschreitend tätig zu werden (unten I.). Ein wichtiger Aspekt ist dabei die Vorhersehbarkeit der rechtlichen Beurteilung einer Geschäftsbeziehung und zwar unabhängig davon, in welchem Mitgliedstaat der Vertragspartner sitzt. Das Kollisionsrecht muss einen Ausgleich zwischen den Interessen der Unternehmer und Verbraucher erreichen, um keinen der beiden Vertragspartner von der Teilnahme am grenzüberschreitenden Handel abzuhalten (unten II.). Der Aufwand für die gerichtliche Durchsetzung von Ansprüchen ist maßgeblich vom zuständigen internationalen Gerichtsstand abhängig. Mit der EuGVVO wurde die Kongruenz zwischen Kollisionsrecht und Zuständigkeitsrecht für Verbraucherverträge aufgehoben und könnte durch neue kollisionsrechtliche Ansätze weiter auseinander fallen (unten III.).

I. Marktteilnahme von Verbraucher und Unternehmern als Voraussetzung für den Binnenmarkt

Für den Verbraucher ist die Teilnahme am Binnenmarkt dann bedenkenfrei möglich, wenn er sich sicher sein kann, in jedem Fall ein angemessenes Verbraucherschutzniveau vorzufinden. Dafür ist einerseits notwendig, dass dieses Verbraucherschutzniveau in einer Rechtsordnung materiellrechtlich existiert und andererseits, dass der Verbraucher dies aus weiß, also Kenntnis der möglicherweise anzuwendenden anderen Rechtsordnung hat. Das angemessene Verbraucherschutzniveau kann auf zwei Wegen erreicht werden. Die im EVÜ verwirklichte kollisionsrechtliche Lösung erklärt bei grenzüberschreitenden Verbrauchergeschäften das Recht des Verbraucherstaates für anwendbar. Der Verbraucher steht rechtlich bei grenzüberschreitenden Geschäften also genauso dar wie bei inländischen Geschäften. Der zweite Weg ist die Angleichung der Verbraucherschutzniveaus in den Mitgliedstaaten, so dass für den Verbraucher auch dann grenzüberschreitende und inländische Geschäfte rechtlich gleich stehen, wenn das Recht des Unternehmerstaates Anwendung findet.

Individueller Verbraucherschutz zur Stärkung des Verbrauchervertrauens und Binnenmarktförderung könnten sich zunächst als gegenläufige Ziele darstellen. Einerseits soll der Verbraucher begünstigt werden und andererseits Hindernisse für die Unternehmen bei der Teilnahme am elektronischen Geschäftsverkehr abgebaut werden. Doch der Widerspruch besteht nur vordergründig, denn die Teilnahme der Verbraucher am elektronischen Geschäftsverkehr ist sowohl das verbraucherpolitische als auch das binnenmarktpolitische Ziel. Dabei ist die

Stärkung des Verbrauchervertrauens mehr als ein Mittel zum Zweck der Verwirklichung des Binnenmarkts, um den Unternehmen einen Markt mit vielen Verbrauchern zur Verfügung zu stellen. Der Binnenmarkt definiert sich nicht nur durch die beteiligten Anbieter, sondern durch alle Marktteilnehmer. Er braucht Verbraucher und Unternehmer, aber beide brauchen sich auch gegenseitig. Unternehmer und Verbraucher profitieren davon, dass möglichst viele Personen aus dem anderen Bereich am elektronischen Geschäftsverkehr teilnehmen und eine große Anzahl von Anbietern und Nachfragern vorhanden ist[1].

Für den Unternehmer bestehen ebenfalls dann keine rechtlichen Unterschiede zwischen grenzüberschreitenden Geschäften und inländischen Geschäften, wenn er entweder auf alle Geschäfte gleichermaßen das Recht seines Heimatstaates anwenden kann oder wenn das Recht aller Mitgliedstaaten identisch ist. Gegenwärtig stellt sich die Situation für den europäischen Unternehmer wie folgt dar: Bei der Gestaltung seiner Werbung muss er nur das Recht seines Heimatstaates beachten; dank des Herkunftslandprinzips genügt in diesem Bereich die einmalige Gestaltung des in allen Mitgliedstaaten abrufbaren Internetangebots. Bei Verträgen mit Verbrauchern muss der Unternehmer dagegen das Recht des Verbraucherstaates beachten, weil er durch die Gestaltung seiner in jedem Land abrufbaren Internetseite davon ausgehen muss, dass seine Internetseite als auf den jeweiligen Verbraucherstaat ausgerichtet angesehen wird, so dass nach dem EVÜ dessen Recht anwendbar ist. Auch wenn der Anbieter von der Möglichkeit der Rechtswahl Gebrauch macht, muss er die zwingenden Vorschriften des Rechts des Verbraucherlandes beachten. In diesen Bereich fallen alle Bestimmungen des verbraucherspezifischen Privatrechts, insbesondere die Informationspflichten, das Widerrufsrecht und die Ausgestaltung des Online-Vertragsschlusses.

Für den Unternehmer besteht das Problem darin, den Heimatstaat eines Verbrauchers, der die Internetseite des Unternehmers besucht, zu erkennen. Weil technische Daten wie etwa die E-Mail-Adresse nicht notwendig länderspezifisch sind, kann die Information über den Wohnort des Verbrauchers erst durch dessen Mitteilung erlangt werden, die üblicherweise erst mit der Bestellung erfolgt. Zu diesem Zeitpunkt muss der Unternehmer schon die vorvertraglichen fernabsatzrechtlichen Informationspflichten erfüllt haben. Denkbar ist zwar eine vorherige Abfrage des Wohnsitzlandes des Verbrauchers, dieser wird allerdings seine Daten dem Unternehmer nur ungern preisgeben, bevor er sich entschieden hat, einen Vertragsschluss in Betracht zu ziehen[2]. Für diese Entschei-

---

[1] *Palacio*, Petites affiches, 21.2.2002, 46 (46).

[2] Anders *Cachard*, Marché électronique, 2002, n° 659, im Zusammenhang mit Art. 15 EuGVVO.

dung sind bereits die vorvertraglichen Informationen erforderlich. Der Unternehmer muss also, wenn er seine Leistungen über das Internet in der gesamten EU anbieten möchte, das zwingende Verbraucherrecht aller Mitgliedstaaten bei der Gestaltung seiner Internetseite berücksichtigen.
Dafür hat der Unternehmer zwei Möglichkeiten. Die erste Alternative ist die Veröffentlichung 25 unterschiedlicher Internetangebote, die dem nationalen Recht jeweils eines Mitgliedstaates entsprechen. Problematisch ist der große Aufwand bei der rechtlichen, sprachlichen und technischen Gestaltung des Internetangebots. Dieser Aufwand rechnet sich betriebswirtschaftlich erst ab einer gewissen Höhe des grenzüberschreitenden Umsatzes, so dass kleine und mittlere Unternehmen überdurchschnittlich betroffen sind[3]. Die zweite Alternative ist die Gestaltung einer einzigen Internetseite, die für alle Mitgliedstaaten gleichermaßen gilt. Die Erleichterung gegenüber der ersten Alternative beschränkt sich darauf, dass eine mehrfache rechtliche Gestaltung der Internetseite entfällt; verschiedene Sprachfassungen und damit einhergehende technische Gestaltungen werden weiterhin notwendig und lassen sich allenfalls durch eine einheitlich in der gemeinschaftsweit verstandenen Sprache Englisch abgefassten Seite umgehen[4].

Die rechtlich einheitliche Gestaltung eines europäischen Internetangebots wirft zwei Probleme auf. Zum einen muss der Unternehmer eine rechtliche Lösung finden, die den Rechtsordnungen aller Mitgliedstaaten gerecht wird – was möglicherweise aufwändiger ist, als die 25 nationalen Rechtsordnungen einzeln anzuwenden. Zum anderen wird eine einheitliche Lösung jedenfalls das höchste in einem der Mitgliedstaaten vorkommende Verbraucherschutzniveau zu beachten haben.

Fraglich ist, ob es überhaupt möglich ist, das Verbraucherrecht aller Mitgliedstaaten gleichzeitig zu beachten oder ob sich die Regelungen so widersprechen, dass eine einheitliche Erfüllung der rechtlichen Anforderungen unmöglich ist. Diese Frage soll hier exemplarisch mit dem deutschen und dem französischen Recht untersucht werden: Der Ansatz einer einheitlichen Lösung scheitert, wenn bereits diese beiden Rechtsordnungen nicht gleichzeitig berücksichtigt werden können.

Die fernabsatzrechtlichen Informationspflichten und die Informationspflichten aus Art. 10 EC-RL stimmen durch die europäische Rechtsangleichung weitge-

---

[3] Vgl. auch Kommission der Europäischen Gemeinschaften, Mitteilung der Kommission zum Europäischen Vertragsrecht vom 11.7.2001, KOM (2001), 398 endg., Rn. 31.
[4] In diesem Fall würde auch die loi Toubon nicht die Anwendung der französischen Sprache vorschreiben, siehe oben § 7 I 1 a.

hend überein[5]. Die gleichzeitige Erfüllung unterschiedlicher Informationspflichten wäre aber auch deshalb nicht problematisch, weil sich die Informationen kumulieren und nicht gegenseitig ausschließen können.

Die Frist für das fernabsatzrechtliche Widerrufsrecht beträgt in Frankreich sieben Tage, in Deutschland zwei Wochen ab Lieferung der Ware bzw. bei Dienstleistungen ab Vertragsschluss. Wenn die fernabsatzrechtlichen Informationspflichten nicht erfüllt werden, beträgt die Widerrufsfrist in Frankreich drei Monate ab Lieferung der Ware oder Abschluss des Vertrages; in Deutschland sechs Monate. Die Kosten der Rücksendung können in Frankreich dem Verbraucher vertraglich vollständig auferlegt werden, in Deutschland nur bis zu einem Bestellwert von 40 €. Ein Widerrufsrecht, dass beide Rechtsordnungen berücksichtigt, müsste eine Widerrufsfrist von zwei Wochen gewähren, die, wenn die fernabsatzrechtlichen Informationspflichten nicht erbracht werden, sechs Monate ab Vertragsschluss bzw. Lieferung der Ware beträgt. Die Kosten für die Rücksendung können dem Verbraucher nur bis zu einem Bestellwert von 40 € auferlegt werden. Der Unternehmer müsste zusätzlich dafür Sorge tragen, dass er die Informationspflichten des Art. 10 EC-RL erfüllt, weil dies nach deutschem Recht eine Voraussetzung für den Beginn der Widerrufsfrist ist. Es ist also möglich, das Widerrufsrecht so zu gestalten, dass es dem deutschen und dem französischen Recht gleichermaßen genügt. Dabei fällt, wie schon bei den Informationspflichten, auf, dass das nur möglich ist, wenn die jeweils strengere Regelung aus den verschiedenen Rechtsordnungen als Maßstab verwendet wird.

Art. 11 EC-RL schreibt ein bestimmtes Verfahren des Online-Vertragsschlusses vor. Eine einheitliche Gestaltung des Online-Bestellvorganges muss gleichzeitig die folgenden Vorgaben erfüllen: Nach deutschem Recht muss dem Verbraucher auf der Internetseite die Möglichkeit zur Korrektur von Eingabefehlern gegeben werden, bevor er die Bestellung an den Unternehmer absendet. Der Unternehmer hat dann den Zugang der Bestellung zu bestätigen und muss – gleichzeitig oder später – den Vertrag annehmen, wenn der Gestaltung seiner Internetseite nicht bereits ein verbindliches Vertragsangebot zu entnehmen ist. Das gleiche gilt nach dem französischen Gesetz. Der Verbraucher muss seine Bestellung durch einen zweiten Mausklick bestätigen, nachdem er sie überprüft hat. Es ist ausdrücklich bestimmt, dass erst hiermit eine verbindliche Bestellung abgegeben wird. Der Unternehmer muss den Eingang der Bestellung daraufhin auf elektronischem Wege bestätigen. Der Verbraucher muss sowohl nach deutschem als auch nach französischem Recht zweimal das Bestellformular anklicken. Unklar ist bei der kumulativen Konstruktion der Zeitpunkt des Vertragsschlusses. Der Unterschied liegt darin, dass nach deutschem Recht die Bestellung des Verbrau-

[5] Siehe oben § 8 I 3.

chers in der Regel als Vertragsangebot angesehen wird und in Frankreich – so steht es auch ausdrücklich in Art. 1369-2 C. civ. – als Annahme des Vertrages. Die Folge ist, dass der deutsche Unternehmer in diesem Fall zusätzlich zur Eingangsbestätigung das Angebot des Verbrauchers annehmen muss. In diesem Fall ist der Vertragsschlussablauf nicht völlig identisch. Das spricht aber nicht gegen eine einheitliche Erfüllung der deutschen und französischen rechtlichen Vorgaben, weil der Unternehmer mit der Eingangsbestätigung den Vertrag annehmen kann und so auch nach deutschem Recht nach der Bestellung nur eine Erklärung an den Kunden versenden muss. Problematisch ist allerdings Art. 10 Abs. 1 lit. a EC-RL, der den Unternehmer zur Information über die einzelnen Schritte, die zum Vertragsschluss führen, verpflichtet. Hierbei muss der Unternehmer dem Verbraucher mitteilen, nach welchem der Schritte des Bestellvorgangs der Vertrag zustande gekommen ist. Eine einheitliche Aussage ist bei Angeboten, die nach deutschem Recht als *invitatio ad offerendum* angesehen werden, nicht möglich. Es müsste eine Aufspaltung in die verschiedenen Länder erfolgen, was aber nicht im Sinne der Möglichkeit einer Einheitslösung wäre, die hier untersucht wird.

Zusammenfassend lässt sich feststellen, dass die fernabsatzrechtlichen Informationspflichten, das Widerrufsrecht und sogar der Online-Bestellvorgang einheitlich so gestaltet werden können, dass sie dem deutschen und dem französischen Recht gleichermaßen genügen würden. Es wäre indes nicht immer möglich, eine einheitliche Formulierung für die Information über das Zustandekommen des Vertrages zu finden. Hier gibt es kein Mehr oder Weniger, sondern sich gegenseitig ausschließende Lösungen, weil die rechtliche Bewertung der tatsächlichen Vorgänge unterschiedlich ist. Die einzige Möglichkeit für den Unternehmer wäre eine eindeutige Formulierung seines Internetangebotes, die sowohl nach deutschem als auch nach französischem Recht zu dem Ergebnis führt, dass das Angebot entweder als bindend oder als unverbindlich anzusehen ist. Selbst wenn in diesem Fall ein einheitliches Internetangebot unter Berücksichtigung der beiden untersuchten Rechtsordnungen denkbar ist, deuten die festgestellten Schwierigkeiten darauf hin, dass eine gemeinschaftsweite Einheitslösung wohl nicht zu finden sein wird[6].

Bei der Verfolgung einer Einheitslösung ist zudem zu berücksichtigen, dass sie – in den Bereichen, in denen sie möglich ist – nur gefunden werden kann, indem das höchste nationale Verbraucherschutzniveau verwendet wird. Das Verbraucherlandprinzip führt im Verbrauchervertragsrecht zu einem „*race to the top*“[7]. Damit wäre das Mindestharmonisierungskonzept der verbraucherschützenden

---

[6] Ebenso *Drexl*, in: *Grundmann/Stuyck* (eds.), Green Paper, 2002, p. 103 (118).
[7] *Drexl*, RIDE 2002, 405 (429 et s.).

Richtlinien praktisch gescheitert. Aus der Gesetzgebungsgeschichte der Richtlinien ist zwar zu erkennen, dass die Einigung auf einen kleinen gemeinsamen Nenner mit der Möglichkeit, strengere Regelungen in einzelnen Mitgliedstaaten beizubehalten oder einzuführen, ein politischer Kompromiss war, um überhaupt eine Einigung zu erzielen. Die Mindestharmonisierung hat aber auch einen Vorteil für die Rechtsentwicklung. Durch den Spielraum, den Richtlinien allgemein und Mindestharmonisierungsrichtlinien insbesondere den Mitgliedstaaten geben, werden unterschiedlichen Lösungen in den verschiedenen nationalen Rechtsordnungen, die zueinander im Wettbewerb stehen, ermöglicht. Dieser Wettbewerb der Rechtsordnungen ist wichtig, weil sich die Güte rechtlicher Lösungen erst in der Praxis zeigt und so in einem parallelen Feldversuch beobachtet werden kann.

Aus Unternehmersicht war daneben lange der vom Herkunftsland ausgenommene Bereich der unaufgeforderten E-Mail-Werbung noch problematisch, weil je nach Aufenthaltsort des Adressaten eine vorherige Einwilligung erforderlich oder entbehrlich war. Weil dem Unternehmer bei unaufgeforderter Werbung, die oft den Erstkontakt herstellt, in der Regel keine Informationen über den Wohnsitz des Adressaten zur Verfügung stehen, gab es für die Unternehmen neben der bewussten Rechtsverletzung nur die Möglichkeit, keine unaufgeforderte E-Mail-Werbung zu versenden. Wie im Vertragsrecht mussten sich die Unternehmen, wenn sie einheitlich handeln wollen, im Bereich, in dem das Herkunftslandprinzip nicht gilt, am höchsten Schutzstandard orientieren. Ein Verzicht auf E-Mail als Mittel zum Aufbau des Erstkontaktes auch in den Ländern, in denen es rechtlich nicht notwendig wäre, ist den Unternehmern aufgrund der anderen zur Verfügung stehenden Werbeformen und der geringen Akzeptanz unaufgeforderter Werbung zumutbar. Das Interesse der Verbraucher an der Aufrechterhaltung des in ihrem Land geltenden hohen Schutzniveaus für die Privatsphäre überwiegt das Interesse des Unternehmers, im Rahmen des Herkunftslandprinzips sich nur nach dem eigenen Recht richten zu müssen. Mit der Umsetzung der Datenschutzrichtlinie für elektronische Kommunikation[8] gilt für unangeforderte E-Mail-Werbung gemeinschaftsweit die Opt-In-Lösung[9], so dass der Unternehmer in allen Mitgliedstaaten die vorherige Einwilligung der Adressaten einholen muss.

Zusammenfassend lässt sich festhalten, dass im Bereich des Verbrauchervertragsrechts die Anwendung des Rechts des Verbraucherlandes zwar im Interesse des Verbrauchers ist, für den Unternehmer andererseits aber großen Aufwand

---

[8] Richtlinie 2002/58/EG vom 12. Juli 2002 über die Verarbeitung personenbezogener Daten und den Schutz der Privatsphäre in der elektronischen Kommunikation (Datenschutzrichtlinie für elektronische Kommunikation), ABl. Nr. L 201/37 vom 31.7.2002.

[9] Siehe im einzelnen oben § 7 I 2 c. bb.

bei der Gestaltung seines Internetangebotes bedeutet. Eine vollständig einheitliche Gestaltung des Angebotes ist rechtlich und darüber hinaus bereits wegen der unterschiedlichen sprachlichen Anforderungen nicht möglich, so dass nur die Schaffung unterschiedlichen Angebote für die verschiedenen Mitgliedstaaten in Betracht kommt. Dadurch könnten Unternehmer davon abgehalten werden, grenzüberschreitend tätig zu werden, so dass die Verwirklichung des Binnenmarkts beeinträchtigt wäre. Die vorhergehenden Überlegungen gehen davon aus, dass dem auch tatsächlich so ist. Anderenfalls bestünde kein Handlungsbedarf. Der scheinbar unwirtschaftliche Aufwand, den europäische Unternehmer bei der Gestaltung ihrer Internetseiten betreiben müssen, wird dadurch in ein rechtes Licht gerückt, dass eine auf jeden Mitgliedstaat sprachlich und inhaltlich abgestimmte Internetseite ohnehin im Interesse des Unternehmers liegt und ihm nicht nur durch die kollisionsrechtliche Situation aufgezwungen wird[10]. Die Verbraucher werden durch ein in ihrer Muttersprache abgefasstes Angebot eher angesprochen als durch ein fremdsprachiges. Das Sprachenargument ist freilich für sich genommen nur eingeschränkt gültig, weil der Unternehmer zum einen Englisch als die Sprache verwenden kann, die in jedem Mitgliedstaat weitgehend verstanden und auch akzeptiert wird und er zum anderen jedenfalls regional in grenzüberschreitenden Sprachräumen die Verbraucher mit einer Sprache ansprechen kann. Für eine länderspezifische Gestaltung spricht aber über die Sprache hinaus, dass es dem Unternehmer so möglich ist, regionale Marktforschungsergebnisse in national-zielgruppenspezifische Angebote umzusetzen. Die Preisgestaltung wird trotz der europäischen Einheitswährung ebenfalls für jedes Land gesondert vorgenommen werden. Eine demoskopische Untersuchung der Europäischen Kommission hat ermittelt, dass nur zehn Prozent der befragten Unternehmer deshalb nicht in anderen Mitgliedstaaten tätig sind, weil sie Hindernisse befürchten; die am häufigsten genannten Gründe waren dagegen, dass sich die Produkte nicht für den Export eignen (41%) und dass die lokale Nachfrage ausreichend sei (50%)[11]. Die wirtschaftlichen Auswirkungen der rechtlichen Diversifizität auf den Binnenmarkt werden also möglicherweise überschätzt[12].

---

[10] Vgl. *Kieninger*, Wettbewerb der Privatrechtsordnungen, 2002, S. 325, nach der die Kosten eines hohen Verbraucherschutzniveaus für die Entscheidung eines Unternehmers, einen Absatzmarkt in einem Mitgliedstaat zu erschließen, keine entscheidende Bedeutung haben.

[11] Tableau d'affichage du marché intérieur, n° 11, Edition spéciale – novembre 2002, figure 25, p. 27, http://europa.eu.int/comm/internal_market/score/docs/score11/score11-text_en.pdf; einheitliche Regeln wünschen sich trotzdem 87% der befragten Unternehmer, figure 27, p. 26.

[12] *Heuzé*, JCP 2002, I 152, p. 1341 (1342), hält das Problem eher für gefühlt als tatsächlich existierend; Lequette, D. 2002, 2202 (2213 et s.), geht allerdings zu weit, wenn er von « *pseudo-considérations économiques* » als Vorwand für die Schaffung eines europäischen Privatrechts spricht.

II. Notwendigkeit des Verbraucherlandprinzips?

Zwei Lösungswege sind denkbar, um die Hindernisse für die Teilnahme der Unternehmer am elektronischen Geschäftsverkehr abzubauen. Die erste Möglichkeit ist eine vollständige Harmonisierung des Verbraucherprivatrechts, die zweite eine Aufgabe des Verbrauchergerichtsstandes und eine Anwendung des Grundsatzes der Rechtswahl auch im Bereich des Verbrauchervertragsrechts.

Die Rechtswahl wäre jedoch nur dann möglich, wenn das Recht zur Regelung vertraglicher Schuldverhältnisse in Bezug auf Verbraucherverträge so weit angeglichen wäre, dass dem Verbraucher objektiv kein Nachteil dadurch entstünde, dass nicht das Recht seines Heimatstaates angewendet würde.

Um die Wahl drittstaatllicher Rechtsordnungen zu verhindern, in denen die europäischen Verbraucherschutzstandards nicht verwirklicht sind, kommt im Anwendungsbereich des jetzigen Art. 5 EVÜ nur eine eingeschränkte Rechtswahlfreiheit in Betracht. Die Parteien dürften nur eine der mitgliedstaatlichen Rechtsordnungen wählen[13]. Eine weitere Voraussetzung für die Aufgabe des Verbraucherlandprinzips ist die Harmonisierung des Verbraucherschutzniveaus in den Mitgliedstaaten, so dass der Verbraucher den notwendigen Schutz nicht durch die Wahl eines fremden Rechts verliert.

Durch die Rechtsangleichung im Verbrauchervertragsrecht ist in allen Mitgliedstaaten ein Mindestschutz für die Verbraucher gewährleistet. Das war zur Zeit der Verabschiedung des EVÜ Anfang der 1980er Jahre noch nicht so; die verbraucherschützenden Richtlinien sind erst später entstanden[14]. Der Verbraucher konnte nur dadurch vor einer Schlechterstellung geschützt werden, dass ihm die schützenden Vorschriften des Rechts seines Heimatstaates erhalten blieben. Eine hinreichende Harmonisierung besteht außerdem im Anwendungsbereich der Richtlinie für den elektronischen Geschäftsverkehr. Verbraucherverträge sind hier zwar vom Herkunftslandprinzip ausgenommen, könnten aber gleichwohl der eingeschränkten Rechtswahl unterliegen[15].

Fraglich ist jedoch, ob sich der Verbraucher trotz des objektiv auch in anderen als dem eigenen Staat innerhalb der Europäischen Union gegebenen Schutzstandards subjektiv in einer schlechteren rechtlichen Lage sieht, weil ihm – selbst wenn er vom gemeinschaftsweiten Verbraucherschutz weiß – die Einzelheiten

---

[13] Vgl. *Drexl*, in: *Grundmann/Stuyck* (eds.), Green Paper, 2002, p. 103 (118).
[14] Siehe oben § 4 I.
[15] *Drexl*, in: *Grundmann/Stuyck* (eds.), Green Paper, 2002, p. 103 (119).

des ausländischen Rechts nicht bekannt sind[16]. Ein weiterer Aspekt ist die Gefahr eines Unterlegenheitsgefühls beim Verbraucher, wenn der Unternehmer sein Heimatrecht auswählt. Eine rechtliche Auseinandersetzung mit dem Recht des Unternehmerstaates würde für den Verbraucher einen unwirtschaftlichen Aufwand im Verhältnis zum Umfang eines typischen Verbrauchergeschäfts erfordern und ihn bereits hierdurch von einem grenzüberschreitenden Geschäft Abstand nehmen lassen.

Für eine Aufgabe des Verbraucherlandprinzips spricht hingegen, dass für den Unternehmer die mehrmalige Gestaltung seines Angebots nur dann entfallen würde, wenn die nationalen Regelungen auch in ihrer rechtlichen Gestaltung völlig identisch wären. Das ist bei der Rechtsangleichung durch Richtlinien gerade nicht der Fall. Für den Verbraucher dagegen ist es ausreichend, wenn die nationalen Verbraucherschutzregelungen im Ergebnis das gleiche Verbraucherschutzniveau gewährleisten; der rechtliche Weg ist nur in zweiter Linie interessant. Diese können ihm in den Informationspflichten vermittelt werden, die insofern als eine Übersetzung der Rechtssprache für den Verbraucher angesehen werden können. Während der Verbraucher für den Einzelfall seiner Bestellung einen Vergleich vornehmen kann, muss der anbietende Unternehmer abstrakt von einzelnen Geschäften alle nationalen Versionen vorhalten.

Das bedeutet, dass als Lösungsmöglichkeit in Betracht gezogen werden muss, das Verbraucherlandprinzip für das gemeinschaftsrechtlich harmonisierte Verbrauchervertragsrecht und im elektronischen Geschäftsverkehr für die Bereiche die vom Herkunftslandprinzip ausgenommen sind aufzugeben und eine eingeschränkte Rechtswahl innerhalb der mitgliedstaatlichen Rechtsordnungen zuzulassen[17]. Für den Fall der fehlenden Rechtswahl könnte weiterhin auf die Regelung des Art. 5 Abs. 3 EVÜ zurückgegriffen werden, die auf das Recht des Verbraucherlandes verweist[18].

---

[16] Vgl. *Mankowski*, RIW 2003, 2 (3, 7); *Staudenmayer*, EuZW 2003, 165 (167)..

[17] Dieser Ansatz wird auch im Grünbuch der Kommission der Europäischen Gemeinschaften über die Umwandlung des Übereinkommens von Rom aus dem Jahr 1980 über das auf vertragliche Schuldverhältnisse anzuwendende Recht in ein Gemeinschaftsinstrument sowie über seine Aktualisierung vom 14.1.2003, KOM (2002) 654 endg., S. 38, vorgestellt, allerdings mit der Beschränkung der Rechtswahlmöglichkeit auf den Unternehmerstaat, sofern es sich hierbei um einen Mitgliedsstaat handelt.

[18] *Drexl*, in: *Grundmann/Stuyck* (eds.), Green Paper, 2002, p. 103 (120).

III. Übereinstimmende Lösung für anwendbares Recht und Gerichtsstand

Für Verbraucherverträge sind das anwendbare Recht und die internationale Zuständigkeit weitgehend übereinstimmend geregelt. In der EuGVVO ist die Zuständigkeit in Verbrauchersachen zwar nicht mehr wie in der Vorgängerregelung des EuGVÜ wortgleich mit Art. 5 EVÜ geregelt, sondern der Zuständigkeitsbereich der Gerichtsbarkeit des Verbraucherstaates größer als der Anwendungsbereich seines Rechts. Ein typisches Internetgeschäft, bei dem der Verbraucher durch eine Internetseite auf ein Angebot des Unternehmers aufmerksam wird und daraufhin über das Internet seine Bestellung aufgibt, führt jedoch weiterhin sowohl zum Recht des Verbraucherstaates als auch zur Zuständigkeit der Gerichte dieses Landes.

Der Vorteil einer Koppelung der Rechtsanwendungs- und der Zuständigkeitsfrage ist, dass das zuständige Gericht das Recht seines Heimatstaates anwenden kann. Wenn das Recht des Unternehmer- oder eines dritten Mitgliedstaats anwendbar und die Gerichtsbarkeit des Verbraucherstaates zuständig wäre, müssten die Gerichte aller Mitgliedstaaten damit rechnen, das Recht eines jeden anderen Mitgliedstaates anwenden zu müssen. Der Rechtsprechung fehlt bei der Anwendung ausländischen Rechts naturgemäß der Hintergrund der Rechtsordnung, in die die anzuwendenden Regelungen eingebunden sind, so dass eine richtige Auslegung in Sinne dieser Rechtsordnung in der Regel nicht möglich sein würde[19]. Durch die unterschiedliche Auslegungspraxis der mitgliedstaatlichen Gerichte würde insbesondere bei Normen, die wie das Verbrauchervertragsrecht Richtlinien umsetzen, nicht nur 25 Varianten der Richtlinienumsetzung, sondern darüber hinaus noch 25 Auslegungen der nationalen Regelungen hervorrufen. Die Rechtspraxis, an der sich die Verbraucher und Unternehmer über die Erfolgsaussichten einer gerichtlichen Rechtsdurchsetzung orientieren, würde so unübersichtlich, dass beide Seiten von grenzüberschreitenden Vertragsschlüssen abgeschreckt wären.

Um eine Kongruenz zu behalten, müsste mit einer Aufgabe des Verbraucherlandprinzips auch eine Änderung der internationalen Zuständigkeit in Verbrauchersachen einhergehen. Für die Verbraucher würde eine gerichtliche Rechtsdurchsetzung in einem anderen Mitgliedstaat Kosten, insbesondere für Reise und Übersetzungen, erfordern, die nicht im Verhältnis zum Streitwert stehen

---

[19] Siehe zur Anwendung fremden Rechts *Kropholler*, Internationales Privatrecht, 2001, S. 207 f.; *Geimer*, Internationales Zivilprozeßrecht, 2001, Rn. 2577 ff.; in Frankreich wird die Ermittlung des ausländischen Rechts wie in Deutschland nich als Tat-, sondern als Rechtsfrage gesehen, *Spickhoff*, ZZP 112 (1999), 265 (282 f.).

würden[20]. Der Verzicht auf die Rechtsdurchsetzung kann als freiwillige Entscheidung des Verbrauchers gesehen werden. Die zu erwartende Häufigkeit solcher Entscheidungen könnte aber dazu führen, dass Unternehmer damit rechnen, dass keine gerichtliche Geltendmachung von Ansprüchen durch Verbraucher erfolgt und so die Notwendigkeit der Einhaltung des Verbraucherrechts aus Sicht der Unternehmer geringer eingeschätzt werden könnte[21]. Die Kosten für ein ausländisches Verfahren entstehen für den Unternehmer zwar im Einzelfall auch; er kann die nur vereinzelt auftretenden Verfahrenskosten jedoch in der Gesamtkalkulation berücksichtigen. Die Aufgabe des Verbrauchergerichtsstandes würde dem Verbraucher die Möglichkeit einer effektiven Rechtsdurchsetzung nehmen und die Entscheidung des Verbrauchers zur Teilnahme am elektronischen Geschäftsverkehr negativ beeinflussen.

Einerseits soll der Gerichtsstand für verbrauchervertragliche Streitigkeiten im Heimatstaat des Verbrauchers verbleiben und andererseits anwendbares Recht und internationale Zuständigkeit weitgehend übereinstimmend geregelt werden. Hieraus ergibt sich, dass die für sich genommen zur Förderung grenzüberschreitender Geschäfte praktikable Lösung der Änderung des Kollisionsrechts bei einer Gesamtbetrachtung seiner Auswirkungen weder dem individuellen Verbraucherschutz noch der Verwirklichung des Binnenmarktes dienen würde. Ein einheitliches Verbrauchervertragsrecht wäre ein zweiter Weg, um den Anbietern die Teilnahme am elektronischen Geschäftsverkehr zu erleichtern (unten § 16).

---

[20] Vgl. *Drexl*, RIDE 2002, 405 (440).

[21] *Scherpe*, Außergerichtliche Streitbeilegung, 2002, S. 37 f.

Ergebnis zu Teil 4

Nationale Grenzen stellen dann kein Hindernis für grenzüberschreitenden Handel dar, wenn sich die Grenzen nicht im Recht fortsetzen. Im Verbraucherrecht ist das noch nicht der Fall, obwohl mit dem Grünbuch zum Verbraucherschutz in der Europäischen Union ein erster Schritt zur Vereinheitlichung des Lauterkeitsrechts getan wurde. Es gibt zwar auch im Bereich des Vertragsrechts mit dem UN-Kaufrechtsübereinkommen eine frei wählbare internationale Kodifikation; für Verbraucherverträge ist sie aber nicht anwendbar.

Es ist die Aufgabe des Kollisionsrechts, Rechtsanwendungskonflikte zu lösen. Kollisionsrecht ist zunächst nationales Recht, so dass sich die geographischen Grenzen hier auf einer zweiten Ebene im Recht fortsetzen können. Mit dem EVÜ gilt für das Vertragsrecht eine gemeinschaftsweit einheitliche Lösung – sei es durch unmittelbare Anwendung des Übereinkommens wie in Frankreich oder durch seine Umsetzung in nationales Recht wie in Deutschland. Für das Lauterkeitsrecht im Internet ist mit dem Herkunftslandprinzip der Richtlinie für den elektronischen Geschäftsverkehr jedenfalls eine Vereinheitlichung der Ergebnisses der Bestimmung des anwendbaren Rechts gelungen. Die Datenschutzrichtlinie verwendet in ihrem Anwendungsbereich ebenfalls das Herkunftslandprinzip für innergemeinschaftliche Sachverhalte. Für das originär nationale Kollisionsrecht verbleibt nur das internationale Strafrecht, sofern es nicht durch das Herkunftslandprinzip überlagert ist, in Frankreich also für die strafrechtlichen Sanktionen im Verbrauchervertragsrecht.

Den Verbrauchern bleibt mit Art. 5 EVÜ das in ihrem Land geltende Verbrauchervertragsrecht erhalten, wenn eine der Fallgruppen gegeben ist, die den passiven Verbraucher umschreiben. Im Internet stellt sich das Problem der Lokalisation der tatbestandlich relevanten Anknüpfungspunkte, wie der Ausrichtung eines Angebotes auf ein bestimmtes Land. Eine Internetseite ist zwar auf der ganzen Welt abrufbar, für die Ausrichtung wird jedoch eine gewisse Zielgerichtetheit verlangt, die anhand verschiedener Indizien, wie der Sprache und der inhaltlichen Aufmachung des Angebots oder der beworbenen Leistung, ermittelt werden kann. Neben dem EVÜ stehen die kollisionsrechtlichen Bestimmungen der verbraucherprivatrechtlichen Richtlinien. Sie garantieren die Anwendung des gemeinschaftsrechtlichen Schutzstandards für alle Verbraucher. Die Wertung des Art. 5 EVÜ wird dadurch nicht unterlaufen, weil die eigene Rechtsordnung in ihrer individuellen Ausgestaltung dem aktiven Verbraucher eben verwehrt ist. Das internationale Lauterkeitsrecht knüpft sowohl in Frankreich als auch in Deutschland an den Marktort an. Durch die geplante Rom-II-Verordnung soll auch dieser Bereich des Kollisionsrechts vereinheitlicht werden. Für den elektronischen Geschäftsverkehr wird die Marktortanknüpfung durch das Herkunftslandprinzip überlagert, nach dem der Unternehmer in einem anderen Staat nicht schlechter gestellt werden darf als durch das Recht seines Heimatstaates. Das intendierte Günstigkeitsprinzip hat der deutsche Gesetzgeber in § 4 TDG nur zum Teil für im Ausland niedergelassene Diensteanbieter umgesetzt. Der französische Gesetzgeber hat in der loi pour la confiance dans l'économie numérique einen anderen Weg gewählt und für in einem anderen Mitgliedstaat als Frankreich niedergelassene Anbieter unmittelbar das Recht ihres Heimatstaates für anwendbar erklärt. Diese Lösung ermöglicht eine bessere Vorhersehbarkeit nicht nur des Ergebnisses der Rechtsanwendung als beim Günstigkeitsvergleich, sondern des tatsächlich für die Diensteanbieter anwendbaren Rechts.

Die internationale Zuständigkeit für verbraucherrechtliche Streitigkeiten ist durch die EuGVVO geregelt. Während die Vorgängerregelung des EuGVÜ der kollisionsrechtlichen Bestimmung des Art. 5 EVÜ entsprach, erweitert die EuGVVO die internationale Zuständigkeit der Gerichte des Verbraucherstaates. Die damit beabsichtigte Vereinfachung für den elektronischen Geschäftsverkehr konnte nicht erreicht werden, weil nach wie vor die Schwierigkeit besteht, die Ausrichtung der Aktivitäten des Unternehmers zu ermitteln.

Die richtlinienimmanenten Kollisionsnormen garantieren dem Verbraucher – jedenfalls bei einem Rechtsstreit vor einem mitgliedstaatlichen Gericht – den gemeinschaftsrechtlichen Schutzstandard. Darüber hinaus kann er auf das Recht seines Heimatstaates vertrauen, wenn er nicht aktiv auf einen ausländischen Anbieter zugeht. Im Werberecht gilt zwar das Herkunftslandprinzip nicht, dem individuellen Verbraucherschutz ist jedoch auch hier aufgrund der Harmonisierung des Lauterkeitsrechts durch die Richtlinie über irreführende und vergleichende Werbung Genüge getan. Die Zulässigkeit unangeforderter E-Mail-Werbung, die den Verbraucher in seinem Persönlichkeitsrecht verletzt, gilt das Marktortprinzip mit der Folge, dass der Verbraucher in diesem sensiblen Bereich auf den Schutz der eigenen Rechtsordnung vertrauen kann. Mit der Umsetzung der Datenschutzrichtlinie für elektronische Kommunikation besteht indes kein Grund mehr, diesen Bereich vom Herkunftslandprinzip auszunehmen. Die Zuständigkeitsregelung in der EuGVVO gewährt einen ausreichenden Schutz des Verbrauchers bei der grenzüberschreitenden Rechtsdurchsetzung. Mit der Aufgabe der Konnexität zwischen Bestellung und Angebot geht sie sogar über das notwendige Maß hinaus.

Schwieriger als für den individuellen Verbraucherschutz sind die Auswirkungen des Kollisionsrechts und des Rechts der internationalen Zuständigkeit auf den europäischen Binnenmarkt zu bestimmen. Der Binnenmarkt erfordert nämlich nicht nur die Teilnahme der Verbraucher, deren Interessen durch einen gemeinschaftsweit ausreichenden Verbraucherschutzstandard berücksichtigt wurden, sondern auch der Unternehmer, so dass auch sein Blickwinkel eingenommen werden muss. Ein Unternehmer, der seine Leistung über das Internet in allen Mitgliedstaaten der EU anbieten möchte, ist gezwungen, sein Angebot an 25 unterschiedliche Rechtsordnungen anzupassen. Eine einheitliche Gestaltung, mit der allen Rechtsordnungen gleichzeitig entsprochen wird, ist schon nur unter Berücksichtigung des deutschen und des französischen Rechts nur eingeschränkt möglich und wird umso schwieriger, je mehr Rechtsordnungen berücksichtigt werden müssen. Die Notwendigkeit einer Beseitigung dieses Hindernisses zur Förderung grenzüberschreitender Angebote ist allerdings deshalb fraglich, weil ein Anbieter ohnehin wenigstes Sprache und Preisgestaltung auf die Kunden in den einzelnen Ländern abstimmen wird. Eine Möglichkeit, den Unternehmern eine einheitliche Gestaltung ihrer Internet-Angebote zu ermöglichen, wäre die Aufgabe des Verbraucherlandprinzips im Vertragsrecht. Die wirtschaftliche Selbstbestimmung ist – anders als zum Entstehungszeitpunkt des EVÜ – in allen Mitgliedstaaten gewährleistet, so dass die Einführung einer auf die mitgliedstaatlichen Rechtsordnungen beschränkten Rechtswahlfreiheit im Verbrauchervertragsrecht und im elektronischen Geschäftsverkehr keinen Schutzverlust bedeuten würde. Dieser Lösung steht allerdings das Auseinanderfallen mit der internationalen Zuständigkeit entgegen: Eine regelmäßige Anwendung ausländischen Rechts durch die nationalen Gerichte würde zu einem Qualitätsverlust und zu einer Zersplitterung der Rechtsanwendung führen, die dem Binnenmarkt mehr schaden als nützen würde. Als andere Lösung kommt eine in § 16 behandelte Angleichung des europäischen Vertragsrechts in Betracht.

Teil 5: Lösungsansätze

Bei der Untersuchung des elektronischen Handels mit Verbrauchern im Internet haben sich drei Probleme ergeben, die nicht mit dem in Teil 2 vorgestellten rechtlichen Instrumentarium gelöst werden können, sondern darüber hinaus gehende Ansätze verlangen. Den drei Problemen ist gemeinsam, dass sie in Frankreich wie in Deutschland gleichermaßen auftreten. Erstens führt die Anwendung des Verbraucherlandprinzips im internationalen Vertragsrecht zu Nachteilen für grenzüberschreitend tätige Unternehmer, die die Verwirklichung des Binnenmarktes gefährden können. Durch die weiter gehende Angleichung des europäischen Privatrechts könnten grenzüberschreitende Unterschiede abgebaut werden, ohne den mit den im vorherigen Abschnitt dargestellten Schwierigkeiten verbundenen kollisionsrechtlichen Weg zu gehen (unten § 16).

Zweitens ist sowohl bei innerstaatlichen Verbrauchergeschäften als auch in verstärktem Maße im grenzüberschreitenden Handel die gerichtliche Durchsetzung von Ansprüchen für Verbraucher typischerweise unwirtschaftlich, so dass es ihnen an effektiven Rechtsdurchsetzungsmöglichkeiten fehlt. Alternative Streitbeilegungsverfahren wie Mediation oder Schiedsgerichte haben das Potential, gerade für kleine Streitwerte eine Alternative zum gerichtlichen Verfahren zu geben und bieten für Unternehmer die Möglichkeit, eine gegenüber dem Verbrauchergerichtsstand günstigere Alternative der Konfliktlösung zu finden (unten § 17).

Drittens ist das Vertrauen der Verbraucher in den elektronischen Geschäftsverkehr dadurch beeinträchtigt, dass ihnen trotz der gesetzlichen Informationspflichten keine Einschätzung der Vertrauenswürdigkeit der Anbieter möglich ist. Durch die Bewertung von Internetseiten mit Gütesiegeln könnte den Verbrauchern ein Anhaltspunkt bei der Auswahl ihrer Vertragspartner gegeben werden (unten § 18).

§ 16 Europäisches Privatrecht

Der Schlüssel für das richtige Verbraucherrecht im europaweiten Kontext ist die Frage nach dem anwendbaren Recht bei grenzüberschreitenden Sachverhalten. Hier ergibt sich als Problem, dass Verbraucherrecht in der Regel zwingendes Recht ist. Weil die Rechtswahl in diesem Bereich nur eingeschränkt möglich ist, sind grenzüberschreitend tätige Unternehmer, die mit Verbrauchern Geschäfte machen, verschiedenen nationalen Rechtsordnungen ausgesetzt. Wegen der bloßen Mindestharmonisierung können die verschiedenen Rechtsordnungen unterschiedliche materiell-rechtliche Anforderungen stellen. Diese Situation kann die Entwicklung des Binnenmarktes behindern, weil unterschiedliche Rechtsordnungen die Informationskosten für die Vertragsparteien erhöhen, insbesondere für die Seite, deren Recht nicht anwendbar ist[1]. Unternehmer, die hiervon aufgrund der eingeschränkten Rechtswahlmöglichkeiten im Verbraucherkollisionsrecht besonders betroffen sind, könnten aufgrund der beschriebenen Situation vor grenzüberschreitenden Aktivitäten zurückschrecken[2]. Eine Änderung des Verbraucherkollisionsrechts zugunsten des Rechts des Unternehmerlandes würde den Interessen der Unternehmer zwar entgegenkommen, verursachte aber Schwierigkeiten im Zusammenhang mit der internationalen gerichtlichen Zuständigkeit[3].

Die gemeinschaftsweit einheitliche rechtliche Gestaltung der Internetangebote wäre für den Unternehmer auch dann möglich, wenn das Verbrauchervertragsrecht, in dem das Herkunftslandprinzip nicht gilt, in allen Mitgliedstaaten identisch wäre. Das ist jedoch aufgrund der Mindestschutzklauseln oder Wahlmöglichkeiten in den Richtlinien nicht möglich. Abhilfe könnte nur eine Rechtsvereinheitlichung schaffen. Die Kommission hat in ihrer Mitteilung zum Europäischen Vertragsrecht verschiedene Modelle der Rechtsangleichung und -vereinheitlichung zur Diskussion gestellt (unten I.). Ein taugliches Modell für den elektronischen Geschäftsverkehr mit Verbrauchern ist ein europäisches Vertragsrecht, dass neben den nationalen Rechtsordnungen steht und von den Parteien durch Rechtswahl bestimmt werden kann (unten II.).

I. Die Mitteilung der Kommission zum Europäischen Vertragsrecht

Für die Angleichung des Europäischen Vertragsrechts gab und gibt es verschiedene Projekte und Initiativen. Sie unterscheiden sich in zweierlei Hinsicht, dem Bereich der behandelten Regelungen[4] und der Einbindung in die nationalen Rechtsordnungen. Die Europäische Kommission hat 2001 eine Mitteilung zum Europäischen Vertragsrecht als Denkanstoß vorgestellt, in der verschiedene Szenarien angedacht werden[5]. Die Reaktionen auf die Mitteilung hat die Kom-

---

[1] *Staudenmayer*, ERPL 2: 249 (254 f.), 2002.

[2] Kommission der Europäischen Gemeinschaften, Mitteilung der Kommission zum Europäischen Vertragsrecht vom 11.7.2001, KOM (2001), 398 endg., S. 11; *Drexl*, in: *Grundmann/Stuyck* (eds.), Green Paper, 2002, p. 103 (114).

[3] Siehe oben § 15.

[4] Siehe *Schwintowski*, JZ 2002, 205 (210).

[5] Kommission der Europäischen Gemeinschaften, Mitteilung der Kommission zum Europäischen Vertragsrecht vom 11.7.2001, KOM (2001), 398 endg.

mission in einem Aktionsplan vom 12. Februar 2003 aufgegriffen[6]. Die Konzentration auf das Vertragsrecht liegt an der besonderen Bedeutung, die Verträge bei der Verwirklichung grenzüberschreitenden Waren- und Dienstleistungsverkehrs und damit eines ausgeübten Binnenmarktes haben[7]. Im Hinblick auf die Wechselwirkung zwischen den europäischen und nationalen Vertragsrechten kann eine Einteilung in vier Stufen vorgenommen werden. Nicht mitgezählt, weil unabhängig von regulatorischen Eingriffen, ist die Möglichkeit, dem Markt die Herausbildung gemeinsamer Vertragsrechtsgrundsätze zu überlassen.

Die erste Möglichkeit mit dem geringsten Eingriff in nationales Recht ist die Förderung der Ausarbeitung gemeinsamer vertragsrechtlicher Grundsätze, die rechtlich zwar nicht verbindlich sind, nationalen Gesetzgebern oder Schiedsgerichten aber als Richtschnur dienen können und bei denen die Europäische Kommission die Hoffnung hegt, dass daraus Gewohnheitsrecht erwachsen könnte[8]. Unterschiedliche nichtstaatliche Initiativen haben in den letzten Jahren Vorschläge zu europäischen Vertragsrechtskodifikationen ausgearbeitet[9]. Die *Study Group on a European Civil Code*, die 1999 gebildet wurde und zur Zeit das größte Netzwerk europäischer Privatrechtswissenschaftler bildet, hat zusammen mit der *Commssion on European Contract Law*, von der viele Mitglieder in der *Study Group* mitarbeiten, eine Stellungnahme zur Mitteilung der Kommission abgegeben[10], in der ein phasenweiser Plan mit der Möglichkeit unterschiedlicher Geschwindigkeiten zur Harmonisierung von Kerngebieten des europäischen Privatrechts vorgeschlagen wird[11].

---

6 Kommission der Europäischen Gemeinschaften, Mitteilung der Kommission, Ein kohärentes europäisches Vertragsrecht, Ein Aktionsplan vom 12.2.2003, KOM (2003) 68 endg.; hierzu *Staudenmayer*, EuZW 2003, 165, ebenfalls auf französisch veröffentlicht in JCP 2003, I 127, p. 709; *Fauvarque-Cosson*, D. 2003, 1171.

7 *Staudenmayer*, ERPL 2: 249 (253), 2002; *ders.*, EuZW 16/2002, 1.

8 Siehe Kommission der Europäischen Gemeinschaften, Mitteilung der Kommission zum Europäischen Vertragsrecht vom 11.7.2001, KOM (2001), 398 endg., S. 17; diese Lösung favorisiert *Heuzé*, JCP 2002, I 152, p. 1341 (1345).

9 *Commission on European Contract Law*, The Principles of European Contract Law: *Lando/Beale* (eds.), Principles of European Contract Law, Part I and II, 2000, der dritte Teil zu allgemeinen Fragen des Schuldrechts wird 2002 veröffentlicht; *Gandolfi* (éd.), Code européen des contrats, avant-projet, 2001, erarbeitet von der Akademie Europäischer Privatrechtswissenschaftler, hierzu *Gandolfi*, ZEuP 10 (2002), 1; *Sturm*, JZ 2001, 1097; *Sonnenberger*, RIW 2001, 409.

10 *Von Bar/Lando/Swann* (eds.), ERPL 2: 183, 2002; zur Zusammensetzung der Gruppen *dies.*, aaO., 183 (180 ff.); der Arbeit der *Study Group* steht *Lequette*, D. 2002, 2202 (2210 et s.), sehr kritisch gegenüber.

11 *Von Bar/Lando/Swann* (eds.), ERPL 2: 183 (231 ff.), 2002.

Die zweite Möglichkeit ist die Verbesserung der vorhandenen gemeinschaftsrechtlichen Richtlinien[12], um inhaltliche Unstimmigkeiten und Ungenauigkeiten zu beseitigen[13]. Das ist die Voraussetzung dafür, dass die gemeinschaftsrechtlichen Regelungen Maßstab und Vorbild für eine einheitliche Regelung des gesamten Vertragsrechts sein können und sollte deshalb jedenfalls der erste Schritt sein[14].

Die dritte Möglichkeit ist die Ausarbeitung eines europäischen Vertragsrechts, neben dem die nationalen Regelungen fortbestehen. Die Parteien hätten die Möglichkeit, durch Rechtswahl das europäische Vertragsrecht für sich anwendbar zu machen. Notwendig wäre eine Änderung des Kollisionsrechts, weil sich die Rechtswahlmöglichkeit in Art. 3 Abs. 1 Satz 1 EVÜ und Art. 27 Abs. 1 Satz 1 EGBGB auf staatlich gesetztes Recht beschränkt[15]. Fraglich ist in diesem Modell die Behandlung des Verbraucherrechts. Eine Rechtswahl muss für diesen Bereich nicht ausgeschlossen sein, wenn sich im Vertragsrechtskodex die gemeinschaftsrechtlichen Verbraucherschutzstandards wieder finden.

Die vierte Möglichkeit sieht ebenfalls die Ausarbeitung eines europäischen Vertragsrechts vor, die Stellung zu den nationalen Vertragsrechten ist aber anders. Sie sollen vollständig verdrängt werden. Das europäische Vertragsrecht wird das allein geltende Vertragsrecht in allen Mitgliedsstaaten[16]. In den bereits durch Richtlinien geregelten Bereichen ist dies im Rahmen der Mindestharmonisierung im Ergebnis bereits heute der Fall. Ein im Verordnungswege implementiertes europäisches Vertragsrecht würde allerdings über eine Mindestharmonisierung hinausgehen und einheitliches Recht schaffen. Neu wäre diese Vereinheitlichung für dispositives Recht[17]. In diesem Bereich ist eine Harmonisierung aus binnenmarktpolitischen Gesichtspunkten aber nicht notwendig, weil die Vertragsparteien ihnen unpassende Bestimmungen abbedingen können[18]. Aus die-

---

[12] Kommission der Europäischen Gemeinschaften, Mitteilung der Kommission zum Europäischen Vertragsrecht vom 11.7.2001, KOM (2001), 398 endg., S. 18 f.; *Grundmann*, NJW 2002, 393 (394).

[13] *Staudinger*, VuR 2001, 353 (356).

[14] *Staudinger*, VuR 2001, 353 (356).

[15] Diese Ansicht ist umstritten, dafür Palandt/*Heldrich*, BGB, 2003, Art. 27 EGBGB, Rn. 3; *Staudinger*, VuR 2001, 353 (356); dagegen *Martiny*, in: *Reithmann/Martiny* (Hrsg.), Internationales Vertragsrecht, 1996, S. 1 (72 f.). *Grundmann*, RIW 2002, 329 (329 f.), weist auf die wichtige Rolle des Kollisionsrechts für die Entwicklung eines europäischen Privatrechts hin.

[16] Eine Beschränkung auf grenzüberschreitende Vorgänge würde zu einem kontraproduktiven Dualismus führen, vgl. *Sonnenberger*, RIW 2002, 489 (496).

[17] *Grundmann*, NJW 2002, 393 (395).

[18] Denn dann kommt eine Beeinträchtigung des freien Warenverkehrs nicht in Betracht, EuGH, Urteil vom 24.1.1991, Rs. C-339/89, Slg. 1991, I 107, Rn. 15, „Alsthom Atlantique";

sem Grund ist die gemeinschaftsrechtliche Ermächtigungsgrundlage fraglich. Die Gemeinschaftsrechtsakte im Bereich des Vertragsrechts wurden in der Regel auf Art. 94 und Art. 95 EG gestützt, die beide der Förderung des Gemeinsamen Marktes bzw. des Binnenmarktes dienen. Für eine vollständige Angleichung des Vertragsrechts fehlt, auch unter Berücksichtigung des Art. 308 EG, gegenwärtig eine gemeinschaftsrechtliche Grundlage[19]. Über die Förderung des Binnenmarktes und der einheitlichen Anwendung des Gemeinschaftsrechts[20] hinausgehende Ziele einer europäischen Privatrechtsvereinheitlichung, wie etwa die Schaffung eines neuen identitätsstiftenden Symbols[21], mögen zwar der Sache nach sinnvoll sein; ihre Verfolgung und Umsetzung ist nach geltendem Primärrecht aber nicht Aufgabe der Europäischen Gemeinschaft.

Aus verbraucherrechtlicher Sicht stellt sich die Frage nach der Notwendigkeit einer europäischen Angleichung. Die Notwendigkeit eines Europäischen Vertragsrechts für den Schutz der Verbraucher muss für Vorschriften, die zwingendes Recht darstellen, und solche, die dispositiv sind, getrennt betrachtet werden[22]. Verbraucherprivatrechtliche Bestimmungen sind zwingende Rechtsvorschriften. Das muss auch so sein, weil die Schaffung der Rahmenbedingungen für selbstbestimmte Entscheidungen Eingriffe in die formale Vertragsfreiheit erfordert[23]. Das kann nur durch zwingendes Recht geschehen. Die Vereinheitlichung zwingenden Rechts ist über die bestehenden verbraucherprivatrechtlichen Richtlinien hinaus gegenwärtig nicht notwendig. Bei der Entwicklung eines europäischen Privatrechts darf das Verbrauchervertragsrecht nicht außen vor blei-

---

Leible, in: *Grabitz/Hilf*, Recht der Europäischen Union, Band 1, Art, 28 EGV, 2000, Rn. 43; vgl. *Drexl*, in: *Grundmann/Stuyck* (eds.), Green Paper, 2002, p. 103 (121), der aber darauf hinweist, dass die freie Rechtswahl durch die Unkenntnis der fremden Rechtsordnung beeinträchtigt sein kann, aaO, p. 103 (115).

[19] *Möllers*, JZ 2002, 121 (133); *Sonnenberger*, RIW 2002, 489 (490); *Malinvaud*, D. 2002, 2542 (2544); ausführlich *Leveneur*, in: *Lequette* (éd.), Code civil, 2004, p. 929 (947 et s.). *Staudinger*, VuR 2001, 353 (357), schlägt deshalb eine Revision des Vertrages vor; *Basedow*, AcP 200 (2000), 445 (474 f.), sieht den Marktbezug dagegen für das ganze Schuldrecht als gegeben an und bejaht die Gemeinschaftskompetenz in diesem Bereich; zurückhaltend in Bezug auf 95 EG *Canaris*, in: *ders./Zaccaria* (Hrsg.), Umsetzung, 2002, S. 129 (136 ff.), weil „Funktionieren des Binnenmarkts" nicht dessen Optimierung bedeute; vom Vorliegen einer Rechtsgrundlage geht *Staudenmayer*, RIW 1999, 733 (738), aus; siehe auch *Staudenmayer*, EuZW 2003, 165 (170).

[20] Kommission der Europäischen Gemeinschaften, Mitteilung der Kommission zum Europäischen Vertragsrecht vom 11.7.2001, KOM (2001), 398 endg., S. 10 f., 12 f.

[21] Wie etwa die von *Schwintowski*, JZ 2002, 205 (210), angeführte identitätsstiftende Bedeutung eines gemeinsamen Zivilgesetzbuches; siehe auch *Basedow*, AcP 200 (2000), 445 (467 ff.); kritisch *Pützhoven*, Verbraucherschutz im Fernabsatz, 2001, S. 193 f.

[22] Siehe *Drexl*, in: *Grundmann/Stuyck* (eds.), Green Paper, 2002, p. 103 (116 ff.).

[23] Ausführlich *Drexl*, in: FS *Sonneberger*, 2004, S. 771 (781 ff.).

ben[24]. Die Schaffung einer „geschlossenen systematischen Gesamtkonzeption" für das europäische Verbraucherrecht[25] ist zwar hinsichtlich der Anwendungsbereiche und Instrumente begrüßenswert, nicht aber zur Verhinderung der fragmentarischen Umsetzung in den Mitgliedstaaten[26]. Es ist die Aufgabe der mitgliedstaatlichen Gesetzgeber, das Verbraucherrecht stimmig in ihre – unterschiedlichen – Privatrechtsordnungen so einzufügen, dass dem Verbraucher ein transparentes System zur Verfügung steht. Ein Europäisches Vertragsrecht würde also nicht zusätzliches Verbrauchervertragsrecht schaffen. Es könnte aber den Zugang der Verbraucher zum materiellen Recht erleichtern[27].

II. Europäisches Verbrauchervertragsrecht als kollisionsrechtliche Wahlmöglichkeit

Fraglich ist, ob ein die nationalen Rechtsordnungen ersetzendes Europäisches Vertragsrecht zur Förderung des Binnenmarktes notwendig wäre. Dies wäre der Fall, wenn der gegenwärtige Zustand der mitgliedstaatlichen Vertragsrechte ein Hindernis für den Handel im Binnenmarkt darstellen würde. Im Bereich des zwingenden Rechts wurde die Unerheblichkeit der Unterschiede schon angesprochen. Für das dispositive Recht gilt, dass bereits jetzt eine abweichende Vereinbarung zwischen den Vertragsparteien möglich ist. Der EuGH hat bereits entschieden, dass dispositive Regeln nicht geeignet sind, den Binnenmarkt zu beeinträchtigen[28].

Andererseits ist das Prinzip der Mindestharmonisierung nicht geeignet, einen Binnenmarkt ohne rechtliche Grenzen zu schaffen[29]. Eine vollständige Harmonisierung ist indes oft nicht politisch durchsetzbar und wenn doch, so nur mit zum Teil erheblichen Qualitätsverlusten. Ein Vorteil der Mindestharmonisierung, nämlich der Wettbewerb der Rechtsordnungen[30], geht bei einer vollständigen Rechtsangleichung durch Richtlinien zwar weitgehend verloren. Er bleibt allerdings für die unterschiedlichen Lösungen zur Einbettung der gemeinschaftsrechtlichen Vorgaben in die nationalen Rechtsordnungen bestehen.

---

[24] *Grundmann*, RIW 2002, 329 (333).

[25] *Martinek*, in: *Grundmann* (Hrsg.), Europäisches Privatrecht, 2000, S. 511 (517).

[26] *Staudenmayer*, in: *Schulte-Nölke/Schulze* (Hrsg.), Europäische Rechtsangleichung, 1999, S. 63 (77), lässt die rechtspolitische Frage ausdrücklich offen.

[27] Aus der französischen Perspektive stellt *Malinvaud*, D. 2002, 2542 (2548), allerdings die Frage, ob das *droit de la consommation* überhaupt in den sachlichen Bereich der Privatrechtsvereinheitlichung fallen würde.

[28] EuGH, Urteil vom 24.1.1991, Rs. C-339/89, Slg. 1991, I 107, Rn. 15, „Alsthom Atlantique".

[29] *Drexl*, RIDE 2002, 405 (431).

[30] *Roßnagel*, MMR 2002, 67 (70); *Lequette*, D. 2002, 2202 (2204).

Die Erarbeitung gemeinsamer Grundsätze, auf die die Vertragsparteien zurückgreifen können, ist politisch der leichtere Weg, nicht nur aufgrund der geringeren Verluste bei der Kompromissfindung, sondern auch wegen einmütiger Vorbehalte in allen Mitgliedstaaten, zu große Eingriffe in das nationale Vertragsrecht zuzulassen[31]. Ein Katalog europäischer Vertragsrechtsgrundsätze könnte entweder als Vorlagen für individuelle Vertragsklauseln gesehen werden oder durch Rechtswahl insgesamt als das hinter der Vertragsbeziehung stehende Gesetzeswerk dienen[32]. Ein einheitliches europäisches Vertragsrecht wäre auch rechtlich aufgrund der oben angesprochenen Kompetenzprobleme der Gemeinschaft und des fehlenden politischen Willens für einen derart weitgehenden Eingriff in die nationalen Privatrechte wohl nicht realisierbar[33].

Ein europäisches Vertragsrecht als ein neben den nationalen Rechtsordnungen stehendes System kann dagegen durchaus Einfluss auf die Gestaltung grenzüberschreitender Vertragsbeziehungen und auch auf den europäischen Gesetzgeber haben. Durch den Rückgriff auf einen gemeinsamen Fundus an Rechtsfiguren und Begriffen kann eine bessere Abstimmung unterschiedlicher Gemeinschaftsrechtsakte erreicht werden. Für grenzüberschreitende Rechtsgeschäfte zwischen Verbrauchern und Unternehmern löst die Verwendung eines Vertragsrechts für alle Geschäfte innerhalb der Gemeinschaft das Problem der Konfrontation mit verschiedenen Rechtsordnungen sowohl für den Unternehmer als auch für den Verbraucher. Voraussetzung wäre eine – idealerweise gemeinschaftsweit einheitliche – Änderung des Kollisionsrechts, durch die es möglich wird, durch Rechtswahl Vorschriften zu wählen, die nicht einer nationalen Rechtsordnung entstammen[34]. Damit einhergehen müsste eine Änderung des jetzigen Art. 5 Abs. 2 EVÜ, nach dem trotz Rechtswahl das zwingende Recht des Verbraucherlandes gelten soll. Dies soll ja gerade vermieden werden. Für den besonderen Fall der Wahl des Europäischen Vertragsrechts müsste die Rechtswahl auch das nationale zwingende Recht überlagern. Zu einer Erosion der Verbraucherschutzstandards führt diese Rechtswahl dann nicht, wenn das wählbare europäische Vertragsrecht die durch Richtlinien vorgegebenen zwingenden Bestimmungen des Verbrauchervertragsrechts beinhaltet und so den europäischen Verbraucherschutzstandard wiedergibt[35].

---

[31] Siehe nur die Verteidigung des französischen Code civil bei *Lequette*, D. 2002, 2202 (2205 et s.).

[32] Befürwortend *Drexl*, in: *Grundmann/Stuyck* (eds.), Green Paper, 2002, p. 103 (115, 120); *Leveneur*, in: *Lequette* (éd.), Code civil, 2004, p. 929 (947).

[33] *Malinvaud*, D. 2002, 2542 (2549); *Heuzé*, JCP 2002, I 152, p. 1341 (1345); *Lequette*, D. 2002, 2202 (2204 et s.).

[34] Siehe oben § 16 I; *Staudenmayer*, EuZW 2003, 165 (169 f.).

[35] Vgl. Kommission der Europäischen Gemeinschaften, Mitteilung der Kommission, Ein kohärentes europäisches Vertragsrecht, Ein Aktionsplan vom 12.2.2003, KOM (2003) 68 endg.,

Die Rechtswahl muss mit dem zwischen Unternehmer und Verbraucher geschlossenen Vertrag vereinbart werden. Entscheidend für die Akzeptanz eines Europäischen Verbrauchervertragsrechts ist die Berücksichtigung der Interessen sowohl der Verbraucher als auch der Unternehmer. Zur Einführung wird ein neues Vertragsrecht regelrecht durch Werbung bekannt gemacht werden müssen und daneben einen gewissen Qualitätsstandard aufweisen, damit es sich am Markt durchsetzen kann[36]. Es ist zu hoffen, das der Qualitätsaspekt bei der Erarbeitung eines für die Mitgliedstaaten unverbindlichen Regelwerks leichter zu verwirklichen sein wird als bei einem Vertragsrecht, dass die nationalen Rechtsordnungen verändern oder ersetzen soll.
Die Durchsetzung des gewählten Europäischen Verbrauchervertragsrechts soll auch gerichtlich möglich sein. Die internationale Zuständigkeit bestimmt sich nach der EuGVVO. Eine Gerichtsstandsvereinbarung scheidet, wie auch eine Änderung des Verbrauchergerichtsstandes an den zu berücksichtigenden Verbraucherinteressen[37]. Der Richter wendet zwar auch nicht sein nationales Recht an, die Anwendung fremden Rechts ist aber auf den Europäischen Verbrauchervertragskodex beschränkt, so dass sich bei den nationalen Gerichten durch die größere Zahl der Fälle, auf die dieses Recht anzuwenden ist, eine Rechtsprechungspraxis entwickeln kann. Um der Zersplitterung der Auslegung des Europäischen Verbrauchervertragsrechts zu begegnen, die ein Grund für die mangelnde Akzeptanz des UN-Kaufrechts[38] im Handelsverkehr ist[39], müsste eine einheitliche Auslegung durch die europäische Gerichtsbarkeit erfolgen[40]. Ein Vorlageverfahren bietet sich an, um den Europäischen Gerichtshof oder das Gericht erster Instanz nicht mit Individualrechtsstreiten zu überschwemmen. Eine Vermehrung der Arbeit der europäischen Gerichte wird indes nicht zu vermeiden sein[41] denn zu einem einheitlichen Binnenmarkt gehört auch eine einheitliche Rechtsentwicklung.

Rn. 94; *Staudenmayer*, EuZW 2003, 165 (170); *Leveneur*, in: *Lequette* (éd.), Code civil, 2004, p. 929 (947).

[36] *Huet*, D. 2002, 2611 (2613); vgl. *Siems*, GPR 2/2003-2004, 66 (67).

[37] Siehe oben § 15 III.

[38] *Heuzé*, JCP 2002, I 152, p. 1341 (1343); siehe oben § 12 I 1.

[39] *Malinvaud*, D. 2002, 2542 (2550); *Heuzé*, JCP 2002 I 152, p. 1341 (1343).

[40] *Malinvaud*, D. 2002, 2542 (2547).

[41] *Lequette*, D. 2002, 2202 (2205); vgl. *Huet*, D. 2002, 2611 (2613).

§ 17 Außergerichtliche Streitbeilegung

I. Bedarf für außergerichtliche Streitbeilegung

Der Bedarf für außergerichtliche Verfahren der Streitbeilegung hat sich an zwei Stellen gezeigt. Erstens ist den Verbrauchern für die gerichtliche Streitbeilegung der Zugang zum Recht insbesondere durch unrentable Verfahrenskosten verwehrt. Zweitens muss der Unternehmer seine Ansprüche vor den Gerichten des Verbraucherlandes geltend machen, mit der EuGVVO sogar in größerem Umfang als zuvor. Durch die Einigung mit dem Verbraucher auf ein außergerichtliches Streitbeilegungsverfahren besteht auch für den Unternehmer die Möglichkeit der einfacheren Rechtsdurchsetzung[1].

Verbraucher und Unternehmer haben im Konfliktfall zum Teil unterschiedliche, zum Teil aber auch gleiche Interessen, die die Anforderungen an Streitbeilegungsverfahren bestimmen. Beim Erwerb von Verbrauchsgütern oder -leistungen, die eben in der Regel zum schnellen Verbrauch bestimmt sind, liegt es im Interesse des Verbrauchers, den Rechtsstreit schnell und ohne zusätzliche Belastungen zu beseitigen[2]. Der Verbraucher hat kein Interesse daran, die Geschäftsbeziehung mit dem Unternehmer für die Zukunft aufrecht zu erhalten. Verbrauchsgüter werden in der Regel von mehreren Anbietern angeboten, so dass der Wechsel unproblematisch ist[3]. Gegen eine gerichtliche Durchsetzung ihrer Ansprüche spricht für die Verbraucher die lange Verfahrensdauer. Insbesondere für Gebrauchsgüter wird eher ein Ersatzkauf getätigt, als ein langes Verfahren abzuwarten[4]. Ein Zugangshindernis ist die mangelnde Kenntnis des materiellen und des Verfahrensrechts, die sich – wenn anwaltliche Vertretung aus Kostengründen nicht in Anspruch genommen werden soll – bei der gerichtlichen Austragung eines Konflikts negativ auswirken kann[5]. Die gerichtliche Durchsetzung widerspricht schließlich dem ökonomischen Interesse des Verbrauchers. Der informierte Verbraucher nach dem Leitbild des EuGH wird sich nicht für ein Verfahren entscheiden, bei dem Kosten und Nutzen nicht im Verhältnis zueinander stehen[6]. Eine von der Europäischen Kommission beauftragte Untersuchung aus dem Jahr 1995 hat ergeben, dass eine Klage mit einem Streitwert von 2000 ECU wirtschaftlich nicht sinnvoll ist, weil die Kosten für die gerichtliche Durchsetzung eines Anspruchs, die Gerichts- und Anwaltskosten umfassen,

---

[1] So auch *Drexl*, RIDE 2002, 405 (441).
[2] *Scherpe*, Außergerichtliche Streitbeilegung, 2002, S. 7.
[3] *Scherpe*, Außergerichtliche Streitbeilegung, 2002, S. 7 f.
[4] *Scherpe*, Außergerichtliche Streitbeilegung, 2002, S. 14; vgl. *N. Fischer*, VuR 2003, 20 (23).
[5] *Scherpe*, Außergerichtliche Streitbeilegung, 2002, S. 11 f.
[6] *Scherpe*, Außergerichtliche Streitbeilegung, 2002, S. 19; vgl. *Höland*, in: *Krämer/Micklitz/Tonner* (Hrsg.), Recht und diffuse Interessen, 1997, S. 195 (209).

sonst zu groß sind[7]. Die Mehrzahl der Verbrauchergeschäfte liegt unter diesem Wert. Der rational entscheidende Verbraucher wird in diesen Fällen seine Ansprüche nicht durchsetzen. Das kann auf der anderen Seite einen Anreiz für den Unternehmer darstellen, seine Pflichten nicht ordnungsgemäß zu erfüllen.

Der Unternehmer hat, anders als der Verbraucher, ein Interesse am Erhalt der Kundenbeziehung[8] und damit grundsätzlich an einer gütlichen Einigung. Für den Unternehmer ist eine nichtöffentliche Austragung des Konflikts wichtig, weil andere Kunden schon durch die Nachricht von einer gerichtlichen Auseinandersetzung mit diesem Unternehmer – unabhängig vom Ausgang des Verfahrens – von Geschäften mit diesem Unternehmer abgehalten werden können[9]. Mit dem Verbraucher gemeinsam hat der Unternehmer das Ziel einer schnellen Erledigung des Streits[10].

Gerichtsverfahren können also nicht unbedingt effektiven Rechtsschutz für den Verbraucher leisten und sind auch nicht im Interesse des Unternehmers. Beiden dauert das Verfahren zu lange. Für beide stehen die Kosten nicht im Verhältnis zum geltend gemachten Anspruch. Eine streitige Gerichtsentscheidung entspricht auch nicht dem Interesse des Unternehmers an einer gütlichen Einigung. Eine Herabsetzung der Gerichtskosten oder Anwaltskosten zu Lasten des Staates ist durch den Verbraucherschutz nicht zu rechtfertigen. Bei Unterlassungsansprüchen können Verbandsklagen Abhilfe schaffen, bei denen das Interesse aller Verbraucher durch Verbände vertreten wird. Entscheidungen für den individuellen Rechtsstreit des Verbrauchers mit dem Unternehmer, insbesondere über Schadensersatzansprüche, können auf diesem Wege freilich nicht herbeigeführt werden. Abhilfe können kostengünstigere und schnellere außergerichtliche Verfahren schaffen, deren finanzieller und zeitlicher Aufwand dem Wert und der Lebensdauer der Leistung angemessen sind[11]. Im Bereich der gerichtlichen Geltendmachung und Durchsetzung von Ansprüchen kann dem Verbraucher durch Informationen über Verfahren im eigenen[12] und anderen Ländern geholfen wer-

---

[7] Ein ECU entspricht ungefähr einem Euro; die Verfahrenskosten schwanken dabei in den Mitgliedstaaten zwischen 980 und 6000 ECU, *von Freyhold/Gessner/Vial/Wagner* (eds.), Cost of Judicial Barriers for Consumers in the Single Market, A report for the European Commission (DG XXIV), 1995, p. 343, http://www.freyvial.de/Publications/egi-2.pdf; siehe zur wirtschaftlichen Entscheidung über eine Prozeßführung auch *Eidenmüller*, ZZP 113 (2000), 5 (5 ff.).

[8] *Scherpe*, Außergerichtliche Streitbeilegung, 2002, S. 24 f.

[9] *Scherpe*, Außergerichtliche Streitbeilegung, 2002, S. 27.

[10] *Scherpe*, Außergerichtliche Streitbeilegung, 2002, S. 31 f.

[11] Vgl. *Kallel*, R.D.A.I. 2001, 13 (23); *Cachard*, Com. Com. électr., décembre 2003, 22 (22).

[12] Das ist ein Ausfluß des Informationsmodells im Prozessrecht, *Heiderhoff*, ZEuP 9 (2001), 276 (298 f.)

den und – in der Regel innerhalb der eigenen Rechtsordnung – in bestimmten Fällen finanzielle Unterstützung durch Prozesskostenhilfe gewährt werden. Um die Kosten-Nutzen-Relation für alle Personen zu verbessern und die Verfahrensdauer bis zu einer Entscheidung oder Einigung zu verkürzen, können alternative Streitbeilegungsverfahren besser geeignet sein als der Weg zum Gericht. Einen anderen Weg ist der spanische Staat gegangen, der die Möglichkeiten der gerichtlichen Streitbeilegung durch die Schaffung einer kostengünstigen und mit einfachem Verfahren ausgestatteten Verbraucherschiedsgerichtsbarkeit vorsieht[13].

II. Rechtliche Rahmenbedingungen für außergerichtliche Streitbeilegung

Der effektive Rechtsschutz des Verbrauchers war bereits Gegenstand der Überlegungen im Ersten[14] und Zweiten[15] Programm zum Schutz und zur Unterrichtung der Verbraucher. In einer Mitteilung aus dem Jahre 1998 über die außergerichtliche Streitbeilegung in Verbraucherrechtsstreitigkeiten[16] stellt die Kommission Grundsätze für die außergerichtliche Streitbeilegung auf. Gegenstand der Überlegungen ist eine streitschlichtende Stelle, deren Besetzung von Bedeutung ist, um Neutralität zu garantieren[17]. Eine Mitteilung und eine Empfehlung der Kommission vom 4. April 2001 werden die Anforderungen für Verfahren behandelt, bei denen keine Streitentscheidung durch eine dritte Stelle erfolgt, sondern den Parteien, etwa durch Mediation, Hilfe bei der gemeinsamen Konfliktlösung gewährt wird[18]. Am 19. April 2002 hat die Kommission das Grünbuch über

---

[13] Ausführlich *K. Fischer*, Verbraucherschutz, 2000, S. 187 ff.; *Pérez-Serrabona Gonzaléz*, REDC 2002, 198.

[14] Entschließung des Rates vom 14.4.1975 betreffend ein Erstes Programm der Europäischen Wirtshaftsgemeinschaft für eine Politik zum Schutz und zur Unterrichtung der Verbraucher, ABl. Nr. C 92/1 vom 25.4.1975, das Programm ist im Anschluß abgedruckt, ABl. Nr. C 92/2 vom 25.4.1975.

[15] Entschließung des Rates vom 19.5.1981 betreffend ein zweites Programm der Europäischen Wirtschaftsgemeinschaft für eine Politik zum Schutz und zur Unterrichtung der Verbraucher, ABl. Nr. C 133/1 vom 3.6.1981.

[16] Kommission der Europäischen Gemeinschaften, Mitteilung der Kommission vom 30.3.1998 über die außergerichtliche Beilegung von Verbraucherrechtsstreitigkeiten, KOM (1998) 198 endg.

[17] *Scherpe*, Außergerichtliche Streitbeilegung, 2002, S. 52.

[18] Kommission der Europäischen Gemeinschaften, Empfehlung der Kommission vom 4.4.2001 über die Grundsätze für an der einvernehmlichen Beilegung von Verbraucherrechtsstreitigkeiten beteiligte außergerichtliche Einrichtungen (2001/310/EG); Mitteilung der Kommission zur „Erweiterung des Zugangs der Verbraucher zur alternativen Streitbeilegung" vom 4.4.2001, KOM (2001) 161 endg.

alternative Verfahren zur Streitbeilegung im Zivil- und Handelsrecht vorgelegt[19]. Das Grünbuch verfolgt sowohl das Ziel, den Zugang zum Recht zu verbessern als auch die Entwicklung der Informationsgesellschaft voranzutreiben[20]. Aus diesem Grund werden Online-Streitschlichtungsverfahren in besonderem Maße behandelt.

In Deutschland sieht § 15a EGZPO für die Länder die Möglichkeit der Schaffung außergerichtlicher Streitbeilegungsverfahren vor[21], die nicht nur für Verbraucherstreitigkeiten, sondern für alle vermögensrechtlichen Streitigkeiten bis zu einem bestimmten Betrag gedacht sind. In Bayern ist die Schlichtung beispielsweise bei vermögensrechtlichen Streitigkeiten bis zu einem Streitwert von 750 € obligatorisch[22]. In Nordrhein-Westfalen gibt es ebenfalls bereits ein Ausführungsgesetz[23]. Das Verfahren und die Anforderungen an die Schlichtungsstellen sind in den einzelnen Bundesländern unterschiedlich geregelt. Das Fehlen einheitlicher Qualitätsstandards trägt nicht zur Stärkung des Verbrauchervertrauens in alternative Streitbeilegungsverfahren bei[24]. Die regionale Zersplitterung innerhalb der einzelnen Bundesländer widerspricht dem Ziel einer grenzüberschreitenden Streitbeilegungslösung.

III. Einzelne Verfahren

Es gibt drei Arten der alternativen Streitbeilegung, die nach dem Grad des entscheidenden Einflusses Dritter stufenweise aufeinander aufbauen.

---

[19] Kommission der Europäischen Gemeinschaften, Grünbuch über alternative Verfahren zur Streitbeilegung im Zivil- und Handelsrecht vom 19.4.2002, KOM (2002), 196 endg.; hierzu *C. Duve*, IDR (BB-Beilage 7/2002), 6.

[20] Kommission der Europäischen Gemeinschaften, Grünbuch über alternative Verfahren zur Streitbeilegung im Zivil- und Handelsrecht vom 19.4.2002, KOM (2002), 196 endg., Rn. 15 ff., 40 ff.

[21] *Stickelbrock*, JZ 2002, 633 (634 ff.).

[22] Art. 1 Bayerisches Gesetz zur obligatorischen außergerichtlichen Streitschlichtung in Zivilsachen und zur Änderung gerichtsverfassungsrechtlicher Vorschriften (Bayerisches Schlichtungsgesetz – BaySchlG) vom 25.4.2000, BayGVBl. Nr. 11/2000, 268; hierzu *Scherpe*, Außergerichtliche Streitbeilegung, 2002, S. 81 ff.

[23] Gesetz über die Anerkennung von Gütestellen im Sinne von § 794 Abs. 1 Nr. 1 der Zivilprozessordnung und die obligatorische außergerichtliche Streitschlichtung in Nordrhein-Westfalen (Gütestellen- und Schlichtungsgesetz – GüSchlG NRW), verabschiedet als Art. 1 des Gesetzes zur Ausführung von § 15a des Gesetzes betreffend die Einführung der Zivilprozeßordnung vom 9. Mai 2000, GVBl. NRW Nr. 32/2000, 476; hierzu *Scherpe*, Außergerichtliche Streitbeilegung, 2002, S. 89 ff.

[24] *Scherpe*, VuR 2002, 231 (231 f.), der die Wichtigkeit einer verbraucherschützenden Regulierung betont, *ders.*, aaO., 231 (231); gegen eine Reglementierung außergerichtlicher Streitbeilegungsmechanismen dagegen *Palacio*, Petites affiches, 21.2.2002, 46 (49).

Die einfachste Art der Streitbeilegung ist die Verhandlung der Vertragsparteien über eine Lösung. Wenn nach Streitbeilegungsverfahren als Alternativen zum Gerichtsverfahren gesucht wird, ist dieses Stadium der Verhandlung zwischen Verbraucher und Unternehmer in der Regel ergebnislos durchlaufen worden.

Die Verhandlung der Parteien kann durch einen Mediator unterstützt werden. Mediation ist ein Streitbeilegungsverfahren, bei dem eine dritte Person, der Mediator, als Vermittler des Gesprächs zwischen den Konfliktparteien auftritt. Dabei ist er neutral und trifft insbesondere keine Entscheidung[25]. Gegenüber einem gerichtlichen Verfahren kann die Mediation verschiedene Vorteile bringen. Schon die Tatsache, dass sich beide Seiten freiwillig auf das Verfahren einlassen, schafft eine gewisse Erfolgswahrscheinlichkeit. Anders als in einem Gerichtsverfahren, dass auf die juristische Sichtweise beschränkt ist, können bei der Mediation alle den Konflikt beeinflussenden wirtschaftlichen, rechtlichen, und psychologische Faktoren berücksichtigt werden[26]. Das Ergebnis einer erfolgreichen Mediation wird von den Parteien ausgehandelt, es gibt keinen Gewinner und Verlierer[27]. Das erleichtert den späteren Dialog und eine Fortsetzung der Geschäftsbeziehungen[28], an der insbesondere der Unternehmer interessiert sein wird. Weil die Parteien den Ablauf der Mediation mit steuern können, ist auch, anders als bei einem Gerichtsverfahren, die Dauer begrenzbar. Das wird im Übrigen auch von den Mediationszentren und in Frankreich für gerichtlich vorgesehene Mediationen vom Code de procédure civil (Art. 131-3) durch Zeitbegrenzungen gewährleistet. Die Verfahrensregeln eines Mediationsverfahrens können grundsätzlich vertraglich frei vereinbart werden. Bei den für Verbrauchergeschäfte typischen geringen Streitwerten empfiehlt sich dagegen der Rückgriff auf zwingende Regeln, um den Aufwand im Einzelfall gering zu halten[29]. Das gilt insbesondere für grenzüberschreitende Konflikte, in denen grundsätzlich höhere Kosten anfallen und das Kosten-Nutzen-Verhältnis durch die individuelle Auswahl von Verfahrensregeln nicht zusätzlich belastet werden soll[30]. Als Vorlage könnte das UNCITRAL Model Law on International Commercial Con-

---

[25] *Stickelbrock*, JZ 2002, 633 (640 f.); *van den Heuvel*, Online Dispute Resolution as a Solution to Cross-Border E-Disputes, 2000, p. 7, http://www.oecd.org/dataoecd/63/57/1878940.pdf.

[26] Vgl. *Ponschab*, IDR (BB-Beilage 7/2002), 5 (5).

[27] *Tonner*, in: *Krämer/Micklitz/Tonner* (Hrsg.), Recht und diffuse Interessen, 1997, S. 861 (871), lehnt Mediation ab, weil ein Machtgefälle zwischen den Parteien nicht überwunden werden könne.

[28] *Stickelbrock*. JZ 2002, 633 (641).

[29] *Eidenmüller*, IDR (BB-Beilage 7/2002), 14 (16).

[30] *Eidenmüller*, IDR (BB-Beilage 7/2002), 14 (18).

ciliation dienen[31], dass Verfahrensregeln für Mediationsverfahren[32] aufstellt. Ein grundlegendes Problem bei Online-Mediationsverfahren[33] ist, dass das notwendige Vertrauen, dass die Parteien dem Mediator entgegenbringen müssen, nur durch elektronisch übermittelte Informationen zustande kommt[34]. Der persönliche Kontakt, dessen Fehlen einen wesentlichen Grund für fehlendes Vertrauen im Internet darstellt, ist nicht gegeben. Die technische Einrichtung von Videokonferenzen ist gegenwärtig noch sehr aufwändig und geht über die Möglichkeiten des durchschnittlichen privaten Internetnutzers hinaus.

Bei einem Schiedsgerichtsverfahren ist ebenfalls eine dritte Partei beteiligt; anders als bei der Mediation kann und soll sie aber eine Entscheidung des Streits treffen. Von entscheidender Bedeutung für die Wirksamkeit von Schiedsverfahren ist die Bindungswirkung an die getroffene Entscheidung[35]. Bei Verbraucherstreitigkeiten trägt eine Verbindlichkeit für den Unternehmer und eine Unverbindlichkeit für den Verbraucher den Interessen der Parteien am besten Rechnung[36]. Der Verbraucher muss durch die Zustimmung zur alternativen Streitbeilegung nicht auf Rechtsdurchsetzungsmöglichkeiten verzichten und hat andererseits einen Anreiz, das Verfahren überhaupt durchzuführen. Das liegt wiederum im Interesse des Unternehmers, für den die außergerichtliche Streitbeilegung regelmäßig die wirtschaftlichere Alternative ist, die zudem insgesamt betrachtet auch zur Stärkung des Verbrauchervertrauens beitragen kann. Der Deutsche Industrie- und Handelskammertag (DIHT) arbeitet an einem Online-Schlichtungsverfahren, dass er mit der Vergabe eines Gütesiegels für die Anbieter verbinden möchte, die sich an diesem Verfahren beteiligen[37]. Die Internationale Handelskammer, die die von ihr repräsentierte Unternehmerschaft unkalkulierbaren Prozessrisiken ausgesetzt sieht, plädiert bei Verbraucherstreitigkeiten zunächst für eine unternehmensinterne Verbraucherstelle, dann für einen Mechanismus der

---

[31] UNCITRAL Model Law on International Commecial Conciliation, Annex I to the Report of the United Nations Commission on International Trade Law on its 35th session, Official Records of the General Assembly (A/57/17), 24.6.2002, abrufbar unter http://www.uncitral.org/english/texts/arbitration/ml-conc-e.pdf; *Eidenmüller*, IDR (BB-Beilage 7/2002), 14 (16).

[32] Siehe die Definition des Anwendungsbereichs in Art. 1 sec. 1 and 3.

[33] Beispiel zum Ablauf bei *Moatti Neuer*, Petites affiches, 5.12.2001, 7 (10).

[34] *Van den Heuvel*, Online Dispute Resolution as a Solution to Cross-Border E-Disputes, 2000, p. 13, http://www.oecd.org/dataoecd/63/57/1878940.pdf.

[35] Siehe Kommission der Europäischen Gemeinschaften, Grünbuch über alternative Verfahren zur Streitbeilegung im Zivil- und Handelsrecht vom 19.4.2002, KOM (2002), 196 endg., S. 33 f.

[36] Vgl. *Grunewald*, BB 2001, 1111 (1113).

[37] Siehe *Grunewald*, BB 2001, 1111 (1112).

außergerichtlichen Streitbeilegung und nur im letzten Fall für den Weg zu nationalen Gerichten[38].

Sowohl die Information der Verbraucher über Streitbeilegungsverfahren als auch die Mediation und Schlichtung können von verschiedenen Anbietern angeboten werden. Die Anbieter lassen sich in vier Gruppen einteilen: staatliche Stellen, Verbraucherverbände, Unternehmen oder Unternehmensverbände und kommerzielle Anbieter.

Es sollen hier nicht die einzelnen Anbieter bewertet oder vollständig aufgezählt werden. Die Frage ist vielmehr, welche Vor- und Nachteile die verschiedenen Anbietergruppen dem Verbraucher bei Streitigkeiten im Zusammenhang mit dem elektronischen Geschäftsverkehr bieten. Neue Verfahren der Streitbeilegung müssen, um effektiven Rechtsschutz zu gewährleisten, eine Konfliktlösung mit einem Zeit- und Kostenaufwand gewährleisten, der in einem angemessenen Verhältnis zum Streitgegenstand steht. Dafür bieten sich Angebote an, die das Internet selbst als Plattform benutzen[39]. Damit entfallen hohe Reise- und Kommunikationskosten für die Parteien und die Konfliktlöser. Auch aus zuständigkeitsrechtlicher Sicht erscheint eine Lösung des Rechtsstreits am (virtuellen) Ort des Marktgeschehens konsequent[40]. Die hinter der Förderung von Online-Streitbeilegungsverfahren stehende Absicht, das Vertrauen der Verbraucher zu stärken, kann nur durch länderübergreifende Systeme geschehen, die schnell und zu geringen Kosten Streitigkeiten beilegen. Ein Nachteil von Online-Verfahren sind allerdings die Schwierigkeiten bei der Beweiserhebung. Diese treten insbesondere dann auf, wenn der Streit im Zusammenhang mit der Erfüllung von offline zu erbringenden Leistungen steht. Elektronische Dokumente können hingegen auch im Rahmen der Streitbeilegung elektronisch übermittelt werden. Die Wahl eines bestimmten Streitbeilegungsverfahrens kann als eine Voraussetzung für die Erteilung eines Gütesiegels in einen größeren Zusammenhang der Vertrauensbildung eingebunden werden. Der entscheidende Faktor für den Nutzen von alternativen Streitbeilegungsverfahren ist ihre Unabhängigkeit. Nur so können diese Verfahren zur effektiven Rechtsdurchsetzung beitragen und das Verbrauchervertrauen stärken[41]. Zweifel an der Unabhängigkeit ergeben sich bei Regeln, die von einer Interessengruppe aufgestellt wurden. Dabei ist der positive Effekt schon durch die Zweifel der anderen Seite gestört, ohne dass es zu einer

---

[38] *International Chamber of Commerce*, Jurisdiction and applicable law in electronic commerce, 6.6.2001, http://www.iccwbo.org/home/statements_rules/statements/2001/jurisdiction _and _applicable_law.asp.

[39] *Spindler*, MMR 2000, 18 (25).

[40] *Buchner*, EWS 2000, 147 (153).

[41] *European Consumer Law Group*, REDC 2001, 113 (122).

echten Benachteiligung kommen muss. Für Streitigkeiten zwischen Banken und Privatkunden ist in Frankreich durch die loi n° 2001-420[42] ein Mediationsverfahren eingerichtet worden, um insbesondere die Streitbeilegung bei kleineren Streitigkeiten zu erleichtern[43]. Problematisch ist, dass der Mediator auch aus dem Unternehmen selbst kommen kann. Dadurch ist seine Unabhängigkeit zumindest äußerlich in Frage gestellt[44] und das Vertrauen der Kunden beeinträchtigt. Ein weiterer Gesichtspunkt, der zur Akzeptanz außergerichtlicher Streitbeilegungsverfahren beiträgt ist, dass die Inanspruchnahme dieser Verfahren die Möglichkeit einer späteren gerichtlichen Geltendmachung von Ansprüchen nicht verbaut. Klage- und Verjährungsfristen müssen für die Dauer eines Mediations- oder Schlichtungsverfahrens gehemmt werden[45]. In Deutschland ist dies für Verfahren nach § 15 EGZPO durch § 203 i.V.m. § 204 Abs. 1 Nr. 4 BGB gewährleistet. Um mit den bei alternativen Streitbeilegungsverfahren mit Drittbeteiligung entstehenden Kosten keine neue Barriere für die Nutzung durch Privatpersonen zu schaffen, denkt die Kommission im Grünbuch über alternative Verfahren zur Streitbeilegung auch über eine Kostenhilfe für diese Verfahren nach[46].

IV. Ergebnis

Im elektronischen Geschäftsverkehr ist eine einheitliche grenzüberschreitende Konfliktlösung wichtig, das betont auch die OECD in ihren Leitlinien für den Verbraucherschutz im Zusammenhang mit dem elektronischen Geschäftsverkehr[47] und in einem Arbeitspapier zu alternativen Streitbeilegungsverfahren in Verbrauchersachen[48]. Insbesondere die Mediation bietet die Möglichkeit einer gütlichen Einigung, die dem Interesse des Unternehmers an einer Fortsetzung der Geschäftsbeziehung zugute kommt. Wegen des für die Mediationsverhandlung notwendigen fehlenden persönlichen Kontakts erscheint eine Streitschlichtung für häufig wiederkehrende Verbraucherstreitigkeiten die effizientere Lösung zu sein. Im Hinblick auf die von beiden Seiten gewünschten kurzen, unkomplizierten Verfahren sollte eine Einigung nicht der freien Verhandlung der

---

[42] Loi n° 2001-420 du 15 mai 2001 relative aux nouvelles régulations économiques « Loi MURCEF », J.O. n° 113 du 16.5.2001, 7776.

[43] *Daigre*, JCP 2002, I 117, p. 433 (436).

[44] Kritisch auch *Daigre*, JCP 2002, I 117, p. 433 (436).

[45] *C. Duve*, IDR (BB-Beilage 7/2002), 6 (11).

[46] Kommission der Europäischen Gemeinschaften, Grünbuch über alternative Verfahren zur Streitbeilegung im Zivil- und Handelsrecht vom 19.4.2002, KOM (2002), 196 endg., Rn. 13.

[47] OECD, Leitlinien für den Verbraucherschutz im Zusammenhang mit dem elektronischen Geschäftsverkehr, Paris 2000, S. 14 f.; vgl. *Drexl*, RIDE 2002, 405 (417).

[48] OECD, Legal provisions related to business-to-consumer alternative dispute resolution in relation to privacy and consumer protection, 17.7.2002, DSTI/ICCP/REG/CP(2002)1/FINAL, p. 16.

Parteien überlassen, sondern durch den Mediator oder Schlichter nach kurzer Zeit ein Ergebnis formuliert und den Parteien angeboten werden. Das Ergebnis einer außergerichtlichen Streitbeilegung muss für beide Seiten bindend sein und gegebenenfalls auch gerichtlich durchgesetzt werden können; der Rechtsweg darf außerdem nicht durch das außergerichtliche Verfahren abgeschnitten werden. Die außergerichtliche Streitbeilegung muss nicht unbedingt im Internet stattfinden. Ein gewichtiges Argument für die Wahl dieses Mediums sind die für beide Seiten geringen Transaktionskosten[49] – nur so steht der Unternehmer besser als mit dem Verbrauchergerichtsstand. Andererseits fehlt hier der für Verhandlungen oft wichtige persönliche Kontakt.

---

[49] Vgl. *Cachard*, Marché électronique, 2002, n° 703.

§ 18 Gütesiegel für Internetangebote

Für den vertragsrechtlichen Verbraucherschutz im Sinne einer Bewahrung der Verbraucher vor nicht selbstbestimmten Vertragsabschlüssen ist eine Sensibilisierung der Verbraucher für Situationen notwendig, in denen ihnen keine umfassende Informationsgrundlage zur Verfügung steht; ihnen muss die Bedeutung bestimmter wesentlicher Informationen bekannt sein. Wenn der Verbraucher im Zweifel ist, kann er auf den Vertragsabschluss verzichten. Dieses Verständnis von Verbraucherschutz berücksichtigt nicht nur nicht die Anforderungen der Marktwirtschaft und auf gemeinschaftsrechtlicher Ebene die Entwicklung des Binnenmarktes, sondern steht auch den Interessen der Verbraucher selbst entgegen, die ja handeln wollen, um ihre Bedürfnisse zu befriedigen. Bis zu einem gewissen Grad ist die Reaktion der Verbraucher, mit bestimmten Anbietern keine Verträge abzuschließen, andererseits marktwirtschaftlich sinnvoll, weil die betroffenen Unternehmer so mit den Mitteln des Marktes, die die rechtlichen Mittel oft an Effektivität übertreffen, zur Berücksichtigung des Verbraucherschutzes angehalten werden können.

Der Verbraucher kann sich im Internet nicht selbst von der Zuverlässigkeit des Geschäftspartners überzeugen, weil kein persönlicher Kontakt zu diesem besteht[1], er keine Informationen über das bisherige geschäftliche Verhalten des Unternehmers hat und die Kosten für die Beschaffung der notwendigen Informationen wirtschaftlich nicht im Verhältnis zum Geschäftsvolumen stehen. Abhilfe kann die Bewertung vertrauensbildender Faktoren durch eine Stelle schaffen, der der Verbraucher vertraut[2]. Er muss einmal eine Vertrauensbewertung in Bezug auf diese Stelle vornehmen und sich hierfür die notwendigen Informationen beschaffen und diesen Prozess nicht für jeden Geschäftsvorgang mit verschiedenen Unternehmern wiederholen. Es findet eine Vertrauenskonzentration statt; der Verbraucher konzentriert sein Vertrauen auf die bewertende Stelle. Eine andere Möglichkeit besteht für den Verbraucher darin, in einem Forum die Erfahrungen früherer Kunden einzuholen. Für Ladengeschäfte in einem Ort geschieht dieser Erfahrungsaustausch durch Mundpropaganda. Im Internet können Foren eingerichtet werden, in denen Kunden ihre Erfahrungen veröffentlichen und die Erfahrungen anderer Kunden abrufen können. Das System ist anders als bei der Zuhilfenahme einer bewertenden Stelle. Zum einzelnen Verbraucher, der seine Erfahrungen mit einem Unternehmer veröffentlicht, hat der Verbraucher kein besonderes Vertrauensverhältnis. Dieses Vertrauensdefizit der einzelnen bewertenden Person wird durch die große Anzahl der Einzelbeurteilungen kompensiert. Auch wenn einzelne Beurteilungen unrichtig oder nicht vertrauenswürdig

---

[1] *Hoeren*, NJW 1998, 2849 (2853 f.).

[2] Vgl. *Gautrais*, CCC, août-septembre 2001, 4 (4).

sind, so kann dies nicht für die Mehrzahl der Beurteilungen angenommen werden. Dieser Vorgang kann als Vertrauensstreuung bezeichnet werden. Der Verbraucher streut das Risiko der falschen Vertrauensbewertung der Personen, die einen Unternehmer bewerten, dadurch, dass er auf viele bewertende Personen zurückgreift. Bei diesem Verfahren besteht die Gefahr der missbräuchlichen Verfälschung durch leicht herzustellende fiktive Verbrauchereinträge.

Der Rückgriff auf Stellen, die die Beurteilung von Anbietern übernehmen, hat für den Verbraucher den Vorteil, dass die Bewertung von Personen vorgenommen wird, die anhand eines standardisierten Kataloges für alle Unternehmer gleich vorgehen, bei denen außerhalb des Sachzusammenhanges stehende Faktoren unberücksichtigt bleiben und die über gewisse Fachkenntnisse bei der Untersuchung einzelner Gesichtspunkte verfügen. Sowohl in Deutschland als auch in Frankreich gibt es verschiedene Anbieter von Gütesiegeln für Internetangebote, die sich mehr oder weniger auf die Gesamtheit der hier diskutierten Aspekte der Geschäftsbeziehung von der Information vor Vertragsschluss bis zum Datenschutz erstrecken[3]. Der Dachverband der europäischen Verbraucherorganisationen, *Bureau Européen des Unions de Consommateurs* (BEUC), hat einen Kriterienkatalog als Vorschlag für Anbieter von Gütesiegeln veröffentlicht, der die Bereiche Sprache, Werbung, Kinderschutz, vorvertragliche Information, Vertragsschluss, Zahlung, Zahlungssicherheit, Datenschutz und Beschwerde- und Streitschlichtungssysteme umfasst[4]. Das Modell sieht die Zertifizierung des Gütesiegels durch eine unabhängige dritte Stelle vor als Voraussetzung, dass die BEUC die beteiligten Gütesiegel auf ihrer Internetseite veröffentlicht. Die Gütesiegel haben so die Möglichkeit, ihre Bekanntheit in Europa zu steigern und gleichzeitig ein zusätzliches Vertrauensmoment durch die Anerkennung der BEUC zu erhalten.

Die Anbieter von Bewertungen können nach zwei Kriterien eingeteilt werden. Zum einen nach dem Inhalt der Bewertung, und zum anderen nach dem Status, den die Stelle hat. Hier empfiehlt sich die gleiche Einteilung wie für die Anbieter alternativer Streitbeilegungsverfahren, nämlich in staatliche Stellen, Verbraucherverbände, Unternehmensverbände und kommerzielle Anbieter. Der

---

[3] Eine Auswahl: das Euro Handelsinstitut e.V. und der Deutsche Direktmarketingverband (DDV) vergeben des Siegel „Geprüfter Online-Shop“, http://www.shopinfo.net, siehe auch *Vander*, K&R 2003, 339 (341); In Frankreich gibt es die Siegel „Trustinfo“, http://www.trustinfo.org, „Web Trust“, http://www.webtrust.fr, und „L@belsite“, http://www.labelsite.org.

[4] Bureau Européen des Unions de Consommateurs (BEUC), Union of Industrial and Employers' Confederations (UNICE), e-Confidence project, http://www2.europarl.eu.int/registre/docs_autres_institutions/commisson_europeenne/sec/2004/1390/COM_SEC(2004)1390(PAR1)_EN.pdf.

Inhalt der Bewertung kann die Einhaltung der Verbraucherschutzbestimmungen, insbesondere die Richtigkeit der übermittelten Informationen, die Lauterkeit, die Einhaltung datenschutzrechtlicher Bestimmungen bzw. die tatsächliche Gewährleistung eines darüber hinausgehenden Datenschutzniveaus oder der Schutz durch technische Maßnahmen wie elektronische Signaturen oder Verschlüsselungssysteme sein.

Entscheidend sind auch hier die tatsächliche Qualität der Bewertung (Bewertung der Bewerter) und das Vertrauen des Verbrauchers in die bewertende Organisation. Gütesiegel im Datenschutzbereich sind in Deutschland überwiegend öffentlich ausgestaltet[5]. Die Landes-Datenschutzbehörde beauftragt Sachverständige zur Bewertung der Unternehmen und vergibt dann selbst das Gütesiegel[6]. Auch für Gütesiegel, die von privaten Anbietern für die Bewertung von Internetangeboten vergeben werden, empfiehlt sich die Möglichkeit eines staatlichen Gütesiegels für die Zertifizierungsdienste[7], um den Verbrauchern einen Hinweis auf einen qualitativen Mindeststandard der Bewertung bei der Auswahl eines von vielen angebotenen Gütesiegeln an die Hand zu geben.

Wie bei Streitschlichtungsangeboten und Selbstverpflichtungen ist auch in diesem Bereich der Selbstregulierung das Vertrauen der Partei, die nicht an der Ausarbeitung des Angebots beteiligt war, nur durch die Wahrung einer gewissen Neutralität und Objektivität des Anbieters zu gewährleisten. Auch wenn Marktregulierung und staatliche Eingriffe zueinander in Widerspruch stehen, darf in diesem Bereich der vertrauenssteigernde Faktor einer staatlichen Zertifizierung nicht außer Acht gelassen werden. Der Staat könnte als Dienstleistung das ihm von der Bevölkerung entgegengebrachte Vertrauen an die Anbieter von Gütesiegel durch eine freiwillige Zertifizierung, auch außerhalb der Bereiche des Datenschutz- und Signaturrechts, die ohnehin staatlicher Regulierung unterliegen, weitergeben. Der Verbraucher hätte so Anhaltspunkte für die Auswahl der Gütesiegel, derer er sich bei der Bewertung von Internetangeboten bedienen will. Bei einer großen Zahl von Anbietern stellt sich nämlich das Problem der ungenügenden Informationen, um eine Auswahl zwischen Anbietern zu treffen, nicht nur auf der Ebene der Waren- und Dienstleistungsanbieter, sondern auch auf der darüber liegenden der Gütesiegelanbieter[8], so dass der Verbraucher bei einer zu großen Zahl von Anbietern im Ergebnis schlechter gestellt sein kann als bei einer unmittelbaren Auswahl des Waren- oder Dienstleistungsanbieters.

---

[5] Es gibt jedoch auch Selbstregulierungsmaßnahmen, *Berghoff*, RDV 2002, 78 (78 f.).
[6] Am Beispiel Schleswig-Holsteins *Bäumler*, CR 2001, 795 (797 f.); *ders.*, DuD 2002, 325 (328); vgl. *Boehme-Neßler*, K&R 2002, 217 (223 f.).
[7] Vgl. *Gautrais*, CCC, août-septembre 2001, 4 (6).
[8] Ebenso *Dahm*, DuD 2002, 412 (413).

Ergebnis zu Teil 5

Die Untersuchungen dieser Arbeit haben drei Bereiche ergeben, in denen besonderer Handlungsbedarf besteht. Dabei bestehen Defizite nicht im Verbrauchervertragsrecht – die wirtschaftliche Selbstbestimmung ist auch im Internet hinreichend gewährleistet –, sondern bei der Verwirklichung rechtspolitischer Ziele.

So könnte das europäische Vertragsrecht die binnenmarktbeschränkenden Auswirkungen unterschiedlicher nationaler Gesetzgebungen beseitigen. Die Ersetzung der nationalen Vertragsrechte ist weder notwendig noch politisch durchsetzbar. Eine Möglichkeit ist aber die Schaffung eines vertragsrechtlichen Kodex, der im Wege der Rechtswahl von den Vertragsparteien genutzt werden könnte. Seine Qualität müsste sich so am Markt bewähren. Das internationale Privatrecht müsste dahingehend geändert werden, dass die Wahl eines nicht staatlichen Rechts möglich wird. Art. 5 Abs. 2 EVÜ dürfte in diesem Fall nicht anwendbar sein; die europäischen Verbraucherschutzstandards müssten im europäischen Vertragsrechtskodex berücksichtigt werden.

Sowohl dem individuellen Verbraucherschutz als auch dem Binnenmarkt dient die Förderung alternativer Streitbeilegungsverfahren zur Verringerung der Rechtsdurchsetzungskosten für den Verbraucher und zur Vermeidung des Verbrauchergerichtsstandes für den Unternehmer. Online-Streitbeilegungsverfahren scheinen insbesondere bei grenzüberschreitenden Streitigkeiten die kostengünstigste Alternative zu sein. Problematisch ist jedoch beim verhandlungsbasierten Verfahren der Mediation der fehlende persönliche Kontakt zwischen den Streitparteien. Typische Verbraucherstreitigkeiten lassen sich in wiederkehrende Fallgruppen einteilen. Schematische Entscheidungen eines Schlichters sind die geeignetere Lösung, eine schnelle, bindende Entscheidung herbeizuführen, ohne dem Verbraucher jedoch den Rechtsweg abzuschneiden. Eine den Kunden zufrieden stellende Lösung, die nicht unbedingt bedeutet, dass er Recht bekommt, sondern dass ein faires Verfahren stattgefunden hat, liegt durchaus auch im Interesse des Unternehmers.

Gütesiegel für Internetangebote dienen der Stärkung der individuellen Verbraucherinteressen, weil sie dem Verbraucher die Vertrauensbewertung, die dieser bei einem Unternehmer vornimmt, abnehmen. Um keine neuen tatsächlichen Grenzen im Binnenmarkt aufzubauen, sollten Gütesiegel europaweite Gültigkeit und einheitliche Prüfkriterien haben. Diese sollten, um sich auf das staatlichen Institutionen entgegengebrachte Vertrauen stützen zu können, von offizieller Stelle vergeben oder dort zumindest akkreditiert sein. Wichtig ist die Begrenzung der Zahl der Gütesiegel-Anbieter, um zum einen einen ausreichenden Bekanntheitsgrad zu gewährleisten und zum anderen keine neue Unübersichtlichkeit und Verunsicherung der Verbraucher herbeizuführen.

Gesamtergebnis

Gegenstand der Untersuchung war der Verbraucherschutz im Internet. Dabei sollte die Frage nach der Höhe des Schutzniveaus unter Berücksichtigung der hinter dem Verbraucherschutz stehenden rechtspolitischen Überlegungen beantwortet werden. Der privatrechtliche Maßstab für die Notwendigkeit verbraucherschützender Bestimmungen ist die wirtschaftliche Selbstbestimmung. Sie ist sowohl in Frankreich als auch in Deutschland in allen Stadien der Unternehmer-Verbraucher-Beziehung hinreichend gewährleistet, was zu einem großen Teil der Verdienst des europäischen Gesetzgebers ist. Über das Privatrecht hinaus müssen dem Verbraucher aber auch geeignete Rechtsdurchsetzungsmöglichkeiten zur Verfügung stehen, um seine Rechte wahrnehmen zu können. Unterstützt wird dieses Ziel des effektiven Verbraucherschutzes etwa durch die fernabsatzrechtlichen nachvertraglichen Informationspflichten. Die hohen Verfahrenskosten stellen ein Problem dar, dem mit dem Ausbau alternativer Streitbeilegungsverfahren, die schnell und effizient Entscheidungen hervorbringen, begegnet werden kann. Wenn die rechtliche Situation den Verbrauchern wenig Anlass bieten dürfte, nicht am elektronischen Geschäftsverkehr teilzunehmen, so ist das fehlende Vertrauen der Verbraucher ein Hindernis, dass beseitigt werden sollte. Es geht um die Schaffung von Strukturen, die die Vertrauensbildung des Verbrauchers gegenüber einzelnen Anbietern und dem elektronischen Geschäftsverkehr insgesamt unterstützen. Die oft fehlende Kenntnis des nur virtuell auftretenden Unternehmers kann durch die Orientierung an Gütesiegeln ersetzt werden. Diese müssen von einer Stelle vergeben werden, der die Verbraucher soviel Vertrauen entgegenbringen, dass sie eine umfassende individuelle Prüfung nicht für notwendig erachten. Möglicherweise wird sich die Zurückhaltung im Laufe der Zeit auch durch zunehmende Übung beim Interneteinkauf verringern, wenn sich die Kunden im Internet genauso „sicher" bewegen, wie in einem Ladengeschäft.

Der Verbraucher ist nur eine Seite der Geschäftsbeziehung; der Unternehmer auf der anderen Seite kann indes nicht außer Betracht bleiben, um die verbraucherschützenden Maßnahmen in ein Gesamtsystem einzuordnen. Für den innergemeinschaftlichen elektronischen Geschäftsverkehr ist dies der Binnenmarkt. Seine ideale Verwirklichung würde den Abbau aller rechtlichen und tatsächlichen Grenzen zwischen den Mitgliedstaaten verlangen. Die vollständige Vereinheitlichung des Rechts ist jedoch gar nicht notwendig, wenn durch eine Harmonisierung die Regelungen inhaltlich angeglichen werden und darüber hinaus durch kollisionsrechtliche Bestimmungen eine für beide Vertragsteile interessengerechte Bestimmung des anwendbaren Rechts ermöglicht. Die rechtliche Schwierigkeit, die sich für Unternehmer aus dem Verbrauchergerichtsstand ergibt – ob hiermit tatsächlich eine Zurückhaltung im grenzüberschreitenden elektronischen Geschäftsverkehr einhergeht, wäre näher zu untersuchen – könnte durch die Einführung der Rechtswahlfreiheit zwar beseitigt werden. Dies hätte jedoch einen Systembruch mit dem Recht der internationalen gerichtlichen Zuständigkeit zur Folge. Ein frei wählbarer europäischer Vertragsrechtskodex neben den nationalen Rechtsordnungen wäre ein zusätzliches Angebot an die Verbraucher und Unternehmer, mit dem Binnengrenzen für einzelne Geschäfte abgebaut werden könnten.

Zusammenfassung der Ergebnisse

1. Als Begründung für die Notwendigkeit privatrechtlicher Verbraucherschutzinstrumentarien ist die Theorie der wirtschaftlichen Selbstbestimmung besser geeignet als ein personenbezogener Verbraucherschutzansatz. Die Annahme der generellen Unterlegenheit des Verbrauchers gegenüber dem Unternehmer wird der Wirklichkeit nicht gerecht.

2. Die rein privatrechtliche Bewertung des Verbraucherschutzniveaus anhand des Maßstabs der wirtschaftlichen Selbstbestimmung deckt nur einen Teil der Faktoren ab, die aus Sicht der einzelnen Verbraucher für die Teilnahme am elektronischen Geschäftsverkehr eine Rolle spielen. Hierzu gehört einerseits die effektive Verwirklichung des Verbraucherschutzes durch geeignete Sanktionen der gesetzlichen Bestimmungen und dem Zugang der Verbraucher zum Recht über angemessene Streitbeilegungsmechanismen. Das Vertrauen der Verbraucher als Grundlage jeder Geschäftstätigkeit ist daneben von weiteren Faktoren abhängig, die sich zum Teil konkret fassen lassen, wie die Sorge des Datenschutzes, und zum Teil in einem diffusen Unsicherheitsgefühl begründet sind. Sowohl die Effektivität des Verbraucherschutzes als auch das Verbrauchervertrauen ergeben sich nicht privatrechtsimmanent, sondern aus außerrechtlichen Faktoren. Sie werden deshalb als verbraucherpolitische Ziele bezeichnet.

3. Von der theoretischen Grundlage des Verbraucherschutzes unabhängig ist die Frage nach dem Standort der verbraucherschützenden Bestimmungen innerhalb des Zivilrechts. Frankreich und Deutschland sind hier unterschiedliche Wege gegangen. In Frankreich ist das Verbraucherprivatrecht und für Verbrauchergeschäfte wichtige Artikel des Code civil in einem eigenständigen Verbrauchergesetzbuch, dem Code de la consommation, zusammengestellt. In Deutschland wurden die Bestimmungen des Verbrauchervertragsrechts, nachdem sie lange in Nebengesetzen ein Randdasein gefristet haben, im Zuge der Schuldrechtsreform ins Bürgerliche Gesetzbuch eingegliedert. Das kann zu Rückschlüssen auf das theoretische Grundverständnis verleiten: Ein personenbezogener Ansatz spiegelt sich in einer dem Handelsrecht ähnlichen Selbständigkeit und Ausgliederung wieder, ein situationsbezogener, bei dem die Verbrauchereigenschaft eigentlich eine Voraussetzung des sachlichen Anwendungsbereichs ist und das Verbraucherrecht als Teil des allgemeinen Zivilrechts verstanden wird, in der Regelung innerhalb des Zivilgesetzbuches. Diese Schlussfolgerung ist jedoch nicht zwingend. Die Wahl des Standortes für das Verbraucherrecht hängt auch mit dem Zugang der Verbraucher zum materiellen Recht zusammen. In Frankreich war der leichte Zugang der Verbraucher zu allen für sie relevanten Bestimmungen ein maßgeblicher Grund für die Schaffung des Code de la consommation.

4. Unterschiede in der Reichweite des lauterkeitsrechtlichen Schutzes ergaben sich durch die unterschiedlichen Verbraucherbilder. Das französische Verbraucherbild entspricht dem europäischen, auf das sich heute auch die deutsche Rechtsprechung bezieht. Gerade für das Internet, das nur von einem bestimmten Teil der Verbraucher genutzt wird, könnte über eine Anpassung des Verbraucherbildes nachgedacht werden. Für eine nur an die Internetnutzung anknüpfende Verschiebung ist allerdings die Bandbreite der unterschiedlichen Angebote zu groß, so dass es wie bisher bei einer Berücksichtigung der Umstände des Einzelfalls für die Anpassung des Verbraucherbildes bleiben muss.

5. Unverlangt zugesendete E-Mail-Werbung berührt nicht nur die Frage ihrer werberechtlichen Zulässigkeit, sondern auch die der datenschutzrechtlichen Zulässigkeit der Sammlung der verwendeten E-Mail-Adressen. Für die werberechtliche Zulässigkeit verwendeten Frankreich und Deutschland in der Vergangenheit unterschiedliche Ansätze. Der deutsche Gesetzgeber hält an seiner strengen Opt-In-Regelung fest. In Frankreich sollte der Schutz der Werbeadressaten nach dem Entwurf für eine loi sur la société de l'information durch einen gesetzlichen Rahmen für die Opt-Out-Möglichkeit verbessert werden. Der französische Gesetzgeber verließ sich hierbei nicht auf Selbstverwaltung der Verbraucher- oder Unternehmerverbände, sondern trug der Notwendigkeit einer wirksamen Regulierung durch eine staatliche Stelle Rechnung. Die am 21. Juni 2004 verabschiedete loi pour la confiance dans l'économie numérique übernimmt diesen Ansatz nicht, sondern berücksichtigt die Vorgaben der Datenschutzrichtlinie für elektronische Kommunikation, indem sie in Anlehnung an ihren Wortlaut eine vorherige Einwilligung der Werbeadressaten verlangt., Weil die Rechtsprechungspraxis nicht den Anforderungen an die Umsetzung einer Richtlinie genügt, bestand für den deutschen Gesetzgeber ebenfalls Umsetzungsbedarf, dem mit § 7 UWG entsprochen wurde. Dabei macht die Datenschutzrichtlinie für elektronische Kommunikation Regelungen für ein Opt-Out nicht entbehrlich, weil der Anwendungsbereich der Fernabsatzrichtlinie und der neuen Richtlinie über Finanzdienstleistungen im Fernabsatz nicht vollständig von den entsprechenden Bestimmungen der Datenschutzrichtlinie überlagert wird.

6. Eine Besonderheit des französischen Rechts ist die loi Toubon, mit der die Verwendung der französischen Sprache nicht nur zum Verbraucherschutz für Werbung und andere kommerzielle Kommunikation, sondern auch zum Erhalt der französischen Sprache vorgeschrieben wird. Die Vereinbarkeit dieser Regelung mit der Warenverkehrsfreiheit ist indes fraglich und muss wohl verneint werden. In der Praxis wird die Behinderung fremdsprachiger Anbieter im Internet dadurch abgemildert, dass das Gesetz dann nicht gilt, wenn das Angebot vollständig in einer fremden Sprache abgefasst ist.

7. Die Gewährleistung der Informationsgrundlage des Verbrauchers, die bei der Werbung schon durch das Irreführungsverbot als negativer Informationspflicht nachgekommen wird, setzt sich im individuellen vorvertraglichen Verhältnis zwischen Verbraucher und Unternehmer durch die vorvertraglichen Informationspflichten fort. Die französische und die deutsche Rechtslage unterscheiden sich hier weder im Umfang noch in der Art und Weise der Informationsgewährung in einem Maße, dass ein einem der beiden Länder ein besseres Verbraucherschutzniveau etablieren würde.

8. Die Grundprinzipien des Vertragsschlusses gelten in beiden Ländern; unterschiedlich wird die Frage nach der Notwendigkeit des Zugangs für die Wirksamkeit einer Willenserklärung beantwortet. Das hat Auswirkungen auf die rechtliche Beurteilung des elektronischen Vertragsschlusses. Die in Deutschland ausführlich geführte Diskussion des Zugangszeitpunkts elektronischer Erklärungen auf Internetseiten und insbesondere per E-Mail gibt es im französischen Recht nicht. Die besondern Anforderungen an den Abschluss elektronischer Verträge, insbesondere die Möglichkeit für den Kunden, Eingabefehler vor Abgabe der Bestellung zu korrigieren und die Verpflichtung des Anbieters, dem Kunden den Eingang der Bestellung zu bestätigen, sind in Deutschland in § 312e BGB umgesetzt. Die in dieser Vorschrift enthaltene Zugangsdefinition beeinflusst nicht den für die Wirksamkeit von Willenserklärungen notwendigen Zugang, sondern stellt eine autonome Bestimmung der Zeitpunkte für den Beginn der in § 312e BGB enthaltenen Fristen dar. Durch die Verwendung eines anderen Begriffs hätten hier Unklarheiten vermieden werden können. Der französische Gesetzgeber orientiert sich mit der loi pour la confiance dans l'économie numérique eng an der Richtlinie. Der Wortlaut macht dabei allerdings ausdrücklich deutlich, dass nach französischem Verständnis die Bestellung des Kunden bereits die Annahme des Vertrages darstellt. Der vorhergehende Gesetzesvorschlag für die loi sur la société de l'information wollte die Anforderungen der Korrekturmöglichkeit und der Bestätigung der Bestellung gemeinsam erfüllen, was zu einer Verkomplizierung des Vertragsschlusses und zu einer nicht richtlinienkonformen Umsetzung geführt hätte. Für missbräuchliche Klauseln gelten im Internet die hergebrachten Grundsätze. Eine internetspezifische Einbeziehungsdiskussion hat in der französischen Literatur nicht stattgefunden, weil die Einbeziehung zum einen einzelfallorientiert von der Rechtsprechung beurteilt wird und die Einbeziehung zum anderen nicht anhand besonderer Voraussetzungen, sondern mit den allgemeinen Vertragsschlussregeln gemessen wird.

9. Die Formfreiheit für Verträge ist in bestimmten Fällen aufgegeben. Die Ermöglichung der Abgabe formgebundener Erklärungen im Internet ist durch die in beiden Ländern erfolgte Anpassung der Formvorschriften erfolgt. Damit sind

sowohl der französische als auch der deutsche Gesetzgeber über Art. 9 EC-RL hinausgegangen, weil die Gleichstellung der elektronischen Form unabhängig davon gilt, ob der Vertrag auf elektronischem Wege zustande gekommen ist. Die praktische Durchsetzung der elektronischen Signatur scheitert bislang an der noch nicht hinreichend entwickelten technischen Infrastruktur und dem Anwendungsbewusstsein in der Bevölkerung. Die französische beweisrechtliche Form beeinflusst die Wirksamkeit von Erklärungen nicht. Sie ist gerade im Internet ein angemessenes Mittel, um die hier aktuellen Beweisschwierigkeiten zu beseitigen, ohne in die formale Vertragsfreiheit einzugreifen.

10. Die verbraucherschützenden Widerrufsrechte, von denen das fernabsatzrechtliche im Internet Anwendung findet, sind in Deutschland und Frankreich ähnlich konzipiert, in Deutschland jedoch gesetzlich – insbesondere die Rückabwicklung nach Ausübung – detaillierter geregelt. Die unterschiedlichen Widerrufsfristen – in Frankreich sieben Tage, in Deutschland zwei Wochen – führen nicht zu einem besseren Schutz der Verbraucher in Deutschland, weil die wirtschaftliche Selbstbestimmung bereits durch das siebentägige Rückgaberecht wieder hergestellt ist.

11. Um den Risiken der Vorausleistung beider Vertragsparteien zu begegnen, bieten sich Online-Zahlungsverfahren an. Die entscheidenden Faktoren für ihre Eignung als Zahlungsmittel sind die Sicherheit der Übertragung der Zahlungsdaten und die Verbindlichkeit der Zahlungsanweisung. Besonders für kleine Geldbeträge, die typisch für Verbrauchergeschäfte im Internet sind, eignen sich die neuen Verfahren, die mit elektronischem Geld arbeiten und die Vorteile der Handhabung von Bargeld mit dem Erfordernis des immateriellen Austauschs verbinden. Sowohl in Frankreich als auch in Deutschland gibt es verschiedene Anbieter, wobei die breite Durchsetzung wie bei den elektronischen Signaturverfahren noch an der unzureichenden Verbreitung und der fehlenden Verankerung dieser Möglichkeiten im Bewusstsein der Bevölkerung scheitert.

12. Für den Schutz der informationellen Selbstbestimmung hat das Recht zwei Ansatzpunkte. Mit dem Datenschutzrecht wird die Zulässigkeit der Erhebung, Speicherung, Verarbeitung und Weitergabe personenbezogener Daten geregelt. Rechtliche Rahmenbedingungen für technische Schutzmaßnahmen helfen den Betroffenen, sich selbst vor ungewollten Datenerhebungen zu schützen. Hierher gehört neben den Regelungen für elektronische Signaturen das Verschlüsselungsrecht. Anders als in Deutschland ist die Verwendung von Verschlüsselungsprogrammen in Frankreich nur eingeschränkt möglich. Das ist unter dem Blickwinkel des Datenschutzes nur dann bedenkenfrei, wenn ausreichend sichere Verfahren frei zugänglich zur Verfügung stehen. Mit der loi pour la confiance dans l'économie numérique werden die Beschränkungen zwar verringert, dies

gilt jedoch im Wesentlichen nur für Verfahren zur elektronischen Signatur und nicht für die zum Datenschutz entscheidenden Verfahren, die Dritten die Lesbarkeit von Dokumenten verwehren. Eine andere Möglichkeit, die unbewusste Preisgabe von Daten zu vermeiden, ist die Vermeidung der Verwendung des eigenen Namens im Internet. Ein Recht auf Anonymität, wie es teilweise gefordert wird, kann es hingegen nicht geben, weil in vertragsrechtlichen Beziehungen jeder Vertragspartner das Recht hat, Informationen über die Identität des anderen zu verlangen. Außerhalb des Vertragsrechts besteht die Möglichkeit, pseudonymisiert aufzutreten, so dass zwar eine Wiedererkennung, aber keine Identifizierung möglich ist. Die europäischen Datenschutzrichtlinien sind in Frankreich mit der Datenschutznovelle vom 6. August 2004 umgesetzt worden. Die Rechte der Betroffenen entsprechen weitgehend den gemeinschaftsrechtlichen Vorgaben. Im deutschen, dreistufigen Datenschutzrecht, bestehend aus BDSG, TDDSG und TKG ist das europäische Recht bereits umgesetzt. Aus Sicht der informationellen Selbstbestimmung unbefriedigend sind gesetzliche Erlaubnistatbestände, wie etwa für die Verwendung von Daten zu Marketingzwecken. Das Datenschutzrecht gewinnt zunehmend Bedeutung zwischen Privatpersonen. Hier wäre eine an das Vertragsrecht angelehnte Gesetzgebung interessengerechter als ein öffentlich-rechtliches Verbot mit Erlaubnisvorbehalt.

13. Das EVÜ bietet eine gemeinschaftsweit einheitliche Lösung der Bestimmung des anwendbaren Rechts. Verbrauchern, die nicht aktiv auf einen Anbieter in einem anderen Staat zugehen, bleibt das ihnen bekannte Recht ihres Heimatstaates erhalten. Bei der Anwendung des Art. 5 EVÜ auf Internet-Sachverhalte, stellen sich die Probleme der Bestimmung der Ausrichtung einer weltweit abrufbaren Internetseite und der Lokalisation von im Internet vorgenommenen Handlungen. Die Ansicht, der Anbieter müsse sich die Abrufbarkeit in jedem Land zurechnen lassen, geht zu weit. Es ist vielmehr darauf abzustellen, wie ein Nutzer redlicherweise die Ausrichtung des Internetangebotes unter Berücksichtigung verschiedener Faktoren wie Sprache des Angebots oder inhaltliche Hinweise der Ausrichtung auf bestimmte Staaten verstehen darf. Unabhängig von der Anwendbarkeit des Verbrauchergerichtsstandes im EVÜ garantieren die kollisionsrechtlichen Bestimmungen in den verbraucherprivatrechtlichen Richtlinien allen europäischen Verbrauchern den in den Richtlinien festgelegten Mindestschutzstandard. Für das Werberecht gilt im Internet nicht das Verbraucherland-, sondern das Herkunftslandprinzip, dass in der Richtlinie für den elektronischen Geschäftsverkehr festgelegt ist. Es überlagert die Marktortanknüpfung, die sowohl im deutschen als auch im französischen internationalen Lauterkeitsrecht verwendet wird und sich auch in der entsprechenden Bestimmung der geplanten Rom-II-Verordnung wieder findet. Das Herkunftslandprinzip ist in Frankreich und Deutschland umgesetzt. Für ausländische Diensteanbieter hat der deutsche Gesetzgeber ein Günstigkeitsprinzip normiert. In der französischen

loi pour la confiance dans l'économie numérique wird direkt auf das Recht des Herkunftslandes verwiesen, was den Diensteanbietern – und den Gerichten – die Nachvollziehbarkeit der Rechtsanwendung erleichtert.

14. Neben der grundsätzlichen Frage der Wirtschaftlichkeit von gerichtlichen Verbraucherstreitigkeiten, ergeben sich prozessuale Probleme bei der Frage nach der international zuständigen Gerichtsbarkeit, die gemeinschaftsweit einheitlich durch die EuGVVO geregelt sind. Die gegenüber dem EuGVÜ neue Lösung für Verbraucherverträge, die eine dem EVÜ entsprechende Regelung aufgibt und auf die Verknüpfung zwischen Unternehmeraktivität und Verbraucherhandeln verzichtet, ist auch unter Verbraucherschutzgesichtspunkten kritisch zu sehen, weil sie den Verbrauchergerichtsstand zu Lasten der Unternehmer in einer für den Verbraucherschutz nicht notwendigen Weise erweitert, ohne das beabsichtigte Ziel zu erreichen, eine einfachere Lösung für den elektronischen Geschäftsverkehr zu entwickeln.

15. Der individuelle Schutz der in einem Mitgliedstaat der EU beheimateten Verbraucher ist bei grenzüberschreitenden Geschäften durch das Kollisionsrecht hinreichend gewährleistet. Jeder Verbraucher genießt den Schutz, den die verbraucherprivatrechtlichen Richtlinien, die Richtlinie über vergleichende und irreführende Werbung und die Datenschutzrichtlinien gewährleisten. Für die privatrechtlichen Richtlinien ist dies auch bei der Wahl eines nicht mitgliedstaatlichen Rechts durch die richtlinienimmanenten Kollisionsnormen gewährleistet. Die EG-Datenschutzrichtlinie sieht ebenfalls ihre Anwendung vor, wenn der Datenverarbeiter keine Niederlassung in einem der Mitgliedstaaten hat. Bereits durch diese Regelungen ist das notwendige Schutzniveau gewährleistet – vorausgesetzt, die Rechtsdurchsetzung findet vor einem Gericht statt, das europäisches Kollisionsrecht anwendet. Darüber hinaus bestimmt das EVÜ, dass der passive Verbraucher den Schutz der eigenen Rechtsordnung nicht verliert.

16. Um die Entwicklung des Binnenmarktes nicht zu beeinträchtigen, muss das Kollisionsrecht so ausgestaltet sein, dass nicht nur die Interessen der Verbraucher, sondern auch die der Unternehmer berücksichtigt werden, um ihre Teilnahme am grenzüberschreitenden elektronischen Geschäftsverkehr nicht zu behindern. Das Herkunftslandprinzip ermöglicht es den Anbietern, ihr Angebot auf der Grundlage des Lauterkeits- und Datenschutzrechts ihres Heimatstaates zu konzipieren und damit Kunden in der gesamten EU ansprechen zu können. Probleme ergeben sich aus dem Verbraucherlandprinzip im EVÜ, nach dem ein Unternehmer, der mit Verbrauchern in allen Mitgliedstaaten elektronische Verträge abschließen möchte, für die vertragsrechtliche Gestaltung seiner Internetseite 25 nationale Rechtsordnungen berücksichtigen muss. Trotz der Harmonisierung in diesem Bereich ist bereits eine gemeinsame Erfüllung der deutschen

und der französischen Vorgaben nur eingeschränkt möglich und wird mit der Einbeziehung weiterer Rechtsordnungen zunehmend schwieriger. Problematisch sind nicht die Informationspflichten oder das Widerrufsrecht, sondern der elektronische Vertragsschluss. Eine Lösung wäre die Aufgabe des Verbraucherlandprinzips zugunsten einer eingeschränkten Rechtswahlfreiheit auch im Verbrauchervertragsrecht. Um den gemeinschaftsrechtlichen Schutzstandard nicht zu verlieren, müsste die Rechtswahlfreiheit auf mitgliedstaatliche Rechtsordnungen und auf die bereits harmonisierten Bereiche des Verbrauchervertragsrechts beschränkt sein. Dies wäre zwar zunächst aus der Sichtweise des individuellen Verbraucherschutzes möglich, würde aber zu negativen Auswirkungen bei der Rechtsdurchsetzung führen. Der Verbrauchergerichtsstand kann nicht aufgegeben werden, ohne dem Verbraucher die gerichtliche Durchsetzung seiner Ansprüche unzumutbar zu erschweren. Die Konsequenz des Auseinanderfallens der Zuständigkeits- und der Kollisionsregelung würde dazu führen, dass das Verbrauchervertragsrecht aller Mitgliedstaaten von den Gerichten aller anderen Mitgliedstaaten angewendet werden müsste. Die Folge wäre eine Zersplitterung der Rechtsanwendung, die zu Rechtsunsicherheit führen würde. Dem Binnenmarkt würde dies mehr schaden als nützen. Bei allen Überlegungen ist zu beachten, dass die tatsächliche Behinderung des Binnenmarktes durch die gegenwärtige Rechtslage wahrscheinlich viel geringer ist als die Beeinträchtigung der theoretischen Konzeption des Binnenmarkts.

17. Eine Angleichung des europäischen Vertragsrechts könnte den Unternehmern die vertragsrechtliche Gestaltung grenzüberschreitender Internetangebote erleichtern. Von den in der Mitteilung der Kommission zum Europäischen Vertragsrecht vorgestellten Möglichkeiten der Angleichung oder Vereinheitlichung ist nur die Schaffung einer europäischen Vertragsrechtskodifikation geeignet, dieses Ziel zu erreichten. Die Ersetzung der nationalen Rechtsordnungen ist nicht notwendig und mit guten Gründen auch nicht politisch durchsetzbar, zumal der Gemeinschaft gegenwärtig die Rechtsetzungskompetenz für das Vorhaben fehlt. Das Angebot eines europäischen Vertragsrechts als neben den mitgliedstaatlichen Rechtsordnungen stehendes wählbares Recht vermag hingegen eine Möglichkeit sein, den Binnenmarkt in absehbarer Zeit zu fördern. Die Kodifikation müsste die europäischen Verbraucherschutzstandards berücksichtigen, so dass bei der Wahl des Europäischen Vertragsrechts die Anwendbarkeit des Art. 5 EVÜ ausgeschlossen werden könnte. Um eine einheitliche Auslegung zu gewährleisten, müsste trotz der dadurch entstehenden Mehrbelastung eine Zuständigkeit europäischer Gerichtsbarkeit begründet werden.

18. Die gerichtliche Durchsetzung von Verbraucherstreitigkeiten ist typischerweise wirtschaftlich nicht vernünftig, weil die Kosten den Wert der vom Verbraucher erworbenen Leistung übersteigen. Hinzu kommt als weiterer Nach-

teil die lange Verfahrensdauer, die dem oft kurzen Lebenszyklus von Verbrauchsgütern nicht entspricht. Für Unternehmer ist die gerichtliche Beilegung von Streitigkeiten mit Verbrauchern aus den gleichen Gründen nicht interessengerecht, obwohl die Kosten hier eher in eine Gesamtkalkulation mit einbezogen werden können. Der Verbrauchergerichtsstand der EuGVVO ist ein zusätzliches Argument für Unternehmer, nach alternativen Streitbeilegungsverfahren zu suchen. In Betracht kommt zum einen die Mediation, bei der die Verhandlung zwischen den Konfliktparteien von einem Mediator moderiert wird, ohne selbst eine Entscheidung zu treffen und zum anderen die Streitschlichtung, bei der der Schlichter den Streit entscheidet. Für alltägliche Verbraucherstreitigkeiten, die schnell beigelegt werden sollen, hat die Schlichtung der Vorzug, dass sie schnell standardisierte Entscheidungen treffen kann und sich auch für eine Online-Streitbeilegung eignet. Die verhandlungsbasierte Mediation begegnet hier der Schwierigkeit des fehlenden persönlichen Kontakts. Wichtig ist die Unabhängigkeit der streitentscheidenden Stelle, um von beiden Seiten akzeptiert zu werden. Hierzu trägt auch bei, dass dem Verbraucher durch die Inanspruchnahme der außergerichtlichen Streitbeilegung die Möglichkeit der gerichtlichen Durchsetzung seiner Ansprüche nicht genommen sein darf.

19. Es sind weniger rechtliche Defizite, die den Verbraucher von der Teilnahme am elektronischen Geschäftsverkehr abhalten als vielmehr fehlendes Vertrauen. Trotz der vielfältigen Informationspflichten besteht Unsicherheit hinsichtlich der Redlichkeit des nur virtuell bekannten Vertragspartners. Die Vertrauensbewertung kann durch Gütesiegel für Internetangebote ersetzt werden, bei denen eine begutachtende Stelle die persönliche Vertrauensbewertung des Anbieters vornimmt und das positive Ergebnis ihrer Prüfung durch ein Gütesiegel dokumentiert und publiziert. Für die Akzeptanz des Gütesiegels durch die Verbraucher ist das Vertrauen ausschlaggebend, dass der bewertenden Organisation entgegengebracht wird. Staatliche Stellen bieten sich hierfür an; jedenfalls sollte eine Akkreditierung durch eine staatliche Stelle erfolgen. Um den Wert der einzelnen Gütesiegel nicht zu beeinträchtigen, sollte ihre Zahl begrenzt sein. In einem europäischen Binnenmarkt ist es zudem sinnvoll, gemeinschaftsweit einheitliche Prüfkriterien und Zeichen zu verwenden, um keine neuen Grenzen für den Binnenmarkt zu etablieren.

Literaturverzeichnis

Accademia dei Giusprivatisti Europei (Coordinateur G. Gandolfi), Code européen des contrats, Avant-projet, Livre premier, Mailand 2001.

Ackermann, Brunhilde, Die deutsche Umweltrechtsprechung auf dem Weg zum Leitbild des verständigen Verbrauchers?, WRP 1996, 502-522.

Ader, Basile, La loi de 1881 à l'épreuve d'Internet, Légipresse n° 142, juin 1997, 65-70.

Ahrens, Hans-Jürgen, Das Herkunftslandprinzip in der E-Commerce-Richtlinie, CR 2000, 835-841.

Alexander, Christian, Vertrag und unlauterer Wettbewerb, Eine Untersuchung der wechselseitigen Beziehungen von Vertragsrecht und Wettbewerbsrecht zueinander, Berlin 2002 (zitiert als: Alexander, Unlauterer Wettbewerb, 2002).

Amar, Jacques, Une cause perdue: La protection des personnes morales par le droit de la consommation ?, CCC, avril 2003, 7-10.

Andries, Marc, Développements récents en matière de monnaie électronique, Bull. Banque de France, décembre 1999, 87-93.

Andrieu, Eric, Internet et la protection des données personnelles, Légicom n° 21/22 (2000), 155-166.

Andrieu, Eric, Nouvelle régelmentation en matière de publicité comparative, Légipresse n° 186, novembre 2001, II 133-136.

Arndt, Hans-Wolfgang/Köhler, Markus, Elektronischer Handel nach der E-Commerce-Richtlinie, EWS 2001, 102-112.

Arnold, Dirk, Verbraucherschutz im Internet, Anforderungen an die Umsetzung der Fernabsatzrichtlinie, CR 1997, 526-532.

Artz, Markus, Aushöhlung des Widerrufsrechts des Verbrauchers durch § 357 BGB-E (zur Schuldrechtsreform, u. a. Däubler-Gmelin, NJW 2001, 2281), NJW 2001, Heft 36, XVIII.

Artz, Markus, Schuldrechtsmodernisierung 2001/2002 – Integration der Nebengesetze in das BGB, JuS 2002, 528-535.

Artz, Markus, Die Neuregelung des Widerrufsrechts bei Verbraucherverträgen, BKR 2002, 603-609.

Audit, Bernard, Droit international privé, 3e édition, Paris 2000 (zitiert als: Audit, Droit international privé, 2000).

Avena-Robardet, Valérie, MURCEF et autres : nouveautés dans les relations banque-client, D. 2002, 186-188.

von Bar, Christian/Lando, Ole/Swann, Stephen, Communication on European Contract Law: Joint Response of the Commission on European Contract Law and the Study Group on a European Civil Code, ERPL 2: 183-248, 2002.

Baresch, Denis/Sion, Claire, La directive européenne pour les signatures électroniques, Petites affiches, 21.2.2002, 21-26.

Basedow, Jürgen, Das BGB im künftigen europäischen Privatrecht: Der hybride Kodex, Systemsuche zwischen nationaler Kodifikation und Rechtsangleichung, AcP 200 (2000), 445-492.

Baumann, Denise, Droit de la consommation, Paris 1977 (zitiert als: Baumann, Droit de la consommation, 1977).

Baumbach, Adolf/Hefermehl, Wolfgang, Wettbewerbsrecht: Gesetz gegen den unlauteren Wettbewerb, Zugabeverordnung, Rabattgesetz und Nebengesetze, 22. Auflage, München 2001 (zitiert als: Baumbach/Hefermehl, Wettbewerbsrecht, 2001).

Baumbach, Adolf/Lauterbach, Wolfgang/Albers, Jan/Hartmann, Peter, Zivilprozessordnung, 60. Auflage, München 2002 (zitiert als: Bearbeiter, in: Baumbach/Lauterbach/Albers/Hartmann, 2002).

Bäumler, Helmut, Audits und Gütesiegel im Datenschutz, CR 2001, 795-800.

Bäumler, Helmut, Marktwirtschaftlicher Datenschutz, Audit und Gütesiegel à la Schleswig-Holstein, DuD 2002, 325-329.

Beater, Axel, Die stillen Wandlungen des Wettbewerbsrechts – Zugleich ein Beitrag zur Orient-Teppichmuster-Entscheidung des BGH, JZ 2000, 973-979.

Beater, Axel, Verbraucherschutz und Schutzzweckdenken im Wettbewerbsrecht, Tübingen 2000 (zitiert als: Beater, Verbraucherschutz, 2000).

Beauchard, Jean, Droit de la distribution et de la consommation, Paris 1996 (zitiert als: Beauchard, Droit de la distribution, 1996).

Becker, Michael, Verbrauchervertrag und Allgemeines Privatrecht, in: *Basedow, Jürgen/Drobnig, Ulrich/Ellger, Reinhard/Hopt, Klaus J./Kötz, Hein/Kulms, Rainer/Mestmäcker, Ernst-Joachim* (Hrsg.), Aufbruch nach Europa, 75 Jahre Max-Planck-Institut für Privatrecht, Tübingen 2001, S. 85-97 (zitiert als: Becker, in: FS MPI für Privatrecht, 2001).

Bender, Gunnar/Sommer, Christian, E-Commerce-Richtlinie: Auswirkungen auf den elektronischen Geschäftsverkehr in Deutschland, RIW 2000, 260-264.

Bensoussan, Alain, Le multimédia et le droit, 2e édition, Paris 1998 (zitiert als: Bensoussan, Multimédia, 1998).

Berger-Walliser, Gerlinde, Mißbräuchliche Klauseln in Verbraucherverträgen nach Inkrafttreten des Code de la consommation und Umsetzung der EG-Richtlinie 93/13 in Frankreich, RIW 1996, 459-463.

van den Bergh, Roger, Wer schützt den Verbraucher vor dem Brüsseler Verbraucherschutz? Zu den möglichen adversen Effekten der europäischen Richtlinien zum Schutze der Verbraucher, in: *Ott, Claus/Schäfer, Hans-Bernd* (Hrsg.), Effiziente Verhaltenssteuerung und Kooperation im Zivilrecht, Beiträge zum V. Travemünder Symposium zur ökonomischen Analyse des Rechts (27.-30. März 1996), Tübingen 1997, S. 77-102 (zitiert als: van den Bergh, in: Ott/H.-B. Schäfer [Hrsg.], Effiziente Verhaltenssteuerung, 1997).

Berghoff, Julia, Selbstregulierung im Marketing, RDV 2002, 78-80.

Bernardeau, Ludovic, Etiquetage et langue française : les enseignements de l'arrêt Casino, CCC, juillet 2001, 4-5.

Bernardeau, Ludovic, La directive communautaire 97/7 en matière de contrats à distance, Cah. dr. eur. 36 (2000), 117-140.

Bernardeau, Ludovic, La notion du consommateur en droit communautaire (à la suite de l'arrêt de la C.J.C.E. du 22 novembre 2001, Idealservice, aff. jointes C-541/99 et C-542/99), REDC 2001, 341-362.

Bernardeau, Ludovic, Le droit de rétractation du consommateur un pas de plus vers une doctrine d'ensemble, A propos de l'arrêt CJCE, 13 décembre 2001, Heininger, aff. C-481/99, JCP 2002, I 168, p. 1719-1724.

Graf von Bernstorff, Christoph, Ausgewählte Rechtsprobleme im Electronic Commerce, RIW 2000, 14-20.

Bertrand, André/Piette-Coudol, Thierry, Internet et le droit [Que sais-je? n° 3504], Paris 1999 (zitiert als: Bertrand/Piette-Coudol, Internet, 1999).

Bierekoven, Christiane, Der Vertragsabschluß via Internet im internationalen Wirtschaftsverkehr, Köln 2001 (zitiert als: Bierekoven, Vertragsabschluß, 2001).

Bihl, Luc, Vers un droit de la consommation, Gaz. Pal. 1974, 2e semestre, doctr. 754-772.

Bitterich, Klaus, Die analoge Anwendung des Art. 29a Abs. 1, 2 EGBGB auf Verbraucherschutzrichtlinien ohne kollisionsrechtlichen Rechtsetzungsauftrag – zugleich eine Besprechung von EuGH, v. 9.11.2000, Rs. C-381/98 (Ingmar GB Ltd./Eaton Leonhard Technologies Inc.), VuR 2002, 155-163.

Bizeul, Bruno, Le télé-achat et le droit des contrats, Paris 1998 (zitiert als: Bizeul, Télé-achat, 1998).

Blaise, Jean-Bernard, Droit des affaires. Commerçants, Concurrence, Distribution, Paris 1999 (zitiert als: Blaise, Droit des affaires, 1999).

Blaise, Jean-Bernard, Droit des affaires, Commerçants, Concurrence, Distribution, 2e édition, Paris 2000 (zitiert als: Blaise, Droit des affaires, 2000).

Blanchot, Alain, La protection accordé par la loi sur la sécurité quotidienne en cas d'utilisation frauduleuse d'une carte bancaire, Gaz. Pal., 23.1.2002, 4-8.

Blaurock, Uwe, Verbraucherkredit und Verbraucherleitbild in der Europäischen Union, JZ 1999, 801-809.

Bochurberg, Lionel, Internet et commerce électronique, 2e édition, Paris 2001 (zitiert als: Bochurberg, Internet, 2001).

Bock, Andreas, Verbraucherschutz durch elektronische Agenten? Ein Plädoyer für eine Reform des Gütezeichenrechts, CR 2001, 249-259.

Bodewig, Theo, Die neue europäische Richtlinie zum Fernabsatz, DZWiR 1997, 447-455.

Bodewig, Theo, Elektronischer Geschäftsverkehr und Unlauterer Wettbewerb, GRUR Int. 2000, 475-483.

Boehme-Neßler, Volker, Datenschutz in der Informationsgesellschaft, Vom Datenschutzrecht zum Informationswirtschaftsrecht, K&R 2002, 217-224.

Bonneau, Thierry, Droit bancaire, 4e édition, Paris 2001 (zitiert als: Bonneau, Droit bancaire, 2001).

Borges, Georg, Weltweite Geschäfte per Internet und deutscher Verbraucherschutz, ZIP 1999, 565-573.

Borysevicz, Michel, Les règles protectrices du consommateur et le droit commun des contrats, in: *Université de droit, de l'économie et des sciences d'Aix-Marseille, Faculté de Droit et de Science Politique* (éd.), Etudes offertes à *Pierre Kayser*, tome I, Aix-en-Provence 1979, p. 91-126 (zitiert als: Borysewicz, in: Etudes Kayser, tome 1, 1979)t.

Boudreau, Martine, La nouvelle définition de la preuve litterale – L'essentiel, Gaz. Pal., 30.12.2001, 6-10.

Bourgoignie, Thierry, Eléments pour une théorie du droit de la consommation, Au régard des développements du droit belge et du droit de la Communauté économique européenne, Bruxelles 1988 (zitiert als: Bourgoignie, Droit de la consommation, 1988).

Bout, Roger/Bruschi, Marc/Poillot-Perizzetto, Sylvaine/Cas, Gérard, Lamy droit économique, Concurrence, Distribution, Consommation 2001, Paris 2000 (zitiert als: Bout/Bruschi/Poillot-Perizzetto/Cas, Lamy droit économique 2001, 2000).

Boyer, Joël, L'internet et la protection des données personnelles et de la vie privée, Cahiers français n° 295, mars-avril 2000, 74-79.

de Bra, Peter, Verbraucherschutz durch Gerichtsstandsregelungen im deutschen und europäischen Zivilprozeßrecht, Frankfurt am Main 1992 (zitiert als: de Bra, Verbraucherschutz, 1992).

Bräuning, Günther, Der Konsumentenkredit im französischen Recht, Das französische Gesetz Nr. 78-22 vom 10. Januar 1978 betreffend die Information und den Schutz der Verbraucher im Bereich bestimmter Kreditgeschäfte aus rechtsvergleichender Sicht, Berlin 1982 (zitiert als: Bräuning, Konsumentenkredit, 1982).

Breese, Pierre/Kaufman, Gautier, Guide juridique de l'Internet et du commerce électronique, Paris 2000 (zitiert als: Breese/Kaufman, Internet, 2000).

Breidenbach, Stefan, Die Voraussetzungen von Informationspflichten bei Vertragsschluß, München 1989 (zitiert als: Breidenbach, Informationspflichten, 1989).

Brenner, Christoph, Die verbraucherschützenden EG-Richtlinien im Bereich des Schuldrechts und ihre Umsetzung in Deutschland und Frankreich, Auf dem Weg zu einem europäischen Privatrecht?, München 2000 (zitiert als: Brenner, Verbraucherschützende EG-Richtlinien, 2000).

Brock, Patrick, Der Schutz der Verbraucher vor mißbräuchlichen Klauseln im französischen Privatrecht – Die Bedeutung der EG-Richtlinie 93/13 über mißbräuchliche Klauseln in Verbrauchervertägen vom 5. April 1993 für das französische Privatrecht, Berlin 1998 (zitiert als: Brock, Schutz der Verbraucher, 1998).

Bröhl, Georg M., EGG – Gesetz über rechtliche Rahmenbedingungen des elektronischen Geschäftsverkehrs, MMR 2001, 67-71.

Brühann, Ulf, La directive européenne relative à la protection des données: fondements, histoire, points forts, Rev. fr. adm. publ. n° 89 (La protection des données personnelles), janvier-mars 1999, 9-19.

Brulard, Yves/Fernandez, Pascal/Amouzou, Patrick, Actualité des technologies avancées, chronique n° 1, Petites affiches, 8.2.2002, 4-10.

Brun, Philippe, Le droit de revenir sur son engagement, Droit et patrimoine, mai 1998, 78-87.

Bruneau, Chantal, Les règles européennes de compétence en matière civile et commerciale, Règl. Cons. CE n° 44/2001, 22 déc. 2000, JCP 2001, I 304, p. 533-541.

Buchner, Benedikt, E-Commerce und effektiver Rechtsschutz – oder: Wer folgt wem wohin?, EWS 2000, 147-156.

Buis, Gilles, Aspects internationaux du droit de la publicité et des promotion sur Internet, Com. Com. électr., octobre 2000, 13-17.

Büllesbach, Alfred, Datenschutz bei Data Warehouses und Data Mining, CR 2000, 11-17.

Büllesbach, Alfred, Überblick über europäische Datenschutzregelungen bezüglich des Datenaustauschs mit Ländern außerhalb der Europäischen Union, RDV 2002, 55-60.

Busche, Jan/Kraft, Hartmut, Werbung per electronic mail: Eine neue Herausforderung für das Wettbewerbsrecht, WRP 1998, 1142-1151.

Cabrillac, Rémy, Droit des obligations, 4e édition, Paris 2000 (zitiert als: Cabrillac, Obligations, 2000).

Cachard, Olivier, La régulation internationale du marché électronique, Paris 2002 (zitiert als: Cachard, Marché électronique, 2002).

Cachard, Olivier, Les modes électroniques de règlement des litiges (MERL), Com. Com. électr., décembre 2003, 22-26.

Cadoux, Louise, Internet et les libertés, Les réponses technologiques, Petites affiches, 10.11.1999, 47-52.

Cadoux, Louise, La protection des données personnelles en dehors de l'Europe communautaire, Rev. fr. adm. publ. n° 89 (La protection des données personnelles), janvier-mars 1999, 83-94.

von Caemmerer, Ernst/Schlechtriem, Peter, Kommentar zum Einheitlichen UN-Kaufrecht – CISG-Kommentar –, 2. Auflage, München 1995 (zitiert als: Bearbeiter, in: von Caemmerer/Schlechtriem [Hrsg.], CISG, 1995, Kommentierung).

Calais-Auloy, Jean, La loi sur le démarchage à domicile et la protection des consommateurs, D. 1973, chron. 266-268.

Calais-Auloy, Jean, Vers un nouveau droit de la consommation, Paris 1984 (zitiert als: Calais-Auloy, Nouveau droit de la consommation, 1984).

Calais-Auloy, Jean, Propositions pour un nouveau droit de la consommation, Paris 1985 (zitiert als: Calais-Auloy, Propositions, 1985).

Calais-Auloy, Jean, Propositions pour un code de la consommation, Paris 1990 (zitiert als: Calais-Auloy, Propositions, 1990).

Calais-Auloy, Jean/Steinmetz, Frank, Droit de la consommation, 5e édition, Paris 2000 (zitiert als: Calais-Auloy/Steinmetz, Droit de la consommation, 2000).

Callies, Gralf-Peter, Nach der Schuldrechtsreform: Perspektiven des deutschen, europäischen und internationalen Verbrauchervertragsrechts, AcP 203 (2003), 575-602.

Canaris, Claus-Wilhelm, Wandlungen des Schuldvertragsrechts – Tendenzen zu seiner "Materialisierung", AcP 200 (2000), 273-364.

Canaris, Claus-Wilhelm, Aspekte der europäischen Rechtsangleichung mit Hilfe von Richtlinien, in: *ders./Zaccaria, Alessio* (Hrsg.), Die Umsetzung von zivilrechtlichen Richtlinien der Europäischen Gemeinschaft in Italien und Deutschland, Berlin 2002, S. 129-138 (zitiert als: Canaris, in: ders./Zaccaria, Umsetzung, 2002).

Caprioli, Eric A., Consentement et systemes d'information, RRJ (droit prospectif) 1999, 1075-1091.

Caprioli, Eric A., Variations sur le thème du droit de l'archivage dans le commerce électronique, Petites affiches, 18.8.1999, 4-11 und 19.8.1999, 7-12.

Caprioli, Eric A., La loi française sur la preuve et la signature éléctronique dans la perspective européenne, JCP 2000, I 224, p. 787-795.

Caprioli, Eric A./Sorieul, Renaud, Le commerce international électronique : vers l'émergence de règles juridiques transnationales, J.D.I. (Clunet) 124 (1997), 323-401.

Carlier, Jean-Yves, Guide des litiges transfrontières, Paris 1993 (zitiert als: Carlier, Litiges transfrontières, 1993).

Cas, Gérard, La défense du consommateur, Paris 1980 (zitiert als: Cas, Défense du consommateur, 1980).

Cas, Gérard/Ferrier, Didier, Traité de droit de la consommation, Paris 1986 (zitiert als: Cas/Ferrier, Droit de la consommation, 1986).

Catala, Pierre, Ecriture électronique et actes juridiques, Mélanges *Michel Cabrillac*, Paris 1999, p. 91-104 (zitiert als: Catala, in: Mélanges Cabrillac, 1999).

Catala, Pierre, Le formalisme et les nouvelles technologies, Defrénois 2000, 897-910.

Catala, Pierre et al., L'introduction de la preuve électronique dans le code civil, JCP 1999, I 182, p. 2069-2076.

Cathelineau, Anne, La notion de consommateur en droit interne : à propos d'une dérive..., CCC, décembre 1999, 4-6.

Chabas, François, Leçons de droit civil, tome 1, premier volume, Introduction à l'étude du droit, 12e édition, Paris 2000 (zitiert als: Chabas, Introduction, 2000).

Chabas, François, Leçons de droit civil, tome 2, premier volume, Obligations, théorie générale, 9e édition, Paris 1998 (zitiert als: Chabas, Obligations, 1998).

Charbit, Nicolas, L'Esperanto du droit? La rencontre du droit communautaire et du droit des contrats, A propos de la Communication de la Commission Européenne relative au droit européen des contrats, JCP 2002, I 100, p. 9-16.

Christianos, Vassili, L'obligation d'informer dans la vente de produits mobiliers, Bruxelles 1987 (zitiert als: Christianos, L'obligation d'informer, 1987).

Cichon, Caroline, Zur Anwendbarkeit des HWiG auf im Internet geschlossene Verträge, Ein neuer Vorschlag, CR 1998, 773-776.

Cichon, Caroline, Internetverträge, Veträge über Internet-Leistungen und Ecommerce, Köln 2000 (zitiert als: Cichon, Internetverträge, 2000).

Cichon, Caroline/Pighin, Ralph, Transportschäden und Umtausch bei Online-Auktionen und anderen physisch abgewickelten Online-Geschäften, CR 2003, 435-440.

Claret, Hélène, La loi Toubon du 4 août 1994 est-elle conforme au droit communautaire?, CCC, mars 2001, 6-8.

Clemens, Rudolf, Die elektronische Willenserklärung – Chancen und Gefahren, NJW 1985, 1998-2005.

Coblence, Jean-Marc/Sala-Martin, Jean-Philippe, Communication commerciale et publicité sur Internet, Légicom n° 21/22, 2000, 57-62.

Collart-Duiteul, Francois/Delebecque, Philippe, Contrats civils et commerciaux, 5e édition, Paris 2001 (zitiert als: Collart-Duiteul/Delebecque, Contrats, 2001).

Conseil d'Etat, Internet et les réseaux numériques, Paris 1998 (zitiert als: Conseil d'Etat, Internet, 1998).

de Cordovez, Marie-Laure/Lipovetsky, Sabine, La loi Toubon confrontée aux technologies de l'information, Com. Com. électr., juin 2002, 19-22.

Cornu, Gérard, Rapport sur la protection du consommateur et l'éxécution du contrat en droit français, in: Travaux de *l'association Henri Captant*, La protection des consommateurs, Paris 1973, p. 131-157 (zitiert als: Cornu, in: Association Henri Captant, Protection,1973).

Cornu, Gérard, Vocabulaire juridique, 7e édition, Paris 1998 (zitiert als: Cornu, Vocabulaire juridique, 1998).

Costes, Lionel, Nouvelles techniques de communication à distance et protection des consommateurs, Lamy droit de l'informatique, bull. d'actualité, juillet 1997, 1-3.

Costes, Lionel, Transactions en ligne, preuve et signature électronique : le nouveau cadre juridique, Lamy droit de l'informatique et des réseaux, bull. d'actualité, février 2000, 1-7.

Costes, Lionel, Une meilleure articulation entre commerce électronique et services financiers au sein de l'Union européenne souhaitée par la Commission, Lamy droit de l'informatique et des réseaux, bull. d'actualité, avril 2001, 1-5.

Costes, Lionel, La mise en oeuvre effective du nouveau dispositif relatif à la signature électronique conditionnée à la parution de différents arrêtés et aux apports attendus de la future loi sur la société de l'information, Lamy droit de l'informatique et des réseaux, bull. d'actualité, mai 2001, 1-5.

Costes, Lionel, Vers de substatiels remaniements de la législation « Informatique et libertés », Lamy droit de l'informatique et des réseaux, bull. d'actualité, octobre 2001, 1-10.

Costes, Lionel, Le renforcement du contrôle et de la sécurité sur les réseaux par la loi relative à la sécurité quotidienne, Lamy droit de l'informatique et des réseaux, bull. d'actualité, novembre 2001, 1-7.

Costes, Lionel, Vers de substantiels remaniements de la législation « informatique et libertés », Revue Lamy droit des affaires, novembre 2001, 13-23 (chron. 2717).

Costes, Lionel, Les points clés du projet de loi pour la confiance dans l'économie numérique, Lamy droit de l'informatique et des réseaux, bull. d'actualité, janvier 2003, 1-7.

Costes, Lionel, Un nouveau cadre juridique pour les communications électroniques, Lamy droit de l'informatique et des réseaux, bull. d'actualité, septembre 2003, 1-5.

Costes, Lionel, « LCEN » : Les principales modifications adoptées par les députés en seconde lecture, Lamy droit de l'informatique et des réseaux, bull. d'actualité, février 2004, 1-5.

Couturier, Gérard, Les finalités et les sanctions du formalisme, Defrénois 2000, 880-896.

Crabit, Emmanuel, La politique juridique du marché intérieur dans le domaine de la société de l'information, Petites affiches, 21.2.2002, 27-35.

Crabit, Emmanuel, L'univers de la directive sur le commerce électronique, Vortrag, gehalten auf dem Colloque International « L'internet et le droit » am 25./26. September 2000, veranstaltet von der Université Paris I Pantheon-Sorbonne, http://Droit-Internet-2000.univ-paris1.fr/dossier10, „Emmanuel-Crabit.doc".

Cseres, Katalin, Le Livre Vert de la Commission sur la protection des consommateurs : Don Quichotte contre les pratiques commerciales déloyales, REDC 2001, 221-243.

Dahm, Patrick, Unverbindlich verbindlich, Zur Selbstregulierung durch Verhaltenskodizes und Gütesiegel, DuD 2002, 412-416.

Daigre, Jean-Jacques, Loi « Murecf » et droit bancaire, JCP 2002, I 117, p. 433-437.

Dammann, Ulrich, Internationaler Datenschutz, RDV 2002, 70-77.

Darmstädter, Anne, Autres moyens de paiement et de recouvrement, Cartes de paiement et de crédit, Juris-Classeur Commercial, Fasc. 531, 2000.

Dästner, Christian, Neue Formvorschriften im Prozessrecht, NJW 2001, 3469-3471.

Dauner-Lieb, Barbara/Heidel, Thomas/Lepa, Manfred/Ring, Gerhard (Hrsg.), Das Neue Schuldrecht, Ein Lehrbuch, Heidelberg 2002 (zitiert als: Bearbeiter, in: Dauner-Lieb/Heidel/Lepa/Ring (Hrsg.), Schuldrecht, 2002).

Davio, Étienne, Anonymat et autonomie identitaire sur Internet, in: *Montero, Étienne* (éd.), Droit des technologies de l'information, Regards prospectifs, A l'occasion de vingt ans du C.R.I.D., Bruxelles 1999 [Cahiers du Centre de recherches Informatique et droit, n° 16], p. 295-313 (zitiert als: Davio, in: Montero (éd.), Technologies de l'information, 1999).

Decker, Micheline, Aspects internes et internationaux de la protection de la vie privée en droit français, allemand et anglais, thèse Université Panthéon-Assas (Paris II) (zitiert als: Decker, Protection de la vie privée, 2000).

Decocq, Georges, Directive de commerce électronique – création d'une régime de liberté et responsabilité en matière de commerce électronique, Com. Com. électr., septembre 2000, 22-23.

Decocq, Georges/Lepage, Agathe, Contrats conclus à distance et contrats par voie électronique – Réflexion sur les procédures de formation du cyber-contrat de consommation, Com. Com. électr., décembre 2001, 29-30.

Derieux, Emmanuel, Aperçu de l'avant-projet de loi sur la société de l'information, Légipresse n° 181, mai 2001, II 58-62.

Desdevises, Yvon, Vente, Nature et forme, Formation du contrat, Juris-Classeur Civil, Art. 1583, 1998.

Desportes, Frédéric/Le Gunehec, Francis, Le nouveau droit pénal, tome 1, Droit pénal général, 7e édition, Paris 2000 (zitiert als: Desportes/Le Gunehec, Droit pénal/1, 2000).

Dethloff, Nina, Europäisches Kollisionsrecht des unlauteren Wettbewerbs, JZ 2000, 179-185.

Dethloff, Nina, Europäisierung des Wettbewerbsrechts, Einfluss des europäischen Rechts auf das Sach- und Kollisionsrecht des unlauteren Wettbewerbs, Tübingen 2001 (zitiert als: Dethloff, Europäisierung, 2001).

Detraz, Stéphane, Plaidoyer pour une analyse fonctionnelle du droit de rétractation en droit de la consommation, CCC, mai 2004, 7-13.

Deutsch, Thomas, Die Beweiskraft elektronischer Dokumente, JurPC Web-Dok. 188/2000, http://www.jurpc.de/aufsatz/20000188.htm.

Diedrich, Frank, Anwendbarkeit des Wiener Kaufrechts auf Softwareüberlassungsverträge – Zugleich ein Beitrag zur Methode autonomer Auslegung von Internationalem Einheitsrecht, RIW 1993, 441-452.

Diedrich, Kay, Typisierung von Softwareverträgen nach der Schuldrechtsreform, CR 2002, 473-480.

Dieselhorst, Jochen, Anwendbares Recht bei internationalen Online-Diensten, ZUM 1998, 293-300.

Dietrich, Christian, Der Zugang einer per E-Mail übermittelten Willenserklärung, K&R 2002, 138-142.

Dilger, Petra, Verbraucherschutz bei Vertragsabschlüssen im Internet, München 2002 (zitiert als: Dilger, Verbraucherschutz im Internet, 2002).

Dinant, Jean-Marc, Les traitements invisibles sur Internet, in: *Montero, Étienne* (éd.), Droit des technologies de l'information, Regards prospectifs, A l'occasion de vingt ans du C.R.I.D., Bruxelles 1999 [Cahiers du Centre de recherches Informatique et droit, n° 16], p. 271-294 (zitiert als: Dinant, in: Montero (éd.), Technologies de l'information, 1999).

Dörner, Heinrich, Rechtsgeschäfte im Internet, AcP 202 (2002), 363-396.

Dreher, Meinhard, Der Verbraucher – Das Phantom in den opera des europäischen und des deutschen Rechts?, JZ 1997, 167-178.

Dreier, Horst (Hrsg.), Grundgesetz, Band 1, Tübingen 1996 (zitiert als: Bearbeiter, in: Dreier, Grundgesetz, Band 1, 1996).

Dreier, Thomas/von Lewinski, Silke, Frankreich, in: *Schricker, Gerhard* (Hrsg.), Recht der Werbung in Europa, Frankreich, Baden-Baden 1995 (zitiert als:

Dreier/S. von Lewinski, in: Schricker [Hrsg.], Recht der Werbung, Länderbericht Frankreich, 1995).

Dreißigacker, Markus, Sprachenfreiheit im Verbrauchervertragsrecht, Der Verbraucher im Spannungsfeld zwischen kultureller Identität und Privatautonomie, Frankfurt am Main 2002 (zitiert als: Dreißigacker, Sprachenfreiheit, 2002).

Drexl, Josef, Der Bürge als deutscher und europäischer Verbraucher, JZ 1998, 1046-1058.

Drexl, Josef, Die wirtschaftliche Selbstbestimmung des Verbrauchers, Tübingen 1998 (zitiert als: Drexl, Wirtschaftliche Selbstbestimmung, 1998).

Drexl, Josef, Verbraucherschutz im Netz, in: *Lehmann, Michael* (Hrsg.), Rechtsgeschäfte im Netz, Electronic commerce, Stuttgart 1999 (zitiert als: Drexl, in: Lehmann [Hrsg.], Electronic commerce, 1999).

Drexl, Josef, Europäischer Verbraucherschutz im Netz, in: *Drexl, Josef/Kreuzer, Karl F./Scheuing, Dieter H./Sieber, Ulrich* (Hrsg.), Europarecht im Informationszeitalter, Baden-Baden 2000, S. 75-123 (zitiert als: Drexl, in: ders./Kreuzer/Scheuing/Sieber (Hrsg.), Informationszeitalter, 2000).

Drexl, Josef, Continuing Contract Law Harmonization under the White Paper of 1985? – Between Minimum Harmonisation, Mutual recognition, Conflict of Laws, and Uniform Law, in: *Grundmann, Stefan/Stuyck, Jules* (eds.), An Academic Green Paper on European Contract Law, Den Haag 2002, p. 103-129 (zitiert als: Drexl, in: Grundmann/Stuyck [eds.], Green Paper, 2002).

Drexl, Josef, Verbraucherrecht – Allgemeines Privatrecht – Handelsrecht, in: *Schlechtriem, Peter* (Hrsg.), Wandlungen des Schuldrechts, Baden-Baden 2002, S. 97-151 (zitiert als: Drexl, in: Schlechtriem [Hrsg.], Wandlungen des Schuldrechts, 2002).

Drexl, Josef, Verbraucherschutz und Electronic Commerce in Europa, in: *Lehmann, Michael* (Hrsg.), Electronic Business in Europa - Internationales, europäisches und deutsches Online-Recht, München 2002, S. 473-525 (zitiert als: Drexl, in: Lehmann [Hrsg.], Electronic Business, 2002).

Drexl, Josef, Mondialisation et société de l'information, Le commerce électronique et la protection des consommateurs, RIDE 2002, 405-444.

Drexl, Josef, Zwingendes Recht als Strukturprinzip des Europäischen Verbrauchervertragsrechts?, in: *Coester, Michael/Martiny Dieter/Prinz von Sachsen Gessaphe, Karl August* (Hrsg.), Privatrecht in Europa, Vielfalt, Kollision, Kooperation, Festschrift für *Hans Jürgen Sonnenberger* zum 70. Geburtstag, München 2004, S. 771-790 (zitiert als: Drexl, in: FS Sonnenberger, 2004).

Dupuis, Michel, La vie privée à l'épreuve de l'Internet : quelques aspects nouveaux, Personnes et famille, décembre 2001, 6-9.

Duve, Christian, Das Grünbuch über alternative Verfahren zur Streitbeilegung, IDR (BB-Beilage 7/2002), 6-12.

Duve, Thomas, Verbraucherschutzrecht und Kodifikationsgedanke, Jura 2002, 793-800.

Düwell, Franz Josef, Computerfax richterrechtlich zugelassen, Besprechung von GmS-OGB, Besch. v. 5.4.2000, NJW 2000, 3334.

Ehmann, Eugen/Helfrich, Marcus, EG-Datenschutzrichtlinie: Kurzkommentar, Köln 1999 (zitiert als: Ehmann/Helfrich, EG-Datenschutzrichtlinie, 1999).

Eichler, Alexander, Cookies – verbotene Früchte? Eine datenschutzrechtliche und technikorientierte Betrachtung, K&R 1999, 76-81.

Eidenmüller, Horst, Prozeßrisikoanlyse, ZZP 113 (2000), 5-23.

Eidenmüller, Horst, A Legal Framework for National and International Mediation Proceedings, IDR (BB-Beilage 7/2002), 14-19.

Elßner, Christof/Schirmbacher, Martin, Die Gesellschaft bürgerlichen Rechts als Verbraucher? – Zur Verbrauchereigenschaft anderer als natürlicher Personen, VuR 2003, 247-253.

Ende, Lothar/Klein, Alexander, Grundzüge des Vertriebsrechts im Internet – Fernabsatz und Vertrieb von Waren und Dienstleistungen, München 2001 (zitiert als: Ende/Klein, Internet, 2001).

Endler, Maximilian/Daub, Jan, Internationale Softwareüberlassung und UN-Kaufrecht, CR 1993, 601-606.

Endrös, Florian, Das französische Sprachschutzgesetz und seine Unvereinbarkeit mit EG-Recht, RIW 1995, 17-25.

Engel-Flechsig, Stefan/Maennel, Frithjof, A./Tettenborn, Alexander (Hrsg.), Beck'scher IuKDG-Kommentar, Informations- und Kommunikationsdienstegesetz, München 2001 (zitiert als: Bearbeiter, in: Engel-Flechsig/Maennel/ Tettenborn [Hrsg.], IuKDG, 2001).

Engelhardt, Janine, Europäisches Verbrauchervertragsrecht im BGB, Frankfurt am Main 2001 (zitiert als: Engelhardt, Europäisches Verbrauchervertragsrecht, 2001).

Enzmann, Matthias/Roßnagel, Alexander, Realisierter Datenschutz für den Einkauf im Internet – Das Projekt DASIT, CR 2002, 141-150.

Ernst, Stefan, Die Online-Versteigerung, CR 2000, 304-312.

Ernst, Stefan, Verbraucherschutzrechtliche Aspekte des Internets, VuR 1997, 259-264.

Espargnon, Michel, Le paiement électronique en réseau „ouvert" – Internet : problématique juridique, DIT 1997, n° 4, 6-12.

Espargnon, Michel, Le paiement d'une somme d'argent sur Internet : Evolution ou révolution du droit des moyens de payement?, JCP 1999, I 131, p. 787-794.

Espargnon, Michel, L'ordre de paiement émis sur Internet, Revue de droit bancaire et de la bourse, janvier-février 1999, 7-13.

European Consumer Law Group, Le soft law et l'interêt du consommateur, REDC 2001, 113-133.

Faber, Wolfgang, Elemente verschiedener Verbraucherbegriffe in EG-Richtlinien, zwischenstaatlichen Übereinkommen und nationalem Zivil- und Kollisionsrecht, ZEuP 6 (1998), 854-892.

Fasquelle, Daniel, Concurrence déloyale : amendes civiles ou « dommages punitifs », Gaz. Pal., 9.11.2001, 51-62.

Fauvarque-Cosson, Bénédicte, Droit européen des contrats: première réaction au plan d'action de la Commission, D. 2003, 1171-1173.

Fehrenbacher, Oliver/Herr, Gunther, Die BGB-Gesellschaft – eine natürliche Person im Sinne des Verbraucherschutzrechts, BB 2002, 1006-1010.

Fenoulhet, Timothy R., La co-régulation : une piste pour la régulation de la société de l'information?, Petites affiches, 21.2.2002, 9-15.

Féral-Schuhl, Christiane, Cyber-Droit, Le droit à l'épreuve de l'internet, 2e édition, Paris 2000 (zitiert als: Féral-Schuhl, Cyber-Droit, 2000).

Ferid, Murad/Sonnenberger, Hans Jürgen, Das Französische Zivilrecht, Band 1/1 Erster Teil: Allgemeine Lehren des Französischen Zivilrechts: Einführung und Allgemeiner Teil des Zivilrechts, 2. Auflage, Heidelberg 1994 (zitiert als: Ferid/Sonnenberger, Französisches Zivilrecht, Band 1/1, 1994).

Ferrand, Frédérique, Droit privé allemand, Paris 1997 (zitiert als: Ferrand, Droit privé allemand, 1997).

Ferrier, Didier, Les dispositions d'ordre public visant à préserver la réflexion des contractants, D. 1980, chron. 177-188.

Ferrier, Didier, La protection des consommateurs, Paris 1996 (zitiert als: Ferrier, Protection, 1996).

Ferrier, Didier, Droit de la distribution, 2e édition, Paris 2000 (zitiert als: Ferrier, Distribution, 2000).

Fezer, Karl-Heinz, Modernisierung des deutschen Rechts gegen den unlauteren Wettbewerb auf der Grundlage einer Europäisierung des Wettbewerbsrechts, Arbeitsunterlage für die Arbeitsgruppe des Bundesministeriums der Justiz zur Modernisierung des Rechts gegen den unlauteren Wettbewerb und zur Erarbeitung von Vorschlägen für eine Harmonisiserung des Rechts gegen den unlauteren Wettbewerb auf der europäischen Ebene (AG-UWG) vom 15. Juni 2001, abrufbar unter http://www.bundesgerichtshof.de/gesetzesmaterialien/UWG2003/Fezer.pdf.

Fezer, Karl-Heinz, Wettbewerbsrecht als Verbraucherschutz – das Informationsmodell im Kommissionsentwurf über Verkaufsförderung, WuW 2002, 217.

Fezer, Karl-Heinz/Koos, Stefan, Das gemeinschaftsrechtliche Herkunftslandprinzip und die E-Commerce-Richtlinie, Zur dringenden Notwendigkeit einer Harmonisiserung des Wettbewerbsrechts in den Mitgliedstaaten der Europäischen Union als eine gemeinschaftsrechtliche Aufgabe, IPRax 2000, 349-354.

Fikentscher, Wolfgang/Möllers, Thomas M. J., Die (negative) Informationsfreiheit als Grenze von Werbung und Kunstdarbietung, NJW 1998, 1337-1344.

Fischer, Bernhard, Das französische Rechtsschutzsystem gegen irreführende Werbung im Vergleich mit dem deutschen Recht, München 1998 (zitiert als: B. Fischer, Irreführende Werbung, 1998).

Fischer, Kai Christian, Verbraucherschutz im spanischen Vertragsrecht im Lichte der europäischen Rechtsangleichung: eine Studie mit rechtsvergleichenden Bezügen zum deutschen Recht, Frankfurt am Main 2000 (zitiert als: K. Fischer, Verbraucherschutz, 2000).

Fischer, Nikolaj, Europäischer Verbraucherschutz im deutschen Privatrecht – Einige kritische Anmerkungen, VuR 2003, 20-25.

Flour, Jacques, Quelques remarques sur l'évolution du formalisme, in: Le droit privé français au milieu du XXe siècle, Etudes offertes à *Georges Ripert*, tome I, Paris 1950, p. 93-114 (zitiert als: J. Flour, in: Etudes Ripert, tome 1, 1950).

Flour, Jacques/Aubert, Jean-Luc/Flour, Yvonne/Savaux, Eric, Les obligations – 3. le rapport de l'obligation, 2e édition, Paris 2001 (zitiert als: J. Flour/Aubert/Y. Flour/Savaux, Obligations/3, 2001).

Flour, Jacques/Aubert, Jean-Luc/Savaux, Eric, Les obligations – 1. l'acte juridique, 9e édition, Paris 2000 (zitiert als: J. Flour/Aubert/Savaux, Obligations/1, 2000).

Flour, Yvonne/Ghozi, Alain, Les conventions sur la forme, Defrénois 2000, 911-928.

Fontaine, Marcel, La protection de la partie faible dans les rapports contractuels (rapport de synthèse), in: *Le Centre de droit des obligations de l'Université de Paris I/Le Centre de droit des obligations de l'Université catholique de Louvain* (éds.), La protection de la partie faible dans les rapports contractuels, Comparaison franco-belges, Paris 1996, p. 615-653 (zitiert als: Fontaine, in: Centre de droit des obligations de l'Université de Paris I [éd.], Protection, 1996).

Foyer, Jacques, Entrée en vigeur de la Convention de Rome du 19 juin 1980 sur la loi applicable aux obligations contractuelles, J.D.I. (Clunet), 118 (1991), 601-631.

Frayssinet, Jean, Le rapport de la « mission Braibant » sur la transposition de la directive relative à « la protection des données personnelles » du 24 octobre 1995, Cahiers Lamy droit de l'informatique et des réseaux, mai 1998, 1-13.

Frayssinet, Jean, Internet et l'obligation de sécurité des données personnelles, Expertises 2000, 253-256.

Frayssinet, Jean, La traçabilité des personnes sur l'internet, Droit et patrimoine, mai 2001, 76-82.

Frayssinet, Jean, Le projet de loi relatif à la protection des personnes physiques à l'égard des traitements de données à charactère personnel : constantes et nouveautés, Com. Com. électr., janvier 2002, 11-15.

Freund, Stefan, Der persönlichkeitsrechtliche Schutz des Werbeadressaten, BB 1986, 409-415.

Frings, Michael, Das neue Verbraucherschutzrecht im BGB 2002, VuR 2002, 390-398.

Fritze, Ulrich/Holzbach, Christoph, Die Electronic-Commerce-Richtlinie, Ende oder Chaos für das deutsche Wettbewerbsrecht, WRP 2000, 872-876.

Fuentes-Camacho, Teresa, Introduction: l'UNESCO et le droit du cyberespace, in: *dies.* (éd.), Les dimensions internationales du droit du cyberespace, Paris 2000, p. 1-8.

Fuhrmann, Heiner, Vertrauen im Electronic Commerce, Rechtliche Gestaltungsmöglichkeiten unter besonderer Berücksichtigung verbindlicher Rechtsgeschäfte und des Datenschutzes, Baden-Baden 2001 (zitiert als: Fuhrmann, Vertrauen, 2001).

Gaertner, Reinhard/Gierschmann, Sibylle, Das neue Fernabsatzgesetz, DB 2000, 1601-1606.

Gamerith, Helmut, Neue Herausforderungen für ein europäisches Lauterkeitsrecht, Studie für den Arbeitskreis „UWG" des Bundesministeriums für Wirtschaft und Arbeit, WRP 2003, 143-172.

Gandolfi, Giuseppe, Der Vorentwuf eines Europäischen Vertragsgesetzbuchs, ZEuP 10 (2002), 1-4.

Gärtner, Rudolf, Zum Standort des Verbraucherrechts, JZ 1992, 73-79.

Gatsi, Jean, La protection des consommateurs en matière de contrats à distance dans la directive du 20 mai 1997, D. affaires 1997, 1378-1385.

Gaudemet, Eugène, Théorie générale des obligations, Paris 1937, (Nachdruck, Paris 1965, herausgegeben von H. Desbois und J. Gaudemet) (zitiert als: Gaudemet, Obligations, 1937).

Gaudemet-Tallon, Hélène, Le nouveau droit international privé européen des contrats (Commentaire de la convention C.E.E. n° 80/934 sur la loi applicable aux obligations contractuelles, ouverte à la signature à Rome le 19 juin 1980), RTD eur. 1981, 215-285.

Gautier, Pierre-Yves, Le boulversement du droit de la preuve : vers un mode alternatif du conclusion des conventions, Petites affiches, 7.2.2000, 4-11.

Gautier, Pierre-Yves/Linant de Bellefonds, Xavier, De l'écrit électronique et des signatures qui s'y attachent, JCP 2000, I 236, p. 1113-1120.

Gautrais, Vincent, Labellisation des sites sur internet et protection des consommateurs : vision comparée, CCC, août-septembre 2001, 4-6.

Gavanon, Isabelle, La Directive « Commerce électronique » : continuité ou nouveauté juridique?, Com. Com électr., décembre 2001, 10-15.

Geimer, Reinhold, Internationales Zivilprozeßrecht, 4. Auflage, München 2001 (zitiert als: Geimer, Internationales Zivilprozeßrecht, 2001).

Geis, Ivo, Die elektronische Signatur: Eine internationale Architektur der Identifizierung im E-Commerce, MMR 2000, 667-674.

Geis, Ivo, Die neue Signaturverordnung: Das Sicherheitssystem für die elektronische Kommunikation, K&R 2002, 59-61.
Geis, Ivo, Das neue Datenschutzrecht für Teledienste, CR 2002, 667-674.

Gendreau, Antoine, Directive sur le commerce électronique, CJFE 2001, 787-801.

Ghestin, Jacques, Traité de droit civil – La formation du contrat, 3e édition, Paris 1993 (zitiert als: Ghestin, Contrat, 1993).

Ghestin, Jacques/Marchessaux, Isabelle, L'élimination des clauses abusives en droit français, à l'épreuve du droit communautaire, REDC 1993, 67-94.

Ghestin, Jacques/Marchessaux-Van Melle, Isabelle, Les contrats d'adhésion et les clauses abusives en droit français et en droits européens (Rapport français), in: *Centre de droit des obligations de l'Université de Paris I/Le centre de droit des obligations de l'Université catholique de Louvain* (éds.), Protection de la partie faible, Paris 1996, p. 1-72 (zitiert als: Ghestin/Marchessaux-Van Melle, in: Centre de droit des obligations de l'Université de Paris I (éd.), Protection, 1996) .

Gioux, Pierre, Internet et l'emploi de la langue française, DIT 1998, n° 2, 34-40.

Giuliano, Mario/Lagarde, Paul, Bericht über das Übereinkommen über das auf vertragliche Schuldverhältnisse anzuwendende Recht, ABl. Nr. C 282/1 vom 31.10.1980.

Glatt, Christoph, Vertragsschluss im Internet, Unter besonderer Berücksichtigung der Rechtsentwicklung in der Europäischen Union und des internationalen Verbrauchervertrages, Baden-Baden 2002 (zitiert als: Glatt, Vertragsschluss im Internet, 2002).

Gobert, Didier/Montero, Etienne, La signature dans les contrats et les paiements électroniques : l'approche fonctionnelle, in: *De Nayer, Benoît/Laffineur, Jacques* (éds.), Droit et consommation, Bruxelles 2000, p. 275-324 (zitiert als: Gobert/Montero, in: De Nayer/Laffineur (éds.), Droit et consommation, 2000t.

Gola, Peter/Klug, Christoph, Die Entwicklung des Datenschutzrechtes in den Jahren 2000/2001, NJW 2001, 3747-3755.

Gößmann, Christine, Electronic Commerce, Die EU-Fernabsatzrichtlinie und die Auswirkungen auf den Handel über neue Medien, MMR 1998, 88-92.

Gourio, Alain, Adoption de la directive sur la commercialisation à distance des services financiers aux consommateurs, JCP E 2002, actualité 234, p. 1593-1595.

Grabitz, Eberhard/Hilf, Meinhard (Hrsg.), Das Recht der Europäischen Union, Ergänzungslieferung, München (zitiert als: Bearbeiter, in: Grabitz/Hilf [Hrsg.], Recht der Europäischen Union, Band, Abschnitt, Jahr).

Gramlich, Ludwig, Umsetzung der E-Geld-Richtlinie durch das 4. Finanzmarktförderungsgesetz, CR 2001, 877.

Gravisse, Caroline, L'environnement juridique du commerce et des services virtuels, Petites affiches, 20.1.1999, 14-20.

Greffe, Pierre/Greffe, François, La publicité et la loi, Droit français – Union européenne – Suisse, 9e édition, Paris 2000 (zitiert als: P. Greffe/F. Greffe, Publicité, 2000).

Greger, Reinhard, Neue Regeln für die Verbandsklage im Verbraucherschutz- und Wettbewerbsrecht, NJW 2000, 2457-2463.

Grégoire, Stéphane, L' offre d'accès à internet et la protection des consommateurs, CCC, décembre 1998, 4-6.

Grimaux, Elisabeth, La détermination de la date de conclusion du contrat par voie électronique, Com. Com. électr., avril 2004, 14-20.

Groeschke, Peter/Kiethe, Kurt, Die Ubiquität des europäischen Verbraucherleitbildes – Der europäische Pass des informierten und verständigen Verbrauchers, WRP 2001, 230-238.

Gröner, Helmut/Köhler, Helmut, Verbraucherschutzrecht in der Marktwirtschaft, Ökonomische und rechtliche Aspekte des Konsumentenkredits, Tübingen 1987 (zitiert als: Gröner/Köhler, Verbraucherschutzrecht, 1987).

Großerichter, Helge/Rageade, Jean-Philippe, Französische Gesetzgebung und Rechtsprechung zum Handels- und Wirtschaftsrecht im Jahr 2000, RIW 2001, 771-781.

Gruber, Joachim, Vertragsschluß im Internet unter kollisionsrechtlichen Aspekten, DB 1999, 1437-1442.

Grundmann, Stefan, Harmonisierung, Europäischer Kodex, Europäisches System der Vertragsrechte, Die Perspektiven der Kommissionsmitteilung zum Europäischen Vertragsrecht, NJW 2002, 393-396.

Grundmann, Stefan, Information, Party Autonomy and Economic Agents in European Contract Law, C.M.L. Rev. 39 (2002) 269-293.

Grundmann, Stefan, Internationales Privatrecht als Verfassungsordnung, Kommissionsmitteilung zum Europäischen Vertragsrecht oder: ein Europäisches System der Vertragsrechte, RIW 2002, 329-343.

Grundmann, Stefan, Verbraucherrecht, Unternehmensrecht, Privatrecht – warum sind sich UN-Kaufrecht und EU-Kaufrechts-Richtlinie so ähnlich?, AcP 202 (2002), 40-71.

Grunewald, Barbara, Rechtsberatung und Streitschlichtung im Internet – (k)ein Fall für das Rechtsberatungsgesetz?, BB 2001, 1111-1113.

Grynbaum, Luc, Loi du 13 mars 2000 : la consécration de l'écrit et de la preuve électroniques au prix de la chute de l'acte authenique, Com. Com. électr., avril 2000, 12-15.

Grynbaum, Luc, La directive « commerce électronique » ou l'inquiétant retour de l'individualisme juridique, JCP 2001, I 307, p. 594-602.

Grynbaum, Luc, La directive « commerce électronique » ou l'inquiétant retour de l'individualisme juridique, JCP E 2001, 1617-1625.

Grynbaum, Luc, Projet de loi sur la société de l'information : le régime du « contrat électronique », D. 2002, 378-379.

Grynbaum, Luc, Projet de loi sur la société de l'information : vers une transposition constructive de la « Directive commerce électronique », Com. Com. électr., février 2002, 29-31.

Grynbaum, Luc, Projet de loi "pour la confiance dans l'économie numérique" : après la société de l'information, retour vers le commerce électronique, Com. Com. électr., avril 2003, 25-27.

Grynbaum, Luc, Décentralisation et libéralisation afin de donner confiance dans l'économie numérique, Com. Com. électr., septembre 2003, 28-30.

Grynbaum, Luc, Economie numérique : vers un droit de l'Internet autonome, Com. Com. électr., février 2004, 34-35.

Grynbaum, Luc, Economie numérique, Sénat : une deuxième lecture de compromis, Com. Com. électr., mai 2004, 37-39.

Grynbaum, Luc, Loi « Confiance dans l'économie numérique » : une version définitive proche de la version originale de la Directive « commerce électronique », Com. Com. électr., juin 2004, 38-41.

Guerrier, Claudine/Monget, Marie-Christine, Droit et sécurité des télécommunications, Paris 2000 (zitiert als: Guerrier/Monget, Droit et sécurité, 2000).

Gundermann, Lukas, E-Commerce trotz oder durch Datenschutz?, K&R 2000, 225-235.

Gunther, Jacques-Philippe, Harmonisation de la publicité comparative en Europe, CCC, février 1998, 4-6.

Gutmann, Daniel, Droit inernational privé, 2e édition, Paris 2000 (zitiert als: Gutmann, Droit international privé, 2000).

Haas, Lothar/Medicus, Dieter/Rolland, Walter/Schäfer, Carsten/Wendtland, Holger, Das neue Schuldrecht, München 2002 (zitiert als: Bearbeiter, in: Haas/Medicus/Rolland/C. Schäfer/Wendtland, Schuldrecht, 2002).

Habersack, Mathias/Mayer, Christian, Der Widerruf von Haustürgeschäften nach der „Heininger"-Entscheidung des EuGH, WM 2002, 253-259.

Haft, Fritjof/Eisele, Jörg, Zur Einführung: Rechtsfragen des Datenverkehrs im Internet, JuS 2001, 112-120.

Hähnchen, Susanne, Das Gesetz zur Anpassung der Formvorschriften des Privatrechts und anderer Vorschriften an den modernen Rechtsgeschäftsverkehr, NJW 2001, 2831-2834.

Hamburg Group for Private International Law, Comments on the European Commission's Draft Proposal for a Council Regulation on the Law Applicable to Non-Contractual Obligations, RabelsZ 67 (2003), 1-56.

Hance, Olivier, Business et droit d'Internet, s.l. 1996 (zitiert als Hance, Internet, 1996).

Härting, Niko, Das Widerrufsrecht des Verbrauchers nach § 3 FernAbsG, VuR 2001, 11-14.

Härting, Niko, Der dauerhafte Datenträger, Anmerkung zu OLG München, Urteil vom 25.1.2001, K&R 2001, 313 ff., KuR 2001, 310-313.

Härting, Niko, Fernabsatz – Änderungen durch das Schuldrechtsmodernisierungsgesetz, MDR 2002, 61-66.

Härting, Niko, Fernabsatzgesetz: Kurzkommentar, Köln 2000 (zitiert als Härting, FernAbsG, 2000).

Hassemer, Michael, Elektronischer Geschäftsverkehr im Regierungsentwurf zum Schuldrechts-modernisierungsgesetz, MMR 2001, 635-640.

Heiderhoff, Bettina, Einflüsse des europäischen Privatrechts zum Schutz des Verbrauchers auf das deutsche Zivilprozessrecht, ZEuP 9 (2001), 276-300.

Heinrichs, Helmut, Das Gesetz zur Änderung des AGB-Gesetzes, Umsetzung der EG-Richtlinie über mißbräuchliche Klauseln in Verbraucherverträgen durch den Bundesgesetzgeber, NJW 1996, 2190-2197.

Hémard, Jean/Bouloc, Bernard, Ventes, transports et autres contrats commerciaux, RTD com. 41 (1988), 273-296.

Henning-Bodewig, Frauke, E-Commerce und irreführende Werbung, Auswirkungen des Herkunfts-landprinzips auf das europäische und deutsche Irreführungsrecht, WRP 2001, 771-776.

Henning-Bodewig, Frauke, Das Europäische Wettbewerbsrecht: Eine Zwischenbilanz, GRUR Int. 2002, 389-398.

Herchenbach, Judith, Datenschutz und digitale Signatur, K&R 2000, 235-238.

Herwig, Volker, Zugang und Zustellung in elektronischen Medien, MMR 2001, 145-149.

Heuer, Dennis, Der Code de la consommation, Eine Studie zur Kodifizierung des französischen Verbraucherrechts, Frankfurt am Main 2002 (zitiert als: Heuer, Code de la consommation, 2002).

van den Heuvel, Esther, Online Dispute Resolution as a Solution to Cross-Border E-Disputes, An Introduction to ODR, 2000, http://www.oecd.org/dataoecd/63/57/1878940.pdf.

Heuzé, Vincent, A propos d'une « Initiative européenne en matière de droit des contrats », JCP 2002, I 152, p. 1341-1345.

Hillgruber, Christian, Grundrechtsschutz im Vertragsrecht – zugleich: Anmerkung zu BVerfG NJW 1990, 1469, AcP 91 (1991), 69-86.

von Hippel, Eike, Der Schutz des Schwächeren, Tübingen 1982 (zitiert als: von Hippel, Der Schutz des Schwächeren, 1982).

von Hippel, Eike, Verbraucherschutz, 3. Auflage, Tübingen 1986 (zitiert als: von Hippel, Verbraucherschutz, 1986).

Hoenicke, Mark/Hülsdunk, Lutz, Die Gestaltung von Fernabsatzangeboten im elektronischen Geschäftsverkehr nach neuem Recht, Gesetzesübergreifende Systematik und rechtliche Vorgaben vor Vertragsschluss, MMR 2002, 415-420.

Hoenicke, Mark/Hülsdunk, Lutz, Rechtliche Vorgaben für Fernabsatzangebote im elektronischen Geschäftsverkehr bei und nach Vertragsschluss, Ein Überblick über die gesetzlichen Anforderungen und die Rechtsfolgensystematik bei Verstößen, MMR 2002, 516-520.

Hoeren, Thomas, Cybermanners und Wettbewerbsrecht – Einige Überlegungen zum Lauterkeitsrecht, WRP 1997, 993-998.

Hoeren, Thomas, Internet und Recht – Neue Paradigmen des Informationsrechts, NJW 1998, 2849-2854.

Hoeren, Thomas, Vorschlag für eine EU-Richtlinie über E-Commerce, Eine erste kritische Analyse, MMR 1999, 192-199.

Hoeren, Thomas, E-Business und Rezession: Was wird vom elekronischen Handel bleiben?, NJW 2002, 37.

Hoeren, Thomas/Sieber, Ulrich (Hrsg.), Handbuch Multimedia-Recht, Rechtsfragen des elektronischen Geschäftsverkehrs, Loseblatt-Ausgabe, München, Stand Dezember 2001 (zitiert als: Bearbeiter, in: *Hoeren/Sieber* [Hrsg.], Multimedia-Recht).

Hoffmann, Dieter, „Gerechtigkeitsprinzipien" im europäischen Verbraucherprivatrecht – Fortschreitende Privatrechtskodifikation als Teil des sozialen Europas – , in: *Krämer, Ludwig/Micklitz, Hans-W./Tonner, Klaus* (Hrsg.), Law and diffuse Interests in the European Legal Order, Recht und diffuse Interessen in der Europäischen Rechtsordnung, Liber amicorum Norbert Reich, Baden-Baden 1997, S. 291-309 (zitiert als: D. Hoffmann, in: Krämer/Micklitz/Tonner [Hrsg.], Recht und diffuse Interessen, 1997).

Hoffmann, Helmut, Entwicklung des Internet-Rechts, NJW, Beilage zu Heft 14/2001.

Hoffmann, Helmut, Die Entwicklung des Internet-Rechts von Anfang 2001 bis Mitte 2002, NJW 2002, 2602-2610.

Hoffmann, Jochen, Realkredite im Europäischen Verbraucherschutzrecht – Besprechung des EuGH-Urteils vom 13.12.2001, Rechtssache C-481/99 „Heininger", ZIP 2002, 31, ZIP 2002, 145-152.

Hoffmann, Jochen/Höpfner, Ulrich, Verbraucherschutz bei Internetauktionen, EWS 2003, 107-114.

Höland, Armin, Leitbilder des europäischen Verbraucherrechts, in: *Krämer, Ludwig/Micklitz, Hans-W./Tonner, Klaus* (Hrsg.), Law and diffuse Interests in the European Legal Order, Recht und diffuse Interessen in der Europäischen Rechtsordnung, Liber amicorum Norbert Reich, Baden-Baden 1997, S. 195-219 (zitiert als: Höland, in: Krämer/Micklitz/Tonner [Hrsg.], Recht und diffuse Interessen, 1997).

Hollande, Alain/Zuker, Cynthia, Précautions juridiques en matière de conception de liens hypertextes, Com. Com. électr., janvier 2001, 8.

Holleaux, Dominique/Foyer, Jacques/de La Pradelle, Géraud de Geouffre, Droit international privé, Paris 1987 (zitiert als: Holleaux/Foyer/de La Pradelle, Droit international privé, 1987).

Hommelhoff, Peter, Zivilrecht unter dem Einfluß europäischer Rechtsangleichung, AcP 192 (1992), 71-107.

Hönn, Günther, Kompensation gestörter Vertragsparität, Ein Beitrag zum inneren System des Vertragsrechts, München 1982 (zitiert als: Hönn, Vertragsparität, 1982).

Hopp, Claudia/Grünvogel, Andreas, Pseudonyme nach dem deutschen und österreichischen Signaturgesetz, Datenschutzrechtliche Aspekte rechtsvergleichend betrachtet, DuD 2002, 79-83.

Houx, Nicolas, La protection des consommateurs dans la Convention de Rome du 19 juin 1980 : pour une interprétation cohérente des dispositions applicables (1re partie), Petites affiches, 1.3.2001, 6-18.

Hübner, Ulrich/Constantinesco, Vlad, Einführung in das französische Recht, 3. Auflage, München 1994 (zitiert als: Hübner/Constantinesco, Einführung, 1994).

Huet, Jérôme, Aspects juridiques du télépaiement, JCP 1991, I 3524, p. 287-291.

Huet, Jérôme, Aspects juridiques du commerce électronique : approche internationale, Petites affiches, 26.9.1997, 6-18.

Huet, Jérôme, La problématique du commerce électronique au regard du projet de directive communautaire du 23 décembre 1998, Com. Com. électr., novembre 1999, 9-13.

Huet, Jérôme, La problématique juridique du commerce électronique, Revue de jurisprudence commerciale, numéro spécial : Le droit des affaires du XXIème siècle, janvier 2001, 17-30.

Huet, Jérôme, Les contrats encadrant les transferts de données personnelles, Com. Com. électr., mai 2001, 8-14.

Huet, Jérôme, Elements de réflexion sur le droit de la consommation, Petites affiches, 8.11.2001, 4-11.

Huet, Jérôme, Traité de Droit civil, sous la direction de Jacques Ghestin : Les prinicipaux contrats spéciaux, 2e édition, Paris 2001 (zitiert als: Huet, Contrats spéciaux, 2001).

Huet, Jérôme, Nous faut-il un « euro » droit civil ? (propos sur la communication de la Commission concernant le « droit européen des contrats », et, plus généralement, sur l'uniformisation du droit civil au niveau européen), D. 2002, 2611-2614.

van Huffel, Michel, Commercialisation à distance des services financiers : derniers développements d'une - déjà - longue histoire ..., REDC 2001, 295-340.

Ihde, Rainer, Cookies – Datenschutz als Rahmenbedingung der Internetökonomie, CR 2000, 413-423.

Itéanu, Olivier, Le point sur les contrats du commerce électronique, Cahiers Lamy droit de l'Informatique, juillet 1997, 1-4.

Jayme, Erik, Klauselrichtlinie und internationales Privatrecht – Eine Skizze, in: *Westphalen, Friedrich Graf von/Sandrock, Otto* (Hrsg.), Lebendiges Recht – Von den Sumerern bis zur Gegenwart, Festschrift für *Reinhold Trinkner* zum 65. Geburtstag, Heidelberg 1995, S. 575-584 (zitiert als: Jayme, in: FS Trinkner, 1995).

Jayme, Erik/Kohler, Christian, Zum Stand des internationalen Privat- und Verfahrensrechts der Europäischen Gemeinschaft, IPRax 1985, 65-71.

Jayme, Erik/Kohler, Christian, Europäisches Kollisionsrecht 1998 – Die Abendstunde der Staats-verträge, IPRax 1999, 401-413.

Joerges, Christian, Verbraucherschutz als Rechtsproblem, Eine Untersuchung zum Stand der Theorie und zu den Entwicklungsperspektiven des Verbraucherrechts, Heidelberg 1981 (zitiert als: Joerges, Verbraucherschutz, 1981).

Joly-Passant, Elisabeth, Le décret du 30 mars 2001 pris pour l'application de l'article 1316-4 du Code civil et relatif à la signature électronique, Revue Lamy droit des affaires, juillet 2001, p. 21-29 (chron. 2519).

Joly-Passant, Elizabeth, Le décret du 31 mars 2001 pris pour l'application de l'article 1316-4 du Code civil et relatif à la signature électronique, Cahiers Lamy droit de l'informatique et des réseaux, juin 2001, 1-9.

Jorden, Simone, Die EG-Richtlinie über den Verbrauchsgüterverkauf und Verbrauchsgütergarantien und ihre Umsetzung in das deutsche Zivilrecht, München 2001 (zitiert als: Jorden, Verbrauchsgütergarantien, 2001).

Jorden, Simone/Lehmann, Michael, Verbrauchsgüterkauf und Schuldrechtsmodernisierung, Zur geplanten Umsetzung der Richtlinie 1999/44/EG im Rahmen eines Gesetzes zur Modernisierung des Schuldrechts, JZ 2001, 952-965.

Jungermann, Sebastian, Ein Redaktionsversehen des Gesetzgebers und die Bedeutung des § 371 ZPO für elektronische Dokumente, CR 2001, 868-871.

Junker, Abbo, Internationales Vertragsrecht im Internet, RIW 1999, 809-818.

Junker, Abbo, Empfiehlt es sich, Art. 7 EVÜ zu revidieren oder aufgrund der bisherigen Erfahrungen zu präzisieren?, IPRax 2000, 65-71.

Junker, Abbo, Vom Brüsseler Übereinkommen zur Brüsseler Verordnung – Wandlungen des Internationalen Zivilprozessrechts, RIW 2002, 569-577.

Junker, Abbo/Schramm, Dorothee, Die gekenterte Bohrplattform – Vertragliche und deliktische Haftung bei Distanzdelikten in der französischen Rechtsprechung, IPRax 2001, 482-485.

Kaiser, Andreas/Voigt, Dennis, Vertragsschluß und Abwicklung des Electronic Commerce im Internet – Chancen und Risiken, K&R 1999, 445-453.

Kamanabrou, Sudabeh, Vorgaben der E-Commerce-RL für die Einbeziehung von AGB bei Online-Rechtsgeschäften, CR 2001, 421-425.

Karsten, Jens, The Legislative Framework for Electronic Commerce in Germany, in: *De Nayer, Benoît/Laffineur, Jacques* (éds.), Droit et consommation, Bruxelles 2000, p. 101-109 (zitiert als: Karsten, in: De Nayer/Laffineur [éds.], Droit et consommation, 2000).

Kemper, Rainer, Verbraucherschutzinstrumente, Baden-Baden 1994 (zitiert als: Kemper, Verbraucherschutzinstrumente, 1994).

Keßler, Jürgen, European Consumer Law – zu den dogmatischen und didaktischen Konzepten des europäischen Verbraucherrechts, VuR 1999, 415-422.

Khalil, Lionel Jean, Signature électronique : certificats qualifiés "publics" ou certificats qualifiés "privés" ?, Com. Com. électr., avril 2003, 11-14.

Kieninger, Eva-Maria, Wettbewerb der Privatrechtsordnungen im Europäischen Binnenmarkt, Studien zur Privatrechtskoordinierung in der Europäischen Union auf den Gebieten des Gesellschafts- und Vertragsrechts, Tübingen 2002 (zitiert als: Kieninger, Wettbewerb der Privatrechtsordnungen, 2002).

Kind, Sandra, Die Grenzen des Verbraucherschutzes durch Information – aufgezeigt am Teilzeitwohnrechtegesetz, Berlin 1998 (zitiert als: Kind, Grenzen des Verbraucherschutzes, 1998).

Kleindiek, Detlef, Aspekte gemeinschaftsweiter Privatrechtsangleichung: Ein Sonderprivatrecht für Verbraucher?, in: *Hommelhoff, Peter/Jayme,*

Erik/Mangold, Werner (Hrsg.), Europäischer Binnen-markt Internationales Privatrecht und Rechtsangleichung. Beiträge und Diskussionen des Symposiums 1994 in Heidelberg, Heidelberg 1995, S. 297-310 (zitiert als: Kleindiek, in: Hommelhoff/Jame/Mangold (Hrsg.), Europäischer Binnenmarkt, 1995).

Kleinschmidt, Jens, Stellvertretungsrecht in Deutschland und Frankreich: Perspektiven für eine Rechtsvereinheitlichung, ZEuP 9 (2001), 697-736.

Koch, Alexander, Zur Einordnung von Internet-Suchmaschinen nach dem EGG – Zugleich ein Beitrag zum Haftungsrecht nach der Umsetzung der E-Commerce-Richtlinie, K&R 2002, 120-126.

Koehler, Philipp, Allgemeine Geschäftsbedingungen im Internet, MMR 1998, 289-294.

Köhler, Helmut, Die Problematik automatisierter Rechtsvorgänge, insbesondere von Willenserklärungen, AcP 182 (1982), 126-171.

Köhler, Helmut/Piper, Henning, Gesetz gegen den unlauteren Wettbewerb, 3. Auflage, München 2002 (zitiert als: Bearbeiter, in: Köhler/Piper, UWG, 2002).

Koenig, Christian/Röder, Ernst, Die EG-Datenschutzrichtlinie für Telekommunikation – Verpflichtungen auch für Internetdienstleister, CR 2000, 668-676.

Kohler, Christian, Kein Weg zur Rechtsvereinheitlichung – Zur Übernahme des EG-Übereinkommens vom 19. Juni 1980 über das auf vertragliche Schuldverhältnisse anzuwendende Recht –, EuR 19 (1984), 155-173.

Kohler, Christian, Europäisches Kollisionsrecht zwischen Amsterdam und Nizza, ZEuS 4 (2001), 575-593.

Kohler, Jürgen, Das Rücktrittsrecht in der Reform, JZ 2001, 325-337.

Königshoven, Thomas, Telekommunikations-Datenschutzverordnung (TDSV), Kommentar, Heidelberg 2002 (zitiert als: Königshoven, TDSV, 2002).

von Koppenfels, Katharina, Das Widerrufsrecht bei Verbraucherverträgen im BGB – eine Untersuchung des § 355 Abs. 1 BGB Reg-E, WM 2001, 1360-1369.

Krasser, Rudolf, Das Recht des unlauteren Wettbewerbs in den Mitgliedstaaten der Europäischen Wirtschaftsgemeinschaft, Gutachten erstattet im Auftrag der

Kommission der Europäischen Wirtschaftsgemeinschaft vom Max-Planck-Institut für ausländisches und internationales Patent-, Urheber- und Wettbewerbsrecht in München, Herausgegeben von Eugen Ulmer, Band IV, Frankreich, München/Köln 1967 (zitiert als: Krasser, Frankreich, 1967).

Kroeger, Helga Elizabeth, Der Schutz der „marktschwächeren" Partei im Internationalen Vertragsrecht, Frankfurt am Main 1984 (zitiert als: Kroeger, Der Schutz der „marktschwächeren" Partei, 1984).

Kronke, Herbert, Electronic Commerce und Europäischs Verbrauchervertrags-IPR – Zur Umsetzung der Fernabsatzrichtlinie, RIW 1996, 985-993.

Kronke, Herbert, Applicable Law in Torts and Contracts in Cyberspace, in: *Boele-Woelki, Katharina/Kessedjian, Catherine* (eds.), Internet, Which Court Decides? Which Law Applies? Quel tribunal décide? Quel droit s'applique?, The Hague 1998, p. 65-87 (zitiert als: Kronke, in: Boele-Woelki/Kessedjian [eds.], Internet, 1998).

Kropholler, Jan, Internationales Privatrecht, 4. Auflage, Tübingen 2001 (zitiert als: Kropholler, Internationales Privatrecht, 2001).
Kropholler, Jan, Europäisches Zivilprozeßrecht, Kommentar zu EuGVO und Lugano-Übereinkommen, 7. Auflage, Heidelberg 2002 (zitiert als: Kropholler, Europäisches Zivilprozeßrecht, 2002).

Kulke, Ulrich, Haustürwiderrufsrecht und Realkreditvertrag, Zugleich eine Besprechung zu EuGH, Urt. 13.12.2001 – Rs. C-481/99, Heininger, ZBB 2002, 33-50.

Kümpel, Siegfried, Elektronisches Geld (cyber coins) als Bankgarantie, NJW 1999, 313-320.

Kümpel, Siegfried, Bank- und Kapitalmarktrecht, 2. Auflage, Köln 2000 (zitiert als: Kümpel, Bank- und Kapitalmarktrecht, 2000).

Kuner, Christopher, Challenges for Review of the EU Date Protection Directive, DuD 2002, 553-555.

Lagarde, Paul, Heurs et malheurs de la protection internationale du consommateur dans l'Union européenne, in: *Goubeaux, Gilles/Guyon, Yves/ Jamin, Christophe/Lagarde, Paul/Viney, Geneviève/ Waline, Jean* (éds.), Etudes offertes à *Jacques Ghestin,* Le contrat au début du XXIe siècle, Paris 2001, p. 511-525 (zitiert als: P. Lagarde, in: Etudes Ghestin, 2001).

Lagarde, Paul, Le nouveau droit international privé des contrats après l'entrée en vigeur de la convetion de Rome du 19 juin 1980, Rev. crit. dr. int. privé, 80 (1991), 287-340.

Lagarde, Xavier, Observations critiques sur la renaissance du formalisme, JCP 1999, I 179, p. 1767-1775.

de Lamberterie, Isabelle, Preuve et signature : les innovations du droit français, Cahiers Lamy droit de l'informatique et des réseaux, mars 2000, 9-12.

de Lamberterie, Isabelle /Blanchette, Jean-Francois, Le décret du 30 mars 2001 relatif à la signature électronique : Lecture critique, technique et juridique, JCP E 2001, 1269-1275.

Landfermann, Hans-Georg, Der Richtlinienvorschlag „Elektronischer Geschäftsverkehr", Ziele und Probleme, ZUM 1999, 795-802.

Landfermann, Hans-Georg, Internet-Werbung und IPR, in: *Basedow, Jürgen/Drobnig, Ulrich/Ellger, Reinhard/Hopt, Klaus J./Kötz, Hein/Kulms, Rainer/Mestmäcker, Ernst-Joachim* (Hrsg.), Aufbruch nach Europa, 75 Jahre Max-Planck-Institut für Privatrecht, Tübingen 2001, S. 503-515 (zitiert als: Landfermann, in: FS MPI für Privatrecht, 2001).

Lanskoy, Serge, La nature juridique de la monnaie électronique, Bull. Banque de France, octobre 1999, 45-61.

Laporte, Christian, Responsabilité du fait des produits défectueux : La France à nouveau épinglée, CCC, juillet 2000, 4-5.

Larenz, Karl/Wolf, Manfred, Allgemeiner Teil des Bürgerlichen Rechts, 8. Auflage, München 1997 (zitiert als: Larenz/Wolf, Allgemeiner Teil, 1997).

Larguier, Jean/Conte, Philippe, Droit pénal des affaires, 10e édition, Paris 2001 (zitiert als: Larguier/Conte, Droit pénal des affaires, 2001)i.

Larroumet, Christian, Droit civil, tome 3: Les obligations, le contrat, 4e édition, Paris 1998 (zitiert als: Larroumet, Contrat, 1998).

Lavorel, Laure, Le consentement en matière de commerce électronique, Expertises 2000, 379-381.

Lecheler, Helmut, Verbraucherschutz, in: *Dauses, Manfred A.* (Hrsg.), Handbuch des EU-Wirtschaftsrechts, Band 2, Abschnitt H.V., 11. EL, München 2002 (zitiert als: Lecheler, in: Dauses (Hrsg.), Handbuch, Band 2, Abschnitt H.V., 2002).

Legeais, Dominique, Droit commercial et des affaires, 14e édition, Paris 2001 (zitiert als: Legeais, Droit commercial, 2001).

Lehmann, Michael, Electronic Commerce und Werbung in Europa, in: *ders.* (Hrsg.), Rechtsgeschäfte im Netz - Electronic commerce, Stuttgart 1999, S. 169-181 (zitiert als: Lehmann, in: ders. [Hrsg.], Electronic commerce, 1999).

Lehmann, Michael, Rechtsgeschäfte und Verantwortlichkeit im Netz – Der Richtlinienvorschlag der EU-Kommission, ZUM 1999, 180-184.

Lehmann, Michael, Informationsverantwortung und Gewährleistung für Werbeangaben beim Verbrauchsgüterkauf, JZ 2000, 280-293.

Leible, Stefan/Engel, Andreas, Der Vorschlag der EG-Kommission für eine Rom II-Verordnung – Auf dem Weg zu einheitlichen Anknüpfungsregeln für außervertragliche Schuldverhältnisse in Europa, EuZW 2004, 7-17.

Leistner, Matthias/Pothmann, Julia, E-Mail-Direktmarketing im neuen europäischen Recht und in der UWG-Reform, WRP 2003, 815-831.

Lequette, Yves, Quelques remarques à propos du projet de code civil européen de M. von Bar, D. 2002, 2202-2214.

Lerebours-Pigeonnière, Paul/Loussouarn, Yvon, Droit international privé, 9e édition, Paris 1970 (zitiert als: Lerebours-Pigeonnière/Loussouarn, Droit international privé, 1970).

Lerouge, Jean-Francois, Internet Effective Rules: The Role of Self-Regulation, EDI Law Review 8: 197-207, 2001.

Lesguillons, Henry, Lamy Contrats Internationaux, Paris 2000 (zitiert als: Lesguillons, Lamy contrats internationaux, Division, Jahr).

Lettl, Tobias, Versteigerung im Internet – BGH, NJW 2002, 363, JuS 2002, 219-224.

Lettl, Tobias, Der lauterkeitsrechtliche Schutz vor irreführender Werbung in Europa, München 2004 (zitiert als: Lettl, Schutz vor irreführender Werbung, 2004).

Leupold, Andreas/Bräutigam, Peter/Pfeiffer, Markus, Von der Werbung zur kommerziellen Kommunikation: Die Vermarktung von Waren und Dienstleistungen im Internet, WRP 2000, 575-598.

Leveneur, Laurent, Vente entre professionnels et clause limitative de responsabilité, CCC, mars 1994, 1-2.

Leveneur, Laurent, Contrats entre professionnels et législation des clauses abusives, CCC, avril 1996, 1-3.

Leveneur, Laurent, L'europe contre le consommateur français, CCC, avril 1997, 1.

Leveneur, Laurent, Directive du 25 mai 1999 : quelle transposition?, CCC, août-septembre 2001, 1.

Leveneur, Laurent, Signature électronique : un décret, et beaucoup de questions, CCC, mai 2001, 1.

Leveneur, Laurent, Le Code civil et le droit communautaire, in: *Lequette, Yves* (éd.), Le Code civil, 1804-2004, Un passé, un présent, un avenir, Paris 2004, p. 929-951 (zitiert als: Leveneur, in: Lequette [éd.], Code civil, 2004).

von Lewinski, Kai, Privacy Policies: Unterrichtungen und Einwilligungen im Internet, DuD 2002, 395-400.

Lieb, Manfred, Schutzbedürftigkeit oder Eigenverantwortlichkeit? – Kritische Überlegungen zur richterlichen Rechtsfortbildung im Vertragsrecht – , DNotZ 1989, 274-296.

Lindholm, Pia/Maennel, Frithjof A., Directive on Electronic Commerce (2000/31/EC), CRi 2000, 65-69.

L'Institut de Droit des Affaires Université d'Aix-Marseille III et Le Centre de Perfectionnement dans l'Adminstration des Affaires (CPA - CPA-Lyon), Nouvelles données pour un droit de la consommation. Deuxième Rencontre Université – Entreprise organisée les 17 et 18 novembre 1972 à Aix-en-Provence, Paris 1973.

Lolivier, Marc, Vente à distance et publicité comparative : vers une harmonisation des législations européennes, Gaz. Pal. 1998, 1er sem., doctr. 621-626.

Lorenz, Egon, Zum neuen internationalen Vertragsrecht aus versicherungsvertraglicher Sicht, in: *Musielak, Hans-Joachim/Schurig, Klaus* (Hrsg.), Festschrift für *Gerhard Kegel* zum 75. Geburtstag 26.Juni 1987, Stuttgart 1987, S. 303-341 (zitiert als: Lorenz, in: FS Kegel, 1987).

Lorenz, Stefan, Im BGB viel Neues: Die Umsetzung der Fernabsatzrichtlinie, JuS 2000, 833-843.

Loussouarn, Yvon/Bourel, Pierre, Droit international privé, 6e édition, Paris 1999 (zitiert als: Loussouarn/Bourel, Droit international privé, 1999).

Luby, Monique, La notion de consommateur en droit communautaire : une commode inconstance..., CCC, janvier 2000, 4-8.

Lucas de Leyssac, Claude/Lacaze, Xavier, Le paiement en ligne, Com. Com. électr., février 2001, 13-18.

Lüderitz, Alexander, „Verbraucherschutz" im internationalen Vertragsrecht – ein Zuständigkeits-problem, in: *Jayme, Erik/Kegel, Gerhard/Lutter, Marcus* (Hrsg.), Ius inter nationes, Festschrift für *Stefan Riesenfeld* aus Anlass seines 75. Geburtstags, Heidelberg 1983, S. 147-163 (zitiert als: Lüderitz, in: FS Riesenfeld, 1983).

Lurger, Brigitta/Vallant, Sonja Maria, Grenzüberschreitender Wettbewerb im Internet, Umsetzung des Herkunftslandprinzips der E-Commerce-Richtlinie in Deutschland und Österreich, RIW 2002, 188-202.

Magnier, Véronique, Les sanctions du formalisme informatif, JCP 2004, I 106, p. 177-180.

Malaurie, Philippe, Le Code civil européen des obligations et des contrats, Une question toujours ouverte, Colloque de Leuven (Belgique) (30 nov. - 1er déc. 2001), JCP 2002, I 110, p. 281-285.

Malaurie, Philippe/Aynès, Laurent, Cours de droit civil, tome IV : Les Obligations, 10e édition, Paris 1999 (zitiert als: Malaurie/Aynès, Obligations, 1999).

Malaurie, Phillippe/Aynès, Laurent, Cours de droit civil, tome VI : Les obligations, volume 2: contrats, quasi-contrats, 11e édition, Paris 2001 (zitiert als: Malaurie/Aynès, Obligations/2, 2001).

Malaurie, Philippe/Aynès, Laurent/Gautier, Pierre-Yves, Cours de droit civil, tome VIII : Les contrats spéciaux civils et commerciaux, 13e édition, Paris 1999 (zitiert als: Malaurie/Aynès/Gautier, Contrats spéciaux, 1999).

Malaurie, Philippe/Aynès, Laurent/Gautier, Pierre-Yves, Cours de droit civil, tome VIII : Les contrats spéciaux civils et commerciaux, 14e édition, Paris 2001 (zitiert als: Malaurie/Aynès/Gautier, Contrats spéciaux, 2001).

Malinvaud, Philippe, La protection des consommateurs, D. 1981, chron. 49-62.

Malinvaud, Philippe, Réponse – hors délai – à la Commission européenne : à propos d'un code européen des contrats, D. 2002, 2542-2551.

Mallet-Poujol, Nathalie, La réforme de la loi « informatiques et libertés », Rev. fr. adm. publ. n° 89 (La protection des données personnelles), janvier-mars 1999, 49-62.

Mallet-Poujol, Nathalie, Le dispositif « Informatique et Libertés » à l'épreuve de l'internet, Légipresse n° 180, avril 2001, II 35-41.

Mankowski, Peter, Strukturfragen des internationalen Verbrauchervertragsrechts, RIW 1993, 453-463.

Mankowski, Peter, Das Internet im internationalen Vertrags- und Deliktsrecht, RabelsZ 63 (1999), 203-294.

Mankowski, Peter, Internet und Internationales Wettbewerbsrecht, GRUR Int. 1999, 909-921.

Mankowski, Peter, Besondere Formen von Wettbewerbsverstößen im Internet und Internationales Wettbewerbsrecht, GRUR Int. 1999, 995-1003.

Mankowski, Peter, E-Commerce und Internationales Verbraucherschutzrecht, MMR-Beilage 7/2000, 22-37.

Mankowski, Peter, Wettbewerbsrechtliches Gerichtspflichtigkeits- und Rechtsanwendungsrisiko bei Werbung über Websites, Zugleich Anmerkung zu OLG Bremen v. 17.2.2000 – 2 U 139/99, CR 2000, 763-769.

Mankowski, Peter, Websites und Versandhandelsprivileg, Zugleich Anmerkung zu LG München I v. 25.5.2000 – 17 HKO 21011/99, CR 2001, 30-36.

Mankowski, Peter, Verbraucherschutzrechtliche Widerrufsbelehrung und Sprachrisiko, VuR 2001, 359-370.

Mankowski, Peter, Fernabsatzrecht: Information über das Widerrufsrecht und Widerrufsbelehrung bei Internetauftritten, CR 2001, 767-775.

Mankowski, Peter, Herkunftslandprinzip und Günstigkeitsvergleich in § 4 TDG-E, CR 2001, 630-641.

Mankowski, Peter, Schwebende Unwirksamkeit unter § 361a BGB – Probleme, Reaktionsmöglichkeiten, Kritik und Korrektur – Teil I –, WM 2001, 793-802.

Mankowski, Peter, Zur Neuregelung der Widerrufsfrist bei Fehlen einer Belehrung im Verbraucherschutzrecht, JZ 2001, 745-751.

Mankowski, Peter, Das Herkunftslandprinzip als Internationales Privatrecht der e-commerce-Richtlinie, ZVglRWiss 100 (2001), 137-181.

Mankowski, Peter, Wie problematisch ist die Identität des Erklärenden bei E-Mails wirklich?, NJW 2002, 2822-2828.

Mankowski, Peter, Herkunftslandprinzip und deutsches Umsetzungsgesetz zur e-commerce-Richtlinie, IPRax 2002, 257-266.

Mankowski, Peter, Überlegungen zur sach- und interessengerechten Rechtswahl für Verträge des internationalen Wirtschaftsverkehrs, RIW 2003, 2-15.

Mankowski, Peter, Zum Nachweis des Zugangs bei elektronischen Erklärungen, NJW 2004, 1901-1907.

Martin, Raymond, La réforme des clauses abusives, Loi n° 95-96 du 1er février 1995, Annales des Loyers 1995, 1117-1124.

Martinek, Michael, Unsystematische Überregulierung und kontraintentionale Effekte im Europäischen Verbraucherschutzrecht oder: Weniger wäre mehr, in: *Grundmann, Stefan* (Hrsg.), Systembildung und Systemlücken in Kerngebieten des Europäischen Privatrechts, Gesellschafts-, Arbeits- und Schuldvertragsrecht, Tübingen 2000, S. 511-557 (zitiert als: Martinek, in: Grundmann [Hrsg.], Systembildung und Systemlücken, 2000).

Martis, Rüdiger, Die Anwendbarkeit des Verbraucherkreditgesetzes, MDR 1998, 1189-1197.

Martis, Rüdiger, Verbraucherschutz, Verbraucherkredit- und Haustürwiderrufsgesetz, Systematische Darstellung, München 1998 (zitiert als: Martis, Verbraucherschutz, 1998).

Marty, Gabriel/Raynaud, Pierre, Droit civil, Les obligations, Tome 1 : Les sources, 2e édition, Paris 1988 (zitiert als: Marty/Raynaud, Obligations/1, 1988).

Marx, Claudius, Nicht nur im Internet: harmonisierter Verbraucherschutz im Fernabsatz, WRP 2000, 1227-1237.

Marx, Claudius, Vergleichende Werbung – wie weit reicht die Harmonisierung?, EWS 2001, 353-357.

Mathias, Garance/Menais, Alexandre, Les enjeux de la monnaie électronique : réflexions juridiques après l'adoption de la directive « monnaie électronique », Cahiers Lamy droit de l'informatique et des réseaux, juin 2001, 11-18.

de Matos, Anne-Marie, Consommation transfrontière : d'un espace cloisonné à un éspace judiciaire européen, REDC 2000, 151-188.

Mazeaud, Henri/Mazeaud, Léon/Mazeaud, Jean, Leçon de droit civil, tome II, 2e édition, Paris 1962 (zitiert als: H. Mazeaud/L. Mazeaud/J. Mazeaud, Droit civil, tome 2, 1962).

Medicus, Dieter, Wer ist ein Verbraucher?, in: *Leser, Hans G./Isomura, Tamotsu* (Hrsg.), Wege zum japanischen Recht. Festschrift für *Zentaro Kitagawa* zum 60. Geburtstag, Berlin 1992, S. 471-486 (zitiert als: Medicus, in: FS Kitagawa, 1992).

Medicus, Dieter, Schutzbedürfnisse (insbesondere der Verbraucherschutz) und das Privatrecht, JuS 1996, 761-767.

Medicus, Dieter, Allgemeiner Teil des BGB, Ein Lehrbuch, 7. Auflage, Heidelberg 1997.

Meents, Jan Geert, Verbraucherschutz bei Rechtsgeschäften im Internet – Anwendung und Wirkung klassischer Instrumentarien des Verbraucherschutzrechts und der europäischen Fernabsatzrichtlinie, Köln 1998 (zitiert als: Meents, Verbraucherschutz, 1998).

Meents, Jan Geert, Ausgewählte Probleme des Fernabsatzgesetzes bei Rechtsgeschäften im Internet, CR 2000, 610-614.

Mehrings, Josef, Internet-Verträge und internationales Vertragsrecht, CR 1998, 613-621.

Mehrings, Josef, Verbraucherschutz im Cyberlaw: Zur Einbeziehung von AGB im Internet, BB 1998, 2373-2380.

Meinhof, Alexander, Neuerungen im modernisierten Verbrauchervertragsrecht durch das OLG-Vertretungsänderungsgesetz, NJW 2002, 2273-2275.

Menais, Alexandre/Dietrich, Yann, Un aperçu de la proposition de directive n° 98-586 relative à certains aspects juridiques du commerce électronique, Cahiers Lamy droit de l'informatique et des réseaux, mars 1999, 1-7.

Metz, Rainer, Der Fernabsatz von Finanzdienstleistungen – verbraucherpolitische Defizite, in: *Krämer, Ludwig/Micklitz, Hans-W./Tonner, Klaus* (Hrsg.), Law and diffuse Interests in the European Legal Order, Recht und diffuse Interessen in der Europäischen Rechtsordnung, Liber amicorum *Norbert Reich*, Baden-Baden 1997, S. 603-621 (zitiert als: Metz in: Krämer/Micklitz/Tonner [Hrsg.], Recht und diffuse Interessen, 1997).

Meyer, Sebastian, Cookies & Co. – Datenschutz und Wettbewerbsrecht, WRP 2002, 1028-1035.

Micklitz, Hans W., Der Vorschlag über eine Richtlinie des Rates über den Verbraucherschutz bei Vertragsabschlüssen im Fernabsatz, VuR 1993, 129-139.

Micklitz, Hans W., Die Fernabsatzrichtlinie 97/7/EG, ZEuP 7 (1999), 875-902.

Micklitz, Hans W., Vertragsschlußmodalitäten, in: *ders./Pfeiffer, Thomas/Tonner, Klaus/Willingmann, Armin* (Hrsg.), Schuldrechtsreform und Verbraucherschutz, Baden-Baden 2001, S. 191-247 (zitiert als: Micklitz, in: ders./Pfeiffer/Tonner/Willingmann [Hrsg.], Schuldrechtsreform, 2001).

Micklitz, Hans W., Fernabsatz und E-Commerce im Schuldrechtsmodernisierungsgesetz, EuZW 2001, 133-142.

Micklitz, Hans W./Keßler, Jürgen, Europäisches Lauterkeitsrecht, Dogmatische und ökonomische Aspekte einer Harmonisierung des Wettbewerbsverhaltensrechts im europäischen Binnenmarkt, GRUR Int. 2002, 885-901.

Micklitz, Hans W./Reich, Norbert, Die Fernabsatzrichtlinie im deutschen Recht, Baden-Baden 1998 (zitiert als: Bearbeiter, in: Micklitz/Reich, Fernabsatzrichtlinie, 1998).

Micklitz, Hans W./Reich, Norbert, Umsetzung der EG-Fernabsatzrichtlinie – Im Blickpunkt: Referentenentwurf eines Fernabsatzgesetzes, BB 1999, 2093-2100.

Micklitz, Hans W./Rott, Peter, Vergemeinschaftung des EuGVÜ in der Verordnung (EG) Nr. 44/2001, EuZW 2001, 325-335.

Milanova, Alice, Internet : fondements juridiques de la confiance, Cahiers Lamy droit de l'informatique et des réseaux, décembre 2001, 26-35.

Mirabail, Solange, La rétractation en droit privé français, Paris 1997 (zitiert als: Mirabail, Rétractation, 1997).

Mitrani, Ahi, Regulation E-commerce, E-contracts and the Controversy of Multiple Jurisdiction, [2001] Int.T.L.R., 2, 50-60.

Moatti Neuer, Laurence, Justice en ligne, justice de demain?, Petites affiches, 5.12.2001, 7-12.

Mole, Ariane, Projet de loi informatique et libertés : « le miroir à deux faces », Gaz. Pal, 14.10.2001, 4-12.

Möllers. Thomas M. J., Europäische Richtlinien zum Bürgerlichen Recht, JZ 2002, 121-134.

Morançais-Demeester, Marie-Luce, La responsabilité des personnes obligées à restitution, RTD civ. 1993, 757-787.

Moreno, Dominique, La réforme du droit de la preuve et les nouvelles technologies, Position de la CCI de Paris, JCP 2000, p. 55-56.

Moritz, Hans-Werner, Quo vadis elektronischer Geschäftsverkehr?, CR 2000, 61-72.

Moritz, Hans-Werner/Dreier, Thomas (Hrsg.), Rechts-Handbuch zum E-Commerce, Köln 2002 (zitiert als: Bearbeiter, in: Moritz/Dreier, E-Commerce, 2002).

Morse, C. G. J., Consumer contracts, employment contracts and the Rome Convention, Int.C.L.Q. 41 (1992), 1-21.

Münchener Kommentar zum Bürgerlichen Gesetzbuch, Band 1, 4. Auflage, München 2001; Band 2, 4. Auflage, München 2001; Band 10, 3. Auflage, München 1998 (zitiert als: Bearbeiter, in: MK-BGB, Band, Jahr).

Munoz, Sandrine, La proposition de directive relative à certains aspects juridiques du commerce électronique, Petites affiches, 9.8.1999, 10-13.

Munoz, Sandrine, Le règlement de Bruxelles et la problematique de la détermination du tribunal compétent dans le cadre d'un litige transfrontalier sur Internet, Cahiers Lamy droit de l'informatique et des réseaux, novembre 2001, 13-16.

Nataf, Philippe/Lightburn, James, La droit portant adaption du droit de la preuve aux technologies de l'information, JCP E 2000, 836-839.

Nemeth, Kristin, Kollisionsrechtlicher Verbraucherschutz in Europa, Art. 5 EVÜ und die einschlägigen Verbraucherschutzrichtlinien, Wien 2000 (zitiert als: Nemeth, Kollisionsrechtlicher Verbraucherschutz, 2000).

Nickels, Sven, Der elektronische Geschäftsverkehr und das Herkunftslandprinzip, DB 2001, 1919-1923.

Nickels, Sven, Neues Bundesrecht für den E-Commerce, CR 2002, 302-309.

Niedermeier, Robert/Schröcker, Stefan, Ersatzfähigkeit immaterieller Schäden aufgrund rechtswidriger Datenverarbeitung, RDV 2002, 217-224.

Nordmann, Matthias Johannes, Neuere Entwicklungen im Recht der vergleichenden Werbung, GRUR Int. 2002, 297-303.

Normand, J./Balate, E., Relations transfrontalières et consommation : quels(s) juge(s) et quelle(s) loi(s)?, Cah. dr. eur. 26 (1990), 272-351.

Oertel, Klaus, Elektronische Form und notarielle Aufgaben im elektronischen Rechtsverkehr, MMR 2001, 419-423.

Ohlenburg, Anna, Die neue EU-Datenschutzrichtlinie 2002/58/EG, Auswirkungen und Neuerungen für elektronische Kommunikation, MMR 2003, 82-86.

Ohly, Ansgar, Herkunftslandprinzip und Kollisionsrecht, GRUR Int. 2001, 899-908.

Olivier, Frédérique/Senacq, Stéphane, La société de l'information et le droit, Légicom n° 21/22 (2000), 1-8.

Oppermann, Thomas, Europarecht, 2. Auflage, München 1999 (zitiert als: Oppermann, Europarecht, 1999).

Osthaus, Wolf, Die Renaissance des Privatrechts im Cyberspace, Hilft das international koordinierte Privatrecht gegen Regulierungsdefizite im Internet?, AfP 2001, 13-23.

Ott, Stephan, Informationspflichten im Internet und ihre Erfüllung durch das Setzen von Hyperlinks, WRP 2003, 945-955.

van Overstraeten, Tanguy, Droit applicable et juridiction compétente sur internet, R.D.A.I. 1998, 373-397.

Packard, Vance, Die geheimen Verführer, Der Griff nach dem Unbewußten in jedermann, Frankfurt am Main 1967 (zitiert als: Packard, Die geheimen Verführer, 1967).

Pactet, Pierre, Institutions politiques. Droit constitutionnel, 16ᵉ édition, Paris 1997 (zitiert als: Pactet, Droit constitutionnel, 1997).

Pactet, Pierre, Institutions politiques. Droit constitutionnel, 19ᵉ édition, Paris 2000 (zitiert als: Pactet, Droit constitutionnel, 2000).

Paisant, Gilles, Essai sur la notion de consommateure en droit positif, Réflexions sur un arrêt du 25 mai 1992 de la première chambre civile de la Cour de cassation, JCP éd. E 1993, I 267, p. 377-383.

Paisant, Gilles, A la recherche du consommateur, Pour en finir avec l'actuelle confusion née de l'application du critère du « rapport direct », JCP 2003, I 121, p. 549-554.

Paisant, Gilles/Leveneur, Laurent, Quelle transposition pour la directive du 25 mai 1999 sur les garanties dans la vente de biens de consommation?, JCP 2002, I 135, p. 923-925.

Palacio, Ana, Le droit communautaire et la société de l'information : quelques exercices d'imagination juridique, Petites affiches, 21.2.2002, 46-50.

Palandt, Bürgerliches Gesetzbuch, 61. Auflage, München 2002 (zitiert als: Palandt/Bearbeiter, BGB, 2002).

Palandt, Gesetz zur Modernisierung des Schuldrechts, Ergänzungsband zu Palandt, BGB, 61. Auflage, München 2002 (zitiert als: Palandt/Berarbeiter, BGB-Ergänzungsband, 2002).

Palandt, Bürgerliches Gesetzbuch, 62. Auflage, München 2003 (zitiert als: Palandt/Bearbeiter, BGB, 2003).

Pansier, Frédéric-Jérôme/Charbonnier, Cyrille, Présentation de la loi portant dispositions relatives à la sécurité quotidienne (2e partie), Petites affiches, 29.11.2001, 3-11.

Parra, Guillerno Crespo, Quelques reflexions sur les solutions extrajudiciaires de réglement des litiges de consommation et en particulier sur l'arbitrage de consommation transfrontière, REDC 1996, 273-289.

Passa, Jérôme, Commerce électronique et protection du consommateur, D. 2002, 555-563.

Passant, Elisabeth, La loi du 13 mars 2000 portant adaption du droit de la preuve aux technologies de l'information et relative à la signature électronique : nouvelle donne pour le droit de la preuve, Cahiers Lamy droit de l'informatique et des réseaux, mai 2000, 7-13.

Pédamon, Michel, Droit commercial, Commerçants et fonds de commerce, Concurrence et contrats du commerce, 2e édition, Paris 2000 (zitiert als: Pédamon, Droit commercial, 2000).

Pelet, Stéphanie, L'impact de la directive 99/44/CE relative à certains aspects de la vente et des garanties des biens deconsommation sur le droit français, REDC 2000, 41-60.

Peltier, Virginie, Le secret des correspondances, thèse Université Montesquieu-Bordeaux IV, 1998 (zitiert als: Peltier, Secret des correspondances, 1998).

Penneau, Anne, La certification des produits et systèmes permettant la réalisation des actes et signatures électroniques (à propos du décret n° 2002-535 du 18 avril 2002), D. 2002, 2065-2068.

Pérez-Serrabona González, José Luis, Réflexions sur le système d'arbitrage de consommation en Espagne, REDC 2002, 198-212.

Petersen, Jens, Allgemeiner Teil des BGB und Internet, Jura 2002, 387-390.

Petit, Bruno, Contrats et obligations – Consentement, Juris Classeur Civil, Art. 1109, 1997.

Petit, Etienne, La codification du droit français de la consommation, REDC 1993, 213-218.

Pfeiffer, Thomas, Die Entwicklung des Internationalen Vertrags-, Schuld- und Sachenrechts in den Jahren 1995/96, NJW 1997, 1207-1216.

Pfeiffer, Thomas, Vom kaufmännischen Verkehr zum Unternehmensverkehr, Die Änderungen des AGB-Gesetzes durch das Handelsrechtsreformgesetz, NJW 1999, 169-174.

Picod, Fabrice, L'obligation de communication préalable à l'épreuve de la directive communautire sur la publicité comparative, D. 2001, 90-93.

Pitrat, Charlotte-Marie/Leveneur, Laurent, Protection du consommateur et de la vie privée, in: Rapport de la Mission Commerce électronique, présidée par *Francis Lorentz*, La nouvelle donne du commerce électronique, Réalisations 1998 et perspectives, Paris 1999, p. 105-113 (zitiert als: Pitrat/Leveneur, in: Rapport de la Mission Commerce électronique, 1999).

Pizzio, Jean-Pierre, Un apport législatif en matière de protection de consentement, La loi du 22 décembre 1972 et la protection du consommateur sollicité à domicile, RTD civ. 74 (1976), 66-90.

Pizzio, Jean-Pierre, Code de la Consommation, 2e édition, Paris 1996 (zitiert als: Pizzio, Code de la consommation, 1996).

Plantard, Jean-Pierre, Un nouveau droit uniforme de la vente internationale : La Convention des Nations Unies du 11 avril 1980, J.D.I. (Clunet) 115 (1988), 311-367.

Podlech, Adalbert/Pfeifer, Michael, Die informationelle Selbstbestimmung im Spannungsverhältnis zu modernen Werbestrategien, RDV 1998, 139-154.
Ponschab, Reiner, Mediation – warum nicht?, IDR (BB-Beilage 7/2002), 5-6.

Poullet, Yves, La conclusion du contrat par un agent électronique, in: *CRID*, Commerce électronique: Le temps des certitudes, Bruxelles 2000 [Les cahiers du Centre de Recherches Informatique et Droit n° 17], p. 129-146 (zitiert als: Poullet, in: CRID, Commerce électronique, 2000).

Poullet, Yves, Vers la confiance : vues de Bruxelles : un droit européen de l'Internet? Quelques considérations sur la spécificité de l'approche réglementaire européenne du cyberespace, Première partie, Cahiers Lamy droit de l'informatique et des réseaux, novembre 2001, 1-12.

Poullet, Yves, Vers la confiance : vues de Bruxelles : un droit européen de l'Internet? Quelques considérations sur la spécificité de l'appriche régelmentaire européenne du cyberespace (deuxième partie), Cahiers Lamy droit de l'informatique et des réseaux, décembre 2001, 1-9.

Poullet, Yves/Antoine, Mireille, Vers la confiance ou comment assurer le développement du commerce électronique, Vortrag, gehalten auf dem Colloque International « L'internet et le droit » am 25./26. September 2000, veranstaltet von der Université Paris I Pantheon-Sorbonne, http://Droit-Internet-2000.univ-paris1.fr/dossier9 , Yves-Poullet.doc.

Poullet, Yves/Louveaux, Sophie/Pérez Asinari, María Verónica, Data Protection and Privacy in Global Networks: A European Approach ..., Meda Conference, Athens, 25 April 2001, EDI Law Review 8: 147-196, 2001.

Pradère, Sophie, Enchères sur internet : une application de la nouvelle réglementation au cas par cas, Gaz. Pal., 23.1.2002, 25-30.

Preis, Ulrich, Der persönliche Anwendungsbereich der Sonderprivatrechte – Zur systematischen Abgrenzung von Bürgerlichem Recht, Verbraucherrecht und Handelsrecht, ZHR 158 (1994), 567-613.

Pützhoven, Andreas, Europäischer Verbraucherschutz im Fernabsatz, Die Richtlinie 97/7/EG und ihre Einbindung in nationales Verbraucherrecht, München 2001 (zitiert als: Pützhoven, Verbraucherschutz im Fernabsatz, 2001).

Räther, Philipp C./Seitz, Nicolai, Ausnahmen bei Datentransfer in Drittstaaten, Die beiden Ausnahmen nach § 4c Abs. 2 BDSG: Vertragslösung und Code of Conduct, MMR 2002, 520-528.

Ramberg, Christina Hultmark, The E-Commerce Directive and formation of contract in a comparative perspective, (2001) 26 E.L.Rev. 429-450.

Rapp, Christiane, Rechtliche Rahmenbedingungen und Formqualität elektronischer Signaturen, München 2002 (zitiert als Rapp, Elektronische Signaturen, 2002).

Rasmussen, Heike, Datenschutz im Internet – Gesetzgeberische Maßnahmen zur Verhinderung der Erstellung ungewollter Nutzerprofile im Web – Zur Neufassung des TDDSG, CR 2002, 36-45.

Rasmussen, Heike, Die elektronische Einwilligung im TDDSG, Zur Novellierung des TDDSG, DuD 2002, 406-411.

Raymond, Guy, Vente à distance, Juris-Classeur Contrats-Distribution Fasc. 1390, 1991.

Raymond, Guy, Droit du marketing, Les lois de la mercatique, Paris 1992 (zitiert als: Raymond, Droit du marketing, 1992).

Raymond, Guy, Bienvenue au Code de la Consommation, CCC, août-septembre 1993, 1-3.

Raymond, Guy, Droit civil, 3e édition, Paris 1996 (zitiert als: Raymond, Droit civil, 1996).

Raymond, Guy, Information du consommateur, Juris-Classeur Concurrence Consommation, Fasc. 845, 1997.

Raymond, Guy, Publicité commerciale et protection des consommateurs, Juris-Classeur Concurrence Consommation, Fasc. 900, 1998.

Raynard, Jacques, De l'influence communataire et internationale sur le droit des contrats; de l'influence communautaire et internationale sur le droit de la vente, RTD civ. 1997, 1015-1024.

Raynaud, Jean-Luc, À propos du code de la consommation, Gaz. Pal. 1994, 1er sem., doctr. 181-184.

Raynouard, Arnaud, Adaption du droit de la preuve aux technologies de l'information et à la signature électronique, Defrénois 2000, 593-619.

Redeker, Helmut, EU-Signaturrichtlinie und Umsetzungsbedarf im deutschen Recht, CR 2000, 455-461.

Reese, Ulrich, Das „6-Korn-Eier"-Urteil des EuGH – Leitentscheidung für ein Leitbild?, WRP 1998, 1035-1043.
Rehm, Gebhard M., Aufklärungspflichten im Vertragsrecht, München 2003 (zitiert als: Rehm, Aufklärungspflichten, 2003).

Reich, Norbert, Markt und Recht, Theorie und Praxis des Wirtschaftsrechts in der Bundesrepublik Deutschland, Neuwied 1977 (zitiert als: Reich, Markt und Recht, 1977).

Reich, Norbert, Zur Theorie des Europäischen Verbraucherrechts, ZEuP 2 (1994), 381-407.

Reich, Norbert, Europäisches Verbraucherrecht, 3. Auflage, Baden-Baden 1996 (zitiert als: Reich, Verbraucherrecht, 1996).

Reich, Norbert, Das Phantom „Verbraucherrecht" – Erosion oder Evolution des Privatrechts? Einige Bemerkungen zu Dreher, Der Verbraucher – das Phantom in der opera des europäischen und deutschen Rechts? JZ 1997, 166, JZ 1997, 609-610.

Reich, Norbert, Die neue Richtlinie 97/7/EG über den Verbraucherschutz bei Vertragsabschlüssen im Fernabsatz, EuZW 1997, 581-589.

Reich, Norbert/Nordhausen, Annette, Verbraucher und Recht im elektronischen Geschäftsverkehr (eG), Studie im Auftrag der Arbeitsgemeinschaft der Verbraucherverbände e.V., Baden-Baden 2000 (zitiert als: Bearbeiter, in: Reich/Nordhausen, Verbraucher und Recht, 2000).

Reich, Norbert/Rörig, Ursula, Anmerkung zu EuGH, Urteil vom 13.12.2001 – Rs. C-481/99 (Georg und Helga Heininger/Bayerische Hypo- und Vereinsbank AG), EuZW 2002, 87-89.

Reichersdorfer, Jörg, „eMails" zu Werbezwecken – ein Wettbewerbsverstoß?, GRUR 1997, 191-198.

Reinhart, Gert, Zur Auslegung des Begriffs „Verbraucher" im Kollisionsrecht, in: *Westphalen, Friedrich Graf von/Sandrock, Otto* (Hrsg.), Lebendiges Recht – Von den Sumerern bis zur Gegenwart, Festschrift für *Reinhold Trinkner* zum 65. Geburtstag, Heidelberg 1995, S. 657-667 (Reinhart, in: FS Trinkner, 1995).

Reiter, Julius F./Methner, Olaf, Anwendbarkeit des Haustürwiderrufsgesetzes auf Kreditverträge – Stärkung des Verbraucherschutzes oder Rechtstheorie? (Noch eine) Anmerkung zu EuGH, Urt. v. 13.12.2001 (Rechtssache C-481/99), VuR 2002, 90-93.

Reithmann, Christoph/Martiny, Dieter (Hrsg.), Internationales Vertragsrecht – Das internationale Privatrecht der Schuldverträge, 5. Auflage, Köln 1996 (zitiert als: Reithmann/Martiny [Hrsg.], Internationales Vertragsrecht, 1996).

Remien, Oliver, AGB-Gesetz und Richtlinie über mißbräuchliche Verbrauchervertragsklauseln in ihrem europäischen Umfeld, ZEuP 2 (1994), 34-66.

Retornaz, Claude, Les « noces » du droit de la technique : présentation du décret du 30 mars 2001 relatif à la signature électronique, Cahiers Lamy droit de l'informatique et des réseaux, mai 2001, 7-14.

Riehm, Thomas, Das Gesetz über Fernabsatzverträge und andere Fragen des Verbraucherrechts, Jura 2000, 505-513.

Ring, Gerhard, Fernabsatzgesetz, Bonn 2000 (zitiert als: Ring, Fernabsatzgesetz, 2000).

Robert, Jacques, Internet et les libertés, Les réponses juridiques, Petites affiches, 10.11.1999, 54-63.

Rosch, Wolfgang/Klingenfuß, Henning, Zessionsakzept per Telefax? Schriftform- und Zugangsproblematik bei Willenserklärungen im französischen Recht, Entscheidung der Cour de cassation vom 2. Dezember 1997, ZEuP 8 (2000), 311-321.

Rosch, Wolfgang/Klingenfuß, Henning, Quelque chose de nouveau à l'ouest! Neues zu Urkundenbeweis und Schriftform in Frankreich und Luxemburg, RIW 2001, 493-504.

Roßnagel, Alexander, Das Signaturgesetz nach zwei Jahren – Hinweise zur Gesetzesevaluierung, NJW 1999, 1591-1596.

Roßnagel, Alexander, Das neue Recht elektronischer Signaturen, Neufassung des Signaturgesetzes und Änderung des BGB und der ZPO, NJW 2001, 1817-1826.

Roßnagel, Alexander, Weltweites Internet – globale Rechtsordnung?, MMR 2002, 67-71.

Roßnagel, Alexander/Pfitzmann, Andreas/Garstka, Hansjürgen, Modernisierung des Datenschutzrechts, Gutachten im Auftrag des Bundesministeriums des Inneren, September 2001, http://www.staat-modern.de/Anlage/original_549072/ Modernisierung-des-Datenschutzrechts.pdf.

Roßnagel, Alexander/Scholz, Philip, Datenschutz durch Anonymität und Pseudonymität, Rechtsfolgen der Verwendung anonymer und pseudonymer Daten, MMR 2000, 721-731.

Roth, Birgit/Schulze, Götz, Verbraucherschutz im Electronic Commerce, Schutzmechanismen und grenzüberschreitende Geschäfte nach dem Referentenentwurf eines Fernabsatzgesetzes, RIW 1999, 924-933.

Roth, Gregor/Groß, Marco, Pflichtangaben auf Geschäftsbrief und Bestellschein im Internet, K&R 2002, 127-135.

Roth, Herbert, Das Fernabsatzgesetz, JZ 2000, 1013-1019.

Rott, Peter, Informationspflichten in Fernabsatzverträgen als Paradigma für die Sprachenproblematik im Vertragsrecht, Trägt das Gemeinschaftsrecht zu ihrer Lösung bei?, ZVglRWiss 98 (1999), 382-409.

Rouhette, Georges, Droit de la consommation et théorie générale du contrat, in: Etudes offertes à *René Rodière*, Paris 1981, p. 247-272 (zitiert als: Rouhette, in: Etudes Rodière, 1981).

Rozenfeld, Sylvie, Pas de droit de rétractation pour les logiciels descellés, Expertises 1997, 215.

Rüßmann, Helmut, Verbraucherschutz im Internet, K&R 1998, 129-137.

Sack, Rolf, Das internationale Wettbewerbs- und Immaterialgüterrecht nach der EGBGB-Novelle, WRP 2000, 269-289.

Sack, Rolf, Herkunftslandprinzip und internationale elektronische Werbung nach der Novellierung des Teledienstegesetzes (TDG), WRP 2002, 271-283.

Saillard, Jean-Paul, Transposition de la directive sur la protection des données personnelles face aux nouvelles technologies : les conséquences pour les entreprises – Position de la CCIP – Rapport du 25 mai 2000, Chambre de commerce et de l'industrie de Paris, 25.5.2000, http://www.etudes.ccip.fr/archrap/pdf00/sai0005.pdf.

Salaün, Anne, Le cadre législative et réglementaire en France, in: *De Nayer, Benoît/Laffineur, Jacques* (éds.), Droit et consommation, Bruxelles 2000, p. 77-100 (zitiert als: Salaün, in: De Nayer/Laffineur, Droit et consommation, 2000).

Salaün, Anne, Les payements électroniques au regard de la vente à distance, DIT 1999, n° 2, 19-31.

Sandl, Ulrich, Wirtschaftspolitische Bedeutung digitaler Signaturen – Die etwas andere "Kryptodiskussion", CR 2000, 319-324.

Schaar, Peter, Datenschutzrechtliche Einwilligung im Internet, MMR 2001, 644-648.

Schaar, Peter, Neues Datenschutzrecht für das Internet, RDV 2002, 4-14.

Schaar, Peter/Möller, Frank, Orientierungshilfe Tele- und Mediendienste, RDV 2002, 39-50.

Schäfer, Carsten, Vertragsschluß unter Einbeziehung von Allgemeinen Geschäftsbedingungen gegenüber Fremdmuttersprachlern, JZ 2003, 879-883.

Schäfer, Hans-Bernd, Grenzen des Verbraucherschutzes und adverse Effekte des Europäischen Verbraucherrechts, in: *Grundmann, Stefan* (Hrsg.), Systembildung und Systemlücken in Kerngebieten des Europäischen Privatrechts, Tübingen 2000, S. 559-568 (zitiert als: H.-B. Schäfer, in: Grundmann [Hrsg.], Systembildung und Systemlücken, 2000).

Schaub, Renate, Die Neuregelung des Internationalen Deliktsrechts in Deutschland und das europäische Gemeinschaftsrecht, RabelsZ 66 (2002), 18-65.

Scheffler, Hauke/Dressel, Christian, Vorschläge zur Änderung zivilrechtlicher Formvorschriften und ihre Bedeutung für den Wirtschaftszweig E-Commerce, CR 2000, 378-384.

Scherpe, Jens M., Außergerichtliche Streitbeilegung in Verbrauchersachen, Ein deutsch-dänischer Rechtsvergleich, Tübingen 2002 (zitiert als: Scherpe, Außergerichtliche Streitbeilegung, 2002).

Scherpe, Jens M., Zur Notwendigkeit einer Rahmengesetzgebung für die außergerichtlichen Streitbeilegung in Deutschland, VuR 2002, 231-234.

Schild, Hans-Hermann, Die Richtlinie über die Verarbeitung personenbezogener Daten und den Schutz der Privatsphäre im Bereich der Telekommunikation, EuZW 1999, 69-74.

Schley, Michael, La grande réforme du droit des obligations en Allemagne, D. 2002, 1738-1740.

Schlosser, Peter F., EuGVÜ, München 1996 (zitiert als: Schlosser, EuGVÜ, 1996).

Schlosser, Peter F., EU-Zivilprozessrecht, EuGVVO, EuEheVO, AVAG, HZÜ, EuZVO, HBÜ, EuBVO, 2. Auflage, München 2003 (zitiert als: Schlosser, EU-Zivilprozessrecht, 2003).

Schmidl, Michael, Die elektronische Signatur, Funktionsweise, rechtliche Implikationen, Auswirkungen der EG-Richtlinie, CR 2002, 508-517.

Schmidt, Eike, Verbraucherschützende Verbandsklagen, NJW 2002, 25-30.

Schmidt-Räntsch, Jürgen, Gesetzliche Neuregelung des Widerrufsrechts bei Verbraucherverträgen, Heininger ./. HypoVereinsbank und die Schlussfolgerungen des deutschen Gesetzgebers: Text der Änderungsvorschriften mit einer Einführung, ZIP 2002, 1100-1108.

Schmitt, Hansjörg, Intangible Goods in Online-Kaufverträgen und der Anwendungsbereich des CISG, CR 2001, 145-155.

Schmitt, Hansjörg, Online-Kaufverträge über „Intangible Goods" und der Anwendungsbereich von Verbrauchergesetzen, CR 2001, 838-845.

Schmittmann, Jens M., Kosten beim Empfänger unerwünschter E-Mail-Werbung – Zugleich Replik zu Jankowski, K&R 2000, 499 ff., K&R 2002, 135-138.
Schmittmann, Jens M., Bannerwerbung – Rechtsprobleme insbesondere bei kammergebundenen Berufen, MMR 2001, 792-797.

Schneider, Christian, Zur Umsetzung der E-Commerce-Richtlinie im Regierungsentwurf zur Schuldrechtsmodernisierung, K&R 2001, 344-348.

Schricker, Gerhard/Henning-Bodewig, Frauke, Elemente einer Harmonisierung des Rechts des unlauteren Wettbewerbs in der Europäischen Union, Gutachten vom Juli 2001, erstellt im Auftrag des Bundesministeriums der Justiz, WRP 2001, 1367-1407.

Schuppert, Stefan, Exportkontrolle von Krypto-Software im B2B-Bereich, Zur Neuregelung der Dual-Use-Verordnung, CR 2001, 429-434.

Schuster, Fabian/Müller, Ulf, Entwicklung des Internet- und Mulimediarechts von Juli 2000 bis März 2001, MMR-Beilage 7/2001, 1-40.

Schwerer, Francois, Réflexions sur la preuve et la signature dans le commerce électronique, CCC, décembre 2000, 4-7.

Schwintowski, Hans-Peter, Auf dem Wege zu einem Europäischen Zivilgesetzbuch, JZ 2002, 205-211.

Sieber, Stefanie/Nöding, Toralf, Die Reform der elektronischen Unterschrift, ZUM 2001, 199-210.

Siems, Mathias M., Führen alle Wege aus dem Dschungel nach Rom? – Möglichkeiten und Grenzen der Vereinheitlichung des internationalen Privatrechts, GPR 2/2003-2004, 66-71.

Simitis, Konstantin, Verbraucherschutz, Schlagwort oder Rechtsprinzip?, Baden-Baden 1976 (zitiert als: Simitis, Verbraucherschutz, 1976).

Sinay-Cytermann, Anne, Les relations entre professionnels et consommateurs en droit français (Rapport français), in: *Le Centre de droit des obligations de l'Université de Paris I/Le Centre de droit des obligations de l'Université catholique de Louvain* (éds.), La protection de la partie faible dans les rapports contractuels, Comparaison franco-belges, Paris 1996, p. 241-267 (zitiert als: Sinay-Cytermann, in: Le centre de droit des obligations de l'Université de Paris I [éd.], Protection, 1996).

Soergel, Bürgerliches Gesetzbuch mit Einführungsgesetz und Nebengesetzen, Band 10: Einführungsgesetz, 12. Auflage, Stuttgart 1996 (zitiert als: Bearbeiter, in: Soergel, BGB, Band 10, 1996).

Somma, Alessandro, Sprachgesetzgebung in Frankreich und Italien: Rechtsnationalismus oder Schutz des Schwächeren?, ZEuP 6 (1998), 701-715.

Sonnenberger, Hans-Jürgen, Das französische Recht der Allgemeinen Geschäftsbedingungen (conditions générales), RIW 1990, 165-174.

Sonnenberger, Hans-Jürgen, Französisches Handels- und Wirtschaftsrecht, 2. Auflage, Heidelberg 1991 (zitiert als: Sonnenberger, Französisches Handels- und Wirtschaftsrecht, 1991).

Sonnenberger, Hans-Jürgen, Die Umsetzung kollisionsrechtlicher Regelungsgebote in EG-Richtlinien, ZEuP 4 (1996), 382-398.

Sonnenberger, Hans-Jürgen, Der Entwurf eines Europäischen Vertragsgesetzbuchs der Akademie Europäischer Privatrechtswissenschaftler – ein Meilenstein, RIW 2001, 409-416.

Sonnenberger, Hans-Jürgen, Privatrecht und Internationales Privatrecht im künftigen Europa: Fragen und Perspektiven, RIW 2002, 489-498.

Sonnenberger, Hans-Jürgen/Autexier, Christian, Einführung in das französische Recht, 3. Auflage, Heidelberg 2000 (zitiert als: Sonnenberger/Autexier, Einführung, 2000).

Soulas de Russel, Dominique J.-M., Auswirkungen des Gesetzes über die Verwendung der französischen Sprache, RIW/AWD 1976, 694-696.

Spickhoff, Andreas, Fremdes Recht vor inländischen Gerichten: Rechts- oder Tatfrage?, ZZP 112 (1999), 265-292.

Spindler, Gerald, Haftungsrechtliche Grundprobleme der neuen Medien, NJW 1997, 3193-3199.

Spindler, Gerald, Der neue Vorschlag einer E-Commerce-Richtlinie, ZUM 1999, 775-795.

Spindler, Gerald, Verantwortlichkeit von Diensteanbietern nach dem Vorschlag einer E-Commerce-Richtlinie, MMR 1999, 199-207.

Spindler, Gerald, E-Commerce in Europa, Die E-Commerce-Richtlinie in ihrer endgültigen Fassung, MMR-Beilage 7/2000, S. 4-21.

Spindler, Gerald, Internationales Verbraucherschutzrecht im Internet, Auswirkungen der geplanten neuen Verordnung des Rates über die gerichtliche Zuständigkeit und die Anerkennung und Vollstreckung von Entscheidungen in Zivil- und Handelssachen, MMR 2000, 18-25.

Spindler, Gerald, Der Entwurf zur Umsetzung der E-Commerce-Richtlinie, ZRP 2001, 203-207.

Spindler, Gerald, Das Herkunftslandprinzip im neuen Teledienstegesetz, RIW 2002, 183-188.

Spindler, Gerald, Herkunftslandprinzip und Kollisionsrecht – Binnenmarktintegration ohne Harmonisierung?, RabelsZ 66 (2002), 633-709.

Stadelmann, Katja, Die Entwicklung der kritisierenden Webung in Deutschland und Frankreich unter Berücksichtigung der einschlägigen EG-Richtlinien, Frankfurt am Main 2000 (zitiert als: Stadelmann, Kritisierende Werbung, 2000).

Stahlknecht, Peter/Hasenkamp, Ulrich, Einführung in die Wirtschaftsinformatik, 8. Auflage, Berlin u.a. 1997 (zitiert als: Stahlknecht/Hasenkamp, Wirtschaftsinformatik, 1997).

Starck, Boris/Roland, Henri/Boyer, Laurent, Droit civil, Les obligations: 2. Contrat, 6e édition, Paris 1998 (zitiert als: Starck/Roland/Boyer, Obligations/2, 1998).

Staudenmayer, Dirk, Die Richtlinien des Verbraucherprivatrechts – Bausteine für ein europäisches Privatrecht?, in: *Schulte-Nölke, Hans/Schulze, Reiner* (Hrsg.), Europäische Rechtsangleichung und nationale Privatrechte, Baden-Baden 1999, S. 63-78 (zitiert als: Staudenmayer, in: Schulte-Nölke/Schulze [Hrsg.], Europäische Rechtsangleichung, 1999).

Staudenmayer, Dirk, Europäisches Verbraucherschutzrecht nach Amsterdam – Stand und Perspektiven, RIW 1999, 733-738.

Staudenmayer, Dirk, The Commission Communication on European Contract Law: What Future for European Contract Law?, ERPL 2: 249-260, 2002.

Staudenmayer, Dirk, Wie soll es mit dem Europäischen Vertragsrecht weitergehen?, EuZW 16/2002, 1.

Staudenmayer, Dirk, Der Aktionsplan der EG-Kommission zum Europäischen Vertragsrecht, EuZW 2003, 165-171.

Staudenmayer, Dirk, Le plan d'action de la Commission européenne concernant le droit européen des contrats, JCP 2003, I 127, p. 709-716.

Staudinger, Ansgar, Art. 29a EGBGB des Referentenentwurfs zum Fernabsatzgesetz, IPRax 1999, 414-420.

Staudinger, Ansgar, Internationales Verbraucherschutzrecht made in Germany, Im Blickpunkt: der neue Art. 29a EGBGB, RIW 2000, 416-421.

Staudinger, Ansgar, Die ungeschriebenen kollisionsrechtlichen Regelungsgebote der Handelsvertreter-, Haustürwiderrufs- und Produkthaftungsrichtlinie, NJW 2001, 1974-1978.

Staudinger, Ansgar, Unbegrenztes Widerrufsrecht bei Haustürgeschäften ohne Belehrung, ZGS 2002, 18.

Staudinger, Kommentar zum Bürgerlichen Gesetzbuch mit Einführungsgesetz und Nebengesetzen, AGBG, 13. Bearbeitung, Berlin 1998; Art. 27-37 EGBGB, 13. Bearbeitung, Berlin 2002; Wiener UN-Kaufrecht (CISG), Neubearbeitung, Berlin 1999 (zitiert als: Bearbeiter, in: Staudinger, BGB, Jahr, Kommentierung).

Steins, Clemens Tobias, Entwicklung der Informationspflichten im E-Commerce durch Rechtsprechung und Schuldrechtsreform – Zugleich Anmerkung zum Urteil des OLG München vom 25. Januar 2001 –, WM 2002, 53-60.

Stickelbrock, Barbara, Gütliche Streitbeilegung, JZ 2002, 633-643.

Streinz, Rudolf, Europarecht, 5. Auflage, Heidelberg 2001 (zitiert als: Streinz, Europarecht, 2001).

Strömer, Tobias H., Online-Recht, Rechtsfragen im Internet, 2. Auflage, Heidelberg 1999 (zitiert als: Strömer, Online-Recht, 1999).

Sturm, Fritz, Der Entwurf eines Europäischen Vertragsgesetzbuchs, JZ 2001, 1097-1102.

Szönyi, Catherine, Das französische Werbe- und Verbraucherrecht – Bemerkungen zum Code de la consommation, GRUR Int. 1996, 83-98.

Taeger, Jürgen, Kundenprofile im Internet, Customer Relationship Management und Datenschutz, K&R 2003, 220-227.

Taupitz, Jochen/Kritter, Thomas, Electronic Commerce – Probleme bei Rechtsgeschäften im Internet, JuS 1999, 839-846.

Tenreiro, Mário, Un code de la consommation ou un code autour du consommateur? Quelques réflexions critiques sur la codification et la notion du consommateur, in: *Krämer, Ludwig/Micklitz, Hans-W./Tonner, Klaus* (Hrsg.), Law and diffuse Interests in the European Legal Order, Recht und diffuse Interessen in der Europäischen Rechtsordnung, Liber amicorum *Norbert Reich*, Baden-Baden 1997, S. 339-356 (zitiert als: Tenreiro, in: Krämer/Micklitz/Tonner [Hrsg.], Recht und diffuse Interessen, 1997).

Tettenborn, Alexander, E-Commerce-Richtlinie: Politische Einigung in Brüssel erzielt, K&R 2000, 59-63.

Thomas, Heinz/Putzo, Hans/Reichold, Klaus/Hüßtege, Rainer, Zivilprozessordnung, 24. Auflage, München 2002 (zitiert als: Thomas/Putzo, ZPO, 2002).

Thorn, Karsten, Verbraucherschutz bei Verträgen im Fernabsatz, IPRax 1999, 1-9.

Thunis, Xavier, L'obligation précontractuelle d'information : un terrain de choix pour la construction doctrinale, in: Mélanges *Michel Cabrillac*, Paris 1999, p. 313-321 (zitiert als: Thunis, in: Mélanges Cabrillac, 1999).
Tinnefeld, Marie-Theres, Die Novellierung des BDSG im Zeichen des Gemeinschaftsrechts, NJW 2001, 3078-3083.

Tonnelier, Marie-Hélène/Depuis-Toubol, Frédérique, Le commerce électronique vaut bien une réforme du droit de la preuve, JCP E 1998, 2011-2021.

Tonner, Klaus, Die Rolle des Verbraucherrechts bei der Entwicklung eines europäischen Zivilrechts, JZ 1996, 533-541.

Tonner, Klaus, Vorgeschaltete Schlichtung bei Verbraucherprozessen mit niedrigem Streitwert?, in: *Krämer, Ludwig/Micklitz, Hans-W./Tonner, Klaus* (Hrsg.), Law and diffuse Interests in the European Legal Order, Recht und diffuse Interessen in der Europäischen Rechtsordnung, Liber amicorum *Norbert*

Reich, Baden-Baden 1997, S. 861-878 (zitiert als: Tonner, in: Krämer/Micklitz/ Tonner [Hrsg.], Recht und diffuse Interessen, 1997).

Tournafond, Olivier, Remarques critiques sur la directive européenne du 25 mai 1999 relative à certains aspectes de la vente et des garanties des biens de consommation, D. 2000, chron. 159-162.

Trébulle, Francois Guy, La réforme du droit de la preuve et le formalisme, Petites affiches, 20.4.2000, 10-15.

Trochu, Michel, Protection des consommateurs en matière des contrats à distance : directive 97-7 CE du 20 mai 1997, D. 1999, chron. 179-183.

Ulmer, Detlef, Online-Vertragsschluss – ein Verfahren wird populär?, CR 2002, 208-213.

Vander, Sascha, Verhaltenskodizes im elektronischen Geschäftsverkehr, Gütesiegel beim Online-Shopping, K&R 2003, 339-344.

Varet, Vincent, Le cadre juridique du spam : etat des lieux, Com. Com. électr., septembre 2002, 14-17.

Varille, Nathalie, La publicité et Internet, Cahiers Lamy droit de l'informatique, décembre 1997, 12-16.

Vehslage, Thorsten, Auswirkungen der Fernabsatzrichtlinie auf die Telefon- und E-Mail-Werbung, GRUR 1999, 656-659.

Vehslage, Thorsten, Das geplante Gesetz zur Anpassung der Formvorschriften des Privatrechts und anderer Vorschriften an den modernen Rechtsgeschäftsverkehr, DB 2000, 1801-1805.

Verbiest, Thibault, Projet de loi pour la confiance dans l'économie numérique : analyse critique, Com. Com. électr., février 2003, 9-19.

Verbiest, Thibault, Proposition de règlement "loi applicable aux obligations non contractuelles" (Rome II) : adaptée aux nouvelles technologies de la communication ?, Com. Com. électr., novembre 2003, 10-12.

Véret, Danièle/Athéa, Grégory, Internet et publicité : le web est-il un supprot comme un autre (2e partie), Gaz. Pal., 14./16.10.2001.

Veyssière, Laurence, Effet de la directive du 6 octobre 1997 sur le droit français en matière de publicité comparative, Gaz. Pal. 1998, 1er sem., doctr. 627-630.

Vialard, Antoine, L' offre publique de contrat, RTD civ. 1971, 750-791.

Viney, Geneviève, Quel domaine assigner à la loi de transposition de la directive européenne sur la vente ?, JCP 2002, I 158, p. 1497-1501.

Vivant, Michel/LeStanc, Christian/Rapp, Lucien/Guibal, Michel/Bilon, Jean, Lamy Droit de l'Informa-tique et des réseaux 2001, Paris 2001 (zitiert als: Vivant et al. (éds.), Lamy droit de l'informatique et des réseaux 2001, 2001).

Vogel, Louis, Die Harmonisierung des europäischen Wirtschaftsrechts: Mythos oder Realität?, RabelsZ 65 (2001), 591-614.

Vogel, Rupert, Internetrecht in Frankreich, in: *Schwarz, Mathias* (Hrsg.), Recht im Internet, Kapitel 15-2.3, 13. EL, Augsburg 2000, S. 1-51 (zitiert als: R.Vogel, in: Schwarz (Hrsg.), Internet, Kap. 15-2.3, 2000).

Voirin, Pierre/Goubeaux, Gilles, Droit civil, Tome 1, 28e édition, Paris 2001 (zitiert als: Voirin/Goubeaux, Droit civil, tome 1, 2001).

Wagner, Ralf, Zusammenführung verbraucherschützender Kollisionsnormen aufgrund EG-Richtlinien in einem neuen Art. 29a EGBGB – Ein Beitrag zur internationalprivatrechtlichen Umsetzung der Fernabsatz-Richtlinie –, IPRax 2000, 249-258.

Waldenberger, Arthur, Grenzen des Verbraucherschutzes beim Abschluß von Verträgen im Internet, BB 1996, 2365-2371.

Waldenberger, Arthur, „Alles schwebend unwirksam" – Distanzgeschäfte nach dem Referentenentwurf eines Fernabsatzgesetzes, K&R 1999, 345-354.

Weber, Jan, Der Adressatenkreis der Verpflichtung zur Anbieterkennung im Internet nach der Neufassung des Teledienstegesetzes, JurPC Web-Dok. 76/2002, http://www.jurpc.de/aufsatz/20020076.htm.

Wellbery, Barbara S./Pichler, Rufus J., Electronic Commerce and the Proposed Hague Convention on Jurisdiction and Foreign Judgments in Civil and Commercial Matters – Putting the Cart Before the Horse?, CRi 2001, 129-137.

Wenzel, Henning, Vertragsabschluss bei Internet-Auktion – ricardo.de, NJW 2002, 1550-1551.

Wernicke, Nina/Hoppe, Vera, Die neue EuGVVO – Auswirkungen auf die internationale Zuständigkeit bei Internetverträgen, MMR 2002, 643-648.

Wery, Etienne/Verbiest, Thibault, Le cadre juridique du commerce électronique après l'ordonnance du 23 août 2001 et le projet de loi sur la société de l'information, Cahiers Lamy droit de l'informatique et des réseaux, octobre 2001, 1-10.

Westermann, Hans Peter, Verabschiedung oder Überarbeitung des BGB?, ZRP 1983, 249-258.

Westermann, Ingo, Bekämpfung irreführender Werbung ohne demoskopische Gutachten, GRUR 2002, 403-407.

Graf von Westphalen, Friedrich, Die Novelle zum AGB-Gesetz, BB 1996, 2101-2106.

Wildemann, Andree, „Heininger" und das vergessene FernUSG – Immer noch gemeinschaftswidrige Erlöschensfrist bei Haustürgeschäften nach der Änderung des BGB duch das OLG-Vertretungsänderungsgesetz –, VuR 2003, 90-93.

Wilderspin, Michael, Le règlement (CE) 44/2001 du Conseil : conséquences pour les contrats conclus par les consommateurs, REDC 2002, 5-26.

Woitke, Thomas, Das „Wie" der Anbieterkennzeichnung gemäß § 6 TDG, NJW 2003, 871-873.

Wuermeling, Ulrich, Neue Einschränkungen im Direktmarketing, CR 2001, 303-308.

Zehentmeier, Ursula, Unaufgeforderte E-Mail-Werbung – Ein wettbewerbswidriger Boom im Internet?, BB 2000, 940-946.

Ziem, Claudia, Spamming, Zulässigkeit nach § 1 UWG, Fernabsatzrichtlinie und E-Commerce-Richtlinienentwurf, MMR 2000, 129-135.

Zoia, Michel, La notion de consentement à l'épreuve de l'électronique, Gaz. Pal., 15.7.2001, 16-21 (1re partie), Gaz. Pal., 14.10.2001, 14-19 (2e partie).